现代经济与管理类规划教材
普通高等教育"十三五"规划教材

微观经济学

主编 张雪峰

清华大学出版社
北京交通大学出版社
·北京·

内容简介

本书是高等院校经济与管理专业核心课程系列教材之一。全书共分 12 章，分别是微观经济学导论、需求和供给的基本原理、消费者选择、生产论、成本论、完全竞争市场、垄断和垄断竞争市场、寡头市场、要素市场理论、一般均衡论和福利经济学、市场失灵及政府的作用、博弈论与信息经济学。

本书力求克服本土教材缺少案例分析、叙述抽象、晦涩难懂，以及国外引进教材篇幅冗长、价格昂贵等缺点，弘扬本土教材具有系统性和逻辑性，国外教材案例丰富等优势。利用精心设计的"知识结构图""导入案例""新闻中的经济学""实例链接""像经济学家一样思考""练习及思考"等模块，很好地实现了原理讲授与实际应用相结合、抽象的体系与具体的内容相结合、有限的经典理论与无限的知识拓展相结合、传统的理论与新颖的体例相结合的特点。

本书可作为本科生的微观经济学课程教材和教学参考书，也可供经济管理人员在职培训使用，同时也可作为非经济专业和对经济学感兴趣的社会自学者的必读参考书。

本书封面贴有清华大学出版社防伪标签，无标签者不得销售。
版权所有，侵权必究。侵权举报电话：010-62782989　13501256678　13801310933

图书在版编目（CIP）数据

微观经济学 / 张雪峰主编. —北京：北京交通大学出版社：清华大学出版社，2020.6
现代经济与管理类规划教材
ISBN 978-7-5121-4300-5

Ⅰ.① 微… Ⅱ.① 张… Ⅲ.① 微观经济学-高等学校-教材 Ⅳ.① F016

中国版本图书馆 CIP 数据核字（2020）第 149295 号

微观经济学
WEIGUAN JINGJIXUE

责任编辑：吴嫦娥

出版发行：	清华大学出版社	邮编：100084	电话：010-62776969	http://www.tup.com.cn
	北京交通大学出版社	邮编：100044	电话：010-51686414	http://www.bjtup.com.cn
印 刷 者：	北京时代华都印刷有限公司
经　　销：	全国新华书店
开　　本：	185 mm×260 mm　　印张：23　　字数：588 千字
版 印 次：	2020 年 6 月第 1 版　2020 年 6 月第 1 次印刷
定　　价：	59.00 元

本书如有质量问题，请向北京交通大学出版社质监组反映。对您的意见和批评，我们表示欢迎和感谢。
投诉电话：010-51686043，51686008；传真：010-62225406；E-mail：press@bjtu.edu.cn。

前　言

微观经济学是教育部1998年规定的全国高等学校经济、管理学科各专业8门核心课程之一；同时，微观经济学也是经济、管理学科各专业硕士研究生入学考试的必考科目之一。对于那些关心世界是如何运转的读者来说，微观经济学还是他们必须学习的、最有趣的学科之一。这是因为，微观经济学是整个市场经济理论体系的基础，是现代经济学入门的第一个台阶。

自从中国将建立社会主义市场经济确定为经济体制改革的目标以来，越来越多的学子表现出对经济学知识的迫切渴求。正是市场对经济学知识的巨大需求，使经济学教材得以陆续出版，其中不乏有经典教材的引进。但是，多年讲授经济学的经验和学生的反馈意见表明：现存的本土教材大多存在知识陈旧、缺少案例分析、叙述抽象、晦涩难懂等缺点，这直接影响到学生对经济学原理的理解和掌握；一些引进的国外教材虽然体系完整、案例生动具体，但由于面面俱到，篇幅太长，动辄近千页，不仅价格昂贵，而且与中国学生的阅读习惯相左。此外，所举案例多发生在西方国家，也使中国学生感到陌生而遥远。

正是基于上述原因，我们决定编写此书。

全书整体上分为市场理论与博弈论。在理性经济人的前提下，市场理论考虑单个决策者的行为，包括消费者理论、生产者理论、市场结构、市场失灵与一般均衡理论等；博弈论考虑多个决策者的互动行为，包括非合作博弈论、合作博弈论、信息经济学等。

本教材力图实现以下特色。

（1）强调面向读者友好。微观经济学概念多、原理多，内容沉闷。为了克服上述问题，激发读者的学习兴趣，我们设计了"知识结构图""导入案例""像经济学家一样思考""练习及思考""模拟试题"等模块。

每章开篇的"知识结构图"，凸显当前章节在整个知识体系中的位置，旨在使读者牢固把握微观经济学的逻辑体系，同时使读者不至于在众多的知识点中迷失方向。这是本教材独特的设计。

每章的"导入案例"，以生动的本土案例引导读者轻松地进入相关经济学原理的学习。当学完本章内容后，"像经济学家一样思考"就会引导读者利用本章的知识点对导入案例中提出的问题进行经济学分析，旨在帮助读者提高学以致用的能力。

"练习及思考"和"模拟试题"，以典型的试题类型对所需掌握的内容进行了精心设计，这种设计不仅有利于读者自测对知识的掌握情况，也利于在校学生有效复习和备考。

（2）强调知识的系统全面、与时俱进。微观经济学是随着时代发展而不断演进的，为了使读者能对微观经济学形成较为全面的把握，同时为了保持知识体系逻辑脉络的清晰，本教材在保留微观经济学经典理论的基础上，摒弃了一些陈旧内容，增加了微观经济学的最新研究成果。

为了向读者介绍微观经济学的新思维、新方法和发展趋势,我们将相应章节的前沿理论、疑难问题等列入"知识拓展"部分,引导读者进一步学习和探索。

(3) 强调理论联系实际、经济学理论的本土化。为了使读者能在把握基础理论知识的基础上,将所学的经济学理论与生活、生产相结合,我们在体例安排上力求新颖。为了使内容更加清晰易懂,在主要原理阐述清楚的基础上,增加了灵活的专栏窗口。如"新闻中的经济学""实例链接"等,用大量的中国本土的经济学实例注释了抽象的经济学原理。中国本土案例的应用,进一步提高了本教材的趣味性。

经济学是一门实用的社会科学,从其产生之初起,就是生产和生活实践的产物。而我国正在建设和发展的社会主义市场经济体制,则为我们提供了丰富多样的各种案例。这为本教材的写作提供了基础。

总之,本教材充分体现了原理讲授与实际应用相结合、抽象的体系与具体的内容相结合、有限的经典理论与无限的知识拓展相结合、传统的理论与新颖的体例相结合的特点。这一独特设计,有利于教师讲授,有利于在校学生学习,有利于社会人士自学。我们相信,使用本教材学习微观经济学一定是一件愉快且又能激发兴趣的美事。

本教材由张雪峰承担总策划和统稿工作,张雪峰、邓鑫、韩洁、王学成和王昕宇等5人共同撰写完成,具体分工如下:张雪峰编写第1、9、12章(合作博弈、道德风险与逆向选择),王学成编写第2、3章(确定性消费),王昕宇编写第4、5章,邓鑫编写第6、7、8、10、11章,韩洁编写第3(不确定性消费)、12章(非合作博弈)。

本教材在编写和出版过程中,得到了北京市教委专项(110052971803—056)、北方工业大学"一带一路"国家人才培养基地项目的有力资助和北方工业大学经济管理学院的大力支持,得到了赵继新院长的不断鼓励,得到了经济系孙强主任、丁娟娟、吴振信、郑春梅、郝凯老师的帮助,得到了清华大学出版社和北京交通大学出版社的支持,得到了吴嫦娥女士的悉心关照和指导,在此作者致以衷心感谢。此外,在本教材的编写过程中大量地借鉴了国内外许多经济学者的研究成果,对这些作者的工作,我们在此一并致以诚挚的谢意。

由于作者水平所限,书中不尽如人意之处在所难免,恳请读者不吝赐教,以便今后的修订和完善;同时欢迎读者就共同关心的问题来信来函进行讨论。作者联系方式:北京市石景山区晋元庄路5号北方工业大学经济管理学院经济系,邮政编码:100041。E-mail:zxf511@ncut.edu.cn。

编 者

2020年4月于北京

目 录

| 第1章 导论 ······ 1 |
| 1.1 经济学和微观经济学 ····· 2 |
| 1.2 市场的概念 ····· 10 |
| 1.3 经济学与微观经济学的研究方法 ····· 14 |
| 1.4 微观经济学的实用性 ····· 18 |
| ◇ 本章小结 ····· 20 |
| ◇ 知识拓展 ····· 21 |
| ◇ 像经济学家一样思考 ····· 22 |
| ◇ 练习及思考 ····· 23 |

第2章 需求和供给的基本原理 ····· 25
2.1 需求及需求曲线 ····· 27
2.2 供给及供给曲线 ····· 32
2.3 市场均衡及价格决定 ····· 36
2.4 需求弹性及供给弹性 ····· 40
◇ 本章小结 ····· 50
◇ 知识拓展 ····· 50
◇ 像经济学家一样思考 ····· 54
◇ 练习及思考 ····· 54

第3章 消费者选择 ····· 57
3.1 效用的基本概念 ····· 59
3.2 基数效用论 ····· 62
3.3 序数效用论 ····· 72
3.4 确定性下的消费者选择 ····· 78
3.5 不确定性下的消费者选择 ····· 84
◇ 本章小结 ····· 99
◇ 知识拓展 ····· 100
◇ 像经济学家一样思考 ····· 101
◇ 练习及思考 ····· 101

第4章 生产论 ····· 104
4.1 企业的性质 ····· 105
4.2 生产函数概念及类型 ····· 110
4.3 一种可变要素的生产函数 ····· 115
4.4 两种可变要素的生产函数 ····· 121
4.5 要素投入的最优组合 ····· 125
◇ 本章小结 ····· 130
◇ 知识拓展 ····· 131
◇ 像经济学家一样思考 ····· 132
◇ 练习及思考 ····· 133

第5章 成本论 ····· 136
5.1 成本的概念 ····· 137
5.2 短期成本曲线 ····· 139
5.3 短期成本曲线与短期产量曲线之间的关系 ····· 148
5.4 长期总成本曲线 ····· 149
◇ 本章小结 ····· 154
◇ 知识拓展 ····· 155
◇ 像经济学家一样思考 ····· 156
◇ 练习及思考 ····· 157

第6章 完全竞争市场 ····· 160
6.1 厂商和市场类型 ····· 161
6.2 完全竞争厂商的需求曲线和收益曲线 ····· 164
6.3 厂商实现利润最大化的均衡条件 ····· 167
6.4 完全竞争厂商的短期均衡和短期供给曲线 ····· 169
6.5 完全竞争行业的短期供给曲线 ····· 173
6.6 完全竞争厂商的长期均衡 ····· 173
6.7 完全竞争厂商和完全竞争行业的长期供给曲线 ····· 176

I

6.8 完全竞争市场的短期均衡和
　　长期均衡 …………………… 178
◇ 本章小结 ……………………… 180
◇ 像经济学家一样思考 ………… 181
◇ 练习及思考 …………………… 181

第7章　垄断和垄断竞争市场 …… 184
7.1 垄断市场 ……………………… 186
7.2 垄断厂商的均衡 ……………… 191
7.3 垄断厂商的定价策略 ………… 196
7.4 垄断市场的效率评价 ………… 203
7.5 垄断竞争市场 ………………… 205
7.6 垄断竞争厂商的均衡 ………… 207
◇ 本章小结 ……………………… 210
◇ 知识拓展 ……………………… 211
◇ 像经济学家一样思考 ………… 213
◇ 练习及思考 …………………… 214

第8章　寡头市场 ………………… 217
8.1 寡头垄断市场 ………………… 219
8.2 经典寡头模型 ………………… 221
8.3 不同市场的效率比较 ………… 231
◇ 本章小结 ……………………… 234
◇ 知识拓展 ……………………… 234
◇ 像经济学家一样思考 ………… 235
◇ 练习及思考 …………………… 237

第9章　要素市场理论 …………… 239
9.1 要素需求概述 ………………… 240
9.2 完全竞争厂商对生产要素的
　　需求 …………………………… 242
9.3 要素供给概述 ………………… 249
9.4 劳动的供给和土地的供给 …… 252
9.5 洛伦兹曲线和基尼系数 ……… 262
◇ 本章小结 ……………………… 264
◇ 知识拓展 ……………………… 264
◇ 像经济学家一样思考 ………… 265
◇ 练习及思考 …………………… 266

第10章　一般均衡论和福利经济学 … 269
10.1 一般均衡分析 ……………… 271
10.2 经济效率与帕累托标准 …… 274
10.3 交换的帕累托最优条件 …… 276
10.4 生产的帕累托最优条件 …… 279
10.5 生产与交换的帕累托最优
　　　条件 ………………………… 282
10.6 完全竞争与帕累托最优
　　　状态 ………………………… 285
10.7 帕累托最优的局限性 ……… 287
◇ 本章小结 ……………………… 290
◇ 知识拓展 ……………………… 290
◇ 像经济学家一样思考 ………… 291
◇ 练习及思考 …………………… 292

第11章　市场失灵及政府的作用 … 296
11.1 垄断 ………………………… 298
11.2 外部性 ……………………… 303
11.3 公共物品 …………………… 308
◇ 本章小结 ……………………… 313
◇ 知识拓展 ……………………… 313
◇ 像经济学家一样思考 ………… 315
◇ 练习及思考 …………………… 316

第12章　博弈论与信息经济学 …… 319
12.1 完全信息静态博弈 ………… 320
12.2 完全信息动态博弈 ………… 328
12.3 不完全信息静态博弈 ……… 332
12.4 不完全信息动态博弈 ……… 337
12.5 合作博弈经典研究范式 …… 343
12.6 信息经济学 ………………… 347
◇ 本章小结 ……………………… 354
◇ 知识拓展 ……………………… 354
◇ 像经济学家一样思考 ………… 355
◇ 练习及思考 …………………… 356

参考文献 …………………………… 359

第 1 章 导 论

【知识结构图】

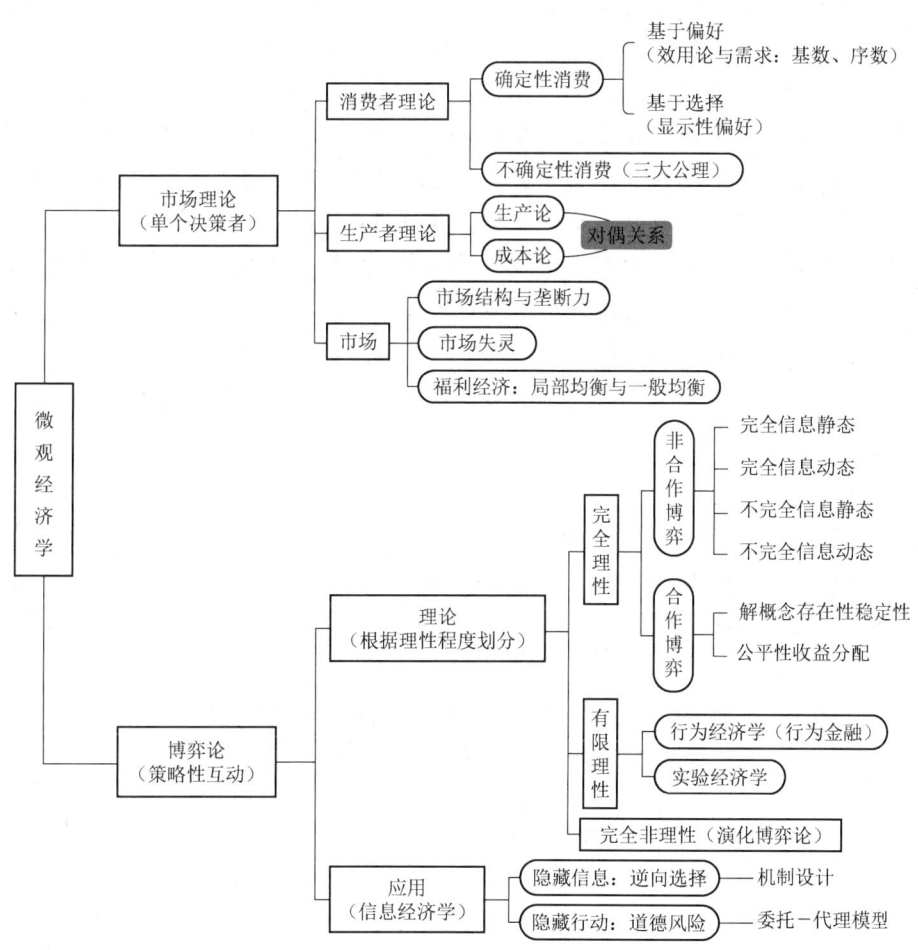

【导入案例】

"拼车"方式的选择

现在的都市人，出行可以选择的交通方式比原来又多了一种，那就是除了自驾私家车、乘公交车和坐出租车外，又有了一种新的出行方式"拼车"。

所谓"拼车"，是指几个居住相邻、出行方向相近的人共同使用一辆私家车的方式。参加拼车的人大多认为，"拼车"是一种精明消费，花很少的钱享受到了方便快捷。城市公交车太拥挤，出租车又贵，买私家车并供养之则更贵。和其他人拼车，一来可以降低出行开销（拼车的花费一般高于公交车，却低于出租车付费）；二来可以免去挤公交车的烦恼。

"拼车"方式在国内许多城市较为流行，随着城市范围扩大，在一些距离城市中心较远、交通相对不便利的住宅小区，拼车现象更是多见。随着油价的不断上涨，养车的成本不断攀升，越来越多的私家车加入到了拼车大军当中。

对于"拼车"这一方式，见仁见智。

赞成者认为，拼车行为不仅降低了有车人的出行成本，也为拼车参与者提供了出行便利，更有利于社会资源的节约和环境污染及交通拥挤问题的缓解。反对者认为，拼车人需要支付给车主一定的报酬，实际上已经属于营业性道路运输，而如果车主没有运营资格，这种"拼车"就是不合法，它会损害合法车辆经营者的利益，同时也不利于国家税收。

拼车方式是在什么样的条件下产生的呢？为什么这样的交通方式会引起完全不同的判断？一般都是什么人来参与拼车呢？他们出于什么样的目的参与其中？他们参与拼车对于自己的生活水平有什么样的影响呢？……要正确解答这些问题，需要在系统地学习微观经济学以后。

什么是微观经济学？它与经济学是什么关系？微观经济学主要研究哪些问题？它主要使用什么样的研究方法？微观经济学对于研究现实经济问题具有怎样的意义？我们为什么要学习微观经济学？这是本章的主要内容。

1.1 经济学和微观经济学

当人们提到经济学时，常常会产生许多联想：富商与穷人、股票与债券、金钱与商品、价格与预算……或许我们经常会听到国家或地区的各种经济消息，但究竟什么是经济学呢？

经济学（economics）试图解释社会中的一些现象，所以经济学和哲学、社会学等学科有相同之处，因而它是一门社会科学。但由于它有自己独特的研究对象和研究方法，因此，它又有自己独特的内容。在西方，经济学被称为社会科学的皇后。

经济学已经成为现代社会中每个人所必须具备的知识。在中国，自20世纪70年代末期以来，渐进的市场化进程中，歧见纷纭的经济学家们展示了丰富精彩的经济改革理论，使得经济学成为当今中国社会科学中最为繁荣活跃的领域。经济学与经济学家们似乎已与人们的日常生活越来越密切相关。越来越多的人自觉或不自觉地与经济学和经济学家们发生着联系。

经济学要研究哪些问题呢？实际上，迄今为止对于经济学的研究对象理论界仍有许多争论，且没有一个统一的、被所有人认可的定义。但无论大家如何定义经济学研究对象，都包含这样两个主要方面：资源稀缺性与选择。

微观经济学作为经济学的一个重要组成部分，研究微观市场领域里面单个决策者的经济行为，包括市场理论与博弈论。市场理论研究在有限资源的条件下（资源稀缺性），单个决策者如何最大化自身利益；博弈论与市场理论不同，研究多个决策者的相互影响行为。

博弈论研究了在给定经济和社会环境约束下参与者如何互相影响，并且作出自己的最优选择。当每个参与者的最优策略组合在一起就形成了博弈论的均衡概念。因此，博弈论是在给定了约束条件下，给定了博弈的时序结构、信息结构下参与人作出的最优选择。虽然可能在一次或者有限博弈中，参与者不会和对手合作；但考虑到长期或者预期收益，还是会产生合作。

1.1.1 资源稀缺性与选择

无论是单个的个人还是团体，在世界上都会面临诸多的问题，而产生问题的主要原因在于人类欲望（want）的无限性与人类所面临的资源稀缺性（scarcity）的矛盾。一方面，由于人们所拥有的时间、物品、资源无论在任何地点、无论在任何时候都是有限的，即资源存在稀缺性。同时，实际上人类所拥有的资源又具有多种用途。例如，土地可以用来耕种粮食，可以用来建设厂房，还可以用来修建高尔夫球场。一旦人们将一种资源用于某种用途的时候，就丧失了将之用于其他用途的机会。另一方面，由于人们的欲望是随着时间不断地增长的，即人类欲望是无限的。① 因此，所有的人，无论他富有与否，都会对自己已有的一切感到不满足，想要得到更多。

人类的欲望无限多样，永无止境，但社会满足人类欲望的手段即资源是有限的。无限的欲望与有限的资源之间的关系就是稀缺性。由此，我们给稀缺性下一个明确的定义：在一定时期内，相对于人类的无限欲望而言，可用于生产物品和提供劳务的资源总是不足的。

从这个定义可以看出，资源的稀缺性是相对于人类的无限欲望而言的。但资源的稀缺性又是绝对存在的，因为在任何社会、任何时代，资源都是稀缺的，只是稀缺的内容不同而已。

资源的稀缺性及它的多种用途要求人们必须作出选择，以便使有限的资源得到充分有效的利用，以使人类自身需要得到最大满足。因此，人们必须根据重要性的差异，划分出不同层次的欲望，进而予以满足。经济学就是研究个人和团体及社会如何分配其已有的、稀缺的资源来使用、生产或提供物品和服务，来满足人们无限的欲望的。或者说，经济学就是研究如何节约资源和选择资源用途的科学。经济学的研究对象正是由此决定的。简单一句话，经济学就是研究如何在各种不同的用途中对稀缺的资源进行配置、以最大限度地满足人类的无

---

① 中国古谚"人心不足蛇吞象"就是对无止境的人类欲望的最形象描述。

限多样的欲望和需要的一门社会科学。

1.1.2 机会成本与生产可能性曲线

既然要进行选择，就必然涉及取舍得失的问题，当某人决定在某种物品上多花费一些时，就必然会使其手中的钱少了一些。因而，对于其他物品的消费就相应会减少。这就是经济学家们常说的"天下没有免费的午餐"。

【新闻中的经济学】　　　　银行服务的收费问题

2006年8月4日，新华社消息，在8月4日的甘肃兰州第三届中国西部企业发展与职业经理人高峰论坛上，中国人民银行副行长吴晓灵在回答有关银行跨行查询收费问题时说，国人应该树立有偿服务的理念。她认为，所有的服务都是有成本的，服务收费是市场经济中必然出现的现象，当然，各商业银行应该在提供有偿服务的同时提高服务效率与质量，让消费者觉得花钱是值得的。花一点钱享受银行提高了的服务质量，还是不花钱而只享受低质量的银行服务呢？

人们为了得到某种东西而放弃的另一种东西就是人们作出选择的机会成本（opportunity cost）。当一个学生周末去上新东方英语课时，他就不能在同一时间去陪朋友看电影、聊天。当一个企业用一定的生产资源生产一定数量的某种物品时，这些生产资源就不能同时被使用在其他物品的生产上。当一个国家或社会使用一定的经济资源提供一定数量的军用品时，就不能用这些经济资源再同时生产出一定量的民用品来。

对于选择与机会成本概念的说明可以使用生产可能性曲线的概念。

生产可能性曲线（production possibility curve）主要用来考察一个社会怎样分配其稀缺的生产资源的情况。我们知道，任何一个社会可供利用的经济资源是有限的。对于一定时期的给定的生产资源，一个社会能够生产的产品数量也是有限的。现在假定一个社会的资源主要用来生产资本品和消费品两个用途。由于社会资源总量是一定的，因此要多生产消费品，就必须减少资本品的产量；而多生产资本品的话，又必然使消费品生产量减少。那么，一个社会应该如何把有限的资源分配使用于消费品和资本品的生产来实现社会福利水平整体的最大化呢？

设一个社会已有的生产资源一定，且只用来生产两种产品 X 和 Y。如果将全部资源用来生产 X 产品，可生产50单位，此时由于没有任何资源用来生产 Y，所以 Y 产品的产量为0；如果将全部资源用来生产 Y 产品，可生产150单位，但此时由于没有将任何资源投放生产 X，所以 X 产品的产量为0；如果将资源同时用来生产 X 和 Y，则会有各种不同的两种产品的产量组合。将 X 和 Y 两种产品的各种不同的产量组合，即一个社会的生产可能性情况，如表1-1所示。

将表1-1中数据描绘在坐标图上，便可得出一条生产可能性曲线，如图1-1所示。

图1-1中的 PP' 线即生产可能性曲线，或称生产可能性边界（production possibility frontier），也可称为转换线。生产可能性曲线是用来说明和描述在一定的资源与技术条件下可能达到的最大的产量组合曲线，它可以用来表示各种生产组合的选择。

表 1-1 一个社会的生产可能性情况

组 合	X 产品	Y 产品
P	0	150
A	10	140
B	20	120
C	30	90
D	40	50
P'	50	0

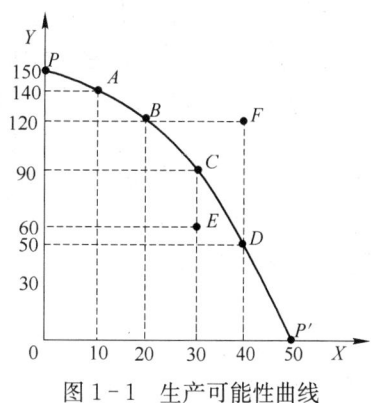

图 1-1 生产可能性曲线

图 1-1 中横轴表示 X 的数量,纵轴表示 Y 的数量,P、A、B、C、D、P' 分别表示在一定技术水平下,利用既定的生产资源所可能生产的最大数量的 X 和 Y 的各种组合,连接这些点得到 PP' 生产可能性曲线。

随着曲线上的点从 P 逐渐向 P' 移动,资源由 Y 产品的生产转向 X 产品生产,Y 产品的数量逐渐减少,X 产品的数量逐渐增加。从图中 A 点和 B 点来比较,从 A 点到 B 点,少生产了 20 单位的 Y 产品,就可以多生产 10 单位的 X 产品。因此,生产 10 单位 X 产品的机会成本就是 20 单位的 Y 产品。到底应该选择哪一点的生产方式呢?是选择 A 点还是 B 点,甚或是 C 点呢?或者是 PP' 线上的其他一点?这就是经济学所面临和必须回答的问题。

生产可能性曲线还可以用来说明社会资源的潜力与过度的问题。生产可能性曲线以内的任何一点(如 E 点),说明生产还有潜力,即还有资源未得到充分利用,存在资源闲置;而生产可能性曲线之外的任何一点(如 F 点),则是现有资源和技术条件所达不到的。只有在生产可能性曲线之上的点,才是资源配置最有效率的点。因为它说明一个社会的全部资源都得到了充分利用,不存在闲置资源和失业,社会经济达到了充分就业的状态。

从图 1-1 上可以看出,生产可能性曲线是一条斜率为负,并且凹向原点的曲线,这样的一条曲线其经济含义有如下几点。

第一,说明了资源的稀缺性。在任何经济生活中,人们都不可能无限量地生产出所有想要的产品,社会生产必然会受到经济资源有限性的制约。在经济资源和技术条件确定的情况下,一个社会所能生产和提供的物品及劳务是有限度的,它并不会随着人们的欲望而增加。

第二,任何一个社会和个人都必须作出选择。一旦决定了在生产可能性曲线上的某一点进行生产,那么就意味着决定了资源的流向和资源的配置。显然,不可能同时选择在两个不同的点上进行生产。假定一个社会的资源可用于生产资本品和消费品,如果决定更多地生产资本品,那么,社会资源就会大量地流入资本品生产上,消费品的生产就会减少。如我国 20 世纪 50 年代为了在很短的时间内进入工业化,实行了将大量的社会资源用于重工业的战略,居民消费品出现了短缺的现象。

第三,选择就要付出代价,就会产生机会成本。生产可能性曲线上任意一点的斜率代表着该产量水平上某种物品的机会成本,其斜率为负表明要增加一种产品的生产势必要减少另一种产品的产量。

第四,具有凹性的生产可能性曲线反映了机会成本递增。随着某种商品(X)的产量增加，每增加一个单位该物品产量所必须放弃的另一种物品的产量呈递增的趋势，或者说，该物品的机会成本会随其产量的增加而递增。这也就是说，生产某种产品越多，生产这种产品的机会成本就越高。为什么会如此呢？这是因为大多数资源可能更适用于某些用途，而不适用于其他用途。沿着生产可能性曲线从左上方往右下方移动，资源从 Y 产品生产中转出来并投入了 X 产品的生产，显然，最先转移那些最适用于 X 产品的资源——最不适用于 Y 产品生产的资源。但是，随着 X 产品生产的增加，从 Y 产品生产中转移出来的资源越来越不适用于 X 产品生产。

第五，生产可能性曲线可以说明资源配置的效率。如果增加某种物品产量的同时必须减少其他物品产量，则生产可能性曲线上的任意一点就隐含着资源配置是有效率的。如果增加某种产品产量的同时有可能不减少其他产品产量，就说明缺乏效率。生产可能性曲线内的任意一点均代表着资源配置是缺乏效率的。为了使整个社会有效率，就必须在不把资源从一种产品的生产中转移的情况下，决不能生产更多的任何一种其他产品。

在资源数量和技术条件不变的条件下，一个社会现有的资源可能生产的最大的产品产量组合是既定的。当该社会拥有的资源数量发生变化或技术条件发生改变时，生产可能性曲线就会相应移动。

1.1.3 经济学与微观经济学的研究对象

经济学的研究领域是很宽泛的，从单个个人到整个社会层面都有涉及。和其他学科一样，经济学也在不同的层次上展开研究。经济学领域被分为两个层次：微观经济学（microeconomics）和宏观经济学（macroeconomics）。

1. 微观经济学的研究对象

微观一词（micro）源于希腊文 mikros，是"小"的意思。可以简单地说，微观经济学就是"小"的经济学，研究的是"小"的经济单位，它从个体上观察经济。即微观经济学研究社会中单个经济单位的经济行为，考察他们的选择。所谓单个经济单位，是指组成经济的最基本的单位，包括居民户、企业。其中，居民户又分为个人和家庭，他们是产品和服务的消费者。企业又被称为厂商，是产品和服务的生产者和提供者。微观经济学通过研究单个经济单位的经济行为和相应的经济变量数值的决定，来说明价格机制如何解决社会的资源配置问题。它主要回答下列三个问题。

① 生产什么、生产多少的问题。由于人类需要的无限性与资源的稀缺性之间的矛盾，当一个社会提供一种商品增多时，就意味着能提供的其他商品的减少。因此，每个个体单位和整个社会必须准确地选择生产何种物品，以及每一种物品的产量多少，唯有如此才可能最大限度地满足人们的需要。一个企业如何回答生产什么、生产多少的问题，取决于不同的经济体制。在市场经济体制下，企业生产什么、生产多少的问题，是由市场决定的；在计划经济体制下，企业生产什么、生产多少的问题则是由计划决策部门来决定的。

② 怎样生产的问题。资源一般都有多种用途，各种资源之间大都存在一定的技术替代关系。所以，同一种产品往往可以使用多种方法来生产。比如，生产一定量的粮食，既可以使用大量的人力和少量的土地结合来生产，也可以使用大量的土地和少量的人力组合来生产。究竟使用哪种方法生产才可能使成本最低呢？显然，取决于各种生产资源的相对价格和生产效率。

假定消费者需要的产品种类、数量和资源、产品市场价格已确定，单个企业就必须考虑：在各种可供选择的生产方法中，选择哪种方法生产可以实现成本最低、效率最高。在市场经济体制下，企业选择怎样生产是由市场决定的。企业要根据资源市场价格来选择使用不同种类的资源；在计划经济体制下，企业怎样生产的问题主要由计划管理部门决定。

③ 为谁生产的问题。由于社会资源的稀缺性和物品的有限性，社会生产不可能满足全体社会成员的需要，因此生产出的产品如何在社会成员之间进行分配就是社会需要解决的第三个问题。在市场机制下，产品卖给谁，一般是根据社会各成员的支付能力来进行分配。这必然涉及不同资源拥有者获得收入的能力大小。每一个社会成员只有在获得收入的基础上才可能实现消费支付，而不同社会成员所拥有的生产资源的质与量存在许多差异。在计划经济体制下，社会分配主要是按照按劳分配原则来进行。

2. 宏观经济学的研究对象

宏观经济学是经济学的另一个重要分支。宏观一词（macro）源于希腊文 makros，是"大"的意思，它从总体上观察经济。宏观经济学是"大"的经济学，研究的是"大"的经济单位，即宏观经济学研究整个社会的国民经济，考察社会的经济总量。它研究的变量包括国内生产总值、总需求、总供给、总储蓄、总投资、总就业量、货币供给量及物价水平等。宏观经济学通过研究国民经济中各有关总量的决定及其变化，来说明资源如何才能得到充分利用。它主要回答下列两个问题。

① 如何保证和促进整个社会经济资源得到充分使用的问题。单纯的市场机制只能解决资源的最优配置问题，而对于如何使社会资源得以充分利用的问题并没有解决。比如，当一个企业根据成本和市场价格来进行生产时，该企业可以实现资源的最优使用，而对于整个社会来说，这时可能存在大量的失业现象。

② 如何确定和实现社会经济发展需要的经济增长水平问题。单个居民只根据各自的经济条件进行消费，单个企业只根据自己面临的成本和市场价格来安排生产，关心自己产品的生产、销售和利润实现，他们对于如何保证整个社会的经济持续、平稳的健康增长，显然是无法控制和解决的。

3. 宏观经济学与微观经济学的关系

从以上二者的研究对象可以看出，微观经济学研究单个经济主体的经济行为和相应的经济变量的确定，具体是研究单个企业如何把有限的资源分配到各种商品的生产上以获得最大利润，单个消费者如何把有限的收入分配到各种商品消费上以获得最大效用，研究单个商品市场和生产要素市场上的价格如何确定。微观经济学属于个量分析方法，在其研究的问题中，"生产什么"取决于消费者的货币选票，即商品的价格；为谁生产的问题取决于生产要素的价格；怎样生产取决于生产要素的价格和企业的竞争程度。而这三个问题显然都与价格机制有关，因此微观经济学以价格理论为其研究的核心，微观经济学又被称为价格理论。

宏观经济学以整个国民经济活动为研究对象，研究整个经济体系中各有关经济总量的决定及其变动，使用总量分析方法。在其研究的问题中，充分就业取决于社会的总供求均衡，即社会总量的平衡问题；经济增长问题则取决于社会资源的利用问题。这些问题显然都与国民收入相关。因此，收入理论是宏观经济学的核心理论，宏观经济学又被称为收入理论。

微观经济学和宏观经济学虽有明显的区别，但同作为经济学的不同分支，二者之间存在有明显的共同点和相互联系：① 它们都把社会经济制度作为既定的前提，二者的研究都不涉及制度因素对经济的影响，从而它们与制度经济学不同；② 它们使用的基本方法相同，主要有均衡分析法、边际分析法等；③ 微观经济学先于宏观经济学产生，其发展也较成熟，是宏观经济学产生和发展的基础。宏观经济学在不断发展过程中，对微观经济学内容的丰富也起了一定作用。

1.1.4 经济学与微观经济学的发展、演变[①]

在 20 世纪 30 年代之前，经济学理论并没有明确地区分微观经济学与宏观经济学层次。直到 20 世纪 30 年代凯恩斯《就业、利息与货币通论》（简称《通论》）的出版，才真正地将二者进行了明显的分离。

经济学从它产生到现在，大致经历过这样几个阶段。

第一阶段——18 世纪中叶到 20 世纪末的古典经济学与新古典经济学阶段。在这个阶段中，占支配地位的基本上是"看不见的手"的自由放任理念，这个阶段以亚当·斯密为代表的古典经济学家认为，在竞争环境中，个人的最大化行为会通过市场机制作用转化为一种最优化的社会状态。这一理论最终演变成了在 19 世纪占据统治地位的"生产自动创造需求"的萨伊定律。

尽管在 19 世纪 30 年代后，经济学从古典经济学走向了新古典经济学，经济学理论有了新的系统的发展，但以马歇尔为代表的新古典经济学家们仍普遍认为，市场机制与价格制度能使每个生产要素所有者得到应有的报酬，每个消费者得到最大的满足，即使在整个宏观经济的运行中，价格制度也可以起到调节作用。

这一百多年可以说是自由资本主义经济发展的鼎盛时期，垄断只是个别现象。因此，这一阶段的主要理论保持了三个传统：对垄断理论置之不理、将这个时代的垄断现象看作是国家赋予的专营特权、对垄断和勾结行为无须采取什么行动。

第二阶段——20 世纪初期到 30 年代的现代微观经济学的完善阶段。当资本主义进入垄断阶段后，现实世界中的普遍垄断的现象使得经济学理论无法对其进行合理解释，需要构建新的经济理论。资本主义在 19 世纪末和 20 世纪初进入垄断阶段，现实世界中的普遍垄断现象引起部分经济学家的关注。如 19 世纪末和 20 世纪初的马歇尔、古诺、埃奇沃思，尤其是庇古和斯拉法等，他们已经看到了垄断现象，并都对垄断理论和市场的不完全性做过较为深刻的分析研究；但他们只是将垄断作为例外来构造完全竞争和充分就业的理论框架。

20 世纪 30 年代中期，张伯伦和罗宾逊夫人分别出版《垄断竞争理论》和《不完全竞争经济学》。他们摈弃了长期以来的新古典经济学关于把"完全竞争"作为普遍的而将垄断看作个别例外情况的传统假定，提出了一套在经济学教科书中沿用至今的用以说明处在完全竞争与完全垄断这两个极端之间的"垄断竞争"的市场模式，并在不完全竞争的成因、均衡条件和社会福利效应等方面运用边际分析的方法对微观经济学进行了补充，将市场结构分成了更加符合实际情况的 4 种类型，即完全竞争市场、垄断竞争市场、寡头垄断市场和完全垄断市场，这在一定程度上扩大了微观经济学的研究范围和程度。

第三阶段——20 世纪 30 年代的现代宏观经济学建立阶段。20 世纪初期有另一些经济学家认识到了在现实世界中，市场机制存在失灵的情况，认为市场机制并不能防止和解决经济

---

① 胡代光. 西方经济学说的演变及其影响. 北京：北京大学出版社，1998.

的周期性波动和失业等不良经济现象的发生。为此，他们主张放弃自由放任政策。如庇古创立的福利经济学，尽管在总体上仍排斥政府干涉经济生活，但对自由放任的理想思想进行了激烈的批评，他提出了国家应出面校正生产外部性的主张。而缪尔达尔、林达尔、林德贝克等经济学家则秉承了瑞典学派的理论先驱威克塞尔有关国家干预经济的理论传统，以瑞典社会民主党执政半个世纪的实践经验为其佐证与支持，充分运用宏观动态的分析方法，形成较为系统的"混合经济理论"。

开始于1929年的西方资本主义经济大危机粉碎了古典经济学派与新古典经济学派关于经济可以自发实现充分就业均衡的神话。以凯恩斯为代表的宏观经济学家正是在这样的大背景下，对整体经济的运行与资源利用等问题进行了深刻的分析研究，并形成了现代宏观经济学。在《就业、利息和货币通论》中，凯恩斯第一次较为全面地分析了资源利用（即失业）的问题，并建立了一套理论体系与分析方法，提出了分析宏观经济的基本概念。这为以后的宏观经济学发展奠定了基础。"凯恩斯革命"从根本上改变了经济学家对宏观经济的思维方式。

在现代宏观经济学产生的同时，微观经济学也有新进展。如希克斯在1939年出版的《价值与资本》中提出了序数效用论，他在利用无差异曲线方法对消费者和生产者的最大化行为做出统一解释的基础上，对瓦尔拉斯一般均衡体系进行了重新表述。

第四阶段——第二次世界大战结束到20世纪六七十年代的凯恩斯主义宏观经济学发展阶段。凯恩斯虽然奠定了宏观经济学的基础，但并没有将之发展为一个完整的宏观经济学体系。这一工作主要是20世纪50—60年代由凯恩斯思想的追随者，尤其是美国新古典综合派经济学家（希克斯、汉森、萨缪尔森、莫迪尼亚尼、托宾、索洛等人）完成的。他们进一步完善了凯恩斯以总需求分析为中心的宏观经济学，在总供给分析、宏观经济学的长期化、动态化等方面做了大量工作，并把宏观经济学运用于经济政策的制定与实施上；同时他们试图将马歇尔新古典经济学与凯恩斯主义，即将微观分析与宏观分析糅合在一起，形成了新古典综合派的理论体系。也正是在这个阶段，宏观经济学真正成为与微观经济学并列的经济学分支。

第五阶段——20世纪70—80年代的新凯恩斯主义与非凯恩斯主义宏观经济学形成与发展阶段。20世纪70年代西方国家出现的"滞胀"动摇了凯恩斯主义作为正统宏观经济学的地位，凯恩斯主义内部争论激烈。非凯恩斯主义宏观经济学得到重要发展，尤其是货币主义与理性预期学派的形成与发展。这两大流派对宏观经济的运行做出了与凯恩斯主义经济学不同的分析，并提出了极为相反的政策主张，即都主张自由放任。

这一阶段宏观经济学的主要任务是力图重建自身的微观基础。例如，卢卡斯的研究显然是把整个宏观经济学建立在新古典经济学理论的基础上，新凯恩斯主义者则试图通过对工资和价格黏性现象的系统解释来给宏观分析提供一个可以接受的微观基础。在这一时期，不仅IS-LM模型一般化为一种通用分析工具，不再被视为是专用于凯恩斯主义的系统化解释，而且在它的基础上发展出了AD-AS模型。

20世纪70年代发展起来以美国的卢卡斯、萨金特、巴罗、华莱士等学者为代表的新古典宏观经济学因使用"理性预期"这一重要经济学概念并以此建立起其理论体系而被普遍称之为"理性预期学派"。"理性预期"被称为20世纪经济学的"预期革命"，对经济学理论产生了重大影响。"理性预期"作为一种宏观分析工具在经济学理论中被广泛采用。但也有许多经济学家认为只用"预期失误"或信息不完善性来解释经济周期是缺乏说服力的,他们认为就"理性预期"而言,其本身也有许多局限性和不可克服的缺陷。

第六阶段——20世纪90年代至今的各种重要的新兴理论整合阶段。"经济学界已经逐渐认识到宏观经济行为必须与其背后的微观经济学原理联系在一起;只有一套经济学原理,而不是两套。"① 这一阶段的经济学家代表是斯蒂格利茨。他们试图从微观经济学的基本模型直接推导出宏观经济学,并进而对此进行分析。实现微观经济学和宏观经济学的有机连接。他们不再固守新古典经济学的所谓"完美"程式,而是将近二三十年的许多对诸如信息、激励、道德、逆向选择等问题的经济学新研究成果纳入了研究领域,使经济学更加具有实际应用价值。他们将信息的不完善性和市场的不完全性,以及公共产品、外部性等"市场失灵"现象作为市场常态来分析,并相应提出微观经济政策。

从整个经济学的发展和演变的过程中,可以得到这样的结论:经济学始终没有停止它的发展,经济学家们不断地根据现实条件的变化,进行着深入的分析研究。而经济学中有关微观经济学的部分就是本书的主要内容。

1.2 市场的概念

从前面的论述中可知,微观经济学主要说明价格机制如何解决社会的资源配置问题。资源和产品的价格是人们进行选择时必须考虑的机会成本,因此,价格在市场中居于核心地位,起着重要的作用。

1.2.1 市场与计划

在现实生活中,产品和服务的种类以千万亿计,每个人不可能自己提供自己需要消费的每种产品和服务。因此,市场的作用就非常明显。那么,什么是市场呢?

简单地说,市场就是商品买卖之处。它是同一种商品和服务的供求双方交易的地方,或者说,它是供求共同作用形成价格的场所。

几千年来人类的市场大多是有形的市场。而随着技术发展,网络交易等新型的买卖方式的出现,市场的形式也由单一的有形变为包括有形、无形的多种形式。总体上看,任何商品和服务的买卖双方,都是一个市场。有多少种商品和服务就有多少个市场,而不论买卖双方是否在一个具体的场所进行交易。参与交易的双方通过市场上的买卖行为获得收益和满足。

市场产生的根本原因在于分工的普遍化。随着专业分工的加快,市场在不断地发展。在我们所处的市场经济社会中,绝大多数的产品和服务买卖都是通过市场来完成的。也就是说,只要有分工,人们就需要交易,只要交易发生就一定需要市场存在。

当今世界上解决资源配置的经济制度主要有两种:市场与计划。

1. 市场经济制度

市场经济制度主要指生产资源、经济决策高度分散化的经济制度。在这种经济制度中,

---

① 斯蒂格利茨. 经济学. 北京:中国人民大学出版社,2000.

主要通过市场价格机制来解决生产什么、如何生产和为谁生产的问题。具体地说，每一个消费者通过市场获得自己需要的产品和服务，以此获得相应的满足；每一个生产者通过市场出售自己生产的产品和服务，以此获得自己相应的报酬。在市场上，消费者根据不同产品和服务的市场价格调整自己的购买行为，生产者根据不同产品和服务的市场价格调整自己的生产行为。在市场上消费者和生产者的不同行为引起了社会资源的有效使用。

① 每个企业生产什么、生产多少，必须以市场为导向，即以市场供求状况为导向。如市场上某种产品，其价格过高，说明该商品短缺，供不应求。此时，很高的价格使企业产生多生产该产品的动机；但由于价格过高，消费者产生了少用或不用该产品的动机。买卖双方不同的选择，可能使产品出现供大于求。而产品供大于求，价格就会下跌。低价使得消费者产生多使用该产品的动机，企业则会有少生产或不生产该种产品的动机。

② 一旦决定生产什么、生产多少，企业就须解决如何生产的问题。多用劳动力，还是多用资本（包括机器设备）；该多用普通材料，还是用高档材料；用一般技术，还是采用较高技术，关键在于使用哪种资源生产的成本低。如果资本价格低，使用资本比使用劳动力成本较低，就多用资本而少用劳动力；如果一般技术比高技术花费高，那就采用高技术。总之，企业会尽力选择成本最低的方案进行生产。成本的降低，有利于企业提高生产效率，提高市场占有率，以获得最大利润。

③ 企业最关心的问题，是谁能买得起他们所生产的产品，也就是他们的产品是为谁生产的问题。产品价格的变动和作为收入的生产要素价格的变动，决定人们对产品愿意支付的价格水平，而人们的支付能力决定于各种集团、家庭、个人的收入情况。那些拥有资源较多，或昂贵资源的人是富裕的，能购买数量多的产品；而拥有资源较少的人是不富裕的，只能购买较少的产品。所以，价格能将产品在资源所有者之间进行分配。

2. 计划经济制度

计划经济制度通过中央计划来决定生产什么、如何生产和为谁生产的问题。每一个消费者通过计划获得产品和服务；每一个生产者通过计划安排产品和服务的生产，以此获得自己相应的报酬。即在政府部门的统一计划下实现社会资源的配置和利用。

① 每个企业生产什么、生产多少，以政府计划安排为导向，即企业必须根据上级计划来生产和提供产品，每个消费者根据政府相应计划发放的各种票证安排自己的消费。消费者和生产者都按照计划作出决策。

② 企业如何生产的问题，即如何配置资源问题，仍然要根据政府的统一计划来安排。企业在雇佣劳动力等方面没有主动权。因此，一般而言，企业没有节约成本的积极性，不利于企业提高生产效率。

③ 产品为谁生产的问题，根据政府的统一安排在全体消费者之间进行分配。

计划经济制度具有三个显著特征：① 经济行为的主要主体是政府，生产资料所有权高度集中于政府；② 高度的中央集权、政府计划和行政指令是经济运行的主要目标和手段；③ 经济结构和社会结构，包括企事业单位的组织结构、任免和分配制度、人们的生活方式和思想观念等，均服从和服务于政府计划和行政指令的需要。

当然，纯粹的计划经济制度和市场经济制度在现实中是不存在的。

应该说，两种经济制度各有利弊。从20世纪的全球总体经济情况看，市场经济制度优于计划经济制度。正是基于这样的原因，我国在20世纪80年代后，尤其是90年代后转向了市场经济制度。①

1.2.2 市场循环

在市场机制下，企业和消费者如何进行交易呢？通过市场循环图可以对此进行分析。图1-2中所表示的是一个两部门市场循环经济②模型，它基本上概括了价格机制在市场经济循环中所要解决的基本经济问题。

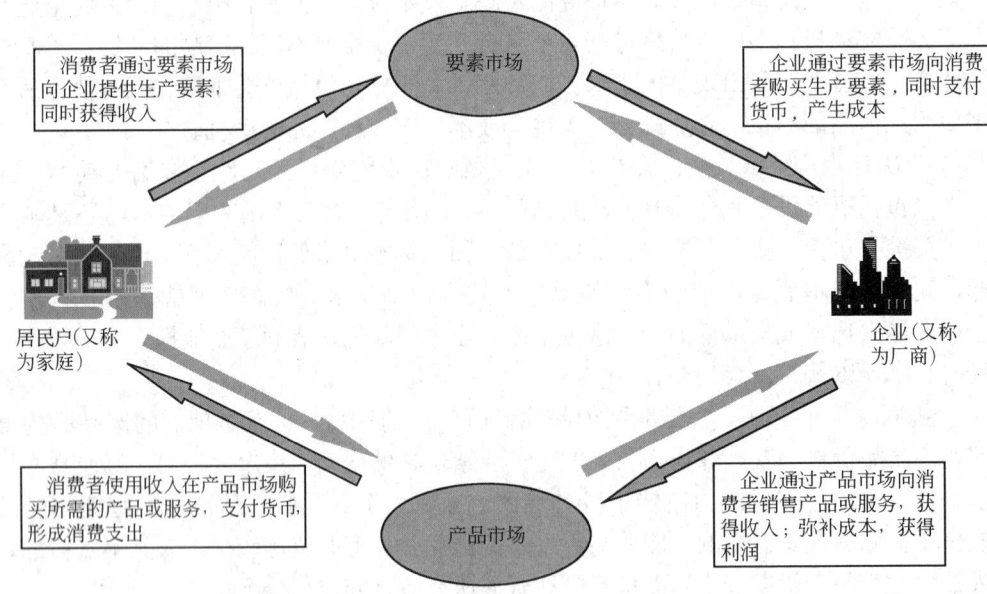

图1-2 两部门市场循环经济模型

图1-2的下半部分说明的是产品市场的基本经济问题。位于左边的居民户作为消费者，在产品市场上通过一定量的支付才能够获得自己需要的产品和服务。在消费的过程中，消费者追求满足最大化，因此消费者在购买产品和服务时，会根据自己的收入状况，考虑不同产品和服务价格，以及自己对不同产品和服务的需求程度来确定自己的购买行为。位于右边的企业通过销售产品和服务获得相应的报酬，获得的报酬除了弥补提供产品和服务所花费的成本之外，还构成了企业的利润，企业在生产和销售的过程中追求自己的利润最大化。为此，企业要尽力去生产和提供消费者所需的产品和服务，如果企业生产的产品不被消费者所需要，则其成本就可能得不到补偿，利润也就无从实现。

图1-2的上半部分说明的是生产要素市场的基本情况。企业需要先在该市场上购买生产中需要的生产要素，然后才能生产并提供一定的产品和服务。企业只有在支付了相应的要素报酬后，居民户才会向企业提供自己拥有的生产要素。居民户通过向企业提供自己的要素获得相应的要素收入，以保证自己在产品市场上的购买，进而在自己的消费过程中得到最大

---

① 我国实行的是社会主义市场经济体制，它与西方发达国家的市场经济体制是有区别的。
② 两部门经济主要是指假定经济社会中，主要的经济单位就是企业和家庭；如果经济单位有企业、家庭和政府则被称为三部门经济。对三部门经济的分析不在微观经济学范畴之内。

的满足。

在居民户消费和企业生产的过程中，不需要政府进行干预，政府只作为为消费者和企业提供各种市场服务的主体。① 这是因为，"每个人都在力图应用他的资本，来使其产品能得到最大的价值。一般来说，他并不企图增进公共福利，也不知道他所增进的公共福利为多少。他所追求的仅仅是他个人的安乐，仅仅是他个人的利益。在这样做时，有一只看不见的手引导他去促进一种目标，而这种目标绝不是他所追求的东西。由于追逐他自己的利益，他经常促进了社会利益，其效果比他真正想促进社会利益时所得到的效果为大"②。这里，"看不见的手"就是市场机制。

在市场机制中，无论是在产品市场还是在要素市场上，每个市场上的企业根据市场价格调整自己的生产，消费者根据市场价格调整自己的消费，这样企业都能将自己的产品卖出去，消费者都能买到自己需要的产品。也就是说，每一种产品和要素市场都不会有过剩和短缺的情况出现，每个市场就都出清了。

微观经济学主要研究两个市场：产品市场和要素市场的均衡情况。在第2~8章主要分析有关产品市场；第2、3章分析消费者的需求和消费者的选择理论；第4、5章分析一般生产者的生产函数和长短期成本情况；第6、7、8章则根据不同的市场结构对生产者的不同行为进行分析。在第9章的有关要素市场分析中，分别从作为生产要素需求者的企业、作为生产要素供给者的消费者两个角度对要素市场进行分析。在第10章的一般均衡理论中，将要素与产品两个市场结合起来进行分析。从理论上看，如果市场是充分的，市场机制自然会实现经济效率，无须干预。但现实生活中，能够实现经济效率的完全竞争市场是不存在的，因此市场经常会出现失灵的问题，第11章，对市场的失灵情况进行了分析，并提出相应的微观经济政策。第12章，给出了博弈论及其他分支的分析框架与基本思路。

1.2.3 微观经济学的假定前提

要保证消费者与企业这些单个经济主体都能实现市场机制下各自的自身利益最大化，需要有一定的假定条件。这个假定前提条件在微观经济学中就是：消费者和企业都是"经济人"。

"经济人"最早是由亚当·斯密阐释的。他在《财富的性质和原因的研究》（简称《国富论》）中说："人类几乎随时随地都需要同胞的协助，要想仅仅依赖他人的恩惠，那是一定不行的。他如果能够刺激他们的利己心，使有利于他，并告诉他们，给他做事，是对他们自己有利的，他要达到目的就容易多了。不论是谁，如果他要与旁人做买卖，他首先就要这样提议。请给我东西吧，你也可以获得你所要的东西，这句话是交易的通义。我们所需要的相互帮忙，大部分是依照这个方法取得的。我们每天所需要的食品和饮料，不是出于屠户、酿酒家或烙面师的恩惠，而是出于他们自利的打算。我们不说唤起他们利他心的话，而说唤起他们利己心的话。"③ 后人将斯密的这一思想归纳为"经济人假定"。

自《国富论》面世，经济人假定就一直被作为支撑经济学大厦的基石，是经济分析的一个基本假定。经济人假定是对经济社会中从事经济活动的所有人的基本特征所作的一个一般

---

① 现代经济理论中，政府也是消费者。
② 斯密. 财富的性质和原因的研究：上卷. 北京：商务印书馆，1997：13-14.
③ 同②：13-14.

性的抽象假定。

经济人假定认为，人都是追求利益的，也就是说，每个从事经济活动的人都是利己的。这一假定所包含的基本内容是：第一，"经济人"具有自利性，即追求自身利益是驱使人的经济行为的根本动机；第二，每个人参与经济活动的目的在于寻求个人利益最大化；第三，在遵守市场秩序前提下，个人追求自身利益最大化的自由行动会在一只"看不见的手"引导下无意却有效地增进社会公共利益。

对于"经济人"的理论假定，是在不断地完善和发展的。穆勒将"经济人"定性为会算计、有创造性并能寻求自身利益最大化的人。这个有关"经济人"的认识含有了人的"理性"假设。所谓"理性"，是指人能够通过成本—收益或趋利避害来对其所面临的一切机会和目标及实现目标的手段进行优化选择。至此，"经济人"假定被更概念化地表述出来。

人们要实现利益最大化必须对所有各种可能的选择后果有完全的了解、掌握，但这样的条件是无法实现的。因此，西蒙提出了有限理性的观点。① 他认为，由于人的理性是有限的，"经济人"实际上所寻找到和获得的并不是最优的决策和个人利益的"最大化"。

后来的制度经济学家在接受了"经济人"观点的基础上，对其进行了补充，他们认为，人们自利不光是为了追求物质财富和享受，也为了追求非物质财富和享受，人们不光有利己行为，还有利他行为，当然他们同时又认为，利他行为产生于利己动机。

对"经济人"假定做出突破和发展的，还有美国芝加哥学派的加里·S. 贝克尔、M. 弗里德曼和罗伯特·卢卡斯等人。他们对传统的"经济人"作了重新解释，认为人并不是自私自利的怪物，而是有理性的个体；经济活动中的人，所追求的利益是根据自己的价值观念所定义的利益行动。他们用重新诠释的"经济人"假定来解释人的行为，尤其是运用"经济分析"解释了人类行为的许多方面，解释了大量存在且最有代表性的社会现象，进而开阔了经济学视野，丰富了经济学的内容。

令人值得关注的是，一些经济学者试图将更为复杂的人类行为分析融入经济学理论，对有完全理性决策能力的同质"经济人"假定进行了更新的突破与发展。②

在微观经济学中，为了分析的便利，我们仍以"经济人"假定作为分析前提，仍将"经济人"的理性视为与其自身利益最大化等同，"经济人"是自身利益最大化的追求者。无论是在产品还是要素市场上，消费者与企业都是在市场机制下追求各自自身利益最大化的理性行为人。

1.3 经济学与微观经济学的研究方法

微观经济学的研究主要分成两部分：市场理论与博弈论，前者主要研究单个决策者的利益最大化问题，后者则主要研究多个决策者的相互影响问题。市场理论从理性经济人假设出发，认为每一个决策者都是在一定的约束条件下最大化自己的利益，因此市场中的每一个决

---

① 西蒙. 管理行为. 北京：北京经济学院出版社，1988：79.
② 2002年的经济学诺贝尔奖得主丹尼尔·卡尼曼、阿莫斯·特维尔斯基和理查德·塞勒作为行为经济学者，在经济人研究领域富有创见，具有代表性。

策者在实现自身目标的同时是否实现了整个市场经济的效率，就成为市场理论的一个核心问题。

对于消费者的研究主要集中在经典需求研究和萨缪尔森的显示性偏好研究，前者通过给定偏好的一些性质，如理性偏好性质（完备性与传递性），然后利用效用函数存在定理给出偏好的数学描述，给定预算约束得到具备很好性质的经典需求；后者则是建立在现实需求之上，萨缪尔森认为现实的需求背后揭示的就是消费者的偏好，无须构建虚无缥缈的效用，因此如果现实的需求具备了经典需求的性质，那是否意味着显示性偏好与理性偏好的等价呢？这正是可积性问题所需要解决的，问题的答案就是支出函数的二阶偏导矩阵满足对称性，但这在现实中还是很难实现的。对于生产者的研究还是集中在利润最大化问题上，因为利润主要是由收益减去成本得到，所以当把成本固定下来，生产者都是价格接受者时，仅仅需要最大化产量就可以，这就是生产论；也可以把产量固定下来，那就需要最小化成本，这就是成本论。因此，生产论与成本论仅仅是为了实现同一个目标而采取的两种不同路径，也就是对偶问题。

亚当·斯密提出了"看不见的手"，认为市场中的每一个决策者追求自身利益最大化的过程一定能实现整个市场的福利最大化，也就是市场的竞争效率一定能实现社会最优，这正是福利经济学第一定理；反过来，福利经济学第二定理认为社会的最优在决策者具有凸偏好假设下，一定能通过一个竞争性市场去实现。但是现实的市场存在垄断、外部性、公共产品、寻租、搭便车、信息不对称等因素，所以存在市场失灵是必然的。

博弈论从理论与应用上给出了多个决策者策略的相互影响分析范式。理论上根据参与者的理性程度分为完全理性、有限理性、完全非理性。完全理性根据参与者是否合作分为合作博弈论与非合作博弈论；有限理性探讨现实中的参与者，既不是完全理性，又不是完全非理性，主要研究领域是行为经济学与实验经济学；完全非理性则完全超脱了人的分析范畴，讨论植物与植物、动物与动物之间的博弈关系。不过总体而言，博弈论在理论上分析的哲学范式都是给定参与者的偏好参数空间（偏好、效用等），给定了博弈的结构（时序结构与信息结构），去讨论形成的均衡。所以，均衡在博弈论中是一个极为重要的概念，它描述了一种状态，在这种状态中每个参与者都不会因为对方行动的改变而改变自己的行动。

合作博弈论探讨两方面的问题。第一是合作的双方在什么时候合作，以及合作的稳定性，它的解概念有核、中心核、稳定集等；第二是合作产生的收益双方如何进行公平性分配，一般使用的是夏普里值，考虑每一个参与者对每一联盟的边际贡献作为其在整个联盟中重要性的衡量。非合作博弈论则是根据博弈的时间顺序与信息结构分为4种情况：完全信息静态博弈，完全信息动态博弈，不完全信息静态博弈，不完全信息动态博弈，都是在不同的情形下讨论不同的均衡概念而已。

博弈论的应用上主要包括两方面：隐藏信息与隐藏行动，可以统称为信息经济学或合同理论。这部分研究的思路和理论上有所不同，虽然也是给定参与人参数空间，但是这部分是首先给出目标函数，类似于均衡的概念，去寻找或者设计一个博弈的结构，去实现目标，当然需要设计时序结构和信息结构。隐藏信息是指参与者之前具有信息不对称，也就是拥有私有信息，需要设计机制去揭示信息，当然也会付出一定的信息成本，这部分解决的思路就是机制设计。隐藏行动是指参与者的行动可能无法观察，这就存在道德风险问题，需要通过委托-代理模型去解决其中的参与约束与激励约束问题。

亚当·斯密的"看不见的手"强调了个人的理性行为能带来整个社会福利的最大化,博弈论中囚徒困境恰恰推翻了"看不见的手"。因为在囚徒困境中,每个囚徒追求自己的利益最大化,形成的均衡结果中社会福利并没有实现最大,存在帕累托改进,同时如果在长期重复博弈中,贴现因子足够大时才能实现社会的最优。可见,每个人在实现自身利益的同时,如果不考虑对方的利益,仅仅只是考虑自己和对方策略行动的相互影响时,不容易形成社会福利的最大化。因此,在现实社会生活中不应该仅仅考虑其自然属性,只有同时考虑到社会属性时,才能促进整个社会的进步和发展。

微观经济学是运用一定的方法来研究资源配置问题的。主要的研究方法有实证分析与规范分析方法。用实证分析方法研究经济问题的称为实证经济学;用规范分析方法分析研究经济问题的称为规范经济学。

1.3.1 实证分析与规范分析

实证分析方法是指描述经济现象"是什么"及经济问题如何解决的方法。用实证方法来分析经济问题,旨在揭示有关经济变量之间的关系。它是从客观存在的经济现象出发,提出解释经济现象的假说模型,并根据这一假说模型来研究各个经济变量之间的相互关系,对经济行为进行预测的一种方法。实证分析的特点是:说明"是什么"的问题;有客观性,结论可以用事实来检验。

规范分析方法是研究经济活动"应该是什么"及经济问题应该如何解决的方法。规范分析方法以一定的价值判断为基础,用规范方法来分析经济问题,旨在说明有关经济变量之间的关系是否符合价值判断的问题。它是从主观价值判断出发,提出说明经济现象的准则,并根据这一准则来说明和论证各个经济变量之间的相互关系是否符合主观准则,并考察经济行为如何符合准则的一种方法。其准则是经济理论分析和制定经济政策的依据,通常是站在一定利益集团的立场上提出来的。规范分析法的特点是:回答"应该是什么"的问题;无客观性,无法用事实来检验。

实证分析与规范分析具有明显的区别。第一,实证分析所研究的内容具有客观性,所提出的理论可以进行验证;规范分析所研究的内容则具有主观性,是从一定的准则出发,对经济现象进行是非对错的判断。第二,实证分析是在既定的假设条件下对经济现象发生过程进行的研究,可以通过各种方式进行检验来判断结论是否正确;规范分析则是在一定的准则前提下,对经济现象发生的结果进行研究,并通过对其结果的判断进而对假设条件进行判断,并据此作出是非善恶的判断。

实际上,实证分析与规范分析是紧密相关的,对于任何一个经济现象,如果我们要对其进行恰当的判断,就必须确切地了解其中的真实情况。因此,实际上,每一个规范分析都是以实证分析为基础的,实证分析要以规范分析为指导。而实证经济学中包含着价值判断,古典的经济学正是产生于道德哲学。一般而言,分析的目标层次越高,研究就越具有规范性;分析的层次越低就越具有实证性。

下面以分析大学收费对学生就学的影响为例,来说明实证分析和规范分析两种方法的区别。

假定其他条件不变,大学费用提高,增加了学生上大学的成本;大学费用降低,降低了学生上大学的成本。大学费用与学生上大学的成本之间这种关系的描述使用的就是实证分析方法。

如果大学费用上升，使部分家庭收入较低的学生难以负担，他们就会选择退学，学生退学增加将会不利于整体国民素质的提高，政府应该采用政策来帮助他们吗？必须考虑政府的主观判断。是选择出资将其大学费用包了还是选择让银行贷款帮助他们完成学业呢？如果选择政府出资政策，国民需要承受政府高开支的赤字带来的经济压力；如果选择银行贷款政策，又可能使银行出现呆坏账……到底应该采用什么政策合适呢？显然考虑到了价值判断，这样的分析就使用到了规范分析方法。

1.3.2 实证分析的工具

微观经济学在进行实证分析时，使用了许多实证分析工具。实证分析的工具主要有以下几种。

1. 局部均衡和一般均衡

经济学中均衡的概念来自物理学上的均衡，19世纪末经济学家马歇尔把这一概念引入经济学。经济学上的均衡是指经济中各种对立的、变动着的力量处于一种力量相当、相对静止、不再变动的状态。均衡分析是分析各种经济变量之间的关系，说明均衡的实现及其变动。

微观经济学上的均衡分为局部均衡和一般均衡。

局部均衡是指在一个经济体系中，其他的条件不变时，单个消费者、市场、厂商或单个行业的均衡状态；一般均衡是指在所有的经济变量相互作用下形成的一种均衡状态，这种理论是瓦尔拉斯提出的，他认为，商品的价格是由所有其他商品的价格联合来决定的。一般均衡分析是指（与局部均衡分析相反）把各种市场和价格的相互作用都考虑进去的分析。

局部均衡分析是在假定其他市场条件不变的情况下，孤立地考察单个市场或部分市场的供求与价格之间的关系或均衡状态而不考虑它们之间的相互联系和影响；一般均衡分析是指在承认供求与市场上各种商品价格和供求关系存在相互关系和相互影响条件下，分析所有市场上各种商品的价格与供求的关系或均衡状态。

一般而言，如果一种商品价格变动与其他商品价格变动相互影响较小，就比较适合采用局部均衡分析的方法，局部均衡分析应用于分析个别商品的价格决定等；如果某一市场的商品价格受其他商品价格的影响较大，就应采用一般均衡分析的方法。

2. 静态分析和动态分析

静态分析是指只分析任一时点上某一经济变量与有关的经济变量达到均衡状态的条件。这种分析法撇开了时间因素。如第2章中的供求分析就是一种静态分析。静态分析法是以客观经济现象所表现出的数量作为分析对象，判断被研究的对象是否符合经济均衡状态的要求和条件，对其是否符合均衡条件的原因进行分析的一种分析方法。

比较静态分析是指对两个时点上的某一经济变量与有关的经济变量所达到的均衡状态的条件进行比较分析。这种分析同样也不考虑时间的因素。如第2章的供求变化引起的均衡点的变化的分析使用的就是比较静态分析。

总之，静态分析法是以客观经济现象所表现出的数量作为分析对象的，判断被研究的对象的哪些条件发生了变化，将变化前后的结果进行比较分析。动态分析是指把经济现象的结果当作一个连续的过程来分析，分析单个变量怎样随时间变动而变化。这种分析涉及时间因素引起的变动。如第10章中要分析的一般均衡理论就使用了动态分析的方法。动态分析是一种时间序列分析，它研究经济现象的发展变动过程。

3. 定性分析与定量分析

定性分析主要分析经济变量的性质及其内在规定性与规律性。

定量分析主要分析经济变量之间的关系，数学在微观经济学中是非常重要的分析工具。微观经济学中定量分析方法主要有这样几种。

（1）经济模型

模型与模型方法在整个科学领域都有着普遍而广泛的运用。经济模型是一种分析方法，是用来描述和研究与经济现象有关的经济变量的。经济模型是经济理论的简明表达。

经济模型是指经济理论的数学表述。它用抽象的方法极其简单地描述现实经济社会的情况。现实经济社会的情况非常复杂，是由各种主要变量和次要变量构成的，因而需要将次要的因素排除出去，才能进行严格的分析研究。首先，通过作出某种或某些假设，排除一些次要因素，然后建立起模型。通过已经建立的经济模型对假设所设定的特殊情况加以分析。经济模型本身可以用图表、文字或方程来表示。

经济模型的分析与表达方法主要有：普通文字描述、算术式、简单几何及代数式。这些简单的不同的分析方式可以相互译通。

（2）边际分析

边际分析（marginal analysis）是现代微观经济学中很常用的一种分析方法。

边际的含义是指函数的变化率，它是研究自变量与因变量之间的增量比例关系。边际分析可以用微分求极值的方法来寻求最大限度满足目标时的自变量值。实质上，"边际"就是一阶导数，边际分析实质上就是将微分学引进了经济学。①

边际分析法的数学原理很简单。对于离散情形，边际值为因变量变化量与自变量变化量的比值；对于连续情形，边际值为因变量关于某自变量的导数值。所以，边际的含义本身就是因变量关于自变量的变化率，或者说是自变量变化一个单位时因变量的改变量。在微观经济学理论中，经常考虑的边际量有边际效用、边际成本、边际产量等。

（3）增量分析

增量分析是边际分析的变形。增量分析是分析某种决策对收入、成本或利润的影响。这里"某种决策"可以是变量的大量变化，包括离散的、跳跃性的变化，也可以是非数量的变化，如不同技术条件、不同环境下的比较。在管理决策中应用边际分析法相当于建立了一套有利于决策的评价体系。

1.4 微观经济学的实用性

经济学家们用了二百多年时间来发展、完善微观经济学的理论体系。微观经济学具有强烈的实用性，是为现实服务的。

微观经济学被广泛地引入社会科学的许多领域，用来研究个体和社会的各种决策行为。因此，微观经济学对于每一个人来说，都有学习和研究的必要。

---

① 将微分学引进了经济学，导致了西方经济学一次时代的革命，史称"边际革命"。

第一,学习经济学(包括宏观经济学和微观经济学)有助于进一步深入学习。从理论上讲,微观经济学是经济学的一个重要分支,是其他经济学研究领域(如国际贸易、国际金融、会计学、管理学、财政金融学、证券期货、产业组织、技术经济、区域经济、经济法学、劳动经济学、信息经济学、发展经济学、制度经济学、演化经济学、实验经济学等)的基础,对于希望广泛学习专业知识,进一步深造的学生而言,学习微观经济学显然是非常必要的。

每个企业和家庭、个人都不可能独立地、不受任何他人影响地完成生产和消费。在当今开放的世界,每个企业和个人不只是要与本国的企业和家庭、个人相互发生联系,而且与国外的企业、家庭和个人发生联系。因此,国与国之间的贸易行为是企业和家庭、个人日常经济行为中非常重要的一个部分,企业使用的资源会有部分是国外的,其产品销售也会有部分出口;消费者也会消费部分国外产品,或自己出国就业等。所有这些都需要我们掌握国际贸易、国际金融的知识,而国际贸易学和国际金融学是以微观经济学为基础的。所以,为了将来更好地学习这些课程也需要学习微观经济学。

第二,学习经济学有助于我们更好地了解和理解我们所经常面对的各种事件。升学与就业是什么关系?贸易战与双赢是如何产生的?学校食堂与学校周围小饭店之间存在怎样的联系?为什么学校提供比较便宜的住宿条件,一些学生还是要到校外花更多的金钱去居住?为什么拼车这样的事情就自发形成了?为什么交通越来越拥挤?为什么住房问题被广泛关注……凡此种种出现在我们身边的社会现象,在学习经济学理论后就可以理解。尽管经济学不可能解决所有的问题,但至少可以给我们非常重要的启示。

第三,学习经济学有利于我们把握自己的生活。我们每个人会经常面临各种各样的选择,从来没有学习过经济学的人们可能会认为选择什么样的生活似乎不是自己的选择,而是由所谓的命运决定的。比如,都是大学毕业,有的人就业容易,有些人相对就业困难;一些单位收入高,其他单位收入就低;有些人很富裕,另一些人很穷,为什么会出现这样的就业、收入差别呢?在学习了经济学后,你就会了解就业问题取决于宏观经济环境和微观个体的差异,微观个体的差异又取决于个体所拥有的不同的资源条件。

第四,学习经济学有利于我们实现远大志向。面对失业、失学、饥饿、贫困、腐败、犯罪等社会问题,每一个有良知的人都希望尽自己的力量来解决这些问题。但如果我们不能了解社会问题产生的原因,就不能对症下药,就可能使自己的努力付之东流。因此,需要我们认真学习经济学。又因为我们每一个人拥有的时间和能力是非常有限的,所以就必须根据自己的情况进行不同职业和志向的选择,唯有如此,才能将自己拥有的资源更好地加以利用,活出精彩来。

第五,学习经济学有利于企业获得利润。从企业角度来讲,企业生产什么、生产多少、如何生产等问题是非常重要的,企业只有将这些问题很好地解决,才能在日益激烈的竞争中站稳脚跟,才能不断地根据市场需求安排生产和获得利润,才能不断地向前发展。管理学家西蒙认为"管理就是决策"。从这个意义上讲,企业管理者在掌握管理学的基础知识前必须对微观经济学有比较完整的学习,这样才可以更好地学习企业的管理。管理学、管理经济学、人力资源管理、消费者行为等理论是管理学专业的必修课程,而这些课程又是以微观经济学作为基础理论的。

从实践上看,微观经济学用来指导企业决策行为。对于企业而言,微观经济学中的成本和收益分析、厂商定价理论、资本等理论可以用来指导其投资决策与生产、销售决策。而微观经济学中的有关机会成本的分析相对于会计成本而言,对于企业相关经营管理人员的决策具有更为积极的指导意义。

第六,学习经济学有利于家庭和个人制定合理的消费决策。消费是每个人都不能回避的问题。自己的需要是什么,如何来进行轻重缓急的消费安排是人们经常需要解决的问题,因为对于绝大多数人来说,收入和时间是非常有限的。当家庭和个人拥有的收入和时间有限时,他们必须进行选择来安排自己的经济行为。比如,目前来看,接受教育的费用是不断增加的,人们应该继续接受正规的学校教育,还是放弃进入学校先工作然后来进行学习呢?这是每一个中学毕业生必须解决的问题。类似的问题对个人和家庭都非常重要,需要加以很好地解决。对于消费者来说,微观经济学中有关消费行为选择理论可以对消费者的合理消费进行指导。

最后,政府管理部门需要学习微观经济学的相关理论,因为微观经济学对于政府的决策行为也具有重要的指导作用。政府的一些经济决策如果能科学、恰当地应用微观经济学知识,就可能减少决策的盲目性。例如,地方政府在决定多修建公路还是多修建飞机场时,需要用到微观经济学中的分析方法、无差异曲线和成本分析等理论。政府的经济政策应该根据经济规律来制定,因而没有正确的经济理论就无法制定出正确的经济政策。经济政策是经济理论的具体应用。

本 章 小 结

1. 经济学是研究人类欲望无限性与资源稀缺性矛盾下选择的理论。每个人和每个社会对产品和服务有无限欲望。但不幸的是,用来生产产品和服务的资源——生产要素是非常有限的,是稀缺的,因此人们就必须根据重要程度的不同来选择先满足哪些欲望,用什么方法来满足。经济学理论为解决这些选择提供了工具。

2. 经济学分为两个层次:宏观经济学和微观经济学。微观经济学主要研究单个经济单位(单个家庭、单个企业等)的经济行为,它要说明价格如何配置资源。价格理论是微观经济学的核心。宏观经济学主要研究整个社会的经济行为。国民收入理论是宏观经济学的核心。

3. 经济学中最基础的概念之一是机会成本。机会成本告诉我们,任何选择都是有代价的。机会成本是当人们作出选择后所放弃的东西。生产可能性曲线的斜率可以度量机会成本的大小。一般而言,随着某种商品生产的增加,其机会成本是递增的。

4. 每个社会都面临选择的问题,都在一定的经济体制下进行生产和消费。就目前世界来看,主要有市场与计划两种体制。在不同的体制下,企业生产什么、如何生产、为谁生产等问题由不同机制所决定。

5. 微观经济学主要使用的研究方法有:实证分析与规范分析、局部均衡分析与一般均衡分析、定性分析与定量分析等方法。微观经济学是许多专业课程的基础课程。

6. 微观经济学的经济人假定主要是指经济行为主体在进行决策时,总是从利己的角度出发追求个体利益最大化。

知识拓展

（理论前沿）西方微观经济学的发展[①]

微观经济学假定经济行为个体是分散决策的理性人及完全竞争和完全信息。经济学家对微观经济思想变动与完善主要局限于上述传统微观经济学目标与假定范围内的贡献被视为徘徊，而把突破上述局限的贡献视为发展。

微观经济学在以下一些问题上获得了发展。

（1）对不确定性的研究。不确定性是与市场经济相伴而生和发展的。随着现代市场经济的发展，对不确定性的研究为微观经济学的发展提供了契机。奈特认为不确定性是经济行为人面临的直接或间接影响经济活动而又无法准确观察、分析和预见的外生或内生因素。正是不确定性的存在，一部分行为人才会努力获取信息以寻求获利机会。凯恩斯吸收了奈特的思想，认为大多数经济决策都是在不确定的条件下作出的。继凯恩斯之后，不确定性分析逐渐向微观经济学各部分渗透。第一，不确定性分析与信息经济学的成长相结合。阿罗分析了不完全市场与经济行为人信息不对称问题，认为只要经济中存在不确定性，就会有通过获取信息减少不确定性的可能性。第二，在契约理论中，不确定性决定了经济契约的不完备性。第三，新制度经济学吸纳了不确定性假设作为其理论体系的基础。认为制度是通过设定一系列规则以减少环境的不确定性，从而弥补人们的有限理性给有效选择带来的困难。第四，博弈论的两个核心假设分别为信息的不完全性和不确定性假设。豪尔绍尼把不确定性分析引入了博弈论，其后，克雷普斯把信息不确定性引入了动态博弈论中，推导出动态对策均衡解。

（2）博弈论的引入与信息经济学的发展。奥斯卡·摩根斯坦最早清楚而全面地认识到必须考虑经济行为人决策的互动性质。在《经济论著》一书中，他描述了少数权势人物的行为能够影响均衡结果的情形。他与冯·诺伊曼合著的《博弈论与经济行为》的目的是为理性人之间的策略互动过程提供一种形式化的一般理论。在冯·诺伊曼和摩根斯坦的成果的基础上，约翰·纳什引入了合作博弈和非合作博弈的区分，并为非合作博弈定义了被后人命名为"纳什均衡"的一般性的解的概念，为现代博弈论奠定了基础。海萨尼把博弈分析拓展到不完全信息博弈，从而为理性行为的分析和信息经济学的发展开辟了新的局面。博弈论真正成为微观经济理论的重要组成部分。博弈论的运用包括不完全竞争、市场均衡、谈判、产品质量、保险、委托-代理关系、歧视、公共产品等微观领域，并已扩展到宏观经济学。甚至，有些经济学家还试图以博弈论语言重建整个微观经济学。

引入博弈论方法以后，微观经济学已经可以对人与人之间的互动关系进行直接的研究，从而使理论更贴近现实。特别地，博弈论表示，如果人们要达到某种目的，最重要的是要设计出一种"激励相容的机制"，这样才能实现个人理性与集体理性的一致，从而能重建阿罗和斯蒂格勒在20世纪60年代就已引入微观经济学的不完全信息和不对称信息的分析基础，这引发了一场"新信息经济学"的革命。其中，机制设计、委托-代理理论、契约理论、道德风险已成为当今经济学的前沿问题。

（3）对分工思想的重新发掘。斯蒂格利茨建立了一个动态模型，解释生产的专业化和学

[①] 石奇，尹伯成. 西方微观经济学的徘徊与发展. 经济学动态，2002（5）：60-64.

习的专业化为何能促进经济增长。他指出,在实践中学习和专业化的学习都需要付出时间,而且这种时间在人与人之间不可替代,所以对专业化分工的经济而言,学习时间的规模是有限的。之所以需要劳动分工,就是因为存在学习时间规模的有限性。这一思想将专业化经济与规模经济相区别,成为解决规模报酬递增与分权市场之间冲突的重要思路。

卢卡斯建立了一个复杂的动态模型来解释劳动分工对经济增长的影响。卢卡斯认为,人力资本概念的提出实际上是被用来概括人们解释不了的因素。

(4) 企业理论与产权经济学。新古典经济学企业理论研究把厂商当作一黑箱,运用边际分析方法,把企业当成行为方式与消费者完全一样的消费者来研究。在这里,没有交易成本,没有外部效应,人人具有完全理性、完全信息和完全合同,谁也不会违背参与市场的条件,谁都处在不损害他人就无法再获益的帕累托有效状态。科斯首先对这种理论提出责难,开启了对企业基本问题研究的新阶段。科斯正确指出了企业实质上是对价格机制的代替,其所以出现是因为有些经济活动在企业内进行比在市场上进行其交易成本更低。

作为对现实的逼近和对新古典经济学的修正,不完全竞争理论和博弈理论引入了市场力量、不确定性和对策行为。外部性理论和信息理论引入了外部效应、科斯定理、搭便车、公共选择、逆向选择和道德风险等诸概念。交易费用经济学则引入了有限理性和机会主义契约人、交易特性和交易治理等概念。

像经济学家一样思考

现在让我们回到本章的开篇案例,看一看经济学家是如何看待这一问题的。

经济学家的分析:

在导入案例中,都市上班族每天要面临交通的问题,他们面临的选择有几种:骑自行车、乘公交车、乘出租车、自己开私家车和拼车等方式。骑自行车只能是家庭住地与上班单位距离相对比较近的那部分人可以考虑,而现在随着城市的不断扩大发展,家庭住地与工作单位距离总体上是越来越远的,因此这种交通工具的使用对于大多数上班族不适用。而乘公交车又非常拥挤,且一般没有座位,对于上班忙碌的人来说,在路上往往希望能稍微休息。此外,公交车因为需要在不同的站停靠,这样需要的时间也相对长。如此看来,这种方式的选择也是不合适的。乘出租车则可以避免拥挤,且比较舒适、快捷,但若常年以此方式作为主要的交通工具,费用相对比较昂贵。而拥有自己的私家车所需要花费的代价就更大了,因为不仅购车需要一笔巨大的开支,而且每年需要一定的保养和停车费用,再加上每回出行需要的汽油费用,这都需要有相当大的费用支付,也不是一般上班族可以承受的。

从上面的分析可以看出,正是上班族拥有的货币收入和时间的有限性与他们对舒适、省时的需要的矛盾导致了他们必须进行选择的问题。而要在自己有限的收入和时间限制的条件下,尽力去实现舒适和省时的目的,就要在这几种方式中进行选择。由此,人们自发地形成了拼车一族。他们发现,在拼车的方式中,由几个路途相近的、家庭住址靠近的人共同使用一辆车,一方面可以降低每回出行的交通费用,另一方面又可以节约私家车拥有者的费用开支,还可以满足自己的舒适度、省时间的要求。显然,这种交通方式是人们为解决自己有限的收入和时间与上班路上舒适、快捷的矛盾自发选择的。因此,这样的拼车方式尽管政府并没有作出规定,也没有相关部门的规定,但它显然满足了部分上班族对于上班交通的需要。

这样的选择,一方面使得社会上的私家车出行的空车率降低,提高了社会资源的利用率。私家车的充分利用降低了汽车尾气的排放，有利于降低大气污染，降低了社会治理污染的花费，进而节约了社会资源。另一方面，提高了拼车人的舒适度，而且节约了他们的时间，提高了他们的福利水平，进而导致整体社会福利水平的提高。再一方面，由于拼车族的出现，使得拥挤的公交车压力减轻，还使得私家车拥有量不会在短期内有过快的上升，这对于拥挤的城市交通的压力有缓解的作用。

拼车现象的出现是微观经济主体（乘车消费者）自我选择的结果。每个拼车人根据各种交通方式的支付情况来自动进行调节，他们根据交通开支的不同来自动调节各种方式并进行选择，各自以自身的个体利益为基本目标。

练习及思考

1. 填空题

(1) 微观经济学的最基本的假设是：_____。

(2) 微观经济学要解决的三大基本问题是_____、_____、_____。

(3) 经济学根据其不同的研究对象，可以分为_____、_____。

(4) 现实经济生活中有两种主要的资源配置经济制度：_____和_____。

(5) 经济学产生的主要原因在于_____和_____的矛盾。

2. 判断题（正确的在括号内打√，不正确的打×）

(1)（ ）微观经济学的基本假定是市场失灵。

(2)（ ）如果没有资源的稀缺性也就没有经济学了。

(3)（ ）"人们收入差距大一点有利于社会发展，是好的"，这个命题属于实证分析。

(4)（ ）生产可能性曲线表明机会成本递增。

(5)（ ）微观经济学使用的方法中有一个边际分析方法。

(6)（ ）经济人假定是微观经济学的基本前提。

3. 选择题

(1) 经济学可以定义为（   ）。

A. 研究政府如何对市场机制进行干预的科学

B. 研究消费者如何获取收入并进行消费的学说

C. 研究最合理地配置稀缺资源于诸多经济性用途的科学

D. 研究企业取得利润活动的学说

(2) 经济学研究的基本问题包括（   ）。

A. 生产什么　　B. 怎样生产　　C. 为谁生产　　D. 生产多少

(3) "富人的所得税税率比穷人高"是（   ）。

A. 规范的表述　　B. 实证的表述　　C. 肯定的表述　　D. 现象的表述

(4) 当经济学家说"人们是理性的"时，这是指（   ）。

A. 人们不会作出错误的判断　　　B. 人们总会从自己的角度作出最好的决策

C. 人们根据他人的反应而行事　　D. 人们不会为自己作出的任何决策而后悔

(5) 哪个不属于微观经济学研究范围？（   ）

A. 企业生产什么　　　　　　　B. 企业如何生产

C. 消费者如何消费　　　　　　D. 政府货币政策

(6) 微观经济学分析中，假定信息是（　　）。
A. 完全的　　　　B. 不完备的　　　C. 依据条件来确定

4. 问答与论述题
(1) 机会成本的含义是什么？举例说明机会成本的递增。
(2) 生产可能性曲线的经济含义。
(3) 微观经济学与宏观经济学的区别与联系。
(4) 经济学的研究对象是由什么基本经济问题引起的？你如何看待这一问题？
(5) 举例说明最近你生活中面临的选择问题。
(6) 你对"经济"最早是什么时候接触到的？是在怎样的条件下接触到的？

5. 资料题

选择无处不在

人无时无处不在选择之中，但是，一旦承担起选择的责任，我们就会体味到选择的困境——选择的两难。譬如我选择"职业生涯规划"这一主题，我就必须放弃以宏大叙事的方式来阐述人生、命运之选择；譬如选择了"钓鱼"，就必须放弃"自助旅行"，尽管我常常梦想去阿拉斯加看雪景；又譬如选择了钓鲨鱼，就不可能同时去钓虹鳟，尽管我从小就羡慕海明威与大海搏斗的波澜壮阔；譬如我选择这个池塘，就不可能同时置于他处，尽管再走两百米，那里也许有更多更大的鱼在等待我的诱饵。

哲学家说："人不可能同时踏入两条河流。"因此，我们必须随时作出选择，必须学会舍弃，必须突破一个又一个两难困境，并且在突破中获得并享受一种力量感——就像钓鱼时所感受到的那种。每一种选择都有其合理性。但是这种选择并非唯一的，也并非完全正确，一定有许多更好的选择在等待着我们。也正是这种不确定，构成了选择之美。

看了上面这篇短文，请回答下面的问题：
(1) 为什么作者认为人无时不在选择中？
(2) 你认为自己现在的职业选择得对吗？原因何在？

第 2 章 需求和供给的基本原理

【知识结构图】

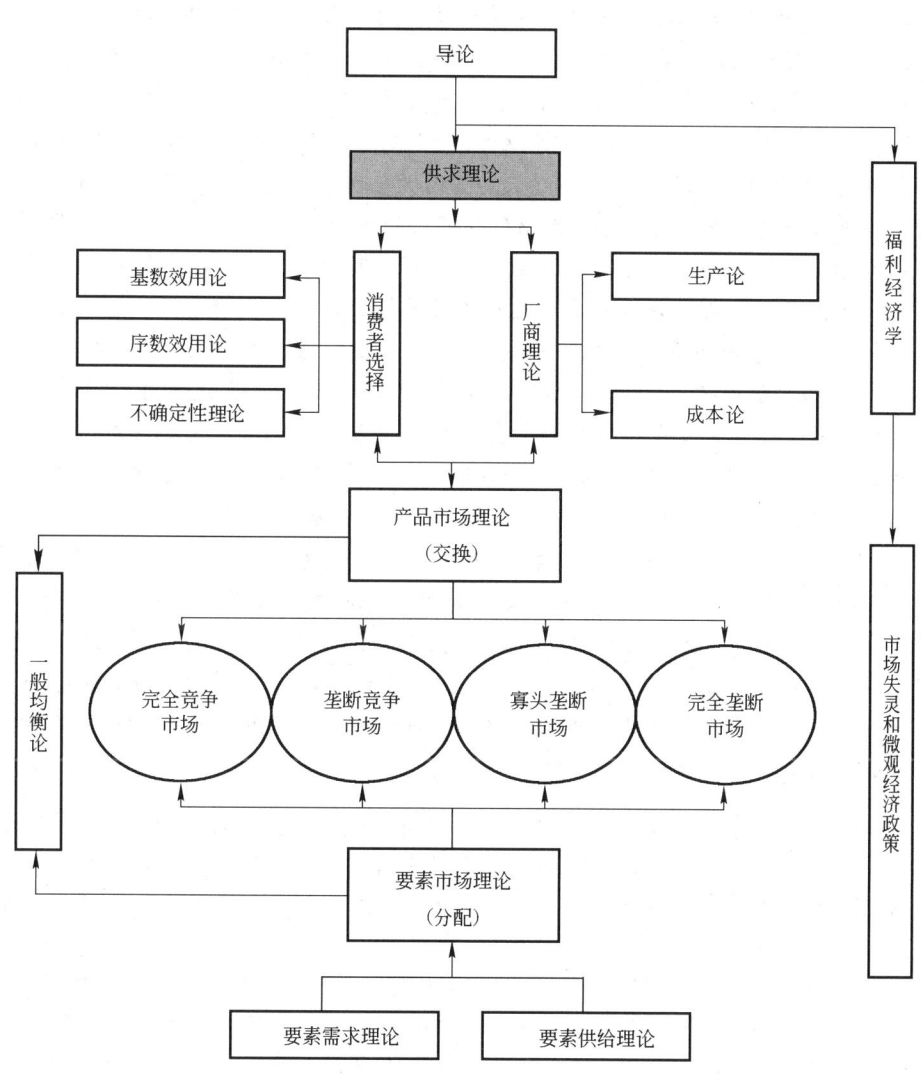

【导入案例】

网约车改变的出租车市场

2012年以来,以网约车为代表的出行服务平台大量涌现,迅速在城市居民的日常出行活动中占据重要地位。网约车整合的是分散的城市车辆资源,用户通过手机软件接入平台,可以发起出行需求,信息被推送给用户附近的司机,在最短时间内完成供给和需求的撮合。网约车的价格也非常具有竞争力,网约车平台通过补贴降低出行成本,在短时间内吸引了数量庞大的消费者。另外,又通过奖励增加司机的收入,使得更多司机愿意开网约车。

2016年7月27日由交通运输部、工信部、公安部、商务部、工商总局、质检总局、国家网信办7个部门联合颁布《网络预约出租汽车经营服务管理暂行办法》。中国也因此成为世界上首个国家层面承认网约车合法地位的国家。国家信息中心统计数据显示,2018年我国网约车完成客运量约200亿人次,占出租车客运总量的36.3%左右,较2015年明显提升了26.8个百分点,网约出租车成为城市居民出行服务体系中越来越重要的组成部分。2019年年中,全国网约车每天的订单总量约为2 000万单,按照每辆车平均搭载1.5人来测算,相当于网约车一天要解决近3 000万人的出行。

探究网约车得到快速发展的背后原因,有必要了解网约车出现之前传统出租车市场的供求情况。出租车是工业社会后期城市文明的重要标志,也是当前中国城市交通体系的重要组成部分。1998年出租车行业第一部全面系统的规范性文件《城市出租车管理办法》出台。2000年的出租车行业整顿基本确定了出租车数量管制的原则。中国多数城市实行经营牌照的从严管理,不发或者少发新的经营牌照,营运车辆没有与之相对应的经营牌照则被认为是"非法营运"车辆。2000年中国城市出租车数量为82.6万辆,每万人拥有出租车约18辆。到2013年,中国出租车总量为105.38万辆,每万人出租车数量下降到14辆。13年间,出租车数量的复合增长率仅为1.69%,远远低于人口和经济增长率。以北京市为例,出租车总量十年多基本没有大的变化,维持在6.6万辆。在供给不足的情况下,不少城市出租车司机通过各种手段变相加价,而乘客处于被动的局面。为了控制价格的上涨,多数城市又限制出租车价格上涨,由政府确定运价。这些举动显然没有解决问题,打车难依然存在,并且成为城市治理中的重要难题。这也增强了人们的购车意愿,导致私家车数量暴涨,进一步增加了城市拥堵状况。

以上描述中,提到了需求、供给和价格等名词。那么,什么是供给和需求呢?需求和需要是不是一回事?为什么供需状态的改变会带来价格的变化?为什么价格的变化又会改变供给和需求的数量?要回答这些问题,需要学习有关的供求原理,这正是本章的主要内容。

通过第1章的学习得知,微观经济学通过研究单个经济单位的经济行为,说明价格机制如何解决社会的资源配置问题。因而,微观经济学又被称为价格理论。就企业而言,"生产什么"的问题,是根据市场价格高低来决定的。一般而言,市场价格越高,企业生产的意愿越强烈;具体来说,消费者在某种产品上愿意支付的价格越高,即消费者将货币越多地投向哪些产品，企业就越愿意生产什么。显然，这里价格很重要。而需求和供给在市场价格的决定中起着非常重要的作用。

本章主要分析需求、供给和市场价格的决定问题，并分析价格如何调节经济及政府干预价格机制的行为对经济的影响。

2.1 需求及需求曲线

需求是产品①价格形成中的最重要因素之一。本节对需求进行深入分析，重点分析产品市场上消费者的需求情况（有关生产要素市场上的需求将在第9章进行讨论）。

2.1.1 需求、需求表与需求曲线

1. 需求

需求（demand）是指在特定的时间内，消费者在一定价格下愿意并且能够购买某种商品或劳务的数量。这样一个定义强调了消费者的购买意愿和支付能力两个方面的作用。如果消费者对某种商品或劳务只具有购买能力而没有购买的意愿，或者他（们）对某种商品或劳务只有购买的意愿而无货币支付能力，则都不能被看作是需求。

例如，第六次人口普查显示，我国共有家庭约40 151万户，如果每户都有拥有一辆汽车的意愿，那我们能不能说，中国对汽车的需求为40 151万辆呢？显然不能。因为，目前来看，家庭用汽车的价格仍较高，大多数家庭并不具备购买能力，但如果我们可以假定有15%的家庭具备了购买能力，那就可以说，中国家庭对汽车的需求量约为6 000万辆。又比如，2018年北京市总人口约2 154万，每一朵玫瑰花的市场平均价格为3~10元，这样的价格许多人是可以买得起的，也就是说绝大多数人具有支付能力，大多数人能够买得起。但我们并不能由此推断说，如果每一个北京市民购买一朵玫瑰花的话，整个2018年北京市玫瑰花的需求为2 154万朵；如果每人买两朵的话，整个北京市的玫瑰花需求为4 308万朵。因为，我们并不能排除另有一部分消费者根本没有购买玫瑰花的意愿。

由此可见，只有购买能力不是需求，只有购买意愿而没有购买能力也不是需求，即需要不是需求，需求≠需要，需求＝愿意购买＋能够购买。在正确理解需求这一概念时，必须掌握好以下三点。

① 需求首先表现为消费者对商品和服务的购买愿望。需求是消费者的主观愿望，表现为消费者对某种商品或服务的一种欲望。需求是在一定价格条件下消费者愿意和能够购买的数量，但并不等于消费者实际购买的商品数量，这种购买欲望能否实现还取决于消费者实际购买行为的发生及企业提供的产品和服务数量与质量。

② 需求表现为消费者对产品或服务的购买能力，即消费者的经济条件。消费者的经济条件通常是用个人可支配收入来衡量的。消费者对产品或服务的购买能力，不仅表现为消费产品的能力及水平，而且是消费者的购买欲望转化为实际需求的重要前提条件。

---

① 由于市场经济条件下，单个生产单位生产的产品都是要通过市场实现其价值，因此在微观经济学中，经常将"产品"与"商品"混同使用，本书也是如此。

③ 需求是一种现实需求。有购买欲望，又有支付能力的需求，反映了市场上的现实需求状况，因而是分析产品和服务市场变化及预测需求趋势的重要依据。凡是只有消费欲望而无支付能力或者只有支付能力而无消费欲望的需求只能看作是潜在需求。只有消费愿望而无支付能力的潜在需求只能随人们收入水平的提高，才能逐渐转换为现实需求；而只有支付能力而无消费欲望的潜在需求是企业应开发的重点，即企业要尽力通过有效的市场营销手段，使其能够转换为现实需求。

需求又可以根据消费者的多少，分为个人需求与市场需求。

个人需求是指假定其他条件不变，一个消费者在某一特定时期（日、月、年等）内，在各种可能的价格下，可能相应地购买的某种产品或服务的各种数量。

市场需求是指假定其他条件不变，在某一特定产品或服务市场和某一特定时期（日、月、年等）内，所有消费者在各种可能的价格下愿意并且能够购买的该种产品或服务的总数量，即市场上所有的消费者对该种产品或服务的总需求就是市场需求。在实际的操作中，企业往往对于整个市场中关于自己的产品和服务的需求情况比较关注。

2. 需求表

微观经济学中的需求并不是一个简单的数量，而是一个系列的概念。我们以苹果价格与需求量为例，来说明这个需求概念。假定在苹果市场上，某消费者在一系列价格下打算购买的苹果数量如表2-1所示。

表2-1 某消费者对苹果的需求表

价格/（元/kg）	7	6	5	4	3	2	1
需求量/kg	10	20	30	40	50	60	70

从表2-1中可以看出，随着苹果价格的下降，消费者打算购买的苹果数量是增加的。这个用来表示在其他条件不变的前提下，某种产品的价格与需求量之间关系的表格就是需求表。

如果我们假定在整个苹果市场上有100个消费者，每个人的需求表都如表2-1所示，则可以列出整个苹果市场的需求表（见表2-2）。

表2-2 苹果的市场需求表

价格/（元/kg）	7	6	5	4	3	2	1
需求量/kg	1 000	2 000	3 000	4 000	5 000	6 000	7 000

3. 需求曲线

需求曲线是根据需求表中商品价格与需求量的不同组合在平面上所描绘出的曲线。

根据表2-1可以画出相应的消费者的个人需求曲线（见图2-1）。与表2-2相对应的市场需求曲线为图2-2。

从图2-1和图2-2可以看出，无论个人需求曲线还是市场需求曲线都向右下方倾斜，这说明需求量与价格之间反方向变动。图2-1和图2-2中的需求曲线为线性曲线，需求曲线也可以为非线性曲线，不论是线性的需求曲线还是非线性的需求曲线，通常情况下，都是向右下方倾斜的。

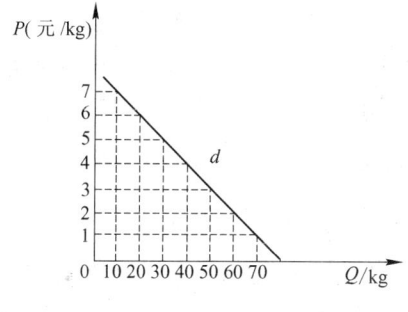

图 2-1 个人需求曲线

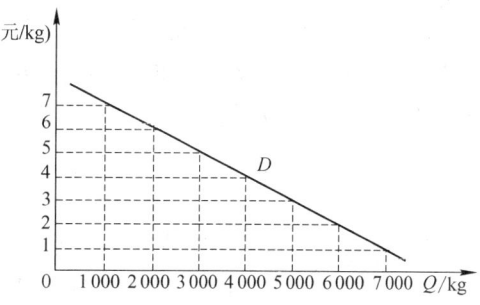

图 2-2 市场需求曲线

需求曲线向右下方倾斜的状况揭示需求的一个重要特征,即需求量与价格呈反方向变化。这一特征被称为需求法则(law of demand),即假定其他条件不变,商品的需求量与其价格呈反方向变化:价格上升,需求量下降;价格下降,需求量上升。

市场需求与个人需求曲线的纵坐标完全相同,都是以商品价格为纵坐标[①],但由于市场需求是个人需求之和,因此从横坐标上看,市场的需求量一定大于个人的需求量,因此市场需求曲线的斜率(绝对值)一般应该比个人需求曲线的斜率(绝对值)小。表现在图2-2的横坐标上,其所表示的数量比图2-1横坐标所表示的数量要大得多。

总之,无论是需求表还是需求曲线都是对某特定时期内的消费者对某商品的需求量与价格之间关系的描述。

2.1.2 影响需求的因素与需求函数

1. 影响需求的主要因素

在需求的含义中已知,购买愿望和购买能力缺一不可。因此,影响一种需求的因素一定包括了影响购买愿望和购买能力的各种因素。这些因素主要有:商品自身的价格、相关商品的价格、消费者的收入、消费者偏好、消费者预期等。

(1) 商品自身的价格

一般而言,在其他条件不变的情况下,一种商品价格高,人们买不起,也不愿意多支付,其需求量就小;反之,则需求量大。也就是说,一种商品的自身价格与其需求量反方向变动。我们在生活中常见这样的情况。

(2) 相关商品的价格

相关商品价格的变化对需求的影响要视替代品(substitute goods)还是互补品(complement goods)来判断。替代品是指两种以上的商品之间存在可以相互替代来满足消费者某种欲望的能力;互补品则是指两种以上的商品之间存在相互补充以满足消费者某种欲望的能力。例如,电子书和纸质书都可以用来获取知识,二者互为替代品,而电子书阅读设备(如 Kindle 等)与电子书相互补充可以满足人们通过电子设备读书的需要,二者之间是互补品的关系。

---

① 微观经济学中,价格作为自变量经常在纵轴上表示,这与数学中的自变量常在横轴上表示不同,应加以注意。

电子书和纸质书是替代品，那么，电子书的需求与纸质书价格同方向变化，即纸质书价格的提高将引起电子书需求的增加，纸质书价格的降低将引起电子书需求的减少。

Kindle与电子书相互之间是互补关系，那么，电子书的需求将与Kindle的价格反方向变化，即Kindle价格的提高将引起电子书需求的降低，Kindle价格的降低将引起电子书需求的提高。

（3）消费者的收入

消费者的收入变动如何影响需求变动要根据商品的具体情况而定。如果商品需求随着消费者收入增加（减少）而增加（减少），即商品与消费者收入为正相关关系，那么，该商品就是正常品；如果商品需求随着消费者收入增加（减少）而减少（增加），即商品与消费者收入呈负相关关系，那么，该商品就是低档品。

如果消费者所购买的商品是正常品，消费者收入的增加将引起对正常品的需求的增加，消费者收入减少将引起对正常品的需求降低。如果消费者所购买的商品是劣等品，消费者收入增加会引起需求的降低，消费者收入减少会引起其需求的增加。对于大多数商品和服务而言，收入增加一般会引起其需求增加；对于低档品则正好相反，当消费者收入增加时，反而会减少对其购买量。

（4）消费者偏好

消费者偏好是指消费者在一定的社会环境中，有不同的消费习惯和口味。消费者对不同商品的偏好程度决定了他们的购买意愿。当消费者对某种商品偏好程度加大时，会增加对该商品的需求；反之，则减少对该商品的需求。在现代生活中，广告对消费者偏好的培养和改变具有较大的作用。

（5）消费者预期

消费者在对一种商品购买之前，常常对未来商品的价格和自己未来的收入进行预期。这样的预期会影响消费者对该商品的需求。一般而言，如果消费者预期未来收入增加或预期商品价格未来上升，他会增加当前对商品的需求；反之，则会减少当前对商品的需求。

当然，影响需求的因素还有很多，这里不再赘述。

2. 需求函数

一种商品的需求量可以看成是所有影响该商品需求量的因素的函数。即

$$q_X^d = f(P_X, P_i, P_e, M_e, M, T) \tag{2.1}$$

式中：q_X^d表示消费者对X商品的需求，P_X表示X商品的价格，P_i表示与该商品相关的其他商品的价格，P_e表示消费者对于未来价格的预期，M_e表示消费者对于未来收入的预期，M表示消费者的收入，T表示消费者的偏好。

式（2.1）变量较多，是一个多元需求函数。由于在本章分析中，主要进行局部均衡分析，因此通常将多元的需求函数简化为较简单的一元需求函数。

假定其他条件不变，而只有消费者所购买的商品的价格发生变化，那么一元需求函数可以表示为

$$q_X^d = f(P_X) \tag{2.2}$$

$$q_X^d = a - bP_X \tag{2.3}$$

$$q_X^d = aP_X^{-b} \tag{2.4}$$

其中，式（2.3）是线性需求函数，式（2.4）是非线性需求函数。

在个人需求相互之间独立时,市场需求是市场上所有个人需求的加总。令 Q_X^d 表示 X 商品的市场需求,q_X^{di} 表示消费者 i 对于 X 商品的需求。假定市场上有 n 个消费者,则

$$Q_X^d = \sum_{i=1}^n q_X^{di} \tag{2.5}$$

市场需求是个人需求的加总,因此,凡是影响个人需求的因素都会影响市场需求。除此之外,市场需求还受到消费者人数多寡的影响。消费某商品的消费者数目的增减也会引起该商品市场需求量的变化。

2.1.3 需求量的变化与需求的变化

前面的分析中,为了方便分析,假定其他条件都不变,某种商品的价格变化会引起消费者对该商品的需求量的变化。一旦商品的价格发生变化,商品的需求量就将随之变化。这种因为某种商品自身的价格变化而引起的商品需求量的变化称为需求量的变化。

需求量的变化(variation of demand quantity)表现为在某条需求曲线上的点沿着需求曲线的移动。在图 2-3 中,当商品价格从 P_0 降低到 P_1 时,需求量从 Q_0 增加到 Q_1,在图上表现为从点 a 到点 b 的移动。这说明在较低的价格上消费者增加需求量,而在较高的价格上消费者会减少需求量。也可以说,价格沿着纵坐标降低时,需求量沿着横坐标在增加。

需求的变化(variation of demand)则是指在商品本身价格不变的情况下,由于非商品本身价格因素变化引起的需求量的变化。即由于其他因素的变化,在每一个可能的价格水平上需求量都有变化。需求的变化表现为整条需求曲线的移动。在图 2-4 中,商品价格没有发生变化,由于某种非价格因素发生变化引起了需求量的变化。

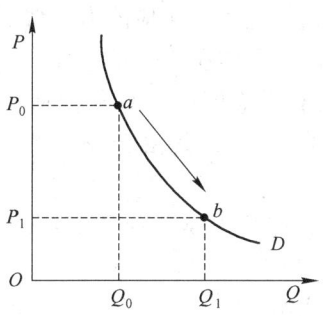

图 2-3 需求量的变化

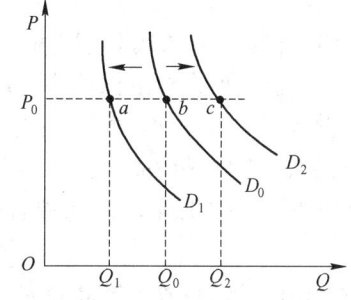

图 2-4 需求的变化

图 2-4 表示了某种商品的需求的变化。某种非价格因素变化使得需求从 D_0 增加到了 D_2,则在相同的价格 P_0 上,消费者对商品的需求量由于需求增加从 Q_0 变化为 Q_2;相反,如果由于某种非价格因素引起了需求从 D_0 减少到了 D_1,在相同的价格 P_0 上,消费者对商品的需求量会由于需求减少从 Q_0 变化为 Q_1。

比较图 2-3 和图 2-4,可以明显看出需求量的变化与需求的变化的不同。在图 2-4 中从 D_0 增加到了 D_2,在各种可能的价格下,消费者愿意并且能购买的数量都比原来要多。而在从 D_0 减少到 D_1 的变化中,在各种可能价格下,消费者愿意并且能够购买的数量都比原来的要少。

由此得出结论:需求量的变化是由于商品自身价格的变化引起的,因此它并不改变需求

函数或需求表；需求的变化是商品自身价格以外的其他因素的变化所引起的，因此它的变动是整个需求函数或整个需求表的变动。从需求曲线来看，需求量的变化是同一条需求曲线上不同点的变动；需求的变化则是整条需求曲线的移动。

表2-3总结了需求量的变化与需求的变化的差异。

表2-3 需求量的变化与需求的变化的差异

	变化的原因	变化的表现	需求量	需求
需求量的变化	价格变化	沿着需求曲线移动	变化	不变
需求的变化	非价格因素变化	需求曲线移动	变化	变化

2.2 供给及供给曲线

2.1节分析了市场价格形成的需求方面，现在开始讨论价格形成的供给方面，本节分析的主要是产品市场上生产者的供给，对于生产要素的供给将在本书的第9章中进行讨论。

2.2.1 供给、供给表与供给曲线

1. 供给

供给（supply）是指在特定的时间内，生产者在一定价格下愿意并且能够提供某种商品或劳务的数量。这样一个定义强调生产者的供给意愿和供应能力。如果生产者对一种商品或劳务具有供应能力而无供应意愿，或对某商品或劳务有供应意愿而无供应能力，都不能说是商品的供给。例如，在21世纪初的中国，MP3播放器的价格平均在600元左右，尽管在当时价格相对很高，但供给量仍然小，这是因为许多企业没有供应能力。而在当前，MP3的供给量仍没有多大的增加，并不是现在的企业仍没有供给能力，而是由于MP3的利润低，企业并不愿意生产该种商品了。

由此可见，必须正确认识和理解供给的概念。供给≠愿望，供给＝愿意提供＋能够供应。

供给根据产品供给者的多寡分为单个企业供给与市场供给。

单个企业供给是指假定其他条件不变的情况下，一个企业在某一特定时间内，在各种可能的价格下，它可能供应的某种商品的相应的各种数量。

市场供给是指假定其他条件不变的情况下，在某一特定市场和某一特定时期内，所有生产者在各种可能的价格下将供应的某种商品的总数量，即市场上所有的生产者对某种商品的总供给就是市场供给。人们感兴趣的主要是市场对产品和服务的供给情况。

2. 供给表

微观经济学中的供给也不是一个数量，而是一个系列的概念。仍以苹果价格与供给量为例来表述一下供给概念。假定在苹果市场上，某果农在一系列价格下对苹果的供给如表2-4所示。

表2-4说明，随着苹果价格的下降，果农打算提供的苹果数量是减少的。这个用来表示某种商品的价格与供给量之间关系的表就是供给表。

表2-4 某果农对苹果的供给表

价格/(元/kg)	7	6	5	4	3	2	1
供给量/kg	70	60	50	40	30	20	10

如果假定在苹果市场上有100个果农,每个果农的供给表都为表2-4,则可以列出整个苹果市场的供给表(见表2-5)。

表2-5 苹果的市场供给表

价格/(元/kg)	7	6	5	4	3	2	1
供给量/kg	7 000	6 000	5 000	4 000	3 000	2 000	1 000

3. 供给曲线

供给曲线是根据供给表中商品价格与供给量的不同组合在平面上所描绘出的曲线。

根据表2-4可以画出单个果农的供给曲线(见图2-5),与表2-5相对应的市场供给曲线为图2-6。

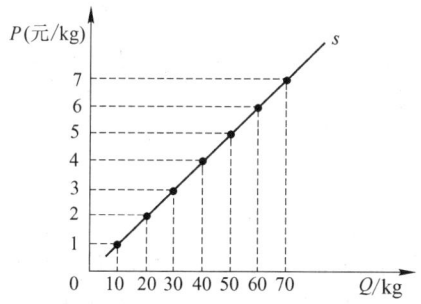

图2-5 单个果农供给曲线

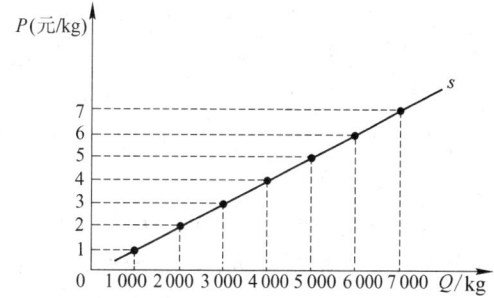

图2-6 市场供给曲线

从图2-5和图2-6上可以看出,无论一个果农的供给曲线还是整个苹果市场的供给曲线都向右上方倾斜。这说明供给量与价格之间同方向变动。图2-5和图2-6中的供给曲线为线性曲线,供给曲线也可以为非线性曲线,不管是线性供给曲线还是非线性供给曲线,通常情况下,供给曲线都是向右上方倾斜的。

供给曲线向右上方倾斜的状况揭示供给的一个重要特征,即供给量与价格同方向变化。这一特征被称为供给法则(law of supply),即假定其他条件不变,商品的供给量与其价格同方向变化,价格上升,供给量增加,价格下降,供给量减少。

从上面的分析不难看出,供给表、供给曲线都是对某特定时期内的生产者对某商品的供给量与价格之间关系的描述。

2.2.2 影响供给的因素与供给函数

1. 影响供给的主要因素

从供给的含义中可知,供应愿望和供应能力缺一不可。因此,影响一种供给的因素一定包括了影响供应愿望和供应能力的各种因素。这些因素主要有商品自身的价格、相关商品的价格、生产要素价格、技术水平、生产者预期、政府政策等。

(1) 商品自身的价格

一般而言，在其他条件不变的情况下，一种商品价格高，企业就愿意提供更多的量；反之，则供给量小。也就是说，一种商品的自身价格与其供给量之间是同方向变动的关系。

(2) 相关商品的价格

即使一种商品本身价格不变，其他相关商品的价格的变化也会影响其供给。例如，就一块土地而言，如果种植苹果的价格高于种植粮食的价格，农民就会增加对苹果的种植，而相应减少对粮食的生产。

(3) 生产要素价格

企业进行生产需要投入生产要素，如果生产要素价格提高，则意味着企业的成本上升，这样，企业就会减少对商品的供给；相反，企业就会加大对商品的供给。

(4) 技术水平

一般而言，技术水平的提高会有利于提高企业生产效率，降低单位产品成本，生产者会增加商品的供给。

(5) 生产者预期

生产者在对一种商品的供给之前，也会对商品的未来价格进行预期，这样的预期会影响生产者对商品的供给。一般而言，如果生产者预期商品价格未来将要上升，它会减少当前市场上的商品的供给；反之，则会增加当前市场上的商品的供给。

(6) 政府政策

国家或地区的有关行业发展的方针和政策，也是影响商品和服务供给的重要因素之一。特别是有关产业发展的战略与规划，扶持和鼓励行业发展的各种税收政策、投资政策、信贷政策、价格政策、社会文化政策等，不仅对产业发展具有重要的影响作用，而且直接影响到某种行业产品供给的规模、数量、品种和质量。

2. 供给函数

如果用供给函数来表示生产者对于某一种商品的供给，其供给函数可以表示为

$$q_X^s = f(P_X, P_i, P_A, P_e, T) \tag{2.6}$$

式中：q_X^s 表示生产者对 X 商品的供给，P_X 表示 X 商品的价格，P_i 表示与该商品价格相关的其他商品的价格，P_A 表示生产要素价格，P_e 表示生产者对于未来价格的预期，T 表示技术水平。

由于式 (2.6) 中变量较多，是一个多元供给函数。在本章的分析中主要进行局部均衡分析，因此通常将多元的供给函数简化为较简单的一元供给函数。

如果假定其他条件不变，而只有生产者所提供的商品的价格发生变化，那么一元供给函数可以表示为

$$q_X^s = f(P_X) \tag{2.7}$$

$$q_X^s = -c + dP_X \tag{2.8}$$

$$q_X^s = \lambda P_X^\beta \tag{2.9}$$

其中式 (2.8) 是线性函数，式 (2.9) 是非线性函数。

如果知道了某商品的一个生产者的供给函数，同时假定市场上有 n 个生产者，每个生

产者的供给函数都相同，则整个市场的供给函数为

$$Q_X^s = \sum_{i=1}^{n} q_X^{s_i} \tag{2.10}$$

由于市场供给是单个生产者供给的加总，因此，凡是影响单个生产者供给的因素都会影响市场供给，并且市场供给另外还受生产者多寡的影响。所以，生产该商品的生产者数量增加也会引起该商品市场供给量的变化。

2.2.3 供给量的变化与供给的变化

当假定其他条件都不变时，某种商品的价格变化会引起生产者对该商品的供给量变化。这种因为某种商品自身的价格变化而引起的商品供给量的变化称为供给量的变化（variation of supply quantity）。供给量的变化表现为在某条供给曲线上的点沿着供给曲线的变动。在图 2-7 中，当商品价格从 P_1 增加到 P_2 时，供给量从 Q_1 增加到 Q_2，在图上表现为从点 a 到点 b 的移动。这说明在较高的价格上生产者增加供给量，而在较低的价格上生产者会减少自己的供给量。即可以说，价格沿着纵坐标降低的时候，供给量沿着横坐标在同时减少。

供给的变化（variation of supply）则是在商品本身价格不变的情况下，由于非商品本身价格因素变化引起的供给量的变化，即由于其他因素的变化，在每一个可能的价格水平上供给量都有变化。供给的变化表现为供给曲线整条曲线的变动。在图 2-8 中，商品价格没有发生变化，由于某种非价格因素发生变化引起了供给量的变化。在同一个价格 P_0 水平上，生产者对商品的供给量由于供给增加从 Q_0 变化为 Q_2，由于供给减少供给量从 Q_0 变化为 Q_1。

比较图 2-7 和图 2-8，可以明显看出供给量的变化与供给的变化的区别。在图 2-8 中供给从 S_0 增加到 S_2 后，在各种可能的价格下，生产者愿意并且能提供的数量比原来都要多；而在供给从 S_0 减少到 S_1 的变化中，在各种可能价格下，生产者愿意并且能提供的数量比原来的要少。

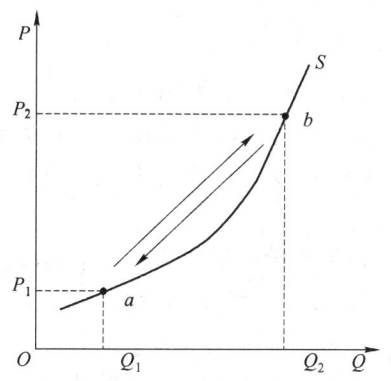

图 2-7 供给量的变化

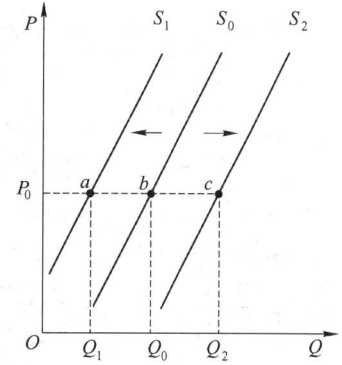

图 2-8 供给的变化

2.3 市场均衡及价格决定

在市场经济中，商品市场价格由需求和供给共同来决定。这种由供求两种相反力量作用形成的价格称为均衡价格。下面分析将需求与供给结合在一起形成的均衡价格。

2.3.1 均衡价格与均衡数量

在微观经济学中，均衡（equilibrium）是指市场上各种力量处于一种暂时稳定的状态，是在一定条件下经济事物中有关的变量相互作用而达到的一种相对静止的状态。从供求与价格的关系看，"供"和"求"就是决定商品市场价格的两种相反的缺一不可的力量。

由于多种因素的影响，供给和需求会不断发生变化。当某种商品的供给大于需求时，其价格会下降，在成本不变的情况下，企业利润会减少，因此企业会减少其供给量。而从消费者来看，由于价格降低，消费者会增加自己的需求量。当商品的供给小于需求时，价格会上升，消费者会减少自己的需求量；而价格提高时，在成本不变的情况下，企业的利润会增加，因此企业会增加自己的产品供给量。供给量与价格同方向变化，需求量与价格反方向变化，供和求反方向的自发作用，就会产生一个均衡点。此时，供求相等所对应的价格就是均衡价格（equilibrium price），对应的供给量与需求量称为均衡数量（equilibrium quantity）。由市场需求函数与市场供给函数可以求出均衡价格与均衡数量。

例 2-1 已知某商品市场上，供给函数为 $Q_X^s = -30\,000 + 200 P_X$，需求函数为 $Q_X^d = 30\,000 - 100 P_X$，求该市场的均衡价格和均衡数量。

解 根据有关均衡定义可知，供给等于需求时，市场实现均衡，即当 $Q_X^s = Q_X^d$ 时，市场实现均衡。令需求等于供给，则

$$-30\,000 + 200 P_X = 30\,000 - 100 P_X$$

解该方程，求得均衡价格：$P_X = 200$

将 $P_X = 200$ 代入需求函数或供给函数，即可得到均衡数量为

$$Q_X^s = Q_X^d = Q_e = 10\,000$$

可以使用代数形式来求出均衡价格和均衡数量，也可以利用图形来表示均衡价格与均衡数量。将市场需求曲线与市场供给曲线放到一个坐标图上，可以得到图 2-9。

图 2-9 中，市场供给曲线与市场需求曲线的交点 E 点为均衡点。这一均衡点下的均衡价格为 200，均衡数量为 10 000。

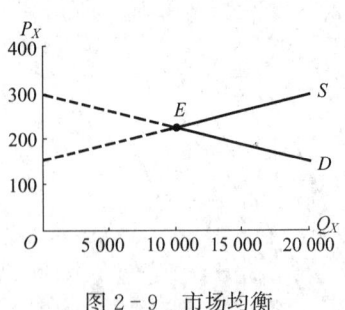

图 2-9 市场均衡

商品均衡价格与均衡数量的形成是市场供求力量自发作用的结果。在均衡点上，生产某种商品的所有生产者愿意接受的价格与消费该商品的所有消费者愿意支付的价格相等，所有生产者提供的数量与消费者愿意购买的数量相等。任何脱离这一均衡点的状况都称为失衡。在失衡的情况下，市场上供求力量会发挥作用，最终实现均衡。

当某种商品的供给大于需求时,市场上商品出现过剩,为了将商品销售出去,凡提供这种商品的厂商会争相压价出售,这将会降低商品市场价格。价格降低后,消费者会根据需求法则逐步增加需求量,厂商也会逐步减少供给量,从而在较低的均衡价格下,最终实现市场的供求均衡。

当某种商品的需求大于供给时,市场上会出现商品的短缺情况。为了能得到自己想要的商品,消费者会争相出高价购买,这将会抬高市场价格。根据供给法则,提高了的市场价格会使厂商逐步提高商品的供给量,而消费者会逐步减少商品的需求量,从而在较高的均衡价格下,最终实现供给量与需求量的均衡。

2.3.2 均衡价格的变化与供求定理

一种商品的均衡价格既然是由该商品市场上的需求与供给共同作用决定的,因此需求和供给任何一方的变化都会引起该商品均衡价格的变化。

1. 供给不变,需求变化对均衡价格的影响

用图 2-10 来说明。图 2-10 中,供给曲线为 S,假定它不变,开始的需求曲线为 D_0,此时,均衡点为 E_0,均衡价格和均衡数量分别为 P_0、Q_0。假定由于某种原因引起了需求增加,图中需求曲线右移,由原来的 D_0 右移到 D_1,需求曲线 D_1 与供给曲线 S 交于 E_1 点,此时的均衡价格和均衡数量分别增加为 P_1、Q_1;假定需求减少,则需求曲线会左移,由原来的 D_0 左移到 D_2,需求曲线 D_2 与供给曲线 S 交于新的均衡点 E_2 点,此时的均衡价格和均衡数量分别为 P_2、Q_2。可以得出结论:均衡价格和均衡数量与需求同方向变化,即供给不变时,需求增加,均衡价格上升,均衡数量增加;需求减少,均衡价格下降,均衡数量减少。

2. 需求不变,供给变化对均衡价格的影响

用图 2-11 来说明供给变化对均衡价格的影响。

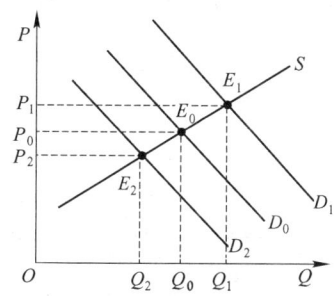

图 2-10 需求变化对均衡价格的影响

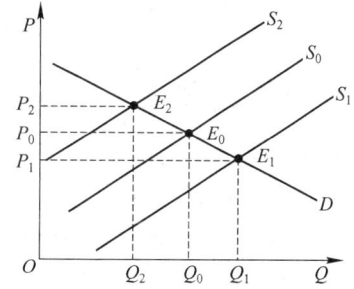

图 2-11 供给变化对均衡价格的影响

在图 2-11 中,需求曲线为 D,供给曲线为 S_0,均衡点为 E_0,均衡价格和均衡数量分别为 P_0、Q_0。现假定需求曲线 D 不变,供给增加,供给曲线右移,由原来的 S_0 右移到 S_1,S_1 与需求曲线 D 交于 E_1 点,均衡价格和均衡数量分别变化为 P_1、Q_1;如果供给减少,供给曲线左移,由原来的 S_0 左移到 S_2,S_2 与需求曲线 D 交于 E_2 点,均衡价格和均衡数量分别变化为 P_2、Q_2。由此得出又一个结论:在需求不变时,均衡价格与供给是反方向变化的,而均衡数量与供给是同方向变化的。

3. 供求定理

上述供给与需求两个方面影响的总和就是供求定律，即需求的变化引起均衡价格与均衡产量同方向变化：需求增加引起均衡价格上升，需求减少引起均衡价格下降；需求增加引起均衡产量增加，需求减少引起均衡产量减少。供给的变化引起均衡价格反方向变化，引起均衡产量同方向变化：供给增加引起均衡价格下降，供给减少引起均衡价格上升；供给增加引起均衡产量的增加，供给减少引起均衡产量的减少。

4. 需求和供给同时变化对均衡价格的影响

在上面的分析中，只是分析了需求或供给一种因素变化对均衡价格和均衡数量变化的影响。实际上，供给与需求经常是同时变化的，二者同时变化对均衡价格和均衡数量的影响是难以确定的，要结合需求和供给变化的具体情况来判断。以图2-12为例来分析。

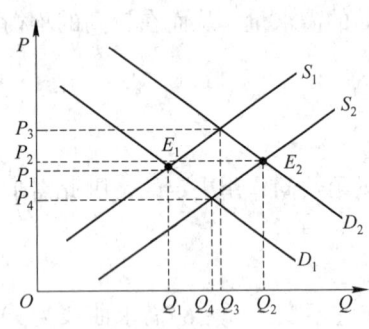

图2-12 需求、供给变化对均衡价格的影响

图2-12中，起初的需求曲线和供给曲线分别为D_1、S_1，均衡点E_1，均衡价格和均衡数量分别为P_1、Q_1。现假定由于消费者偏好增强，需求增加，需求曲线右移为D_2。同时由于成本降低，厂商供给增加，供给曲线右移为S_2。需求曲线D_2与供给曲线S_2交于E_2点，此时的均衡价格和均衡数量分别为P_2、Q_2。在图中，当需求曲线D_1不变时，供给曲线向右移动为S_2，均衡数量增加（$Q_1 \rightarrow Q_4$）；供给曲线S_1不变时，需求曲线向右移动，也引起了均衡数量增加（$Q_1 \rightarrow Q_3$）。

供给曲线向右移动，均衡价格却是下降的（$P_1 \rightarrow P_4$），需求曲线向右移动，引起了均衡价格的提高（$P_1 \rightarrow P_3$）。最终，新的市场均衡价格为P_2，$P_2 > P_1$，均衡价格上升了。显然，需求曲线右移引起的价格提高的幅度大于供给曲线右移引起的均衡价格的降低幅度。图上表现为需求曲线右移的幅度大于供给曲线右移的幅度。

由此可见，当需求与供给同时变化时，市场均衡价格的变动方向要取决于需求与供给变动的幅度大小。

2.3.3 价格的作用与价格政策

1. 价格对经济的调节作用

第一，价格是传递信息的主要工具。价格在一定程度上可以反映市场的供求状况，市场供求受到许多难以直接观察到的因素的影响。人们能够直接观察到的常常是价格波动，而价格波动受到供求变化的影响。因此，通过市场价格的上升还是下降，人们就可以知道商品的供求情况：供给大于需求还是需求大于供给。一般而言，当市场价格不断走高时，表示需求旺盛；反之，当市场价格走低时，表示供给大于需求。例如，市场上木材价格上涨，就可以知道此时市场上的木材供给相对于需求而言，是不足的。

第二，价格是调节生产和消费活动的工具。价格可以引导消费和生产。当市场价格上升时会激励企业的生产积极性，生产者会增加商品的供给量。对于消费者而言，价格的上升会激励消费者寻找替代品，因此会减少商品需求量。反之，当市场价格下降时，则会激励消费者增加对商品的需求量，激励生产者去生产其他价格较高的商品，从而减少低价格商品的供给量。

第三，价格是实现资源配置最优化的工具。当市场上某种商品存在供过于求时，出现商品过剩，说明此时资源配置不合理，表明有过多的资源使用在该商品上。商品过剩会引起价格降低，根据供给法则，生产者会减少生产，这样在该商品上过多的资源就有一些流向其他商品上。当市场上某种商品存在供小于求时，出现商品短缺，也说明此时资源配置不合理，它表明使用在该商品上资源过少，而随着短缺的出现，价格会走高，生产者会扩大生产，这样就会有资源流向该商品生产……直到市场上供求相等，这时就没有了资源浪费，且消费者获得了最大满足，生产者获得了最大利润，资源配置实现最优化。

2. 价格政策

市场上供求双方共同起作用决定价格，价格随着供求的变化而变化，并调节着经济，但价格并不是万能的，也会有不合理的地方。因此，有时政府会使用一定价格政策予以干预价格的自发调节过程。政府常采用的价格政策有两种：限制价格和支持价格。

1）限制价格

也被称为最高价格，是政府为了限制某种商品价格上升而规定商品的最高价格的做法，其特征是价格上限低于均衡价格。由于限制价格低于均衡价格，导致需求量高于供给量，必然出现供不应求的情况。可以从图2-13上看到限制价格带来的供给缺乏。

从图2-13上可以看出，由于供小于求，出现短缺。图中，市场均衡价格为P_e，均衡数量为Q_e，政府现在规定了限制价格为P_X，限制价格P_X低于均衡价格P_e。现在由于实行了限制价格，需求量Q_d大于供给量Q_s，出现短缺，为了解决短缺的情况，政府通常采取的措施是实行配给制，而实行配给制必须建立相应的配给机构，机构建立需要相应的人员安排，造成社会资源的浪费。而面临短缺，消费者通常采取的措施是排队，但排队会浪费人们的许多时间，也造成了浪费。而且可能出现黑市交易。同时社会商品短缺时，可能会出现一些拥有短缺商品的人员和机构以权谋私的现象。这些浪费和腐败现象显然不利于社会生产和发展。

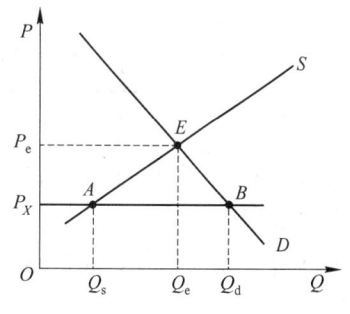

图2-13 限制价格

2）支持价格

也被称为最低价格，是政府为了抑制某种商品价格过低而规定的该种商品的最低价格，其特征是价格下限高于均衡价格。由于价格高于均衡价格，因此供给量会很高，而需求量会很低，这样必然出现供大于求的情况。可以用图2-14来说明支持价格造成的供给过剩。

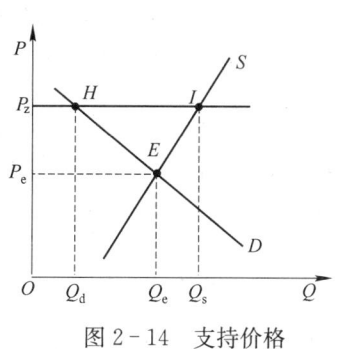

图2-14 支持价格

从图2-14可以看出，由于供过于求，出现过剩。图中，市场均衡价格为P_e，均衡数量为Q_e，政府现在规定了支持价格为P_z，支持价格P_z高于均衡价格P_e，由于支持价格大于均衡价格，所以需求量Q_d小于供给量Q_s，商品会出现过剩。政府为解决过剩的问题，往往采取的措施是政府收购。许多国家对农产品实行不同形式的支持价格，对于稳定和扶持农业生产的发展是很有用的：可以减缓经济危机对农业的冲击；调整农业生产结构;促进农业劳动生产率的提高和农业现代化的发展。但是,随着政府支持价格的实行也会带来一定的财政负担。

【实例链接】　　　　　疯狂的演唱会黄牛票

2019年11月1日到2日,《陈情令》国风音乐演唱会在南京举行。10月12日10点18分,演唱会门票通过猫眼发售,两场演出共出售16 000张门票,票价分为5个档次,分别是:627,805,1 005,1 580,1 980元。猫眼演出的数据显示,购票用户来自368个城市,2 089 476人同时在线抢票,开售前预约登记人数超100万,开售仅5 s便宣告售罄。

主办方为了杜绝黄牛抢票,要求用户答对三道与电视剧相关的问题,才能进入抢票页面。然而抢票结束后,网上很快放出黄牛票。淘宝卖家显示的内场前10排到第1排的黄牛价为10 000~50 000元。除内场头排外,其他价位的门票黄牛价为:805元的随机区域黄牛价为3 800元;1 005元的为5 000元上下;1 580元的为5 100~5 800元,连座价格贵于单张;1 980元看台票在6 500~7 300元。由于市场行情火热,处于供不应求的状态,并不是所有黄牛卖家都会回复。但从黄牛处购买的流程,都是先付500~1 000元的定金,出票后对方告知具体位置和最终价格,之后买家补款,卖家寄票,完成交易。

根据百度百科信息,南京青奥体育公园体育馆共有21 000个座位,《陈情令》此次演唱会放票16 000张,售票数量与座位数量差距较大,部分粉丝对此表示了不满。

2.4　需求弹性及供给弹性

前面是在假定价格不变的前提下,分析了供给、需求与价格的关系,而在分析需求量、供给量和价格的关系时,并没有分析价格的变化对需求量、供给量的影响程度。本节从量的角度进一步分析价格与需求量、供给量的关系,揭示需求量与供给量对价格的反应程度。

2.4.1　弹性含义与一般计算公式

1. 弹性含义

弹性(elasticity)是一个物理学名词,指一物体对外部力量的反应程度。在经济学中,弹性概念的应用非常广泛。一般而言,弹性指在经济变量之间存在函数关系时,因变量对自变量变化的反应程度,其大小可以用弹性系数来表示,它表示为两个变量的变化的百分比之比。

弹性的一般公式为

$$\text{弹性系数} = \frac{\text{因变量变动的百分比}}{\text{自变量变动的百分比}} \tag{2.11}$$

弹性不是某一变量的绝对量,因为它不表示变动的绝对程度,而表示变量的相对变动程度。所以,弹性与自变量、因变量的度量单位没有关系。

2. 弹性的计算方法

一般而言,弹性的计算有两种方法:弧弹性(arc elasticity)和点弹性(point elasticity)。

1) 弧弹性的计算

假设两个经济变量 X、Y 之间存在函数关系 $Y=f(X)$，则弧弹性的计算公式为

$$E=\frac{\Delta Y/Y}{\Delta X/X}=\frac{\Delta Y}{\Delta X}\cdot\frac{X}{Y} \tag{2.12}$$

式中：E 为弹性系数，X 和 Y 分别是自变量与因变量，$\left(\frac{\Delta Y}{Y}\right)$ 和 $\left(\frac{\Delta X}{X}\right)$ 分别表明因变量与自变量的变动相对程度。它通常用来计算需求曲线和供给曲线上两点之间的弹性。

2) 点弹性的计算

点弹性的计算是在经济变量的变化量无限趋于零时使用的。

点弹性的计算公式为

$$E=\lim_{\Delta X\to 0}\frac{\Delta Y/Y}{\Delta X/X}=\frac{\mathrm{d}Y}{\mathrm{d}X}\cdot\frac{X}{Y} \tag{2.13}$$

式中：$\mathrm{d}Y$、$\mathrm{d}X$ 分别表示因变量与自变量的微小变动。通常，点弹性用来计算需求曲线或供给曲线上某一点的弹性大小。

2.4.2 需求价格弹性与销售收入

需求价格弹性（price elasticity of demand）是用来度量价格这一变量发生变动后，需求量随之发生变动的程度。需求价格弹性通常被简称为需求弹性。需求价格弹性可以定义为需求量变动的百分比除以价格变动的百分比，即

$$需求价格弹性=-\frac{需求量变动的百分比}{价格变动的百分比}$$

即

$$E_\mathrm{d}=-\frac{\Delta Q/Q}{\Delta P/P}=-\frac{\Delta Q}{\Delta P}\cdot\frac{P}{Q} \tag{2.14}$$

式中：E_d 代表需求价格弹性，$\Delta Q/Q$ 代表需求量变动百分比，$\Delta P/P$ 代表价格变动百分比。已经知道，需求量与价格变动为反方向，即价格上升，需求量减少。因此，需求价格弹性实际上计算出来为负数。但在经济学上，实际习惯于取需求价格弹性的正值，以利于对不同商品的需求弹性大小进行比较。因此，在公式右侧加了一个负号（—）。

例如，如果价格上升 2%，需求量降低 5%，那么，需求价格弹性为 2.5。需求价格弹性大于 1，说明需求量对价格变动的反应比较敏感；如果价格上升了 2%，需求量降低了 1%，此时的需求价格弹性为 0.5。需求价格弹性小于 1，说明需求量对价格变动的反应不很敏感。

由于需求价格弹性可以反映价格变动对需求量的影响程度，因此，需求价格弹性是企业制定价格策略的基础，企业可以根据需求价格弹性对企业的销售收入的影响来进行价格决策。

企业销售收入等于销售商品的价格乘以销售数量。假定销售量就等于需求量，可以把它写成一个简单的公式。假设企业所销售商品的价格用 P 表示，销售数量或需求量用 Q 表示，销售收入用 TR 表示，则有

$$\mathrm{TR}=P\cdot Q \tag{2.15}$$

从式（2.15）可以看出，企业销售收入增加还是减少取决于需求量随价格变动的幅度大小。当价格下降 1% 时，如果需求量增加的幅度大于 1%，那么销售收入就增加；相反，如果销

售量增加的幅度小于1%，那么销售收入就减少。

销售收入与需求价格弹性 E_d 之间的这种关系，可以总结为以下几点。

① $E_d>1$，说明商品需求量变动的幅度大于价格变动的幅度，这种商品弹性称为需求富有弹性。如果企业经营的产品是需求价格富有弹性的产品，企业降低价格可以增加销售收入。这是因为，如果企业降低价格引起的需求量增加的幅度大于价格下降的幅度，这意味着价格下降引起的销售收入减少数量小于需求量增加带来的销售收入增加量。反之，需求富有弹性的商品，如果企业提高价格就会减少企业的销售收入。

② 需求价格弹性 $0<E_d<1$，说明需求量变动的幅度小于价格变动的幅度，这种商品弹性称为需求缺乏弹性。如果企业经营需求缺乏弹性的产品，企业价格降低会引起企业销售收入的减少。这是因为，企业降低价格增加了销售量，却引起企业销售收入的减少。企业降低价格所引起的需求量增加幅度小于价格下降的幅度，意味着价格下降引起的销售收入减少量大于需求量增加带来的销售收入增加量。反之，如果需求缺乏弹性，企业提高价格会提高企业的销售收入。

③ $E_d=1$，说明需求量变动的幅度等于价格变动的幅度，这种商品弹性称为需求单元（单一）弹性。如果企业经营的产品是弹性等于1的商品，企业降低价格对企业的销售收入没有影响。因为需求量增加的幅度正好与价格的下降幅度相等，这意味着价格下降引起的销售收入减少量必定等于需求量增加带来的销售收入增加量。反之，需求单元弹性的商品提高价格其销售收入也不会增加。

④ $E_d=0$，说明商品价格变动并不能引起需求量的变化，这种商品弹性称为需求无弹性。这是一种极端的情况，企业价格提高或降低并不会引起需求量的任何变化，此时，企业降低价格不会增加销售量，因此降低价格的结果是总收入下降。而且对需求价格弹性<1的商品而言，降低价格会引起更大的收入损失。相反，需求价格无弹性的情况下，企业提高价格会利于企业销售收入增加。

⑤ $E_d\to\infty$，说明商品价格微小的变动就会引起需求量相当大的变化，这种商品弹性称为需求完全弹性（需求弹性无穷大）。这也是一种极端情况。当企业产品需求弹性无穷大的情况下，价格微微下降一点，需求量会有巨大的增加。相反，价格微小提高，需求量就下跌为零。

将这5种需求价格弹性的种类与销售收入总结为表2-6。

表2-6 需求价格弹性的种类与销售收入

需求价格弹性 E_d	术 语	价格上升（下降）对需求量的影响	价格上升（下降）对销售收入的影响
$E_d=0$	需求无弹性	不变	增加（减少）
$0<E_d<1$	需求缺乏弹性	下降（上升）	增加（减少）
$E_d=1$	需求单位弹性	下降（上升）	不变
$1<E_d<\infty$	需求富有弹性	下降（上升）	减少（增加）
$E_d\to\infty$	需求完全弹性	下降（上升）	减少（增加）

【新闻中的经济学】 菜贱伤农——张家口几十万吨蔬菜滞销

2019年8月以来,受南方夏季蔬菜推迟上市和2019年蔬菜种植规模扩大影响,张家口市赤城县、沽源县、尚义县、崇礼区、万全区、宣化区、塞北管理区等县区出现了严重蔬菜滞销现象。滞销蔬菜品种主要有大白菜、圆白菜、白菜花、芹菜、架豆、胡萝卜、彩椒等,滞销面积和产量都比较大,其中仅建档立卡的1 154户贫困户滞销蔬菜就达到1.12万亩28.5万吨,预计损失超过2 000万元。

彩椒是张家口市崇礼区的特色蔬菜。彩椒是甜椒中的一种,因其色彩鲜艳,多色多彩而得名。2019年,崇礼彩椒迎来大丰收,但丰收喜悦的背后,是椒农的一把辛酸泪,彩椒遇到了极大的销售困境。根据往年的气象数据,10月份的崇礼将会迎来大风降温天气。地里马上就要上冻。昼夜温差变得更大,会让彩椒很容易烂掉,彩椒的销售期所剩无几了。

据崇礼彩椒协会会长介绍,2019年,崇礼的彩椒在历史上首次出现大面积滞销情况,滞销高达4万吨。"今年,彩椒收购价一度低至8毛钱一斤,而往年最高价达28元一斤。椒农种植成本就在每斤2元左右,我们区这些种植彩椒的村民可能会面临巨大的亏损。"目前,崇礼彩椒售卖定价为1.5元/斤,为了尽快销售滞销彩椒,所以售卖方式定为"以一件为单位售卖,每件40斤"。

目前,张家口滞销程度较大的菜种分别为:白菜花1.42万亩,3.62万吨,其中沽源县滞销最多;大白菜0.72万亩,3.92万吨,其中沽源县滞销最多;圆白菜0.66万亩,2.22万吨,其中宣化区滞销最多;芹菜0.52万亩,2.60万吨,其中尚义县滞销最多。

张家口市号召,要立足实际,全面开展"爱心采购";要组织发动,形成声势;要立足职能,精准推介;要积极引导,对接市场;切实以社会责任担当和为民服务高度自觉地促进蔬菜销售,解决蔬菜滞销难题。

蔬菜是农业产品,而农产品是需求价格弹性较小的商品,即消费者需求对其价格变动不敏感。因此,当农产品丰收时,由于供给增加,从而引起价格降低时,农民收益降低,这样的情况就被称为"谷贱伤农"。

如图2-15所示,图中D为农产品的需求曲线,S_1为平常年份的农产品供给曲线,二者交点为A,决定了市场价格为P_1。现由于某种原因,该农产品丰收,市场上该商品供给增加,供给曲线右移为S_2,S_2与需求曲线D相交于B,此时市场价格为P_2,由于农产品是需求缺乏弹性的商品,其价格下降引起的需求量增加幅度小于价格变动的幅度,因此,在价格为P_2时的总收益小于价格为P_1时的总收益。

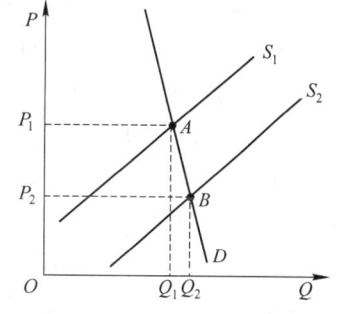

图2-15 谷贱伤农

2.4.3 需求价格弹性与需求曲线斜率

为什么有的商品价格变化对需求量与销售收入有较大的影响,而有的商品的价格变化对需求量与销售收入的影响比较小?答案就在于需求曲线的形状。

1. 根据需求曲线斜率判断弹性

一种商品的需求量比另一种商品的需求量对价格变化敏感，可以直接反映在需求曲线的形状上。以图2-16为例来说明两种需求量对价格的反应敏感情况。

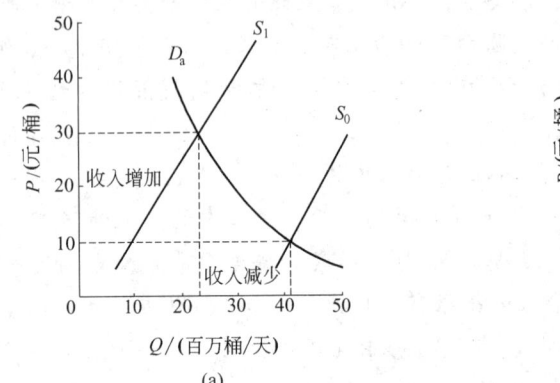
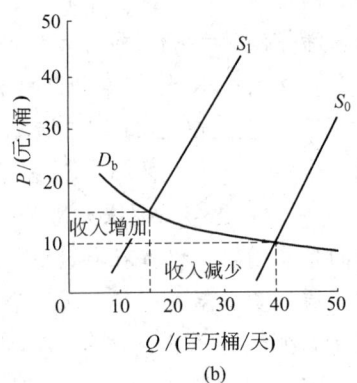

图2-16　陡峭的需求曲线与平缓的需求曲线

图2-16中，横轴Q代表数量，纵轴P代表价格。图2-16（a）中需求曲线比较陡峭，图2-16（b）中需求曲线比较平缓。假定S_0为原有的供给曲线，起初，它与需求曲线D_a、D_b分别相交，此时均衡价格为每桶油10元，销售量为4 000万桶。

现在假定企业采取了削减产量的措施，引起了供给减少，供给曲线从S_0向左方移至S_1。在图2-16（a）中，新供给曲线S_1与需求曲线D_a相交时，价格成为每桶油30元，销售量减少为2 300万桶。在图2-16（b）中，需求曲线为D_b，供给曲线移动为新供给曲线S_1，与图2-16（a）中的供给移动幅度相同，此时，价格上升为每桶油15元，销售量减少到1 500万桶。可见，图2-16（a）中商品价格的上升幅度大于图2-16（b）中的价格上升幅度，图2-16（a）中的商品销售量减少幅度小于图2-16（b）中的销售量减少幅度。

这两种不同的情况会对油生产者的收入有什么影响？由于油的销售收入等于其价格乘销售量，因而油的价格上升对收入会有两种相反的影响：一是价格上涨使每桶油的销售收入增加，二是价格上涨会使销售量减少，进而引起销售收入减少。在图2-16（a）中，价格上涨引起的销售收入增加幅度大于价格上涨引起的销售收入降低的幅度。所以，价格上涨引起了销售收入增加；在图2-16（b）中，价格上涨引起的销售收入减少幅度大于价格上涨引起的销售收入增加幅度，所以价格上涨引起了销售收入减少。

之所以产生这样的差别就在于需求量对价格变动的反应程度不同。图2-16（a）中的需求曲线D_a比图2-16（b）中的需求曲线D_b更陡峭。

2. 需求价格点弹性与需求曲线斜率

尽管从上面的图形中看到，陡峭的需求曲线的弹性相对小于比较平缓的需求曲线的弹性，但是却不能简单得出结论：只要通过斜率就可以判断需求价格弹性。为了说明这个问题，来看一个线性需求曲线的例子。

例2-2　假设某种商品的需求函数为：$Q=10-P$，问：价格等于2、价格等于6时的点弹性大小各为多少？

解　由点弹性计算公式可求出

$$E_\mathrm{d}=-\frac{\Delta Q/Q}{\Delta P/P}=-\frac{\mathrm{d}Q}{\mathrm{d}P}\cdot\frac{P}{Q}=-(-1)\cdot\frac{P}{Q}=1\cdot\frac{P}{Q}$$

当价格 $P=2$ 时，$Q=8$，由此可得出价格为 2 的点弹性为 $E_\mathrm{d}=1\cdot\dfrac{P}{Q}=1\times\dfrac{2}{8}=\dfrac{1}{4}=0.25$

当价格 $P=6$ 时，$Q=4$，由此可得出价格为 6 的点弹性为 $E_\mathrm{d}=1\cdot\dfrac{P}{Q}=1\times\dfrac{6}{4}=\dfrac{3}{2}=1.5$

计算结果表明，在同一条线性曲线上，不同的价格水平上各点的需求价格弹性并不相同。即：同一条线性需求曲线上各点的斜率相等，但需求价格弹性却不相同。在销量比较低时，弹性大，销量高时弹性小。

这一个结论也可以用几何方法来加以证明。

图 2-17 中的 AB 是一条线性需求曲线，M_1 和 M_2 点为该曲线上的任两点。现在先求这两点的需求价格弹性。

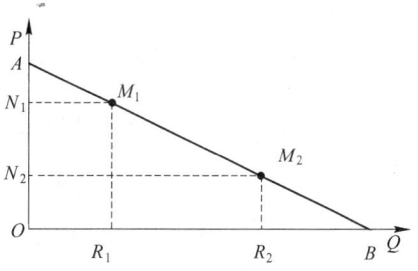

图 2-17 同一条线性需求曲线上的需求价格弹性

根据点弹性定义，M_1 和 M_2 点的需求价格弹性可以分别表示为

$$E_\mathrm{d}(M_1)=\frac{\mathrm{d}Q}{\mathrm{d}P}\cdot\frac{P}{Q}=\frac{R_1B}{R_1M_1}\cdot\frac{R_1M_1}{OR_1}=\frac{R_1B}{OR_1}=\frac{BM_1}{M_1A} \tag{2.16}$$

$$E_\mathrm{d}(M_2)=\frac{\mathrm{d}Q}{\mathrm{d}P}\cdot\frac{P}{Q}=\frac{R_2B}{R_2M_2}\cdot\frac{R_2M_2}{OR_2}=\frac{R_2B}{OR_2}=\frac{BM_2}{M_2A} \tag{2.17}$$

从式（2.16）与式（2.17）这两个计算需求价格弹性的公式中，可以得出结论：线性需求曲线上任何一点的需求价格弹性等于该点沿着需求曲线到横轴的线段长度与该点沿着需求曲线到纵轴的线段长度之比；在线性需求曲线上的接近纵轴的点的需求价格弹性比较大，接近横轴的点的需求价格弹性比较小。

图 2-18 将线性需求曲线上各点的弹性的情况做了一个简单明了的总结。因此，一般情况下，不能简单地用需求曲线的斜率大小来判断商品的需求价格弹性大小。

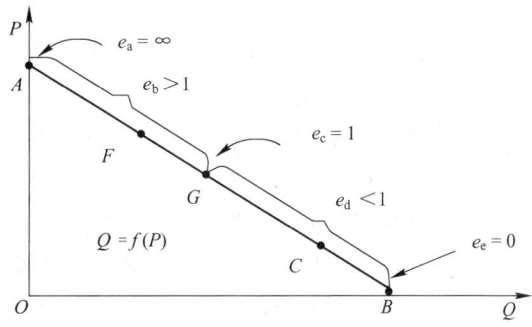

图 2-18 一条线性需求曲线上点弹性的 5 种类型

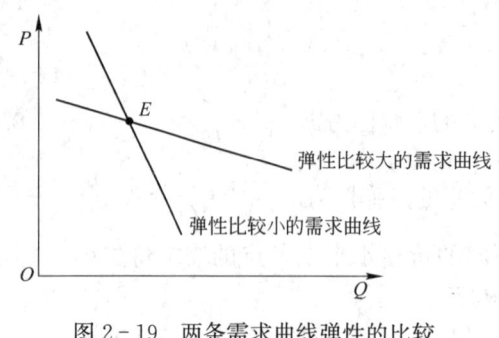

图 2-19 两条需求曲线弹性的比较

不过,如果两条需求曲线同时经过了同一坐标上的同一点 E 时,在该点上的需求曲线的弹性则可以进行比较。一般而言,斜率大的需求曲线弹性小,斜率小的需求曲线弹性大。

图 2-19 中的 E 点处于两条需求曲线的交点上,显然根据弹性公式,在交点上,比较平缓的需求曲线弹性较大,比较陡峭的需求曲线弹性较小。

2.4.4 影响需求价格弹性的因素

不同的商品为什么需求价格弹性会各不相同呢?这是因为影响不同商品的需求价格弹性的因素各有不同。一般而言,一种商品的弹性大小主要受到以下几个因素的影响。

① 消费者对该商品的需求程度。一般来说,消费者对生活必需品的需求程度大且稳定,所以生活必需品的需求弹性小;相反,消费者对非生活必需品的需求程度小而不稳定,所以其需求弹性大。例如,汽车消费的需求弹性一般都大,属于需求富有弹性的商品。

② 该商品的可替代难易程度。一般来说,一种商品的可替代品越多,越容易被替代,该商品的需求弹性就越大;相反,该商品的需求弹性就越小。例如,食盐没有很好的替代品,所以它的价格的变化所引起的需求量的变化几乎为零,它的需求弹性极小;而中华牙膏可被许多其他品牌的牙膏所替代,其需求弹性就大。其替代品越容易找到,其弹性越大。

③ 该商品在家庭支出中所占的比例。家庭开支占总收入比例小的商品,其价格变动对需求量的影响小,其需求弹性也小;家庭开支占总收入比例大的商品,其价格变动对需求量的影响大,所以其弹性也大。例如,家用高档汽车的价格非常高,买一辆汽车的支出占家庭总收入的比例比较高,因此消费者对价格的变动敏感,所以其弹性大;而蚊香的价格很低,买一盒蚊香的支出占家庭总收入的比例很少,因此蚊香的弹性小。

④ 该商品本身用途的广泛性。一般来说,一种商品的用途越广泛,其需求弹性也就越大;而一种商品的用途越少,则其需求弹性就越小。例如,生活用盐对于普通居民而言,其用途相对单一,居民只有在日常饮食中使用它,因此其弹性很小;而像家用电器中的多功能一体机,由于其用途广泛,则其弹性就比较大。

⑤ 时间的长短。一是指商品本身的使用时间长短对需求弹性的影响。一般来说,使用时间长的商品需求弹性大,而使用时间短的商品需求弹性小。例如,家用汽车的使用时间一般会在 10 年左右,时间比较长,其弹性比较大;家庭所用的碗筷其使用时间也就是一两年,时间较短,因此其弹性比较小。二是指消费者调节自己消费量的时间。一般而言,调节需求量的时间较长,消费者便于搜寻替代品和调节消费,弹性就大;反之,需求价格弹性就比较小。例如,如果企业考察商品的销售时间是一个月,往往由于消费者来不及调节需求量和搜寻替代品,因此企业计算出的一个月的产品弹性比较小;而如果企业考察商品的销售时间是一年,由于消费者有充足的时间搜寻替代品和调节需求量,因此企业计算出的一年的产品弹性比较大。

某种商品的需求弹性到底有多大,是由上述这些因素综合决定的,不能只考虑其中的一种因素，且商品的需求弹性也因时期、消费者收入水平和地区而不同。

2.4.5 供给价格弹性的计算与分类

1. 供给价格弹性含义

供给价格弹性（price elasticity of supply）指某一商品供给量的变动对价格变动的反应程度。它是商品供给量变化的百分比与价格变化的百分比之比值。设 E_s 代表商品供给弹性系数，Q 代表原来的供给量，ΔQ 代表供给量的变动，P 代表原来的价格，ΔP 代表价格变动量，则有

$$供给价格弹性 = \frac{供给量变动的百分比}{价格变动的百分比}$$

即

$$E_s = \frac{\Delta Q/Q}{\Delta P/P} = \frac{\Delta Q}{\Delta P} \cdot \frac{P}{Q} \tag{2.18}$$

供给价格弹性的计算也有弧弹性与点弹性之分。弧弹性的计算主要用于供给曲线上两点之间的弹性的计算；点弹性的计算主要度量供给曲线上某一点的弹性。一般情况下，商品的供给量与商品价格同方向变动。因此，供给价格弹性的计算结果一般都大于零。

2. 供给价格弹性分类

与需求价格弹性一样，可以根据供给弹性数值的大小，将供给弹性分为5种类型。

① $E_s > 1$，供给富有弹性，表示供给量变动的幅度大于价格变动的幅度。在这种情况下，市场价格的走高，会引起供给量的快速调整。

② $0 < E_s < 1$，供给缺乏弹性，说明供给量变动的幅度小于价格变动的幅度。在这种弹性下，市场价格的走高，并不能使得供给量很快地适应。

③ $E_s = 1$，供给单位弹性，说明供给量变动幅度等于价格变动的幅度。

④ $E_s = 0$，供给完全无弹性，说明不管价格如何变化，供给量都不发生变化。在图形上，供给曲线是一条平行于纵轴的直线。这是一种极端的情况。

⑤ $E_s \to \infty$，供给完全弹性，这时在某一既定的价格水平上供给量可以无限增加。在图形上，供给曲线是一条平行于横轴的直线。这是另一种极端的情况。

供给曲线弹性性质和需求曲线弹性性质类似，同一条曲线上各点的弹性不同。

图2-20给出了一条典型的供给曲线。在开始价格很低时，企业可能只能收回成本，此时价格只要稍微提高供给量就会大幅度增加。从图上可以看出，这一阶段的供给曲线相对平缓，因此，其供给弹性比较大。但是如果价格一直上升，供给量却并不能一直大幅度地增加，因为在产量扩大到一定程度后，再增加产量就会比较困难了，此时，供给曲线变得陡峭起来了。也就是说价格的上升再快，供给量的变化都会越来越小了，即供给弹性缺乏。

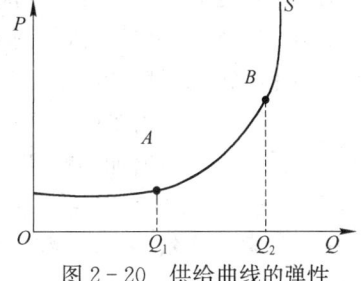

图2-20 供给曲线的弹性

3. 影响供给弹性的因素

不同商品的供给弹性不同，是因为影响因素各有不同。一般而言，影响供给弹性的因素主要有以下几种。

① 时间的长短。在极短的时间内，企业调整生产比较难，供应量变化小，因而商品供

给弹性较小。投资大、周期长，且不容易生产的商品，供给弹性相对小；而投资小、周期短又容易生产的商品，其供给弹性较大。

② 生产成本变动的灵活性。企业扩大生产所需要的生产要素成本不提高的商品，其弹性比较大；相反，企业扩大生产所需要的生产要素成本容易提高的商品，其弹性就比较小。

③ 生产所采用的技术类型。一般采用资本密集型技术的，供给弹性小；而采用劳动密集型技术的，供给弹性大。重工业产品一般采用资本密集型技术，生产较为困难，并且生产周期长，所以供给弹性较小。轻工业产品，尤其是食品、服装这类产品，一般采用劳动密集型技术，生产较为容易，并且生产周期短，所以供给弹性大。

④ 销售的难易程度。销售难的弹性小，销售易则弹性大。

2.4.6 需求收入弹性计算与分类

1. 需求收入弹性的定义与计算

一种商品的需求量除了受价格影响外，还主要受到收入的影响。商品需求量对收入变化的敏感程度称为需求收入弹性（income elasticity of demand）。

需求收入弹性是需求量变动的百分比除以收入变动的百分比，即

$$需求收入弹性 = \frac{需求量变动的百分比}{消费者收入变动的百分比}$$

以 E_y 代表需求的收入弹性，Q 代表原来的需求量，ΔQ 代表需求变动量，Y 代表原来的收入，ΔY 代表收入变动量，则有

$$E_y = \frac{\Delta Q/Q}{\Delta Y/Y} = \frac{\Delta Q}{\Delta Y} \cdot \frac{Y}{Q} \tag{2.19}$$

2. 需求收入弹性的分类

与需求价格弹性一样，可以根据需求收入弹性的数值大小，将其分为 4 种类型。

① $E_y = 0$，需求收入无弹性。消费者收入的变化并不引起对商品需求量的变化。这是一种极端的情况。

② $E_y < 0$，需求收入弹性为负值。如果一种商品的需求收入弹性小于零，就说明该商品的需求量与收入变化之间存在反方向变化的关系。当消费者收入增加时，对该商品的需求量不会增加，而是减少，这样的商品，经济学中称之为劣质商品或低档商品。

③ $0 < E_y < 1$，需求收入缺乏弹性。当消费者收入增加时，消费者对某种商品的需求量增加，但是，需求量增加的幅度小于收入增加的幅度。这种商品被称为生活必需品。

④ $1 < E_y < \infty$，需求收入富有弹性。当消费者收入增加时，消费者对某种商品的需求量增加，但是，需求量增加的幅度大于收入增加的幅度。这种商品被称为奢侈品。

3. 需求收入弹性与恩格尔系数

统计学家恩格尔 1857 年根据德国某些地区的消费统计资料说明，随着消费者收入水平的提高，食物支出在其全部支出中所占的比例是下降的。用于食物的支出在全部支出中所占的比例就是恩格尔系数。

恩格尔系数与需求收入弹性是相关的，它说明了生活必需品（食物）的收入弹性小。即就一个家庭或一个国家而言，其富裕程度越高，其食物在全部支出中的比例就越小。

恩格尔系数的公式通常写为

第2章 需求和供给的基本原理

$$恩格尔系数 = \frac{食物支出}{全部开支}$$

或

$$恩格尔系数 = \frac{食物支出}{全部收入}$$

众所周知，吃是人类生存的第一需要，在收入水平较低时，其在消费支出中必然占有重要的地位。随着收入的增加，在食品需求基本满足的情况下，消费的重心才会开始向穿、用方面转移。因此，一个国家或家庭生活越贫困，恩格尔系数就越大；反之，生活越富裕，恩格尔系数就越小。

国际上常用恩格尔系数来衡量一个国家和地区人民生活水平的状况。根据联合国粮农组织提出的标准，恩格尔系数在60%以上为赤贫，50%～59%为温饱，40%～50%为小康，低于40%为富裕。

在运用这一标准进行国际或城乡间对比时，要考虑到不可比因素，如消费品价格比价不同、居民生活习惯的差异及由社会经济制度不同所产生的特殊因素等。对于这些横向比较中的不可比因素，在分析和比较时应做相应的剔除。另外，在观察历史情况的变化时要注意，恩格尔系数反映的是一种长期的趋势，而不是逐年下降的绝对倾向。所以，不能简单地使用恩格尔系数。

除食物支出外，衣着、住房、日用必需品等的支出，也同样在不断增长的家庭收入或总支出中所占比重上升一段时期后，呈递减趋势。

2.4.7 需求交叉弹性计算与分类

一种物品的需求量除了受到价格和收入的影响外，还主要受到其相关商品（替代品和互补品）价格的影响。某种物品需求量对其替代品和互补品价格变动的反应程度用需求交叉弹性来衡量。需求的交叉弹性（cross price elasticity of demand）是用一种物品价格变动的百分比除另一种物品（替代品或互补品）需求量变动的百分比来计算的，即

$$E_c = \frac{\Delta Q_X / Q_X}{\Delta P_Y / P_Y} \tag{2.20}$$

式（2.20）中，以 Q_X 代表某商品 X 原有的需求量，ΔQ_X 代表 X 的需求量的变动量，以 P_Y 代表与 X 相关的另一种商品 Y 原有的价格，ΔP_Y 代表 Y 价格的变动量。

对于不同的商品而言，需求交叉弹性系数是不同的。如果 X 和 Y 之间是替代关系，Y 的价格上升（下降），就会引起 X 的需求量增加（减少），二者之间同方向变动，因此其交叉弹性大于零。如果 X 和 Y 之间是互补关系，则 Y 的价格上升（下降），会引起 X 的需求量减少（增加），二者之间反方向变动，因此其交叉弹性小于零。

反过来，也可以根据两种商品之间的需求交叉弹性系数来判断两种商品之间的相关关系。如果两种商品的需求交叉弹性大于0，则二者之间为替代关系；若两种商品的需求交叉弹性小于0，则二者之间为互补关系；如果两种商品的需求交叉弹性等于0，则二者之间无关系。

需求交叉弹性既可作为政府划分行业界限的参考，以避免跨行业的替代商品之间的杀伤性竞争，也可作为企业了解自己的产品价格变化对相关商品的影响，预防不利于自己生存和发展的情况发生。

本章小结

1. 商品的价格决定于供给与需求,供给与需求是微观经济学理论中的重要工具。

2. 一种商品的需求指消费者在一定时期内、在各种可能的价格下愿意而且能够购买的该种商品的数量;一种商品的供给指生产者在一定时期内在各种可能的价格下愿意而且能够提供出售的该种商品的数量。

3. 需求量的变化是指在其他条件不变的情况下,由于商品本身价格变化所引起的商品需求量的变化,反映在图形上就是沿着需求曲线的点的移动;需求的变化是指在商品本身价格不变的情况下,由于其他因素变化所引起的商品的需求量的变化,反映在图形上就是需求曲线的移动。供给量的变化是指在其他条件不变的情况下,由于商品本身价格变化所引起的商品供给量的变化,反映在图形上是沿着供给曲线的点的移动;供给的变化是指在商品本身价格不变的情况下,由于其他因素变化所引起的商品的供给量的变化,反映在图形上就是供给曲线的移动。

4. 均衡指各个经济决策者(消费者、厂商)在外界条件不变的情况下,每个人都不再调整自己的决策的状况,是一种相对静止的状态。均衡数量是指供给与需求相等时的需求量和供给量;均衡价格是在供给与需求相等时的市场价格。

5. 供求定律是指需求的变动引起均衡价格与均衡产量同方向变动;供给的变动引起均衡价格与其反方向变动,引起均衡产量与其同方向变动。

6. 一般而言,弹性指在经济变量之间存在函数关系时,因变量对自变量变化的反应程度。需求弹性分为需求价格弹性、需求收入弹性和需求交叉弹性,其中最常用的是需求价格弹性,它是分析商品需求量对商品价格变动的反应程度的,一般是负值,为了方便比较,经常取其正值。需求价格弹性与企业定价策略有着非常重要的关系。

知识拓展

蛛网理论

在分析均衡价格形成中,我们假定供给和需求确定,这是一种静态分析方法。在分析需求和供给变化对均衡价格的影响时,我们又使用了比较静态分析方法。但在整个分析过程中,我们没有考虑不同时间段的需求和供给的问题。蛛网理论对此则做了补充。

蛛网理论作为微观经济学中的一个拓展内容,它运用了需求和供给弹性理论考察了市场价格波动对不同周期产量的影响,并分析由于市场价格变动对供给与需求变动的影响,以及供求变动对市场均衡的影响。这种引入时间因素,从动态变化的角度来分析考察需求与供给的变动的分析方法,被称为动态分析。

供求关系决定商品价格。商品的价格只反映当前的供求关系,而对于供求关系在未来一定时期内可能发生的变化并不反映。也就是说,当前市场的分析只体现当前因素,而不包含人们对未来的预期因素。正因为如此,一般而言,生产者只能根据当前的市场价格来安排生产。而有些商品生产周期较长，如农产品生产只能根据当前价格来安排生产，而一旦生产安排后，产量影响的却是下一个周期的供给。如果当前市场价格较高，则生产者会扩大当前的生产规模。这会引起下一个周期的产出增加，市场供给增加，如果需求没有变化，则市场价格必然下降。而价格下降又会引起新一轮的产出减少和价格上涨，如此反复。对这样一个问题的研究就是"蛛网理论"。

蛛网模型假定条件有以下三个。

(1) 该商品的生产需要比较长的时间，而且在这段时间内企业无法调整其生产规模。

(2) 本期的产量决定于本期的价格。以 P_t 和 Q_t^d 分别表示本期的价格与产量，二者的关系可以用函数式表示为

$$Q_t^d = f(P_t)$$

(3) 本期价格决定下期的产量。以 Q_{t+1}^s 代表下期产量，二者的关系可以用函数式表示为

$$Q_{t+1}^s = f(P_t)$$

据此分析，就供给弹性与需求弹性的大小关系，有三种类型的蛛网。

(1) 供给弹性大于需求弹性。此时，需求曲线的斜率绝对值大于供给曲线的斜率的绝对值。由于某种原因第1期供过于求，决定了第1期的价格比较低，价格小于均衡价格，而由于价格偏低，第2期的供给量减少，出现供不应求。因此，第2期价格提高，第2期的商品价格水平偏高，又诱使第3期的供给量增加……如此往复，我们可以得到一个类似蛛网的图像，见图2-21，图中价格与供给量的波动离均衡点越来越远，幅度越来越大，所以把这种蛛网称为"发散型蛛网"。

(2) 供给弹性小于需求弹性，即需求曲线的斜率绝对值小于供给曲线的斜率绝对值。由于某种原因第1期供小于求，决定了第1期的价格比较高，价格大于均衡价格，而由于价格偏高，第2期的供给量增加，出现供过于求。因此，第2期价格降低，第2期的商品价格水平偏低，又诱使第3期的供给量降低……如此往复，价格与供给量的波动离均衡点越来越近，幅度越来越小，所以把这种蛛网称为"收敛型蛛网"，见图2-22。

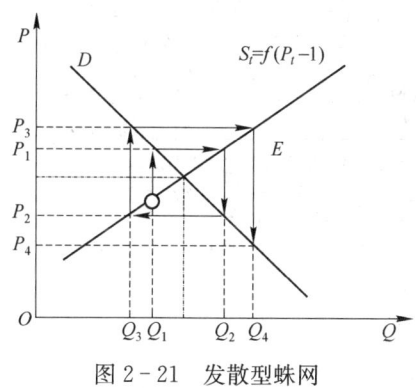

图2-21　发散型蛛网

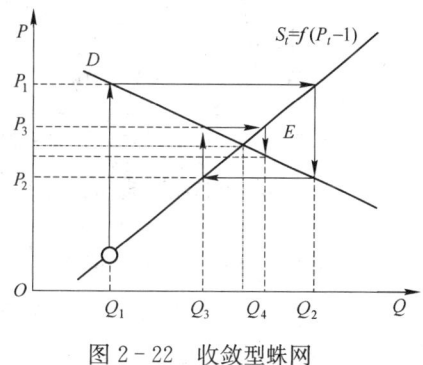

图2-22　收敛型蛛网

(3) 供给弹性等于需求弹性，即需求曲线的斜率绝对值等于供给曲线的斜率绝对值。由于某种原因第1期供小于求，决定了第1期的价格比较高，价格大于均衡价格，而由于价格偏高，第2期供给量增加，出现供过于求。因此，第2期价格降低。第2期的商品价格水平偏低，又诱使第3期的供给量降低……如此往复，价格与供给量的变动稳定，变动幅度也不变，形成一个封闭图形，所以把这种蛛网称为"封闭型蛛网"。

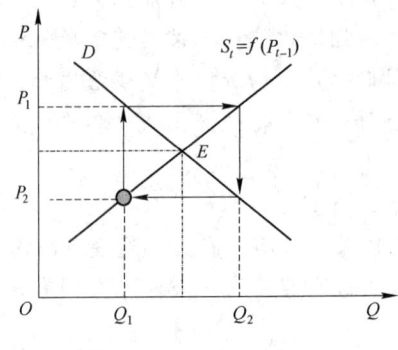

图 2-23 封闭型蛛网

蛛网模型对于理解某些生产周期比较长的商品的产量与价格的波动是很有意义的。例如，下面的实例。

实例链接　　　　我国生猪市场价格变化情况

猪周期，本质是利润驱动的生猪供给周期。猪价呈现典型的周期性变化，一轮周期大概持续 4 年左右（如图 2-24 所示）。过往经验显示，猪价受需求变化的影响相对有限，主要由生猪供给决定，而后者主要由养殖利润驱动。当生猪养殖利润下降、进入持续亏损时，部分产能退出、生猪供给减少，进而带动猪价修复；随后养殖利润上升，又引发产能扩张、生猪供给增加，猪价再度下跌，养殖利润下降；如此循环。

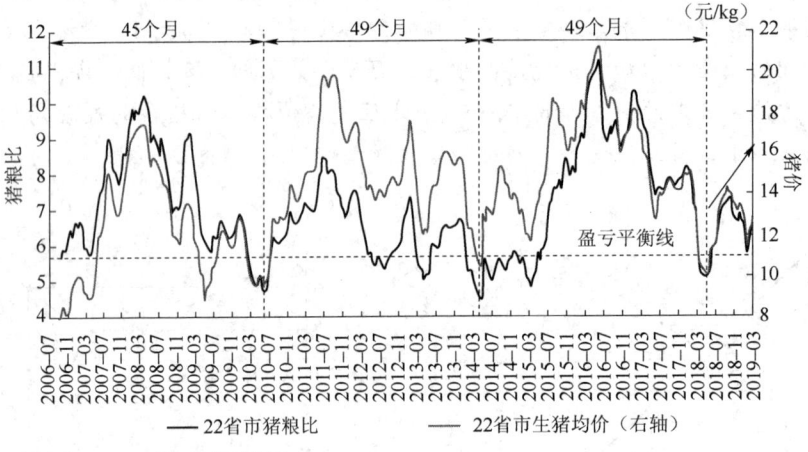

来源于：Wind，长江证券研究所。

图 2-24 猪周期图

自 2018 年 8 月非洲猪瘟疫情在我国首次出现，疫情快速扩散，由起初的小规模养殖户/养殖场扩散至存栏规模万头级别的养殖户，半年时间已扩散至全国 28 个省市。截至 2019 年 3 月 16 日，发病猪数量达 1.8 万头，扑杀规模超过 32 万头。非洲猪瘟蔓延过程中，养殖户一度恐慌性抛售，导致当地猪价快速下跌，拖累养殖利润，加快去产能。

根据农业农村部统计的 400 个监测县存栏数据来看，2018 年 3 月以后能繁母猪存栏量同比降幅持续扩大，四季度开始明显加快，2019 年以来尤为显著，1 月和 2 月能繁母猪存栏量同比降幅分别达 14.8% 和 19.1%，单月环比降幅分别达 3.6% 和 5%。畜牧司监测数据也显示，母猪存栏指数，2018 年四季度以来加速回落，2019 年 1 月较上年同期已下降 14.8%。

我国猪肉主要以自产自销为主，猪肉进口占比低，较难对冲国内供给收缩规模。为缓解猪价周期性波动，我国利用猪肉储备吞吐进行市场调控，但规模有限。此外，国内生猪以小规模养殖户为主，尚未形成集中定价机制，对猪肉实施行政限价调控的效果也可能有限。

从历史猪价的波峰与波谷回合看，新一轮的波谷要比根据猪的生长规律推算时间迟两三个月（也称养猪者的观望犹豫期）。养猪者不是立即就停止配种繁殖或宰杀母猪，要经过两三个月的观望或犹豫，当经受不住亏损的打击后，开始宰杀母猪或暂停配种繁殖。反之，当新一轮价格往上涨时，再经过两三个月的观望后，又引种—配种—繁殖—育肥—出栏（12～14 个月的时间），市场供求正常状况再维持一年左右的时间。这就是我们经历的一个波峰和波谷期 50～60 个月的时间。

征收销售税的负担

供给和需求弹性的大小不仅影响蛛网的收敛或发散，而且决定政府征收的销售税究竟由谁来负担。一般来说，需求弹性小于供给弹性的商品，销售税主要由消费者承担；而需求弹性大于供给弹性的商品，销售税主要由生产者来负担。具体如图 2-25 所示。

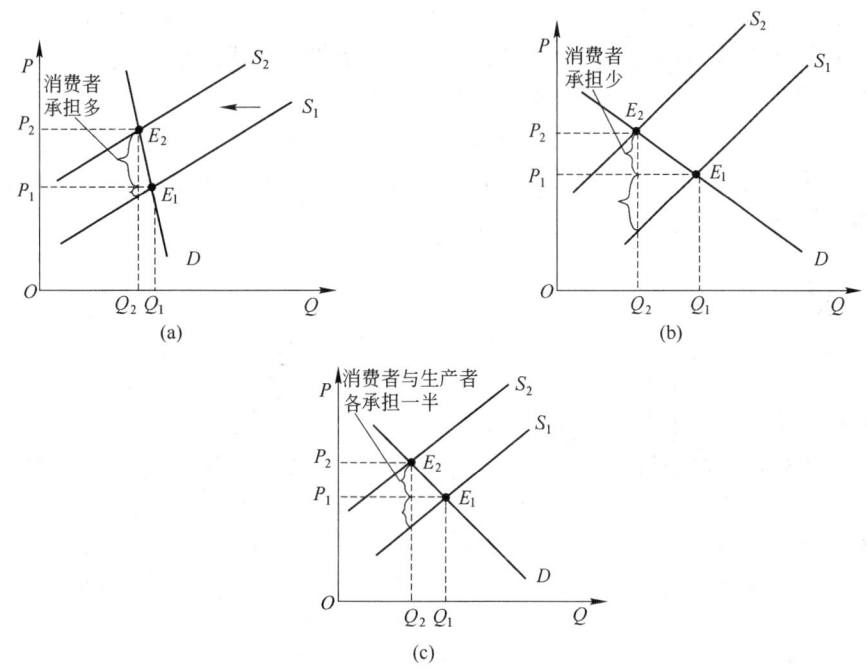

图 2-25 税收负担与需求弹性

在图 2-25 中，由于销售税加大了企业的供给成本，从而导致供给曲线向左上方移动。这表明在原来的每一个价格点上，生产者供给的商品量都减少了。

图 2-25（a）中，商品的需求弹性小于供给弹性，需求曲线的斜率绝对值大于供给曲线的斜率绝对值，则销售税较多地由消费者负担。图 2-25（b）中，商品的需求弹性大于供给弹性，需求曲线的斜率绝对值小于供给曲线的斜率绝对值，则销售税较多地由生产者负担。

图 2-25（c）中，商品的需求弹性等于供给弹性，则消费者与生产者各负担税收的一半。

像经济学家一样思考

现在让我们回到本章的开篇案例，看一看经济学家是如何看待这一问题的。

经济学家的分析：

我们在本章学习了供给和需求的基本理论，一种商品的价格是由需求和供给共同决定的，而需求和供给又会受到许多因素的影响。出租车市场上，其供给方是出租车公司和出行服务平台调动的私家车车主，而需求方是个体出行者。

第一，随着城市人口的不断增加，以及人们收入的不断提高，公众对于更加方便、快捷的出租车的需求也会不断增加。

第二，由于出租车数量相对比较稳定，受政府牌照管制的影响较大，所以会产生供不应求的情况。体现在出租车更难打，而出租车司机有充分的理由来提升价格。

第三，政府出于维护城市交通秩序，同时避免出租车乱涨价侵害消费者利益，规定了出租车价格。在这样的情况下，大量消费者的打车需求满足不了，而出租车供给方既不能扩大供给，也没有提供更好服务的动力。

第四，在这样的背景下，网约车的出现和快速发展，有其必然性。在保证市场竞争秩序的前提下，政府也乐于放松管制。

在传统出租车和网约车共同提供供给的情况下，更多的消费需求得到满足，而打车价格也没有暴涨。对于各方来说，都是一个不错的局面。

综上，我们在分析一种产品的价格决定因素时，供给与需求是非常重要的，只有对影响供给与需求的因素进行具体而详细的分析，才可能得出比较正确的结论，也才可能采取比较正确的对策。

练习及思考

1. 填空题

(1) 同一条需求曲线上点的移动称为_____，需求曲线的平行移动称为_____。

(2) 均衡价格在图形上是_____与_____相交时的价格。

(3) 供给的变动引起均衡价格_____方向变动，均衡数量_____方向变动。

(4) 当某商品的价格上升6%，而需求量减少9%时，该商品属于需求_____弹性。当某商品的价格下降5%而需求量增加3%时，该商品属于需求_____弹性。

(5) 在需求价格弹性大于1的情况下，企业适合_____价格来增加收益；在需求价格弹性小于1的条件下，生产者适当_____价格能增加总收益。

2. 判断题（正确的在括号内打√，不正确的打 ×）

(1) (   ) 需求就是在每一个价格水平下，消费者愿意购买的商品数量。

(2) (   ) 茶叶的价格上升会引起咖啡需求量的增加。

(3) (   ) 一般情况下，需求曲线是向左下方倾斜的。

(4) (   ) 其他条件都不变，技术条件的变化会引起商品生产量的增加，这称为供给量的变化。

(5) (   ) 一般来说，生活必需品的需求弹性比奢侈品的需求弹性要小。

(6) (   ) 当商品的需求价格弹性小于1时，降低销售价格会使总收益增加。

(7)（　　）一种商品的价格上升引起另一种商品的需求量增加，这两种商品之间存在替代关系。

(8)（　　）一种商品的需求收入弹性大于零，该商品一定是生活必需品。

3. 选择题

(1) 假定其他条件不变，只有生产某种产品的原料价格上升了，则这种产品的（　　）。
A. 需求曲线左移　　B. 需求曲线右移　　C. 供给曲线左移　　D. 供给曲线右移

(2) 如果某种商品的需求富有弹性，则意味着价格的下跌将会导致（　　）。
A. 生产者总收益增加　　　　　　　B. 消费者需求量减少
C. 消费者总支出减少　　　　　　　D. 消费者需求量增加

(3) 如果蔬菜市场是缺乏弹性的，蔬菜的产量等于销售量且等于需求量，由于气候原因蔬菜产量下降20%，则（　　）。
A. 生产者的收入减少，因为蔬菜产量下降
B. 生产者的收入增加，因为蔬菜价格上升会低于20%
C. 生产者的收入增加，因为蔬菜的价格上升会超过20%
D. 条件不完全，无法确定

(4) 当两种商品中的一种商品的价格发生变化时，这两种商品的需求量同时增加或减少，则这两种商品的需求交叉弹性（　　）。
A. 大于零　　　　B. 小于零　　　　C. 等于零　　　　D. 等于1

(5) 当汽油的价格上升时，对小汽车的需求将（　　）。
A. 减少　　　　　B. 保持不变　　　C. 增加　　　　　D. 难以确定

4. 计算题

(1) 在商品 X 市场，有1 000个相同的人，每人的需求函数均为 $q_d = 12 - 2p$；同时有100个相同的生产者，每个生产者的供给函数均为 $q_s = 20p$。
① 推导商品 X 的市场需求函数和市场供给函数；
② 求均衡价格和均衡产量。

(2) 假定某消费者对消费品 X 的需求函数为 $p = 100 - 2q$，请分别计算 $P = 60$ 和 $P = 30$ 时的价格弹性系数。

(3) 设电视机的需求价格弹性为2.5，价格现为每台6 000元，请问电视机价格上涨多少才能使其消费量减少15%？

5. 问答与论述题

(1) 影响商品需求价格弹性的因素有哪些？
(2) 需求的变化与需求量的变化一样吗？请解释。
(3) 若 X 商品与 Y 商品是互补品，X 商品的需求交叉弹性如何？若 X 商品与 Y 商品为相互替代关系时，X 商品的需求交叉弹性有何不同？
(4) 请使用几何方法推导出线性需求曲线上某一点的点弹性。
(5) 税收是如何在买者与卖者之间进行分摊的？
(6) 试分析说明需求价格弹性与销售总收益之间的关系。

6. 资料题

资料题：纠结中的房产税

房产税是以房屋为征税对象，按房屋的计税余值或租金收入为计税依据，向产权所有人

征收的一种财产税。

2011年1月,上海开展对部分个人住房征收房地产税试点,适用税率暂定为0.6%。征收对象为本市居民二套房及非本市居民新购房。

2011年1月,重庆启动房地产税改革试点,征收对象为个人拥有的独栋商品住宅、个人新购的高档住房,以及在重庆市同时无户籍、无企业、无工作的个人新购的二套房。

2012年11月,时任财政部部长谢旭人提出,房地产税改革试点经验将在全国范围内推开,同时将积极推进单位房产的房地产税改革。

2012年底,时任住建部长姜伟新表示,正在研究房地产税试点,2013年将继续推进城镇个人住房信息系统建设,编制实施好住房发展和建设规划。

2013年2月,时任国务院总理温家宝主持国务院常务会议,会议确定,严格执行商品住房限购措施,扩大个人住房房地产税改革试点范围。

2013年5月,国务院批转的国家发改委《关于2013年深化经济体制改革重点工作的意见》明确提出,将扩大房地产税改革试点范围。

2013年5月,时任国土资源部副部长胡存智表示,预计2014年6月底前出台不动产登记条例。专家认为,条例出台后,全面征房地产税技术条件基本具备。

2013年7月,国家税务总局下发通知明确,研究扩大个人住房房地产税改革试点范围。

2013年8月,财政部向全国人大常委会预算工委通报时表示,将扩大个人住房房地产税改革试点范围,为全面推进房地产税改革进一步积累经验。

2014年8月,2014博鳌房地产论坛上,财经专家、财政部财政科学研究所所长贾康在会上指出,房产税改革方向已被最高决策层锁定,可能在2017年实施。有观点指出,房产税会以2017年为界开征,2017年前销售的房屋以及首套住房有可能免征。

2015年8月,最新调整过的十二届全国人大常委会立法规划向社会公布,包括房地产税法在内的34项立法任务亮相,这意味着备受关注的房地产税法正式进入全国人大的立法规划。

2017年1月,上海市政府发布关于《上海市人民政府关于印发〈上海市开展对部分个人住房征收房产税试点的暂行办法〉的通知》继续有效的通知。

2018年4月,全国人大常委会公布2018年立法工作计划,房地产税法被列为预备审议项目,视情在2018年或者以后年度安排审议。

2018年6月,全国统一的不动产登记信息管理基础平台已实现全国联网,我国不动产登记体系进入到全面运行阶段。

2018年7月,国家统计局新闻发言人表示:从房地产下一步发展情况来看,中央一方面进一步加强和完善宏观调控,同时,从供给侧进一步发力,包括加快推进房地产税相关政策举措,实现多主体供给、多渠道保障,加快推进租售同权等一系列配套政策的落实,更好地促进房地产平稳健康发展,促进长效机制建设,更好地实现"房子是用来住的而不是用来炒的"这样一个基本定位。

请结合上述材料回答下列问题:
(1) 为什么房产税收迟迟不出台?原因何在?
(2) 请从需求和供给的角度分析,房产税会产生什么样的经济影响?

第3章 消费者选择

【知识结构图】

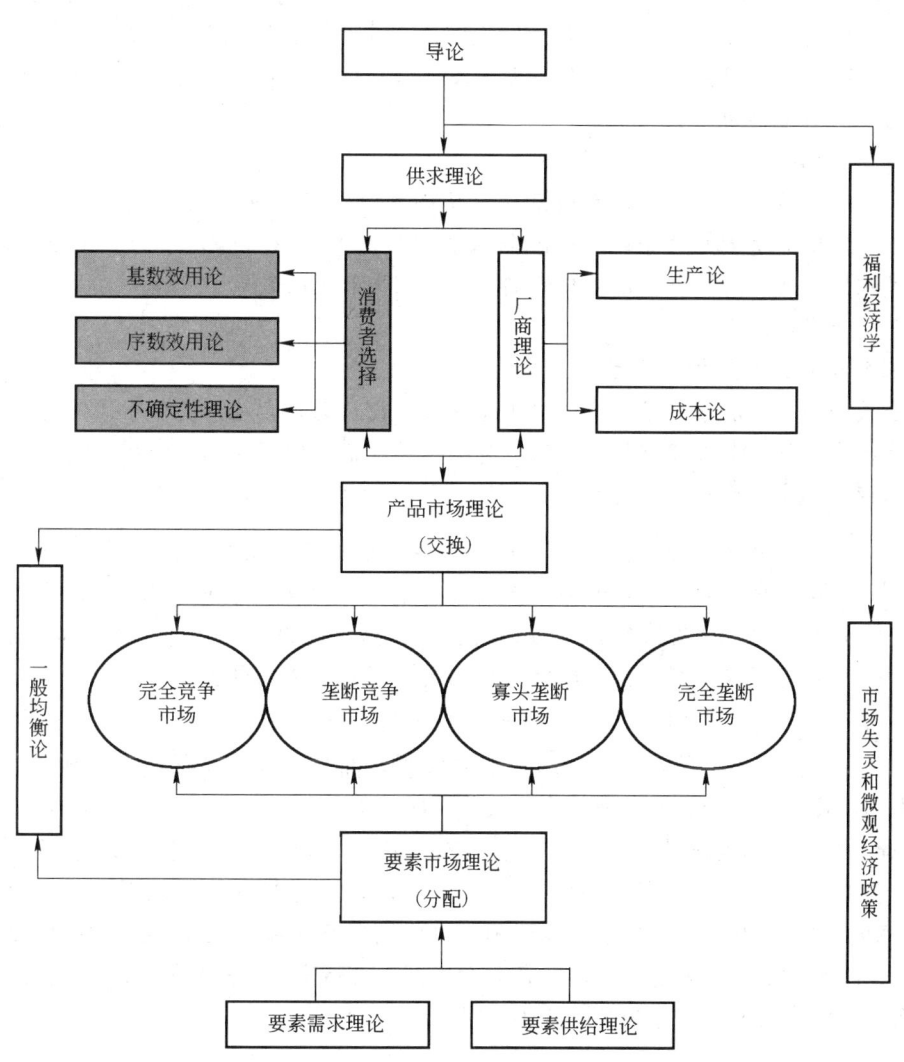

【导入案例】

幸福公式：幸福可以计算？

一个乞丐或许说："如果我现在能够拥有一个面包，我将是这个世界最最幸福的人。"但是一个相当富有的人或许正在为了自己没有私人飞机而烦恼。对于"幸福是什么"这个问题的答案有许多种，对此问题的研究也是经济学、社会学、心理学研究的重点内容。许多不同研究领域的学者对这个问题进行了探索，以下的三个幸福计算公式，就是几种探索结果。他们的探索或许会有助于人们进一步了解什么是自己应该追求的人生幸福。

第一个幸福公式：$H=S+C+V$

该公式由美国心理学家赛利格曼提出。公式中，H 代表幸福指数，S 代表先天的遗传素质，C 代表后天的环境，V 则表示人能主动控制的心理力量。也就是说，一个人幸福要取决于三个方面的因素。前面两个因素如果可以算作自己无法决定的，第三点则主要取决于自己的判断幸福的主观判断力。

第二个幸福公式：$H=P+5E+3N$

该公式是由英国心理学家推算出来的。该公式中，H 代表幸福指数，P 代表人的性格、人生观及他的适应能力和耐力；E 指人的健康及他的财富和友谊的稳定程度；N 的含义就是人的自我评价、对生活抱有的期望值、性情和他的欲望。这个公式是几位心理学家走访了一千多人后得出的结论。

第三个幸福公式：幸福＝效用/欲望

该公式由著名经济学家保罗·萨缪尔森提出。他认为，幸福感类似于满足感，它实际上是现实的生活状态与心理期望状态的一种比较，人们的期望越高，幸福感越低，而对已有的物质评价越高，幸福感越大。显然，该公式同样也强调人们的主观评价。

那么，到底什么是幸福呢？为什么物质财富在幸福感中的作用不如人们想的那么重要？欲望这一心理因素对于人们来说，真的是非常重要的吗？它在消费者的消费行为中有着怎样的作用呢？消费者在进行消费行为决策时，如何能追求并获得自身的最大满足呢？诸如此类的问题，正是本章的消费者行为理论要分析的主要问题。

在第 2 章，我们知道了需求曲线向右下方倾斜，商品的需求量与商品的价格反方向变动。在本章，我们要分析并解释为什么需求曲线向右下方倾斜？人们为什么在不同的价格水平下，对产品和服务的需求量进行调整？为什么当价格上升时需求量会减少，而当价格下降时需求量会增加呢？为什么当一种商品的价格上升时，消费者会增加对另一种商品的需求？……对于这些问题的研究是很有趣味的，也正是需求背后的原因。本章在第 2 章的基础上，将对产品市场上的需求者——消费者的消费行为进行进一步的分析。而有关第 2 章中商品供给者——生产者的生产行为的研究则从第 4 章开始。

3.1 效用的基本概念

消费者是经济生活中能够作出统一的消费决策的经济单位，它可以是个人，也可以是家庭。当家庭和个人面对琳琅满目的商品，考虑到自己有限的收入时，如何进行消费决策，才能实现自己的最大满足呢？显然，消费者首先要考虑自己对某种商品的欲望如何，然后再考虑商品能否满足、多大程度上满足其欲望的问题。消费者行为的研究就从研究消费者欲望以及与之有关的效用开始。

3.1.1 欲望

欲望在心理学上被认为是人的一种感觉不足和求得满足的愿望。也就是说，欲望是一种主观愿望，它包括两个方面：一是对某种商品，人们产生自己尚未得到满足的感觉；二是人们希望获得该商品。两方面必须同时存在，缺一不可，唯有如此，才构成欲望；否则，就不能被称为欲望。比如，A没有平板计算机，看到其他同学大多数都已经有了该物品时，觉得自己也想拥有这样的一个物品。这时，可以说该学生对平板计算机产生了欲望，这个欲望是由两个方面构成的：一方面，"没有"说明他尚未得到满足；另一方面，"想有"就是他希望获得平板计算机。假定B也没有平板计算机，但他看到别人拥有平板计算机时，并没产生想拥有的念头，这时B对平板计算机就没有欲望。

由此可以知道，首先，欲望应该是一种心理感受。由于不同的人所具有的物质和精神条件不同，因此对于不同的人，同一种商品所引起的欲望是不同的。其次，欲望是无止境的。当一种欲望被满足后，新的欲望又会产生。最后，欲望有强弱之分，有层次。人们总是按照自己对欲望的轻重缓急区分，尽量先去满足对自己来说非常重要的欲望。

有关欲望的层次，美国著名心理学家马斯洛在1944年所著的《人的动机理论》一书中有很著名的论述。马斯洛将人的各种欲望归纳为5大类，并按照它们发生的先后次序分为5个等级。

① 生理需要。这是人类最原始的也是最基本的需要，包括人们对衣食住行等生理机能的基本需要。它是推动人们各种行为决策的最强大和最基本的欲望。

② 安全需要。当一个人生理需要得到满足后，满足安全的需要就会产生。个人寻求生命、财产等个人生活方面免于威胁、孤独、侵犯，希望得到保障的心理就是安全的需要。

③ 归属与爱的需要。这是一种社会需要，包括社会交际，获得亲朋之间关系融洽或拥有友谊和忠诚的欲望。它反映了人们对于感情付出和回报、归属于某个社会团体中的希望。

④ 尊重的需要。这是一种社会需要的更高层次的欲望。它包括受人尊重与自我尊重两个方面：受人尊重是希望他人对自己的重视，主要有建立威望及获得名誉、地位、赏识和承认等；自我尊重则是对自己的信心、能力、成就和自由的希望。

⑤ 自我实现的需要。这是一种最高层次的欲望。它主要是指实现个人理想、抱负，最大限度地发挥个人能力的需要，即获得精神层面的真、善、美的至高人生境界的需要。为满足自我实现的需要所采取的途径因人而异。

马斯洛认为，这5种基本需要之间的关系是复杂的。一般来说，在低层次需要得到满足后，高层次需要才会出现，但也有例外情况；同时，任何一种需要都不会由于高层次需要的产生而结束，只是对行为的影响力有所降低。各层次需要是相互依赖、彼此共存的。这5种基本需要在人的心理发展的不同阶段占有不同的地位。

人的欲望满足过程的特点是：按照欲望强度大小选择先满足哪个欲望；如果存在两个强度相同的欲望而又不能同时满足，那就按照其他条件，如根据满足欲望的难易程度、时间长短等安排次序。比如，一个又饥又冷的人，一般会先穿衣服再吃饭，因为穿衣服较简单，时间较短。欲望的另一个特点是，在一定时间内，可以被满足，然而过了一定时间后，满足强度又会下降。

欲望是人们奋斗的动力，不同的时期人们会有不同的欲望。欲望是多种多样且无穷无尽的，但满足人们欲望的方式是有限的。原因在于两方面。一是社会所能提供的物品是有限的。这是由资源的稀缺性决定的。二是时间是有限的。人的生命有限，不可能一切欲望都能得到满足。

欲望是个人和家庭进行消费的出发点，人们进行消费是为了满足一定的欲望。在现实中，人们的各种欲望是通过消费者的各种偏好表现出来的。

3.1.2 偏好

根据消费者对各种商品或对各种商品组合的偏好排列顺序，可以看出消费者对商品的欲望强烈程度如何。消费者偏好，又被称为嗜好，是一种产生于欲望的心理现象，它是指消费者对所消费的商品的喜好程度，可以通过消费者对不同商品（如 a，b，c，d，…）或商品组合（A，B，C，…）的喜好程度表现出来。可以说，消费者偏好是消费者欲望的一种显性反映。

微观经济学在分析消费者行为理论中，对消费者偏好有以下几个重要假定前提。

① 偏好具有完备性，即消费者是能够确定自己对商品的喜欢程度和偏爱程度的。对于任一种商品束，消费者都可以根据自己的喜欢程度来进行排序，而且可以准确地表达出来。商品束可以是一种商品，也可以是一组商品组合。比如，某消费者面对 a、b、c 三种商品，可以根据自己的偏好，明确排序为第一喜欢 a，第二喜欢 b，第三喜欢 c。又比如，面对 A 组合（$a+b$）、B 组合（$b+c$），消费者可以明确指出，对 A 组合的偏好大于 B 组合，或者对二者的偏好相同，即无差异，或者对 B 组合偏好大于 A 组合。

② 偏好具有可传递性，即消费者能够对自己喜欢商品的偏好顺序保持一致，即消费者是理性的。比如，当某消费者认为自己对 a 的喜欢大于对 b 的喜欢，而对 b 的喜欢又大于对 c 的喜欢时，就可以得出结论：该消费者对 a 的偏好大于对 c 的偏好。如果消费者认为自己对 a 和 b 同等地喜欢，而对 b 的喜欢又同等于对 c 的喜欢时，就可以得出结论：该消费者对 a 的偏好等于对 c 的偏好。

③ 偏好具有非饱和性（又称为不满足性），即同一种商品或商品组合，消费者更喜欢数量多的商品或组合。如第一种组合是 $2a+2c$，第二种组合是 $2a+3c$，那么，消费者喜欢后者胜于前者。这说明消费者对每一种商品的消费都没有达到饱和点，消费者对每一种商品的消费都是多多益善。

当然，现实中消费者的偏好不一定就完全符合这三个假设前提，但这三个假定与绝大多数消费者的消费行为基本一致。因此，我们仍用它作为研究消费者消费选择的前提。

描述偏好的理论工具是效用。

3.1.3 效用

效用（utility）是消费者从所消费的商品或商品组合中所感受到的、对自己欲望的满足程度。简言之，效用是商品对欲望的满足能力和满足程度。

对于效用概念的理解需要从两个方面入手：一是从消费者来看，效用是消费者从消费行为中得到的满足，因而一定先有消费行为的产生，然后才可能有效用的发生；二是从消费的商品来看，商品必须具有某种满足人们欲望的能力。

从这样的一个定义出发，可以总结出效用具有的特点。

① 效用具有主观性。同一种商品对不同的消费者，其效用是不可比较的。效用和欲望一样是一种心理感觉，是没有客观标准的。同一种商品对不同的人效用不同。因此，同一种商品的效用在不同的人之间是不能加以比较的。如乞丐对食物的评价与富人对食物的评价是不一样的。

货币也是商品，因此，金钱的效用对不同的人也不相同，同样是 10 元钱对于一个衣不遮体的人和一个百万富翁来说效用肯定有巨大的区别。当然，同一种商品对同一个消费者，其效用是可以比较的。如当人们在大吃一餐后，马上就会降低对食物的评价了。

② 同一种商品的效用因时间、地点不同而不同。同一种商品对于同一个人来说，在不同的时间和地点效用也不相同。例如，同样是一瓶饮用水，在水源充沛的我国江南地区的效用相对较小，而在我国干旱少雨的西部地区来说就具有非常大的效用。

③ 效用是中性的，不具有伦理学意义。效用没有好坏之分，只有正负之分。例如，烈性酒对于酗酒者来说具有非常大的效用，因为酒精成瘾者对于酒的欲望是非常强烈的；而对于不喝酒的人来说，烈性酒的效用就是零，甚至是负值。

商品所具有的满足人们某种欲望的能力就是效用，但这并不等于说效用就是使用价值。

马克思主义经济学告诉我们，使用价值与价值是属于商品的二重属性，其中，使用价值是商品的自然属性，就是一种物品能够满足人们的某种需要的属性。它主要是由商品的自然属性（如物理的、化学的、生物的属性等）决定。

我们在生活中看到，不同种类的商品具有不同的自然属性，因而具有不同的使用价值，例如，粮食可以充饥，衣服可以抵御寒冷，电视机可以满足人们视听方面的需要。可见，使用价值是客观存在的。

一种商品要具有效用，必须先具有一定的使用价值，这说明效用取决于使用价值，但效用又由于具有很强的主观性，所以，它不同于使用价值。只有当消费者消费商品并满足了自己的某种欲望时，商品才体现出其效用。如人们购买的电视机，只有在它丰富了人们的业余文化生活后，才体现出效用。这时，人们购买的是效用，而非商品本身。

3.1.4 效用分析的两种方法

既然效用对于消费者行为研究如此重要，那么，如何来度量效用的大小呢？针对这个问题，经济学家先后提出了基数效用论和序数效用论两种分析方法。

1. 基数效用论

基数效用（cardinal utility）理论是边际效用学派[①]所倡导的基本理论。这种理论的奠基者和真正先驱者是德国经济学家戈森。这一学派后来分为两大学派：一个是以心理分析为基础的主观心理学派，以奥地利的门格尔为代表；另一个是以数学为分析工具的数理学派，以英国的杰文斯和法国的瓦尔拉斯等为代表。

基数这个术语来自数学。基数效用论认为效用是可以用具体数字来表示的。效用大小是可以测量的，其计数单位就是效用单位。效用像长度和温度一样是可以计量并加总求和的，效用的大小可以用基数（1，2，3，…）来表示。例如：对某个消费者来说，一杯牛奶和一块面包的效用分别是 25 个单位和 5 个单位，这意味着牛奶的效用是面包的 5 倍，他从牛奶和面包消费中获得的总效用是 30 个效用单位。19 世纪经济学家（特别是杰文斯、门格尔、瓦尔拉斯等人）都坚持基数效用论观点。

基数效用论假定消费某一商品的效用不受其他商品消费量的影响。也就是说，每种商品给消费者带来的效用是独立于其他商品的数量的，即各种商品之间的效用相互之间没有影响，因而它无法研究有关联的商品之间的关系。

一些西方经济学家认为，基数效用论有缺点。如物品的效用很难用数字准确表示，知道了某一物品对甲的效用量，也并不知道对乙的效用量，因为同一物品对不同的人来说，效用大小是不同的。还有某一物品的效用，不仅仅决定于这种物品的数量，它同时还受相关物品的数量变化的影响。正因为基数效用有上述种种缺陷，他们又提出了序数效用论。

2. 序数效用论

序数这个术语来自数学。序数效用（ordinal utility）论认为效用是不可以用具体数字来表示的。效用的大小不可测量，只可以排序。效用的大小可以用序数（第 1，第 2，第 3，…）来表示。例如，对某个消费者来说，一杯牛奶和一块面包的效用相比较而言，消费者会首先选择牛奶，其次才是面包，这说明消费者更偏好牛奶。

序数效用论的缘起，在于分析效用会相互影响的不同商品之间的关系。西方经济学中较多的是以序数效用论来分析消费者的行为理论的，但这并不意味着否定基数效用论。它们是同时并存的分析消费者行为理论的两种方法，各有特点。基数效用论是以效用可以衡量和计算为前提，强调商品的绝对效用，它采用边际分析法；而序数效用论是以消费者选择的合理性为前提，强调商品的相对效用。

序数效用论克服了基数效用论的不足，在微观经济学中得到了广泛的运用。

3.2 基数效用论

在这一节中主要使用基数效用论的分析工具——边际效用分析法，分析研究消费者如何实现效用最大化，并解释需求曲线向右下方倾斜的原因。

[①] 边际效用学派是 19 世纪末 20 世纪初兴起的一个经济学学派。

3.2.1 总效用和边际效用

1. 总效用（total utility）

是指消费者在一定时间内，从消费一定量的某种商品束中所得到的效用总和，用 TU 或 U 来表示。假定消费者消费 X 商品，Q_X 代表消费者消费的数量，则总效用函数可以表示为

$$\mathrm{TU}_X = U_X = f(Q_X) \tag{3.1}$$

式（3.1）也是效用函数的形式，其中，消费的商品数量是自变量，总效用是因变量。

2. 边际效用（marginal utility）

是指消费者在一定的时间内，消费某种商品束，每增加消费一单位某种商品所增加的满足程度，即每增加消费一单位商品所增加的效用，或者说每增加一个单位商品的消费量所引起的总效用的增量。这里的增量可正也可负。用 MU 表示边际效用，假定消费者消费的是 X 商品束，则边际效用可以表示为

$$\mathrm{MU}_X = \frac{\Delta U_X}{\Delta Q_X} \tag{3.2}$$

如果总效用函数连续并且可以求导，则边际效用又可以表示为

$$\mathrm{MU}_X = \lim_{\Delta Q_X \to 0} \frac{\Delta \mathrm{TU}_X}{\Delta Q_X} = \frac{\mathrm{d\,TU}_X}{\mathrm{d}Q_X}$$

或

$$\mathrm{MU}_X = \frac{\mathrm{d}U_X}{\mathrm{d}Q_X} = f'(Q_X) \tag{3.3}$$

表 3-1 给出一个消费者消费某种商品的总效用和边际效用的数值，由表中数据可以看出总效用与边际效用的关系。

表 3-1 总效用与边际效用

商品数量	总效用（TU）	边际效用（MU）	商品数量	总效用（TU）	边际效用（MU）
0	0	0	4	22	2
1	10	10	5	22	0
2	16	6	6	20	−2
3	20	4			

根据表 3-1 可以画出总效用曲线和边际效用曲线。

图 3-1（a）中的总效用 TU 曲线是一条先升后降的曲线；图 3-1（b）中的边际效用 MU 曲线则是一条递减的曲线。

从表 3-1 和图 3-1 中，可以看出：总效用开始随着消费商品的数量不断增加，当消费 1 个单位商品时，总效用为 10 个效用单位，即由于消费量从零增加到 1 个单位，消费者的效用增加了 10 个效用单位。此时，边际效用为 10 个单位；当消费了 2 个单位的商品时，总效用为 16 个效用单位，由于消费量从 1 增加到 2 个单位，消费量增加 1 个单位，消费者的效用增加了 6 个效用单位，因此，边际效用为 6 个效用单位。以此类推，当消费到第 5 个单

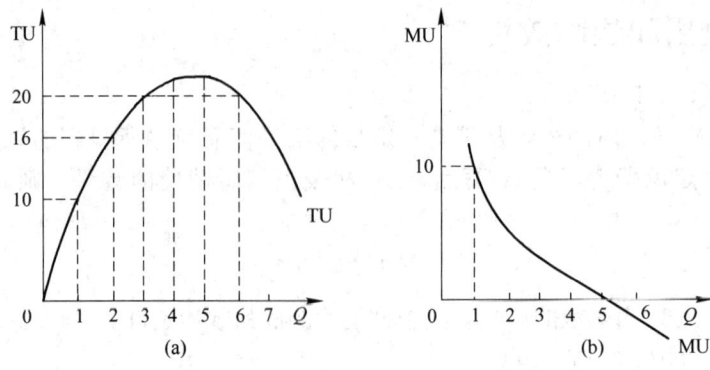

图 3-1 某商品的总效用曲线和边际效用曲线

位商品时,总效用为 22 个效用单位,消费量由 4 增加到 5 个单位,效用增加量为 0,说明第 5 个商品的边际效用为 0。当消费到了第 6 个单位商品时,总效用为 20 个效用单位,显然小于消费 5 个商品的总效用,说明第 6 个商品的边际效用为负数 (20-22=-2),此时,第 6 个商品带给消费者的是负效用。

3. 总效用与边际效用的关系

根据表 3-1 和图 3-1 可以得出总效用和边际效用之间的关系。

① 边际效用为总效用函数的导数。即在某一商品数量点上,边际效用可以用总效用曲线在该数量点上的斜率来表示。即:$MU_X = \dfrac{d\,TU_X}{dQ_X}$。

② 总效用为边际效用函数的积分。一定消费量的总效用,可用该消费量的边际效用求得。假设消费数量为 n,此时总效用为

$$TU_n = \int_0^n \frac{d\,TU_X}{dQ_X} dQ_X = \int_0^n MU_X\, dQ_X \tag{3.4}$$

③ 当边际效用为正时,总效用处于递增状态;当边际效用为 0 时,总效用达到最大;当边际效用为负时,总效用处于递减状态。

3.2.2 边际效用递减规律

从表 3-1 和图 3-1 中都可以得出边际效用递减的结论。一般商品的消费中也普遍存在这样的规律,这就是边际效用递减规律。

边际效用递减规律是指:在一定时间内,在其他商品的消费数量保持不变的条件下,消费者从某种商品连续增加的每一消费单位中所得到的效用增量,即边际效用,是递减的。例如,一个男同学在结束了 5 个小时的紧张学习后,需要 4 个馒头才能吃饱。第 1 个馒头使他很快得以恢复体力,因此,边际效用最大。吃后面的几个馒头时,边际效用依次递减。到开始吃第 4 个馒头时,他已十分饱了,对于他而言,几乎是可有可无了,因此边际效用最小。

边际效用递减规律之所以普遍存在,是由于边际效用的大小与欲望强烈程度的大小有关。例如,一个人非常饥饿时,对于食物的欲望非常强烈,此时,食物的边际效用就非常

大；当他不很饿的时候，食物的边际效用就小些；而在他饱餐后，食物的边际效用就可能为零，甚至为负。

在一定时间内，商品的边际效用大小是与消费者消费商品的数量的多少呈反方向变动的。消费者消费的某种商品数量不断增加，其满足程度在增加，因此，对该商品的欲望就会减少，商品的边际效用对于消费者而言就是下降的。当然，过一段时间后，商品的边际效用还会提高，这是因为，边际效用具有再生性和反复性。

为什么在一定时间内会出现边际效用递减规律呢？一般认为有两方面原因。

1. 生理和心理的原因

消费者消费某一物品的数量越多，他的满足或对重复刺激的反应能力越弱。这就是说，人们的欲望虽然多种多样，无穷无尽。但由于生理、心理因素的限制，就每个具体的欲望来说却是有限的。最初欲望最大，因而增加一单位某物品的消费时满足程度也最大，随着消费的增加，欲望也随之减少，从而感觉上的满足程度也降低，以致当欲望消失时还增加消费的话，反而会引起厌恶和损害，这就是所谓"负效用"。心理学上的韦伯定理认为，神经元对等量外界刺激的条件反射强度，随着刺激次数的增加而递减。例如，每个小孩子对于玩具的喜好就是如此。

2. 商品本身多用途的原因

每种商品都具有多种用途，消费者会将不同的用途按照重要性进行划分，当商品只有一个单位的时候，必定将该商品用在满足自己最重要的用途上，此时，该商品的边际效用就非常大；当商品又增加一个单位时，会将新增加的商品用在第二重要的用途上，此时，该商品的边际效用显然小于第 1 个商品的效用水平……以此类推，新增加的商品给消费者提供的效用是依次递减的。

边际效用递减规律也可以用数学语言来表示。如总效用函数是增函数，即

$$f'(Q_X) > 0 \tag{3.5}$$

边际效用递减就表示为

$$f''(Q_X) < 0 \tag{3.6}$$

根据边际效用递减规律，商品消费得越少，它的效用就越高，那么，商品越稀缺，其边际效用就越高，消费者愿意支付的价格也越高，因此，企业可以根据这个规律，研究消费者欲望的变化，从而制定不同时期的正确产量决策，及时推陈出新，不断地搞好产品的更新换代，准确了解消费者的心理偏好和本企业条件，可以避免产品的积压和滞销。

【实例链接】　　　　　　　　"黄金周"与边际效用

我国从 1999 年开始，规定每年"国庆""五一"各放七天长假。把为期一周的长假称为"黄金周"。这一重要举措的最初本意旨在"拉动内需、刺激消费"。随后几年来"黄金周"确实带动了消费浪潮，旅游市场发展迅速，并有力地带动了相关行业。然而，商业和旅游作为假日经济的受益者，其市场机会的挖掘已经呈现出边际效用递减的特征。

第一个、第二个"黄金周"带来的是兴奋，效用极高，然而随着时间的推移，效用逐渐减低。比如外出旅行，刚开始实施时兴奋难耐，第一次外出旅行时，冲动性消费带来的效用为 100；第二次外出旅行时，效用为 90；第三次外出旅行时，效用为 70。从第一次到第二次外出旅行效用减少了 10，所以第二次外出旅行的边际效用就是 -10，第三次为 -20……可见，由于旅游网点的人多拥挤、旅途艰辛，人们对外出旅游的兴趣会逐渐减弱。这导致了

大多数人在经历"黄金周"的兴奋，并对交通部门、旅游景点产生许多抱怨后，外出旅游的兴趣逐渐减弱。调查显示，越来越多的人希望避开"黄金周"出行；同时，"黄金周"假期也带来交通、环境、政府服务等众多方面的问题，其效用是不断降低的。

另外，很多游客将七天长假安排在同一个景区或者邻近的景区。在长假开始的前几天，欣赏到了当地优美的景色、独到的民俗和特色的美食；几天之后，新鲜感逐渐消退，出现审美疲劳；而在最后的几天里，很多人都已经开始感觉到无聊，旅途的疲惫导致厌烦心理产生，恨不得马上结束旅行。

2007年11月国家发改委提出法定节假日调整方案。2008年"五一"黄金周被取消，改为短假期，共三天，并设立了清明、端午、中秋三次短假期，放假总时间由10天变为11天。2008年7月17日经人力资源和社会保障部第六次部务会议通过《企业职工带薪年休假实施办法》。2019年8月国务院印发《关于进一步激发文化和旅游消费潜力的意见》，提出落实带薪休假制度，鼓励单位与职工结合工作安排和个人需要分段灵活安排带薪年休假、错峰休假。国人的旅游休闲方式也更加多元化、合理化。

3.2.3 消费者均衡

消费者均衡（consumer's equilibrium）分析的是消费者在既定收入的情况下，如何实现效用最大化的问题。在现实经济生活中，消费者的货币收入总是有限的，一个理性消费者如何用他有限的货币收入购买一定价格条件下的各种商品数量，来满足自己的各种需要，同时使各种商品的效用总和实现最大化，这是消费者均衡所要研究的问题。

1. 消费者均衡的前提条件

在研究消费者均衡问题时，我们先假定这样几个条件。

① 消费者偏好不变。消费者对各种商品的效用和边际效用的判断是既定的，不会发生改变。

② 消费者的货币收入既定。一定时间内消费者的货币收入不变。

③ 商品的价格是既定的。消费者面临的市场价格是消费者不能改变和决定的，他只能接受市场既定的价格，根据这样的价格来安排自己的消费。

④ 货币的边际效用是不变的。用货币购买商品，就相当于用一种商品的效用去交换另一种商品的效用。商品的边际效用是递减的，货币的边际效用也应该是递减的。也就是说，对于一个消费者而言，随着他所获得的货币收入不断增加，每一个单位货币带给他的满足程度是递减的。但在一般情况下，消费者的货币收入是既定的，且每单位商品的价格只占消费者总货币收入量的极小部分，所以，当消费者对某商品的购买量发生微小变化时，所支出的货币的边际效用的变化是很小的，可以忽略不计。因此，在微观经济学分析中，假定货币效用是一个不变的常数λ。

2. 消费者均衡原则

1）消费者购买一种商品的消费者均衡

假设λ为每一单位货币的边际效用，它是一个常数，消费者消费一种商品X，MU_X表示商品X的边际效用，该商品的市场价格为P_X。消费者要想获得最大的效用，就必须按照下列原则调整自己的消费量：在既定的货币收入和商品价格下，消费者追求效用最大化就必须使他花费在商品上的最后一元货币所得到的边际效用与一元货币的边际效用相等。这是消

费者消费商品 X 时获得效用最大化的必要条件。这个条件可以写为

$$\frac{\mathrm{MU}_X}{P_X}=\lambda \tag{3.7}$$

或

$$\mathrm{MU}_X=\lambda P_X \tag{3.8}$$

从式（3.7）和式（3.8）中可以看出，消费者在购买一种商品时，只要满足该公式就可实现效用最大化。因为实现了这样的条件后，如果消费者仍增加商品 X 的消费，会由于 X 边际效用的递减，消费商品 X 得到的边际效用会低于花费出去的货币所失去的边际效用；反之，如果减少商品 X 的消费，失去消费商品 X 的效用又会大于持有货币的效用。显然，只有二者相等时，消费者获得的效用最大。

2）消费者购买两种商品的消费者均衡

在货币收入一定的条件下，消费者对一种商品消费量的增加，会引起对另一种商品消费量的减少。就消费者来说，他怎样花费一定数量的收入才能使购买两种商品所获得的总效用，或者说满意与享受达到最大化？

消费者在决策时，要受到一定条件的限制，限制因素就是各种商品的价格和消费者的货币收入水平。商品的价格等于消费者购买每单位商品所必须付出的货币量，价格越高，能用一定量货币购买到的商品数量就越少。而人们的货币收入又是有限的，这就决定了购买能力要受到收入水平的限制。以上两个因素构成了消费者决策的限制或约束条件。假设消费者只购买 X 和 Y 两种商品，则限制条件可表示为

$$P_X \cdot Q_X + P_Y \cdot Q_Y = M \tag{3.9}$$

式中：M 表示货币收入，Q_X 和 Q_Y 分别表示购买 X 商品和 Y 商品的数量。P_X、P_Y 分别表示两种商品的市场价格。此公式表明，消费者购买两种商品的总支出不能超出其收入水平，否则购买不能实现；但也不能小于收入水平，因为这样不能实现既定收入下的效用最大化。M 一定，购买 X 商品数量多，购买 Y 商品的数量就少，而 X、Y 的边际效用都随消费量的增加而递减。也就是说，购买 X 商品的数量增加，X 的边际效用就下降；Y 消费量减少，其边际效用上升。反之，如果购买 Y 商品的数量增加，Y 的边际效用就下降；而 X 消费量减少，其边际效用上升。

假设 λ 为每一单位货币的边际效用，它是一个常数，消费者消费两种商品 X、Y 的边际效用分别为 MU_X、MU_Y，两种商品的市场价格分别为 P_X、P_Y。

消费者要想获得最大的效用，必须按照下列原则调整自己的消费量：在既定的货币收入和商品价格下，消费者追求效用最大化就必须使他花费在两种商品上的最后一元货币得到的边际效用相等。这是消费者消费商品 X、Y 时获得效用最大化的必要条件。这个条件可以表示为

$$\frac{\mathrm{MU}_X}{P_X}=\frac{\mathrm{MU}_Y}{P_Y} \tag{3.10}$$

这一条件告诉我们，当消费者的消费达到了花在每种商品上的单位货币所带来的边际效用相等时，他获得的总效用是最大的，即实现了消费者消费的均衡，从而不再改变购买 X 商品和 Y 商品的数量。

如果 $\dfrac{\mathrm{MU}_X}{P_X}>\dfrac{\mathrm{MU}_Y}{P_Y}$，即消费在 X 商品上的最后一单位货币提供的边际效用大于在 Y 商

品上的最后一单位货币提供的边际效用,那么,消费者会调整自己的消费,将一部分购买 Y 商品的货币用于购买 X 商品。根据边际效用递减规律,随着购买的 X 商品数量的递增,X 的边际效用递减,而随着 Y 商品数量消费的减少,Y 商品的边际效用递增。直到每种商品上的货币单位带来的边际效用相等时,消费者停止调整。

如果 $\frac{MU_X}{P_X} < \frac{MU_Y}{P_Y}$,即消费在 Y 商品上的最后一单位货币提供的边际效用大于在 X 商品上的最后一单位货币提供的边际效用,那么,消费者同样也要调整自己的消费,将一部分购买 X 商品的货币用于购买 Y 商品。根据边际效用递减规律,随着购买的 Y 商品数量的递增,Y 的边际效用递减,而随着 X 商品数量的减少,X 商品的边际效用是递增的。直到每种商品上的货币单位带来的边际效用相等时,消费者停止调整。

式(3.10)还可以表示为

$$\frac{MU_X}{MU_Y} = \frac{P_X}{P_Y} \tag{3.11}$$

式(3.11)表示,当消费者花费一定收入购买 X 商品获得的边际效用与购买 Y 商品获得的边际效用之比,正好等于二者价格之比时,消费者实现了效用最大化。

3)消费者购买两种以上的商品的消费者均衡

现实生活中消费者购买的不只是两种,而是许多种商品,将式(3.11)扩写,就可以得到消费者消费多种商品的消费者均衡条件(见式(3.13))。

设 M 表示消费者的货币收入,各种商品的价格分别为 $P_1, P_2, P_3, \cdots, P_n$,购买的数量分别为 $Q_1, Q_2, Q_3, \cdots, Q_n$,各种商品的边际效用分别为 $MU_1, MU_2, MU_3, \cdots, MU_n$,则可以把消费者均衡的条件扩写为

$$P_1 Q_1 + P_2 Q_2 + P_3 Q_3 + \cdots + P_n Q_n = M \tag{3.12}$$

$$\frac{MU_1}{P_1} = \frac{MU_2}{P_2} = \frac{MU_3}{P_3} = \cdots = \frac{MU_n}{P_n} = \lambda \tag{3.13}$$

式(3.12)、式(3.13)表明,当消费者将货币收入全部消费完,且同时消费两种以上的商品时,如果花费在每种商品上的最后的一单位货币提供的边际效用相等,就可以实现最大效用,此时就实现了消费者均衡。

3.2.4 从消费者均衡原则推导出需求曲线

在第 2 章中,已学习过需求定律:某种商品的需求量取决于价格,并与价格变动呈反方向变动。据此画出的需求曲线是一条向右下方倾斜的曲线。那么,为什么会是这样呢?现在,从消费者均衡原则来分析其中原因。

消费者均衡是在消费者收入和商品的价格既定的前提下实现的。如果消费者的货币收入和商品的价格发生了变化,将会改变消费者均衡。以消费者购买一种商品的消费者均衡为例,消费者实现效用最大化,必须满足式(3.7),即

$$\frac{MU_X}{P_X} = \lambda$$

可以把该式改写为

$$P_X = \frac{MU_X}{\lambda} \quad (3.14)$$

从式（3.14）中可以看出，消费者购买一种商品时，如果花费在商品 X 上的最后一单位货币带来的边际效用与每一单位货币的边际效用之比等于价格时，消费者就实现了效用最大化。

每一单位货币的边际效用是一个常数，即 λ。从式（3.14）可以看出：商品价格与消费者购买的商品获得的边际效用呈同方向变动。消费者获得的边际效用大，愿意支付的价格就高；获得的边际效用小，愿意支付的价格就低。显然，消费者为购买一定量的商品愿意支付的价格取决于他从该一定量商品中获得的边际效用。由于边际效用递减规律的存在，随着消费者购买到的某种商品数量的不断增加，该商品带给消费者的边际效用是递减的。这样，随着商品的增加，消费者愿意支付的价格也在不断下降。因此，需求量与价格之间呈反方向变动。

用一个例子来说明基数效用理论是如何从消费者均衡原则推导出需求曲线的。

例 3-1 假定货币的边际效用为每一单位 2 效用单位，且是一常数。商品数量、边际效用和消费者愿意支付的价格见表 3-2。

表 3-2 商品数量、边际效用和愿意支付价格

商品数量（Q）	边际效用（MU）	愿意支付价格	商品数量（Q）	边际效用（MU）	愿意支付价格
0	0	0	4	4	2
1	16	8	5	0	0
2	12	6	6	−2	
3	8	4			

从表 3-2 中可以看到，当商品数量为 1 时，边际效用为 16 单位，此时，消费者为了实现效用最大，愿意支付的价格是 8 $\left(P_X = \frac{MU_X}{\lambda} = \frac{16}{2} = 8\right)$；当商品数量为 2 时，消费者从第 2 个商品中获得的边际效用为 12，此时，消费者为了实现效用最大，愿意支付的价格降低为 6，$\left(P_X = \frac{MU_X}{\lambda} = \frac{12}{2} = 6\right)$；而当商品数量为 3 时，消费者从第 3 个商品获得的边际效用为 8，这时消费者为了实现效用最大，只愿意支付 4 $\left(P_X = \frac{MU_X}{\lambda} = \frac{8}{2} = 4\right)$ 的价格了。以此类推，可以发现，随着消费数量的增加，消费者出于实现效用最大的考虑，愿意支付的价格在不断地降低。

将需求量与消费者愿意支付的价格描绘在一个图形上，就得到了一条需求曲线，见图 3-2。

图 3-2 上的 A、B 点所代表的需求量分别表示消费者在不同价格下，实现消费者均衡后的数量。因此可以说，需求曲线上任何一点都表示，消费者在一系列价格条件下都实现了效用最大化。

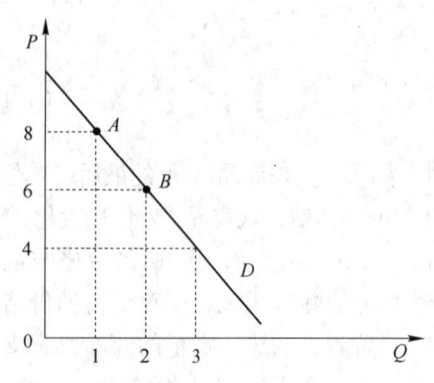

图 3-2 消费者均衡与需求曲线

当然，也可以反过来，从商品价格的变化引起需求量变化的角度来分析。根据 $P_X = \dfrac{MU_X}{\lambda}$，可以得出：$MU_X = P_X \cdot \lambda$。假定现在商品价格为 8，为了保证消费者获得最大效用，消费者的最优购买量应该为 1。因为 $MU_X = P_X \cdot \lambda = 8 \times 2 = 16$，从表 3-2 可看出，只有第 1 个商品的边际效用等于 16；而当商品价格降低为 4 时，消费者最优的购买量应该增加为 3，这是因为，第 3 个商品的 $MU_X = P_X \cdot \lambda = 4 \times 2 = 8$，这正好是表 3-2 中第 3 个商品的边际效用……以此类推，同样可以得出一条向右下方倾斜的需求曲线。

3.2.5 消费者剩余——基数效用论的运用

1. 消费者剩余（consumer's surplus）的定义

需求曲线表示在不同的价格下消费者愿意和能够购买的商品量。由于消费者消费不同数量的同一种商品所获得的边际效用是不同的，所以，对不同数量的同一种商品消费者所愿意支付的价格也是不同的。但在实际中，消费者在商品市场上面临的同一种商品的价格是往往相同的。那么，消费者为一定量的某种商品愿意支付的价格和实际支付的价格间，就可能出现差额，这一差额就是消费者剩余。

用表 3-3 来说明基数效用论是如何分析消费者剩余的。

表 3-3 商品价格、需求量与消费者剩余

商品数量（Q）	边际效用（MU）	愿意支付市场价格/元	实际市场价格/元	消费者剩余
0	0	0	2	0
1	16	8	2	6
2	12	6	2	4
3	8	4	2	2
4	4	2	2	0
5	0	0	2	
6	−2		2	

从表 3-3 可以看出，消费者由于边际效用递减规律的存在，随着消费商品数量的增加，愿意支付的价格是递减的。市场价格由整个市场的供求决定，某个消费者对市场的供给与需求的影响是非常微小的，因此市场价格在一定时间内是固定的。表 3-3 中市场价格固定为 2，当消费者购买第 1 单位商品时，他愿意支付的价格为 8 元，而实际上他只付出 2 元，这样其消费者剩余为 6 元。随着消费者消费数量的不断增加，愿意支付的价格在走低，而市场价格没有变化，因此消费者从每单位商品消费中获得的消费者剩余在减少。可见，消费者剩余不是一种实际收入的增加，只是消费者的一种主观感受罢了。也就是同一种商品，不同的

消费者在面对同一个市场价格时，所获得的消费者剩余是不同的。

2. 消费者剩余的几何表述

也可以用几何图形来表示消费者剩余，根据表3-3可画出图3-3。

在图3-3中，消费者购买第1单位商品时，消费者剩余为6元，由A点以下、市场价格线以上的区域表示，购买2个单位时，第2单位商品的消费者剩余为4元，由B点以下、市场价格线以上的区域表示。以此类推，当消费者购买4个单位商品时，消费者剩余为零。

由此可以得出结论：若消费者剩余用几何图形表示，它就等于需求曲线以下与市场价格线以上的面积，图3-3中表示为价格线、价格线以上的需求曲线及纵轴之间的面积。

可以用一个一般的消费者剩余图形来描述消费者剩余的几何表示方法。

图3-4中，D为消费者的需求曲线，EF表示市场价格水平。消费者根据自己的需求曲线D来安排一定价格下的需求量。在E点上，市场价格为EF，对应的消费者需求量为Q_E。此时，消费者总的实际支付为四边形$EFOQ_E$的面积。而消费者考虑到效用最大化，愿意支付的总量为梯形$EGOQ_E$的面积，由此可计算出

$$消费者剩余 = 愿意支付总量 - 实际支付总量 = S_{EGOQ_E} - S_{EFOQ_E} = S_{\triangle EGF}$$

即图中的阴影部分。

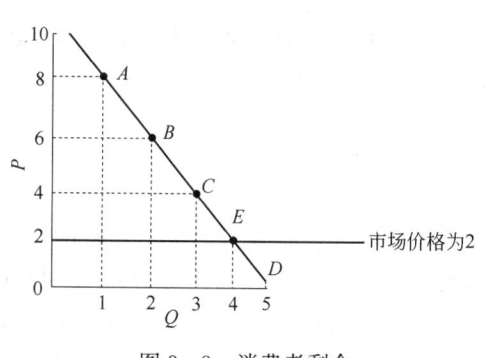

图3-3 消费者剩余

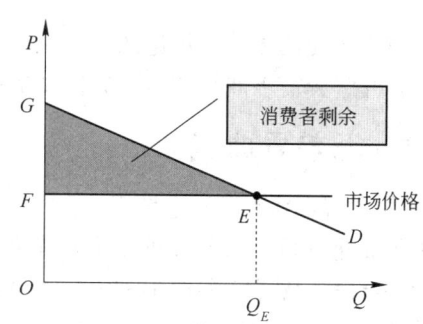

图3-4 消费者剩余的几何表示

3. 消费者剩余的积分表述

消费者剩余还可以用数学公式来描述。假定市场价格为P_X时，消费者购买q_X单位商品，此时他愿意支付的金额最大是$\int_0^{q_X} D(q_X) \mathrm{d}q_X$，而实际上他的支付为$P_X \cdot q_X$，则他的消费者剩余为

$$\int_0^{q_X} D(q_X) \mathrm{d}q_X - P_X q_X \tag{3.15}$$

【实例链接】　　　　　　　　　水和钻石的价格之谜

在著名的《国民财富的性质和原因的研究》一书中，亚当·斯密提出了价值悖论：许多人认为，一种物品的经济价值应该取决于它对人类的作用。对人越有用的东西，价值应该越大，价格应该越高；对人越没用的东西，价值应该越小，价格应该越低。那么，没有什么东西能比水更有用，然而水却很少能交换到其他商品。相反，钻石几乎没有任何使用价值，但却经常可以交换到大量的其他商品。或者说，为什么对生活必不可少的水价格很低，而只能

用作装饰的、对生活实际意义很小的钻石却有着高昂的价格呢?

边际效用理论对此价值悖论可以进行解释。

解释这一问题的关键是要分清总效用和边际效用。水给我们带来的总效用是巨大的,没有水,人类将无法生存。但人们对某种物品消费越多,其最后一个单位物品的边际效用也就越小。人们用水是很多的,因此,最后一单位水所带来的边际效用就很小了。相反,相对于水而言,钻石的总效用不大,但由于人们购买的钻石极少,所以它的边际效用就大了。根据边际效用理论,消费者使用货币收入来消费时,是要使一切物品的每一单位货币支出的边际效用相等。人们也是根据这一原则来把货币收入分配于水和钻石之上的:钻石的边际效用高,水的边际效用低,只有用钻石的高价格除以其高边际效用,用水的低价格除以其低边际效用,用于钻石和用于水的每一单位货币支出的边际效用才能相等。所以,钻石价格高,水的价格低是合理的。或者说,人们愿为边际效用比较高的钻石支付高价格,而为边际效用比较低的水支付低价格。正所谓"物以稀为贵"。

3.3　序数效用论

本节主要使用序数效用论的分析工具——无差异分析法,分析研究消费者如何实现效用最大化,并解释需求曲线向右下方倾斜的原因。

3.3.1　无差异曲线

1. 无差异表与无差异曲线

为了简化分析,以下分析除了明确说明外,一般情况下都假定消费者只消费两种商品。

无差异表、无差异曲线都和消费者偏好联系在一起。它们用来描述消费者偏好相同的两种商品的不同数量的各种组合。或者说,无差异表和无差异曲线是表示能给消费者带来同等效用水平的两种商品的不同数量的各种组合的。

可以用效用函数来说明无差异表和无差异曲线。效用函数是指两种商品的各种组合给消费者带来的效用水平。效用函数一般写为

$$TU = U = f(X, Y) = U_0 \tag{3.16}$$

式中:X、Y 代表两种商品的数量;U 或 TU 表示效用水平;U_0 是常数,代表某个既定的效用水平。为了分析方便,通常假定效用函数是连续的。

用表 3-4 和图 3-5 来说明无差异表和无差异曲线。

假定某消费者在购买 X 和 Y 两种商品时,可以有 4 种组合:A、B、C、D,每种组合方式带给消费者一样的满足,即带给消费者一样的效用。将这些组合放在一个表上就是无差异表,见表 3-4。

表 3-4　无差异表

组合方式	Y	X	组合方式	Y	X
A	150	10	D	60	40
B	110	20	E	45	50
C	80	30	F	20	60

从表3-4可见，无差异表是用来描述能够给消费者提供同等满足程度或同等效用的两种商品的各种组合的表格。

将表3-4中的数据画在同一个坐标平面上，每一种组合都可以是坐标平面上的一个点，各点代表的效用相等，将这些效用相等的点连接在一条线上，就得到一条无差异曲线（indifference curve）。

无差异曲线是指用来表示两种商品的各种数量组合给消费者以相同满足程度的一条曲线。如图3-5所示，横轴表示 X 商品的数量，纵轴表示 Y 商品的数量，I_1 为无差异曲线，对消费者而言，他无论选择该曲线上哪一点，其获得的总效用都是无差别的。I_1 线上任一点的 X 商品和 Y 商品的数量组合带给消费者的总效用都是相等的。因此，无差异曲线也叫等效用曲线。每一条无差异曲线表示某个总效用水平，不同的无差异曲线也就代表着不同的总效用水平。

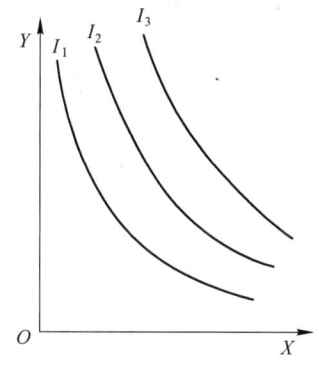

图3-5 无差异曲线

因为序数效用论认为效用不可以计量，因此，无差异曲线只是分析两种商品的组合带来的效用相等，而不管商品组合中，每个商品的具体效用是多少。

2. 无差异曲线的特征

根据上面对效用函数和无差异曲线的分析，可以得到无差异曲线特征。

第一，同一个平面上有无数条无差异曲线。它们称为无差异曲线族（群），不同的无差异曲线表示不同的效用水平，即在同一个平面上的无差异曲线中，离原点越远的无差异曲线所代表的总效用水平越大；反之，离原点越近的无差异曲线所代表的总效用水平越小。如图3-5所示，三条无差异曲线代表的总效用水平依次为 $I_1<I_2<I_3$。

第二，无差异曲线向右下方倾斜。向右下方倾斜，说明其斜率为负值。表示在收入与价格既定的条件下，消费者为了得到相同的总效用，在增加一种商品的消费时，必须同时减少另一种商品的消费。两种商品在满足消费者的某种需求方面存在互相替代的关系。

第三，无差异曲线凸向原点。凸向原点说明无差异曲线的斜率的绝对值是递减的，即随着 X 商品消费量连续递增，X 所能替代的 Y 的数量越来越少。这是由无差异曲线的斜率——边际替代率递减所决定的。

第四，同一平面上的任何两条无差异曲线不能相交。因为每一条无差异曲线都代表了不同的总效用水平，如果任何两条无差异曲线相交，那么，在交点上的总效用水平应该相等，这违反了偏好假定，与无差异曲线第一个特征是相互矛盾的。对这一点的说明，可参见图3-6。

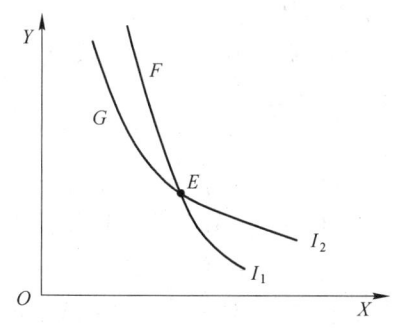

图3-6 违反偏好假定的、相交的无差异曲线

在图3-6中有两条无差异曲线 I_1、I_2 相交于点 E。E 点既在无差异曲线 I_1 上，又在 I_2 上。因此，E 点与在 I_1 上的任一点 F 点效用相等，也与在 I_2 上的任一点 G 点效用相等，根据偏好可传递性，则 F 点的效用等于 G 点的效用，因而消费者对 F、G 两种商品的偏好是相等的，也就是说，F、G 应

该在同一条无差异曲线上。由此看见,图3-6中,两条无差异曲线的相交是不对的。

3. 边际替代率

边际替代率(marginal rate of substitution of commodities)表示消费者为了保持同等的满足程度或效用水平,在增加一个单位的 X 商品时必须放弃的 Y 商品的数量。用公式表示为

$$\text{MRS}_{XY} = -\frac{\Delta Q_Y}{\Delta Q_X} \tag{3.17}$$

式中:MRS_{XY} 表示用商品 X 替代商品 Y 的边际替代率;ΔQ_Y 表示商品 Y 的减少量;ΔQ_X 表示商品 X 的增加量。因为 ΔQ_Y 和 ΔQ_X 变化方向相反,所以,$\frac{\Delta Q_Y}{\Delta Q_X}$ 为负值,为了分析方便,习惯上取其绝对值,故在 $\frac{\Delta Q_Y}{\Delta Q_X}$ 前加一负号。

若商品数量是连续的,那么,当 $\Delta Q_X \to 0$ 时,$\text{MRS}_{XY} = -\lim_{\Delta Q_X \to 0} \frac{\Delta Q_Y}{\Delta Q_X} = -\frac{dQ_Y}{dQ_X}$,即无差异曲线上某点的边际替代率实际上是无差异曲线在该点的斜率的绝对值。

在两种商品的替代过程中,普遍存在一个规律——商品的边际替代率递减,即边际替代率递减规律:在维持消费者效用水平不变的情况下,随着一种商品的消费数量的连续增加,消费者为了多得到一单位该商品,所愿意放弃的另一种商品的消费数量是不断递减的。

为什么边际替代率递减规律存在呢?这是因为,在同一条无差异曲线上,增加对 X 商品的消费,必定减少对 Y 商品的消费。由边际效用递减规律可知,随着消费者消费 X 商品的数量不断增加,X 商品边际效用在递减;而同时,随着 Y 商品消费数量的减少,Y 商品的边际效用在递增。这样,每增加一定数量的 X 商品,所能替代的 Y 商品的数量越来越小。

边际替代率递减实际上是用无差异曲线来表述边际效用递减规律的。边际替代率是无差异曲线的斜率的绝对值。所以,边际替代率的大小决定了无差异曲线的形状。当边际替代率的绝对值递减时,就表明无差异曲线的斜率的绝对值在递减,此时,无差异曲线凸向原点。

如果两种商品之间存在非常强的替代性,一种商品与另一种商品之间是完全可以替代的。如某消费者认为统一方便面和康师傅方便面之间存在完全的替代性,如每增加消费1包统一方便面,就可减少消费1包康师傅方便面,则二者之间的边际替代率始终为1,是个常数。这时的无差异曲线就是一条线性曲线,如图3-7所示的 AB 线。

如果两种商品之间存在完全互补关系(如汽车与轮胎),二者之间的替代率为零,此时的无差异曲线是一条凸向原点的90°的折线,如图3-8所示。例如,一辆汽车架必须与4个汽车轮同时配合使用,才能完成一辆汽车的装配。在图3-8中,无差异曲线平行于横轴的部分表示,对于4个车轮来说,无论汽车架增加多少,也只能完成一辆汽车的装配,其边际替代率为零。而无差异曲线平行于纵轴的部分则表示,对于一辆汽车架来说,无论汽车轮增加多少,只有4个汽车轮可以和一辆汽车架结合,才能完成一辆汽车的装配,其边际替代率为零。

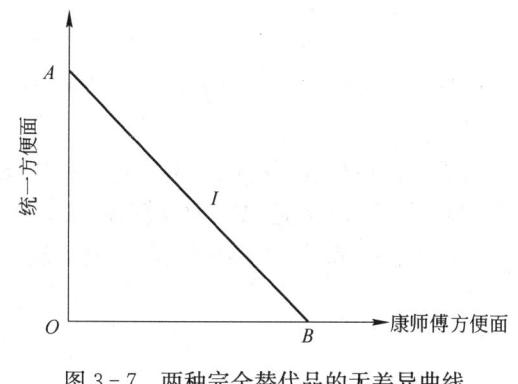

图 3-7 两种完全替代品的无差异曲线

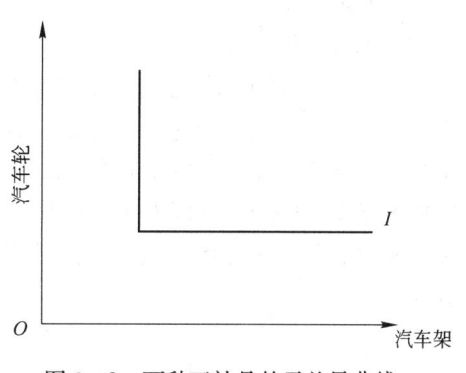

图 3-8 两种互补品的无差异曲线

3.3.2 预算线

无差异曲线描述了消费者对商品的偏好，是消费者的主观评价，要进一步分析消费者的实际消费行为，还需要解决其消费的客观条件，即要分析消费者在购买过程中受到的消费者货币收入和商品价格的客观约束条件。这一客观的预算约束可以用预算线来分析。

1. 预算线的含义

预算线（budget line）又被称为消费可能性曲线、预算约束线、等支出线和价格线等。它表示在收入和商品价格为一定的条件下，消费者所能购买到的两种不同商品的数量组合点的轨迹。

预算线表明了消费者消费行为的限制条件，它实际上就是我们在基数效用论中论述消费者均衡原则时的限制条件。这种限制就是要求消费者在消费商品中，不能使得支出大于收入，因为这是在消费者既定收入下无法实现的。但消费者支出也不能小于收入，因为如果小于收入就无法实现效用最大化。

限制条件可以写为

$$P_X Q_X + P_Y Q_Y = M \tag{3.18}$$

或

$$Q_Y = \frac{M}{P_Y} - \frac{P_X}{P_Y} \cdot Q_X \tag{3.19}$$

因为 M、P_X、P_Y 都是常数，所以只要给出 Q_X 的值，就可以求出 Q_Y 的值。同理，给出 Q_Y 的值，也能求出 Q_X 的值。

当 $Q_X=0$，则 $Q_Y=M/P_Y$，可找到 Y 轴上的截距；当 $Q_Y=0$，$Q_X=M/P_X$，可找到 X 轴上的截距。将这两个截距连接起来的直线就是预算线，如图 3-9 所示。

从图 3-9 中可知，预算线的斜率为 $k=-\frac{P_X}{P_Y}$。图中预算线以下、横轴以上及纵轴右侧的部分构成了预算空间。在该线内的任一点（如点 A），所购买的两种商品的组合在现有收入水平下都可以实现，但不是消费的最大组合，因为收入并没用完。因此，还没有实现效用最大化。而在该曲线之外的任一点（如点 B），所代表的两种商品的组合在现有收入水平下却无法实现。而只有在该曲线上的点（如点 E）是将收入全部用完，所购买的商品组合在现有收入水平下可以实现。

2. 预算线的变化

既然预算线是在消费者的收入和商品价格既定的条件下求出来的。因此，一旦消费者的收入或商品的价格发生了变化，预算线就会发生相应的变化。

在商品的价格不变的前提下，如果消费者的收入增加，预算线平行向右上方移动；如果消费者收入减少，则预算线向左下方移动。如图 3-10 所示，MN 是原来的预算线，M_1N_1 是收入增加后的预算线，代表更高的商品组合；M_2N_2 是收入减少后的预算线，代表更低的商品组合。

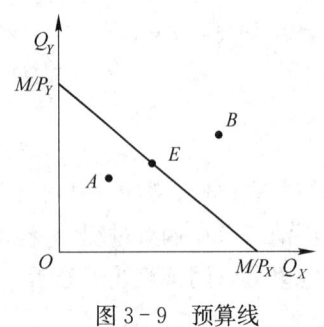

图 3-9 预算线   图 3-10 预算线的变化

如果消费者的收入不变化，只是两种商品的价格同比例地下降或上升，其结果与收入变化相同，都会引起预算线的平行移动。如果两种商品价格同比例下降，相当于消费者收入增加，预算线会向右上方移动；反之，则向左下方移动。

如果消费者的收入增加，同时两种商品的价格与收入增加同比例地提高，预算线保持不变；反之亦然。

如果消费者的收入和一种商品的价格不变，只有另一种商品的价格发生变化，那么，预算线的斜率会发生变化。假定消费者收入和 Y 商品的价格不变，只有 X 商品的价格上升或下降，则预算线在 X 轴上的截距就会相应地缩小或增大。如图 3-11 所示，MN 是原来的预算线，MN_1 是 X 商品的价格下降后的预算线，MN_2 是 X 商品的价格上升后的预算线。

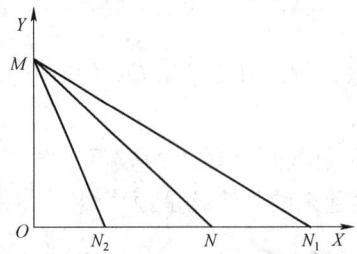

图 3-11 只有一种商品的价格变化的预算线的变动

当然，如果只是纵轴商品价格变化，预算线会以横轴某点为轴心进行旋转（大家可以自己进行推导）。

3.3.3 消费者均衡

一般认为，消费者总是希望在预算约束下消费来获得最大的效用。现在把无差异曲线和预算线结合在一起来研究消费者如何实现其效用最大。

在主观上，不同的无差异曲线表示效用不同的商品数量组合，因此，在同一个坐标平面上会有无数条效用水平不同的无差异曲线。但在客观上，一定时期内消费者的收入和商品的价格一定的条件下，消费者的预算线却只有一条。

那么，一个消费者在面临一条既定的预算线和无数条无差异曲线时，如何进行消费才能获得最大的满足呢？序数效用论认为，只有在预算线与无差异曲线群中的一条无差异曲线的相切点上，才是消费者获得最大效用或满足的均衡点。

如图 3-12 所示，图中 I_1、I_2、I_3 是三条水平各异的无差异曲线，它们分别代表了三种不同的总效用水平，$I_1<I_2<I_3$。无差异曲线 I_3 的总效用水平最大，I_1 代表的总效用水平最小。消费者究竟选择哪一条无差异曲线来表示 X 和 Y 两种商品的数量组合？

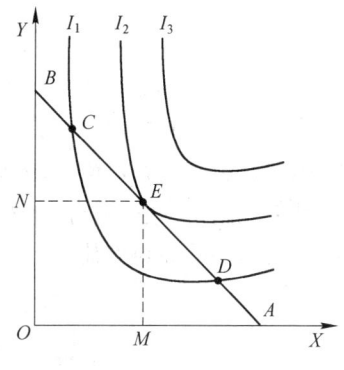

图 3-12 消费者均衡

如果只考虑效用水平，应该选择 I_3，但消费者受到既定的预算线 AB 的限制。所以，I_3 所代表的效用水平是无法实现的。

无差异曲线 I_1 与预算线相交的两点 C、D 都能满足消费者均衡的收入限制条件，是可以实现的，但是 I_1 代表的总效用水平小于 I_2，因而 C、D 点上的 X 和 Y 两种商品的组合也不是最优的。无差异曲线 I_2 与预算线相切于 E 点，E 点既符合消费者的预算限制条件，又是限制条件下所能实现的最高的效用水平。因此，它代表的 X 和 Y 两种商品的组合是满足预算限制条件下使消费者得到的效用最大化的最优组合，即消费者在切点 E 实现了消费者的均衡。

在消费者均衡点上，无差异曲线与预算线相切，所以，二者斜率相等。由于无差异曲线的斜率的绝对值是边际替代率 MRS_{XY}，预算线斜率的绝对值是两种商品的价格比 $k=\dfrac{P_X}{P_Y}$，所以

$$\mathrm{MRS}_{XY}=\frac{P_X}{P_Y} \tag{3.20}$$

式（3.20）就是序数效用论的消费者均衡的条件，它告诉我们：在收入和商品价格一定的条件下，消费者要实现效用最大化，就必须选择这样的商品组合——两种商品的边际替代率等于两种商品的价格之比。

应该说明的是，使用无差异曲线分析法与使用边际效用分析法对消费者均衡的原则的分析结论是完全相同的。

事实上，在利用序数效用论的无差异曲线对消费者均衡进行分析时，由于在保持效用水平不变的条件下，消费者增加 X 商品的数量所带来的效用增加量与相应减少的 Y 商品数量所带来的效用减少量一定是相等的，即

$$|MU_X \cdot \Delta Q_X| = |MU_Y \cdot \Delta Q_Y|$$

上式可写成

$$-\frac{\Delta Q_Y}{\Delta Q_X} = \frac{MU_X}{MU_Y}$$

根据边际替代率的公式可得

$$MRS_{XY} = -\frac{\Delta Q_Y}{\Delta Q_X} = \frac{MU_X}{MU_Y} \tag{3.21}$$

将式（3.20）与式（3.21）进行比较得

$$MRS_{XY} = \frac{MU_X}{MU_Y} = \frac{P_X}{P_Y}$$

上式右端的等式即为基数效用论的均衡条件

$$\frac{MU_X}{MU_Y} = \frac{P_X}{P_Y} \tag{3.22}$$

或

$$\frac{MU_X}{P_X} = \frac{MU_Y}{P_Y}$$

式（3.22）与式（3.11）完全相同。可见，序数效用论与基数效用论得出的结论是相同的。因此，虽然在经济学中较多地以序数效用论来分析消费者的行为理论，但实际上并没有否定基数效用论。它们同时并存，各有特点。基数效用论强调商品的绝对效用；而序数效用论则强调商品的相对效用。

3.4　确定性下的消费者选择

我们前面分析的消费者均衡都是在假定消费者收入和市场价格没有变化的情况下实现的，这是一种静态分析。但是，如果消费者的收入和市场价格发生了变化，消费者会怎样安排其消费呢？这属于比较静态分析法，是这一节主要使用的方法。

3.4.1　价格-消费曲线与需求曲线的推导

1. 价格-消费曲线

预算线受到价格和收入变动的影响会变动。现在假定消费者收入不变，消费者面临的两种商品中，只有一种商品价格发生变化，预算线将发生如图 3-11 的变化，这样，各条预算线分别会和不同水平的无差异曲线相切，并产生一系列的新消费者均衡点，将这些移动的均衡点连在一条线上，就可以得到一条价格-消费曲线。

价格-消费曲线反映了在消费者的偏好、货币收入、其他商品的价格不变的前提下，某一种商品价格的变化所引起的均衡点的变化。利用图 3-13 来分析由商品的价格变化而产生的价格消费曲线。

假定消费者收入不变，纵轴商品 Y（纵轴商品可以代表除 X 商品以外的其他商品）的价格都不变，而只有横轴商品 X 的价格发生连续的变化，据此可以得到多条预算线。由于纵轴商品 Y 的价格没有变化，所以对纵轴商品的最大购买量没有变化，纵轴的截距不变，而由于商品 X 价格变动，消费者对该商品的最大购买量不断变化，所以各条预算线的斜率不相同。这些斜率各不相同的预算线与不同效用水平的无差异曲线分别相切，就会得到多个切点,将这些切点连接起来就是价格-消费曲线。如图 3-13 的 PCC 曲线所示。

实际上,可以根据价格-消费曲线判断出横轴商品与纵轴商品的相互关系。在图 3-13 中,如果随着横轴商品的降价,纵轴商品的需求量也在上升,这说明横轴商品与纵轴商品的关系是互补关系。反之,如果价格消费曲线向右下方倾斜,就说明随着横轴商品的降价,消费者减少了对纵轴商品的需求量,则说明横轴和纵轴商品之间存在替代关系。

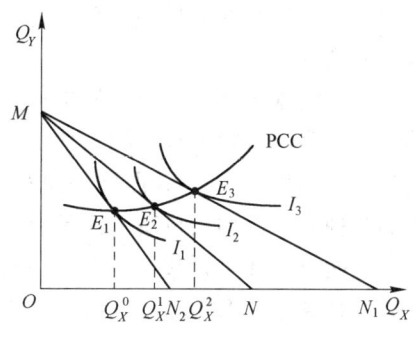

图 3-13 价格-消费曲线

2. 需求曲线的推导

还可以根据价格-消费曲线来推导出消费者的需求曲线。因为价格-消费曲线反映了商品价格的变动、商品组合数量变动的情况,个人需求曲线则表示在消费者偏好、货币收入和其他商品价格不变的情况下,消费者对某种商品在不同价格下将购买的该商品的具体数量,所以,二者之间存在密切的关系。

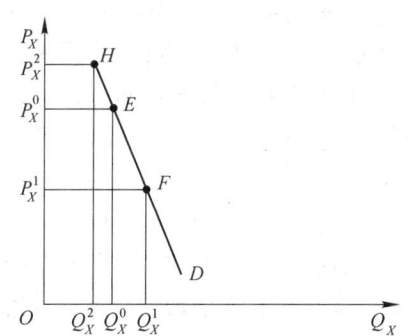

图 3-14 由价格消费曲线推导需求曲线

可以将图 3-13 中的价格消费曲线转换为对于横轴商品的需求曲线,随着该商品价格的降低,预算线的斜率的绝对值不断减小,对该商品的均衡购买量不断增加,因此,可以在以价格-数量为主的空间内建立起该商品的价格与需求量之间的对应关系,如图 3-14 所示。

图 3-14 表示,当价格为 P_X^0 时,对该商品的需求量为 Q_X^0,得到图中一点 E,当价格降低为 P_X^1 时,对该商品的需求量为 Q_X^1,得到图中的另一点 F,若当价格上升为 P_X^2 时,消费者对该商品的需求量减少为 Q_X^2,可得到图中的一点 H。以此类推,可以得到许多的价格与需求量一一对应的点,将它们连接起来,就得到了一条需求曲线。

由此可见,用无差异曲线的分析法同样可以推导出消费者的需求曲线。

3.4.2 收入-消费曲线与恩格尔曲线的推导

1. 收入-消费曲线

当商品的价格不变,而消费者的货币收入发生变化时,预算线会发生平移,导致消费者的均衡点随之移动,将这些因消费者收入变化而发生的均衡点连在一条线上,就是收入-消费曲线。

在图 3-15 中,由于商品的价格保持不变,随着消费者收入的不断上升,预算线也向右平行移动,这些相互平行的预算线分别与不同效用水平的无差异曲线相切,得到了若干个切点,连接这些切点就得到了收入-消费曲

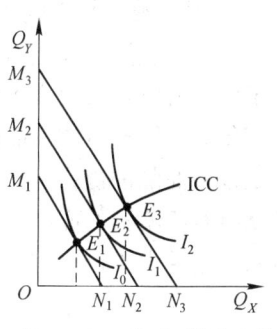

图 3-15 收入-消费曲线

线。图 3-15 中的 ICC 曲线，就是将三条无差异曲线 I_0、I_1 和 I_2 与三条预算线的切点连接所得到的收入-消费曲线。

还可以根据收入消费曲线的走势，对商品进行分类。如果收入-消费曲线是向右上方倾斜的，则表明随着货币收入的增加，在横轴上表示的某种商品的购买量也是增加的，那它就是正常品；如果收入-消费曲线是向左上方倾斜的，则表明随着货币收入的增加，在横轴上表示的某种商品的购买量减少或不变，则它就是低档品。

一般而言，如果说收入-消费曲线斜率为正，两种商品都是正常品；如果斜率为负，则表明有一种商品是低档品。

2. 用收入-消费曲线推导恩格尔曲线

使用收入-消费曲线可以推导出描述商品购买量与消费者货币收入之间关系的恩格尔曲线。

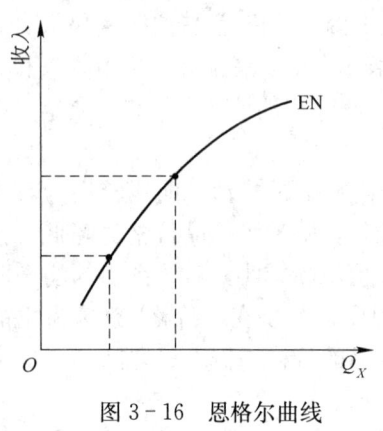

图 3-16 恩格尔曲线

可以将图 3-15 中的收入消费曲线转换为图 3-16 中的恩格尔曲线。对应每一个货币收入水平，找出该收入水平下的某种商品购买量，得到了收入与购买量之间的一个点；再找到一个货币收入水平，找出相应该收入水平下的商品的购买量，又得到了收入与购买量之间的一个点；以此类推，可以得到不同收入水平和与之相对应的商品购买量的一系列不同点，连接这些点就得到了恩格尔曲线。图 3-16 中的 EN 曲线就是恩格尔曲线。

由于不同的商品在消费者货币收入变化后，购买量的变化是不同的，因此，不同商品的恩格尔曲线的形状也是不相同的。比如生活必需品，其购买量增加的幅度会小于收入增加的幅度，其恩格尔曲线的斜率是递减的；购买高档品的增加幅度会大于收入增加的幅度，因此，其恩格尔曲线的斜率是递增的；而低档品在收入增加后，对其购买量会减少，此时的恩格尔曲线的斜率为负。

3.4.3 替代效应与收入效应

前面考察了价格和收入的变动是如何影响需求量的变化的。现实中，二者对需求量的影响常常是不可能分割开来的。下面用替代效应（substitution effect）和收入效应（income effect）对商品价格变化对需求量的影响进行进一步的分析。

1. 替代效应与收入效应的定义

假定消费者的货币收入不变，其他商品价格不变，只有一种商品的价格发生变化，该商品价格变化后，同时对该商品的需求量会产生两种影响。

一是该种商品的价格上升（下降），引起了其他商品的相对价格的下降（上升），这样，消费者就会对所购买的商品组合进行调整，增加相对价格下降的商品，来替代相对价格上升了的商品。这种由于价格变动所引起的商品之间的替代，就称为替代效应。

二是该种商品的价格上升（下降），引起消费者实际收入的下降（上升），这样，消费者也会对所购买的商品组合进行调整，会使消费者用等量的货币支出购买更少（多）的商品。

这种由于价格变动引起的消费者所购商品量的变化,就称为收入效应。

将收入效应和替代效应加总就得出了总效应,它反映价格变化后需求量的总变化量:一种商品的价格降低,消费者会用该商品去替代其他相对价格上升的商品,从而使得该商品需求量增加;该商品价格的下降意味着消费者实际收入提高,如果该商品是正常品,消费者会增加对该商品的需求量;如果是低档品,消费者会减少对该商品的需求量。

2. 正常品(normal goods)的替代效应和收入效应

图 3 - 17 中的 X 商品为正常品。其他商品(用 Y 表示)价格不变,当 X 商品降价(预算线斜率改变)后的总效应、替代效应和收入效应如何呢?

对正常品而言,其价格上升,消费者会用其他相对价格降低的商品去替代之,从而使得其需求量减少;同时,价格上升意味着消费者实际收入的减少,消费者会减少对正常品的需求。反之,如果正常品的价格下降,一方面引起其他不变价格的商品的相对价格上升,消费者会用正常品去替代其他商品;另一方面,引起消费者实际收入的增加,那么消费者会增加对正常品的消费。可

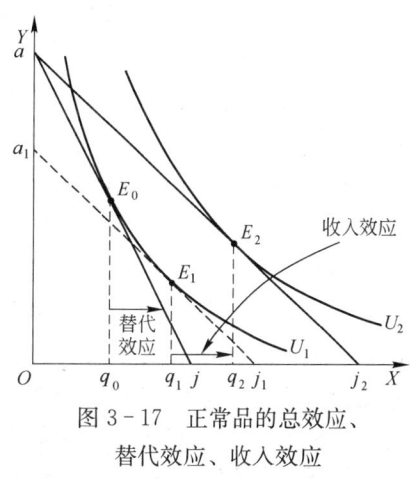

图 3 - 17 正常品的总效应、替代效应、收入效应

见,由于正常品价格变化带来的收入效应与替代效应都引起需求量的同方向变动。所以,对正常品而言,价格下降,其需求量增加。

起初,X 商品的价格没有变化,X,Y 两种商品的价格比率由预算线 aj 表示,这时的消费者效用最大化的均衡点为 E_0,在该点上,预算线 aj 与无差异曲线 U_1 相切。与切点 E_0 相对应的 X 商品的购买量为 q_0。

X 商品降价后,预算线由 aj 变为 aj_2,这条新的预算线表示了 X,Y 两种商品新的价格比率。这一预算线与较高的无差异曲线 U_2 相切,切点为 E_2 点。E_2 是 X 商品降价后消费者达到效用最大化的新的均衡点。与该点相对应的 X 商品的购买量为 q_2。可见,X 商品降价后,其需求量由 q_0 增加到了 q_2。$q_2 - q_0$ 就是 X 商品价格变动的总效应。这个效应可以被分解为替代效应和收入效应。

首先,独立地考察替代效应。

为了得到替代效应,应该将实际收入变化带来的影响剔除出去。假定 X 商品降价引起其他商品的相对价格变化后,消费者实际收入和效用水平都没有发生变化。为此,我们需要引入补偿预算线这个分析工具。

补偿预算线是用来表示用假设的货币收入增减来保持消费者实际收入水平不变的一个分析工具。具体做法是:作一条新的预算线,使之平行于价格变化后的预算线 aj_2,且仍与原来的无差异曲线 U_1 相切,在图 3 - 17 中这条补偿预算线就是 $a_1 j_1$。

$a_1 j_1$ 与 U_1 相切于 E_1 点。此时,X 商品的购买量是 q_1。它与原来的均衡点 E_0 比较,需求量增加了 $q_1 - q_0$,这个增加的 $q_1 - q_0$ 就是将实际收入的影响剔除后的替代效应,替代效应只是由于商品相对价格变化引起的商品需求量的变化,它并不改变消费者的效用水平。

E_0 和 E_1 两个消费者均衡点在同一条无差异曲线上,说明这两点的效用水平相同,但这两点所在预算线却各有不同,分别是 aj 和 a_1j_1,它们的斜率不同,说明 X 商品价格变化,引起了相对价格的变化。因此,E_0 和 E_1 两个均衡点上的需求量的变化量 q_1-q_0 就是替代效应。在图 3-17 中,$q_1-q_0>0$,显然,商品价格下降引起的需求量的增加量为正值,即正常品的替代效应与价格呈反方向变动。

其次,考察收入效应。

为了分析收入效应,不考虑相对价格变化的影响。假定 X 商品降价引起消费者实际收入变化后,消费者的效用也发生了变化。为此,继续用到刚才的补偿预算线这个分析工具。

实际收入变化是指消费者的预算线发生移动,因为消费者实际收入随着 X 商品的降价而增加,补偿预算线 a_1j_1 平行移动到 aj_2,这两条预算线斜率相同,表明不考虑相对价格的变化。补偿预算线 a_1j_1 与原无差异曲线 U_1 相切于 E_1 点;aj_2 与更高水平的无差异曲线 U_2 相切于 E_2 点,E_1、E_2 点在不同无差异曲线上,说明它们的效用水平不相同。E_2 点的 X 商品数量为 q_2,E_1 点的 X 商品数量是 q_1。q_2-q_1 是由于实际收入变化引起的需求量的变化,是收入效应。$q_2-q_1>0$,这说明商品价格下降引起的需求量的增加量为正值,即正常品的收入效应与价格呈反方向变动。

总效应等于收入效应与替代效应之和,$q_2-q_0=(q_1-q_0)+(q_2-q_1)>0$,因此,总效应必定与价格呈反方向变动,正常品的需求曲线是向右下方倾斜的。

3. 低档品(inferior goods)的收入效应与替代效应

一种商品的价格下降意味着消费者实际收入的提高,对于低档品而言,实际收入增加,消费者对该商品的需求减少。实际收入减少,对该商品的需求增加。一种商品的价格上升意味着消费者实际收入减少,对低档品而言,就意味着消费者对其需求的增加。可见,低档品价格变化带来的收入效应,商品价格变动与需求量变动方向相同。由于收入效应与替代效应引起的需求量变动方向的不一致性,所以收入效应使替代效应的作用有所减弱。

图 3-18 中的 X 商品为低档品。起初,X,Y 两种商品的价格比率由预算线 aj 表示,这时消费者效用最大化的均衡点为 E_0,在该点上,预算线 aj 与无差异曲线 U_1 相切,切点为 E_0,与之相对应的 X 商品的购买量为 q_0。当 X 商品降价后,预算线由 aj 变为 aj_2,这条新的预算线表示了 X,Y 两种商品新的价格比率。这一预算线与较高的无差异曲线 U_2 相切,切点为 E_2。E_2 是 X 商品降价后消费者达到效用最大化的新的均衡点,与该点相对应的 X 商品的购买量为 q_2。可见,X 商品降价后,其需求量由 q_0 增加到了 q_2。需求量的总变动就是 q_2-q_0,q_2-q_0 就是价格变动的总效应。

使用补偿预算线,可以将总效应分解为替代效应和收入效应。图 3-18 中低档品的替代效应情况是:X 商品降价后,在消费者效用水平不变的情况下,补偿预算线 a_1j_1、原预算线 aj 都与无差异曲线 U_1 相切,分别切于 E_1 点、E_0 点。相应的 X 商品均衡量分别是 q_1、q_0,q_1-q_0 就是替代效应。q_1-

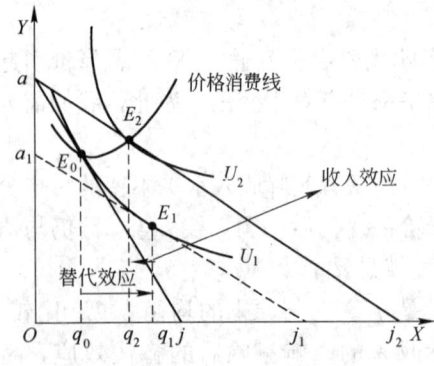

图 3-18 低档品的总效应、
替代效应、收入效应

$q_0>0$,这说明低档品价格下降引起的需求量的增加量为正值,即低档品的替代效应与价格呈反方向变动。

在图 3-18 中,低档品的收入效应情况是:因为 X 商品价格下降,引起消费者实际收入增加,消费者实际收入随着 X 商品的降价而增加,补偿预算线 a_1j_1 平行移动到 aj_2,这两条预算线斜率相同,补偿预算线 a_1j_1 与原无差异曲线 U_1 相切于 E_1 点,消费数量为 q_1,预算线 aj_2 与新的无差异曲线 U_2 相切于 E_2 点,消费数量为 q_2,q_2-q_1 就是收入效应。$q_2-q_1<0$,收入效应为负,这说明商品价格下降引起的需求量的增加量为负值,即低档品的收入效应与价格呈同方向变动。

图 3-18 中,$q_2-q_0=(q_1-q_0)+(q_2-q_1)>0$。尽管收入效应与替代效应在相反的方向起作用,由于在绝对值上替代效应大于收入效应,所以低档品价格下降,总的结果仍是该商品需求量增加了。因此,该商品的需求曲线也是向右下方倾斜的。可见,低档品一般情况下仍遵循需求法则。

图 3-19 中,收入效应 q_2-q_1 为负值,而且收入效应绝对值大于替代效应绝对值,表明该商品是一种特殊的低档品,微观经济学称之为吉芬商品(Giffen goods)[①]。

图 3-19 显示了吉芬商品的收入效应与替代效应。

图中 X 商品是吉芬商品。其价格变化的总效应为 q_2-q_0,且 $q_2<q_0$,所以 X 商品降价后的总效应是负值;替代效应是 q_1-q_0,$q_1-q_0>0$,说明 X 价格下降引起了消费者消费更多的 X。收入效应为 q_2-q_1,$q_2-q_1<0$,这说明 X 价格下降引起了消费者实际收入增加,引起了消费者对该商品的消费量减少。收入效应不仅为负值,且在绝对值上大于替代效应。因此,商品降价后总效应是负值,即商品价格下降后,对商品的需求量下降了。

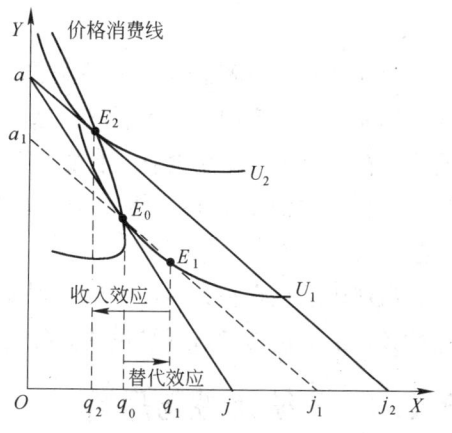

图 3-19 吉芬商品的收入效应与替代效应

正常品、低档品和吉芬商品的收入效应和替代效应各有差异。总的来说,其共同点是:无论是正常品、低档品还是吉芬商品,商品降价后的替代效应总是正值。这表明,只要一种商品降价,消费者就会用该商品去替代其他没有降价的商品。

三者的区别如下。对于正常品而言,收入效应与替代效应都为正值,在同一方向上起作用,在商品降价后,总效应必然大于零。这说明,商品降价后需求量增加。对于低档品而言,虽然收入效应与替代效应在相反的方向上起作用,但是在绝对值上替代效应仍然大于收入效应。总效应仍然大于零,说明商品降价后需求量是增加的。只有吉芬商品,在商品降价后,不仅收入效应与替代效应在相反的方向起作用,而且收入效应在绝对值上大于替代效应绝对值,导致商品降价后总效应小于零。这表明,商品降价后,其需求量不仅没有增加,反

---

① 在经济学中,需求定理是指在其他条件相同时,一种商品价格上升,该商品需求量减少。但 1845 年爱尔兰大饥荒时期,出现了奇怪的事:马铃薯价格在上升,其需求量也在持续增加。英国经济学家吉芬观察到了这种与需求定理不一致的现象,这种现象就被经济学界称为"吉芬之谜",而具有这种特点的商品被称为吉芬商品。

而会减少。

这里要加以注意的是，不能混淆吉芬商品与低档品。低档品是从需求与收入的关系来进行定义与判断的，即我们是根据收入变化后消费者对该商品的需求量的变化来判断低档品与高档品的；而吉芬商品是从需求量与价格的关系来进行定义和判断的，即需求量与价格同方向变化的商品是吉芬商品。

3.5 不确定性下的消费者选择

前面分析消费者选择行为都是在商品的价格、消费者的收入等因素确定的情况下做出的。然而，在现实中，消费者进行选择时常常会面临许多不确定因素，消费者的收入、商品的价格都随时可能发生变化。比如，汽油的价格就可能由于伊拉克战争而上升。诸如此类的问题，会使得消费者并不能完全实现自己的购买愿望。也就是说，消费者会面对一定的风险。

市场中总是存在大量的不确定因素，大多数经济决策都是在不确定条件下作出的，不确定性条件下的消费者选择理论主要探讨在风险条件下消费者的选择决策。

3.5.1 不确定性与风险

不确定性（uncertainty）是指经济行为主体在采取一定行动前，不能准确地知道自己的决策的结果，或者说，行动的结果不唯一。具体到消费者选择方面，就是说，消费者在进行消费选择时，可能产生的结果不少于两个。

风险是指消费者进行决策选择时，不仅知道各种可能出现的结果，还知道各种结果发生的概率。

风险是可以度量的，风险的度量常使用到"概率"的概念。

概率表示一个重复事件发生的频率，也就是在同一条件下，发生某种事情可能性的大小。例如，假设一个人花 10 000 元购买一个企业股票，股价上涨的可能性是 50%，股价下跌的可能性是 40%，股价没有变化的可能性为 10%。这样，购买这个企业股票就有三种可能结果。

对概率可以作出两种解释，一种是客观的，另一种是主观的。客观的解释建立在对已发生过的事件观察的基础之上。比如，在市场抽检中，曾经有 85% 的产品是合格的，而只有 15% 的产品是不合格的，那么，消费者就可以据此推断，自己购买到合格产品的概率为 85%。主观概率则是个人对一种结果发生的可能性的主观推测。在概率是主观推断的情况下，不同的人对于某种结果的发生可能会赋予不同的概率，并作出不同的选择。

在经济社会中，经济现象常常不是孤立发生的，我们常用联合概率表示一组事件同时发生的概率。比如，中国人民银行加息的概率为 40%，如果中国人民银行加息，中国股市下跌的概率是 70%，则中国人民银行加息且股市下跌的概率为 28%。

某经济学家预测未来经济状况和利率变化的概率如表 3-5 所示。

表 3-5 未来经济状况和利率变化的概率

经济状况	利率变化		总计
	利率上升	利率下降	
景气	14%	6%	20%
一般	20%	30%	50%
较差	6%	24%	30%
总计	40%	60%	100%

在此表（可看作概率矩阵）中，每个格子的数据代表行列事件同时发生的联合概率。例如，经济景气且利率上升同时发生的概率为 14%。此外，表中第一行数据加总表示经济景气的概率为 20%（不论利率上升还是下降）。第一列数据加总表示利率上升的概率为 40%（不论经济状况如何）。

3.5.2 不确定性条件下的决策

根据决策函数的不同，不确定条件下的决策可分为期望损失准则、期望收益准则和期望效用准则。

1. 期望损失准则

期望损失准则以不同方案下的期望损失作为择优的标准，选择期望损失最小的方案为最优方案。下面举例说明。

某越野车面临交通事故风险，为简便起见，只考虑两种可能后果：不发生损失或全损，发生全损的概率为 2%。有三种风险管理方案可供选择：① 风险自留，不采取任何安全措施；② 自留风险，采取安全措施，安全措施使发生全损的概率降为 1%；③ 购买保险，保费为 4 000 元。

每一种方案的实施结果如表 3-6 所示，其中间接损失指的是如信贷成本上升这样的成本，如果购买保险，就不存在间接损失了。这种不同决策方案下的损失额、费用与概率的描述也称为损失模型，用这种形式表达复杂的风险结果，可以使风险的不确定性及决策的效果，一目了然。

表 3-6 不同方案下的风险损失

方案	风险损失或成本	
	发生交通事故时	不发生交通事故时
（1）自留风险，不采取安全措施	直接损失：120 000 元 间接损失：8 000 元	0 元
（2）自留风险，采取安全措施	直接损失：120 000 元 间接损失：8 000 元 安全措施成本：2 000 元	安全措施成本：2 000 元
（3）购买保险	保费：4 000 元	保费：4 000 元

解 方案（1）的期望损失：

$$128\,000\times2\%+0\times98\%=2\,560\,(元)$$

方案（2）的期望损失：
$$130\,000\times1\%+2\,000\times99\%=3\,280\,(元)$$

方案（3）的期望损失：
$$4\,000\times2\%+4\,000\times98\%=4\,000\,(元)$$

从计算结果可以看出，方案（1）的期望损失最小，选择方案（1）作为风险管理决策方案。

2. 期望收益准则

期望收益准则以不同方案下的期望收益作为择优的标准，选择期望收益最大的方案为最优方案。下面举例说明。

某化工厂为扩大生产能力，拟订三种扩建方案以供决策：（1）大型扩建；（2）中型扩建；（3）小型扩建。三种扩建方案，产品销路好时和产品销路差时的获利情况如表3-7所示。根据历史资料，预测未来产品销路好的概率为0.7，销路差的概率为0.3。试求最优扩建方案。

表3-7 不同方案下的获利情况　　　　　　　　　　　万元

方案	销路好	销路差
（1）大型扩建	200	−60
（2）中型扩建	150	20
（3）小型扩建	100	60

解 方案（1）的期望收益：
$$200\times0.7+(-60)\times0.3=122\,(万元)$$

方案（2）的期望收益：
$$150\times0.7+20\times0.3=111\,(万元)$$

方案（3）的期望收益：
$$100\times0.7+60\times0.3=88\,(万元)$$

显然，方案（1）的期望收益最大，选择方案（1），即大型扩建，作为风险管理决策方案。

3. 期望效用准则

期望收益准则在实践中应用非常广泛，但是，期望损益是建立在绝对的期望损失额或期望收益额的基础上的，没有考虑到不同的决策者面对相同的结果可能有不同的价值判断。期望效用准则是解决这一问题的有效手段。

期望效用准则以期望损益效用作为决策的标准，选择期望损失效用最小的方案或期望收益效用最大的方案。

1) 期望效用（expected utility）

假设消费者选择的结果只有两种情况，相应结果分别记为 z_1、z_2，两种结果出现的概率分别记为 p_1、p_2，那么，消费者选择带来的效用函数形式为

$$U=f(z_1,z_2;p_1,p_2) \qquad (3.23)$$

期望效用是各个结果的效用的期望值[①],即各个结果的效用以概率为权重的加权平均,即

$$E(U)=p_1U(z_1)+p_2U(z_2) \tag{3.24}$$

式中的 $E(U)$ 就是期望效用。

2)期望值的效用

期望值的效用是指在不同结果下,消费者选择获得的结果。它是指在消费者选择的不同结果下,该结果的期望值带给消费者的总效用,即各个结果以概率为权重的加权平均数所带来的总效用,写为

$$U=U(p_1z_1+p_2z_2) \tag{3.25}$$

现举例说明期望效用准则在解决实际经济问题中的应用。

例 3-2 现有两种奖品相同的彩票:福利彩票和足球彩票。抽彩者如中奖,即可得自行车一辆。假定福利彩票的中奖概率为 $p=0.3$(不中奖的概率是 $1-p=0.7$),足球彩票的中奖概率为 $q=0.4$(不中奖的概率是 $1-q=0.6$)。购买者如果中奖,就可获得 100 个单位的效用;如不中奖,则获得 0 个单位的效用。问:抽彩人喜欢购买哪一种彩票?

要回答这个问题,需要计算这两种彩票的预期效用,即计算效用的数学期望。用 EU_1 表示福利彩票的预期效用,EU_2 表示足球彩票的预期效用。根据概率论的有关知识可知,

$$EU_1=pU_1+(1-p)U_2=0.3 \times 100+0.7 \times 0=30$$
$$EU_2=qU_1+(1-q)U_2=0.4 \times 100+0.6 \times 0=40$$

抽彩人究竟会购买哪一种彩票,取决于 EU_1 与 EU_2 的比较。因为 $EU_1<EU_2$,所以本例中,抽彩人更喜欢足球彩票。反之,其选择将是购买福利彩票。如果 $EU_1=EU_2$,即两种彩票对抽彩人的预期效用相同,则可认为这两种彩票对抽彩人来说无差异,购买哪一个都可以。

这个例子同时也说明,一种彩票可以用抽奖的中奖概率分布来表示。比如一种彩票有 n 个等级的奖励:1 等奖,2 等奖,$\cdots$,$n-1$ 等奖(末等奖),n 等奖(无奖)。获得 i 等奖的概率为 p_i($i=1,2,\cdots,n$),$p_1+p_2+\cdots+p_n=1$。这个彩票可用它的中奖概率分布 $(p_1,p_2,\cdots,p_n)$ 来表示。再设抽奖人获得 i 等奖时,可获得 U_i 个单位的效用,则该彩票的预期效用为 $EU=p_1U_1+p_2U_2+\cdots+p_nU_n$。

预期效用越大的彩票,抽彩人(消费者)就越偏好这种彩票。总之,彩票抽奖可用表 3-8 加以表示。

表 3-8 彩票抽奖

奖励等级	1 等奖	2 等奖	$\cdots$	$n-1$ 等奖	n 等奖
中奖概率	p_1	p_2	$\cdots$	p_{n-1}	p_n
中奖效用	U_1	U_2	$\cdots$	U_{n-1}	U_n
预期效用	$EU=p_1U_1+p_2U_2+\cdots+p_nU_n$				

[①] 期望值是不确定性情况下所有可能结果的加权平均,权数是每一种结果的概率。期望值测度了事件结果的集中趋势,也就是人们所期望的结果的平均值。一般而言,若某个事件有 n 种结果,n 种结果的取值分别是 x_1,x_2,x_3,$\cdots$,x_n,n 种结果发生的概率分别为 p_1,p_2,p_3,$\cdots$,p_n,则该事件结果的期望值为 $E(X)=p_1X_1+p_2X_2+\cdots+p_nX_n$,$p_1+p_2+\cdots+p_n=1$。

例3-3 假设某潜在车险购买者按其现有的财富分析,他对失去10万元的效用度损失为100,失去2 000元时的效用度损失为0.8。再假设此人在一年内因车祸造成他人损失而赔偿10万元的概率是0.01,为转移此风险需要的保费是2 000元。他有两种方案可供选择:方案一,购买保险,付出2 000元保费;方案二,自己承担风险。

该潜在投保人的决策分析如下。

方案一:发生事故与不发生事故的损失金额皆为保费2 000元,其效用损失为0.8。

方案二:发生事故,损失金额为10万元,效用损失为100,概率为0.01;不发生事故,损失金额为0万元,效用损失为0,概率为0.99,则方案二的效用损失期望值为$0.01 \times 100 + 0 \times 0.99 = 1$。

方案一的效用损失期望值小于方案二,所以该潜在车险购买者会选择投保。

例3-4 某企业制定了关于某产品的两个产销方案,每个方案在不同销售情况下的利润及其发生概率如表3-9所示,请分别用期望收益决策法和期望效用决策法来衡量这两种方案。

表3-9 不同方案下的利润情况   万元

方案	利润及概率		
	0.3	0.4	0.3
A	10	7	−2
B	8	6	0

(1) 若按照期望收益准则,则有

A的期望利润:$0.3 \times 10 + 0.4 \times 7 + 0.3 \times (-2) = 5.2$(万元)

B的期望利润:$0.3 \times 8 + 0.4 \times 6 + 0.3 \times 0 = 4.8$(万元)

因为A的期望利润大于B的期望利润,所以应选择A方案。

(2) 若以期望效用准则,结果可能不同。

假设经过调查测试,决策者对各条件利润值的效用值分析如下,其中效用值取值范围为$-10 \sim 10$:$U(10) = 10$;$U(8) = 9.2$;$U(7) = 9$;$U(6) = 7.6$;$U(0) = 0$;$U(-2) = -6$。

则两方案的期望效用值分别为

$$U_A = 0.3 \times 10 + 0.4 \times 9 + 0.3 \times (-6) = 4.8$$
$$U_B = 0.3 \times 9.2 + 0.4 \times 7.6 + 0.3 \times 0 = 5.8$$

因为U_B大于U_A,故应采取B方案。

之所以产生这个结果,取决于决策者对待风险的态度。在本例中决策者非常厌恶风险,对负收益非常敏感(如$U(-2) = -6$)。

3.5.3 消费者对风险的态度

在确定的条件下,任一商品对消费者的效用取决于消费者所消费的该商品数量。那么,在有风险的不确定条件下,商品对消费者的效用如何呢?这要取决于人们的风险态度,不同的人对于承担风险的意愿不同。人们对于风险的态度一般分为三类:厌恶风险者、喜欢风险者、风险中性者。

假定消费者在确定条件下所能够获得的确定消费量,与有风险条件下所能够获得的期望数量相等，那么，如果消费者对于确定性条件下的消费量偏好大于有风险条件下期望消费量的偏好，则该消费者是个厌恶风险者；如果消费者对于有风险条件下期望消费量的偏好甚于对确定性条件下的消费量偏好，则该消费者是喜欢风险者；如果消费者对于确定性条件下获得消费量的偏好与有风险条件下期望消费量的偏好无差别，则该消费者是风险中性者。

1. 风险厌恶

假定消费者只消费一种商品，利用图 3-20 来描述不确定性条件下，消费者面临的风险及其效用状况。

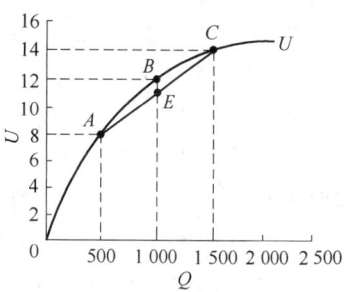

图 3-20 风险厌恶者的效用曲线

图 3-20 中，横轴表示某消费者消费的商品数量，纵轴表示该消费者的效用水平。图中的 U 曲线表示消费者在没有风险情况下的效用水平。U 曲线上 A 点表示当消费量为 500 时，带给该消费者的效用为 8；B 点表示当消费量为 1 000 时，该消费者的效用为 12；C 点表示当消费量为 1 500 时，消费者的总效用为 14……边际效用递减规律存在，因此，（总）效用是以递减的速度增加，U 曲线凹向横轴。

现假定消费者所获得的商品数量是不确定的，消费者有 50% 的可能性（即概率为 0.5）获得 500 单位商品，另有 50% 的可能性（即概率为 0.5）获得 1 500 单位商品。此时，消费者的效用是多少呢？

先看消费者的期望值，通过计算得到期望值：$500 \times 0.5 + 1\,500 \times 0.5 = 1\,000$

消费者的期望值是 1 000 单位商品，这 1 000 单位商品是在有风险条件下的期望，尽管在数值上等于无风险条件下 1 000 单位商品，但是，二者带给消费者的效用是不相同的。

用期望效用 $E(U)$ 表示期望消费的商品所获得的效用。

由式（3.24）得期望效用为

$$E(U) = 0.5 \times U(500) + 0.5 \times U(1\,500) = 0.5 \times 8 + 0.5 \times 14 = 11$$

这一效用值恰好位于直线 AC 的中点 E 上，与 1 000 单位商品的期望数量相对应。

厌恶风险者偏爱确定性条件下的消费量，而不是有风险条件下的期望消费量。因此，对于厌恶风险者而言，确定性消费量的效用高于期望消费量的效用。图 3-20 表明，在确定条件下，有百分之百的把握获得 1 000 单位商品时，其效用是 12；而在有风险的情况下获得 1 000 单位商品时，其期望效用只有 11。

2. 风险偏爱

与风险厌恶者正好相反，期望消费量与确定性条件消费量相同的情况下，风险偏爱者更喜欢有风险条件下的期望消费量，而不是确定条件下的确定性消费量。喜欢风险者的效用曲线如图 3-21 所示。

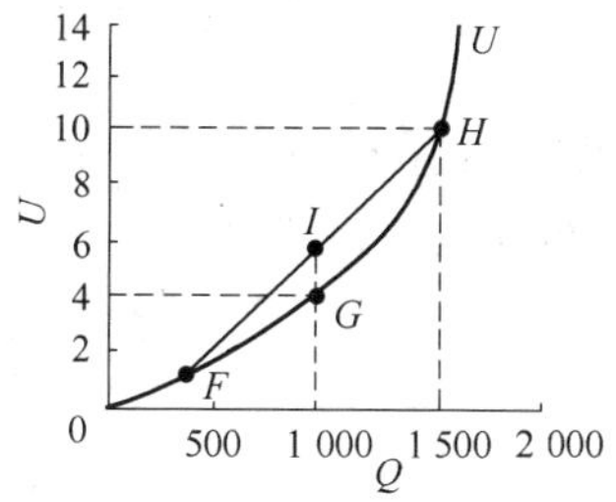

图 3-21 中，U 曲线上 F 点表示当消费量为 500 时，带给该消费者的效用为 2；G 点表示当消费量为 1 000 时，该消费者的效用为 4；H 点表示当消费量为 1 500 时，消费者的总效用为 10……因此，（总）效用是以递增的速度增加，U 曲线凸向横轴。

图 3-21 风险偏爱者的效用曲线

现假定喜欢风险的人面对两种机会：获得 500 或

1 500 单位的商品量,每一种机会的概率都是 0.5。那么,期望量为 1 000 单位(500×0.5+1 500×0.5=1 000)时,消费者的效用是多少呢?

消费者的期望值是 1 000 单位商品,这 1 000 单位商品是在有风险条件下的期望,尽管在数值上等于无风险条件下 1 000 单位商品,但是,二者带给消费者的效用是不相同的。

用期望效用 $E(U)$ 表示期望消费的商品所获得的效用。

由式(3.24)得期望效用为

$$E(U)=0.5\times U(500)+0.5\times U(1\ 500)=0.5\times 2+0.5\times 10=6$$

这一效用值恰好位于直线 HF 的中点 I 上,与 1 000 单位商品的期望数量相对应。

风险偏爱者更偏爱不确定性条件下的消费量,即有风险条件下的期望消费量。因此,对于风险偏爱者而言,确定性消费量的效用低于期望消费量的效用。图 3-21 表明,同样是消费 1 000 单位的商品,如果是在有风险的情况下获得的期望效用为 6;而在确定条件下,有百分之百的把握获得的效用小于 6。

3. 风险中立

确定性条件下的消费量与有风险条件下的期望消费量相等时,给风险中性者带来的效用水平相等。风险中立者的效用曲线是一条从原点出发的直线。

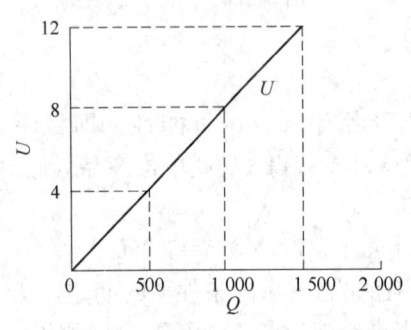

图 3-22 风险中立者的效用曲线

例如,在完全确定的条件下可以获得 1 000 单位商品量,其效用为 8。在不确定条件下,消费者以 0.5 的概率获得 500 单位商品量,以 0.5 概率获得 1 500 单位商品量。此时,产生 1 000 单位的期望消费量(500×0.5+1 500×0.5=1 000),这 1 000 单位商品带来的效用也是 8。因此,对于风险中立者来说,确定和不确定条件下消费数量相同带来的效用水平也是完全相同的。

人们对待风险的这些不同态度,可以用前面建立的预期效用理论加以准确地表述。

对于风险行为 x,$u(x)$ 是行为 x 的预期效用,而 $u(E[x])$ 是 x 的期望值 $E[x]$ 的效用,这二者是不同的。比较 $u(x)$ 和 $u(E[x])$ 的大小,就可知消费者在风险行为 x 中对待风险的态度。

① 对待风险的爱好态度。如果 $E[x]<x$(即 $u(E[x])<u(x)$),则称消费者在行动 x 中是一个风险爱好者或冒险者。

这就是说,期望值相同的两种行为:一种是确定性行为,没有风险;另一种是不确定的,带有风险。风险爱好者要采取带有风险的行为,以不放过取得更好结果的机会。

② 对待风险的厌恶态度。如果 $E[x]>x$(即 $u(E[x])>u(x)$),则称消费者在行动 x 中是一个风险厌恶者或规避者。

这就是说,期望值相同的两种行为:一种是确定性行为,没有风险;另一种是不确定的,带有风险。风险厌恶者要采取无风险的确定性行为,以求获得稳妥的最终结果。

③ 对待风险的中立态度。如果 $E[x]\sim x$(即 $u(E[x])=u(x)$),则称消费者在行动 x 中是一个风险中立者。

这就是说,期望值相同的两种行为:一种是确定性行为,没有风险;另一种是不确定的,带有风险。风险中立者认为不论采取这两种行为的哪一种,都不会有什么差异。

风险厌恶者的结果效用函数 U 是严格凹函数,风险爱好者的结果效用函数 U 是严格凸函数,风险中立者的结果效用函数 U 是线性函数(即一次函数)。

3.5.4 风险的度量

风险的大小度量常见的方法有两种,一种是利用风险溢价(risk premium)度量,另一种是利用方差度量。

1. 风险溢价度量

在面对风险行为时,决策者为了防范风险,会把风险行为同某种与其效用相同的无风险行为进行比较,得出风险大小的判断。投资者在面对不同风险的高低、且清楚高风险高报酬、低风险低报酬的情况下,投资者对风险的承受度,影响其是否要冒风险获得较高的报酬,或是只接受已经确定的收益,放弃冒风险可能得到的较高报酬。已经确定的收益与冒风险所得收益之间的差,即为风险溢价。风险溢价是对风险行为的补偿,是对冒险的回报。

例如,财务动荡的公司所发行的"垃圾"债券通常支付的利息高于特别安全的国债利息,因为投资人担心公司将无法支付所承诺的款项。

风险溢价在投资学中得到了广泛的应用。例如,投资者购买债券,预期债券所给予的回报率会高于银行基准利率,因为购买公司的债券要承担更高的风险。由于承担额外风险而要求的额外回报,就称为"债券风险溢价"。股权风险溢价是指市场投资组合或具有市场平均风险的股票收益率与无风险收益率的差额。在保险学方面,可以把保险费理解为风险溢价,等同于决策者为了得到与风险行动 x 同等效用的确定性结果 $c[x]$,愿意付出的补偿金额。

2. 方差度量

测定风险大小的第二种尺度是随机变量的方差,其定义为 $V(x)=E[(x-E[x])^2]$。方差的平方根叫作标准差,记作 σ,即 $\sigma=\sigma(x)=\sqrt{V(x)}$。方差纯粹是从风险的本质来测定风险大小的,因而它与风险溢价测量手段稍有不同。可以这样说,方差测量出来的风险大小是客观的,描述了选择结果偏离预期值的程度,与消费者的主观评价无关;而风险溢价测定的风险大小带有主观色彩,与消费者的主观评价(偏好关系)有关。

比如,某人面临两种薪酬方案选择,方案 A 和方案 B。选择第一种薪酬方案 A 的收入情况是:干得好,则可得 3 万元收入;干不好,只能得 1 万元收入。能干好与干不好的概率各为 0.5,预期收入 $E(A)$ 为 2 万元。

如果他选择方案 B,获得 4 万元收入的概率为 0.5,一无所获的概率也为 0.5。于是,选择方案 B 的预期收入 $E(B)$ 仍为 2 万元。

计算一下 A 和 B 的方差。

$$V(A)=0.5\times(3-2)^2+0.5\times(1-2)^2=1$$
$$V(B)=0.5\times(4-2)^2+0.5\times(0-2)^2=4$$

即第二种薪酬方案比第一种薪酬方案风险更大,尽管两种薪酬方案的预期收入相同。

3.5.5 如何应对风险

现实生活中,人们的消费行为面临着风险,大多数人在大多数时间是厌恶风险者,因而,人们会以各种方式来规避风险。人们如何应付所面临的风险呢?常用的办法有如下三种。

1. 多样化

多样化是指面临风险前提下，人们可以采取多样化的行动，以降低风险。如消费者可以多种形式持有资产，以免持有单一化的资产发生风险。

下面以资产组合为例，来简单说明多样化为什么可以用来应对风险。

简单地讲，资产组合就是在一个投资组合中选择资产的类别并确定其比例的过程。资产的类别主要有实物资产（如房产、艺术品等）、金融资产（如股票、债券等）。当投资者面对多种资产时，首先要考虑应该拥有多少种资产、每种资产各占多少比重。由于各种资产往往有着截然不同的性质，当某些资产的价值下降时，另外一些却在升值。因此，战略性地分散投资到收益模式有区别的资产中去，可以部分或全部弥补在某些资产上的亏损，从而减少整个投资组合的波动性，使资产组合的收益趋于稳定。这就是人们通常所说的"不要将鸡蛋放在一个篮子里"。

将一笔钱分散投资到各种资产上，是有利于降低投资风险的。通常投资组合是有讲究的。比如，要不同行业搭配、高收益（同时意味着高风险）与低风险（同时意味低收益）搭配、长短期搭配等。这些都说明多样化的方式可以降低投资消费所面临的风险。

例3-5 资产配置的分散化。

假如你是一个基金经理，考虑手头100万元资产的配置，可选择的公司有两个：太阳镜公司或雨伞公司，两个公司的盈利状况和来年下雨的状况密切相关。为简便分析，假定来年天气就两种情况：下雨偏多和天晴偏多，两者概率均为50%。如果来年下雨偏多，那么投资雨伞公司的资产将上升60%，太阳镜公司将下降50%；反之，来年天晴偏多，投资雨伞公司将减少50%，太阳镜公司将上升60%，见表3-10。基金将如何配置才能保证稳定的收益率？

表3-10 雨伞公司和太阳镜公司的收益表

	雨伞公司	太阳镜公司
下雨（50%）	160万元	50万元
天晴（50%）	50万元	160万元
期望收益	105万元	105万元

例3-6 证券投资的分散化。

在证券资产投资中，多样化可以使风险分散化。证券之间的相关系数越小，分散化的效果越好。理性投资者的投资组合应该是风险充分分散化的投资组合。下面举例来说明。假设有两家公司甲和乙的普通股票，投资者要在这两种股票之间进行选择。

假设某投资者选择A、B两个公司的股票构造证券投资组合，两只股票各占其投资额的一半。已知A股票的期望收益率为24%，方差为16%；B股票的期望收益率为12%，方差为9%。试计算当A、B两只股票的相关系数为：（1）$\rho_{AB}=1$，（2）$\rho_{AB}=0$，（3）$\rho_{AB}=-1$，时，该投资者的证券组合资产的预期收益和方差各为多少？

解 投资者的证券组合资产的预期收益率在各种情况下都一样。

$$r_P = 0.5 \times 24\% + 0.5 \times 12\% = 18\%$$

投资者的证券组合资产的方差在三种情况下的计算如下：

第一种情况：$\rho_{AB}=1$

$$\sigma_P^2 = x_A^2\sigma_A^2 + x_B^2\sigma_B^2 + 2x_Ax_B\sigma_A\sigma_B\rho_{AB}$$

$\sigma_P^2 = 0.5^2 \times 0.16 + 0.5^2 \times 0.09 + 2 \times 0.5 \times 0.5 \times \sqrt{0.16} \times \sqrt{0.09} \times 1 = 12.25\%$

第二种情况：$\rho_{AB}=0$

$\sigma_P^2 = 0.5^2 \times 0.16 + 0.5^2 \times 0.09 + 2 \times 0.5 \times 0.5 \times \sqrt{0.16} \times \sqrt{0.09} \times 0 = 6.25\%$

这两种股票价格相互独立变化，此种情况下，投资组合的方差降为6.25%，风险得到了一定程度的分散。

第三种情况：$\rho_{AB}=-1$

$\sigma_P^2 = 0.5^2 \times 0.16 + 0.5^2 \times 0.09 + 2 \times 0.5 \times 0.5 \times \sqrt{0.16} \times \sqrt{0.09} \times (-1) = 0.25\%$

A和B两种股票价格变化方向相反，风险得到进一步的分散，收益的稳定性大幅提高。

2. 买保险

风险规避者还可以通过在保险市场购买保险的方式来化解或回避可能发生的风险。参与保险只需定期支付小额保费，却可以使消费者将风险所导致的损失转嫁给保险公司。当然，有些时候参与保险还可以获得投资收益及融资的便利。

以家庭财产保险为例。假定某消费者拥有的家庭财产为W_0。一旦发生被盗、被淹、被烧等风险，其财产会有损失。假定发生风险的情况下，该消费者损失的财产为L，发生风险的概率为p，消费者购买保险需要支付保险费是F。在消费者购买了保险后，不管发不发生风险，他所持有的财产数量都是确定的，这一确定的财产数量为W_0-F。如果消费者不购买保险，他所持有的财产就是不确定的，有两种可能的结果：不发生风险，那么财产仍为W_0；发生风险，财产就只剩下W_0-L。

假定只有两种可能的状态：发生风险与不发生风险。发生风险的概率为p，那么，不发生风险的概率就是$1-p$。假定消费者打算向保险公司购买保险以应付可能发生的风险。他向保险公司支付多少保险费合适呢？

如果是公平交易，消费者应该使得自己所支付的保险费等于自己财产的期望损失，即

$$F = pL + (1-p) \times 0 = pL \tag{3.26}$$

式中：F为消费者支付的保险费，pL为消费者财产的期望损失。消费者在购买保险后所持有的确定性财产额等于他在不购买保险的情况下所持有的财产的期望值，即

$$W_0 - F = p(W_0 - L) + (1-p)W_0 \tag{3.27}$$

式（3.27）左端是在购买保险的情况下，无论是否发生风险消费者都可以保证获得的财产额，右端是消费者在不购买保险的情况下能够持有的财产的期望值，二者相等，但对于厌恶风险者而言，可以确定获得的财产带来的效用大于期望值与此相等的不确定性财产产生的效用。

尽管购买保险并没有改变消费者财产的期望值，但却使消费者规避了风险可能造成的财产的大幅度波动。因此，购买保险情况下稳定地获得财产所产生的效用高于不购买保险情况下财产期望值所产生的期望效用。

例3-7 财产保险。

某工厂面临10%的可能性发生火灾。该工厂财产价值100万元，发生火灾后会损失10万元，因此预期损失1万元，预期财产价值99万元（$0.9 \times 100 + 0.1 \times 90$）。如果该工厂花

1万元购买财产保险，那么99万元的财产就得到了保证，这个受保证的价值等于不参加保险时的预期财产价值。如果不买财产保险，那么就会冒有遭受10万元财产损失的风险。表3-11列出了买和不买保险两种情况下，该工厂的财产价值变化情况。

表3-11 工厂财产在不买保险与购买保险两种情况下的比较

	发生火灾（可能性10%）	安然无恙（可能性90%）	预期财产
不买保险	90万元财产	100万元财产	99万元财产
购买保险	99万元财产	99万元财产	99万元财产

可见，买保险没有改变财产的预期价值。但是，如果该工厂的管理层是风险厌恶者，购买保险使其规避了资产价格波动。稳定的财产价值会给其带来更高的期望效用。

3. 多获取信息

有限的信息是导致不确定性的原因之一，通过更多信息的获取可以减少行为的不确定性。如果人们能够获得全部的有用信息，就可以完全消除风险，从而保证决策效果的最优。但消费者选择行为往往需要大量的信息，因此，常常感到信息的供给是严重不足的。

为什么信息获取困难？一是因为信息搜寻需要花费时间和查寻费用；二是信息显示具有一定的"时滞"特性，即经常在消费行为发生后才能表现出来；三是消费者因缺乏选择、判断和计算信息的能力而无法进行有效的接受、识别和理解。

正因为如此，消费者在进行消费选择决策时需要尽可能获得信息。

例3-8 鲜花订购。

某花店经理需要决定在情人节前到底订购多少株玫瑰。如果订购100株，每株定价5元；如果订购50株，每株定价7元。每株玫瑰的售价为10元。假若没有更多的信息，该商店经理只能相信售出量为100株的概率是0.5，售出量为50株的概率也是0.5。表3-12给出了两种情况下商店的利润情况。

表3-12 鲜花销售利润情况

	销售50株	销售100株	预期利润
订购50株	150元	150元	150元
订购100株	0元	500元	250元

在信息不完全的情况下，如果该商店经理是一个风险中立者（或风险爱好者），那么他（她）会选择订购100株；如果他（她）是风险厌恶者，就有可能会选择订购50株，以确保150元的利润。

在完全信息的情况下，不论销售量是50株还是100株，商店经理都能正确地作出订购件数的选择。如果销售量是50株，他（她）就订购50株，得到150元利润；如果销售量为100株，他（她）就订购100株，获得500元利润。由于销售50株和销售100株的概率都是0.5，因此完全信息情况下商店的预期利润为325元。

按照不完全信息下的最高预期利润计算，订购100件时，完全信息的价值为325－250＝75（元）。因此，为了得到对销售量的准确预测，值得付出75元的代价。

3.5.6 风险规避度量

在分析消费者的风险规避行为时,常常要对风险规避的程度进行测量,这就需要有一种度量风险规避的尺度。通常,要比较两个消费者对待风险的厌恶程度,可从风险金的角度来考虑,愿意付出较多风险金的消费者,其对风险的厌恶程度就较强。直观上看,这种考虑等价于比较两个消费者的效用函数哪一个更凹一些,效用函数越凹,消费者越厌恶风险。

在一定的假设条件下,经济行为主体面对的是公平博彩并且风险很小时,普拉特(Pratt,1964)和阿罗(Arrow,1970)分别证明经济行为主体的效用函数特征可以用来度量经济行为主体的风险厌恶程度。

1. 绝对风险厌恶度量

对于具有二次连续可微的效用函数的经济行为主体,定义如下的风险厌恶度量为阿罗-普拉特绝对风险厌恶度量。

$$r(w) = -\frac{u''(w)}{u'(w)}$$

绝对风险厌恶度量(包括局部风险厌恶度量与全局风险厌恶度量)主要考察在初始财富相同的条件下,具有不同风险厌恶程度的经济行为主体的风险行为特点。

以证券投资为例,对于递减绝对风险厌恶的经济行为主体,随着初始财富的增加,他对风险证券的投资逐渐增大,也就是说,他视风险证券为正常品;对于递增绝对风险厌恶的经济行为主体,随着初始财富的增加,他对风险证券的投资逐渐减少,也就是说,他视风险证券为劣等品;对常数绝对风险厌恶的经济行为主体,他对风险证券的投资与初始财富的变动无关。

2. 相对风险厌恶度量

在研究中我们还会常常碰到这样的问题:风险收入是现有财富的某一倍数,如投资回报一般是相对于投资水平而言的,是投资水平的某一倍数。这种问题叫作相对风险问题。

以赌博为例,设有一个赌博,参赌者以概率 p 获得他现有收入 w 的 x 倍,以概率 $1-p$ 获得他现有收入 w 的 y 倍。如果参赌者以预期效用函数 u 对赌博进行评价,那么该赌博的预期效用为 $pu(xw)+(1-p)u(yw)$。显然,这种相对赌博与以前分析的赌博具有不同的结构。

对于相对风险问题,同样需要有一种测量消费者对相对风险的厌恶程度的尺度。幸运的是,经过与前面的绝对风险规避度量同样的分析,可以找到合适的度量——阿罗-普拉特相对风险规避度量

$$\rho(w) = -\frac{u''(w)w}{u'(w)}$$

相对风险厌恶度量,主要考察经济行为主体随着个人财富或消费的变化,对风险资产的投资行为的变化。

对于递增相对风险厌恶的经济行为主体,风险证券需求的财富弹性小于1;对于常数相对风险厌恶的经济行为主体,风险证券需求的财富弹性等于1;对于递减相对风险厌恶的经济行为主体,风险证券需求的财富弹性大于1。

3.5.7 跨期消费

目前为止，本章研究的消费选择都是在同一时期内发生的。本节研究的情形是多个时期内的消费选择问题，这样的选择称为跨期选择，跨期消费选择不仅涉及消费还涉及储蓄问题。经济学里关于跨期的决策模型通常是两期模型。下面介绍两期模型的基本结构。

1. 跨期的预算约束

假设在两个时期 $t=1$ 和 $t=2$ 中，消费者在两时期的财产分别为 m_1、m_2，消费者在两个时期的消费量为 c_1、c_2，且假设第一期的价格水平为 1，利率水平为 r。消费者的财产只有两个用途：要么消费，要么储蓄。消费者的跨期预算约束有以下三种情况。

(1) $c_1 < m_1$

消费者第一期并未花完所有的钱，而是有一部分储蓄，储蓄额为 (m_1-c_1)；如果第二期的价格水平仍为 1，那么，他在第二期的消费量为

$$c_2 = m_2 + (1+r)(m_1 - c_1) \tag{3.26}$$

这个式子表明，消费者在时期 2 的消费量，等于他在时期 2 的收入加上他在时期 1 的储蓄本金及其利息。

(2) $c_1 > m_1$

现在假设消费者在时期 1 的消费大于时期 1 的收入。消费者在时期 1 成为一个借贷者（资金借入者），借贷金额为 (c_1-m_1)；在时期 2，他需要支付的利息为 $r(c_1-m_1)$，加上本金，他需要支付的金额为 $(1+r)(c_1-m_1)$。最终，他在时期 2 能消费的总量为（仍假定时期 2 价格水平为 1）

$$c_2 = m_2 - (1+r)(c_1 - m_1) = m_2 + (1+r)(m_1 - c_1) \tag{3.27}$$

(3) $c_1 = m_1$

如果他第一期消费等于收入，消费者既不借款也不放债。

对式 (3.26) 或式 (3.27) 进行变形，得到

$$(1+r)c_1 + c_2 = (1+r)m_1 + m_2 \tag{3.28}$$

与

$$c_1 + \frac{1}{1+r}c_2 = m_1 + \frac{m_2}{1+r} \tag{3.29}$$

即有

$$p_1 c_1 + p_2 c_2 = p_1 m_1 + p_2 m_2 \tag{3.30}$$

在式 (3.28) 中，$p_1=1+r$，$p_2=1$；在式 (3.29) 中 $p_1=1$，$p_2=\frac{1}{1+r}$。

因式 (3.28) 中 $p_2=1$，所以它是以期值表示的跨期预算线。而在式 (3.29) 中，$p_1=1$，所以它是以现值表示的跨期预算线。

图 3-23 给出了终值与现值的几何解释。预算线的横截距给出了 $t=1$ 时的最大可能消费量。考察预算约束，这个数量为 $c_1 = m_1 + \frac{m_2}{1+r}$，这也是财富禀赋的现值。

同样，预算线的纵截距表示的是 $t=2$ 时，消费者可能的最大消费量。依据预算约束，得到 $t=2$ 时最大消费量 $c_2 = (1+r)m_1 + m_2$。

现值表示法的关键在于将未来的收入 m_2 贴现为现在的价值，其中 $\frac{1}{1+r}$ 称为贴现因子。

2. 跨期的消费偏好

假定消费者对在 $t=1$ 与 $t=2$ 消费之间存在一组无差异曲线,这组无差异曲线反映的是消费者对跨时期消费组合的偏好,即当期消费与下期消费之间的偏好关系。而根据这种偏好关系的不同,又可以分三种情况来说明。

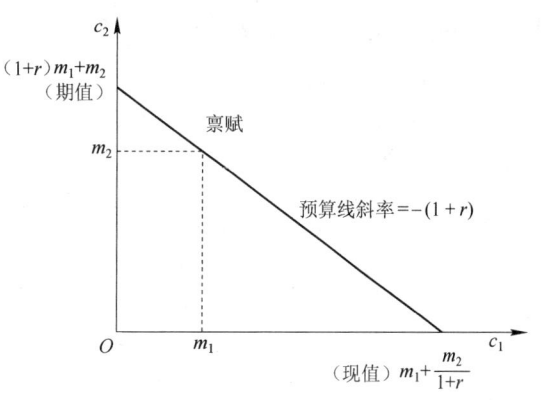

图 3-23 跨时期预算线

① 假设在两期的消费之间,存在一组斜率为 -1 的表示完全替代的无差异曲线,那么它表示该消费者对于在明天消费和在今天消费毫不在乎,不存在更偏好谁的情况。

② 假设在两期的消费之间,存在一组表示完全互补的无差异曲线,那么消费者就会让今天(当期)的消费与明天(下一期)的消费量相等,不愿意用一个时期的消费换取另一个时期的消费。

③ 以上两种情况都比较极端,通常的情况是,存在中间状态的无差异曲线。今天与明天的消费量之间存在不完全的替代关系。至于这种替代的比率如何,则由消费者独有的偏好模式决定。

3. 比较静态分析

给定消费者的跨期预算约束和其对两个时期消费偏好的无差异曲线,就能找到此消费者在两期之间的最优消费组合。并且根据这个最优的行为模式,推断出其将是借款者还是贷款者(如图 3-24 所示)。

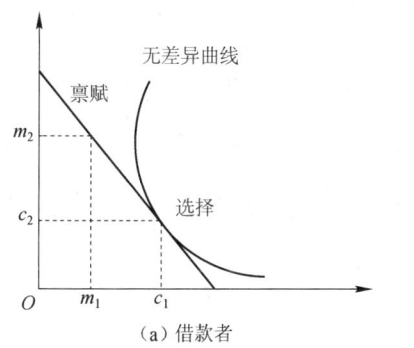
(a)借款者

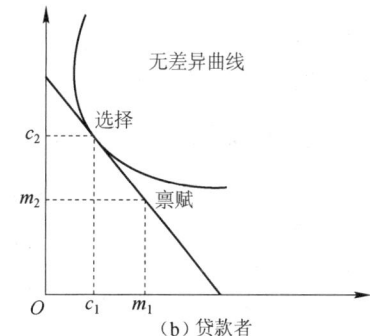
(b)贷款者

图 3-24 借款者与贷款者

图 3-24(a)表示的是借款者的情况(钱不够花),因为 $c_1 > m_1$;图 3-24(b)表示的是贷款者的情况(钱有剩余,存入银行,成为贷款者),因为 $c_1 < m_1$。

对借款者与贷款者的研究是在两个消费者之间的比较。下面我们来研究同一个消费者,在面对利率变动时,在偏好稳定的情况下,利率变动对跨期消费行为的影响。利率变动,会引起预算线的移动,但是考虑到禀赋总是可以支付得起的,所以预算线的这种移动,实质上是围绕禀赋点的转动。如利率增加会使无差异曲线转动到更陡峭的位置。因为利率增加时,

对于给定的 c_1 减少量，消费者在下一期得到的消费量会更多。

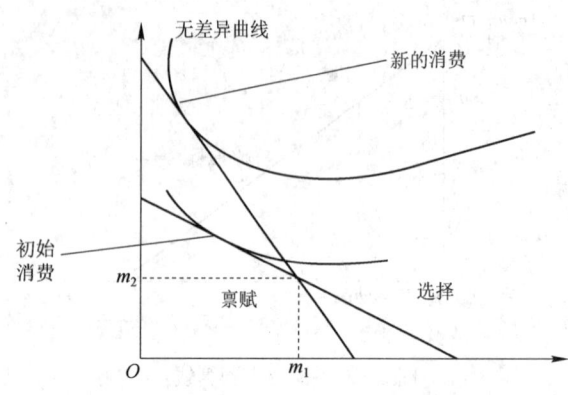

图 3-25 利率上升后贷款者的消费选择

而对于利率变动时，跨期消费的行为究竟会发生什么变化，还取决于这个消费者最初是一个借款者还是一个贷款者。考虑利率上升的情况。在利率上升时，如果一个消费者最初是一个贷款者，其预算线及消费行为将发生如图 3-25 所示的情况。

如果消费者最初是个贷款者，从显示偏好原理易知，当利率上升时，新的消费点不可能移动到禀赋点的右边。因为在初始的预算线下，消费者可以选择禀赋点右边的消费组合，但是他实际上没有选择。这说明，初始消费点显示偏好于禀赋点左边的点。而在新的预算线下，消费者选择新的消费点，初始的最优消费组合还是可以获得的，所以新的最优消费组合一定位于初始预算集的外面，这也就意味着消费点一定位于禀赋点的左边。所以，当利率上升时，消费者一定还是贷款者。

类似的分析也可以用于借款者。如果消费者一开始是借款者，那么，当利率下降时，他一定还是一个借款者。

因此，可以得出结论：如果某人是一个贷款者，那么利率上升后仍然是一个贷款者；如果某人是一个借款者，那么利率下降时仍然是一个借款者。另外，如果某人是一个贷款者，当利率下降时，有可能转变成一个借款者；同理，一个借款者，当利率上升时也有可能转变成一个贷款者。但后两种情况都只是一种可能性，是否能够转化，取决于消费者的偏好及利率变动的幅度等。

4. 现值及其应用

在前面的跨期消费行为的分析中，我们提到了货币的贴现问题。在两期的分析中，一个消费者在第二期消费的价值为 1，那么贴现到第一期，其价值变为 $\frac{1}{1+r}$。

对这个问题进行扩展，考虑增加时期的数量。假设在第一期有 1 元货币，利率为 r，则第二期这 1 元货币的价值就变为 $1+r$，到第三期则为 $(1+r)(1+r)=(1+r)^2$。

把这个过程反过来，则易知，第三期的 1 元货币贴现到第一期则为 $\frac{1}{(1+r)^2}$。第一期拥有的 $\frac{1}{(1+r)^2}$ 元货币，到了第三期就变为 1 元；或者可以说，第三期的 1 元钱，只相当于现在（第一期）的 $\frac{1}{(1+r)^2}$ 元。

以此类推，要把第 t 期的货币贴现为现值，其贴现因子为

$$\lim_{t\to\infty}\left(1+\frac{r}{t}\right)^t = \lim_{t\to\infty}\left[\left(1+\frac{1}{\frac{t}{r}}\right)^{\frac{t}{r}}\right]^r = \lim_{\frac{t}{r}\to\infty}\left[\left(1+\frac{1}{\frac{t}{r}}\right)^{\frac{t}{r}}\right]^r = e^r$$

把未来的货币流折算到今天的现金的办法就是使用现值，也称现金流折现。现值概念在

衡量不同的收入流和支出流时，非常有用。比如，作为投资者，你希望知道未来收入流不同的两个投资项目哪个更好；作为借款者，你希望知道不同类型的借款方式对你的借款成本的影响；等等。现值具有非常实际的应用价值。

例 3-9 投资项目选择。

假设有两个投资项目 A 和 B。A 项目今年和明年产生的收入分为 100 万元、200 万元；B 项目的今年和明年的收入分为 0 元和 300 万元。为简单起见，假设这两个项目的成本一样大。哪个项目更好一些？

答案取决于利率。如果利率为零，两个项目没有差别。因为利率为零时，项目现值的计算时每个项目两期收入相加，两个项目总收入的现值相等。

但若利率大于零，可能得到不同的答案。例如假设利息为 20%，则两个项目收入的现值分别为

$$PV_A = 100 + \frac{200}{1.20} = 266.67 \text{（万元）}$$

$$PV_B = 0 + \frac{300}{1.20} = 250 \text{（万元）}$$

比较可知，A 项目更好。由于 A 项目早期收入比较大，这意味着当利率较高时它的现值较大。

例 3-10 分期偿还的贷款。

假设你借了 1 000 元并且承诺分 12 个月偿还，每月偿还 100 元。你支付的利率为多大？乍看起来，似乎利率为 20%：你借款 1 000 元，偿还 1 200 元。但这种分析是不对的，因为你并不是全年借款 1 000 元。你借了一个月的 1 000 元，在你偿还了 100 元后，你只借了 900 元，你本应该支付 900 元的月利息。你借了一个月的 900 元，接着又偿还了 100 元，以此类推。我们需要评估的货币流是 (1 000，-100，-100，…，-100)。

借助计算器或者计算机，可以找到使上述货币流的现值为 0 的利率。该分期付款的利率高达 35%！

本 章 小 结

1. 效用是商品对人的欲望的满足能力和满足程度。总效用指消费者在一定时间内，从消费一定量的某种商品束中所得到的效用总和。边际效用指消费者在一定时间内，每增加消费一单位商品所增加的效用，或者说每增加一个单位商品的消费量所引起的总效用的增加量。

2. 边际效用递减规律：随着对某种物品消费量的增加，消费者从该物品连续增加的消费单位中所得到的边际效用是递减的。

3. 在既定的货币收入和商品价格下，消费者追求效用最大化就必须使他花费在每种商品（如 X 和 Y）上的最后一单位货币所得到的边际效用相等，即他必须满足消费者均衡条件：$\frac{MU_X}{P_X} = \frac{MU_Y}{P_Y}$。

4. 当消费者为一定量的某种商品所愿意支付的价格和实际支付的价格之间存在一定的差额时，存在消费者剩余。

5. 无差异曲线指用来表示两种商品的各种数量组合给消费者以相同满足程度的一条曲线。预算线表示在收入和商品价格一定的条件下，消费者所能购买到的两种不同商品的数量组合点的轨迹。

6. 价格-消费曲线反映了在其他条件不变的前提下，某一种商品价格的变化所引起的均衡点的变化。可用价格-消费曲线推导需求曲线。

7. 收入-消费曲线反映了商品的价格不变，消费者的货币收入发生变化时，预算线发生平移导致的消费者均衡点的变化。可用收入-消费曲线推导恩格尔曲线。

8. 消费者对风险的态度有三种类型：厌恶风险、偏爱风险和风险中立。厌恶风险者往往采取一定的措施规避风险。

知识拓展

西方效用理论发展的三条主线[①]

从效用理论的发展过程看，大体上有三条主线贯穿始终，即：从绝对效用价值论到相对效用价值论，从主观效用价值论到客观效用价值论，从基数效用论到序数效用论。三条主线不是相互独立的，而是在各个时期三条主线有叠加、并存。

1. 从绝对效用价值论到相对效用价值论

价值是什么，商品的价值如何决定？不同的经济学家在建立自己的理论体系时，都或多或少对这个根本问题有所阐述。在萨伊看来，粮食之所以有价值是因为能充饥；杯子之所以有价值是因为能用来喝水。他强调效用是各种财富的内在价值的基础和来源，物品的价值是由物品的效用决定的。既然价值是由物品的效用决定的，而效用是由生产三要素——土地、劳动和资本生产的，因此价值是由生产三要素共同生产的。

贝利强调价值的相对性，指出了两种价值度量的区别：一种是直觉意义上说的价值度量，即价值的内在原因和本质；另一种是就两种货物之间的数量关系意义上说的，特别是在货物和货币之间的价值量度。根据后一个概念，贝利说明价值的变化必然会影响用于比较的两种商品。杰文斯认为，价格包含着一种关系，"只是某物得依某比率与他物交换的情况"。他指出："劳动常决定价值，但只间接地决定价值，那便是增加或限制供给，以变化商品的效用程度。"这样，就把产量概念引入到价格-价值关系中来，达到了进一步的综合。并且，这种较为综合的规定是紧密地联系着市场概念的。通过市场机制，边际效用与产量，从而需求与供给共同决定价格。

2. 从主观效用价值论到客观效用价值论

主观效用价值论的代表人物有西尼尔、约翰·穆勒、戈森等。约翰·穆勒把欲望、动机等心理因素引入经济学。他认为，所谓有用的劳动，是指所带来的好处或快乐与所付出的代

---

① 改编自：张淑媛，何华训，路磊. 合作经济与科技. http://www.jjykj.com/wenzhang，2004-08-05.

价价值相等的劳动。人们所生产的，或者想要生产的，乃是效用。劳动并不创造物品，而是创造效用。戈森从人们追求享受的过程中研究商品的价值。他认为，如果连续不断地满足同一种享受，那么这同一享受的量就会不断递减，直至最终达到饱和；在重复满足享受的过程中，不仅会发生类似的递减，而且初始感到的享受量也会变得更小，重复享受时感到其为享受的时间更短，饱和感觉则出现得更早。享受重复进行得越快，初始感到的享受量则越少，享受的持续时间也就越短。他强调经济理论的数学推导，以追求最大效用为出发点，利用数学工具，特别是几何图形研究效用理论，得到了著名的戈森第一定理和戈森第二定理。

瓦尔拉斯把主观效用价值转化为客观效用价值，从而在把价值论实际上转变为价格论方面，把边际效用学说推进了一步。瓦尔拉斯首先强调了供求决定价格是基本的价格理论，他提出两个条件：获得最大效用；供求相等。在一种价格上，出现的"最大效用"已不再是个人的主观效用，而事实上成为一种由市场机制的作用导致的社会的"客观"效用了。庞巴维克对客观效用价值理论有了进一步的发展。

3. 从基数效用论到序数效用论

效用更多是一种心理感受，要准确计量非常困难，在绝对效用价值向相对效用价值转变的过程中，还有另外一条主线，即从基数效用理论向序数效用理论的转变。

像经济学家一样思考

现在让我们回到本章的开篇案例，看一看经济学家是如何看待这一问题的。

经济学家的分析：

首先，幸福是一种主观感受，每个人对幸福的感受是不一样的，所以在不同的人看来幸福的差距是非常大的。幸福与否和人们能否得到满足有非常大的关系，当我们说乞丐得到一定货币、食物的时候会感到非常幸福，是因为他们处于饥寒交迫的时候，所以一个人的欲望越强烈，他得到某种东西后所获得的满足就越大。

其次，欲望的满足需要一定的物质条件，这就需要拥有一定的商品和货币。但由于欲望的主观性存在就决定了同一种商品对不同的消费者满足程度是不相同的，因此，即使拥有一样多的货币或商品，有些人就会比较满足，而另一些人仍然会不满足，这就可以解释为什么有些人一直贪得无厌，始终感到不幸福。

最后，当分析一个消费者如何获得满足的时候，实际上要求偏好满足三个前提：不饱和性、传递性、完备性，但现实中，有相当部分的消费者并不是如此的，因此，需要将心理学的知识充实进经济学中。

练习及思考

1. 填空题

（1）基数效用论采用的是_____方法，序数效用论采用的是_____方法。

（2）用公式来表示消费者均衡条件为_____和_____。

（3）无差异曲线是用来表示两种商品的不同数量的组合给消费者所带来的_____完全相同的一条曲线。

（4）无差异曲线是一条向_____倾斜的线，其斜率为_____。

(5) 在同一坐标图上,离原点越远的无差异曲线,所代表的效用水平越_____,离原点越近的无差异曲线,所代表的效用水平越_____。

2. 判断题(正确的在括号内打√,不正确的打×)

(1) (　　) 效用是一个客观的概念,因为它就是商品的使用价值。
(2) (　　) 基数效用论与序数效用论截然相反,分析结果不同。
(3) (　　) 同样商品的效用因人、因时、因地的不同而不同。
(4) (　　) 只要商品的数量在增加,边际效用大于零,消费者得到的总效用就一定增加。
(5) (　　) 在同一条无差异曲线上,不同的消费者所得到的总效用是无差别的。
(6) (　　) 在无差异曲线与消费可能线的交点上,消费者所得到的效用达到最大。
(7) (　　) 需求线上的任何一点消费者都实现了效用最大。
(8) (　　) 消费者剩余是指消费者花费的货币少,而买到的东西多。

3. 选择题

(1) 无差异曲线(　　)。
　A. 向右上方倾斜　　　　　　B. 向右下方倾斜
　C. 与纵轴平行　　　　　　　D. 与横轴平行

(2) 预算线上每一点所反映的可能购买的两种商品的数量组合(　　)。
　A. 是相同的　　　　　　　　B. 是不同的
　C. 在某些场合下是相同的　　D. 在某些场合下相同,在某些场合下不相同

(3) 总效用曲线达到最高点时(　　)。
　A. 边际效用达到最大　　　　B. 边际效用为负
　C. 边际效用为正　　　　　　D. 边际效用为零

(4) 一个消费者想要一单位 X 商品的心情甚于想要一单位 Y 商品,原因是(　　)。
　A. 商品 X 有更多的效用　　B. 商品 X 的价格较低
　C. 商品 X 紧缺　　　　　　D. 商品 X 是满足精神需要的

(5) 已知商品 X 的价格为1.5元,商品 Y 的价格为1元,如果消费者从这两种商品的消费中得到最大效用时,商品 X 的边际效用是30,那么商品 Y 的边际效用应该是(　　)。
　A. 20　　　　　　　　　　　B. 30
　C. 45　　　　　　　　　　　D. 55

(6) 当商品价格不变,而消费者收入变动时,连接消费者诸均衡点的曲线称为(　　)。
　A. 需求曲线　　　　　　　　B. 价格-消费曲线
　C. 收入-消费曲线　　　　　 D. 恩格尔曲线

4. 计算题

(1) 某消费者收入为240元,用于购买 X 和 Y 两种商品,X 商品的价格 $P_X=40$ 元,Y 商品的价格 $P_Y=20$ 元。求:

① 该消费者所购买的 X 与 Y 有多少种数量组合?各种组合的 X 商品和 Y 商品各是多少?

② 所购买的 X 商品为8,Y 商品为12时,在不在预算线上?它说明了什么?

(2) 已知某消费者用于购买商品 X 和 Y 的费用为540元,两商品的价格分别为 $P_X=20$

元和 $P_Y=30$ 元，该消费者的效用函数为 $U=3XY^2$，求：

① 该消费者购买这两种商品的数量各应是多少？
② 消费者从中获得的总效用是多少？

5. 问答与论述题

(1) 什么是效用？基数效用论认为效用大小可以比较吗？
(2) 什么是边际效用递减规律？为什么存在边际效用递减规律？
(3) 什么是消费者均衡？消费者消费多种商品的消费者均衡条件是什么？
(4) 请使用无差异分析法说明消费者均衡。
(5) 请分别使用基数效用论和序数效用论推导需求曲线。
(6) 什么是替代效应和收入效应？请分析正常品的总效应。

6. 资料题

边际效用递减规律具有普遍性，人们不愿意总是增加某一种商品的消费，不愿意局限在一种商品的消费上，边际效用递减的趋向，反映人们多样化消费的需求，促使人们为获得更大程度上的满足而追求多样化的消费。

从这个理论不难看出，边际效用实际是商品对用户有效需求满足的最大化，也就是说，谁的产品能够最大限度地满足用户的需求，谁就能够在市场的竞争中获胜。因为从供求关系的理论讲，厂家在追求供给边际效用最大化时，消费者在追求需求边际效用最大化。两者的结合部位，就是产品价格形成和市场占有的区域空间。

请结合上述材料回答下列问题：

(1) 你认为这段话是否合理？为什么？
(2) 这段话中蕴含了我们学习过的哪个理论？哪些地方是一样的？哪些地方不同？

第4章

生 产 论

【知识结构图】

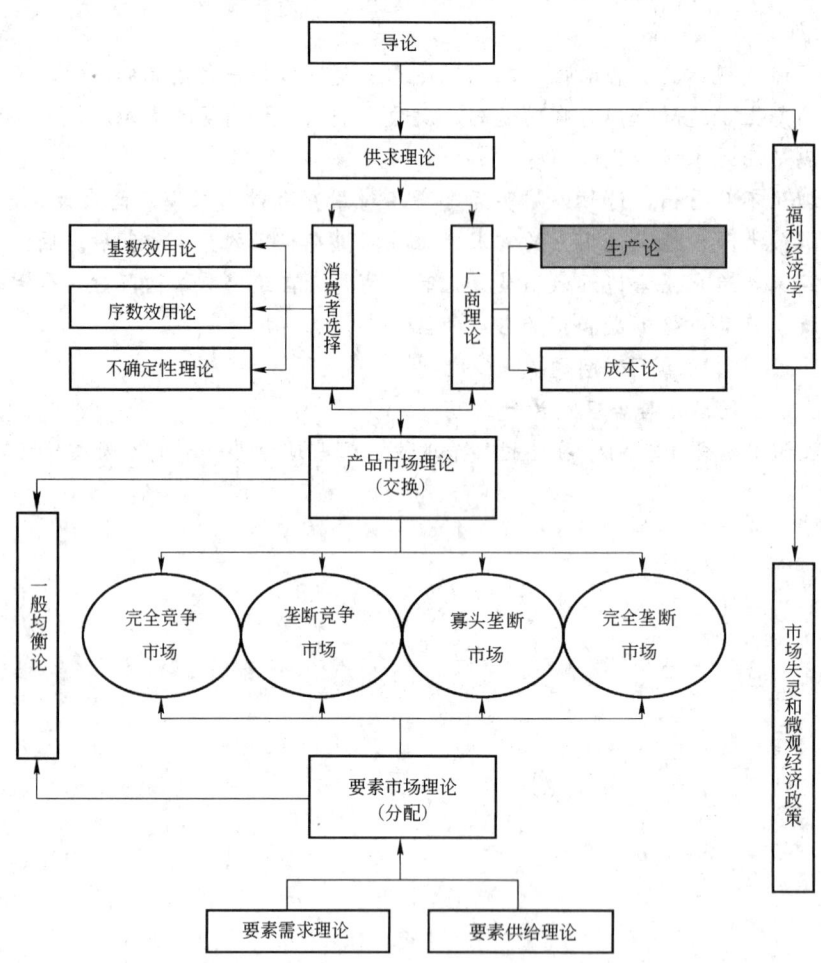

第4章 生产论

【开篇案例】

智慧工地

建筑行业是我国国民经济的重要物质生产部门和支柱产业之一，国家的发展离不开城市及建设。同时，建筑业也是一个安全事故多发的高危行业，如何加强施工现场安全管理、降低事故发生频率、提高建筑工程质量，将深刻影响到城市生活的品质和安全。

在21世纪之前，我们经常见到一大群劳动力，肩扛铁锹等工具，冒着严寒酷暑在工地上工作；更有戴着安全帽的设计人员在工地现场指挥施工，这样的施工方式是低效且高危的。随着智能信息化时代的来临，人们见到了另一番景象：设计人员通过三维设计平台对工程项目进行精确设计和施工模拟，实现工程施工可视化智能管理。这便是现代化的智慧工地。智慧工地将高科技植入工地建筑、机械设备和人员穿戴中，大大降低了工地作业的危险性，用智慧的方式打通管理者与操作者之间的信息壁垒，创造更高效、更安全的新时代智慧工地。

在感叹时代进步之余，大家是否思考过：为什么人们愿意结合在一起共同完成一件事情？为什么现在的城建公司在施工建设中引入机器设备及智慧工地系统，而同一个公司在21世纪之前却大规模雇用工人，使用铁锹？在这样的工程里面，多少工人可以替代一台机械、一套系统？对于上述问题的回答需要专门知识，这种专门知识就是本章所要重点论述的内容。

供给与需求构成了市场经济的基本行为，并由此推导出需求定理和供给定理。对需求行为主体的深入分析，是在第3章中以基数效用论和序数效用论为工具进行的；而对供给行为主体的分析，则在本章进行。企业是市场供给的主体，是专业化的生产组织，几乎所有的生产均由企业来完成。但企业的规模如何选择？在一定的技术水平下，企业如何组合需要投入的各种生产要素？同样在产品价格和要素成本既定情况下，企业产出水平如何影响利润最大化目标的实现？如此平常的经济现象背后却隐藏着极为深刻的经济理论。因此，本章将首先讨论企业及企业存在的理由。

4.1 企业的性质

企业是一种存在已久的经济组织，更是现代市场经济中一个基本的行为主体，它的活动具有完整的计划性。为什么在自由的市场经济中会产生具有很强计划性的企业呢？是自由竞争的市场经济不具备效率吗？企业的本质是什么？企业理论就是以这些问题为核心进行研究的。近几年，国内外经济学家们投入了很大的精力研究企业与市场的关系，试图说明为什么在市场"无形的手"的指引下会出现企业，如国外的罗纳德·科斯（Ronald Coase）、肯尼斯·阿罗（Kenneth Arrow）和奥利佛·威廉姆森（Oliver Williamson），国内的张维迎、吴敬琏等也都在企业理论及相关领域做出了突出贡献。

4.1.1 企业

人们满足需要的方式基本有两种：一是通过自己生产满足自己的消费，自给自足式；二是通过市场的交换，用自己生产的物品换取他人的物品，以满足对自己不能生产的物品的消费需求。但实际上，没有任何一个人真正实现过完全自给自足生活方式。从人类产生开始，人们就是在与他人的交换中求得生存的，只是最初交换的是劳动的本身——通过分工合作获得生存所需要的物质资料。生产的发展出现了市场，人们之间交换的客体由劳动本身转变为劳动的产物；同时，人们之间的交换关系由人与人之间直接的交换关系转为间接化，交换的主体也发生了一系列的变化。此时，专门向人们提供物品，满足人们消费需求的生产者开始出现。所谓生产者（producer），是指能够作出统一生产决策的单个经济单位，也称为厂商或企业。

企业可以是简单的，如一个人构成的企业，也可以是复杂的，由许多人组成。大大小小的企业构成了整个市场的供给一方，在向市场提供商品的过程中实现自己的目标——利润最大化。在对利润最大化的追求过程中，早期的资本主义家族式企业逐渐完成了向巨型公司制企业的转变，甚至有些成为现代经济运行的中流砥柱，如美国的 GE 等大型企业。这些企业掌握着巨大的资源，控制着某些行业或产品的供给能力和发展水平。如美国、日本的某些汽车制造企业的年生产能力超过我国整个汽车行业的生产能力，甚至有些跨国企业的经济实力不亚于一些小型国家（见表 4-1）。在这些巨大的企业中，有些是经过长期的市场竞争并取得长久的胜利逐渐形成了巨大规模（见表 4-2），而有些则是在短短的几年内就积聚起了巨大的财富，形成了公司巨大的规模，如微软公司。

表 4-1 美国《财富》杂志 2019 年所排序的全球五百强企业中营业额前 10 名

排名	公司	国家	业务领域	营业额/百万美元
1	沃尔玛	美国	一般商品零售	514 405.0
2	中国石油化工集团公司	中国	石油	414 649.9
3	荷兰皇家壳牌石油公司	美国	石油	396 556.0
4	中国石油天然气集团公司	中国	石油	392 976.6
5	国家电网公司	中国	电力	387 056.0
6	沙特阿美公司	沙特阿拉伯	石油	355 905.0
7	英国石油公司	英国	石油	303 738.0
8	埃克森美孚	美国	石油	290 212.0
9	大众公司	德国	汽车	278 341.5
10	丰田汽车公司	日本	汽车	272 612.0

表 4-2 规模巨大的公司的创立年份

公司名称	创立年份	公司名称	创立年份
花旗银行	1812	通用电器公司	1892
宝洁公司	1837	诺世全公司	1901
菲利普·莫里斯公司	1847	3M 公司	1902
迪士尼公司	1923	福特汽车公司	1903
摩托罗拉公司	1928	IBM 公司	1911
惠普公司	1938	波音公司	1915
美国运通公司	1850	索尼公司	1945
强生公司	1886	沃尔玛公司	1945
默克制药	1891	微软	1975

与资本主义国家成熟的市场经济制度相比，我国的社会主义市场经济制度还不太完善①。但是，我国一样拥有各种各样的企业，大型国有企业、集体企业及各种非公有制企业构成了我国市场经济中重要经济主体，它们的存在繁荣了社会主义市场经济，促进了人民生活水平的提高，增强了我国的综合国力。特别是各种非公有制企业的存在极大地提高了经济活动的效率，这些企业在繁荣和促进市场经济并提高了市场供给水平的同时也使自己获得了发展。

这些公司为什么出现，为什么有些公司会经过百年的发展才成就现在的规模，而有些公司经过短短几年的发展就成就起巨大的规模呢？它们在市场竞争中规模是否会永远地持续扩张下去？在随后的企业理论及生产理论中，这些问题都会一一得到回答。

【实例链接】　　　　　　　　**格力电器的发展**

格力电器作为中国家电空调行业的领头羊，家用空调产销量自 1995 年起连续 24 年位居中国空调行业第一，开创了中国空调业唯一的"世界名牌"。珠海格力电器股份有限公司成立于 1991 年，1996 年 11 月在深圳证券交易所成功上市，格力迎来了一个大发展时期。空调产品的生命周期大概为 5 年，面对竞争激烈、淘汰快的行业现状，格力选择用品质吸引消费者，使"好空调，格力造"的品牌形象深入人心，2018 年企业的年研发投入已超 70 亿元。经过多年的积累与拓展，格力在竞争日趋激烈的空调市场中占有一席之地，目前的业务覆盖了空调、生活电器、高端装备、通信设备在内的四大领域。即使身处多元化转型期间，该企业依旧能保持高于行业均值的销售净利率，逐步成长为肩负国家使命的民族企业。

4.1.2 企业理论

有关企业的研究很多，特别是 20 世纪以来，西方经济学家关于企业理论的研究进入了一个新的阶段，科斯首先提出交易费用的概念并解释企业存在的原因，后来交易费用学派威廉姆森、克莱因、格罗斯曼、张五常等人则从契约的不完备性、机会主义和有限理性、专用性资产和准租金、产权等方面更深入地解释企业到底应该怎样安排一般的生产。

---

① 关于市场经济及其效率的分析将在第 7 章、第 8 章和第 10 章进行。

1. 新古典经济学对企业的认识

19世纪70年代，英国、法国、德国的经济学家几乎同时对边际效用价值进行了系统的分析和论述，即出现了经济学研究中的"边际革命"。由此，边际理论成为经济学研究的一个新的工具。新古典经济学中关于生产分析的前提及分析本身表明了该理论对企业的看法以及企业产生原因的探讨。

首先，大规模生产使得分工成为可能，工人更加专业化，从而带来了分工和专业化效率。亚当·斯密认为，合作分工可以提高效率，实现更高的利润，追求利润最大化的生产者在利润的激励下慢慢地结合在一起并发展成为一个统一的经济组织——企业。

此外，生产技术的发展也是形成企业的一个原因。工业革命的发展使大型的动力机器开始出现，分散的生产逐渐被大规模的拥有动力机器的工厂所取代，现代企业开始出现。其原因在于技术水平的提高使得生产机器中所含的资本量越来越大，这就需要更多的劳动集中在一起工作，使规模经济得以释放；同样，生产技术的发展使得机器只有通过大规模的生产才能充分发挥其经济效率。

2. 新制度经济学对企业的认识

经济学的基本原理表明，市场交换和价格机制是促进分工和提高专业化效率的非常好的途径；同时，经济学对消费者和生产者行为进行的分析也是以市场机制充分发挥作用为基础的。因此，亚当·斯密（Adam Smith）在《国富论》中所举的例子中的分工情形完全可以通过市场机制来完成。即每一个工人都成为独立的个体生产者，分别生产某一工序中的产品，然后通过市场进行交换，将自己的产品卖给下一工序的生产者。理论上，这样仍可以充分发挥分工带来的效率。但是，市场交换本身是需要付出时间和成本的，如运输的时间与费用等。此外，为了寻找合适的交易者也需要付出时间和成本。也就是说，市场机制的使用不是免费的，存在交易成本。交易成本在市场交易活动中广泛存在，如到商店购物，工作人员在验货、收货开票过程中所耗费的人力和时间，消费者在路途中的时间和成本，以及为了挑选比较不同商品所耗费的人力和成本都构成了商店购物的市场交易成本。企业作为一种资源配置方式，在一定程度上可以以内部协调来代替市场机制对资源配置的作用，从而节省交易费用。但是，企业对市场的替代也不是免费的，企业内部的协调也需要组织成本。例如，管理企业需要支付管理成本，管理人员对市场判断的失误可能带来决策成本。同时，由于管理者不可能获得所需要的全部信息，企业管理过程中的计量、监督、反馈及奖励等行为也会发生相应的成本。因此，理性的人会在两种成本（费用）之间进行比较，选择成本较小的一种方式协调生产。

对此，罗纳德·科斯指出，企业与市场机制是两种不同的协调生产、资源配置的方式：在企业外部，通过市场机制来配置资源，协调不同个人之间的经济活动，市场上的经济活动主体根据相对价格变化来进行生产活动的决策。在企业内部，市场交易被取消，而代之以企业家安排来协调生产，以内部计划代替了市场机制的作用。通过企业和市场这两种不同的协调方式生产（交易）都会带来交易成本。利用市场进行协调时要承受"使用价格机制的成本"，这是市场交易的费用；通过企业进行协调生产则要承受企业内部"组织交易成本"，这是企业内部的交易费用，即企业内部计划对外部市场的替代也不是免费的，这就是交易费用假说。按照交易费用假说，企业产生的原因在于通过企业而不是市场协调生产可以降低交易费用。

同时，该理论认为：在不断地将市场交易内化为企业的内部组织协调过程中，如果增加一单位交易所增加的"组织交易成本"小于它所节约的市场交易的费用，企业的规模就会扩大。当企业内部"组织交易的成本"等于在市场上交易的费用时，企业的规模就不再发生变化。

4.1.3 企业类别

企业是市场经济活动中最活跃的因素，不同性质和规模的企业在市场经济活动中都发挥着重要作用。现在，美国大约存在1 800多万个不同的企业，其中大部分为个人所有即个人业主制企业，另一些是为2个到200个不等的合伙人共同所有的合伙制企业，剩下为数不多但实力非凡、规模巨大的企业，一般都采取公司制。在我国，参照国家统计局和国家工商管理局联合发布的《关于经济类型划分的暂行规定》，按照所有制将企业划分为国有企业、集体企业、私营企业、个体经济、联营企业、股份制企业、外商投资企业、港澳台投资企业；而按照法律形式可将企业划分为个体业主制企业、合伙制企业、公司制企业。

1. 个体业主制企业

个体业主制企业是最早的企业形式。在个体业主制企业中，企业是业主的个人财产，由业主直接经营。业主享有该企业的全部经营所得；同时，对它的债务负有完全责任。如果经营失败，出现资不抵债的情况，企业主要用自己的家产抵偿。个体业主制企业一般规模较小，内部管理机构简单。

2. 合伙制企业

合伙制企业是由两个或两个以上的个人联合经营的企业。合伙人分享企业所得，并对企业亏损共同承担责任。合伙制企业可由部分合伙人经营，其他合伙人仅出资并共负盈亏，也可由所有合伙人经营。多数合伙制企业规模较小，也有的合伙制企业规模较大，甚至有几百个合伙人参加。合伙制企业的一种形式是无限责任公司，也称无限公司。与无限公司相关的是两合公司，即由无限责任股东和有限责任股东共同组成的股份公司。在两合公司中，有限责任股东以其出资额为限对公司债务负有限责任，无限责任股东则对公司债务负有连带无限责任。

3. 公司制企业

公司制是指依法设立、具有法人资格、并以营利为目的的企业组织。世界各国的公司制可以分为以下3种常见的类型：由两个以上股东组成，股东对公司债务负连带责任的无限责任公司；由一定人数的股东组成，股东只以其出资额为限对公司承担责任，公司只以其全部资产对公司债务承担责任的有限责任公司；由一定人数以上的股东组成，公司全部资本分为等额股份，股东以其所认股份为限对公司承担责任，公司以其全部资产对公司债务承担责任的股份有限公司。

公司制实行法人治理结构，即由股东会、董事会、监事会和经理组成并形成一定制衡关系的管理机制。股东会是公司的权力机构，决定公司的经营方针、投资计划等重大事项，并选举董事和监事。董事会是公司的经营决策和业务执行机构，向股东会负责，并聘任经理。经理负责组织实施董事会决议和日常经营管理。监事会是公司内部的监督机构，对经营管理者违反法律、法规或公司章程的行为进行监督。

由于公司制是企业法人，它具有一系列优点：有利于转换经营机制；通过发行股票和债券,可以迅速筹集大量资金;股票可以自由转让,公司具有不因股东变动而长期延续的独立生命;股东和公司只承担有限责任,便于分散市场风险。正因为如此,公司制成为国有企业和一切现代企业改革的方向。美国的国民生产总值中80%以上都来自公司制企业。但是,公司制也存在若干缺点:公司设立比较复杂,要通过一系列法定程序;股东购买股票往往是获取股利和价差,并不直接关心企业经营;由于所有权与经营权分离,也产生委托人与代理人之间一系列复杂的授权与控制关系。

4.2 生产函数概念及类型

对于企业而言,生产商品或提供服务是最基本的经济行为,在此基础上达到利润最大化的目标。无论是大型企业集团还是小型的合伙企业,实现目标的途径有两条:一是在投入量一定条件下追求产量最大;二是在产量一定下追求投入成本最低。假如某企业拥有一定数量的要素投入,那么该企业能期望得到多少产出呢?实践中,在某特定的时期内,投入一定的要素所能得到的最大产出量是一定的。经济学上将生产函数描述为投入与产出之间的关系。

4.2.1 生产函数

1. 生产函数概念

生产函数(product function),是指在一定时期内,在技术水平不变的情况下,生产中所运用的各种生产要素的数量和能生产的最大产量之间的关系。生产函数可以表示为表格(见表4-3)、图示(如图4-1所示)或一个函数关系表示式。函数关系式一般记为

表4-3 一亩土地上不同劳动投入量的产出

土地投入量/亩	劳动投入量(每年劳动量单位)	年粮食产出量/kg
1	0	0
1	1	80
1	2	200
1	3	360
1	4	480
1	5	550
1	6	600
1	7	600
1	8	560

$$Q = f(X_1, X_2, X_3, \cdots, X_n) \tag{4.1}$$

式中:$X_1, X_2, X_3, \cdots, X_n$代表生产过程中的各种投入要素。例如,在农业生产过程中投入的土地、种子、肥料、农具及劳动等的数量;Q代表在生产技术水平给定条件下,投入任何一定数量的要素组合所能生产出来的产品的最大值。在不同的国家或者同一国家的不同时代,生产技术水平不同,同一种生产活动所对应的生产函数是不一样的。如种小麦,在我们国家,人均耕地为1.40亩;而在美国,农场的规模平均为69公顷。两者的这种差别主要体现

为技术水平和设备的差距。中美两国种植小麦的技术代表了不同的生产函数。

生产函数的投入和产出都是指物质产品的数量，而不是用货币表现出来的价值。一个生产函数表达了多种生产要素的一定数量组合在给定条件下可能产出的最大数量，因此，假如生产技术发生进步，一定的投入量会产出更多的产量，或者既定产量所需要的投入较以前减少，则表现为另一个生产函数。如前面例子所示，虽然都是种植小麦，但由于技术水平的差距，中美两国种植小麦的生产函数是不一样的。

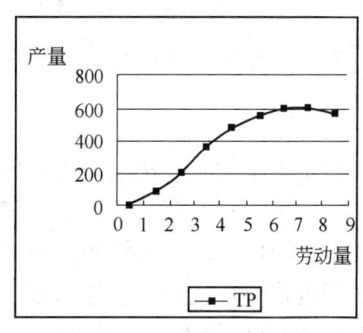

图4-1 一亩土地上不同劳动投入与产出之间的关系

如果生产过程中所产生的产品不止一个，而是 $Q_1, Q_2, Q_3, \cdots, Q_m$，共 m 种；所投入要素也有 $X_1, X_2, X_3, \cdots, X_n$，共 n 种，则生产函数标记为

$$F(Q_1, Q_2, \cdots, Q_m) = G(X_1, X_2, X_3, \cdots, X_n) \tag{4.2}$$

为了论述和研究方便，将假定投入要素只有两种，即资本（K）和劳动（L），产品只有一种，即 Q。这时生产函数可标记为 $Q=f(K, L)$。它表明，要生产既定产量水平 Q 的产量，厂商可以运用 K 和 L 的许多不同的数量组合。假定该函数是连续的，那么，可能的组合数是无限的。

如果假定资本是固定不变的，而产量 Q 随着劳动 L 的变动而变动，生产函数可记为

$$Q = f(L, \overline{K}) = f(L) \tag{4.3}$$

上式表明，L 的任何一个给定值都有一个产量 Q 与之相对应。如假设函数表达式为

$$Q = f(L, \overline{K}) = f(L) = KL - 0.32L^2 - 0.45K^2$$

如其中 $K=20$，则生产函数为

$$Q = f(L, \overline{K}) = f(L) = 20L - 0.32L^2 - 180$$

2. 常见的生产函数举例

为了对生产函数有一个更为清晰的了解，下面对经济分析中常见的几个生产函数进行说明。

1）固定比例投入生产函数

固定比例投入生产函数，也称为里昂惕夫生产函数。该生产函数表示：在每一产量水平上任何一对要素的投入量之间的比例都是固定的，假设在生产过程中只使用资本（K）和劳动（L）两种要素，该生产函数通常可以表示为

$$Q = \min\left\{\frac{L}{u}, \frac{K}{v}\right\} \tag{4.4}$$

式中：Q 为产量，L、K 分别为劳动和资本的投入量，u、v 分别为劳动和资本的生产技术系数，表示生产一单位产品所需的劳动和资本的投入量是固定的。函数表达式（4.4）表示，该生产过程中的产量 Q 取决于 $\dfrac{L}{u}$ 和 $\dfrac{K}{v}$ 中较小的一个，即通常所说的短板效应或水桶理论。这是因为，生产过程的正常进行要求资本（K）和劳动（L）必须按照固定比例搭配，因为 u 和 v 表明了生产技术系数是固定的，两个要素之间不存在替代关系。因此，为了简化，通

常假设生产过程满足最小要素的组合要求,即生产过程可以继续且按照较小投入量的那个要素所要求产量进行生产,所以该函数又可以表示为

$$Q=\frac{L}{u}=\frac{K}{v} \tag{4.5}$$

对于固定投入比例生产函数而言,只有各要素的投入量以相同的比例增加时,产量才会增加。但是,只要有其中一个要素投入量减少,产量将随着减少的要素的变化而变化。对于此类生产函数,现实生活中并不少见,如一副镜框与两个镜片组成一副完整的眼镜。在眼镜的生产过程中,镜框与镜片构成了固定比例的组合,两者之间不存在任何替代关系。只有按照1:2的组合投入生产过程中,才能生产出期望的产量。

对于劳动和资本而言,虽然在某些场合两者可以部分地相互替代,但是,两者也会存在按照固定比例投入的情况。例如,某出租汽车公司一辆出租车如果24小时不停地运营,那么至少需要3个司机配置到该车上轮流作业,只有这样才可能在不违反相关劳动法规的基础上使公司成本最小。这样,如果使公司所拥有的200辆出租车(K),全部正常运营至少需要600名司机(L),因此可以将该生产函数看成是固定比例生产函数。如果用横轴表示劳动的投入量(L),纵轴表示资本(K)的投入量,则该函数可以表示成图4-2的形式。其中Q_1、Q_2、Q_3分别代表该公司不同投入量下的服务产量。

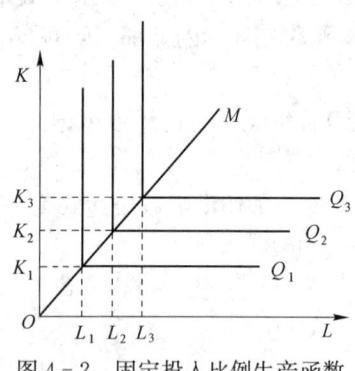

图4-2 固定投入比例生产函数

图4-2中,含有直角的三对折线分别代表了满足既定产量水平的资本(K)和劳动(L)的要素投入组合,如(K_1, L_1)的要素组合代表的产量水平为Q_1,在K_1不变的情况下,L_1的投入无论增加多少,都不会带来产量的增加;同样,(K_2, L_2)、(K_3, L_3)组合所代表的产量水平Q_2和Q_3也不会在组合中的某个要素的投入量发生变化的时候改变。只有在投入要素资本和劳动同时改变,如劳动要素逐渐增加$L_1 \to L_2 \to L_3$,而资本要素的投入以相同比例增加,即$K_1 \to K_2 \to K_3$时,产量水平才可能变化,即$Q_1 \to Q_2 \to Q_3$。两种要素以同等比例增加,它们之间的搭配比例不发生变化。

因此,从原点出发的直线OM就是由所有最佳投入要素组合所带来的产量的集合,也表示这一固定比例生产函数的所有产量水平的最小要素投入量的组合。

2)柯布-道格拉斯生产函数

柯布-道格拉斯生产函数(Cobb-Dauglas product function)是生产函数的一种特殊形式,是由美国数学家柯布(C.Cobb)和道格拉斯(P.Dauglas)于1928年构建的一个生产函数,因而被称为柯布-道格拉斯生产函数。其基本形式为

$$Q=f(L, K)=AL^\alpha K^\beta \tag{4.6}$$

式中:Q为产量,L、K分别为劳动和资本投入量,A、α和β为参数,α和β分别表示劳动和资本所得在总产量中所占份额,且$0<\alpha<1$,$0<\beta<1$。

柯布-道格拉斯生产函数在经济理论研究中被认为是一种很有用的生产函数,这主要是因为,该函数不仅简单而且具备经济学家所关心的一些性质,在经济理论分析和实证研究中都具有一定的意义。

首先，柯布-道格拉斯生产函数是指数函数形式，该类函数形式简单，很容易通过数学处理变为线性函数。

其次，柯布-道格拉斯生产函数中的参数经济含义比较明确。其中 A 可以看成一个用来表示技术水平状况的技术系数，A 的数值越大，在投入要素的量既定情况下，产出量就越大。α、β 分别代表增加 1% 的劳动和资本时产量增加的百分比，它反映在生产过程中劳动和资本的重要性。如柯布和道格拉斯对美国 1899—1922 年有关经济资料的分析得到 α 约为 0.75，β 约等于 0.25，这表明，美国在此期间的总产量中，劳动每增加 1%，产量就会增加 0.75%；而资本每增加 1%，产量就会增长 0.25%。

4.2.2 生产函数与技术进步

通过前面介绍的美国农场规模与中国人均土地种植面积对比的例子可以发现，不同技术水平下的生产函数是不同的。因此，技术水平是生产函数的一个构成因素，也就是说，生产函数的分析暗含了技术因素的作用。但是，在对生产函数的分析中，无论是长期生产还是短期生产，都是在技术水平不变的假定前提下进行的，很多时候没有对技术进步的因素进行直接分析。这样做的理由主要有两个。第一，技术的突破性进展往往是间歇式的，事先难以预料。无论是在农业还是工业生产中，一种技术水平一旦形成，总会有一个相对稳定的时期。在这段时期内，虽然技术也会有小的变化，但不会对生产活动产生实质性的影响，如传统农业生产中简单生产工具的改进等。因此，在一定时期内技术水平不变的假设是成立的。在经过一定时期的积累后，技术水平往往会有重大的进展。但是，技术进步发生作用的时间通常比调节资本等长期变量所需要的时间还要长。第二，对技术进步进行度量，比度量其他经济变量如劳动、资本等投入要素更困难。基于这些原因，经济学原理一般不包括直接分析技术进步因素的内容。技术进步对经济的影响和机制，通常在发展经济学或增长理论等经济学分支中进行讨论。

1. 技术进步的作用

经济学家索洛 1957 年提出了"技术进步是经济增长的主要动力和源泉"的新观点，打破了"资本积累是经济增长的决定性因素"的传统观点。这一新的见解启发了人们对经济增长中技术进步的巨大作用的研究，使人们越来越重视技术进步的重要性。但是，对于技术进步的含义各种解释之间却存在一定的差异。索洛认为：技术进步是"生产函数任意一种形式移动的简称"，"经济的加速和减速、劳动力质量的改进、各种各样的移动生产函数的因素都可以归入技术进步之中"。肯德里克在 1961 年出版的《美国的生产率增长趋势》一书中认为：除去要素投入增长后的经济增长部分为"要素生产率的增长"，实质上就是技术进步，这里的技术进步包括技术的发明和应用、管理水平的提高、劳动生产率的提高。丹尼森则将"知识进步"作为技术进步的代名词。上述对于技术进步概念的总结表明，从经济学分析的角度考察，技术进步包括两层含义。第一，生产某种产品的新的更有效的方式。如瓷砖生产从两次烧法改进为一次烧法后，原本使用 250 位工人进行两次烧法的产品，现在只需要 90 人就可以完成任务，生产流程时间也从 16~20 小时降到 50~55 分钟。第二，生产组织、营销和管理方式的改进。与前面生产技术进步具有相同效果的是生产组织方式的变革，如 1913 年福特发明了人类管理历史上第一条最原始的流水生产线，并在此后 20 多年的时间里，对其不断地进行标准化革新，大大提高了生产效率。大规模流水线生产作业带来工业

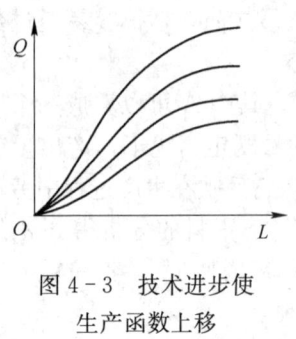

图 4-3 技术进步使生产函数上移

生产方式上的革命,福特公司也因此而连创世界汽车工业时代的生产纪录:1920年2月7日,1分钟就可以生产1辆汽车,到了1925年10月30日,10秒钟就可以生产1辆汽车。

由于生产函数受到技术因素的影响,因而随着技术的进步,生产函数会发生变化,图4-3描述了技术进步导致生产函数上移的情况。回顾世界各国经济发展的历史,都已雄辩地证明技术创新是人类财富之源,是经济发展的巨大动力。因此,技术及技术进步在生产函数中的作用,以及作用方式是企业理论中重要且复杂的一部分(有兴趣的读者可以在高级微观经济学中研读相应内容)。

2. 技术进步促进效率提高的条件

前面的内容说明了生产函数受到技术进步的影响,但技术进步是否无论在什么情况下都会提高生产效率呢?回答是否定的。只有技术进步有利于市场主体获取更高收益的时候,技术进步才有机会发挥它促进生产效率提高的功能;否则,即使存在先进的技术创新,新技术也存在不被采用的可能而无法发挥其功能,促进生产效率的提高。如当环境保护法律法规不健全,或者执行效果不理想的时候,一些企业,甚至是产业内的所有企业可能会采用一种浪费社会资源的生产方式。因为新的技术虽然存在,但与老技术相比价格昂贵,增加了企业的负担,影响了它的经济效益。它宁愿采用落后的技术,继续浪费社会资源。

【生活中的经济学】 技术不等于市场——东芝的陨落[①]

东芝成立于1875年,到2019年为止已经发展了140多年。东芝的适应能力很强,最早以家电及重型电机为主;后来随着时代的发展,增加了通信、电子等且逐渐转型成综合电子电器企业。到20世纪末,东芝又开始在数字技术、移动通信技术和网络技术等领域取得了飞速发展,东芝也瞬间从综合电子电器企业跨界到IT行业的先锋。

不过,近年来东芝公司的表现却并不尽如人意,尤其是在传统的家电业务上,东芝公司的产品几乎难以被市场青睐。目前东芝公司的电视机业务已经被我国海信收购,旗下的白色家电业务被美的收购,东芝的笔记本电脑业务也被联想收购,目前市面上几乎难以看到东芝的笔记本电脑了,所以在中国家电厂商的联合围剿之下,东芝几乎已经全面溃败。

历史达百年之久的制造业巨头日本东芝公司曾引领世界电子产品制造业走过一段辉煌时期,然而这个制造业巨头却因公司财务舞弊导致公司信誉瞬间崩塌,引起全球企业界和各国媒体关注。东芝公司审计失败的原因包括根深蒂固的"家族式"企业管理模式,以及高管的"合谋"和一言堂使内部审计失效,外部审计失察。

4.2.3 规模报酬

通过对生产函数类型的解释,已经知道在长期生产中,所有投入要素都是可变化的。通过对实践的深入观察,读者可能会发觉:任何一个类型的生产厂商在长期中都会逐渐扩大其

---

① 孙颖. 东芝公司审计失败的教训与启示 [J]. 北方经贸,2016(3):99—100.

规模。比如，冰激凌厂生产的品种越来越多，雇用的工人也越来越多，产量也越来越大；街道旁边的小杂货店出售的商品也越来越多，甚至将货摊摆上了马路。那么在这些生产单位逐渐扩大其规模的过程中，它的总产出会发生什么样的变化呢？即投入规模的增加对产出量有什么影响呢？是否是随着规模的扩大而扩大呢？对此的深入研究就引出了规模报酬（returns to scale）概念，它表示所有要素投入成比例变化时，产出比例的变化情况。依据投入与产出变化之间数量关系的不同，存在三种不同的情况。

1. 规模报酬不变

产量增加的比例等于各种要素增加的比例，称之为规模报酬不变。例如，当所有投入要素增加1%时，产出的增加也等于1%。许多手工工业都表现为规模报酬不变，每增加一个工人，就相应地增加一台简单手工工具或机器，产出则按照相应比例增加，如理发服务及手工织布等。

2. 规模报酬递增

产量增加的比例大于各种生产要素增加的比例，称之为规模报酬递增。例如，当所有投入要素增加1%时，产出的增加大于1%。

3. 规模报酬递减

产量增加比例小于各种生产要素增加的比例，称之为规模报酬递减。例如，当所有投入要素增加1%时，产出的增加小于1%。

根据柯布-道格拉斯生产函数中参数 α 和 β 之和，可以判断出规模报酬的情况。若 $\alpha+\beta>1$，则为规模报酬递增；若 $\alpha+\beta=1$，则为规模报酬不变；若 $\alpha+\beta<1$，则为规模报酬递减。

上述三种规模报酬情况对应的生产函数图形如图4-4所示。

一般来说，在长期生产过程中，企业的规模报酬变化呈现出如下规律：当企业从最初很小的规模逐渐扩大时，企业面临的是规模报酬递增的阶段。此时，产出的增加超过生产投入的增加，如曲线 a 所示。当企业规模增加到一定程度后，生产保持在规模报酬不变的阶段。此时，产出与投入等比例增长，如曲线 b 所示；如果企业继续扩大规模，就会进入规模报酬递减阶段，即产量增长率小于各种生产要素投入增长率，如曲线 c 所示。另外，制造业与服务业相比，制造业规模报酬递增的可能性比较大。因为制造业通常需要较大的资本设备的投资，而服务业通常偏向

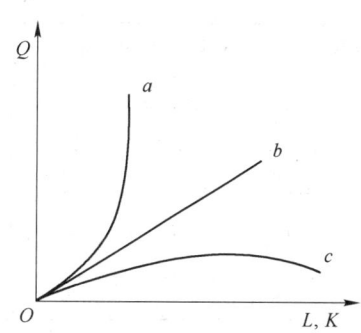

图4-4 规模报酬不同的生产函数

于劳动密集型，因此小规模和大规模提供服务的效率相差不大。当然，新科技的发展及其向服务业的渗透正在逐步改变这种状况，服务业的投资规模也越来越大，因此其规模报酬递增的倾向也越来越明显。

4.3 一种可变要素的生产函数

在经济学的分析中，通常将生产函数分为短期生产函数和长期生产函数。所谓短期生产函数，是指在某段时期内，至少有一种要素不能变化的生产函数，短期生产函数的产量完全

是可变要素投入量变化的结果;在长期中,所有生产要素都可以调整、变化。与之相对应,所有生产要素都可以调整、变化的生产函数称之为长期生产函数。在短期内,生产者可以调整变化的生产要素投入称为可变投入,如原料、燃料及劳动等;生产者不可以调整的生产要素投入称为不变投入,如生产设备、厂房等。在长期中,厂商可以根据生产和销售作出相应的决策,改变短期内具有刚性的生产设备、厂房等固定投入要素。

微观经济学的理论分析通常将一种可变要素的生产函数作为短期生产函数来考察,因此本节介绍的一种可变要素的生产函数属于短期生产理论。

4.3.1 一种可变要素生产函数

生产函数 $Q=f(L, K)$,其中 L 表示劳动的投入量,K 表示资本的投入量,假定资本投入量是固定的,用 $\overline{K}$ 表示,则函数表达式为 $Q=f(L, \overline{K})$。这是一种可变要素生产函数的基本形式,也被称为短期生产函数。

这与现实情况是很相符的,如一家制衣厂,拥有的机器设备厂房在短期内是固定的,但是所雇佣的操作机器设备的劳动力是可以调整的,工厂的管理人员必须根据销售情况作出雇用多少工人的决策。表4-4给出了可变要素劳动的投入与产出之间的关系。中间一列表示资本固定不变,第三列表示与不同劳动投入所对应的总产出量。随着劳动投入量的增加,总产出在逐渐增加,当劳动投入达到6个单位时,总产出达到最大值,再增加一个单位劳动,劳动投入达到7个单位时,总产出没有发生变化。当投入的劳动继续增加时,总产出反而开始减少,为什么?

表4-4 一种可变要素(劳动)的生产

劳动力(L)的数量	资本数量(K)	总产出量(Q)	劳动力(L)的数量	资本数量(K)	总产出量(Q)
0	10	0	6	10	168
1	10	18	7	10	168
2	10	48	8	10	144
3	10	84	9	10	90
4	10	120	10	10	0
5	10	150			

4.3.2 总产量、平均产量和边际产量

1. 总产量、平均产量与边际产量的概念

劳动的总产量(total product):指与一定可变要素劳动的投入量相对应的最大产量,用 TP_L 表示,其定义表达式为

$$TP_L = f(L, \overline{K}) \tag{4.7}$$

劳动的平均产量(average product):指总产量与所使用的可变要素劳动的投入量之比,用 AP_L 表示,其定义表达式为

$$AP_L = \frac{TP_L(L, \overline{K})}{L} \tag{4.8}$$

劳动的边际产量（marginal product）：指增加一单位可变要素劳动投入量所增加的产量，用 MP_L 表示，其定义表达式为

$$MP_L = \frac{\Delta TP_L(L, \overline{K})}{\Delta L} \text{ 或 } MP_L = \lim_{\Delta L \to 0} \frac{\Delta TP_L(L, \overline{K})}{\Delta L} = \frac{d\, TP_L(L, \overline{K})}{dL} \tag{4.9}$$

在表 4-4 所描述的生产条件下，可计算出平均产量和边际产量，如表 4-5 所示。

表 4-5　一种可变要素生产的总产量、平均产量及边际产量

劳动力（L）的数量	总产出量（Q）	平均产量（Q/L）	边际产量 MP_L
0	0	—	—
1	18	18	18
2	48	24	30
3	84	28	36
4	120	30	36
5	150	30	30
6	168	28	18
7	168	24	0
8	144	18	−24
9	90	10	−54
10	0	0	−90

当然，生产过程中也存在劳动的投入固定不变，而资本随生产或销售形势进行调整的情况，这时相应的生产函数表示为

$$TP_K = f(\overline{L}, K) \tag{4.10}$$

根据前面的分析，可以得到资本的总产量、资本的平均产量及资本的边际产量，它们的定义公式分别为

$$TP_K = f(\overline{L}, K) \tag{4.11}$$

$$AP_K = \frac{TP_K(\overline{L}, K)}{K} \tag{4.12}$$

$$MP_K = \frac{\Delta TP_K(\overline{L}, K)}{\Delta K} \text{ 或 } MP_K = \lim_{\Delta K \to 0} \frac{\Delta TP_K(\overline{L}, K)}{\Delta K} = \frac{d\, TP_K(\overline{L}, K)}{dK} \tag{4.13}$$

表 4-4 和表 4-5 表示的是生产函数为离散的情况下的各种产量的计算，如果一种可变要素生产函数是连续的，如：$TP_L = 10L + 9L^2 - L^3$，则上述的平均产量、边际产量等计算起来更加方便。例如，劳动的平均产量 AP_L 为

$$AP_L = \frac{TP_L(L, \overline{K})}{L} = \frac{10L + 9L^2 - L^3}{L} = 10 + 9L - L^2$$

劳动的边际产量 MP_L 为

$$MP_L = \frac{d\, TP_L(L, \overline{K})}{dL} = 10 + 18L - 3L^2$$

有兴趣的同学可以对连续函数的平均产量和边际产量进行求解，并对离散和连续两种情况下的结果进行比较。

2. 一种可变要素生产函数的总产量曲线、平均产量曲线及边际产量曲线

1) 一种可变要素的产量曲线

前面提到的函数定义式或者相应产量列表也可以用几何图形来直观表示，即总产量曲线、平均产量曲线和边际产量曲线，如图 4-5 所示。

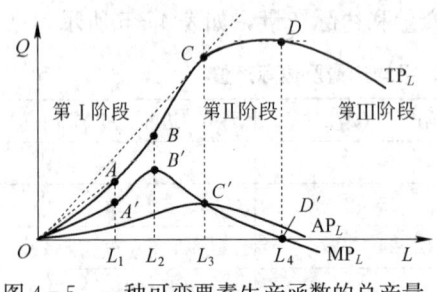

图 4-5 一种可变要素生产函数的总产量、平均产量与边际产量曲线

图中纵轴代表产量 Q，横轴代表投入的可变要素 L，三条曲线的变化趋势与表 4-5 中数字所表现出来的趋势一致：三条曲线都呈现出先上升，达到最大值以后，再下降的趋势。其中，劳动的边际产量 MP_L 最先达到最大值，而后开始下降并与劳动的平均产量 AP_L 的最大值相交。

2) 总产量、平均产量与边际产量之间的相互关系

从图 4-5 可以看出，当投入的要素劳动 (L) 从零开始逐渐增加到 L_4 个单位过程中，总产量随着 L 投入的增加而增加。但是，当劳动的投入量超过 L_4 个单位时，总产量将减少，TP_L 开始表现出递减的趋势。表 4-5 则显示，$L=8$ 时，总产量 $Q=144$，比 $L=7$ 时减少了 24 个单位。因此，总产量曲线表现为从原点开始到 D 点为单调递增阶段，在 D 点达到最大值后转而开始单调递减。

（1）总产量与边际产量之间的关系

随着劳动投入量的增加，L 每一个微量增加都会引起总产量的一定增量变化，即劳动的边际产量 MP_L 的变动情况与总产量的变化之间存在密切的关系。由于在边际报酬递减规律作用下的边际产量 MP_L 曲线先上升，在 B' 点达到最大值，然后再下降。从图 4-5 可以看出，边际产量曲线是一个倒 U 形曲线，边际产量从原点开始逐渐增加，在劳动投入为 L_2 时，边际产量达到最大值 B' 点。由于边际产量为总产量曲线切线的斜率，所以总产量曲线切线的斜率也先增加后递减，并在 B 点达到最大值，这时 B 点对应的是总产量曲线 TP_L 的拐点。因此，MP_L 曲线的最大值点 B' 和 TP_L 曲线的拐点 B 相互对应。当 $L \in [L_2, L_4]$ 时，边际产量仍然是正数（$MP_L > 0$），但边际产量开始递减，这意味着总产量曲线上相应点的切线的斜率开始递减，即增加的后一单位劳动投入所带来的产量的增加要小于前一单位劳动投入所带来的产量的增加。因此，总产量曲线在劳动的投入量 $L < L_4$ 以前仍处于递增阶段。另外，因为 L_2 对应的 B 为总产量曲线的拐点，所以 TP_L 曲线在 $[L_2, L_4]$ 内具有下凹特征。

当 $L=L_4$ 时，边际产量递减为 0（$MP_L=0$）。此时的边际产量曲线与横轴交于 D' 点，由于此后劳动投入的增加所带来的边际产量为负数，所以在 $L=L_4$ 的点上，总产量达到极大值，总产量曲线到达顶点。

当 $L > L_4$ 时，劳动投入的任何微量增加所带来的边际产量都为负数。故劳动投入的任何增加只会带来总产量的减少，因此总产量曲线从 D 点开始向右下方递减，而边际产量曲线在 D' 点之后则位于横轴的下面。

（2）总产量与平均产量之间的关系

根据平均产量的定义公式 $AP_L = \dfrac{TP_L(L, \overline{K})}{L}$ 可以推知，连接总产量曲线上任何一点与

原点的线段的斜率就是相应点上的平均产量。如当投入的劳动量为 L_1 时，连接 TP_L 曲线上 A 点和坐标原点的线段 OA 的斜率，即 $\dfrac{AL_1}{OL_1}$ 就是相应点的平均产量 AP_L 的值。

当 $0<L<L_3$ 时，总产量处于递增区间内，随着劳动投入的增加，总产量不断增加，与之相对应的平均产量也不断增加。因此，在投入的劳动为 L_3 单位前，与增加投入的每一微量劳动相对应的平均产量大于前面的投入劳动的平均产量。在图 4-5 上表现为，劳动的平均产量曲线从原点开始到 C' 点为止一直向右上方倾斜。

当 $L=L_3$ 时，平均产量达到最大值，同时劳动的平均产量曲线开始由递增转为递减。

当 $L>L_3$ 时，由于边际产量函数在 $L>L_3$ 这个区间内递减，所以虽然总产量不断增加，但劳动的平均产量逐渐降低。因此，在图 4-5 中表现为劳动的平均产量曲线 AP_L 从 C' 点开始向右下方倾斜。

(3) 平均产量与边际产量的关系

由于平均产量与边际产量处于同一坐标系中，因此它们之间的关系比较清晰。两条曲线相交于平均产量曲线 AP_L 的最高点，具体情况如下。

当边际产量大于平均产量时，即边际产量曲线 MP_L 位于平均产量曲线 AP_L 上方的阶段，平均产量处于上升阶段。这是因为，当增加的一单位劳动的投入所带来的边际产量大于平均产量时，边际产量会将平均产量拉上。如当投入两个单位劳动时，劳动的平均产量为 24，当增加一个单位劳动的投入后，由于投入的第三个单位劳动的边际产量为 36，所以投入的 3 个单位劳动的平均产量为 $AP_L=(24\times2+36)/3=28$。

当边际产量小于平均产量时，即边际产量曲线 MP_L 位于平均产量曲线 AP_L 下方的阶段，平均产量处于下降阶段。这是因为，当增加的一单位劳动的投入所带来的边际产量小于平均产量时，边际产量会将平均产量拉下。如当投入 6 个单位劳动时，劳动的平均产量为 28，当增加一个单位劳动的投入后，由于投入的第 7 个单位劳动的边际产量为 0，所以投入的 7 个单位劳动的平均产量为 $AP_L=(28\times6+0)/7=24$。

当边际产量与平均产量相等时，平均产量处于最大值点。在图 4-5 中表现为边际产量曲线 MP_L 与平均产量曲线 AP_L 的最大值点 C' 相交。

在一种可变要素投入变化过程中，边际产量的变动对于投入的可变要素的变动十分敏感，同时也由于边际产量的变动带动了平均产量和总产量的变动，因此在可变要素投入量逐渐增加的过程中，边际产量最先达到最大值点，然后与平均产量的最大值点相交。随后将平均产量拉下，并在边际产量等于零的点上，总产量才达到最大值点。

3. 边际报酬递减规律

图 4-5 中的边际产量曲线清楚地表现出了边际产量先上升到某一特定值后，再持续增加该要素投入所带来的边际产量是递减的。这一规律是大多数生产具有的共同特征，是对大多数生产实践的概括和经验总结，这就是边际报酬递减规律。

边际报酬递减规律 (law of diminishing marginal returns) 是指在技术水平不变的条件下，连续等量地把一种可变生产要素增加到其他数量不变生产要素的生产过程中，当这种生产要素的投入量小于某一特定值时，增加该要素投入所带来的边际产量是递增的，超过这个特定值后，所带来的边际产量是递减的。

在大多数生产中，规模报酬递减规律都发生作用。但是要注意区分劳动投入的持续增加所带来的报酬递减与劳动质量的变化所带来的产出的变化。因为经济学对生产的分析是在假定技术水平不变的条件下进行的，同时假定所有劳动者的素质是等同的，没有任何差异。

在理解边际报酬递减规律的时候，要注意以下几点。

① 边际产量的变化随着可变要素投入的增加一般经历两个阶段，即递增和递减两个阶段。如上例，当投入的劳动从零开始逐渐增加为 L_2 单位时，投入的劳动每增加一个单位所引起的产量是递增的。在这个阶段边际产量之所以出现递增现象，可以归结为可变要素与固定要素的结合比例不恰当，固定要素太多，而可变要素相对不足，所以固定要素的利用率受到影响。当持续增加可变要素的投入时，固定要素的利用更加充分，因而随着可变要素投入的增加，每一单位可变要素投入所带来的产量是递增的。如一公顷土地，在人力耕作下的最佳配置为3人，假如从现有的1个人增加到3个人共同耕作这一公顷土地，则增加的每一个人所带来的产量是递增的。又如某冰激凌生产设备至少需要4个人才能正常运转。当只有2个人时根本无法生产，3个人时只能勉强维持，而达到4个人就可以正常运转。当工人增加到8个的时候就可以实行两班倒，24小时不停地生产而大幅度地提高产量。12个人时可以实行3班轮流制度，这时既充分利用了生产设备，又使工人体能得到恢复。因此，随着工人人数的增加，每增加一个劳动投入所带来的产量是递增的。

当可变要素逐渐增加，到了可变要素的数目达到了足以使固定要素得到最有效的利用后，如果继续增加可变要素的投入，则意味着固定要素与可变要素的结合比例开始趋于不恰当，可变要素投入过多，而固定要素相对不足。此时，随着可变要素投入的增加虽然可以继续增加总产量，但总产出的增加量开始递减。当可变要素的投入达到一定规模后，继续增加可变要素的投入不但不会增加总产出，反而会引起总产出的减少，即边际产量为负。例如，生产冰激凌的劳动投入继续增加，在由3班轮换工作逐渐变为4班、5班甚至12班时，每增加一个劳动力所带来的边际产量都是递减的，劳动的继续增加最后同样会导致生产无法正常进行。

② 边际报酬递减规律发生作用的前提是技术水平不变。当今社会，知识更新和技术进步的速度非常快，但是并不是每时都有重大的技术突破，只有经过一段时间的积累才会有重大进展，技术的进步总是间歇式的，所以技术水平不变的假定在一定的时间和范围内是成立的。如在农业领域，农业生产技术可以分为传统农业和现代农业。传统农业是以人力、畜力的简单的工具为基础的技术，现代农业则以机械化、电气化、化学化为基本技术。从传统农业转变为现代农业，生产技术发生了重大变化。但是在现代农业技术出现以前，传统农业中也有较小的技术进步和变化，如铁制农具的出现、犁的出现等。但是在未进入现代农业之前，均可以称为技术水平没有发生变化。正是因为传统农业技术基本保持了稳定状态，经济学家马尔萨斯才得出了他著名的"人口论"[①]，也正是因为传统农业技术向现代农业技术的转变才使得马尔萨斯的"人口论"及他所预言的人口危机和食品危机没有出现。同样，在理论分析中，当厂商选择一个特定的生产技术后，如果只有一种生产要素的数量可以调整，那就意味着生产处于短期，这时生产技术水平处于不变的假设也是成立的。离开了技术水平不变的假定，边际报酬递减规律是不存在的。

---

① 马尔萨斯的"人口论"的一个主要依据就是边际报酬递减规律。他认为人口增长力比土地生产生活资料力量更为强大，并断言人口在无妨碍时，以1，2，4，8，16，32，…的几何级数率增长，而生活资料则以1，2，3，4，5，6，…的算术级数率增长。当人口增长超过生活资料的增长时，就会发生贫困和罪恶，要限制人口增长，使二者保持平衡。

③ 存在边际报酬递减规律的生产过程中使用的生产要素分为可变要素和不变要素两类，两类要素的搭配比例是变化的，即技术系数可变。边际报酬递减规律，研究的是把不断增加的可变要素增加到其他不变要素上时产量的变化情况。大多数生产在短期内都至少存在一项不可变化的要素，无论是农业还是工业生产都存在这种情况。

4. 生产要素投入的合理区间

在一种可变要素的生产函数中，除一种要素以外，其他要素固定不变。在一种要素可变情况下，随着可变要素逐渐增加，总产量、平均产量及边际产量的变化如图 4-5 所示。根据平均产量及边际产量的变化特点，可以将生产或者要素的投入分为三个阶段。

① 生产的第Ⅰ阶段。可变要素的投入量从 0 增加到 L_3 个单位时，在这阶段各种产量曲线的变化特征为：劳动的平均产量始终是上升的，并且达到最大值；劳动的边际产量达到最大值后开始递减，但其始终大于劳动的平均产量；劳动的总产量始终是增加的。所以，此阶段称为平均产量递增阶段。这说明在本阶段，固定要素投入相对过多，增加可变要素的投入有利于两者搭配比例更加合理化。所以，在该阶段理性厂商对可变要素的投入不会停止。

② 生产的第Ⅱ阶段。可变要素的投入量继续增加，达到 L_4 个单位时，总产量达到最大值，边际产量递减为 0，平均产量继续减少。所以，本阶段可以称为平均产量递减阶段。

③ 生产的第Ⅲ阶段。当可变要素的投入量超过 L_4 个单位时，边际产量变为负数，平均产量继续减少，总产量也开始递减，这是厂商的禁区。因此，理性厂商的可变要素投入的合理区间或者说是要素组合的最佳区间选择应该是在生产的第Ⅱ阶段。

通过对企业理论的学习已经知道，企业（厂商）进行生产是为了取得利润最大化。但是，上述关于生产阶段的划分只是给出了可变要素投入或者说是要素组合的最佳区间选择，即给出了可变要素的投入范围，但并没有确定可变要素的投入数量。事实上，可变要素投入数量的确定还与要素的价格等因素有关。如劳动，当劳动力工资越低时，投入量越接近 L_4，但是永远也不会超过这一点。关于生产要素投入数量的确定，将在第 9 章要素市场中进行讲解。

4.4 两种可变要素的生产函数

4.3 节考察了短期内可变要素投入与产量之间的关系，并确定了可变要素合理投入区间。但从长期来看，企业用于生产的资本投入和劳动投入都是可变的。在两种要素的投入数量可以调整且可以相互替代情况下，如何才能达到利润最大化的目标呢？研究生产要素的最佳组合实际上就是研究生产者如何将既定的成本分配于两种要素的购买与生产上，以取得利润最大化。因此，该分析与消费者均衡的分析相似。

4.4.1 两种可变生产要素的生产函数和等产量曲线

1. 两种可变生产要素的生产函数

假定厂商进行的是长期生产决策。在这种情况下，所有生产要素的投入量都是可以变化的，多种可变生产要素的长期生产函数可以表示为

$$Q = f(X_1, X_2, X_3, \cdots, X_n)$$

式中：Q 为产量；$X_i(i=1,2,3,\cdots,n)$ 为第 i 种可变生产要素的投入数量。此生产函数表示在生产技术水平不变的条件下，由 n 种可变生产要素构成的一定组合的投入所能生产的最大产量。在生产理论研究中，为了简化分析，通常假定厂商只使用资本和劳动两种要素进行生产。这时，劳动和资本之间的任意一个组合都对应着某个产出数量。两种可变生产要素的生产函数可以表示为

$$Q=f(L,K) \tag{4.14}$$

式中：L 为可变要素劳动的投入量，K 为可变要素资本的投入数量，Q 为产量。

2. 等产量曲线

生产理论中的等产量曲线和效用理论中的无差异曲线很相似。所谓等产量曲线，是指在技术水平不变的条件下，生产同一产量的两种生产要素投入量的所有不同组合的轨迹。这实质上就是以曲线的形式来表述包含两种可变投入要素的生产函数，在几何上就是那些能生产出同样数量产品的两种可变生产要素投入数量的各种可能组合的点的轨迹。假设某种产品的生产函数为 $Q=\sqrt{LK}$，则产量 $Q=6$ 的要素搭配比例组合有许多种，如表 4-6 所示。

表 4-6 产量为 6 个单位的劳动和资本的搭配组合

L	K	L	K	L	K	L	K
144	1/4	18	2	8	4.5	3	12
72	1/2	12	3	6	6	2	18
36	1	9	4	4	9	1	36

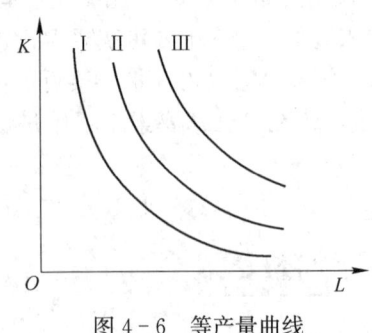

图 4-6 等产量曲线

劳动和资本的投入量都是可变的，且两种生产要素之间存在替代关系。表 4-6 中任何两种要素的组合都能生产出既定的产量 6，不同的是两种要素的搭配比例。如既可以采用劳动密集型的生产方式进行生产（144 单位劳动投入和 1/4 单位资本），也可以采用资本密集型的生产方式（1 个单位劳动的投入，36 个单位资本投入）。假设此生产函数是连续的，则可以将该生产函数表示为如图 4-6 所示的形式。

根据给定的生产函数，可以在坐标图中画出无数条等产量曲线，每一条等产量曲线都代表产量 Q 的一个给定值。等产量曲线上的任何一点都表示，为实现既定产量所需要的两种要素的投入组合。图 4-6 中，曲线 Ⅰ 表示 $Q=4$ 的等产量曲线，曲线 Ⅱ 表示 $Q=6$ 的等产量曲线，曲线 Ⅲ 表示 $Q=10$ 的等产量曲线。图中距离原点越远的等产量曲线所代表的产量越大；距离原点越近，所代表的产量就越小。

对于等产量曲线，从形式上看类似于效用理论中所讨论的无差异曲线，因此有时该曲线也被称为"生产者无差异曲线"。对该曲线的理解应注意以下两个问题。

① 一个等产量图中的任何两条等产量曲线都不相交。这是因为，每条等产量曲线都代表不同的要素组合下所能达到的唯一产量，当两条等产量线相交时，则意味着交点所代表的劳动和资本的投入数量的组合可以生产出两种不同的产量。

② 等产量曲线的斜率为负。这意味着在现有技术水平下，生产出一给定产量的产品，两种投入要素间存在相互替代的关系。如果增加劳动 L 的投入量，就应相应地减少资本 K

的投入量。如果同时增加两种要素的投入而没有提高产量水平,则意味着进行了无效率的生产。

4.4.2 边际技术替代率和要素投入的合理区间

1. 边际技术替代率

在两种可变生产要素的生产函数中,两种投入要素间存在相互替代的关系,经济学家一般用边际技术替代率来分析要素间存在的替代关系。边际技术替代率(marginal rate of technical substitution,MRTS),指在维持产量水平不变的条件下,增加一个单位的某种要素投入量时所减少的另一种要素的投入数量。劳动对资本的边际技术替代率(MRTS_{LK})是指在保持产量不变时增加 1 单位劳动所需要减少的资本量。以 ΔL 代表劳动增加量,ΔK 代表资本的减少量,MRTS_{LK} 代表以劳动代替资本的边际技术替代率,则有

$$\text{MRTS}_{LK} = -\Delta K / \Delta L$$

或者
$$\text{MRTS}_{LK} = -\lim_{\Delta L \to 0} \frac{\Delta K}{\Delta L} = -\frac{\mathrm{d}K}{\mathrm{d}L} \tag{4.15}$$

如图 4-7 所示,使用 4 个单位资本(K)与 9 个单位劳动(L)相结合可以生产出 6 单位的产量,如果将资本的投入量减少为 3 个单位,则劳动的使用量必须从 9 个单位增加为 12 个单位;当资本的使用量减少为 2 个单位时,劳动的使用量必须增加为 16 个单位。因此,在产量 $Q=6$ 的水平上,从 A 点向 B 点移动时,资本要素 K 的使用量减少一个单位,即 $\Delta K=1K$,劳动要素的增加量 ΔL 为 3 个单位,则边际技术替代率 $\text{MRTS}_{LK} = -\frac{\Delta K}{\Delta L} =$

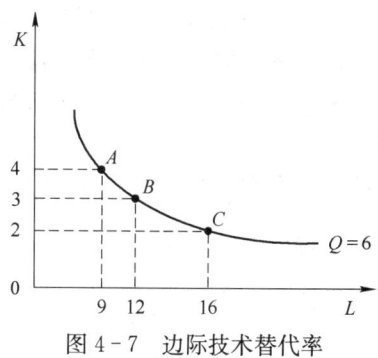

图 4-7 边际技术替代率

$-\frac{-1}{3} = \frac{1}{3}$,表示减少 1 单位资本 K 的使用,增加了 3 个单位劳动的使用。同理,当在既定产量水平上要素的组合从 B 点移动 C 点时,边际技术替代率 $\text{MRTS}_{LK} = -\frac{\Delta K}{\Delta L} = \frac{1}{4}$。

由于等产量曲线上任何一点的边际技术替代率为 $\text{MRTS}_{LK} = -\frac{\mathrm{d}K}{\mathrm{d}L}$,从几何意义上分析,即为过该点的切线斜率的绝对值,所以等产量曲线上任何一点的边际技术替代率可以定义为:过该点的等产量曲线的切线斜率的绝对值。

在生产过程中,一种要素的投入对另一种生产要素投入的边际技术替代率的大小与两种生产要素的边际产量存在密切的关系。在图 4-7 中,在等产量曲线 Q 上,C 点与 B 点相比,产量水平相同,但资本少用了一个单位,劳动多用了 4 个单位。这意味着,多用 4 个单位劳动所增加的产量与少用一个单位资本减少的产量的绝对值是相等的,所以总产量的变化量 $\Delta Q = 0$。因此,可以得到

$$\text{MP}_L \cdot \Delta L + \text{MP}_K \cdot \Delta K = 0 \tag{4.16}$$

将式(4.16)进行简单的数学变形得到

$$-\frac{\Delta K}{\Delta L}=\frac{\mathrm{MP}_L}{\mathrm{MP}_K} \tag{4.17}$$

所以劳动对资本的边际技术替代率就等于劳动的边际产量与资本的边际产量的比值，即

$$\mathrm{MRTS}_{LK}=\frac{\mathrm{MP}_L}{\mathrm{MP}_K} \tag{4.18}$$

上式表明，一种生产要素对另一种生产要素的边际技术替代率与其本身的边际产量成正比，而与另一种要素的边际产量成反比。图 4-7 及式（4.18）表明，在前面的例子中，劳动对资本的边际技术替代率与劳动的边际产量成正比，劳动的边际产量越大，其对资本的替代能力就越大，增加一单位劳动所替代的资本就越多；劳动对资本的边际技术替代率与资本的边际产量成反比，资本的边际产量越大，劳动就越难以替代资本，增加一单位劳动所替代的资本就越少。

2. 边际技术替代率递减规律

在两种生产要素相互替代的过程中，普遍存在一种现象，即在维持产量水平不变的前提下，当一种生产要素的投入量不断增加时，每一单位这种要素所能替代的另一种生产要素的数量是递减的。这一现象被称为边际技术替代率递减规律（law of diminishing marginal rate of technical substitution）。从图 4-7 的例子可以知道，当劳动替代资本时，一方面，随着劳动的投入量增加，劳动的边际产量 MP_L 减少；另一方面，随着资本投入量减少，资本的边际产量 MP_K 递增，所以，$\mathrm{MRTS}_{LK} = \mathrm{MP}_L/\mathrm{MP}_K$ 递减，即边际技术替代率存在递减的规律。

前面提到的等产量曲线凸向原点的特征是由边际技术替代率递减的规律决定的。因为由边际技术替代率的公式 $\mathrm{MRTS}_{LK}=-\dfrac{\Delta K}{\Delta L}$ 可知，等产量曲线上某一点的斜率的绝对值就是该点的边际技术替代率，由于边际技术替代率递减，所以等产量曲线的斜率的绝对值递减，即等产量曲线凸向原点。

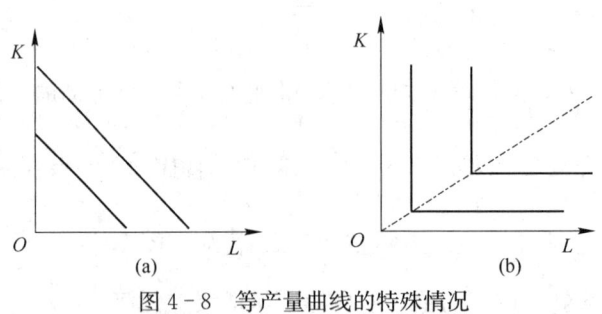

图 4-8 等产量曲线的特殊情况

最后，需要特别说明的是，边际技术替代率递减规律发生在两种生产要素之间存在替代且不能完全替代的情形中。如果两种生产要素按照相同的比例相互替代，则等产量曲线是一条向右下方倾斜的直线，如图 4-8（a）所示，在这种情况下，两种要素的边际技术替代率保持不变；如果两种生产要素不能相互替代，则等产量曲线要么平行于横轴，要么平行于纵轴，如图 4-8（b）所示，在这种情况下，两种生产要素间的边际技术替代率为零或者无穷大。这些情况都是等产量曲线的特例。

3. 两种可变生产要素的合理投入区间

一种可变生产要素的投入存在一个合理的区间；同样，两种可变生产要素在投入过程中也存在一个合理的投入区间，在这个区间内投入要素进行生产是经济的，超出了这个区间所规定的范围则存在不经济的行为。

通过前面关于边际技术替代率和要素的边际产量关系的分析可以知道，由于边际技术替代率等于两种要素边际产量的比值，即 $\text{MRTS}_{LK} = \text{MP}_L / \text{MP}_K$，当要素的边际技术替代率为零时，劳动的边际产量为零，所以当劳动要素的投入继续增加时，劳动的边际产量将为负值，所以此点为劳动要素投入的最大值点，超过此点的任何投入都是不理性行为。同样，当存在资本替代劳动的行为时，随着资本要素投入的增加，其边际产量递减，当资本的边际产量等于零时，资本要素的投入也达到最大值点，超过该点的任何投入都不会带来正的收益，因此是非理性的。由此可见，两种可变生产要素的投入合理区间由要素边际产量为正值的点组成，即将边际产量为负值的要素组合点排除在外。

每一条等产量曲线上都有两种要素的投入量的最大值点，把所有这些点连接起来就构成了两种可变生产要素的合理投入区间与不合理投入区间的分界线。两条分界线之间的部分为两种生产要素的合理投入区间，如图4-9所示。

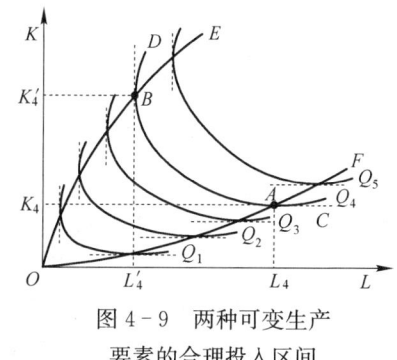

图4-9 两种可变生产要素的合理投入区间

4.5 要素投入的最优组合

在对两种可变生产要素函数的分析中，虽然得到了厂商使用生产要素的合理投入范围，但厂商如何确定生产要素投入的数量及两种要素间的数量组合却没有给出明确的答案。研究厂商生产要素投入的数量及其组合必须考虑到厂商对成本的关注，因为实现既定成本条件下产量最大化，或者既定产量下的成本最小是厂商的目标。

4.5.1 等成本曲线

厂商对在要素市场上购买的生产要素的支付，构成了厂商的成本。在生产要素价格既定的情况下，厂商花费相同的成本可以购买到的两种生产要素的数量组合是不同的。在生产理论中，有一个和效用理论中的消费者预算线相似的分析工具，即等成本曲线。

等成本曲线（isocost line）：在既定的成本和既定生产要素价格条件下，生产者可以购买到的两种生产要素的各种不同数量组合的轨迹。假定要素市场上劳动 L 的价格为既定的工资 w，资本 K 的价格为既定利息率 r，厂商既定的成本支出为 C，则厂商的成本可以表示为

$$C = wL + rK \tag{4.19}$$

该式表示厂商可以使用不同组合的生产要素，但消耗的成本是相同的，因而又称为厂商的成

本方程。由成本方程可以得到：$L=-\frac{r}{w}K+\frac{C}{w}$，当所有的成本都用于购买资本时，劳动的购买量为零，资本的购买量为 $K=\frac{C}{r}=OA$；同理，当全部的成本用于购买劳动时，资本的购买量为零，劳动的购买量为 $L=\frac{C}{w}=OB$。由此可以得到等成本曲线 AB，如图 4-10 所示。

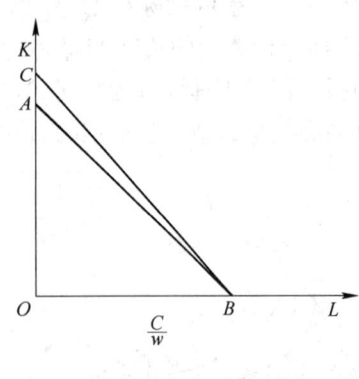

图 4-10 等成本曲线

对于等成本曲线，应重点掌握以下内容。

第一，等成本曲线是一条向右下方倾斜的直线。其中，等成本曲线的纵轴截距为 $\frac{C}{r}$，横轴截距为 $\frac{C}{w}$，等成本曲线斜率的绝对值为 $\frac{w}{r}$。

第二，对于等成本曲线 AB 以内的任何一点，均表示既定的全部总成本都用来购买该点所代表的资本和劳动的数量组合后还有剩余；而对于等成本曲线 AB 以外区域上的任何一点，表示既定的成本无法购买的资本和劳动的数量组合。因此，唯有等成本曲线 AB 上的任何一点，才表示用既定的全部成本能刚好购买的劳动和资本的组合。

第三，当厂商花费的成本总量发生变动，而要素价格固定不变的情况下，等成本曲线 AB 向右或左平行移动。

如果厂商花费的成本总量不发生任何变动，而要素价格变动，则等成本曲线 AB 会发生旋转。例如，在成本总量和劳动价格保持不变的条件下，资本价格下降，等成本曲线 AB 则以 B 点为中心，向右上方旋转至 BC，如图 4-10 所示。

4.5.2 生产要素的最优组合

在生产要素都可以变化的长期生产中，理性的厂商不仅考虑生产要素投入对产量的影响，即要素的边际生产率，而且更为关注投入的生产要素所耗费的成本。任何一个厂商都会选择最优的生产要素组合进行生产，以达到利润最大化的目的。

通过等产量线及等成本曲线的学习可以知道，厂商在寻求生产要素的最优组合的过程中，总是会面临不同的约束，即成本既定或者产量既定。在成本既定的情况下，厂商实现利润最大化的途径是产量最大化；同理，在产量既定条件下，厂商实现利润最大化的途径是实现成本耗费的最小化。因此，生产要素的最优组合就是厂商在使用要素成本既定情况下生产最大产量，或者在产量既定的情况下使用成本最小的生产要素组合，也称为厂商均衡。

1. 既定成本条件下产量最大化

理性的厂商总是试图在既定的成本下，生产尽可能多的产量。厂商的这一调整过程可以利用等产量线和等成本线的组合进行说明。

假设在某技术水平下，厂商用两种可变生产要素劳动 L 和资本 K 生产一种产品。劳动 L 的价格 w 和资本的价格 r 已知，且厂商用于购买这两种要素的总成本是固定的。那么厂商在成本固定的情况下，如何购买劳动与资本两种要素，才能实现劳动和资本的组合生产出最大的产量呢？等产量曲线与等成本曲线的结合对此问题进行了解答，如图 4-11 所示。

在图 4-11 中，等成本线反映了厂商所面临的成本约束及成本与各种投入要素之间的关系。在等成本曲线 AB 上各个点，厂商所耗费的成本是相同的，但是其所能带来的产量却是不同的，因为 4 条等产量线 Q_1、Q_2、Q_3、Q_4 分别代表了不同的产量水平。由图可见，等成本曲线 AB 与等产量线 Q_1、Q_2 分别交于 C、D 两点，与等产量线 Q_3 相切于 E 点，与等产量线 Q_4 没有相交或相切。这表明，在目前的技术水平下，在既定成本约束下厂商难以达到 Q_4 所代表的产量水平，而可以实现 Q_1、Q_2、Q_3 所代表的产量水平。

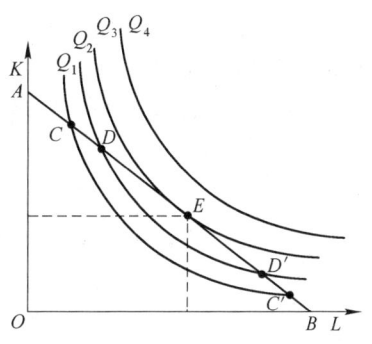

图 4-11 生产要素的最优组合：
既定成本下的产量最大化

对于理性的厂商而言，既然在 C、D、E、C'、D' 各点上生产所耗费的成本相同，因此在资本和劳动的哪个组合点进行生产就取决于该点所能带来的产量水平。因为在 C 和 C' 都等于 Q_1 所代表的产量水平，D 和 D' 都等于 Q_2 代表的产量水平，所以，当厂商在等成本曲线上不断调整生产要素的组合时，当要素组合点为等产量线与等成本曲线的切点时，如图 4-11 中 E 点所示，厂商实现了既定成本下产量的最大化的目标。当厂商选择了 E 点所代表的要素组合点后就不再对劳动和资本的组合比例进行调整，除非其所面对的技术水平有所变化，因此，E 点被称为厂商的生产要素最优组合点。

由于厂商的生产要素最优组合点恰好位于等产量线与等成本曲线的切点上，因此该点上的等产量线与等成本曲线的斜率相等。等产量线的斜率为要素的边际技术替代率 MRTS_{LK}，等成本曲线的斜率的绝对值为两要素的价格之比 $\dfrac{w}{r}$。因此，厂商生产要素的最优组合点就是 $\dfrac{w}{r} = \text{MRTS}_{LK}$ 的点。这是因为，假设厂商在 C 点生产，要素的边际技术替代率 MRTS_{LK} 大于两要素价格之比，假如 $\text{MRTS}_{LK} = \dfrac{5}{1}$，而 $\dfrac{w}{r} = \dfrac{1}{1}$，即 $\text{MRTS}_{LK} > \dfrac{w}{r}$。这表明，在生产过程中，厂商在维持既有产量水平不变的情况下，增加一个单位的劳动投入，就能减少 5 个单位的资本投入；同时，在要素市场上，厂商减少一个单位资本的购买就可以多买一个单位的劳动。结果厂商在既有成本条件下，如果维持既有的产量水平就可以节省 4 个单位资本的剩余。在这种情况下，厂商就有调整要素投入组合、提高产量水平的动力，因此增加劳动的投入量，减少资本的投入量。在不断用劳动替代资本的过程中，C 点就逐渐向 E 点靠近，最终在 E 点取得平衡。同样对 C' 点进行分析，得到了相同的结论，在要素投入组合调整的过程中，C' 点逐渐向 E 点靠近，最终在 E 点取得平衡。

因此，只要边际技术替代率与要素价格比不相等，厂商就可以在维持要素投入总成本不变的条件下，通过对要素组合的重新选择，使总产量得到增加。只有在两者相等的点上，生产者才实现生产的均衡。

同时，由于边际技术替代率可以表示成两种要素的边际产量之比，所以，$\text{MRTS}_{LK} = \dfrac{\text{MP}_L}{\text{MP}_K} = \dfrac{w}{r}$，对于这一结论也可以用拉格朗日条件极值求得。即 $wL + rK = C$ 为约束条件，生产函数为：$Q=f(L, K)$，因此生产要素的最佳组合问题就是在成本约束条件下求出最大产量的要素组合问题。

设 λ 为拉格朗日系数，则有拉格朗日方程：$N(L, K, \lambda)=f(L, K)+\lambda(C-wL-rK)$，当

$$\frac{\partial N}{\partial L}=\frac{\partial f}{\partial L}-\lambda w=0$$

$$\frac{\partial N}{\partial K}=\frac{\partial f}{\partial K}-\lambda r=0$$

$$\frac{\partial N}{\partial \lambda}=C-wL-rK=0$$

时，函数取得最大值。所以就有 $\frac{MP_L}{MP_K}=\frac{w}{r}$。进一步将公式变形可以得到类似于消费者均衡的条件，即 $\frac{MP_K}{r}=\frac{MP_L}{w}$。

这表示，当厂商花费在任何一种生产要素上的最后一单位货币所带来的边际产量都相等时，厂商实现了在既定成本下的最大产量，即生产者均衡。

2. 既定产量条件下的成本最小化

在有些时候，厂商的目标产量是既定的，如订单农业。这时候，厂商所使用的生产要素的最优组合就是使既定产量条件下耗费的成本最小的要素组合。

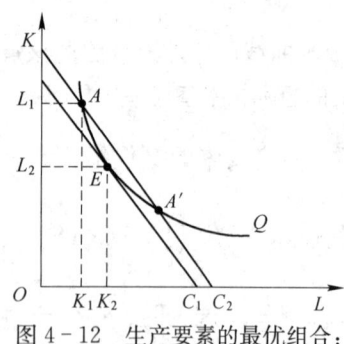

图 4-12 生产要素的最优组合：产量既定条件下的成本最小化

在图 4-12 中，既定产量为 Q，同时等产量曲线上任何一点都代表该厂商在现有技术水平上实现该产量的投入要素的组合。显然，不同点代表的要素投入水平是不一致的，因而厂商所花费的成本也是不一样的。但关键问题是哪一个点是理性厂商的均衡点，即成本最小的点呢？

图 4-12 中有一条产量曲线 Q 和两条等成本线 C_1 和 C_2，其中，两条等成本曲线的斜率相同，表明两种生产要素的价格是既定的，但实现相同产量厂商需要投入的成本是不同的。其中 C_2 所代表的成本大于 C_1。等产量曲线 Q 与 C_1 相切于 E 点，与 C_2 相交于 A 和 A' 两点，而切点 E 就是厂商在既定产量条件下的最优要素组合点，或者厂商的均衡点。这表明在既定产量 Q 下，理性的厂商应该选择 E 点所代表的组合进行生产，此时的生产成本最小，厂商实现利润最大化。

这是因为 A 点和 E 点代表的产量水平是相同的，但是 E 点所代表的成本却明显地小于 A 点所代表的成本，理性的厂商总会选择成本最小的点进行生产。因为 E 点是等产量曲线和等成本曲线的切点，所以两者在该点的斜率相同，即边际技术替代率等于两种要素的价格比。因此，产量既定条件下的最优生产要素所应满足的条件仍为：$MRTS_{LK}=\frac{MP_L}{MP_K}=\frac{w}{r}$。

假设厂商在 A 点开始生产，因为此时 A 点表示，等产量线斜率的绝对值大于等成本线斜率的绝对值，即在该点上的边际技术替代率大于两要素的价格之比。假如 $MRTS_{LK}=\frac{5}{1}$，

而 $\frac{w}{r}=\frac{1}{1}$，$\text{MRTS}_{LK} > \frac{w}{r}$。这表明在生产过程中，厂商在维持既有产量水平不变的情况下，增加一个单位的劳动投入，就能减少 5 个单位的资本投入；同时在要素市场上，厂商增加一个单位劳动的购买只需要减少一个单位的资本的购买。结果厂商在既有成本条件下，如果维持既有的产量水平就可以节省 4 个单位资本的剩余。在实现既定产量的情况下，如果用劳动替代资本就会有所剩余，因此，厂商将继续用劳动替代资本，那么生产点的要素组合投入将沿等产量曲线继续向下滑动，当滑动到 E 点时，厂商发现 $\frac{\text{MP}_L}{\text{MP}_K}=\frac{w}{r}$。即用劳动替代资本不会再带来资本的节约，厂商不再调整生产要素投入组合。同样对 A' 点进行分析，得到了相同的结论，在要素投入组合调整的过程中，A' 逐渐向 E 点靠近，最终在 E 点取得平衡。

3. 利润最大化条件下的最优生产要素组合

厂商追求既定成本下的产量最大化或者既定产量下的成本最小化，根本目的就是追求利润最大化。因此，厂商可以通过对生产要素投入组合的调整实现利润最大化。在完全竞争市场中，产品的价格和要素的价格都是既定的，厂商实现利润最大化的要素组合还可以通过数学方法直接求得。

假设完全竞争市场条件下，厂商的生产函数为 $Q=f(L,K)$，产品的价格为 p，投入要素劳动的价格为 w，资本的价格为 r，π 表示利润。则利润公式为 $\pi(L,K)=p \cdot f(L,K)-(wL+rK)$，其中，收益为 $p \cdot f(L,K)$，成本为 $(wL+rK)$，根据数学知识可知，当

$$\frac{\partial \pi}{\partial L}=p\frac{\partial f}{\partial L}-w=0$$

$$\frac{\partial \pi}{\partial K}=p\frac{\partial f}{\partial K}-r=0$$

时，利润取得极大值，即：$\frac{\text{MP}_L}{\text{MP}_K}=\frac{w}{r}$，进一步变形公式得到

$$\frac{\text{MP}_K}{r}=\frac{\text{MP}_L}{w} \tag{4.20}$$

上述分析说明，在完全竞争的市场条件下，厂商在追求利润最大化目标的驱动下，能够实现既定产量条件下的成本最小的投入要素组合，也能够在投入成本既定条件下，实现产量最大化的要素投入组合。也就是说，在完全竞争的市场条件下，厂商能够实现要素的最优配置。

4. 生产扩展曲线

关于生产要素最优投入组合的解释，说明了理性厂商在成本或产量约束下的经济行为，厂商会按照生产要素最优组合来组织生产要素的投入，以进行生产活动。在产量或成本发生变动的情况下，厂商为了实现利润最大化的目标，重新选择生产要素的组合，以实现既定产量下的成本最小化或者既定成本下的产量最大化。生产扩展曲线就是对产量或成本发生变化时，最优要素组合点变动的描述。

生产扩展曲线表示了厂商的扩展路径。扩展曲线是指因生产成本改变而导致等成本线平移，或者因改变产量而导致等产量线平移，由这类移动形成的生产均衡点的轨迹。需要明确的是，这种变动的前提条件是要素价格、企业的生产技术和其他条件不发生变动。在这种情

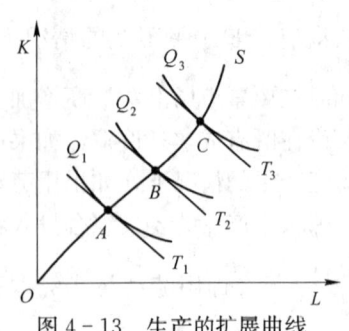

图 4-13 生产的扩展曲线

况下,企业的成本或产量发生变动,等成本线或等产量线就会平行移动,在等成本线或等产量线平行移动的过程中,就会有一系列的切点(生产均衡点)出现,这些切点(生产均衡点)的轨迹就是生产扩展曲线(expansion path),如图 4-13 所示。

图中 OS 就是一条生产扩展线。由于生产要素价格保持不变,企业的技术水平不变,又因为生产均衡的条件是两要素的边际技术替代率等于两要素的价格比例,所以在生产扩展曲线上的所有点的边际技术替代率都是相等的。同时生产扩展线表示,在生产要素价格、企业的技术水平和其他条件不变的条件下,厂商生产规模扩张或收缩时所遵循的路线。

在生产扩展曲线的坐标中,如果等产量线向右上方平行移动,那么这组等产量线上边际技术替代率相等的点的切线都是平行的。因此称连接等产量线与等成本线切线的切点和原点的连线为等斜线(isocline)。因此,等斜线是一组等产量曲线中两要素边际技术替代率相等的点的轨迹。

本 章 小 结

1. 本章在介绍了企业及相关企业理论的基础上,对企业的生产行为进行了一般性的概括,即将企业的生产活动抽象为一个函数表达式。通过对生产函数及其表达式的深入分析,得出一种可变要素生产投入最佳区间,总产量、平均产量及边际产量之间的关系。

2. 边际报酬递减规律:在技术水平不变的条件下,连续等量地把一种可变生产要素增加到其他生产要素数量不变的生产过程中,当这种生产要素的投入量小于某一特定值时,增加该要素投入所带来的边际产量是递增的,超过这个特定值时,所带来的边际产量是递减的。

3. 边际技术替代率递减规律:在维持产量水平不变的前提下,当一种生产要素的投入量不断增加时,每一单位的这种要素所能替代的另一种生产要素的数量是递减的。

4. 在一定条件下,企业追求利润最大化的最优要素组合条件为:$\dfrac{\mathrm{MP}_K}{r}=\dfrac{\mathrm{MP}_L}{w}$。

5. 在企业生产规模不断扩大的长期生产过程中,当所有要素同比例增加时,其产出可能表现为规模报酬不变、规模报酬递增和规模报酬递减。

知识拓展

从穷人经济到规模经济[①]

正确的发展政策有赖于正确的理论指导，而提出正确的问题是理论正确的必要前提。受美国新马尔萨斯学者布朗的误导，多年以来对于中国农业前途的讨论，过分集中于"谁来养活中国"，而忽略了另一个更重要的命题——"中国应该如何养活她的人口"。前者重在讨论中国是否有能力实现粮食自给及其对世界的含义，后者则应该是关于农业发展道路和生产方式问题的探讨。或者也可以说，正是由于长期以来以前一命题作为出发点，导致学术界甚至政策研究领域对后一命题的回答走向了歧途。

改革开放以来，中国农业总体上是沿着正确的路径发展的，解决了一系列重要的问题，包括解决了温饱问题和增产问题，推动了农业剩余劳动力的转移，实现了农民收入的提高。但是，由于不同的农业发展阶段有着不尽相同的目标和要求，一旦发展阶段发生了变化，即使在以往行之有效的路径上继续前行，也往往会遭遇诸多难以克服的障碍。例如，我们遭遇到的问题是，为了"养活"自己已经做到了不遗余力，付出昂贵代价却日感捉襟见肘。因此，另辟蹊径即寻求中国农业发展方式的转变，应该是符合逻辑的和必然的要求，并且具有十分的迫切性。

把农业发展划分为三个阶段：① 解决食品供给问题的阶段；② 解决农民收入问题的阶段；③ 解决农业生产方式问题的阶段。这三个阶段既是各国共同经历的，也是中国已经或者正在经历的。通过实证分析得知，当前中国农业面临的主要矛盾，越来越表现在农业效率或生产方式，而解决问题的关键在于扩大经营规模，以遏止资本报酬递减现象。

在改革开放期间，中国农业走过了不平凡的发展道路，分别经历了解决食品问题的阶段和解决农民收入问题的阶段；既有力支撑了同一时期的高速经济增长，也在国力增强后得到了来自工业和城市的慷慨反哺。随着中国经济跨越刘易斯转折点，资源禀赋发生了根本性的变化，农业中机器替代劳动力越来越普遍，资本劳动比显著提高。然而，由于狭小土地经营规模的制约，农业中也开始出现资本报酬递减现象，成为效率进一步提高从而赢得市场竞争力的障碍。补贴和保护终究无法替代生产方式的现代化，中国农业正面临着严峻而紧迫的挑战。

毋庸置疑，在激励机制和市场信号正确的前提下，遵循生产要素相对稀缺从而相对价格的变化，农民作为生产方式现代化的活跃且富于创造精神的经营主体，完全能够自行选择适当的技术结构和要素投入结构。然而，现行土地制度和户籍制度等仍然设置着诸多的体制性因素，妨碍土地经营规模的扩大，成为农业生产方式与工业化、信息化、城镇化同步实现现代化的障碍。因此，相关领域的制度变革和政策调整，不仅本身可以产生提高潜在增长率的改革红利，还为解决农业下一个发展阶段的任务解除制度束缚；或者说，旨在构建中国特色现代化农业生产方式的政策努力，本是应该成为供给侧结构性改革的逻辑组成部分。

舒尔茨（Schultz）在接受诺贝尔经济学奖时说："世界上大多数人是贫穷的，所以，如果我们读懂穷人的经济学，我们就可以知晓经济学最重要的部分。世界上穷人的大多数以农

[①] 蔡昉，王美艳. 从穷人经济到规模经济. 领导与决策信息，2017（5）.

业为生，所以，如果我们读懂农业的经济学，我们就可以更多地知晓穷人的经济学。"对于经济学家和政策制定者来说，这句话已被证明是至理名言。然而，一旦我们从现实中而不是书本上，着眼于未来而不仅仅是立足于当下，懂得了更多的关于穷人的（农业）经济学，无疑应该得出如下重要结论：扩大经营规模和构建现代化生产方式，是使中国农业获得市场竞争力，从而自立于产业之林的必由之路。

像经济学家一样思考

技术改变了生产函数

让我们回到开篇案例，是什么原因使我们的城市基础设施建设方式发生了如此大的变化？

经济学家的分析：

实际上，类似的变化不仅仅发生在建筑工地上。近20年来，每个人的周围都发生了翻天覆地的变化。如邮寄信件，21世纪以前，几乎所有信件都通过邮政系统寄送，这个过程需要2~5天；现在，很多信件可以通过网络发送，而且发送与收到的时间几乎是同时。这一巨大变化毫无疑问是由技术引起的。

技术创新是经济增长的根本动力。

翻开世界经济的发展史，可以清楚地看到，世界各国的经济发展总是不平衡的，从横截面看，总是有快有慢，似乎有一个经济发展的中心；而从发展过程看，这个发展中心又总是随着世界科技中心的转移而转移的。考察单个国家的经济发展史，也可以看出：一个国家经济发展总是随着科学技术的发展而发展的。没有一个国家在科学技术上很先进，而经济上却很落后，也没有一个国家科学技术很落后而经济上却能很发达。为什么第二次世界大战后日本能从战争的废墟中迅速崛起而成为举世瞩目的经济大国呢？德国经济学家弗里德里希·李斯特指出："一个国家可能很穷，但若它具有财富的生产力，它的日子就将越过越富；财富的生产力比之财富本身不晓得要重要多少倍。"可以说，战争虽然耗尽了日本的财富，但并没有损耗其庞大、优质的科技队伍，加之战后大规模的技术引进和经济制度的改革，特别是大规模地推动技术创新，从而使日本得以迅速地崛起。

邓小平同志讲，改革的根本目的在于解放生产力。在我们看来，解放生产力就是要通过对生产要素组合形式与比例的创新，以突破资源有限性的约束，提高生产效率，创造尽可能多的财富。这与美国经济学家熊彼特在1912年出版的《经济发展理论》一书中提出的观点是一致的，即技术创新是"生产要素的重新组合"。实际上就是技术进步使原有的生产函数发生了变化，使短期内不可改变的要素发生了变化，形成了新的组合，生产出更多的新产品，而不是原有产品生产规模的简单扩大。

1798年，英国牧师、政治经济学教授托马斯·马尔萨斯曾预言，世界人口的增速将会超过世界粮食的增产，因为全球土地面积是固定的，根据边际收益递减规律，单位劳动力的粮食产量会递减。这就可能引起全球的粮荒，进而引起战争和疾病的流行。然而今天，世界人口比当时几乎增加7倍，但人们的粮食比以前更丰足，生活更美好。我们并没有看到劳动力的边际产量出现递减。为什么？

在分析基本的生产函数模型时，技术水平不变是一个基本的假设，正是因为如此，才使得托马斯·马尔萨斯得出了人口比经济承受能力膨胀更快的结论，并进而预测人们的生活水平将下降。经济学也因此而成为"令人沮丧的科学"的别号。但是,社会、经济发展的现实是技术水平发生了翻天覆地的变化。如马克思曾经讲到"资产阶级在不到一百年的时间里,创造了比过去一切时代都要多得多的生产力",这就是生产力的作用。世界的生活水平不但没有下降,反而得到了大幅度的提高。2019年之所以比1999年拥有令人惊异的进步,在很大程度上仍然要归功于技术进步。我们不只是生产了比1999年更多的产品,而且是生产了1999年人们根本就无法想象的商品。如,并没有生产更多的马车和马掌,而是生产了更多的飞机、火车、运动鞋和轮胎。所以经济增长过程的关键因素是技术进步,即考虑用新的方法生产已有产品,或者用新的方法和工艺生产全新的产品。

练习及思考

1. 填空题

(1) 总产量曲线、平均产量曲线和边际产量曲线都呈现出先_____,达到_____以后,再出_____的趋势。其中,_____最先达到最大值,而后开始下降并与劳动的平均产量的_____相交。

(2) 边际产量的变化随着可变要素投入的增加一般经历两个阶段,即_____和_____两个阶段。

(3) 按照生产过程中使用的生产要素的搭配情况,可将生产函数分为_____和_____两种类型。

2. 判断题(正确的在括号内打√,不正确的打 ×)

(1) (　　) 在一种可变投入生产函数中,可变要素合理投入区域应在AP>MP>0的阶段。

(2) (　　) 在一种可变投入生产函数中,可变要素合理投入区域应在MP>AP的第Ⅰ阶段。

(3) (　　) 生产理论中的短期是指未能调整全部生产要素的时期。

(4) (　　) AP曲线与MP曲线交于MP曲线的最高点。

(5) (　　) 能提供相同效用的不同商品数量组合的点的连线即为等产量曲线。

(6) (　　) 等产量曲线表示的是用同样数量劳动和资本生产不同的产量。

(7) (　　) 当劳动的边际产量小于其平均产量时,平均产量肯定是下降的。

(8) (　　) 边际产量递减,平均产量也递减。

(9) (　　) 在生产的第Ⅱ阶段,AP是递减的。

3. 选择题

(1) 理性的生产者选择的生产区域应是 (　　)。

A. MP>AP 阶段

B. MP 下降阶段

C. AP>MP>0 阶段

D. MP 与 AP 相交之点起至 MP 与横轴交点止

(2) 下列说法中正确的是 (　　)。

A. 只要总产量减少,边际产量一定为负

B. 只要MP减少,总产量一定减少

C. MP 曲线必定交于 AP 曲线的最高点
D. 只要 MP 减少，AP 也一定减少

(3) 最优生产要素组合点上应该有（　　）。
A. 等产量曲线和等成本曲线相切
B. $MRTS_{LK}=w/r$
C. $dK/dL=w/r$
D. $MP_L/MP_K=w/r$

(4) 等产量曲线上任意两点的产量肯定是（　　）。
A. 相等
B. 不等
C. 无关
D. 以上情况都存在

(5) 若横轴代表劳动，纵轴表示资本，且劳动的价格为 w，资本的价格为 r，则等成本线的斜率为（　　）。
A. w/r
B. r/w
C. $-w/r$
D. $-r/w$

(6) 当其他生产要素不变，而一种生产要素连续增加时（　　）。
A. TP 会一直增加
B. TP 会一直减少
C. TP 先增加后减少
D. MP 会有一最大值

(7) 一企业采用最低成本进行生产，若资本的边际产量为 5，单位资本的价格为 20 元，单位劳动的价格为 8 元，劳动的边际产量为（　　）。
A. 1
B. 2
C. 3
D. 4

(8) 当生产函数 $Q=f(L,K)$ 的平均产量为正且递减时，边际产量可以是（　　）。
A. 递减且为正
B. 递减且为负
C. 为零
D. 上述任何一种情况

(9) 关于等产量曲线，下列说法中正确的是（　　）。
A. 同一条等产量曲线代表相同的产量
B. 离原点越近的等产量曲线代表的产量水平越低
C. 同一平面坐标上的任意两条等产量曲线不会相交
D. 等产量曲线凸向原点

4. 计算题

(1) 已知某厂商生产函数 $Q=\dfrac{1}{2}L^{\frac{2}{3}}K^{\frac{1}{3}}$，劳动价格 $w=50$ 元，资本价格 $r=25$ 元，求当 $C=8\,000$ 元时，该厂商生产最大产量的 L 与 K 最佳购买量是多少？

(2) 设某企业生产函数为 $Q=L^{\frac{2}{3}}K^{\frac{1}{3}}$，且已知 L 的价格 $w=2$ 元，K 的价格 $r=1$ 元，当产量为 100 个单位时，K、L 最优组合的量应为多少？

(3) 已知某生产函数为 $Q=KL-0.5L^2-0.3K^2$，Q 表示产量，K 表示资本，L 表示劳动。当资本 $K=10$ 时，求：
① 劳动的平均产量函数和边际产量函数；
② 分别计算当总产量、平均产量和边际产量达到极大值时厂商雇佣的劳动量。

5. 简答与论述题

(1) 在一种可变投入生产函数条件下，厂商应如何确定可变要素的合理投入区域？

(2) 结合图形说明厂商在既定成本条件下实现最大产量的最优要素组合原则。

(3) 分析在一种可变投入生产函数下 TP、AP、MP 曲线之间的关系，依此分析说明在短期内企业对劳动要素的使用量并非越少越好。

(4) 运用图形分析厂商在两种可变投入生产函数下，如何实现资本与劳动要素的最佳组合？

6. 资料题

工业革命将生产活动从分散的乡村集中到城市的大工厂中。然而，由于通信技术和电子技术的发展，这种集中的工作方式又面临着挑战。信息获取、分析和传播的分散化正在加速这一变化，如在 homeoffice 工作的人们，现在并不是指在公司总部，而是指在各自的家中工作的人们。在美国估计有 800 万～1 000 万人在家里通过网络进行工作。另外，还有一些人可以通过无线上网技术在户外空间、车上等场所完成工作。例如，在安永国际会计公司工作的会计们，绝大部分时间都在这"虚拟"的办公室里工作。当职工们需要回公司总部时，他们需要提前几个小时预订一个办公室。技术的发展不仅仅使白领工人的工作方式发生了变化，实体的生产车间也发生了一系列的变化，出现了虚拟企业等实体。

请以上述材料为基础，搜集有关虚拟企业的资料，分析技术变化对企业的影响及虚拟企业的特点。

第5章

成 本 论

【知识结构图】

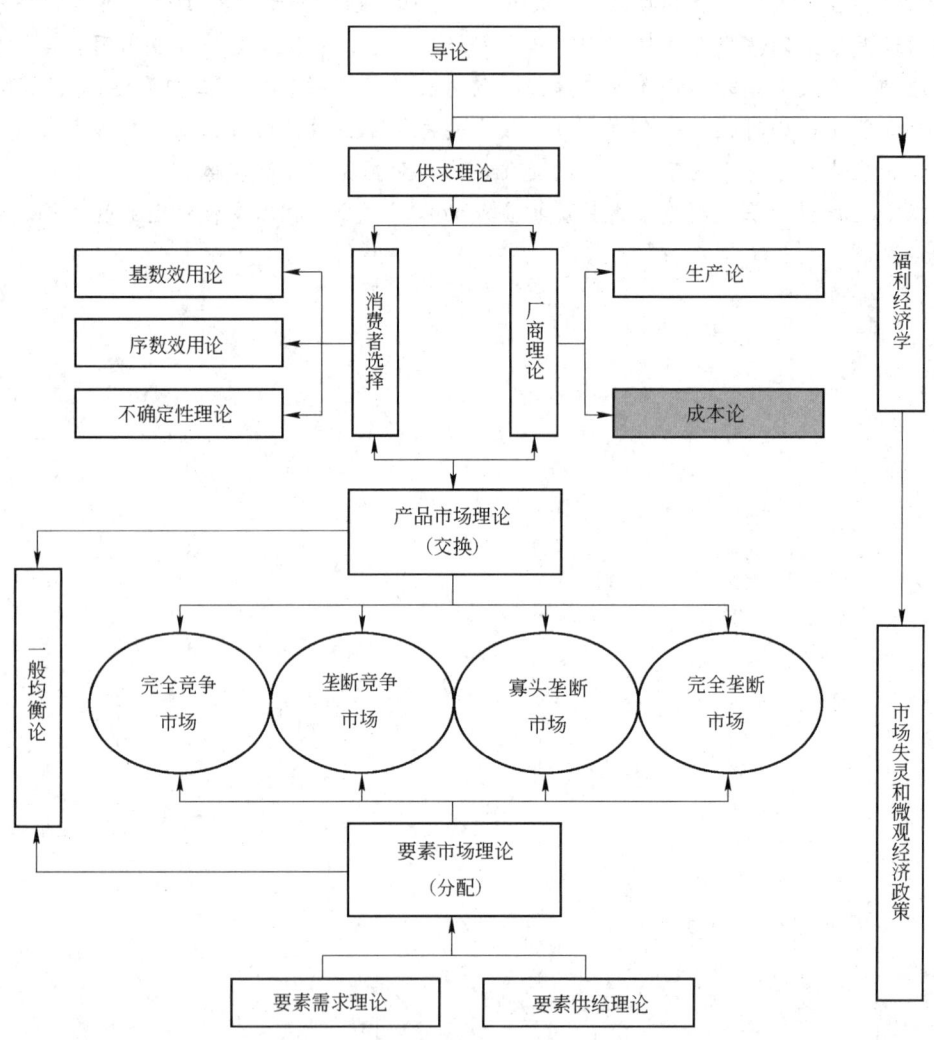

【导入案例】

上大学的成本

教育支出在目前许多中国家庭支出中占据很大的一部分，供养着大学生的家长和在大学就读的学子们对此更是深有体会。中国人口与发展研究中心李沛霖的报告"中国儿童抚养直接经济成本影响因素分析"指出，0～5岁的孩子每年平均大概需要1万元，学龄时段孩子教育费用的相关支出约9万元，0～16岁孩子的抚养总成本将达到25万元左右。如估算到子女上高等院校的家庭支出，则高达48万元。而这个数字还未将亲朋好友、社会资助及学校免费等5万～6万元统计在内。在这48万元抚养孩子的总经济成本中，教育成本仅低于饮食营养费，占抚养子女费用的比重为21%。但是自子女读高中起，教育费用在子女总支出中的比重超过饮食费用，这一比重在高中阶段为34%，大学阶段则为41%。

那么，上一年大学的成本应该是多少呢？我们也可以自己算一笔流水账：交学杂费5 000元，伙食费4 000元，衣着花费1 000元，交通和通信支出1 000元，社交活动花费1 000元，购买学习用品花费500元，共计12 500元。

我们要思考的问题是，这种计算流水账的方法正确吗？全面吗？通过本章的学习，你可以运用经济学原理，重新审视和正确回答这个问题。

从第4章知道，厂商经营的目标是利润最大化，而厂商的收益减去成本就是厂商的利润。因此，换一个角度说，在厂商收益确定的情况下，厂商的经营目标就是成本最小化。本章的目的是分析厂商的生产成本，包括给出并解释各种成本概念，分析这些成本随产量变化而变化的规律，以及不同成本之间的相互关系、成本曲线和产量曲线之间的相互关系。在本章的讨论中，仍然假定生产要素的价格是给定的。

5.1 成本的概念

成本是经济学中一个重要概念。从不同的角度审视，成本的含义是不同的。正如我们从导入案例中体会到的，从计算流水账的角度来看，成本是企业对所购买的生产要素支付的费用。从经济学的角度看，因为我们所赖以生存的经济资源是稀缺的，所以，把它用于一种产品的生产，也就意味着放弃了把它用于其他用途的可能性，那么，放弃使用相同的生产要素在其他用途可能获得的最高收入就构成了厂商的成本，这个成本称为机会成本。容易理解，机会成本不是厂商的实际支出，而是一种观念上的损失。另外，在生产的短期和长期，构成厂商成本的要素变动规律也是不同的。在本节，先来给出并解释各种成本的概念。

5.1.1 机会成本与会计成本

会计成本：生产一单位的某种商品的会计成本（accounting cost）是指生产者为生产该

种商品所实际支付的费用。

显然,会计成本是用记流水账的方法核算的厂商生产商品的实际花费,它不反映厂商为生产这种商品而放弃的生产其他商品的"代价"。这个"代价"是机会成本所反映的。

机会成本:生产一单位的某商品的机会成本(opportunity cost)是指生产者为了得到它而放弃的把这些生产要素用于生产其他商品所能获得的最高收入。

一般来说,厂商生产经营活动中核算的成本是会计成本。例如,一家农户有5公顷耕地,他可以用来种植小麦,也可以用来栽培果树。如果种植小麦,为购买种子、化肥、农药、耕种机械、灌溉等支出为3 000元,那么,这3 000元就是这家农户生产小麦的会计成本。经济学研究的是如何对稀缺的资源进行合理配置的问题,如果这家农户选择种植小麦,也就意味着他放弃了在这块土地上栽培果树。如果栽培果树,销售生产的水果可以收入10 000元,那么,这10 000元就是这家农户生产小麦的机会成本。因此,从定义来看,会计成本往往低于机会成本,而经济学强调的是机会成本。

【实例链接】 生态补偿与机会成本[①]

云南昭通大山包黑颈鹤自然保护区位于云南省昭通市昭阳区大山包镇,主要是以亚高山沼泽化草甸为主的湿地生态系统。大山包镇经济落后,镇民们以土豆、燕麦、荞类作物为主要的农作物,加以放养牲畜为主要经济来源,无其他产业支持,但频繁的自然灾害使得当地粮食产量极其不稳定,属于贫困地区。在国家林草局和云南省林业厅大力支持下,云南昭通成立大山包湿地生态保护管理工作领导小组,制定了《大山包自然保护区生态补偿方案》,于2014年和2016年制定了两期湿地生态效益补偿项目。对于大山包镇镇民来说,选择对湿地环境进行保护意味着要放弃来源于销售农作物与放养畜牧获得的收入,那么,牺牲掉的销售农作物与放养畜牧获得的收入就是保护湿地环境的机会成本。

5.1.2 显成本和隐成本

按照厂商投入生产过程的生产要素来源不同,厂商的生产成本可以分为显成本和隐成本两部分。

显成本(或称显性成本,explicit cost)是指厂商在要素市场上购买或租用所需生产要素的实际支出;隐成本(或称隐性成本,implicit cost)是指厂商自己所拥有的且被用于生产过程、没有计入显成本的生产要素的总价格。

可以看出,显成本就是会计成本。例如,某钢铁厂雇用了一些工人,购置了炼钢设备,从银行申请了一笔流动资金贷款,厂商要向工人支付工资,向供货商支付货款,向银行支付利息,这些支出就构成该厂商的显成本,同时这些支出在企业的财务记录上也会有精确的记载,形成企业的会计成本。隐成本则是厂商自己投入的生产要素的价格,如某人用自己家的房子开一家餐馆,用自己的积蓄购置橱具、餐桌椅,亲自掌勺。但在核算成本时这些并不核算,他不需要给自己支付房租、利息,也不需要给自己开工资,这些生产要素投入就是他的隐成本。

---

① 朱晓琳,张沙银婷.浅析生态补偿中的机会成本法律问题:以昭通大山包自然保护区为例.法制与经济,2019(6).

需要指出的是，既然在经济学中考虑的成本是机会成本，因此，不管是显成本还是隐成本，都必须等于把这些生产要素用于其他用途所生产的产品或服务所能获得的最高收入，这样才能保证企业的生产决策实现了利润最大化；否则，企业就会放弃这项生产活动而把它们用于其他用途。例如，某人自己亲自管理开办的公司，他的劳动投入是隐成本，如果他能花5万元雇一个经理帮助打理公司，自己去找一个年薪为10万元的工作，那他肯定不会选择自己打理公司。因此，显成本和隐成本之和构成总成本，即机会成本。

5.1.3 利润

按照上面对显成本和隐成本的划分，利润分为经济利润和正常利润。

经济利润又称超额利润，是企业的总收益减去总成本后的差额。把经济利润又称为超额利润，是因为计算的总成本是机会成本，也就是核算了生产者自己投入的隐成本，这样，厂商得到的利润就是额外的利润了。

企业的正常利润是厂商对自己所提供的企业家才能的报酬的支付。企业家才能是管理和经营企业的能力，所以，正常利润是隐成本的一部分。因此，本质上讲，正常利润不是厂商的利润，而是成本。当厂商的经济利润为零时，它也不是一无所获，它仍得到了全部正常利润，也就是说，它自己投入的生产要素得到了补偿。

5.2 短期成本曲线

5.2.1 从短期总产量到短期总成本

分析厂商成本时用的是成本函数。成本函数（cost function）描述的是厂商的生产成本随产量变化而变化的关系，表达式为

$$C=C(Q) \tag{5.1}$$

可见，成本函数是生产函数的"反函数"。

按照生产的短期和长期的划分，成本函数又分为短期成本函数和长期成本函数。本节着重分析各类短期成本的变动规律及它们之间的相互关系，5.3 节分析短期成本函数和生产函数之间的关系，5.4 节分析长期成本函数。

从第 4 章知道，当只考虑两种生产要素 L、K 时，厂商的生产函数为 $Q=f(L, K)$。在生产的短期，至少有一种生产要素是固定不变的，例如，假定资本 $K=\overline{K}$ 固定不变，则生产函数简化为一元函数 $Q=f(L, \overline{K})$。这个函数的经济解释就是，当资本投入量 $K=\overline{K}$ 固定不变时，对应于劳动投入数量 L 的产量为 Q；反过来解释，就是当资本投入量 $K=\overline{K}$ 固定不变时，对应于产量 Q 的劳动投入数量为 L。

因此，短期总成本函数（short-run cost function）是只有一种生产要素（以劳动为例）可以改变时的产量与成本之间的关系，表达式为

$$STC(Q)=w \cdot L(Q)+r \cdot K=\Phi(Q)+b \tag{5.2}$$

式中：w 和 r 分别为劳动 L 和资本 K 的价格。$\Phi(Q)=w \cdot L(Q)$ 为可变成本，$b=r \cdot K$ 为

不变成本（或固定成本）。不变成本 $r \cdot K$ 表示短期内厂商的生产规模，因为在短期内不能调整的往往是厂房、设备等资本要素，而这些要素则表示企业可能达到的生产规模。短期总成本曲线如图 5-1 所示。

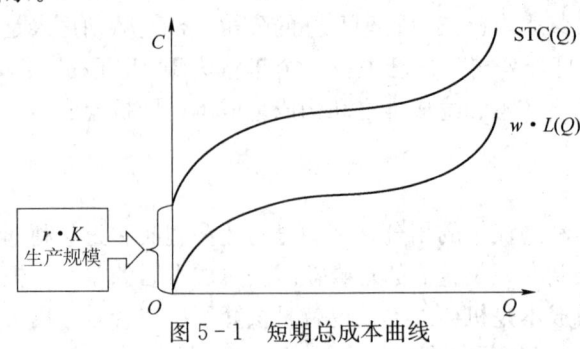

图 5-1 短期总成本曲线

在图 5-1 中，表示厂商生产规模的不变成本是短期总成本曲线在纵轴上的截距。

5.2.2 各种短期成本曲线

在厂商生产的短期，厂商投入的生产要素分为不变生产要素和可变生产要素，厂商的短期生产成本有以下 7 种。

1. 总不变成本

总不变成本（total fixed cost）指在生产的短期内，厂商对不变生产要素所支付的总成本，记作 TFC。

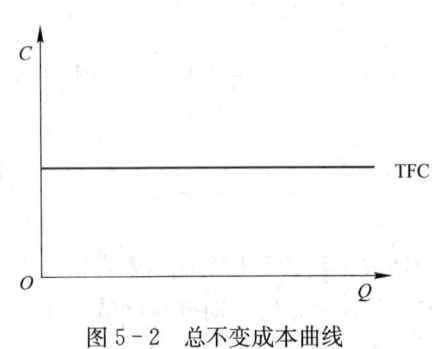

图 5-2 总不变成本曲线

厂商的不变要素投入不随产量变化而变化，因此，总不变成本曲线是一条平行于横轴的直线。它说明无论厂商是停产还是以最大产量生产，都要支付相同数量的不变成本，即在短期内无论产量如何变化，TFC 总是固定不变的，如图 5-2 所示。一般来说，企业的建筑物和设备折旧费、房租、广告支出等是不变成本，它们不随产量变化而变化，即使不生产，总不变成本仍然存在。

和不变成本相关的一个概念是沉没成本，沉没成本是指厂商即使不再进行生产也不能收回的成本。例如，企业的广告支出、办公室装修支出等都属于沉没成本。

2. 总可变成本

总可变成本（total variable cost）指在生产的短期内，厂商为生产一定数量的某种商品对可变生产要素所支付的成本，记作 TVC。

总可变成本是随产量的变动而变动的费用支出，表达式为

$$TVC = TVC(Q) \tag{5.3}$$

总可变成本曲线是由原点出发向右上方倾斜的曲线，它表示随着产量的增加，可变要素的投入也在逐渐增加，如图 5-3 所示。一般来说，企业的人员工资、原材料费和燃

料动力费属于可变成本，因为这些支出随产量的变化而变化，不生产时不需要投入，产量越大投入越多。

3. 总成本

即短期总成本（short-run total cost），指厂商为生产一定数量的产品对所有生产要素所支付的成本，记作 TC。显然，总成本是总不变成本和总可变成本之和，即 TC＝TFC＋TVC。总成本在总可变成本之上，两条曲线的垂直距离是不变成本，在每一产量水平的斜率相等，如图 5-3 所示。

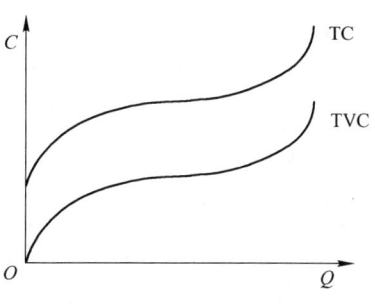

图 5-3　总成本和总可变成本曲线

例 5-1　设某厂商的总成本函数 $TC=3Q^3-10Q^2+15Q+18$，求总不变成本 TFC 和总可变成本 TVC。

解　根据定义，总不变成本 TFC 是不随产量变化而变化的支出费用，因此，总不变成本 TFC＝18，总可变成本 $TVC=3Q^3-10Q^2+15Q$。

4. 平均不变成本

平均不变成本（average fixed cost）指在生产的短期内，厂商每生产一单位产品所消耗的不变成本，记作 AFC。表达式为

$$AFC(Q)=\frac{TFC}{Q} \tag{5.4}$$

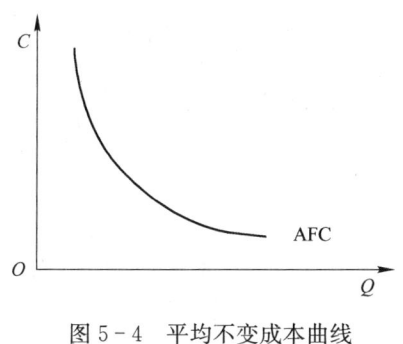

图 5-4　平均不变成本曲线

很显然，平均不变成本 AFC 向右下方倾斜，随着产量的增加，AFC 越来越小，如图 5-4 所示。例如，某企业投资 100 亿元建了一条汽车装配线，使用期 10 年，每年折旧 10 亿元。如果每年装配 5 万辆，则平均每辆车的折旧费是 20 000 元，如果每年装配 50 万辆，则平均每辆车所分摊固定资产的折旧费则下降到 2 000 元。

例 5-2　求例 5-1 中总成本函数的平均不变成本 AFC。

解　由于总不变成本 TFC＝18，平均不变成本 $AFC(Q)=\frac{TFC}{Q}$，所以，$AFC=\frac{TFC}{Q}=\frac{18}{Q}$。

5. 平均可变成本

平均可变成本（average variable cost）是指在生产的短期内，厂商每生产一单位产品所消耗的可变成本，记作 AVC。表达式为

$$AVC(Q)=\frac{TVC(Q)}{Q} \tag{5.5}$$

平均可变成本 AVC 呈现 U 状，它说明随着产量的增加，厂商每生产一单位产品所消耗的可变成本先递减，达到最低点后再递增，如图 5-5 所示。为什么平均可变成本，包括下

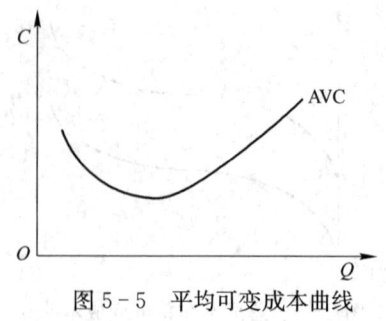

图 5-5 平均可变成本曲线

面的平均成本 AC 和边际成本 MC 呈 U 形，将在下一节解释。

例 5-3 求例 5-1 中总成本函数的平均可变成本 AVC。

解 由于总可变成本 $TVC=3Q^3-10Q^2+15Q$，平均可变成本 $AVC(Q)=\dfrac{TVC(Q)}{Q}$，所以，

$$AVC=\dfrac{3Q^3-10Q^2+15Q}{Q}=3Q^2-10Q+15。$$

6. 平均成本

平均成本 AC（average cost）是指在生产的短期内，厂商每生产一单位产品所消耗的总成本，记作 AC。平均成本是分摊到每单位产品上的总成本，因此也叫分摊成本。表达式为

$$AC(Q)=\dfrac{TC(Q)}{Q} \tag{5.6}$$

很显然，平均成本是平均不变成本与平均可变成本之和，即 $AC=AFC+AVC$。平均成本 AC 也呈先降后升的 U 形，随着产量的增加先递减，达到最低点后再递增，如图 5-6 所示。

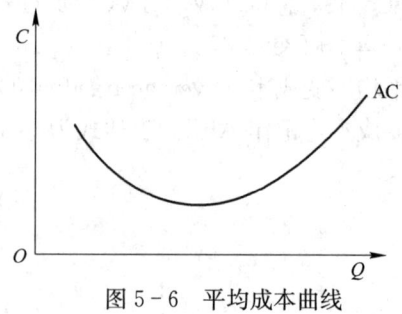

图 5-6 平均成本曲线

例 5-4 求例 5-1 中总成本函数的平均成本 AC。

解 由于总成本函数 $TC=3Q^3-10Q^2+15Q+18$，平均成本函数 $AC(Q)=\dfrac{TC(Q)}{Q}$，所以，$AC=\dfrac{3Q^3-10Q^2+15Q+18}{Q}=3Q^2-10Q+15+\dfrac{18}{Q}$。

或者由于 $AC=AFC+AVC$，$AVC=3Q^2-10Q+15$，$AFC=\dfrac{18}{Q}$，所以，$AC=3Q^2-10Q+15+\dfrac{18}{Q}$。

7. 边际成本

边际成本（marginal cost）是指厂商每增加一单位产品的生产所增加的总成本，记作 MC。表达式为

$$MC(Q)=\dfrac{\Delta TC(Q)}{\Delta Q} \tag{5.7}$$

在式 (5.7) 中，$\Delta TC(Q)$ 是总成本的改变量，ΔQ 是总产量的改变量。当产量的改变量很小时，有

$$MC(Q)=\lim_{\Delta Q \to 0}\dfrac{\Delta TC(Q)}{\Delta Q}=\dfrac{d\,TC(Q)}{dQ} \tag{5.8}$$

即边际成本函数是总成本函数的导数。边际成本 MC 的形状也呈 U 形，随着产量的增

加先递减,达到最低点后递增,如图 5-7 所示。

例 5-5 求例 5-1 中总成本函数的边际成本 MC。

解 由于总成本函数 $TC=3Q^3-10Q^2+15Q+18$,边际成本 $MC=\dfrac{d\,TC(Q)}{dQ}$,所以,$MC=9Q^2-20Q+15$。

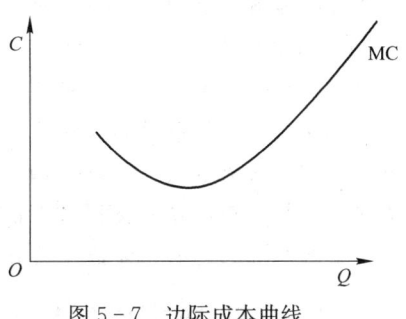

图 5-7 边际成本曲线

边际成本也是成本理论中一个重要概念。例如,某企业花费数十亿元研制了一种新药,这数十亿元就成了这家企业的沉没成本,那么,生产一片药的边际成本微乎其微,可以说就是这片药的材料费用。再如,一架有空座的客机再增加一位旅客的边际成本微乎其微,因为航空公司只需要额外给这名旅客提供一份快餐、一杯饮料,不需要为这名旅客再额外增添任何设施和服务人员。但是,也不是说边际成本都是微乎其微的,例如,如果一架客机已经满员,那么,再增加一位旅客就要更换更大型的客机,增加机组人员,增加这名旅客的边际成本就很大了。

对于更多的成本概念和更深入理解,读者可以在"基础会计学"等课程中学习。

【实例链接】 节节高升的"洋奶粉":不以成本定价[①]

自 2011 年以来,洋品牌奶粉一直轮番提价,进口奶粉的平均涨价幅度已经超过 60%,尤其在春节期间,美素、雅培、惠氏、美赞臣先后直接提价或者通过更换包装的方式提价。为什么会出现这种情况?目前的高价奶粉是否是由高成本决定的呢?

1. 形成"洋奶粉"畸形市场

"洋奶粉"在中国形成了一个不以成本定售价的畸形市场,价格远远高于国外相同品牌的售价。随着越来越多的外资品牌奶粉进入中国市场,惠氏、雅培、美赞臣等这些大家耳熟能详的洋品牌已经成为中国许多婴幼儿家庭的首选,占据了中国市场大半的销售份额。

奶业专家王丁棉分析认为,中国母乳化率偏低,使婴幼儿奶粉市场存在极大的需求潜力;厂家生产资格和品牌入市审核标准不够完善,低门槛导致大量进口品牌涌进中国市场;另外,三聚氰胺事件打击了消费者对国产奶粉的信任,从而为"洋奶粉"提供了一个进入中国市场的大好时机。

2. "心理价格"导致利润偏高

中国人民大学农业与农村发展学院教授孔祥智直言:"'洋奶粉'抓住了消费者对中国本土奶粉不信任的心理,借助市场地位的强势制定高价,与其说是市场价格,不如说是心理价格。"不少"洋奶粉"的生产商在中国还摸索出"高调促销,悄然提价"的销售策略。

"洋奶粉"产品本身并没有想象中的高成本,只是依靠人们心中对进口产品的疯狂追求树立了"洋奶粉"高高在上的品牌形象,自发地抬高了产品的价格。加之全国、省、市、县四级代理的传统销售模式导致成本层层累积,渠道费用远高于世界其他国家的水平,更进一步提升了"洋奶粉"的价格,为生产商获取更大的利润空间提供了可能。但一味地抬高价格

[①] 佚名.“节节高升”的洋奶粉:不以成本定价,五年涨 6 成.新华网,2014-01-04.

无疑会引起消费者的反感,长此以往将会难以维系。

3. 政府出手,加强监管

不少人士希望政府政策的实施能对抑制"洋奶粉"价格产生积极影响。有业内人士认为,现在对洋奶粉质量的监管呼吁的比较多,对洋奶粉价格的监管应加大力度,价格监管也应改变"多头治水"、互不通气的局面。也有专家表示,现在中国市场上的"洋奶粉"价格至少一半与生产成本无关,只有挤掉这些价格泡沫,让"洋奶粉"的价格回复到国际正常水平,中国本土品牌奶粉才能获得正常的生存空间。

5.2.3 短期成本曲线综合图

把上面给出的 7 条短期成本曲线置于同一图中,以便分析它们之间的相互关系。表 5-1 是各种短期成本相关数据表,将这些数据画在图上得到的各种成本曲线如图 5-8 所示。

表 5-1 短期成本表

产量 Q	总 成 本			平 均 成 本			边际成本
	总不变成本 TFC	总可变成本 TVC	总成本 TC	平均不变成本 AFC	平均可变成本 AVC	平均成本 AC	边际成本 MC
0	1 200	0	1 200				
1	1 200	600	1 800	1 200.0	600.0	1 800.0	600
2	1 200	800	2 000	600.0	400.0	1 000.0	200
3	1 200	900	2 100	400.0	300.0	700.0	100
4	1 200	1 050	2 250	300.0	262.5	562.5	150
5	1 200	1 400	2 600	240.0	280.0	520.0	350
6	1 200	2 100	3 300	200.0	350.0	550.0	700

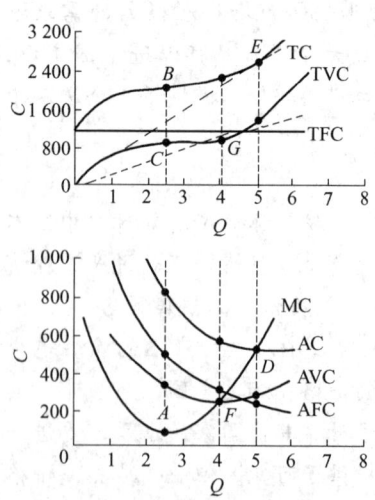

图 5-8 各种成本曲线综合

从图 5-8 可以看出,这 7 条成本曲线除了各自的形状外,它们之间还存在进一步的内在联系。下面,首先总结这 7 条成本曲线的形状和它们之间的内在联系,然后再进行分析。

① 在每一产量水平,总成本曲线 TC 和总可变成本曲线 TVC 斜率相等,这两条曲线之间的垂直距离是总不变成本 TFC,总不变成本 TFC 表示短期内厂商的生产规模。

② 总成本曲线 TC 和总可变成本曲线 TVC 都随着产量的增加而递增,而且在同一产量水平上各自存在一个拐点 B 和 C,在拐点以前,它们上升的速度(也就是它们的斜率)递减;在拐点以后,它们上升的速度递增。

③ 平均可变成本曲线 AVC、平均成本曲线 AC 和边际成本曲线 MC 都呈先下降后上升的 U 形,而且 MC 和 AVC 相交于 AVC 的最低点 F,MC 和 AC 相交于 AC 的

最低点 D，且点 F 在点 D 之前达到。

④ 边际成本曲线 MC 的最低点 A 恰好对应于总成本曲线 TC 的拐点 B 和总可变成本曲线 TVC 的拐点 C。

⑤ 从原点出发的总可变成本曲线 TVC 的切线的切点和平均可变成本曲线 AVC 的最低点出现在同一产量水平；从原点出发的总成本曲线 TC 的切线的切点也和平均成本曲线 AC 的最低点出现在同一产量水平。

5.2.4 短期成本变动规律的解释

在上面所讲的 7 条成本曲线的形状中，总不变成本曲线和平均不变成本曲线的形状容易理解，而其余的 5 条曲线的形状及这些成本曲线之间的相互关系，主要是由边际成本曲线的形状决定的，所以下面从解释边际成本曲线的形状入手来解释各种成本曲线的关系及它们之间的内在联系，而边际成本曲线的形状本质上则是由边际报酬递减规律决定的。

边际报酬递减规律是在第 4 章介绍的决定生产曲线变动的一个基本规律，它同时也是决定成本曲线变动的基本规律。根据短期边际产量和边际成本的对应关系，容易理解在短期生产中，增加单位成本所带来的产量的增加量和增加单位产量所带来的成本的增加量互为倒数，也就是说，边际产量和边际成本互为倒数（这一点也可以从 5.3.1 节的推导中看出），因此，边际产量的递增阶段对应边际成本的递减阶段，边际产量的递减阶段对应边际成本的递增阶段，边际产量的最大值对应边际成本的最小值，由此得到几个结论。

① 由于在边际报酬递减规律作用下，边际产量曲线 MP_L 呈现先上升后下降的特征，所以，边际成本曲线 MC 呈现先下降后上升的 U 形特征。

② 边际成本 MC 值是 TC 曲线的斜率，从而也是 TVC 曲线的斜率。这是因为

$$TC(Q)=TVC(Q)+TFC \tag{5.9}$$

而总不变成本 TFC 是常数，因此

$$MC(Q)=\frac{d\,TC(Q)}{dQ}=\frac{d\,TVC(Q)}{dQ}+0=\frac{d\,TVC(Q)}{dQ} \tag{5.10}$$

所以在每一产量水平，TC 曲线和 TVC 曲线的斜率相等，其值为该产量水平的边际成本，而且由递减变为递增，这两条曲线存在拐点，而且 TC 曲线的拐点 B 和 TVC 曲线的拐点 C 处在同一产量水平。

③ 平均成本曲线 AC 和平均可变成本曲线 AVC 也呈现先降后升的 U 形特征，而且 MC 曲线分别与 AVC 和 AC 相交于各自最低点 F 和 D，证明如下。

$$\frac{d\,AC}{dQ}=\frac{d\left(\frac{TC}{Q}\right)}{dQ}=\frac{\frac{d\,TC}{dQ}\cdot Q-TC}{Q^2}$$

$$=\frac{1}{Q}\left(\frac{d\,TC}{dQ}-\frac{TC}{Q}\right)=\frac{1}{Q}(MC-AC) \tag{5.11}$$

由于 $Q>0$，所以当 MC<AC 时，AC 曲线斜率为负，MC 曲线拉动 AC 曲线下降；当 MC>AC 时，AC 曲线斜率为正，MC 曲线拉动 AC 曲线上升；当 MC=AC 时，AC 曲线的斜率为 0，达到极小值。

下面从边际成本曲线 MC 与平均成本曲线 AC 的含义，以及边际成本曲线 MC 的 U 形

特征来解释平均成本曲线 AC 为什么也是 U 形曲线。当边际成本 MC 下降时，增加单位产量所引起的成本的增加量减少，因此平均成本 AC 必然下降；因为边际成本 MC 下降带来的成本相对节省需要被更多的产出分摊，因而平均成本 AC 下降没有边际成本 MC 快，所以它这时处于边际成本 MC 的上方。另外，当边际成本 MC 上升时，只要边际成本 MC 绝对水平仍然低于平均成本 AC，则尽管边际成本 MC 上升，平均成本 AC 仍然可能下降。边际成本 MC 持续上升与平均成本 AC 持续下降，二者终究会在某点相交。此后，边际成本 MC 高于平均成本 AC，并且平均成本开始由下降转为上升，换言之，边际成本曲线 MC 从平均成本 AC 的最低点穿过平均成本 AC 曲线。平均可变成本 AVC 曲线和边际成本曲线 MC 之间的关系可以类似解释。

下面通过一个例子再直观地解释此规律。

例 5-6 某班有 10 名同学，平均身高 1.72m。现给这个班依次增加 12 名新同学，这 12 名同学身高分别为 1.70m、1.68m、1.66m、1.64m、1.62m、1.60m、1.62m、1.64m、1.66m、1.68m、1.70m 和 1.72m，请分析增加每一名同学后全班同学平均身高的变化。

解 容易算出，每增加一名新同学，全班平均身高依次为：1.718m、1.715m、1.711m、1.706m、1.7m、1.694m、1.689m、1.687m、1.685m、1.685m、1.686m 和 1.687m。

很明显，在开始阶段，随着新增加的同学身高的降低，全班平均身高也在降低。当新增加同学的身高转而增加时，由于他的身高仍低于全班同学的平均身高，因此，平均身高还在下降。最后，随着新增加同学身高的不断上升，全班平均身高开始由下降转为上升，呈现 U 形，如图 5-9 所示。

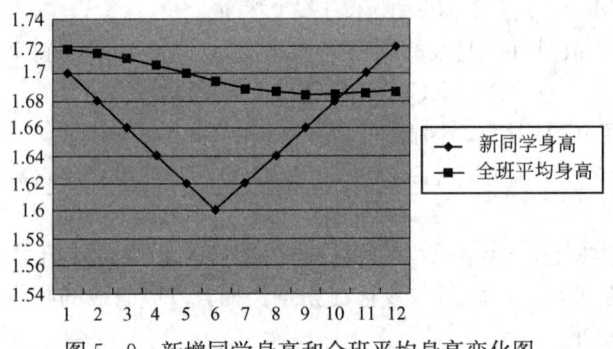

图 5-9 新增同学身高和全班平均身高变化图

④ AVC 的最低点（与 MC 的交点）在 AC 的最低点（与 MC 的交点）之前达到，而且值比 AC 小。为什么平均可变成本曲线的最低点在平均成本曲线的最低点之前达到呢？这是因为 $AC = AVC + AFC = AVC + \dfrac{TFC}{Q}$，所以 $\dfrac{dAC}{dQ} = \dfrac{dAVC}{dQ} - \dfrac{TFC}{Q^2}$。当 $\dfrac{dAVC}{dQ}$ 从负值逐渐增加并达到 0 时（对应 AVC 逐渐下降并达到最小值），$\dfrac{dAC}{dQ}$ 仍为负值（对应 AC 仍在下降）。

5.2.5 由总成本曲线到平均成本曲线和边际成本曲线

下面从总成本曲线出发，从另一个角度来分析平均成本曲线和边际成本曲线。

1. 由 TFC 推导 AFC

因为 $AFC(Q) = \dfrac{TFC}{Q}$，所以任一产量水平上的平均不变成本 AFC 值是连接原点到总不变成本 TFC 上相应点的线段的斜率。把这些不同产量水平上的 AFC 绘制在图上，即得到平均不变成本曲线 AFC，如图 5-10 所示。在图 5-10 中，Q_1 产量的平均不变成本是图 5-10（a）中线段 aQ_1 与 OQ_1 之比，即线段 Oa 的斜率，在图 5-10（b）中表示，即 $a'Q_1$。同理，Q_2 产量的平均不变成本即图 5-10（a）中 Ob 的斜率，也就是图 5-10（b）中 $b'Q_2$ 的高度。Q_3 产量的平均不变成本即图 5-10（a）中 Oc 的斜率，也就是图 5-10（b）中 $c'Q_3$ 的高度。由于总不变成本 TFC 是一条水平线，a、b、c 三点和原点 O 连线的斜率依次减小，所以图 5-10（b）中平均不变成本曲线 AFC 向右下方倾斜。

2. 由 TVC 推导 AVC

因为 $AVC(Q) = \dfrac{TVC(Q)}{Q}$，所以任一产量水平上的 AVC 值都是连接原点到 TVC 线上相应点的斜率。在图 5-11（a）中，产量水平 Q_1、Q_2、Q_3 的平均可变成本分别为线段 Oa、Ob 和 Oc 的斜率，绘制在图 5-11（b）中，即为线段 $a'Q_1$、$b'Q_2$、$c'Q_3$ 的高度。可以看出，AVC 值在 b 点之前递减，在 b 点之后递增，在 b 点达到最小值，呈现 U 形，如图 5-11 所示。

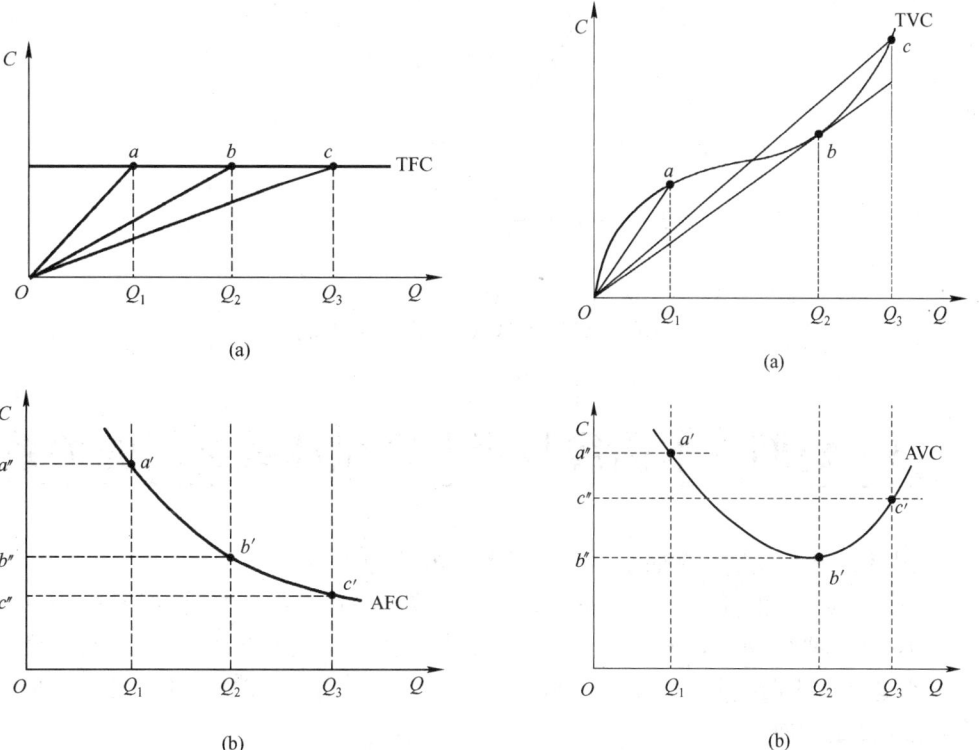

图 5-10　由 TFC 曲线推导 AFC 曲线　　　　图 5-11　由 TVC 曲线推导 AVC 曲线

3. 由TC推导AC

因为 $AC(Q)=\dfrac{TC(Q)}{Q}$，所以任一产量水平上的AC值都是连接原点到TC线上相应点的斜率。在图5-12(a)中，产量水平 Q_1、Q_2、Q_3 的平均成本分别为线段 Oa、Ob、Oc 的斜率，绘制在图5-12(b)中，即为线段 $a'Q_1$、$b'Q_2$、$c'Q_3$ 的高度。可以看出，AC值在 b 点之前递减，然后递增，在 b 点达到最小值，呈现U形，如图5-12所示。

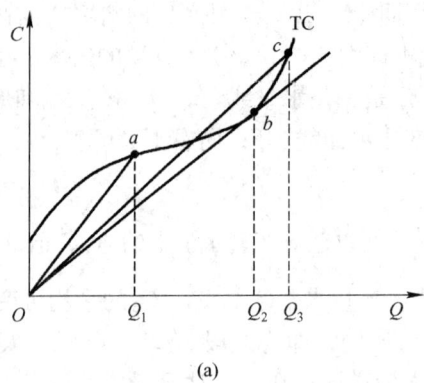

(a)

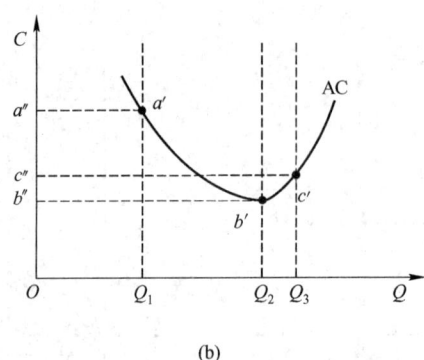

(b)

图5-12 由TC曲线推导AC曲线

5.3 短期成本曲线与短期产量曲线之间的关系

短期成本曲线和短期产量曲线的内在联系，如图5-13所示。

图5-13(a)中的曲线是总产量曲线 TP_L，图5-13(b)中的曲线是平均产量曲线 AP_L 和边际产量曲线 MP_L，图5-13(c)中的曲线为平均成本曲线AC、平均可变成本曲线AVC和边际成本曲线MC，图5-13(d)中的曲线是总成本曲线TC、总不变成本曲线TFC和总可变成本曲线TVC。

5.3.1 边际产量和边际成本

设短期生产函数为 $Q=f(L,\overline{K})$，短期总成本函数为

$$TC(Q)=TVC(Q)+TFC=w\cdot L(Q)+TFC$$

式中：w 为劳动的价格，并假定 TFC 和 w 是不变的常数。

由定义，边际成本 $MC=\dfrac{dTC}{dQ}=w\cdot\dfrac{dL}{dQ}=w\cdot\dfrac{1}{\dfrac{dQ}{dL}}=w\cdot\dfrac{1}{MP_L}$，因此，边际成本 MC 和边际产量 MP_L 互为倒数（以劳动的价格 w 为系数），它们反方向变动。在边际报酬递减规律的作用下，边际产量 MP_L 先上升，达到最高点后再下降，从而边际成本 MC 先下降，达到最低点后再上升，呈 U 形。当总产量 TP_L 为凸/凹函数时，总成本 TC（和总可变成本 TVC）为凹/凸函数，而且在同一处出现拐点。

5.3.2 平均产量和平均可变成本

由于平均可变成本 $AVC=\dfrac{TVC}{Q}=w\cdot\dfrac{L}{Q}=w\cdot\dfrac{1}{\dfrac{Q}{L}}=w\cdot\dfrac{1}{AP_L}$，所以平均可变成本 AVC 和平均产量 AP_L 互为倒数（以劳动的价格 w 为系数），它们反方向变动；由于 AP_L 先递增后递减，所以 AVC 先递减后递增，而且 AVC 的最低点对应 AP_L 的最高点。因为 MC 和 AVC 交于 AVC 的最低点，而 MP_L 与 AP_L 交于 AP_L 的最高点，所以这两个交点是对应的。

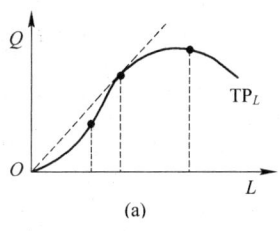
(a)
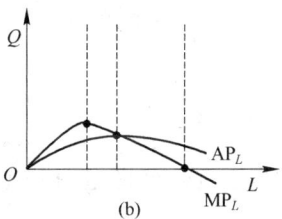
(b)
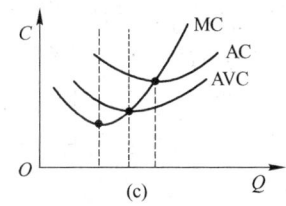
(c)
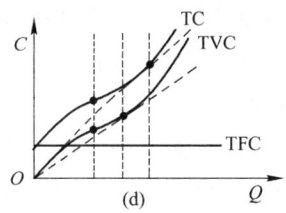
(d)

图 5-13 产量曲线和成本曲线的关系

5.4 长期总成本曲线

下面把分析扩展到生产的长期，分析厂商的长期生产成本，以及长期生产成本和短期生产成本之间的关系。

在生产的长期，厂商可以调整全部生产要素的数量以实现既定的产量水平，甚至决定进入或退出一个行业，因此，长期内所有的生产要素都是可变的，厂商的长期成本没有可变成本与不变成本之分。换句话说，厂商在长期可以在每一产量水平上选择最优的生产规模进行生产。厂商的长期生产成本共有长期总成本、长期平均成本和长期边际成本三种，分别记为 LTC、LAC 和 LMC。为了区别起见，以后把前几节介绍的短期总成本 TC、短期平均成本 AC 和短期边际成本 MC 分别记为 STC、SAC 和 SMC。

5.4.1 长期总成本函数和长期总成本曲线

长期总成本：长期总成本（long-run total cost）是指厂商在长期中在各种产量水平上通过改变生产规模（也就是说，通过调整全部生产要素）所能达到的最低总成本，记作 LTC，即

$$\text{LTC} = \text{LTC}(Q) \tag{5.12}$$

长期总成本曲线可以由扩展线推导出，也可以由短期总成本曲线推导出。下面从短期总成本曲线推导，其目的也是可以借此分析这两种成本曲线之间的关系。

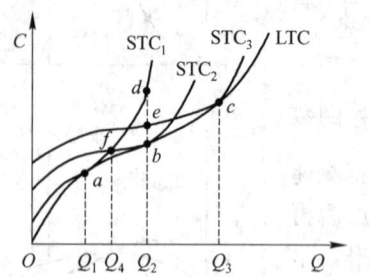

图 5-14 短期总成本曲线和长期总成本曲线

如图 5-14 所示，设有三条短期总成本曲线 STC_1、STC_2 和 STC_3，这三条短期总成本曲线分别代表三个不同的生产规模，它们各自所代表的生产规模大小由在其纵轴上的截距表示。从图 5-14 可以看出，STC_1 所代表的规模最小，STC_3 所代表的规模最大，而 STC_2 所代表的规模居中。从图 5-14 可以看出，在 Q_1 产量水平，厂商以 STC_1 所代表的规模进行生产，其成本低于 STC_2 和 STC_3 所代表的规模水平；在 Q_2 产量水平，STC_2 所代表的生产规模低于 STC_1 和 STC_3 所代表的规模；而在 Q_3 产量水平，STC_3 所代表的生产规模则是最低的。由于在长期内，厂商可以通过调整全部生产要素以选择最低成本进行生产，因此图 5-14 中 a、b、c 三点对应的总成本水平是厂商的长期总成本，也就是说，在生产的长期中，在 Q_1 产量水平，厂商将选择 STC_1 所代表的规模进行生产，生产总成本是 aQ_1；在 Q_2 产量水平，厂商将选择 STC_2 所代表的规模进行生产，生产总成本是 bQ_2；在 Q_3 产量水平，厂商将选择 STC_3 所代表的规模进行生产，生产总成本是 cQ_3。由于假定厂商的短期总成本曲线是处处稠密的，所以在每一个产量水平，都可以找到一条代表在该产量水平最优生产规模（生产成本最低）的短期总成本曲线，把这些点连起来即得到长期总成本曲线。例如，在图 5-14 中的 Q_4 产量水平，以 STC_1 和 STC_2 所代表的规模进行生产，其成本是一样的，但是总可以通过调整规模使生产该产量的总成本达到最低，而这个生产规模就是生产该产量水平的最低规模。

在长期总成本曲线 LTC 上，代表最优生产规模的短期总成本曲线 STC 恰好和 LTC 相切，所以长期总成本曲线是短期总成本曲线的下包络线。

包络线（envelop curve）是一个数学概念。说曲线 C 是一簇曲线 $\{C_i\}$ 的包络线，是指在曲线 C 上每一点，有且仅有曲线簇 $\{C_i\}$ 中一条曲线和它相切。如果曲线 C 在这一簇曲线 $\{C_i\}$ 的下方，则说 C 是 $\{C_i\}$ 的下包络线；反之，如果曲线 C 在这一簇曲线 $\{C_i\}$ 的上方，则说 C 是 $\{C_i\}$ 的上包络线。同样也可以定义左包络线、右包络线、内包络线和外包络线。由此不难理解，长期总成本曲线 LTC 是短期总成本曲线 STC 的下包络线。

和短期总成本曲线的形状类似，长期总成本曲线从原点出发向右上方倾斜，它存在一个拐点，随产量的增加而增加的速度先递减，经过拐点之后再递增，如图 5-14 所示。

5.4.2 长期平均成本与长期边际成本

下面，先给出长期平均成本和长期边际成本的定义，然后再推导和解释。

长期平均成本：长期平均成本（long-run average cost）是指厂商在长期内按产量平均计算的最低总成本，该成本的函数表达式为

$$\text{LAC}(Q) = \frac{\text{LTC}(Q)}{Q} \tag{5.13}$$

长期边际成本:长期边际成本是指厂商在长期内增加一单位产量所引起的最低总成本的增加量,该成本的函数表达式为

$$\text{LMC}(Q) = \frac{\Delta \text{LTC}(Q)}{\Delta Q} \tag{5.14}$$

当产量 Q 的增量很小时,有

$$\text{LMC}(Q) = \lim_{\Delta Q \to 0} \frac{\Delta \text{LTC}(Q)}{\Delta Q} = \frac{\text{d LTC}(Q)}{\text{d}Q} \tag{5.15}$$

因此,每一产量水平的长期边际成本 LMC 的值都是长期总成本 LTC 在这一产量的导数。

1. 长期平均成本曲线

长期平均成本曲线可以从长期总成本曲线推导出来,也可以由短期平均成本曲线推导出来。下面从短期平均成本曲线推导长期平均成本曲线,目的也是借此分析这两种成本曲线之间的关系。

如图5-15所示,有三条短期平均成本曲线 SAC_1、SAC_2 和 SAC_3,如前面所述,它们代表三个不同的生产规模。从图5-15中可以看出,在 Q_1 产量水平,厂商以 SAC_1 所代表的规模进行生产,其平均成本最小;在 Q_2 产量水平,SAC_2 所代表的生产规模平均成本低于 SAC_1 和 SAC_3 所代表的规模;而在 Q_3 产量水平,SAC_3 所代表的生产规模平均成本则是最低的。在 Q_1' 产量水平,以 SAC_1 和 SAC_2 所代表的规模进行生产,其平均成本是相同的,而且低于以 SAC_3 所代表的规模进行生产的平均成本。由于在长期内,厂商可以通过调整全部生产要素来选择最低成本,因此在该产量水平,总可以找到一条短期平均成本曲线,以它所代表的规模进行生产,平均成本是最低的。把这些在每个产量水平代表最优生产规模的平均成本点连起来,即得到长期平均成本曲线。

如图5-16所示,在连续变化的每个产量水平上,都存在 LAC 线和一条 SAC 线相切,恰恰这条短期平均成本曲线所代表的生产规模是在该产量水平所能达到的平均生产成本最低的规模,因此长期平均成本曲线 LAC 也呈现先降后升的 U 形,它是短期平均成本曲线的下包络线。

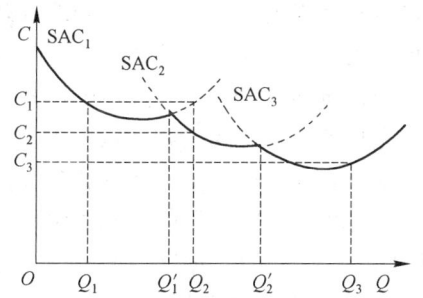

图 5-15 长期平均成本曲线的确定示意图

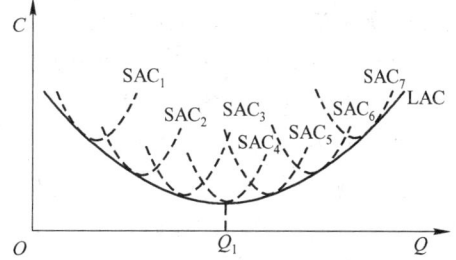

图 5-16 短期平均成本曲线和长期平均成本曲线

厂商的长期平均成本曲线是 U 形线的经济解释是,在厂商生产扩张的开始阶段(Q_1 点之前),随着生产规模的扩大,产量逐渐提高,平均成本不断下降。因扩大生产规模而使效益提高(平均成本随产量的增加逐步下降,产量增加的倍数大于成本增加的倍数),称之为

规模经济（或内在经济）。当生产扩张到一定阶段后（Q_1 点之后），继续扩大生产规模会使效益下降（平均成本随产量的增加逐步上升，产量增加的倍数小于成本增加的倍数），称之为规模不经济（或内在不经济）。

许多产品的生产都存在规模经济现象，如汽车、钢铁、石化等，由于生产这些产品需要巨额投资，而这些投资构成厂商的不变成本，因此只有产量达到相当大的数量，才能有效降低成本，获得利润。

有关规模经济更多的理论知识和度量指标，读者将在"产业经济学"等后续课程中深入学习。

【实例链接】 我国汽车工业规模经济效益差的原因和对策[①]

汽车工业是最典型的规模经济行业，由于其在生产设备和技术开发上的巨额资本投入，必然要求制造企业有足够的规模才能实现生产的效益。就单个企业规模而言，2001 年中国汽车工业的前 4 名——上汽集团、一汽集团、东风集团和长安汽车集团生产能力在 20 万～40 万辆之间，规模经济效益开始呈现。尽管如此，与世界级的汽车生产企业相比较，中国汽车工业企业的规模仍然很小。例如，1999 年全球汽车厂商年产量最大的是美国通用汽车公司，年产量为 868 万辆。而我国汽车年产量最大的上海汽车集团 2001 年产量仅为 44.02 万辆，其年产量大约相当于通用汽车公司的 1/20。

目前，我国共有一千多家各类汽车厂，这些厂家遍布于全国除西藏、宁夏以外的各个省份，它们隶属不同部门，互相分割。绝大多数企业规模小，生产批量小。据统计，2001 年全国共有 103 家整车生产企业，比日本、美国、西欧所有汽车生产企业的总和还要多；但我国汽车工业的年产量总和还不及丰田汽车公司的年产量。在这 103 家企业中，年产 5 万辆以上的只有 12 家，其余 91 家的生产规模都相当小。有些汽车企业只生产几千辆，远未达到规模经济的要求。以轿车工业为例，轿车工业的最小最优经济规模为年产 30 万辆。到 2001 年，我国还没有一家轿车企业达到规模化生产。

制约我国汽车工业规模经济发展的原因很多，如我国汽车工业缺乏足够的进入壁垒，汽车工业的发展受到市场需求瓶颈的制约，汽车工业生产技术及管理技术落后等。

为了扩大我国汽车企业规模、实现规模经济，应该采取下列措施。第一，构筑有效的行业壁垒，加强汽车工业的宏观调控，对生产达不到起始规模的企业不准其进入汽车行业。第二，通过并购方式对汽车行业进行战略重组。企业并购是市场竞争中的优胜劣汰、资源互补的行为，便于在更大的范围内进行专业化分工，采用先进技术，产生规模效益。为此，应由行业的优势企业并购相同类型的企业，淘汰一批劣势企业，加快汽车行业的结构调整，提高整个行业的规模效益和竞争实力。美国历史上曾有过 2 000 多家汽车企业，目前的三大巨头企业通用、福特和克莱斯勒是经过上百年的竞争、淘汰、兼并、联合而形成的。第三，通过战略联合提高汽车工业竞争能力。我国汽车工业是尚处在"幼稚期"的技术密集型和资本密集型产业，汽车产品不论在质量、价格等方面都与国外产品存在不小差距。采取与国外汽车工业巨头结成战略联盟方式，分享他们的先进技术和管理经验，能迅速缩短我国汽车工业与发达国家的差距，提高我国汽车企业的竞争力。第四，出台鼓励汽车消费政策，增加汽车市场需求。

[①] 戴双兴. 中国汽车工业规模经济的实证分析. 经济纵横，2006（2）.

汽车工业规模的实现,要有强大的市场购买力作为先决条件。为实现汽车工业的规模经济,增加汽车市场的需求,加速我国汽车工业的发展,政府有必要推出鼓励汽车消费的政策。

和规模经济、规模不经济相对应的是外部经济和外部不经济的概念。如果厂商生产活动所依赖的外界环境得到改善而使厂商成本下降、效益提高,称为外部经济(external economics),否则称为外部不经济(external diseconomics)。例如,由于交通条件改善,企业运输成本下降,属于外部经济,而如果河流遭到污染,使自来水厂制水成本上升、效益下降,则属于外部不经济。在图5-16中,规模经济表现为随着产量的增加长期平均成本下降,规模不经济表现为随着产量的增加长期平均成本上升。而外部经济则表现为长期平均成本曲线向下平移,外部不经济表现为长期平均成本曲线向上平移,如图5-17所示。

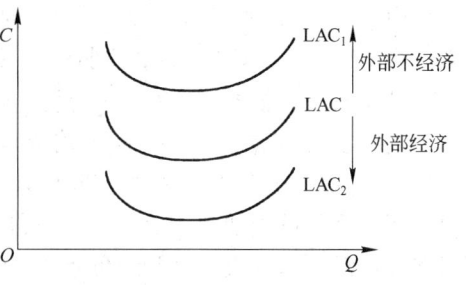

图5-17 外在经济/外在不经济示意图

关于外部经济和外部不经济的经济效果分析,将在后面的第11章中深入讨论。

2. 长期边际成本曲线

下面从短期边际成本曲线 SMC 来推导长期边际成本(long-run marginal cost)曲线 LMC。

如图5-18所示,LAC 是某厂商的长期平均成本曲线,SAC_1、SAC_2 和 SAC_3 是在 Q_1、Q_2 和 Q_3 产量水平上和 LAC 相切、代表最优规模的短期平均成本曲线,SMC_1、SMC_2 和 SMC_3 是和这三条短期平均成本曲线对应的短期边际成本曲线。如前所述,SMC_1、SMC_2 和 SMC_3 分别通过 SAC_1、SAC_2 和 SAC_3 的最低点。根据前面的分析,在 Q_i 产量水平,厂商将把生产规模调整到 SAC_i 所代表的规模进行生产。以 Q_1 为例,当产量为 Q_1 时,由于厂商的生产规模是 SAC_1 所代表的规模,所以在这一产量水平,增加单位产量所增加的成本数量即长期边际成本就是由 SMC_1 所代表的短期边际成本曲线在这一点的数量,为 P 点的值。同理,当产量为 Q_2 时,厂商在长期内增加单位产量所增加的成本数量即长期边际成本值是短期边际成本曲线 SAC_2 在该点的值,即 R 点的值,而在产量水平 Q_3,厂商的长期边际成本是 S 点的值。由于在每一产量水平,都可以找到代表生产这一产量水平最优规模的、与长期平均成本曲线相切的短期平均成本曲线,从而也就能确定与这条短期平均成本曲线对应的短期边际成本曲线,而这条短期边际成本曲线在这一产量水平的值即为我们要确定的长期边际成本值。把找到的这些点连起来,即得到长期边际成本曲线,如图5-18中的 LMC 所示。

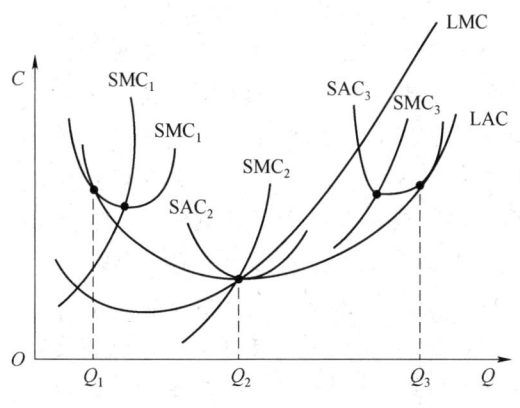

图5-18 短期边际成本曲线和长期边际成本曲线

从图5-18可以看出,和长期总成本曲线是短期总成本曲线的包络线、长期平均成本曲线是短期平均成本曲线的包络线不同,长期边际成本曲线不是短期边际成本曲线的包络线,它在每一产量水平的值等于代表在这一产量水平最优规模的短期边际成本曲线的值。但是，和短期成本曲线类似的是，长期边际成本曲线 LMC 也是 U 形线，而且也通过长期平均成本曲线的最低点，证明如下：

$$\frac{\mathrm{d}\,\mathrm{LAC}}{\mathrm{d}Q}=\frac{\mathrm{d}\left(\frac{\mathrm{LTC}}{Q}\right)}{\mathrm{d}Q}=\frac{\mathrm{LTC}'\cdot Q-\mathrm{LTC}}{Q^2}$$

$$=\frac{1}{Q}\left(\mathrm{LTC}'-\frac{\mathrm{LTC}}{Q}\right)=\frac{1}{Q}(\mathrm{LMC}-\mathrm{LAC}) \tag{5.16}$$

由于 $Q>0$，所以当 LMC<LAC 时，LAC 曲线斜率为负，LMC 曲线拉动 LAC 曲线下降；当 LMC>LAC 时，LAC 曲线斜率为正，LMC 曲线拉动 LAC 曲线上升；当 LMC=LAC 时，LAC 曲线的斜率为 0，达到极小值。

进一步可以看出，在长期平均成本 LAC 的下降阶段，长期平均成本 LAC 相切于短期平均成本 SAC 的左边，说明短期平均成本 SAC 是长期内生产切点所代表的产量的最优规模，但若企业按短期平均成本 SAC 所代表的规模进行生产，通过增加可变要素投入仍然可以增加产量，降低成本（到最低点）。但是，通过改变所有要素增加到该产量，该最低点所代表的成本并非最低的。相反，在长期平均成本 LAC 上升阶段，LAC 相切于 SAC 的右边。

本 章 小 结

1. 从不同的角度出发，我们对成本的理解是不同的。从企业会计核算的角度看，成本是生产者为生产商品所实际支付的费用，而经济学考虑的成本是机会成本，指生产者为了生产某种产品而放弃把相同的生产要素用于生产其他商品可能获得的最高收入。按照厂商投入生产过程的生产要素来源不同，厂商的生产成本可以分为显成本和隐成本两部分。显成本是指厂商在要素市场上购买或租用所需生产要素的实际支出，而隐成本是指厂商本身自己所拥有的且被用于生产过程、但没有计入显成本的生产要素的总价格。显成本和隐成本之和是厂商的总成本，即机会成本。

2. 经济利润是企业的总收益减去总成本后的差额，因此也称超额利润。而正常利润是厂商对自己所提供的企业家才能的报酬的支付，因此正常利润是厂商隐成本的一部分。

3. 厂商的短期成本有 7 种，其曲线的特征及相互之间的关系为：总不变成本曲线 TFC 是一条水平线，它的大小表示厂商在短期内的生产规模；总可变成本曲线 TVC 和总成本曲线 TC 都随产量的增加而上升，但上升的速度先递减后递增，这两条曲线在同一产量水平出现拐点；平均可变成本曲线 AVC、平均成本曲线 AC 和边际成本曲线 MC 都呈先下降再上升的 U 形，而且边际成本曲线 MC 达到最低点上升后分别通过平均可变成本曲线 AVC 和平均成本 AC 的最低点。边际成本曲线 MC 的最低点和总可变成本曲线 TVC、总成本曲线 TC 的拐点处在同一产量水平。这些内在联系从本质上讲是由边际成本曲线的变动规律决定的，而边际成本曲线的形状和变动规律则是由边际报酬递减规律决定的。因此，正确理解和掌握边际成本曲线的变动规律是理解这 7 条成本曲线形状和相互之间内在联系的前提。

4. 在长期生产中，长期总成本 LTC、长期平均成本 LAC 和相应的短期成本曲线 STC、SAC 有相同的形状，而且是短期成本曲线的下包络线。长期边际成本也呈 U 形，通过长期平均成本的最低点，但它不是短期边际成本的包络线。长期平均成本 LAC 呈 U 形的原因和短期成本是不同的，它是由规模经济和规模不经济决定的。

知识拓展

（疑难解析）扩展线和总成本曲线关系

前面是从短期生产函数出发解释短期总成本曲线的，通过这种解释，可以使我们更深刻地理解成本函数和生产函数之间的内在联系。扩展线是微观经济分析中一个重要工具，下面，利用扩展线来解释短期总成本曲线。

在生产要素价格、厂商的生产技术等条件不变的前提下，当生产的成本或产量发生变化时，为了实现既定成本下的产量最大化或既定产量下的成本最小化，厂商必定沿着扩展线来选择最优的要素投入数量。

如图 5-19 所示，两个坐标轴 L、K 分别表示劳动和资本这两种生产要素的数量，AB、$A'B'$、$A''B''$ 是三条等成本曲线，Q_1、Q_2、Q_3 则是依次和这三条等成本曲线相切的等产量线，切点分别为 F、G、H，而连接这些切点的曲线 R 即为扩展线。在短期内，厂商的资本投入数量 $\overline{K_0}$ 是不变的。因此，在短期内厂商只能沿着曲线 E 调整可变要素 L 的数量，以适应产量的变化。

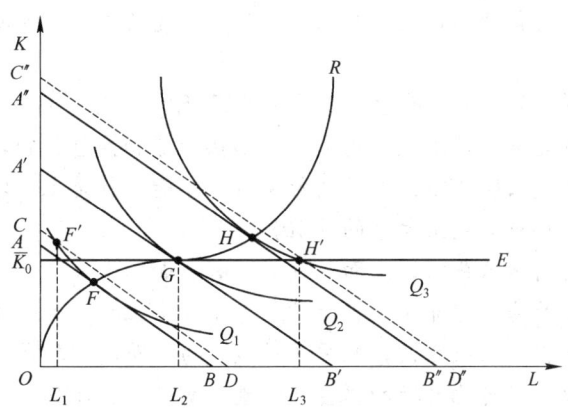

图 5-19 扩展线和短期总成本曲线关系图

在 Q_2 产量水平，等成本线 $A'B'$ 和等产量线相切于 G 点，而表示厂商不变规模的水平线 E 也恰好通过该点。因此，为了生产 Q_2 的产量，厂商会选择 G 点对应的可变要素投入数量 L_2。这个可变要素投入数量 L_2 也恰好是生产该产量的最优要素投入量。

当产量由 Q_2 增加到 Q_3 时，如果可以调整所有的生产要素数量，厂商应该选择与 Q_3 相切的等成本线 $A''B''$ 和 Q_3 的切点 H 对应的生产要素 L 的投入数量。但是，由于在短期内生

产要素 K 的数量 $\overline{K}_0$ 保持不变,因此厂商无法做到这一点。在短期内,为了生产 Q_3 的产量,厂商只能选择和等产量线 Q_3 相交的等成本线 $C''D''$ 和 Q_3 的交点对应的生产要素 L 的投入数量 L_3(从图 5-19 上可以看出,Q_3 和 $C''D''$ 有两个交点,但只有一个交点满足不变要素数量为 $\overline{K}_0$ 的条件)。从图 5-19 也可以看出,为了生产同一产量 Q_3,由于在长期内厂商可以调整全部生产要素,因此其生产成本(由等成本线 $A''B''$ 表示)低于短期生产成本(由等成本线 $C''D''$ 表示)。

同样,如果产量由 Q_2 降低到 Q_1,厂商在长期内可以选择与 Q_1 相切的等成本线 AB 和 Q_1 的切点 F 对应的生产要素 L 的投入数量。但是,由于在短期内生产要素 K 的数量 $\overline{K}_0$ 保持不变,因此厂商无法做到这一点。在短期内,为了生产 Q_1 的产量,厂商只能选择和等产量线 Q_1 相交的等成本线 CD 和 Q_1 的交点 F' 对应的生产要素 L 的投入数量 L_1。

由于假定等产量线在坐标图中是无限可分的,因此在每一产量水平,等产量线和表示厂商短期生产规模的曲线 E 的交点对应的生产要素 L 数量与产量之间的对应关系就是厂商的短期总成本函数。

像经济学家一样思考

上大学的成本

现在让我们回到本章的导入案例,看一看经济学家是如何看待这一问题的。

经济学家的分析:

从会计学的角度看,通过流水账计算上一年大学的成本没有什么不对。而通过本章的学习,我们可以从经济学的角度来重新审视这个问题。经济学研究的是稀缺经济资源的合理配置问题,回顾我们在第 1 章给出的经济学研究的一个前提条件——"资源的稀缺性",由于经济资源(包括时间)是稀缺的,因此把它用于某种用途的同时,也就意味着放弃了把它用于其他用途的机会。

拿上面的例子来说,学杂费、住宿费、学习用品花费和交通支出当然应该算作是上大学的成本,但有些花费不能算作是上大学的成本,如伙食费和衣着花费,即使不上大学也需要这些支出,只有当这些支出高于不上大学的数额时,才能算作是上大学的成本。假如上大学后这些支出减少了,则应该算是上大学的收益。

另外,从经济学的角度来分析,上面的分析不够全面,上大学的成本(更准确地说是代价)远远不止这些,家长为了培养子女上大学放弃了许多上面没有列出的东西。例如,花在子女教育上的钱本来可以用来做生意,赚更多的钱,为了花时间辅导子女上大学自己做出了很多牺牲,包括可能放弃了自己升迁的机会。最重要的是,上面列出的流水账没有计算花费的时间,如果不上大学,你也许会进入了演艺界、商界,甚至获得一份有稳定收入的工作,而损失工作一年的工资收入不是上大学的"代价"吗?

因此,从经济学的角度考虑问题,某种产品或劳务的成本,应该计算为了得到它而放弃的把这些资源用于生产其他产品和劳务可能获得的最高收入,这个放弃的最高收入就是机会成本。

现实生活中类似的例子比比皆是,我们现在所熟知的"阿里巴巴"创始人之一马云原本是杭州师范学院的一名外语老师,但他放弃了在学校教书的安稳生活,转而决定自己创业,终于厚积薄发，开启了中国的互联网信息化时代。我们可以想象，马云现在如果再回到学校教书，那么他的成本就绝不仅仅只是一年的生活开销了，而是作为"阿里巴巴"领导者的上亿身家。

再如，如果一个人告诉你，他辞去了原来在装饰公司的工作，自己开了个小公司当老板，承揽装潢生意，一年下来除去各种开销，净收入五万元。他做得是否值得？显然，回答这个问题要考虑机会成本。如果他原来在装饰公司挣的工资低于五万元，那他做得值；如果他原来在装饰公司一年工资能挣八万元，那就相当于他干一年"赔了"三万元。

在经济学中，我们考虑的是机会成本。因为作出正确的经济决策，就要全面考虑得失，就要考虑决策的代价。

练习及思考

1. 填空题

(1) 显成本是指厂商在生产要素市场上_____所需要的生产要素的_____。
(2) _____利润是指厂商所提供的_____的报酬支付。
(3) 短期边际成本曲线通过_____和_____的最低点。
(4) 在短期内，_____递增阶段对应边际成本的_____，_____的最大值点对应边际成本的_____。
(5) 短期边际成本和_____互为倒数；_____和平均产量互为倒数。
(6) 在企业生产扩张的开始阶段，厂商由于_____而使经济效益提高，称为_____；当生产扩张到一定规模后，厂商继续_____会使经济效益下降，称为_____。

2. 判断题（正确的在括号内打√，不正确的打×）

(1) (　) 正常利润是厂商经济利润的一部分。
(2) (　) 平均不变成本、平均可变成本和平均成本曲线都是U形线。
(3) (　) 平均可变成本曲线AVC的最低点在平均成本曲线AC最低点之前达到。
(4) (　) 从原点出发的总成本曲线的切线的切点对应边际成本曲线的最低点。
(5) (　) 长期边际成本曲线LMC不是短期边际成本曲线SMC的包络线。
(6) (　) 总产量曲线的最高点对应总成本曲线的最低点。

3. 单项选择题

(1) 老板王二从企业总收入中取出一部分作为自己所提供的店铺的租金，这部分资金被视为（　）。

A. 显成本　　B. 隐成本　　C. 经济利润　　D. 会计利润

(2) 以下哪一条关于短期边际成本曲线的论述不正确？（　）

A. 通过短期平均成本曲线的最低点　　B. 通过平均可变成本曲线的最低点
C. 通过平均不变成本曲线的最低点　　D. 是短期总成本曲线的斜率

(3) 在长期平均成本曲线LAC曲线和一条代表最优生产规模的短期平均成本曲线SAC曲线相切的产量上必定有（　）。

A. 相应的LMC曲线和代表最优生产规模的SMC曲线的一个交点，以及相应的LTC曲线和代表最优生产规模的STC曲线的一个切点

B. 代表最优生产规模的 SAC 曲线达到最低点

C. LAC 曲线达到最低点

D. LTC 曲线达到拐点

(4) 生产某产品的机会成本表示（　　）。

A. 厂商在市场上购买生产要素所花费的成本

B. 实现利润最大化时的生产成本

C. 增加单位产量所引起的总成本的增加量

D. 将生产该产品的生产要素花费在其他用途所可能获得的最高收入

图 5-20 为某厂商短期总成本曲线图，据此回答 (5) ~ (7) 题。

(5) 第 5 单位产出的边际成本是（　　）元。

A. 0   B. 2   C. 2.6   D. 6   E. 30

(6) 产出为 5 单位时，平均不变成本为（　　）元。

A. 5   B. 20   C. 26

D. 100   E. 130

(7) 产出为 5 单位时，平均可变成本为（　　）元。

A. 0   B. 2   C. 2.6

D. 6   E. 30

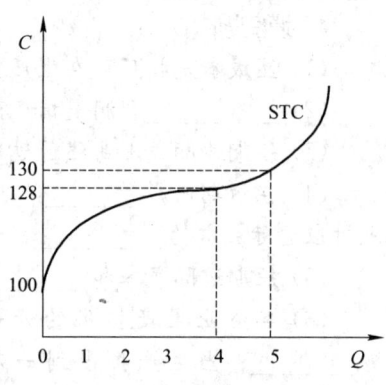

图 5-20 某厂商短期总成本曲线

4. 请把下面的名词与对应的字母正确连接

边际成本　　　　　　　　LMC

平均不变成本　　　　　　TVC

长期总成本　　　　　　　SAC

平均可变成本　　　　　　AFC

长期平均成本　　　　　　LTC

总可变成本　　　　　　　LAC

短期平均成本　　　　　　MC

长期边际成本　　　　　　AVC

5. 计算题

(1) 已知某厂商的短期总成本函数为 $TC(Q)=Q^4-8Q^3+12Q^2+33Q+57$，求总不变成本 $TFC(Q)$、总可变成本 $TVC(Q)$、短期平均成本 $SAC(Q)$、平均不变成本 $AFC(Q)$、平均可变成本 $AVC(Q)$ 和边际成本 $MC(Q)$。

(2) 已知某厂商的短期总成本函数为 $STC(Q)=0.04Q^3-0.8Q^2+12Q+9$，求平均可变成本 AVC 的最小值。

(3) 已知某厂商的短期边际成本函数为 $SMC=3Q^2+4Q+40$，若当产量 $Q=10$ 时总成本为 1 630 元，求短期总成本函数 STC、短期平均成本函数 SAC、总可变成本函数 TVC 和平均可变成本函数 AVC。

6. 问答与论述题

(1) 画图并解释短期边际成本曲线 SMC、短期平均成本曲线 SAC、平均可变成本曲线 AVC 的形状及它们之间的关系。

(2) 画图并解释短期总产量曲线 TP_L 和短期总成本曲线 STC、平均产量曲线 AP_L 和平均可变成本曲线 AVC，以及边际产量曲线 MP_L 和短期边际成本曲线 SMC 之间的关系。

（3）为什么长期总成本曲线 LTC 是短期总成本曲线的下包络线？请画图说明并予以解释。

7. 资料题①

2004 年 8 月 11 日，财政部发出通知，为配合中央银行的货币政策，将在 8 月底前对银行间市场成员提前兑付本应在 2004 年底到期的三期记账式国债。

如果投资者不选择提前兑付，可以在国债到期时得到国债票面价格本金，以及发行时约定的每年 2.51% 票面利率。

如果投资者选择提前兑付，投资者能按含有利息的全价得到国债投资回报，并把收回的资金用于其他投资，如购买中央银行票据，而最近一期中央银行发行的一年期票据利率为 2.75%。

假定某投资者持有 10 亿元国债，不选择提前兑付，请问：

（1）他到期能获得的收益是多少？

（2）持有债券的机会成本是多少？

---

① 韩瑞芸，孙斌华. 国债提前兑付，投资者掂算"机会成本". 21 世纪经济报道，2004-08-18.

第 6 章 完全竞争市场

【知识结构图】

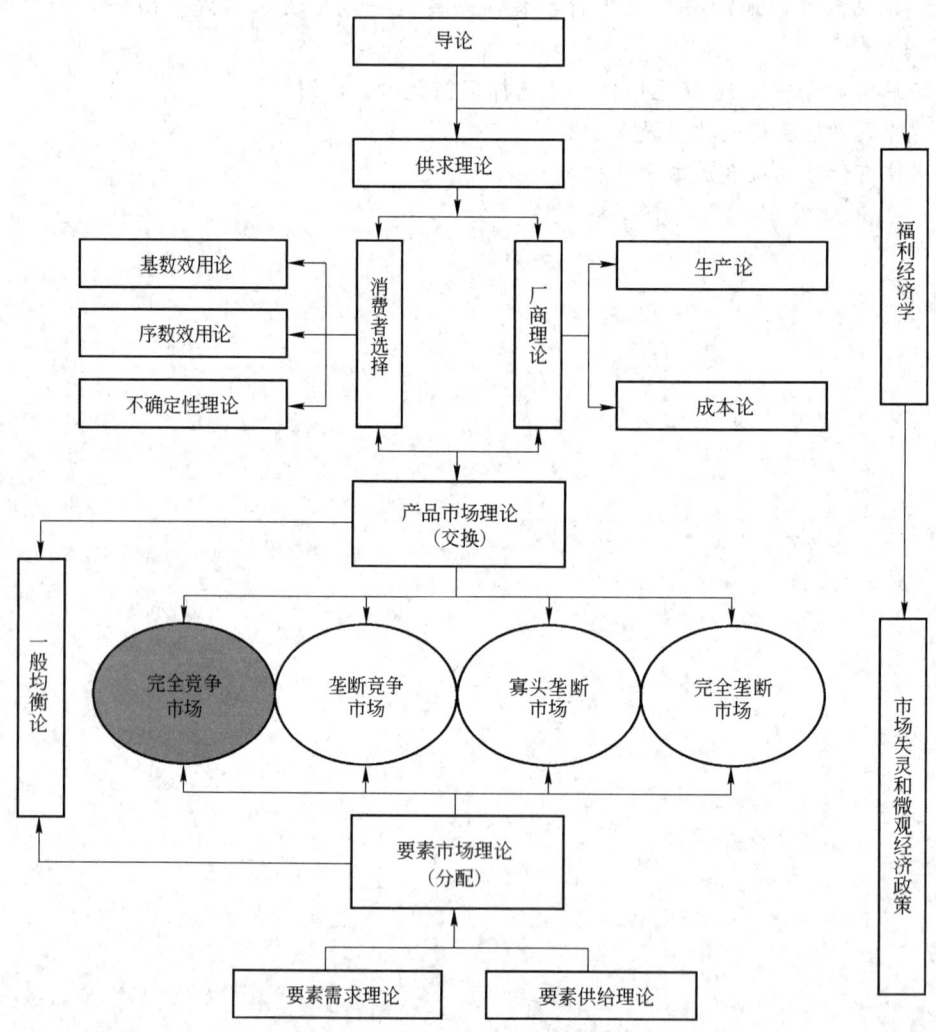

【导入案例】

解析昔日"鞋王"达芙妮关店潮[①]

达芙妮国际（00210.HK）2019年上半年业绩公告显示，达芙妮国际再次录得营收净利双降，实现营业额14.03亿港元，同比减少37.9%；毛利6.51亿港元，同比减少39.7%；股东应占亏损3.9亿港元，同比减少20.86%；每股基本亏损23.6港元。

事实上，自2015年达芙妮近10年来首次亏损后，公司至今已连续亏损4年。其中2018年亏损额为7.866亿港元。款式陈旧、价格偏低且长期打折等因素，达芙妮在消费者心目中渐成打折品牌是达芙妮连年亏损的主要原因。

面对"不能承受之重"，达芙妮国际表示，虽然集团自2017年启动的业务转型已经取得初步进展，但集团认为必须进一步推行大幅度的策略调整，以支持达芙妮的长期发展，并表示将"更为果断地"关闭表现欠佳的店铺，同时将更多资源分配至表现稳健的店铺。今年上半年达芙妮共关店612家，最近一年关店数量则达到1 178家。

昔日"鞋王"如今状况令人唏嘘，但仍有一些问题值得我们思考：面对连年亏损，达芙妮如何做出哪些门店关闭，哪些门店继续经营的决策？发生亏损的门店为何继续经营？已经关闭的门店是否会再度开门迎客？通过本章的学习，你将能够运用经济学原理回答这一问题。

在本章，将首先分析完全竞争市场中厂商实现利润最大化的均衡条件，并在此基础上分析完全竞争厂商的供给曲线，解释厂商的供给曲线向右上方倾斜的原因；最后，把本课程到此为止学过的内容进行总结，以期对市场竞争机制的作用原理有一个初步理解和认识。

6.1 厂商和市场类型

6.1.1 市场的概念

在第1章讲过，微观经济学本质上研究的是需求和供给问题，而市场则是沟通需求和供给的桥梁。什么是市场呢？

狭义地讲，市场是物品买卖的交易场所或接洽点，如大钟寺农贸市场，交易商品是农副产品，地点在大钟寺；亚运村汽车交易市场，交易商品是汽车，地点在亚运村。

但是，随着现代通信方式和交易手段的不断更新，这个定义已经不能涵盖所有的交易活动。例如，所有的电话用户都是电信业务的需求者，通信公司是电信业务的供给者，我们接打电话的过程就是发生交易活动的过程，但是，电信市场在哪里？再如，我们很多人都参与股票买卖，也就是说，都是股票市场参与者，股票市场又在哪里？

前两个例子都是有形市场，有明确的交易商品，有固定的交易地点；而后两种市场则是

[①] 张泽炎. 仅电商盈利! 达芙妮国际上半年日均关店三家 亏损收窄. 新京报, 2019-08-27.

无形市场，没有固定的交易场所，交易过程是双方按某种制度事先约定的。因此，广义上讲，市场是商品买卖双方相互作用并得以决定其交易价格和交易数量的一种组织形式或制度安排。

6.1.2 市场的分类

从不同的角度，可把市场分为许多不同的类型。例如，按照市场的交易品种划分，市场分为产品市场和要素市场；按照交割方式划分，市场分为现货市场和期货市场；按照交割区域的不同，市场又分为国际市场和国内市场。

在经济学中，划分市场的标准是市场的竞争和垄断程度，根据市场的竞争和垄断程度，市场分为完全竞争市场（perfect competition market）、垄断竞争市场（monopolistic competition market）、寡头垄断市场（oligopoly market）和完全垄断市场（monopoly market）共4种类型。

与市场概念类似的另一个概念是行业，行业（industry）是指生产和提供同一类产品或服务的所有厂商的总体。由于市场分为完全竞争市场、垄断竞争市场、寡头垄断市场和完全垄断市场4种，所以行业相应地分为完全竞争行业、垄断竞争行业、寡头垄断行业和完全垄断行业4种。

关于这4种市场，可以通过罗列市场的特点来区分，而市场的特点则主要由以下4个因素决定：①市场上买卖者的数目；②市场上交易产品的差别程度；③单个厂商对产品价格的控制和影响程度；④厂商进入和退出一个行业的难易程度。每种市场结构的特征如表6-1所示。

表6-1 4种不同市场结构的特征

市场类型	厂商数目	产品差别程度	对价格控制程度	进入行业难易程度	实例
完全竞争	众多	无差别、同质	完全没有	很容易	农产品
垄断竞争	很多	有差别，但可替代	有一些	比较容易	轻工产品
寡头垄断	几个	有差别或无差别	相当程度	比较困难	钢铁、汽车
完全垄断	一个	唯一、无替代品	很大程度	几乎不可能	水电供应

在表6-1列出的决定市场类型的4种因素中，第一种和第二种因素是最基本的因素，而后两种因素则是前两种因素的必然结果。例如，第三种因素显然是前两种因素的延伸，如果市场上提供产品的厂商数量众多，而不同厂商提供的产品几乎没有差别，那么每个厂商对产品市场价格的控制程度必然也就弱，反之亦然。另外，第一种因素隐含着第四种因素，因为进出市场的难度越小，市场中提供相同或相近产品的厂商数目也就越多。

另外，也可以简单地通过画图来区分不同市场结构的特征，图6-1就是从市场中厂商数量这个特征对市场类型进行的划分。

为什么从竞争和垄断程度来区别市场呢？因为在不同的市场结构中，厂商利润最大化的决策不同。拿厂商的促销方式来说，农副产品市场最接近完全竞争市场结构，在这种市场里，几乎没有销售者通过做广告的方式促销。比如，我们没有看见在农贸市场门口竖一块广

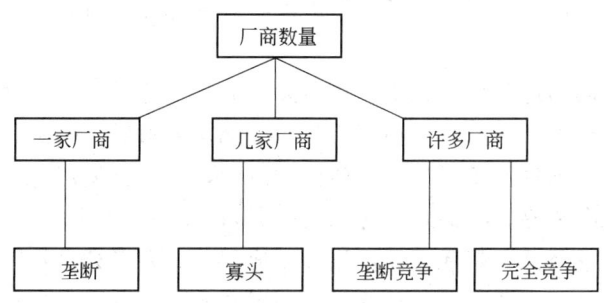

图 6-1 不同市场结构逻辑图

告牌，上面写着："本市场 007 号柜台销售东北大米，质量上乘，颗粒饱满，色泽鲜艳，童叟无欺。"为什么呢？因为在完全竞争市场中，买者和卖者人数众多，更为关键的是，不同厂商销售的产品是同质的，既然大家销售的产品完全一样，销售者做广告起不到任何促销作用。同样，城市的水电供应是典型的完全垄断行业，这些行业的厂商也不会通过做广告促销，即使做广告，也是为了宣传企业形象。因为它是市场上唯一的产品供给者，没有竞争对手，不发愁产品的销路，不担心被别人抢走客户。相反，医药行业和化妆品行业是典型的垄断竞争行业，这些行业不同厂商生产的产品既能相互替代，又有差别，所以厂商常利用广告宣传本企业产品的特点以吸引消费者。我们每天看电视节目，看到最多的就是药品和化妆品广告。例如，大家生产的产品都是感冒药，但是服用白加黑，"白天不瞌睡，晚上睡得香"。不同的化妆品，你的防晒，而我的祛斑。看这样的广告，我们首先记住的是产品，而产品是哪一家企业生产的则是次要的。还有一种市场结构是寡头垄断市场，钢铁、汽车、石油化工等行业都是典型的寡头垄断行业。这种行业的企业往往既有合作，又有竞争。这样的企业也做广告，但更多是宣传企业形象的广告，因为它生产的产品种类很多，所以这样的广告你记住的往往是企业而不是产品。例如，改革开放初期日本丰田的一则广告语——"车到山前必有路，有路必有丰田车"，IBM 前几年的一则广告的背景画面是宇航员登上月球，广告语是——"无论是一大步，还是一小步，总是领先世界的脚步"，确有让人过目不忘的功效，而让人记住的是丰田、IBM，不是具体哪种商品。

关于不同类型企业的经营策略，如企业的经营战略、营销策略等的深入分析，将在"战略管理""市场营销"等后续课程中深入学习。

【实例链接】　　　农村春联市场：完全竞争的缩影[①]

贴春联是中国民间的一大传统，每当春节临近，春联市场红红火火，而在农村，此种风味更浓。

据调查，在某农村春联市场中，需求者有 5 000 多农户，供给者为 70 多家零售商，市场中存在许多买者和卖者；供应商的进货渠道大致相同，且产品的差异性很小，产品具有高度同质性（春联所用纸张、制作工艺相同，区别仅在于春联所书写内容的不同）；供给者进入退出没有限制，只需很少的资金就可以进些货销售；农民购买春联时的习惯是逐个询价，最终决定购买，信息充分；供应商的零售价格水平相近，若提价销售量会大幅度下降，基本

---

① 杨晓东. 农村春联市场：完全竞争的缩影. 经济学消息报，2004-09-09.

上为零，因此提价会引起利润损失。所以，我国有着丰富文化内涵的春联，其销售市场结构是一个高度近似的完全竞争市场。

供应商在销售产品的过程中，都不愿意单方面降价。春联是农村过年的必需品，购买春联的支出在购买年货的支出中只占很小的比例，因此其需求弹性较小。如果某些供应商为增加销售量，扩大利润而采取低于同行价格的竞争方法，反而会使消费者认为其所经营的产品存在瑕疵（例如，上年库存，产品质量存在问题等），反而不愿买。

农村春联市场条件简陋，春联商品习惯性席地摆放，大部分供应商都将春联放入透明的塑料袋中以防尘保持产品质量。而少部分供应商则更愿意损失少部分产品暴露于阳光下、寒风中，以此展示产品，因此就产生了产品之间的鲜明对照。暴露在阳光下的春联更鲜艳，更能吸引消费者目光、刺激购买欲望，在同等价格下，该供应商销量必定高于其他同行。由此可见，在价格竞争达到极限时，价格外的营销竞争对企业利润的贡献不可小视。

在商品种类上，如"金鸡满架"一类小条幅，批发价为 0.03 元/副，零售价为 0.3 元/副；小号春联批发价为 0.36 元/副，零售价为 0.50 元/副。因小条幅在春联中最为便宜且为春联中的必需品，统一价格保持五六年不变，因此消费者不对此讨价还价。小条幅春联共 7 类，消费者平均购买量为 3~4 类，总利润可达 1.08 元，并且人工成本较低。而小号春联相对价格较高，在春联支出中占比较大，讨价还价较易发生。由此，价格降低和浪费的时间成本会造成较大利润损失，对小号春联需求量较大的顾客也不过购买 7~8 副，总利润至多 1.12 元。

春联市场是一个特殊的市场，时间性很强，仅在年前存在 10 天左右，供应商只有一次批发购进货物的机会。供应商对于该年购入货物的数量主要基于上年销售量和对新进入者的预期分析。如果供应商总体预期正确，则该春联市场总体商品供应量与需求量大致相同，价格相对稳定。一旦出现供应商总体预期偏差，价格机制就会发挥巨大的作用，将会出现暴利或者亏损。

6.2 完全竞争厂商的需求曲线和收益曲线

本节分析完全竞争厂商的需求曲线和收益曲线，目的是结合第 5 章介绍的成本曲线，来研究完全竞争厂商的均衡问题。

6.2.1 完全竞争市场的条件

根据表 6-1，可以把完全竞争市场的特点总结为：① 市场上有众多的买者和卖者，每一个厂商或消费者都是市场价格的接受者（price-taker）；② 同一行业中的每一个厂商所生产的产品是同质的、无差异的；③ 厂商（生产要素）进出一个行业是完全自由的；④ 市场上的买者和卖者都具有完全信息。

关于第一点，市场上的买者和卖者众多，这个"众多"相当于数学里的无穷大量，这一点是完全竞争市场有别于其他类型市场结构的一个最重要特征。也正是由于这个特点，每一个厂商或消费者都不能影响市场价格，即都是价格的接受者。换句话说，你无法通过多卖一些使价格下降，也不用担心多买一些会导致价格上升，任何一个厂商或消费者买卖的数量对整个市场来说都是微不足道的，都不会对产品的市场价格产生任何影响，可谓沧海之一粟。

第二点也是完全竞争市场的一个重要特点，这里所讲的同质、无差异体现在各个方面，包括产品的质量、功能、形状、色泽、口味，甚至购物环境和售后服务都没有任何差别。这个同质性使消费者无法、也没有必要区分具体的生产厂家。比如，在一个大米销售市场，即使其他方面都没有区别，但如果有的商家卖东北大米，有的商家卖天津小站稻米，严格来说，这个市场算不上是完全竞争市场。

我们知道，厂商生产的目的是实现利润最大化，因此，第三个特点说的是，如果市场中厂商有利可图，就会有新的厂商（生产要素）加入进来追逐利润；如果厂商亏损，就会有厂商（生产要素）退出市场以避免或减少损失，这个进入或退出没有任何障碍。这既包括资金、技术障碍，又包括其他限制因素。第四点是微观经济学研究的一个假设前提，不用过多解释。

从对完全竞争市场特征的解释可以体会到，完全竞争市场是一个理想化的市场结构，在现实生活中根本不存在这样的市场。那么，我们为什么还要用很大的篇幅专门研究它呢？首先，通过研究完全竞争市场这种理想化了的市场结构，我们能够深刻理解"竞争"在市场中所起的作用，有助于我们分析和理解市场机制和资源配置的原理；其次，经济学研究遵从着由易到难、由简到繁的规律，我们开始总要做些假设，找出主要因素，忽略次要因素，然后再逐渐把其他因素考虑进去，否则会感到无从下手。因此，通过研究完全竞争市场，可以为后面研究垄断竞争和寡头垄断市场打下基础。另外，虽然在现实生活中不存在严格意义上的完全竞争市场，但是，市场结构越接近完全竞争市场，就越能体现出完全竞争市场的规律。

6.2.2 完全竞争厂商和完全竞争行业的需求曲线

完全竞争厂商所面临的需求曲线是指消费者对行业中的单个厂商所生产的商品的需求量随价格变化而变化的关系，简称为厂商的需求曲线。由于完全竞争厂商是价格的接受者，所以单个厂商的需求曲线是一条既定的市场均衡价格下的水平线，如图6-2（a）中曲线d所示。

完全竞争行业所面临的需求曲线是指消费者对整个行业所生产的商品的需求量随价格变化而变化的关系，简称为行业的需求曲线。完全竞争行业的需求曲线是一条向右下方倾斜的曲线，如图6-2（b）中曲线D所示。行业的需求曲线D和供给曲线S的交点决定市场均衡价格P_0。

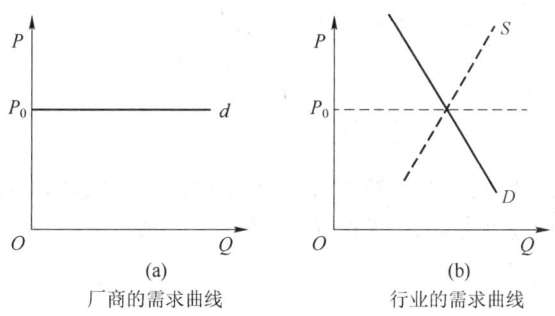

图6-2 完全竞争厂商和行业的需求曲线

为什么完全竞争厂商的需求曲线是一条水平线而不是向右下方倾斜的曲线呢？这是由于完全竞争市场中有众多的厂商，单个厂商提供的产品数量只占市场产品总量极小的一部分，厂商是市场价格的接受者，因此，其产品价格不随需求量的变化而变化，或者说，厂商产品需求量的变动不会影响其价格的变动，因此表现在图上，其需求曲线就是一条在市场均衡价格上的平行于横轴的直线。

6.2.3 完全竞争厂商的收益曲线

在分析了完全竞争厂商需求曲线的基础上，下面来分析厂商的收益曲线。

收益（revenue），是指厂商的销售产品获得的收入。和成本概念类似，厂商的收益有以下几个。

总收益（total revenue），是指厂商按一定价格出售一定数量产品时所获得的全部收入，记作 TR。总收益 TR 是产量 Q 的函数，表达式为

$$TR = TR(Q) \tag{6.1}$$

平均收益（average revenue），是指厂商每销售一单位产品所获得的收入，记作 AR。平均收益 AR 也是产量 Q 的函数，平均收益 AR 等于总收益 TR 除以产量 Q，表达式为

$$AR(Q) = \frac{TR(Q)}{Q} \tag{6.2}$$

边际收益（marginal revenue），是指厂商增加一单位产品销售所获得的总收益的增加量，记作 MR。同样，边际收益 MR 也是产量 Q 的函数，表达式为

$$MR(Q) = \frac{\Delta TR(Q)}{\Delta Q} \tag{6.3}$$

或

$$MR(Q) = \frac{d\,TR(Q)}{dQ} \tag{6.4}$$

也就是说，边际收益 MR 是总收益 TR 的导数。

对完全竞争厂商来说，由于其产品的价格 P 不随需求量 Q 变化而变化，因此有以下三式。

总收益 $$TR(Q) = P \cdot Q \tag{6.5}$$

平均收益 $$AR(Q) = \frac{TR(Q)}{Q} = P \tag{6.6}$$

边际收益 $$MR(Q) = \frac{d\,TR(Q)}{dQ} = P \tag{6.7}$$

完全竞争厂商的需求曲线、平均收益曲线和边际收益曲线在市场均衡价格水平上重合，如图 6-3（a）所示，而总收益曲线是从原点出发、以市场均衡价格 P_0 为斜率的直线。

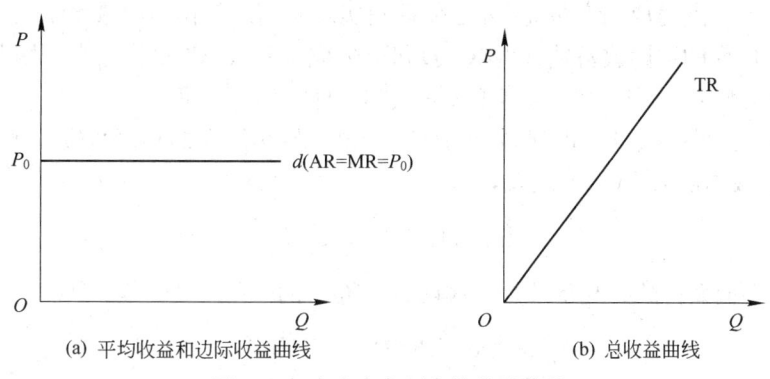

(a) 平均收益和边际收益曲线　　(b) 总收益曲线

图 6-3　完全竞争厂商的收益曲线

6.3　厂商实现利润最大化的均衡条件

厂商的经营目标是实现利润最大化，而厂商的利润是收益和成本之差，所以，下面在分析厂商收益曲线的基础上，结合第 5 章介绍的成本曲线，分析厂商实现利润最大化的均衡条件，也就是说，在既定的市场均衡价格下，完全竞争厂商应该如何确定产量水平，才能实现利润最大化。

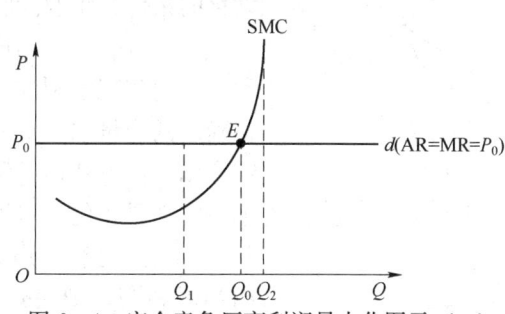

图 6-4　完全竞争厂商利润最大化图示（一）

如图 6-4 所示，P_0 是市场均衡价格水平，而 $d(AR=MR=P_0)$ 就是在此价格水平上重合的完全竞争厂商的需求曲线、平均收益曲线和边际收益曲线，SMC 是厂商的短期边际成本曲线，这两条曲线相交于 E 点。下面结合边际收益曲线和短期边际成本曲线，来分析厂商为了实现利润最大化，应该如何确定产量水平。从图 6-4 中可以看出，在 Q_1 产量水平，厂商的边际收益 MR 大于短期边际成本 SMC。也就是说，在这个产量水平上，厂商增加产量所带来的收益的增加量大于所付出的成本，从而会使利润增加，因此，这个产量水平不是厂商的利润最大化产量水平。推而广之，只要产量水平低于 E 点对应的产量 Q_0，厂商增加生产就可以使利润增加，因此不是厂商的利润最大化产量水平。

再来看 Q_2 产量水平，在这个产量上，厂商的短期边际成本 SMC 大于边际收益 MR。也就是说，在这个产量水平上，厂商增加产量所带来的收益的增加量不抵所付出的成本，从而会使利润减少或亏损增加，相反，厂商减少生产会使亏损减少、利润增加。因此，这个产量水平也不是厂商的利润最大化产量水平。推而广之，只要产量水平高于 E 点对应的产量 Q_0，厂商减少生产就可以使利润增加，因此也不是厂商的利润最大化产量水平。

这样，只有 E 点对应的产量 Q_0 才是使厂商实现利润最大化的产量水平。

在 E 点，厂商的边际收益曲线 MR(Q) 和边际成本曲线 MC(Q) 相交，因此，厂商实现利润最大化的均衡条件是边际收益等于边际成本，即：MR＝MC。

也可以通过数学公式推导得到同样的结论。很显然，厂商的利润函数 $\pi(Q)$ 是总收益函数 TR(Q) 与总成本函数 TC(Q) 之差，即

$$\pi = \text{TR}(Q) - \text{TC}(Q) \tag{6.8}$$

而实现利润最大化的必要条件是利润函数 $\pi(Q)$ 的一阶导数为零，即

$$\frac{d\pi}{dQ} = \frac{d\,\text{TR}(Q)}{dQ} - \frac{d\,\text{TC}(Q)}{dQ} \tag{6.9}$$

总收益函数 TR(Q) 的一阶导数是边际收益函数 MR(Q)，总成本函数 TC(Q) 的一阶导数是边际成本函数 MC(Q)，因此

$$\text{MR}(Q) - \text{MC}(Q) = 0 \tag{6.10}$$

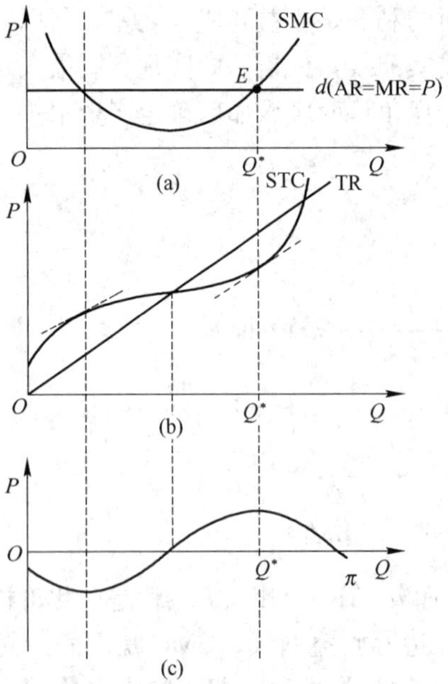

这个推导过程没有用到完全竞争厂商的任何条件，也没有涉及厂商生产的长期和短期之分，因此上面得到的结论具有普遍意义。也就是说，不管对哪一类厂商来说，其实现利润最大化的条件都是边际收益等于边际成本。

从式（6.10）的推导过程中我们可以体会到，厂商实现了利润最大化，是指其利润函数在确定的产量水平上取得了最大值。但这不一定表示厂商就获得了利润，因为函数的最大值不一定就是正的，可能为零，甚至为负值。因此，厂商实现利润最大化的正确理解应该是：如获得利润，则是最大可能的利润，如果亏损，则是最小可能的亏损。关于这一点，也可以通过图形分析加深理解，如图6-5所示。

由于短期边际成本曲线 SMC 是 U 形线，它和水平的边际收益曲线有两个交点，如图6-5(a) 所示，这两个交点都满足 MR＝MC 的条件。但是从图6-5(b) 和图6-5(c) 中可以看出，处于边际成本曲线 SMC 上升阶段的交点 E 对应的利润函数达到最大值，这一点正是我们要确定的厂商利润最大化均衡点。同时可以看出，在满足 MR＝MC 的另一点，也就是处于边际成本曲线 SMC 下降阶段的交点，利润函数达到最小值（这个结果也容易理解，一个可导函数的最大值和最小值点的一阶导数都为0）。显然，这一点不是我们要找的点。

图6-5　完全竞争厂商利润最大化图示（二）

6.4 完全竞争厂商的短期均衡和短期供给曲线

在讨论了厂商实现利润最大化的均衡条件后，下面利用这个结论分析完全竞争厂商短期均衡问题，推导完全竞争厂商的短期供给曲线，并解释供给曲线向右上方倾斜的原因。

6.4.1 完全竞争厂商的短期均衡

在厂商生产的短期内，至少有一种生产要素保持不变，这个保持不变的生产要素表示厂商的生产规模。另外，完全竞争厂商是价格的接受者，因此在分析的过程中假定市场价格是给定的。厂商要做的是在既定的生产规模和价格水平下，通过调整产量来实现 MR＝SMC 的利润最大化均衡条件。下面分几种不同情况来讨论。

如图 6-6 所示，P_0 是既定的市场价格，前面讲过，对完全竞争厂商来说，需求曲线 d 和平均收益曲线 AR、边际收益曲线 MR 在市场价格 P_0 重合，SMC 是厂商的边际成本曲线。由于完全竞争厂商实现利润最大化的原则是边际收益等于边际成本，因此，边际收益曲线 MR 和边际成本曲线 SMC 的交点 E 对应的产量水平 Q^* 是该厂商实现利润最大化的产量水平。

在该产量水平，厂商是否获得了利润呢？这需要通过比较平均收益 AR 和平均成本 SAC 来得出

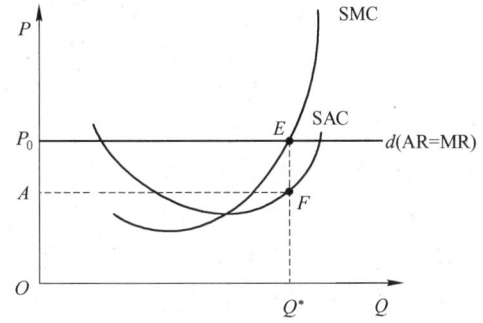

图 6-6 完全竞争厂商的短期均衡（一）

结论。就图 6-6 的情况来看，在 Q^* 产量水平，厂商的平均收益是 EQ^*，平均成本是 FQ^*，平均收益大于平均成本（也可以通过比较总收益 OQ^*EP_0 和总成本 OQ^*FA 进行分析）。因此，该厂商获得了利润，EF 是厂商的平均利润，而其总利润是矩形 $AFEP_0$ 的面积。

从上面的分析中我们可以体会到，厂商之所以获得利润，是因为在给定的价格水平 P_0 下，厂商的平均收益大于平均成本。如果情况不是如此，结论就要变化了。

如图 6-7 所示，和上面的分析类似，在 P_0 价格水平，厂商在边际收益曲线 MR 和边际成本曲线 SMC 的交点 E 对应的产量水平 Q^* 实现利润最大化。因为在该产量水平上厂商的平均收益曲线 AR 和短期平均成本曲线 SAC 相切于 SAC 的最低点，厂商的平均收益 AR 等于平均成本 SAC，因此，其利润为零。我们所说的成本是机会成本，因此利润为零并不说明厂商一无所获，而只是说厂商的超额利润为零，但厂商仍获得了正常利润，也就是说，厂商自己投入的生产要素作为隐成本获得了应有的报酬。把厂商既无利润，也无亏损的均衡点 E 称为收支相抵点（break-even point）或盈亏平衡点。

我们再看下一种情况。在图 6-8 中，在 P_0 价格水平，厂商的边际收益曲线 MR 和边际成本曲线 SMC 的交点 E 对应的产量 Q^* 是厂商实现利润最大化的产量水平。而在这一产量水平上，厂商的平均收益 EQ^* 小于平均成本 FQ^*，因此厂商是亏损的，平均亏损额是 FE，总亏损额是矩形 P_0EFB 的面积。

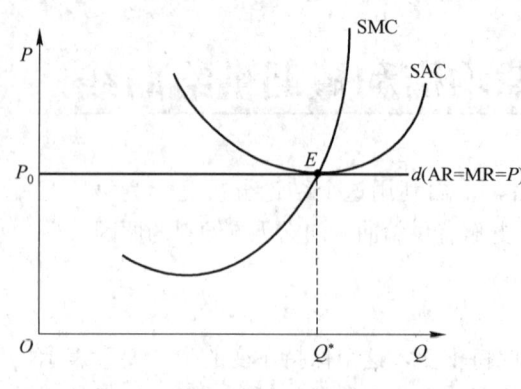
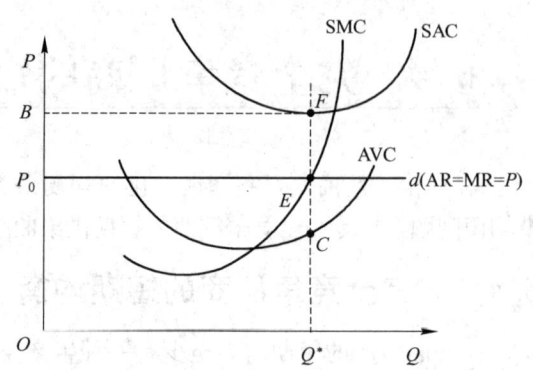

图6-7 完全竞争厂商的短期均衡（二）　　　图6-8 完全竞争厂商的短期均衡（三）

那么，既然亏损，该厂商是否该关门停业了呢？为了回答这个问题，我们需要再加进平均可变成本曲线 AVC 进行分析。在 Q^* 产量水平，厂商的平均可变成本为 CQ^*，而平均不变成本为 FC。厂商的平均收益 EQ^* 大于平均可变成本 CQ^*，厂商的收益除支付可变成本外，还可以在一定程度上弥补一部分不变成本，减少亏损。因此，该厂商之所以亏损，是因为分摊到每单位产量上的不变成本 FC 过大。在这种情况下，厂商在短期内虽然承受亏损，仍应继续生产。关于这一点，大家可以结合导读案例进一步理解。

再看另一种情况，如图6-9所示，和前面的分析一样，在 P_0 价格水平，厂商的边际收益曲线 MR 和边际成本曲线 SMC 的交点 E 对应的产量 Q^* 是厂商实现利润最大化的产量水平。而在这一产量水平上，厂商的平均收益 EQ^* 小于平均成本 FQ^*，因此，厂商是亏损的，平均亏损额是 FE，总亏损额是矩形 P_0EFD 的面积。

那么，厂商是应该为减少亏损继续营业还是停业呢？还是需要通过比较平均收益 AR 和平均可变成本 AVC 来给出答案。在图6-9所示的情况中，厂商的平均收益曲线 AR 和平均可变成本曲线 AVC 相切于 AVC 的最低点。因此，在 Q^* 产量水平，厂商的平均收益和平均可变成本相等，也就是说，厂商经营所获得的收益恰好全部用于支付可变成本支出，而不变成本得不到任何弥补。因此，在这种情况下，厂商是继续经营还是停业，结果是一样的。这个均衡点 E 称为厂商的停业点或关闭点（shut-down point）。

再看最后一种情况。如图6-10所示，在 P_0 价格水平，厂商的边际收益曲线 MR 和边际成本曲线 SMC 的交点 E 对应的产量 Q^* 是厂商实现利润最大化的产量水平。而在这一产量水平上，厂商的平均收益 EQ^* 小于平均成本 FQ^*，因此厂商是亏损的，平均亏损额是 FE，总亏损额是矩形 P_0EFD 的面积。

在这种情况下，厂商是应该继续营业还是停业呢？前面说过，需要通过比较平均收益 AR 和平均可变成本 AVC 来给出答案。在图6-10所示的情况中，平均收益 EQ^* 小于平均可变成本 GQ^*，也就是说，厂商经营所取得的收益尚不足以支付可变成本支出，更不用说弥补不变成本了，厂商经营的结果只能使亏损加剧。因此，在这种情况下，厂商只能选择停业，因为停业后无须再支付可变成本，厂商的亏损仅限于不变成本。

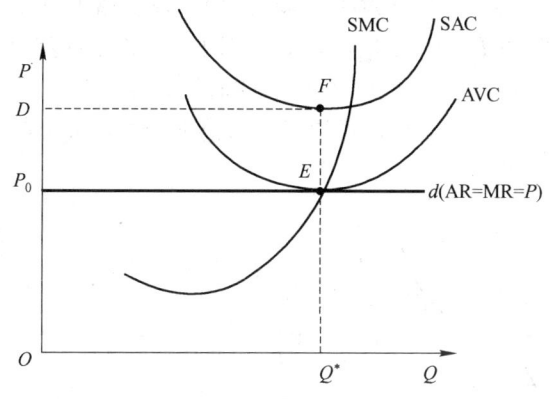

图 6-9 完全竞争厂商的短期均衡（四）

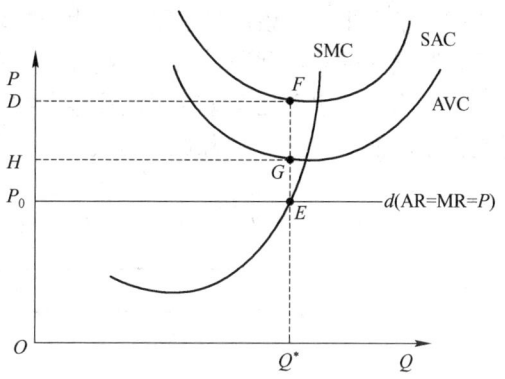

图 6-10 完全竞争厂商的短期均衡（五）

【实例链接】　　　　　开餐馆的苦恼

某君租用了一间临街店铺开餐馆，租期三年，平均每月租金 20 000 元。假定他每月用于购买原料的费用为 30 000 元，支付人员工资 20 000 元，水电气等支出 5 000 元，一个月下来获得的营业收入为 70 000 元，请问他该关门还是继续营业？

他的营业成本为房屋租金＋原料费用＋人员工资＋水电气支出＝20 000 元＋30 000 元＋20 000 元＋5 000 元＝75 000 元，而营业收入为 70 000 元，因此他一个月下来净亏损 5 000 元。如此看来他应该关门停业，否则不是赔本赚吆喝吗？

问题不是这么简单。在我们上面列出的这些成本项目中，房屋租金属于不变成本，因为他签了三年的租房合同，即使关门停业，这项支出也是免不了的。原料费用、人员工资和水电气支出属于可变成本，如果他选择关门停业，这些开支就不必花费了。但如此一来，他每月的亏损额就是 20 000 元房租了。因此，虽然他每月要承受 5 000 元的亏损，但是只要他在短期内不能变更经营项目，也无法解除租房合同，他只能硬着头皮经营下去，因为这样获得的营业收入除了支付可变成本外，还可以使亏损从 20 000 元减少到 5 000 元。

继续分析下去。如果他每月获得的营业收入是 55 000 元，那么他干一个月下来获得的营业收入只够支付可变成本，干不干一个样，真成赔本赚吆喝了。如果他每月获得的营业收入少于 55 000 元，他只有关门大吉，否则会使亏损加剧。

综上所述，对完全竞争厂商来说，厂商在边际收益等于边际成本的产量水平实现利润最大化；厂商在实现了利润最大化后是否获得了利润由平均收益和平均成本的大小决定；如果厂商亏损是应该停业还是继续营业由平均收益和平均可变成本的大小决定。

6.4.2　完全竞争厂商的短期供给曲线

在短期均衡分析的基础上，下面推导完全竞争厂商的短期供给曲线，回顾一下我们在第 2 章给出的供给曲线的定义，我们要做的是，确定在每个价格水平下，厂商愿意而且能够提供的商品的数量。

如图 6-11 所示，根据边际收益等于边际成本的利润最大化原则，当价格为 P_1 时，厂

商的需求曲线 d_1 和短期边际成本曲线 SMC 的交点 E_1 对应的产量 Q_1 是使厂商实现利润最大化的产量水平。在该产量水平上,由于平均收益 E_1Q_1 大于平均成本,因此厂商能够获得利润。既然能够获得利润,因此厂商在这一价格水平当然愿意而且能够提供 Q_1 的产量。以此类推,当价格水平处于短期平均成本曲线最低点以上时,厂商愿意而且能够提供的商品数量是需求曲线 d 和短期边际成本的交点对应的产量水平。

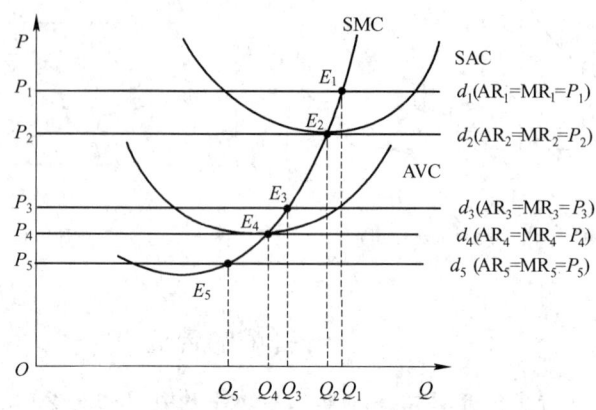

图 6-11 完全竞争厂商的短期供给曲线

当价格为 P_2 时,厂商的需求曲线 d_2 和短期边际成本曲线 SMC 相交于短期平均成本的最低点 E_2,这个交点对应的产量 Q_2 是使厂商实现利润最大化的产量水平。在这一产量水平,由于平均收益 E_2Q_2 等于平均成本,因此厂商经济利润为零,但是厂商自己提供的生产要素作为隐成本得到了回报,厂商实现了正常利润,因此厂商在这一价格水平也愿意而且能够提供 Q_2 的产量。

当价格为 P_3 时,厂商的需求曲线 d_3 和短期边际成本曲线 SMC 的交点 E_3 对应的产量 Q_3 是使厂商实现利润最大化的产量水平。在该产量水平,由于平均收益 E_3Q_3 小于平均成本,因此厂商亏损。但是,由于厂商的平均收益大于平均可变成本,因此,厂商经营获得的收益除支付可变成本外,还可以最大限度地弥补不变成本,减少亏损,因此,厂商在这一价格水平也愿意而且能够提供 Q_3 的产量。

在 P_4 价格水平上,厂商的需求曲线 d_4 和短期边际成本曲线 SMC 的交点 E_4 对应的产量 Q_4 是使厂商实现利润最大化的产量水平。在这一产量水平,由于平均收益 E_4Q_4 小于平均成本,因此厂商亏损,并且在这一价格水平厂商的平均收益等于平均可变成本,因此,厂商经营获得的收益恰好可以支付可变成本,因此厂商在这一价格水平上也能够提供 Q_4 的产量。

当价格低于平均可变成本最低点(如图 6-11 中 P_5)时,即使在实现利润最大化的产量水平 (Q_5) 上,因为平均收益小于平均可变成本,所以厂商经营不但承受亏损,而且会使亏损加剧。因此在这种情况下,厂商只能选择停业,而不愿意提供任何数量的产量。

综上所述,厂商的短期供给曲线是用短期边际成本曲线 SMC 上大于和等于平均可变成本曲线 AVC 上最低点(停业点)的部分来表示。根据第 5 章对短期边际成本曲线形状的分析,完全竞争厂商的短期供给曲线是向右上方倾斜的,向右上方倾斜的短期供给曲线表示商品价格和供给量同方向变化。而且,经过上面的分析,短期供给曲线还有更深一层的含义,它不但表示在每一个价格水平上厂商愿意而且能够提供的产品数量,而且也是能够给他带来最大利润或最小亏损的最优产量。这一点，和第 2 章对供给的定义是一致的。

6.4.3 生产者剩余

与消费者剩余类似，生产者剩余（producer surplus）是指厂商在提供一定数量的某种商品时实际接受的总支付和愿意接受的最小总支付之间的差额，如图 6-12 所示。

在图 6-12 中，在 P_0 价格水平上，厂商生产的产量是 Q_0，收益是矩形 OP_0EQ_0 的面积，而从供给曲线的含义出发，厂商提供的一单位产品愿意接受的价格由供给曲线（边际成本曲线）确定，这个价格低于它实际接受的价格 P_0，它实际接受的价格和愿意接受的价格之间的差额就是它提供这单位产品的剩余。因此，厂商实际接受的价格线与边际成本曲线之间阴影部分的面积就是厂商的剩余，用公式表示为

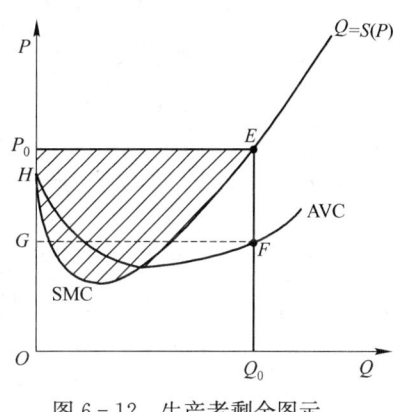

图 6-12 生产者剩余图示

$$PS = P_0 Q_0 - \int_0^{Q_0} f(Q) \mathrm{d}Q \tag{6.11}$$

式中，被积函数 $P = f(Q)$ 是供给函数 $Q = S(P)$ 的反函数。

6.5 完全竞争行业的短期供给曲线

下面把分析结论推广到行业。在任何价格水平上，一个行业的供给量等于行业内所有厂商的供给量的总和。因此，完全竞争行业的短期供给曲线是该行业内众多厂商短期供给曲线的累加。用公式表示为

$$S(P) = \sum_{i=1}^{n} S_i(P) \tag{6.12}$$

式中：n 是行业内厂商的数量，$S_i(P)$ 是第 i 个厂商的短期供给函数，$S(P)$ 是整个行业的短期供给函数。如果行业内每个厂商具有相同的短期供给函数，则

$$S(P) = n \cdot S_i(P) \tag{6.13}$$

由于每个厂商的供给曲线向右上方倾斜，所以，完全竞争行业的短期供给曲线也是向右上方倾斜的。它说明市场的产品价格和短期供给量同方向变动。进一步，行业的短期供给曲线上与每一价格水平相对应的供给数量都是可以使所有厂商获得最大利润或最小亏损的最优产量。

6.6 完全竞争厂商的长期均衡

在短期内，完全竞争厂商只能通过调整可变要素，在既定的规模下实现利润最大化。而在长期生产中，由于所有的生产要素都是可变的，因此，厂商可以通过调整生产规模作出长

期生产决策，包括进入和退出某一行业。长期均衡分析包括两部分内容，其一是厂商在长期内对最优生产规模的选择，其二是厂商如何根据市场价格的变化进入或退出一个行业。

6.6.1 厂商对最优生产规模的选择

先来看第一种情况。在图 6-13 中，假定市场价格为 P_0，短期内厂商保持其生产规模，其平均成本曲线和边际成本曲线依次为 SAC_1 和 SMC_1。根据边际收益等于边际成本的利润最大化原则，厂商将在 Q_1 产量上实现利润最大化。在这一产量水平上，厂商的平均收益 E_1Q_1 大于平均成本 GQ_1，所以厂商获得利润，其利润额是矩形 P_0FGE_1 的面积。

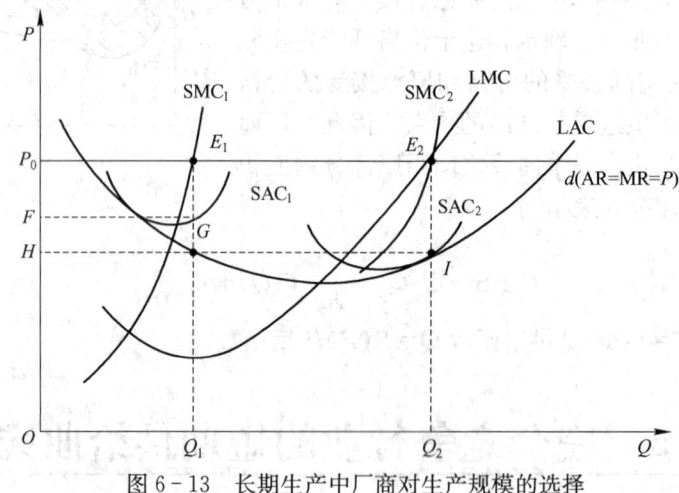

图 6-13 长期生产中厂商对生产规模的选择

而在长期内，厂商可以调整生产规模以实现最优产量，因此边际收益曲线 MR 和长期边际成本曲线 LMC 的交点对应的产量 Q_2 才是使厂商获得最大化利润的产量。当其把产量调整到 Q_2 时，生产规模也调整到了由短期成本曲线 SAC_2 和 SMC_2 代表的规模。在这一产量水平，厂商的平均收益为 E_2Q_2，平均成本为 IQ_2，厂商的利润为矩形 P_0HIE_2 的面积。因此，如果完全竞争厂商短期内能获得利润，那么，长期内它通过规模的调整能够实现更大的利润。

6.6.2 厂商进入或退出一个行业

在本章开始介绍的完全竞争市场的一个特点是，厂商的进出是完全自由的。由于这个特点，当一个完全竞争行业的厂商获利时，就会有新的厂商进入以追逐利润，或者已有厂商会投入更多的生产要素，扩大生产规模以获得更多的利润；相反，当厂商亏损时就会有厂商退出该行业以避免或减少亏损。

如图 6-14 所示，如果市场价格为 P_1，根据 MR=LMC 的利润最大化原则，厂商将把生产规模调整到短期成本曲线 SAC_1 和 SMC_1 代表的生产规模，生产 Q_1 数量的产量。在这一产量水平，因为平均收益 AR 大于平均成本 SAC，所以，厂商获得利润。在完全竞争市场，厂商（生产要素）的进出是完全自由的，因此厂商获取的利润会吸引新的厂商（生产要素）进入这一行业。新厂商（生产要素）的加入会使市场产品供给量增加，价格下降。

反过来，如果市场价格为 P_3，根据 MR=LMC 的利润最大化原则，厂商将把生产规模

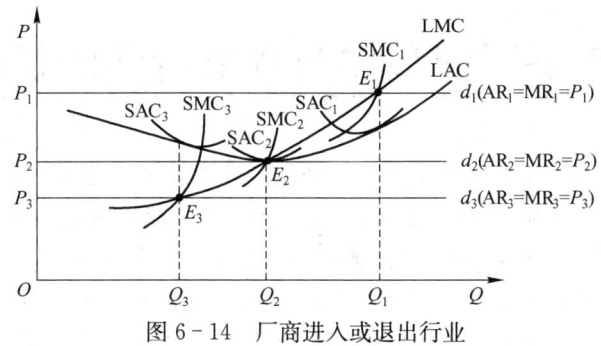

图 6-14 厂商进入或退出行业

调整到短期成本曲线 SAC_3 和 SMC_3 代表的生产规模，生产 Q_3 数量的产量。在这一产量水平上，因为平均收益 AR 小于平均成本 SAC，所以厂商将亏损，并导致现有厂商（生产要素）退出这一行业。厂商（生产要素）的退出会使市场产品供给量减少，价格上升。

因此，在长期内完全竞争厂商只有在长期平均成本曲线 LAC 最低点 E_2 实现均衡，其生产规模为短期成本曲线 SAC_2 和 SMC_2 代表的规模。这个均衡点对应的价格水平为 P_2，平均收益和平均成本相等，因此厂商的经济利润为零，也就失去了进入和退出该行业的动力。

在实现长期均衡的点 E_2，每个厂商的利润都为零，也就是说，只实现了正常利润，而没有超额利润。现实中是否如此呢？我们通过一个例子来进一步理解这个问题。我们知道，农产品市场最接近完全竞争市场，以玉米为例，如果玉米种植农户按目前的市场价格有超额利润，那么来年必定有更多的农户放弃种植其他作物，而改种植玉米，现有农户也会扩大种植面积，也就是说，生产要素会流入这个行业。种植面积的扩大会使产量增加，如果需求量不变，玉米价格将下跌。反之，如果玉米种植农户按目前的市场价格有亏损，那么来年必定有农户放弃种植玉米，而改种其他作物，或缩小种植面积，或放弃务农而选择去城市打工，也就是说，生产要素会流出这个行业。种植面积的减少会使产量下降，如果需求量不变，玉米价格将上升。因此，要达到长期均衡必定是每个厂商的利润为零。那么，为什么同样种植玉米的农户有的赚钱，有的赔钱呢？大家知道，我们所讲的利润为零是指超额利润为零，而厂商的正常利润还是得到了，也就是说，农户自己投在种子、化肥、农药上的支出，包括自己投入的劳动也得到了补偿。有的农户投入多，精于田间管理，他的收获必然也多，这就是"勤劳致富"的道理。当这个行业达到均衡时，农户是种植玉米还是改种其他作物，是种地还是外出打工，他的所得应该没有太大的区别。

从图 6-14 看出，完全竞争厂商在长期平均成本曲线 LAC 的最低点达到长期均衡，也就是说，当完全竞争厂商实现长期均衡时，市场竞争的结果使它的生产成本降到了最低水平。而在这一点，边际收益曲线 MR、长期边际成本曲线 LMC、短期边际成本曲线 SMC、长期平均成本曲线 LAC 和短期平均成本曲线 SAC 相交，因此，完全竞争厂商长期均衡的条件是

$$MR=LMC=SMC=LAC=SAC \tag{6.14}$$

在式（6.14）中，MR=LMC 是完全竞争厂商长期利润最大化的条件，MR=LAC 表示完全竞争行业达到均衡的状态（每个厂商的利润为零），MR=SMC=SAC 则表示厂商实现长期均衡时对最优生产规模的选择。

6.7 完全竞争厂商和完全竞争行业的长期供给曲线

下面，在完全竞争厂商长期均衡分析的基础上，推导完全竞争厂商的长期供给曲线。在生产的长期中，生产要素随利润的变化流入流出，而生产要素的流入流出遵循两个原则：①$AR \geqslant LAC$，②$MR=LMC$，因为只有满足第一个条件，厂商才不会发生亏损；而只有满足第二个条件，厂商才能实现利润最大化。由于在长期内厂商至少可以通过停产实现零利润，因此在实现长期均衡的条件下，厂商获得的利润至少为0，即$P \geqslant LAC$，单个完全竞争厂商的长期供给曲线也是长期边际成本曲线LMC在平均成本曲线LAC最低点以上部分。

由于在长期内生产要素在利润的驱使下流入或流出一个行业，生产要素的流入流出会引起要素价格的变化，该行业内厂商也是动态的，所以行业的长期供给曲线不是该行业内单个厂商长期供给曲线的简单加总。因为生产要素价格的变动会影响厂商的生产成本，所以，可以根据要素价格变化对厂商生产成本的影响，把完全竞争行业分为成本不变行业、成本递增行业和成本递减行业三种，下面来分别进行讨论。

6.7.1 成本不变行业的长期供给曲线

成本不变行业（constant cost industry）是指产量变化所引起的生产要素需求的变化，不对生产要素的价格产生影响的行业。显然，用于成本不变行业的生产要素只占这种生产要素需求总量的很少一部分。例如，农用地膜只占塑料需求量的很少一部分，因此，地膜需求的增加不会影响塑料价格的变化。

如图6-15所示，假定开始时完全竞争行业的需求曲线D_1和短期供给曲线SS_1相交于均衡点A，产品的均衡价格为P_1，完全竞争厂商i在长期平均成本最低点E达到均衡状态，其生产规模用短期成本曲线SAC和SMC表示，产量为Q_{i1}，行业的产量为Q_1。由于每个厂商的利润为零，所以A点是该行业的长期均衡点。只要外界条件不发生变化，该行业的生产将在A点处于稳定状态。

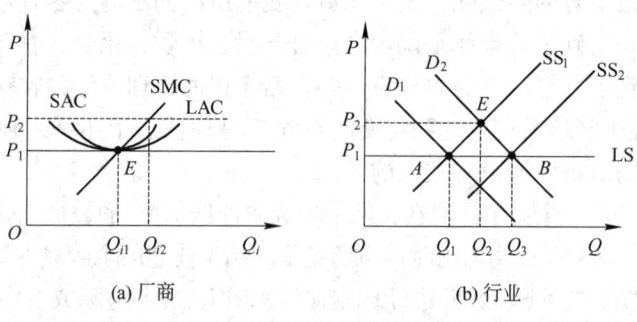

图6-15 成本不变行业的长期供给曲线

假如外部环境的变化使市场供求发生变化，如使需求增加，则行业需求曲线由D_1向右上方移动至D_2。新的行业需求曲线D_2和短期供给曲线SS_1相交于E点，使产品价格在短期内上升到P_2。在P_2价格水平，厂商i的产量提高到Q_{i2}，行业的产量提高到Q_2。此时，厂商的平均收益大于平均成本，厂商获得利润。对完全竞争行业来说，厂商的获利会吸引生产要素流入该行业。生产要素的流入将产生两个结果：一是使产量增加，并导致价格从 P_2 下降和短期供给曲线向右下方移动；二是随着产量的增加该行业对生产要素的需求增加。由于该行业是成本不变行业，所以，生产要素需求的增加不会引起要素价格的上升。由于要素价格不变，因此厂商的生产成本也不改变，即图 6-15（a）中成本曲线的位置不变。当市场再次实现长期均衡时，每个厂商的利润为零，因此价格必然一直下降到原来 P_1 的水平，而短期供给曲线 SS_1 随之右移到了 SS_2，SS_2 和需求曲线 D_2 的交点 B 和 A 处在同一水平线上。

我们把这样的长期均衡点 A、B 连起来，得到的就是长期供给曲线。可见，成本不变行业的长期供给曲线是一条平行于横轴的水平线，即在实现长期均衡的条件下，行业的供给量不随价格变化而改变。

6.7.2 成本递增行业的长期供给曲线

成本递增行业（increasing cost industry）是指产量增加所引起的生产要素需求的增加，会导致生产要素价格上升的行业。很显然，现实中绝大多数行业都是成本递增行业，因此，其长期供给曲线也最有普遍性。

如图 6-16 所示，假定开始时完全竞争行业的需求曲线 D_1 和短期供给曲线 SS_1 相交于均衡点 A，产品的均衡价格为 P_1，完全竞争厂商 i 在长期平均成本最低点 E_1 实现长期均衡，其生产规模由短期成本曲线 SAC_1 和 SMC_1 表示，产量为 Q_{i1}，行业的产量为 Q_1。由于每个厂商的利润为零，所以 A 点是该行业的长期均衡点。只要外界条件不发生变化，该行业的生产将在 A 点处于稳定状态。

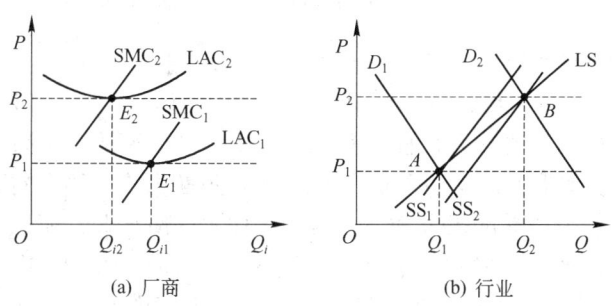

(a) 厂商　　(b) 行业

图 6-16　成本递增行业的长期供给曲线

假如外部环境的变化使市场需求增加，则行业需求曲线由 D_1 向右上方移动至 D_2。新的行业需求曲线 D_2 和短期供给曲线 SS_1 相交于新的短期均衡点。在上升后的价格水平，厂商获利。对完全竞争行业来说，厂商的获利会吸引生产要素流入该行业。生产要素的流入将产生两个结果：一是产量增加，并导致价格下降，短期供给曲线向右下方移动；二是随着产量的增加该行业对生产要素的需求增加。由于该行业是成本递增行业，所以生产要素需求的增加使要素价格上升。因此，厂商的生产成本也上升，即图 6-16（a）中长期平均成本曲线的位置由 LAC_1 上升到 LAC_2。当市场再次实现长期均衡时，每个厂商的利润为零，因此，产品价格将变为 LAC_2 最低点对应的价格水平，而短期供给曲线 SS_1 随之右移到了

SS_2，SS_2 和需求曲线 D_2 的交点 B 对应新的长期均衡点。

将长期均衡点 A、B 连起来得到的就是长期供给曲线，由于 B 点对应的价格高于 A 点对应的价格，因此成本递增行业的长期供给曲线是一条向右上方倾斜的曲线，即产品价格和需求量同方向变动。

6.7.3 成本递减行业的长期供给曲线

成本递减行业（decreasing cost industry）是指产量增加所引起的生产要素的增加，会导致生产要素价格下降的行业。

如图 6-17 所示，假定开始时完全竞争行业的需求曲线 D_1 和短期供给曲线 SS_1 相交于均衡点 A，产品的均衡价格为 P_1，完全竞争厂商 i 在长期平均成本最低点 E_1 达到均衡状态，其生产规模由短期成本曲线 SAC_1 和 SMC_1 表示，产量为 Q_{i1}，行业的产量为 Q_1。由于每个厂商的利润为零，所以 A 点是该行业的长期均衡点。只要外界条件不发生变化，该行业的生产将在 A 点处于稳定状态。

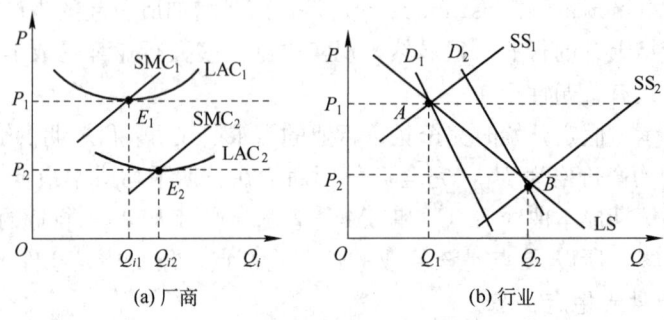

图 6-17 成本递减行业的长期供给曲线

假如外部环境的变化使市场需求增加，则行业需求曲线由 D_1 向右上方移动至 D_2。新的行业需求曲线 D_2 和短期供给曲线 SS_1 相交于新的短期均衡点。在上升后的价格水平上，厂商获利。对完全竞争行业来说，厂商的获利会吸引生产要素流入该行业。生产要素的流入将产生两个结果：一是产量增加，并导致价格下降，短期供给曲线向右下方移动；二是随着产量的增加该行业对生产要素的需求增加。由于是成本递减行业，所以生产要素需求的增加使要素价格下降，厂商的生产成本也下降，即图 6-17（a）中长期平均成本曲线的位置由 LAC_1 下降到 LAC_2。当市场再次实现长期均衡时，每个厂商的利润为零，因此产品价格将变为 LAC_2 最低点对应的价格水平，而短期供给曲线 SS_1 随之右移到了 SS_2，SS_2 和需求曲线 D_2 的交点 B 对应新的长期均衡点。

将长期均衡点 A、B 连起来得到的就是长期供给曲线，由于 B 点对应的价格低于 A 点对应的价格，因此成本递减行业的长期供给曲线是一条向右下方倾斜的曲线，即产品价格和需求量反方向变动。

6.8 完全竞争市场的短期均衡和长期均衡

下面把关于完全竞争厂商和完全竞争市场的结论做一个总结，以加深对完全竞争市场的市场机制的理解,并给出和解释消费者统治的概念。关于不同市场的市场效率的比较和市场机制配置资源的问题,将在后续章节中另行讨论。

6.8.1 完全竞争市场的短期和长期均衡

如图 6-18 所示,假定只有两个消费者,从第 3 章我们得到,由单个消费者追求效用最大化的行为得出单个消费者需求曲线,如图 6-18 中 d_1、d_2 所示。将单个消费者需求曲线加总即得到市场需求曲线,如图 6-18 中 D。由于每个消费者的需求曲线上每一点表示在一定价格水平下给他带来最大效用的需求量,所以市场需求曲线上每一点表示在一定价格水平上给每个消费者带来最大效用的需求量。

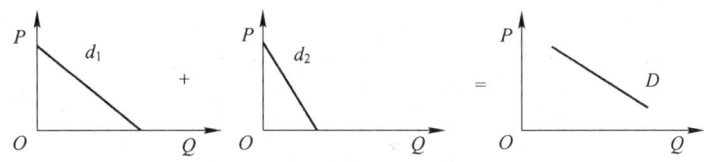

图 6-18 从消费者需求曲线到市场需求曲线

假定市场上有两个厂商,由单个厂商追求利润最大化的行为得出单个厂商的供给曲线,如图 6-19 中 SMC_1、SMC_2 所示。SMC_1、SMC_2 位于各自平均可变成本最低点以上部分,加总即得到市场供给曲线,如图 6-19 中 SS。由于每个厂商的供给曲线上每一点表示在一定价格水平上使厂商实现利润最大化的产量,所以市场供给曲线上每一点表示在一定价格水平下使每个厂商实现利润最大化的供给量。

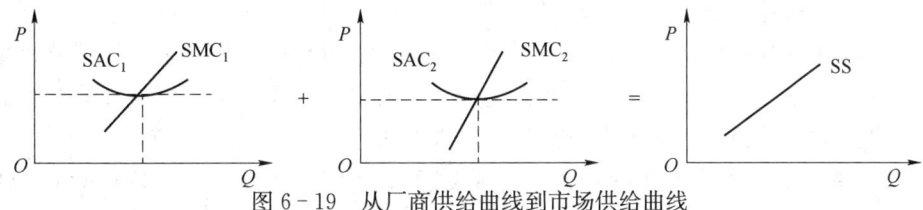

图 6-19 从厂商供给曲线到市场供给曲线

市场需求曲线和市场短期供给曲线的交点是市场的均衡点,如图 6-20 所示。

市场均衡点和厂商长期平均成本的最低点处于同一价格水平。因此,在完全竞争市场的长期均衡点上,厂商的生产成本降到了最低水平,市场的长期均衡价格也降到了最低水平。市场上所有消费者的需求量之和恰好等于所有厂商的供给量之和,市场处于出清状态,既无过剩,又无不足。所有厂商都以最低成本进行生产,并实现了利润最大化。所有消费者都以

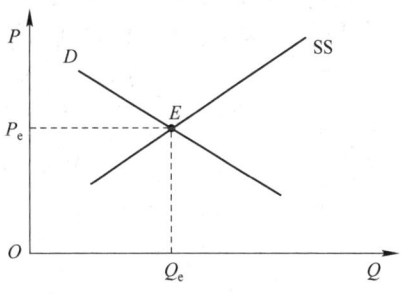

图 6-20 完全竞争市场的均衡

最低价格购买商品,并实现了效用最大化。因此,完全竞争的市场机制能够以最有效的方式实现资源的最优配置。

6.8.2 消费者统治

消费者统治（consumer sovereignty）也就是我们通常所说的"消费者是上帝"，其含义是，在经济社会商品生产过程中，消费者起着决定性的作用。也就是说，是消费者最终决定着经济社会"生产什么"和"怎样生产"的问题。这个决定过程可以简单地解释如下：消费者购买商品的种类和数量取决于其偏好程度，并将其"货币选票"投向能给他带来最大效用的商品；生产者为了实现利润最大化，必须根据消费者的"货币选票"，即根据消费者的意愿安排生产，决定"生产什么"和"怎样生产"。因此，是消费者的意愿最终使社会资源得到最合理的配置，并使所有社会成员得到了最大满足。

本 章 小 结

1. 根据市场上买者和卖者的数目、市场上交易产品的差别程度、单个厂商对产品价格的控制和影响程度，以及厂商进入和退出一个行业的难易程度4个标准，把市场划分为完全竞争市场、垄断竞争市场、寡头垄断市场和完全垄断市场4种市场，本章主要研究的是完全竞争市场中厂商的短期和长期均衡问题。

2. 完全竞争市场的特征有以下4点：(1) 市场上有众多的买者和卖者，每一个厂商或消费者都是市场价格的接受者；(2) 同一行业中的每一个厂商所生产的产品是同质的、无差异的；(3) 厂商进出一个行业是完全自由的；(4) 市场上的买者和卖者都具有完全信息。这些特征决定了完全竞争厂商的需求曲线是既定价格水平上的水平线，而其平均收益曲线、边际收益曲线和需求曲线重合。

3. 厂商实现利润最大化的均衡条件是边际收益等于边际成本，即：$MR=MC$。但满足该条件并不能保证厂商一定能获得利润，"利润最大化"的正确含义是：若厂商实现利润，就是最大利润；若厂商亏损，则是最小亏损。

4. 完全竞争厂商的短期供给曲线是短期边际成本曲线 SMC 位于平均可变成本曲线 AVC 最低点以上部分，完全竞争厂商的短期供给曲线向右上方倾斜。

5. 在长期生产中，完全竞争厂商只有在长期平均成本曲线 LAC 最低点实现均衡，长期均衡的条件是：$MR=LMC=SMC=LAC=SAC$。其中，$MR=LMC$ 是完全竞争厂商长期利润最大化的条件，$MR=LAC$ 表示完全竞争行业达到均衡的状态（每个厂商的利润为零），$MR=SMC=SAC$ 则表示厂商实现长期均衡时对最优生产规模的选择。

6. 完全竞争行业的长期供给曲线的形状取决于生产要素需求的变化对要素价格即厂商生产成本的影响，其中，成本不变行业的长期供给曲线是水平的，成本递增行业的长期供给曲线向右上方倾斜，而成本递减行业的长期供给曲线则向右下方倾斜。

像经济学家一样思考

解析昔日"鞋王"达芙妮关店潮

现在让我们回到本章的导入案例,看一看经济学家是如何分析这一问题的。

经济学家的分析:

我们知道,在生产的短期和长期中,厂商做出经营决策的依据是不同的。先来看生产的短期,并假设厂商无法左右产品价格,但可以自主做出经营决策。以一家门店为例,先来分析达芙妮门店的生产成本。达芙妮门店的生产成本主要包括店铺租金和装修费用、进货费用、库存费用及人员工资等几项。其中,店铺租金和装修费用是不变成本,在短期内,即使不生产也要支出,而进货费用、库存费用、人员工资等是可变成本,如果门店关门停业,则不必支出这些费用。因此,如果达芙妮门店维持经营,获得的营业收入除支付进货费用、库存费用、人员工资外还有剩余,那么它就应该经营下去,因为这样获得的营业收入除支付可变成本外,还可以弥补一部分不变成本,最大限度地减少亏损,撑到经营环境好转再去赚钱。相反,如果获得的营业收入不足以支付进货费用、库存费用、人员工资等可变成本,那它就该停业,否则亏损只能加剧。

在长期内,达芙妮门店可以通过调整鞋子的数量来改变经营决策。比如,通过增加鞋子的数量扩大生产规模,降低生产成本以取得规模经济效益,可以减少亏损甚至扭亏为盈。而在本案例中,长期内很多门店通过调整鞋子的数量都不能扭亏,那么它只能变卖产品,退出经营了,否则不是赔本赚吆喝吗?

类似的例子在现实生活中我们经常遇到。例如,在旅游淡季,旅游景区的宾馆、饭店生意清淡,有的承受着亏损还在开张迎客,因为只要它的营业收入除了支付可变成本外还有剩余,它就能最大限度地减少亏损,撑到旅游旺季去挣钱。

练习及思考

1. 填空题

(1) 决定市场类型划分的4个因素是_____、_____、_____和_____。

(2) 生产者剩余是厂商在提供一定数量的某种产品时_____和_____之间的差额。

(3) 完全竞争厂商实现长期均衡的条件是 MR =_____= SMC =_____=SAC。

2. 判断题(正确的在括号内打√,不正确的打 ×)

(1)(   )完全竞争厂商的平均收益曲线 AR、边际收益曲线 MR 和需求曲线 d 三条线重叠。

(2)(   )只要厂商把产量确定在 MR=MC 的水平上,它就一定能获得利润。

(3)(   )如果厂商亏损,它就应该停止生产以减少损失。

(4)(   )完全竞争厂商的短期供给曲线是它的短期边际成本曲线。

(5)(   )完全竞争行业的需求曲线是一条与横轴平行的直线。

(6)(   )当厂商处于关闭点时,AR=AVC。

3. 单项选择题

(1) 根据完全竞争市场的条件，下列哪个行业最接近完全竞争行业？（　　）

A. 自行车行业　　　B. 玉米行业　　　C. 糖果零售业　　　D. 服装加工业

(2) 李四租用一临街店铺经营餐馆，每日租金200元，采购原料和支付工资等开支合计每日180元，如每日营业收入为320元，他（　　）。

A. 有盈利　　　B. 收支相抵　　　C. 亏损，但应继续经营　　　D. 应该停业

(3) 在完全竞争厂商的停业点上，（　　）。

A. 平均收益等于平均成本

B. 平均收益等于平均不变成本

C. 平均收益等于平均可变成本

D. 厂商必须停业

(4) 下列哪一条不是完全竞争市场的假设条件或特征？（　　）

A. 单个厂商没有任何可以影响市场价格的能力

B. 厂商可以自由进入市场

C. 每个厂商向市场提供一种独特的信息

D. 每个买者和卖者都具有完全信息

(5) 在完全竞争厂商长期均衡的产量水平上（　　）。

A. MR=LMC　　　B. MR=LAC　　　C. MR=SMC=SAC　　　D. 以上都成立

(6) 在 AVC 达到最小值时（　　）。

A. TVC 上升　　　B. AC 下降　　　C. MC 上升　　　D. 以上都对

4. 计算题

(1) 已知某完全竞争厂商的短期总成本函数为 $STC=0.04Q^3-0.8Q^2+10Q+5$，试求：

① 当市场价格 $P=10$ 元时，厂商利润最大化的产量和利润；

② 当市场价格为多少时，厂商应该停业？

③ 厂商的短期供给曲线。

(2) 已知完全竞争市场上单个厂商的长期成本函数为 $LTC(Q)=Q^3-20Q^2+200Q$，市场的产品价格为 $P=600$ 元，求：

① 该厂商实现利润最大化时的产量、平均成本和利润各是多少？

② 该行业是否处于长期均衡？为什么？

③ 该行业处于长期均衡时每个厂商的产量、平均成本和利润各是多少？

④ 判断①中厂商是处于规模经济阶段还是规模不经济阶段。

(3) 假设某完全竞争行业中有100个相同的厂商，每个厂商的短期总成本函数为 $STC(Q)=0.1Q^2+Q+10$，求：

① 市场供给函数；

② 如果市场需求函数为 $Q=4\,000-400P$，则市场均衡价格和均衡产量各为多少？

5. 问答与论述题

(1) 请列出4种不同市场结构的特征，并分别举例解释。

(2) 画图并推导完全竞争厂商的短期供给曲线。

(3) 为什么完全竞争厂商只有在长期平均成本 LAC 的最低点才能实现长期均衡？请通

过实例加以解释。

（4）谈谈你对消费者统治说法的理解。

6. 资料题

我国是传统的茶叶生产和消费大国。据考证，神农上山采药首次品尝了茶叶，东汉时期的《神农本草》中即有"神农尝百草，日遇七十二毒，得茶而解之"的记载。茶叶的药用价值也得到了全世界的公认，联合国粮农组织（FAO）1995年通过研究证实茶叶具有防癌抗癌、防心血管疾病及减肥等多种功能。多年来，中国茶叶市场经受过三次冲击。第一次是20世纪80年代"咖啡的冲击"，第二次是90年代初"碳酸饮料、果汁、啤酒的冲击"，第三次是"矿泉水的冲击"。尽管如此，最终还是证明茶是最佳天然保健饮料，被称为"中华国饮"。

到2005年，全国茶园面积超过110万公顷，茶叶生产量92万吨，占全世界的1/3，出口量28.7万吨，居世界第二位。

请结合本章知识，回答下列问题：

① 根据不同市场结构的特点，茶叶市场更接近哪种市场？为什么？

② 茶叶市场价格是如何形成的？

③ 茶农应该如何根据市场价格作出生产决策？

第7章 垄断和垄断竞争市场

【知识结构图】

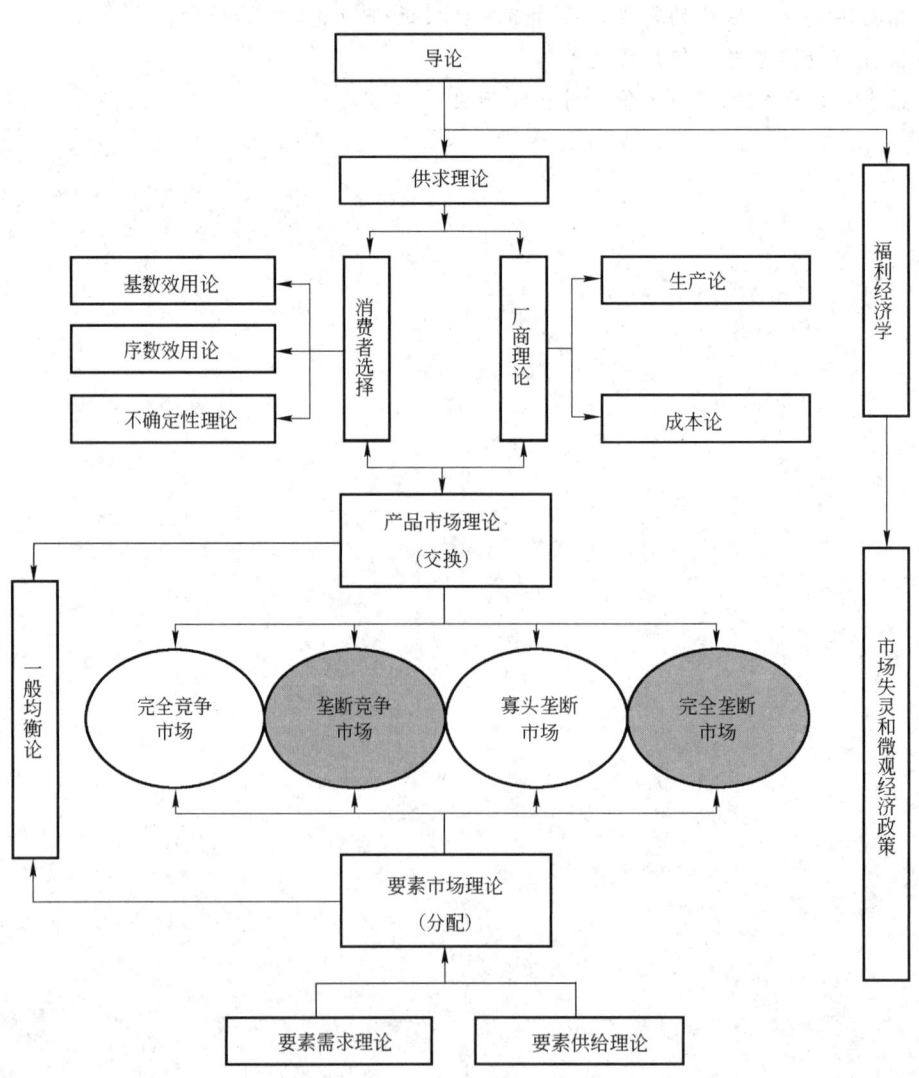

【导入案例】

胡大小龙虾与后海的酒吧

簋街是北京著名的美食一条街,无论是外地游客还是当地居民,都会选择簋街作为品尝美食或聚餐的地点之一。近年来,小龙虾成为簋街最著名的美食,多家位于簋街的餐厅都以小龙虾作为主打菜品。

在这些经营小龙虾的餐厅中,胡大餐厅脱颖而出。截至2019年,在总长仅1.5千米的簋街上,共开设了5家胡大餐厅。显然,相比于其他的小龙虾的经营者,胡大餐厅占据了相当大的市场份额。在本章中我们将了解到,厂商的市场份额与厂商拥有的市场势力密切相关。如果厂商拥有全部的市场份额,则该厂商就是严格意义上的垄断者。胡大餐厅占据了簋街相当数量的小龙虾市场份额,那么胡大餐厅虽然不是严格意义上的垄断厂商,但也拥有局部市场中较强的市场势力。

簋街向西大约1千米,是北京另一处以酒吧聚集地而闻名的景点——后海。在后海,并没有像胡大餐厅那样拥有较大市场势力的酒吧。每家酒吧规模通常有限,且都提供含有酒精或不含酒精的饮料,以及歌手的演唱。也就是说,后海的酒吧更贴近完全竞争厂商。但是,为了吸引顾客,几乎每家酒吧都有自己的特色,比如不同的装修风格或演出不同的音乐主题。这使得酒吧并不满足厂商同质性的假设,而是有了异质性特征。经济学中,异质性导致的差异性竞争称为垄断竞争。

在本章中,我们将讨论类似胡大餐厅这样具有垄断性质的厂商,以及后海酒吧这样的垄断竞争市场的相关问题。比如,是否垄断厂商会提供质量更高的商品,以及消费者剩余和生产者剩余的分配结果在不同的市场结构间存在什么差异等。

在第6章介绍了有关完全竞争市场的基本知识。完全竞争市场是完美的,它能够实现对社会资源的优化配置。然而,完全竞争市场是在严格的理论假设条件下提出的,它是一种理想世界中的市场结构。在现实世界里,完全竞争的理论假设很难被完全满足,因此真正的完全竞争是很少见的,大多数的竞争都是不完全的。相对于完全竞争市场而言,现实中或多或少带有一定垄断因素的市场统称为不完全竞争市场。从本章开始,将逐步放松完全竞争市场的严格假定,看看当市场不完全竞争时,经济的运行会发生什么变化,从而使我们的分析从理想世界走入现实世界。

不完全竞争市场分为三种类型:垄断市场、寡头市场和垄断竞争市场。本章的研究重点将是垄断市场和垄断竞争市场:首先对垄断市场进行分析,分析的内容包括垄断的性质及其产生的原因、垄断厂商的均衡、垄断厂商的定价策略等;接下来,将分析垄断竞争市场,内容包括垄断竞争的性质、垄断竞争市场中产量和价格的决定等。与完全竞争者一样,垄断和垄断竞争厂商的目标也是利润最大化,但由于市场结构不同,他们的经营行为及其后果与前者相比会有很大的不同。

7.1 垄断市场

7.1.1 垄断的性质

垄断（perfect monopoly）又称完全垄断或独占，是指一家厂商是某种产品的唯一卖者，它控制了该产品全部供给的市场结构。垄断市场是与完全竞争市场结构相反的另一种市场类型。具体来说，垄断市场具有以下基本特征。

① 厂商数目唯一，一家企业控制了某种产品的全部供给。由于整个行业仅存在唯一的供给者，因此企业和行业合二为一，企业就是行业。

② 垄断企业的产品不存在相近的替代品。否则，其他企业可以生产替代品来代替垄断企业的产品，完全垄断企业就不可能成为市场上唯一的供给者。因此消费者无其他选择。

③ 完全垄断市场上存在进入障碍（barriers to entry），其他厂商难以参与生产。由于要素资源难以流动，其他任何厂商进入该行业都极为困难或不可能。

④ 完全垄断企业是市场价格的制定者。由于垄断企业控制了整个行业的供给，因此它不是市场价格的接受者，而是市场价格的制定者。垄断企业可以根据既定的市场需求，利用各种手段影响和决定市场价格。

如同完全竞争市场一样，垄断市场的假设条件也很严格，比如，现实中绝大多数产品都具有不同程度的替代性。因此，在现实的经济生活里，完全垄断的市场也几乎是不存在的。垄断市场和完全竞争市场作为对现实的抽象，其意义主要在于为现实的经济提供了分析的标准和参照。

7.1.2 垄断产生的原因

垄断产生的基本原因是市场存在进入障碍，也就是说，因为其他企业不能进入市场与之竞争，所以垄断者能在其市场上保持唯一供给者的地位。进一步而言，进入障碍是由以下来源导致的。

1. 资源控制

产生垄断的最简单方法是一家厂商独占一种关键性的资源，如果一家厂商控制了用于生产某种产品的关键资源的供给，其他厂商就不能生产这种产品，从而该厂商就可能成为一个垄断者。

考虑一个小城里的汽油市场。如果在小城里有几十个独立的加油站，那么小城里的汽油市场就可能近似于一个完全竞争市场。每升汽油的价格会逼近汽油的边际成本；相反，如果小城里只有一个加油站，而且没有外来的汽油供给，那么，加油站的所有者就垄断了汽油。此时，垄断者会拥有比竞争市场上任何一家企业大得多的市场势力。也就是说，即使汽油边际成本很低，垄断者也可以规定极高的价格。

在现实中，最典型的资源垄断的例子是第二次世界大战之前的美国制铝公司。该公司从19世纪末到20世纪30年代一直控制着全美铝矾土矿的开采，从而成为美国制铝行业的垄断者。此外，南非的"戴比尔斯"公司拥有并控制了地球上钻石矿的80%，从而成为世界钻石市场上的垄断者。

目前，由于经济全球化和国际经贸一体化的进展迅速，关键性的资源已很难被一家企业所独占，所以现实中由资源控制所导致的垄断已不再常见。

2. 政府特许

很多情况下，政府会以颁发执照的方式限制进入某一行业的企业数量。因此，如果一家厂商获得政府颁发的执照，可以排他性地出售某种产品或劳务，那么它就由此成为这种产品的唯一供给者，并免受其他厂商的竞争，从而形成了对行业的垄断。这种由政府特许导致的行业垄断通常也被称为行政垄断。

行政垄断在我国历史上曾经长期存在。例如，我国古代历朝长期对盐、铁两项基本生活和生产资料进行垄断经营。由于盐、铁经营对历代财政具有重要意义，盐政和铁政也是我国历朝施政的一项重要内容。进入现代社会以后，被一国政府行政垄断的行业大都是与国计民生和公共福利密切相关的行业，如铁路运输部门、邮电部门等。在这些行业中，企业虽然由政府特许而获得垄断地位，但其产量、定价等经营行为往往要受到政府的严格管理与控制。

3. 拥有专利和版权

专利权和版权是政府和法律允许的一种垄断形式。专利权和版权禁止其他人生产某种产品或使用某项技术，除非得到发明人的许可。因此，一家厂商或个人可能因为拥有专利权和版权而成为某种商品的垄断者。

当一家公司发明了一种新产品时，它就可以向政府申请专利。如果政府认为这种产品是真正原创性的，它就批准专利，该专利给予该公司排他性地生产并销售这种产品的权利。同样，当一个作家完成一部新作品时，他可以拥有这部作品的版权。版权是一种政府的保证，它保证没有一个人可以在没有得到作者同意的情况下印刷并出售其著作，版权使这个作家成为他的作品销售的一个垄断者。

专利权和版权的设立是为了促进发明创造，发展新产品和新技术，这是专利和版权制度的收益。例如，美国微软公司为研制"视窗"计算机操作系统耗时数年，投入巨额费用，但是，一旦新产品发明出来，仿制的成本要低得多，如果没有专利制度的保护，"视窗"系统可能现在还没有诞生。相比而言，专利和版权制度的成本是它创造了垄断，不过由此带来的垄断地位是暂时的，因为专利权有法律时效。在我国，一般发明专利的有效期为15年，美国为17年。在专利保护过期后，其他厂商就可以进入市场参与竞争。

4. 规模经济（economies of scale）

某些商品的生产具有十分明显的规模经济性，需要大量固定资产投资，平均成本在很大范围内随产量的增加而递减，此时，大规模生产可以使成本大大降低。而且，企业在达到平均成本最低点以前就能满足社会的全部需要。在这种情况下，由一家厂商供给全部市场需求的平均成本比两家或两家以上的厂商更低，因此市场竞争会自然走向垄断，由此产生的垄断叫作自然垄断（natural monopoly）。

自然垄断的一个例子是自来水。为了向一个城市的居民供水，企业必须铺设遍及全城的自来水管网。如果两家或更多企业在提供这种服务中竞争，每个企业都必须支付铺设水管网的固定成本。因此，如果一家企业为整个市场服务，供水的平均成本可以达到最低。与自来水行业类似,许多公用事业,如电力供应、煤气供应、地铁等都是典型的自然垄断行业。对消费者而言,自然垄断商品具有排他性和非竞争性的特点。

一个行业成为自然垄断的决定因素之一是市场规模的大小,当市场规模小到一个企业能够以最低成本供给时,就会形成自然垄断;相反,如果市场规模变得足够大,使一个企业不能以最低成本满足整个市场需求时,垄断格局会被打破。现实中,由自然垄断市场演变为竞争性市场的典型事例是中国电信业。以前,在传统通信技术条件下,建立通信网络的一次性投资很高,市场容量相对较小,一个网络运营商的平均成本,在达到市场有效规模之前持续下降,因而具有自然垄断性质。这时由一家企业来垄断这一市场,效率较高。自20世纪90年代以来,新的光缆材料代替了传统的金属材料,大大降低了通信网络的成本和价格,同时刺激了市场消费需求的扩展,使得有效需求规模急剧扩大。此时,中国电信市场逐渐变成了一个可竞争的市场,引进新企业参与竞争既有必要,也有可能,传统的垄断局面受到冲击。因此,随着电信业体制和政策的改革,引入两到三家同等规模的企业加入竞争,得以形成新的竞争性的市场格局,市场运行的效率也因此而提高。

7.1.3 垄断厂商的需求曲线

根据定义,垄断厂商是某种产品的唯一卖者,所以垄断厂商所面对的需求曲线,也就是该产品的市场需求曲线。因此,这条需求曲线是向右下方倾斜的,或者说其斜率是负的,如图7-1所示。如果仍假定厂商的销售量等于市场的需求量,于是,向右下方倾斜的垄断厂商的需求曲线表示:垄断厂商可以用减少销售量的办法来提高市场价格,也可以用增加销售量的办法来压低市场价格,即垄断厂商可以通过改变销售量来控制市场价格,这一点与完全竞争厂商的需求曲线形成明显的差别。如果说完全竞争的厂商是价格的接受者,完全垄断厂商则是价格的制定者。

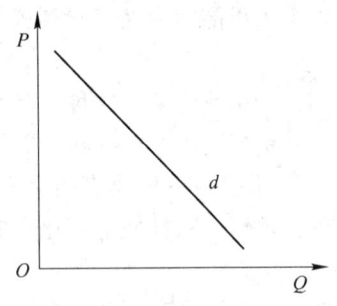

图7-1 垄断厂商的需求曲线

不过,对于利润最大化的目标来说,垄断厂商并不能制定任何它想要索取的价格。这是因为,垄断者面对的是一条向右下方倾斜的需求曲线,如果它提高价格,其销售量就会相应地下降,即垄断厂商的销售量与市场价格成反方向的变动。因此,如果垄断商品的定价过高,其销售量必然很小,从而会使其利润降低。

7.1.4 垄断厂商的收益曲线

厂商所面临的需求状况直接影响厂商的收益,这便意味着厂商的需求曲线的特征将决定厂商的收益曲线的特征。垄断厂商的需求曲线是向右下方倾斜的,其相应的平均收益AR曲线、边际收益MR曲线和总收益TR曲线的一般特征如图7-2所示。

1. 平均收益AR曲线

垄断厂商的总收益为$TR=P(Q) \cdot Q$,其中P与Q之间是反比关系,厂商的平均收益等于总收益除以销售量的商,即$AR=TR/Q=P(Q) \cdot Q/Q=P(Q)$。可见,厂商的平均收益AR总是等于商品的价格$P$。所以,在图中,垄断厂商的AR曲线和需求曲线$d$重叠,都

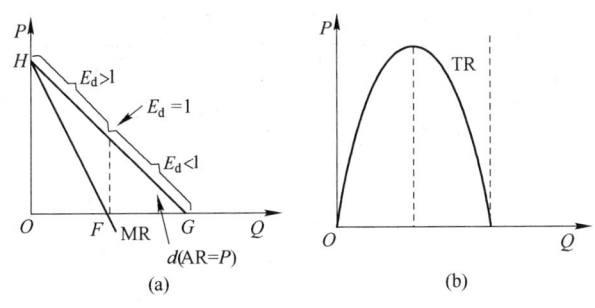

图 7-2 垄断厂商的收益曲线

是同一条向右下方倾斜的曲线。

2. 边际收益 MR 曲线

在垄断市场中（其他各种不完全竞争市场与之类似），由于市场价格随着产销量的增加而下降，AR 与 MR 不像完全竞争企业那样完全重合在一起，而是具有不同斜率的两条曲线，且 MR 必然低于 AR。在图中，MR 曲线位于 AR 曲线的左下方，且 MR 曲线也向右下方倾斜。这是因为，当价格下降后，不仅新增的产销量要按照下降后的价格出售，连原有产销量也得按下降后的价格出售。因此，从新增一单位产销量按新价格出售而增加的收益 AR 中，减去原产销量按新价格出售而减少的收益，才是由于新增一单位产销量而增加的总收益 MR，所以 MR<AR。

边际收益与平均收益的关系，通过微分法也可直接求得。

因为 $MR = dTR/dQ = dP(Q) \cdot Q/dQ = P(Q) + dP(Q)/dQ \cdot Q$

上式中，$dP(Q)/dQ$ 是需求曲线的斜率，其值为负，令 $dP(Q)/dQ = -b$，则上式可写成

$$MR = P(Q) - bQ$$

可见，对于任何大于零的销售量 Q，均有 $MR < P = AR$。

3. 总收益 TR 曲线

由于 $MR = dTR/dQ$，所以每一销售量上的边际收益 MR 值就是相应的总收益 TR 曲线的斜率。在图中，当 MR>0 时，TR 曲线的斜率为正；当 MR<0 时，TR 曲线的斜率为负；当 MR=0 时，TR 曲线达最大值点。

4. 例题

对边际收益和平均收益之间的关系，还可从实际例题中进行考察。

例 7-1 假设垄断厂商的逆需求函数为 $P = 6 - Q$，画出该厂商的平均收益和边际收益曲线，并说明二者之间的关系。

表 7-1 列出了该需求曲线对应的总收益、平均收益和边际收益。应当注意的是，当价格为 6 元时收益为 0，因为在该价格任何东西都卖不掉。可是，在价格为 5 元时能卖掉 1 单位，因而总收益及边际收益为 5 元。卖出的数量从 1 单位增加到 2 单位时收益从 5 元增加到 8 元，因此边际收益为 3 元。当卖出的数量从 2 单位增加至 3 单位时，边际收益下降到 1 元，当卖出数量从 3 单位增至 4 单位时，边际收益变为负值。边际收益为正时总收益随销量增加，但当边际收益为负时总收益递减。

表 7-1　某垄断企业的收益表　　　　　　　　　　　　　　　　　元

价格(P)	数量(Q)	总收益(TR)	边际收益(MR)	平均收益(AR)
6	0	0	—	—
5	1	5	5	5
4	2	8	3	4
3	3	9	1	3
2	4	8	−1	2
1	5	5	−3	1

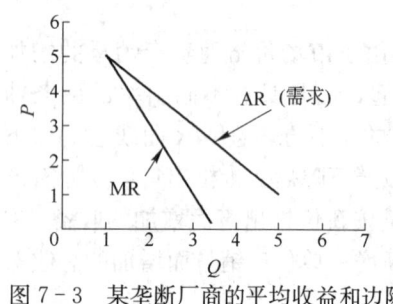

图 7-3　某垄断厂商的平均收益和边际收益曲线

图 7-3 是根据表 7-1 的数据描出的平均收益与边际收益线。由图可见，当需求曲线向下倾斜时，价格（平均收益）大于边际收益，这是因为所有单位都以同样的价格出售，为了增加 1 单位销售，价格必须降低，因为不仅是增加的这个单位，而是全部销出的单位都取得较少的收益。应当注意的是，当产量从 1 增加到 2 单位，价格减至 4 元时，表 7-1 中发生的情况，边际收益为 3 元：4 元（增加的这一单位产量的销售收益）减去 1 元（第一单位以 4 元而不是 5 元销售造成的损失）。因而，边际收益（3 元）小于价格（4 元）。

7.1.5　收益曲线与需求价格弹性

总收益与需求价格弹性密切有关。如果需求富有价格弹性，即 $E_d > 1$：价格下降将引起产销量较大比例的增加，总收益也一定增加；价格上涨将引起产销量较大比例的减少，总收益也一定减少。如果需求缺乏价格弹性，即 $E_d < 1$：价格下降将引起产销量较小比例的增加，总收益一定减少；价格上涨将引起产销量较小比例的减少，总收益一定增加。

设逆需求函数为：$P = P(Q)$，则有 $TR = P(Q) \cdot Q$，于是边际收益为

$$MR = dTR/dQ = dP(Q) \cdot Q/dQ = P(Q) + dP(Q)/dQ \cdot Q = P(Q)\left(1 + \frac{dP}{dQ} \cdot \frac{Q}{P}\right)$$

已知需求的价格弹性为 $E_d = -\dfrac{dQ}{dP} \cdot \dfrac{P}{Q}$，则上式可写为

$$MR = P(1 - 1/E_d) \tag{7.1}$$

式（7.1）是表示垄断厂商的边际收益、商品价格和需求的价格弹性之间关系的式子。从上式可以得出以下三种情况。

① 当需求富有弹性时，即 $E_d > 1$ 时，$MR > 0$，富有弹性的需求曲线意味着产量的增加将使总收益增加，此时提价反而减收，降价反而增收。

② 当需求缺乏弹性时，即 $E_d < 1$ 时，$MR < 0$，缺乏弹性的需求曲线意味着产量的增加将使总收益减少，此时提价必定增收，降价必定减收。

③ 当需求具有单位弹性时，即 $E_d = 1$ 时，$MR = 0$，此时垄断厂商的总收益达到最大。

以上三种情况在图 7-2 中都得到了体现。

最后需要说明的是，以上对垄断厂商的需求和收益曲线所做的分析，对于其他不完全竞争条件下的厂商同样适用。也就是说，只要不完全竞争条件下的厂商所面临的需求曲线是向右下方倾斜的，其相应的各种收益曲线就具有以上分析的基本特征。

7.2 垄断厂商的均衡

完全垄断厂商与完全竞争厂商一样，其最有利可图的产量是由需求状况和成本状况共同决定的，其利润最大化的原则都是 MC＝MR。所不同的是，完全竞争厂商只是通过调整产量来实现在既定价格下的利润最大化；而完全垄断厂商不仅可以通过调整产量而且可以通过调整价格（实际上，二者是同步进行的）来实现利润最大化。下面，我们将分别对垄断厂商在短期和长期中的产销均衡给予分析。

7.2.1 短期均衡

在短期内，垄断厂商无法改变不变要素投入量，垄断厂商在既定的生产规模下通过对产量和价格的调整，来实现利润最大化目标。需要指出的是，垄断厂商虽然可以通过控制产量和价格获取利润，但并不一定总能获取利润。特别是在短期内，完全垄断厂商与完全竞争厂商一样，它可能获得经济利润，也可能只获得正常利润，还可能承受亏损。

1. 垄断厂商的产量和价格决策

为了使短期利润最大化，垄断厂商必将产量定在边际收益等于边际成本之处，并相应决定产品价格。也就是说，垄断厂商的决策原则是 MC＝MR。图 7-4 显示了垄断厂商的收益和成本状况，图中同时给出了与需求对应的边际收益曲线 MR 以及平均成本和边际成本曲线 AC 和 MC。边际收益和边际成本在产量为 Q^* 时相等，此时垄断厂商的利润达到最大。根据需求曲线，可以找出对应于产量 Q^* 的价格 P^*。

与完全竞争厂商一样，垄断厂商为了获得最大利润，也必须遵循 MR＝MC 的原则。

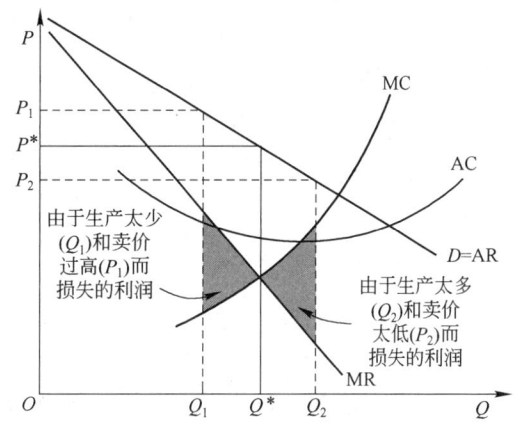

图 7-4 垄断厂商的产量和价格决策

在短期内，由于垄断厂商无法改变不变要素投入量，垄断厂商必须在既定的生产规模下通过对产量和价格的同时调整来获取利润最大化，因此，短期中垄断厂商的 MR＝MC 原则具体体现为 MR＝SMC，其中，SMC 是垄断厂商的短期边际成本。

2. 获得经济利润时的短期均衡

在短期中，垄断厂商可能获得经济利润。如图 7-5 所示，图中的 SMC 曲线和 SAC 曲线代表垄断厂商的既定的生产规模，AR 曲线和 MR 曲线代表垄断厂商的平均收益和边际收益状况。垄断厂商根据 MR＝SMC 的利润最大化的均衡条件，将产量和价格分别调整到 Q^* 和 P^* 的水平。在短期均衡产量 Q^* 上，垄断厂商的平均收益为 aQ^*，平均成本为 bQ^*，平均收益大于平均成本，垄断厂商获得经济利润。单位产品的平均利润为 ab，总利润量相当于图中的 P^*abc 的矩形面积。

3. 获得正常利润时的短期均衡

在短期中，垄断厂商也可能获得正常利润。如图7-6所示，此时按照 MR＝SMC 的短期决策原则，确定的产量水平在 Q'，这一产量水平与需求曲线的交点正好是 AC 曲线与需

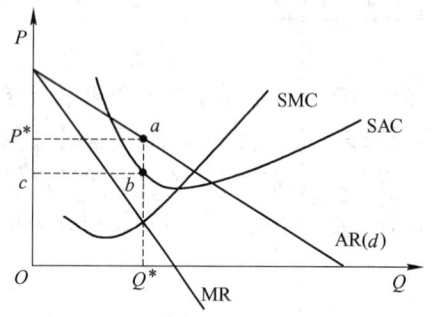

图7-5 垄断厂商的短期均衡（一）

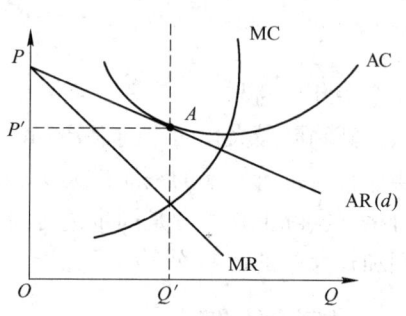

图7-6 垄断厂商的短期均衡（二）

求曲线 d 的切点，因此，在这一产量水平上商品价格 P 与平均成本 AC 相等，也就是平均收益等于平均成本，因而垄断厂商的总收益 TR 等于总成本 TC。此时，厂商处于收支相抵点，即厂商只获得正常利润，没有经济利润，也没有亏损。

4. 亏损状态下的短期均衡

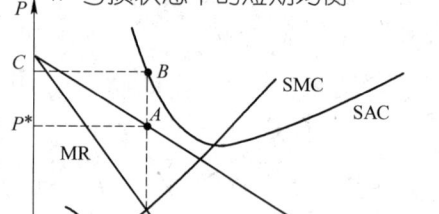

图7-7 垄断厂商的短期均衡（三）

垄断厂商虽然可以通过控制产量和价格获得利润，但并不意味着总能获得利润。垄断厂商在 MR＝SMC 的短期均衡点上，可以获得最大的利润，也可能是亏损的（尽管亏损额是最小的）。造成垄断厂商短期亏损的原因，可能是既定的生产规模的成本过高（表现为相应的成本曲线的位置过高），也可能是垄断厂商所面临的市场需求过小（表现为相应的需求曲线的位置过低）。垄断厂商短期均衡时的亏损情况如图7-7所示。

在图中，垄断厂商遵循 MR＝SMC 的原则，将产量和价格分别调整到 Q^* 和 P^* 的水平。在短期均衡产量 Q^* 上，垄断厂商是亏损的，单位产品的平均亏损额为 BA，总亏损额相等于图中矩形 $CBAP^*$ 的面积。与完全竞争厂商相同，在亏损的情况下，若 AR＞AVC，垄断厂商就继续生产；若 AR＜AVC，垄断厂商就停止生产；若 AR＝AVC，垄断厂商则认为生产和不生产都一样。

综合以上三种情况的分析，在短期中，垄断厂商虽然垄断了产品的供给，但视其需求和成本状况，它既可能获得经济利润，也可能只获得正常利润，也可能遭受亏损，但不论哪种情况，垄断厂商的短期均衡条件均为

$$\text{MR}=\text{SMC} \tag{7.2}$$

7.2.2 垄断厂商的供给曲线问题

在完全竞争的条件下，通过对所有厂商短期供给曲线的加总可以得到行业的供给曲线。由于行业供给曲线的存在，对于每一种产出水平，都有唯一的供给价格与之相对应。在垄断情况下是否也存在类似的供给曲线？答案是否定的，在垄断市场条件下并不存在这种具有规律性的厂商的供给曲线。

供给曲线表示在每一个价格水平生产者愿意而且能够提供的产品数量。它表现出产量和价格之间的一一对应的关系。在完全竞争市场条件下，每一个厂商都无法控制市场价格，它们都是在每一个既定的市场价格水平，根据 $P=SMC$ 的均衡条件来确定唯一的能够带来最大利润（或最小亏损）的产量。随着完全竞争厂商所面临的呈水平线形状的需求曲线的位置移动，价格 P 对应唯一的均衡产量 Q。这种价格和产量之间一一对应的关系，是构造完全竞争厂商和行业的短期供给曲线的基础。

但是，垄断市场条件下的情况就不相同了。垄断厂商是通过对产量和价格的同时调整来实现 $MR=SMC$ 的原则的。随着厂商所面临的向右下方倾斜的需求曲线的位置移动，厂商的价格和产量之间不再必然存在如同完全竞争条件下的那种一一对应的关系，而是有可能出现一个价格水平对应几个不同的产量水平，或一个产量水平对应几个不同的价格水平的情形。

例如，在图 7-8（a）中，当 MC 曲线是固定的，需求曲线为 D_1 时，相应的边际收益曲线为 MR_1，按照 $MR=MC$ 的原则，垄断厂商生产 Q_1 的产量水平，对应的价格是 P_1，如果需求曲线由 D_1 移到 D_2，相应的边际收益曲线移到 MR_2，此时厂商生产的产量为 Q_2，对应的价格仍为 P_1。在（b）图中，MC 曲线也是固定的，假定需求曲线由 D_1 移到 D_2，则相应的边际收益曲线由 MR_1 移到 MR_2，产量水平保持不变，仍然生产 Q_1 的产量水平，对应的价格分别为 P_1 和 P_2。因此，在垄断市场条件下无法得到如同完全竞争市场条件下的具有规律性的可以表示产量和价格之间一一对应关系的厂商和行业的短期供给曲线。

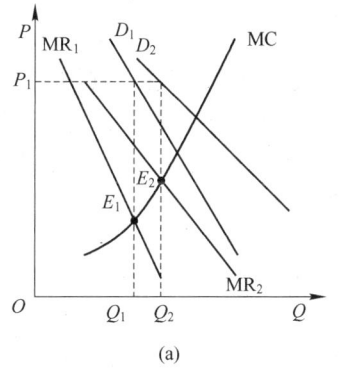 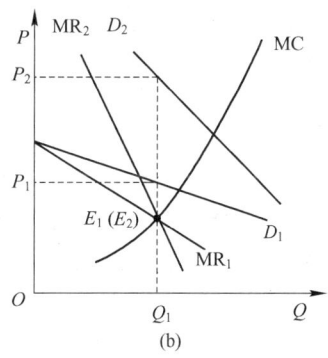

图 7-8 垄断厂商的产量和价格

由此可以得到更一般的结论：凡是或多或少带有垄断因素的不完全竞争市场，或者说，凡是在单个厂商对市场价格具有一定的控制力量，相应地，单个厂商的需求曲线向右下方倾斜的市场中，是不存在具有规律性的厂商和行业的短期及长期供给曲线的。其理由跟前面对垄断厂商不存在短期供给曲线的分析相同。这一结论也适用于下面将要分析的垄断竞争市场和寡头市场。

7.2.3 长期均衡

1. 垄断厂商的长期均衡含义

垄断厂商在长期内可以调整全部生产要素的投入量，通过调整生产规模，从而追求最大的利润。由于垄断行业只有一家厂商经营该行业的全部产品，不存在第二家企业，所以，即使垄断者存在经济利润（超额利润），在长期也不可能像完全竞争行业那样因为新厂商的进入而消失，垄断厂商在长期内是可以保持利润的，甚至可以通过调整生产规模获得更大利润。因此垄断者的长期均衡是指垄断者在长期内，通过自己进行调整而达到的利润最大化的均衡。

2. 垄断厂商在长期内对于生产的调整一般有三种结果

① 垄断厂商在短期内是亏损的，但在长期中，无论该厂商如何调整规模，依然无法摆脱亏损局面，于是该厂商退出生产，或者在得到政府补贴后继续维持生产。

② 垄断厂商在短期内是亏损的，但通过对最优生产规模的选择，摆脱了亏损的状况，甚至获得利润。

③ 垄断厂商在短期内已获利，在长期中，通过对生产规模的调整，使自己获得更大的利润。

3. 垄断厂商长期调整须遵循的原则

长期内，垄断者调整要遵循两个原则。一是使出售产品的平均收益至少可以弥补平均成本，即 $LAR \geq LAC$；二是使长期边际成本等于边际收益，即 $LMC=LMR$。

4. 垄断厂商长期均衡的过程

完全垄断条件下，长期中不会有新的厂商进入该市场。垄断厂商可以通过生产规模调整来实现长期利润最大化。完全垄断市场长期均衡形成过程中不存在厂商数量的调整，因而垄断行业的长期均衡并不以利润消失为标志。如果垄断厂商短期内获得利润，长期内只要需求状况不发生变化，厂商仍然可以获得利润。

垄断厂商短期有三种状态，因此厂商的调整过程分别从这三种状态开始，其调整过程非常类似，此处以第一种情况为例分析垄断厂商长期均衡的形成过程。具体如图7-9所示。

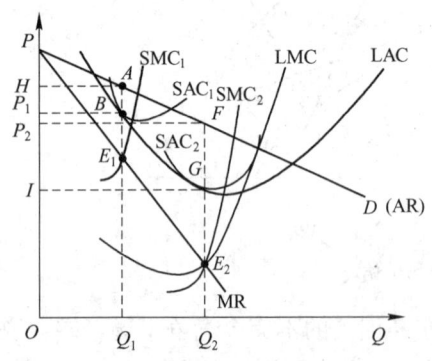

图7-9 垄断厂商的长期均衡

假定垄断厂商目前的生产规模为 SAC_1、SMC_1 表示的生产规模，在 $SMC_1=MR$ 所确定的产量水平 Q_1 上，垄断厂商实现了短期的利润最大化。其利润为矩形 P_1HAB 所表示的面积。但是从长期看，这并不是最优的生产规模。由于长期中其他厂商不能进入，垄断厂商可以通过规模调整实现更大的利润。垄断厂商将会把产量调整到 $MR=LMC=SMC$ 所确定的产量 Q_2 水平上，此时对应的生产规模为 SAC_2 和 SMC_2 所表示的生产规模。对应的总利润为矩形 IP_2FG 所表示的面积，此时的总利润大于短期内所获得的总利润。

5. 垄断厂商的长期均衡条件

从图 7-9 中可以看出在 Q_2 产量水平上，MR 曲线、LMC 曲线、SMC 曲线交于一点，这表明厂商利润最大化的条件 MR=MC，不仅在短期得到满足，而且在长期也得到满足，所以垄断厂商的长期均衡条件是

$$\text{MR}=\text{LMC}=\text{SMC} \tag{7.3}$$

当这一条件满足时，SAC=LAC，即图形中 SMC_2 和 LMC 的交点对应的 LAC 上的点，也就是相应的 SAC 与 LAC 的切点。

最后，由于垄断厂商所面临的需求曲线就是市场的需求曲线，垄断厂商的供给量就是全行业的供给量，所以本节所分析的垄断厂商的短期和长期均衡价格与均衡产量的决定，就是垄断市场的短期和长期的均衡价格与均衡产量的决定。

7.2.4 多工厂垄断厂商的均衡

上面对垄断厂商均衡的分析是建立在垄断厂商只在一个地点、一家工厂进行生产的假设基础之上的。实际生活中，有很多产品的产地和销售地是分离的。例如，很多跨国公司将工厂建在中国和马来西亚、印度尼西亚等东南亚国家（因为这些国家劳动力成本低廉，而且有优惠的投资政策），但是所生产的产品都在欧美等国销售。在这种情况下，垄断厂商该如何决定每个地区的产量，又应该如何为产品定价呢？前面介绍的 MR=MC 的原则还适用吗？下面，将对拥有多家工厂的垄断厂商的均衡情况进行分析。

假设垄断厂商有两处生产基地，但是所生产的产品在同一个地区销售，那么垄断厂商应在每个基地生产多少产量？价格又应该定为多少？

可以从两方面来直观地思考。首先，不管总产出为多少，这两处生产基地的边际生产成本应该相等。若不然，假设产地 1 的边际生产成本比产地 2 高，则厂商可以通过调整产地 1 和产地 2 的产量，把产地 1 的最后一个单位产品转移到产地 2 去生产，总成本就会降低。其次，总产出必须满足边际收益等于边际成本；否则，厂商总可以通过增加或减少产出来提高总收益。比如，如果边际收益高于边际生产成本，那么厂商可以增加产出直到二者相等。总之，对垄断厂商来说，产销的原则应是总产出的边际收益等于两地的边际生产成本。

下面进行比较严格的证明。设 Q_i 为产地 $i(i=1, 2)$ 的产量，$C_i(Q_i)$ 为产地 i 的生产成本，$Q_T=Q_1+Q_2$ 为两地的总产量。

垄断厂商的总利润为

$$\pi=PQ_T-C_1(Q_1)-C_2(Q_2)=P(Q_1+Q_2)\cdot(Q_1+Q_2)-C_1(Q_1)-C_2(Q_2)$$

利润最大化的一阶条件为

$$\begin{cases}\dfrac{\partial \pi}{\partial Q_1}=0 \\ \dfrac{\partial \pi}{\partial Q_2}=0\end{cases} \Rightarrow \begin{cases}P'(Q_1+Q_2)(Q_1+Q_2)+P(Q_1+Q_2)-C_1'(Q_1)=0 \\ P'(Q_1+Q_2)(Q_1+Q_2)+P(Q_1+Q_2)-C_2'(Q_2)=0\end{cases}$$

即

$$\text{MR}(Q_1+Q_2)=\text{MC}_1(Q_1)=\text{MC}_2(Q_2) \tag{7.4}$$

式（7.4）正是多工厂垄断厂商的均衡条件，它说明利润最大化时两个生产基地的边际成本相等，并等于总产出的边际收益。如图 7-10 所示，总的边际生产成本曲线 MC 为

MC_1 和 MC_2 横向相加之和,当 MR=MC 时,价格 $P=P^*$,边际收益 $MR=MR^*$,此时工厂 1 的产量为 Q_1,工厂 2 的产量为 Q_2,总产量正好为 Q_T。

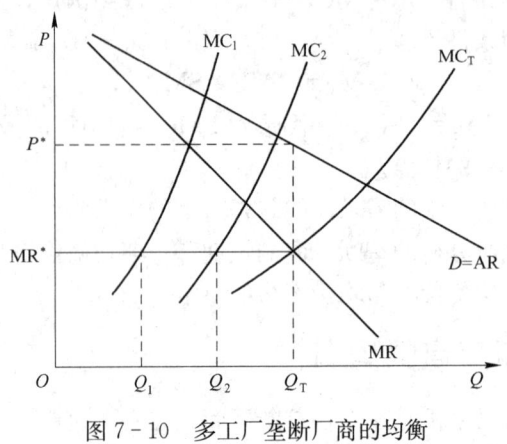

图 7-10 多工厂垄断厂商的均衡

7.3 垄断厂商的定价策略

在完全竞争市场中,厂商只是价格的接受者,对市场价格没有任何影响力,因此厂商只要控制生产成本,并且按照使得边际成本等于市场价格的原则进行生产即可。当厂商具有一定市场势力时,如前所述,厂商就可以影响市场价格。完全垄断、寡头垄断和垄断竞争的厂商都可以影响市场价格,只是程度大小不同而已。寡头垄断和垄断竞争的厂商不是价格的接受者,但也不能完全决定市场价格,而完全垄断中的厂商则是市场价格的唯一决定者。因此,垄断厂商除了要考虑生产成本外,还必须考虑如何对产品定价,以攫取更多的消费者剩余。除了给产品制定一个单一价格以外,实践中垄断厂商常常通过一些更复杂的定价策略,实现其利润最大化。这些策略包括价格歧视、两部收费、捆绑销售、搭配销售等,其中,两部收费、捆绑销售、搭配销售等都是价格歧视的特殊形式或变体。本节将对垄断厂商的统一定价和价格歧视策略给予讨论。

7.3.1 统一定价法则

通常假定垄断厂商只生产一种产品,并且以单一价格销售该产品,这种情况叫作统一定价。在理论上,垄断厂商应该根据边际收益等于边际成本来选择价格和产量,但在实践中一个企业的经营者是如何找出正确的价格和产量水平的呢?实际上,大多数经营者对他们的企业所面临的平均收益和边际收益曲线只有很有限的知识。同样的,他们可能只知道企业在一个十分有限产量范围内的边际成本。因此,可将边际收益必须等于边际成本这个条件转换成在实践中很容易运用的简单法则。

为了做到这一点,做如下推导。

垄断厂商的定价依据为 MR=MC,对 MR 进行变形,可得

$$MR = d\,TR/dQ = dP(Q) \cdot Q/dQ = P(Q) + dP(Q)/dQ \cdot Q = P(Q)\left(1 + \frac{dP}{dQ} \cdot \frac{Q}{P}\right)$$

因为需求的价格弹性为 $E_d = -\dfrac{dQ}{dP} \cdot \dfrac{P}{Q}$，则上式可写为

$$MR = P(1 - 1/E_d)$$

根据 MR＝MC，可得

$$MC = P(1 - 1/E_d) \tag{7.5}$$

对上式进行整理，可得

$$P = \dfrac{MC}{1 - \dfrac{1}{E_d}} \tag{7.6}$$

式 (7.6) 为垄断厂商定价提供了一个简单法则。例如，假设垄断厂商的价格弹性为 4，且边际成本为每单位 9 元，则价格就应该是每单位 9/(1−1/4)=9/0.75=12（元）。

上述关系说明，厂商的定价在很大程度上取决于需求的价格弹性。对完全竞争厂商而言，面临完全弹性的需求，其 E_d 值无穷大，因此其价格是等于边际成本的。而对垄断厂商而言，E_d 值小于无穷大，因此所索取的价格超过边际成本。垄断厂商的定价超过边际成本的幅度取决于需求的价格弹性。如果需求缺乏弹性，E_d 值很小，则垄断厂商可以制定高出边际成本很多的价格。相反，如果需求富有弹性，E_d 值很大，则价格将非常接近边际成本，从而一个垄断市场看起来会非常类似于一个完全竞争的市场。事实上，当需求非常有弹性时，做一个垄断者并没有多大的好处。

另外，如前文所述，需求曲线上不同点的弹性是不同的，如图 7-11 所示。由于 MR＝MC＞0，根据式 (7.5)，可得：$P(1 - 1/E_d) > 0$，据此求得：$E_d > 1$。

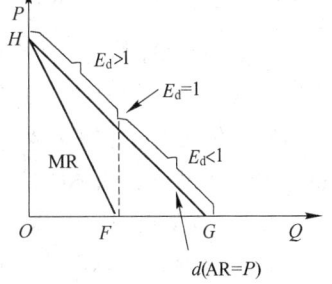

图 7-11 需求弹性与垄断定价

也就是说，垄断厂商的生产点只会位于图 7-11 中价格弹性大于 1 的线段上，而其从来不会选择在价格弹性小于 1 的区域内从事生产。

【实例链接】　　　超市和便利店是如何定价的？

厂商是如何给商品定价的呢？很多人都认为是在成本的基础上定价的。那么，应该在成本的基础上加价多少呢？通过运用上面介绍的统一定价法则，你将会明白超市和便利店的定价有怎样的不同。

先考虑一个连锁零售超市。虽然食品的市场需求弹性很小（大约为 1），但由于大部分地区常常都被几个大超市公司所控制，因此没有哪家超市公司能单独提价很多而又不被其他公司拉走大量顾客。结果是任何一家超市公司的需求弹性常常有 10 那么大，将该数值代入等式 (7.6) 中，令 $E_d = 10$，我们将得到

$$P = \dfrac{MC}{1 - 0.1} = \dfrac{MC}{0.9} = 1.11 MC$$

换句话说，一个典型的超市的经营者应将价格定在高于边际成本 11% 之点。对于一个合理的产量水平范围（在这范围内商店的规模和雇员数将保持固定），边际成本包括进货的

成本,加上储存它们的成本、将它们摆上货架的成本等。大多数超市的加价确实是在10%或11%左右。

一般来说,那些每天24小时营业的小型便利店的定价常常比超市高。为什么这样?原因在于一家便利店面临的需求曲线弹性较小,它的顾客一般来说对价格较不敏感。他们可能在深夜需要一瓶饮料或一袋方便面,或者发现超市太远,很不方便。一家便利店的需求弹性大约是5,因此式(7.6)意味着它的价格应该是

$$P = \frac{\text{MC}}{1-0.2} = \frac{\text{MC}}{0.8} = 1.25\text{MC}$$

也就是说,一个便利店的定价将高于边际成本25%左右,这也正是很典型的实际情况。

价格和边际成本之差的大小告诉我们,便利店具有比超市更大的垄断势力,但是否它们的利润也更大呢?当然不。由于它们的销售额要小得多,以及平均固定成本要大得多,它们所赚的利润通常要比一个大型超市少得多,尽管它们的加价较大。

7.3.2 价格歧视的含义和条件

在统一定价时,消费者能获得一定的消费者剩余,因此垄断厂商必然会设法运用复杂的策略来获取更多的消费者剩余并将它转换为企业的额外利润,其中价格歧视是垄断厂商经常使用的定价策略。在现实生活中,同种商品对不同消费者收取不同价格的情况比比皆是,例如,学生票半价、团体购票可以打折等,厂商的这种定价策略就是价格歧视。

1. 价格歧视的含义

简单地说,价格歧视(price discrimination),是指厂商以不同价格向顾客出售同一种商品的经营做法。也就是说,如果两个单位的同种商品对同一消费者或不同消费者的售价不同,便认为企业在实行价格歧视。这里需要指出的是,价格歧视与差别定价不同,如果同一种商品由于成本不同而以不同的价格出售,则属于差别定价范畴。例如,一个供应商供应不同地区同种产品,如果到货价格充分反映了离工厂远近不同的消费地之间的运输成本差别,则价格不同并不是歧视性的,这时统一到货价格反而是歧视性的。严格地讲,价格歧视要求所出售的同种商品具有相同的成本。但有时,即使商品不完全相同(如包装、档次、售出时间、地点等方面存在差别),如果其价格差别不反映成本差别,也构成价格歧视。

2. 价格歧视的必要条件

① 消费者的异质性。价格歧视首先要求市场上的消费者具有不同的偏好,他们对相同商品的支付意愿不同。这样,厂商才有可能对不同的消费者或消费群体收取不同的价格。

② 厂商的垄断性。厂商要想进行价格歧视,必须具有一定的市场势力。也就是说,在完全竞争市场上,价格歧视是不可能的。在完全竞争市场上,有许多以市场价格出售同一种商品的厂商。没有一个厂商愿意向任何一个顾客收取低价格,因为厂商可以以市场价格售出它想出售的所有商品。而且,如果任何一个厂商想向顾客收取高价,顾客就会转向其他厂商。因此,对于一个实行价格歧视的厂商来说,它应该拥有某种市场势力。

③ 市场的分离性。当不同的市场商品价格不同时,有人会在低价市场买进一种商品,

并在高价市场售出,从中赚取差价,这种做法经济学上称为转售(resale)或套利(arbitrage)。例如,同种商品,天津的价格往往比北京便宜,因此有些消费者就会利用节假日到天津去大量采购商品,即使加上交通费用,总的成本还是比在北京购买低。转售和套利的存在,会使不同市场的价差缩小,甚至消失,这样厂商就难以实行价格歧视。因此,价格歧视要求不同的消费者群体或不同的销售市场是相互隔离的,厂商能够防止套利或转售的发生,并维持不同市场的价格差别。

为了分析的方便,通常把价格歧视分为三种:一级价格歧视、二级价格歧视和三级价格歧视。

7.3.3 一级价格歧视

一级价格歧视,也被称作完全价格歧视(perfect price discrimination),它是指垄断厂商对每一单位产品都按消费者所愿意支付的最高价格出售的情况。

如图7-12所示:当厂商销售第一单位产品 Q_1 时,消费者愿意支付的最高价格为 P_1,于是,厂商就按此价格出售第一单位产品。当厂商销售第二单位产品 Q_2 时,厂商又按照消费者愿意支付的最高价格 P_2 出售第二单位产品。依此类推,直到厂商销售量为 Q_m 为止,即以价格 P_m 销售第 m 单位的产品。这时,垄断厂商得到的总收益相当于图中的阴影部分面积。而如果厂商不实行价格歧视,都按同一个价格 P_m 出售 Q_m 产量时,总收益仅为四边形 OP_mBQ_m 的面积,而三角形 P_mAB 则为统一定价时的消费者剩余。由此可见,当厂商实行一级价格歧视时,由于其向每个消费者收取的价格均等于其支付意愿,他就获得了所有的消费者剩余,并将其转化为企业的利润。

利用图7-13,对垄断厂商的一级价格歧视与统一定价进行对比分析。

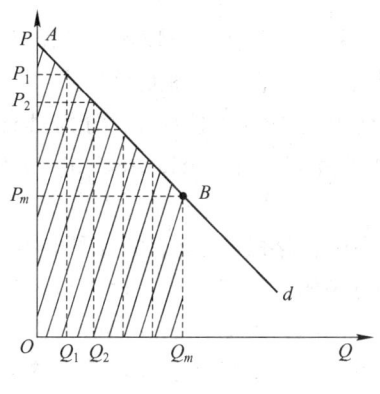

图7-12 一级价格歧视(一)

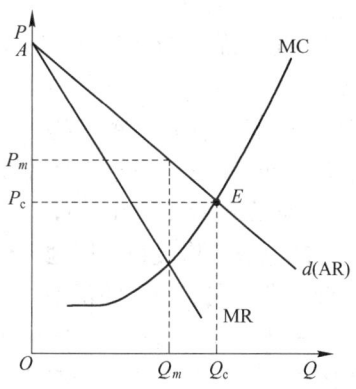

图7-13 一级价格歧视(二)

在图7-13中,当垄断厂商统一定价时,根据 MR=MC 原则所确定的均衡价格为 P_m,均衡数量为 Q_m。如果实行一级价格歧视,则在产量小于 Q_m 的范围内,消费者对每一单位产品的支付意愿均大于 P_m,所以,厂商增加产量就可以增加利润。在产量达到 Q_m 以后,消费者对每一单位产品的支付意愿仍大于 MC,所以厂商增加产量还可以增加利润。因此,厂商始终有动力增加产量,一直到将产量增加到 Q_c 水平为止。这时,厂商收益相当于 $OAEQ_c$ 的面积,厂商获得了比按统一价格 P_m 销售产量 Q_m 时更大的利润。上述分析表明,厂商实行一级价格歧视可以最大限度地占有消费者剩余，从而增加其利润，这就是厂商实行价格歧视的基本原因。此外，在图 7-13 中还可以发现，在 Q_c 产量上，有 $P=MC$。这说明此时 P_c 和 Q_c 与完全竞争时的均衡价格和均衡产量相等。

从以上分析中可以得出关于一级价格歧视几点重要的性质：
① 垄断厂商获取了全部的消费者剩余，其总收益等于消费者剩余与生产者剩余之和；
② 垄断厂商的产量与完全竞争情况下的产量是相等的；
③ 按照经济效率的衡量标准，垄断厂商的生产决策是社会最优的。

在现实生活中，厂商实行一级价格歧视需要以掌握消费者的偏好为前提，这在实施中是有困难的。因为一般来说，厂商所了解的关于消费者支付意愿的信息是不完全的；另一方面，垄断厂商还必须防止套利行为的发生。

虽然存在着上述困难，有些厂商还是能够在预测消费者的支付意愿的基础上实施（不完全的）一级价格歧视的。比如，在商品的交易中，厂商和用户的讨价还价过程就是厂商对顾客的需求进行估计、摸底、试探、商议的过程。有经验的厂商总是能够通过这一过程估计出顾客的支付意愿，并在此基础上迫使顾客做出较大让步，最大限度地获取顾客的消费者剩余，增加自己的赢利。

原联邦德国的公立小学在对学生收费时就是根据每个学生入学时填写的家庭收入情况确定该学生的收费数额；再如为其他企业定制大型机械设备的企业根据用户申请定制单中的自我介绍单独报价；集贸市场中的服装摊贩则根据潜在顾客的富有程度（如观察顾客的服饰或揣测其职业）做出不同的让步等。这些做法均是以尽可能多地掌握顾客信息从而提高一级价格歧视准确性这一原理为出发点的。

7.3.4 三级价格歧视

一级价格歧视的要求太苛刻，所以现实生活中更多的是三级价格歧视。三级价格歧视（third-degree price discrimination），即多市场价格歧视，指垄断厂商能观察到某些与消费者的偏好相关的信号（如年龄、职业、所在地等），并利用这些信号把消费者分为具有不同需求的群体或不同的市场，并进行价格歧视。因此也被称作市场分割（market segmentation）或信号选择（selection by indicators）。

最常见的三级价格歧视是以地理位置为基础进行空间价格歧视。例如，对同种产品，在富人区的价格高于在贫民区的价格；国内市场和国外市场的价格不一样；城市市场和乡村市场的价格不一样。此外，三级价格歧视还有其他形式。例如，许多产品和服务根据顾客年龄不同进行定价，常见的是乘坐公交车老年人免票，而 1.2 米以下的儿童也免票。又如，火车票和公园门票经常对学生打折。

如果三级价格歧视是可行的，垄断厂商将如何对不同的市场进行定价呢？假设一个垄断厂商在两个分离的市场销售产品，如图 7-14 所示，垄断厂商的边际成本曲线为 $MC=c$，两个市场的消费者需求曲线分别为 $P_1=P_1(Q_1)$ 和 $P_2=P_2(Q_2)$。其中，Q_1 和 Q_2 分别是两个

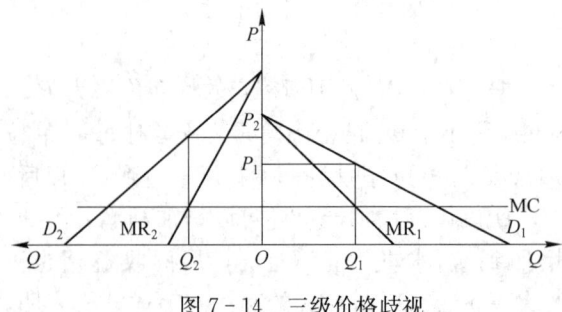

图 7-14 三级价格歧视

市场的销售量。

可以从两方面来直观地思考。首先，就不同的市场而言，厂商应该使各个市场的边际收益相等。只要各市场之间的边际收益不相等，厂商就可以通过不同市场之间的销售量的调整，来获得更大的利益。其次，厂商应该使生产的边际成本 MC 等于各市场相等的边际收益。只要两者不等，厂商就可以通过增加或减少产量来获得更大的利益，直至实现 $MR_1=MR_2=MC$ 的条件。

下面进行比较严格的证明。

垄断厂商的总利润为

$$\pi = P_1(Q_1)Q_1 + P_2(Q_2)Q_2 - C(Q_1+Q_2)$$

利润最大化的一阶条件为

$$MR(Q_1) = MR(Q_2) = MC(Q_1+Q_2) \tag{7.7}$$

根据式（7.1）可知，在市场 1 有

$$MR_1 = P_1(1-1/E_{d1})$$

同时，在市场 2 有

$$MR_2 = P_2(1-1/E_{d2})$$

再根据式（7.7）可得

$$P_1(1-1/E_{d1}) = P_2(1-1/E_{d2})$$

整理得

$$\frac{P_1}{P_2} = \frac{1-1/E_{d2}}{1-1/E_{d1}} \tag{7.8}$$

由式（7.8）可知，三级价格歧视要求厂商在需求的价格弹性小的市场上制定较高的产品价格，在需求的价格弹性大的市场上制定较低的产品价格。实际上，给对价格变化反应不敏感的消费者制定较高的价格，而给对价格变化反应敏感的消费者制定较低的价格，是有利于垄断者获得更大的利润的。

7.3.5 二级价格歧视

一级价格歧视和三级价格歧视都是直接对人的，要求垄断厂商能够通过信号来区别不同的消费者。但有时候厂商只是知道消费者具有不同的需求偏好，但不能确定谁属于哪一类，这时候就需要设置一个"自我选择"的机制来分离不同的消费层次。一般是对同一货物的不同数量或不同"数量段"制定不同的价格，让消费者根据自己的情况自选。这种价格歧视称为二级价格歧视（second-degree price discrimination），它应用了"激励相容（incentive compatibility）"原理。

二级价格歧视和三级价格歧视的重要区别在于三级价格歧视利用了关于需求的直接信号，而二级价格歧视是利用消费者偏好的不同而让他们作出自我选择，厂商无法观察到消费者的偏好。即二级价格歧视的关键特征是"价格与顾客身份无关"，购买者可以在提供的不同产品之间进行自我选择。

二级价格歧视在现实生活中的运用主要有以下几种形式。

①"区时定价"。区时定价在服务业特别是旅游业中最为常见。例如，旅游旺季时，飞机票、火车票、景点门票和旅馆的住宿费都会不同程度地上涨，而旅游淡季时这些价格又会

下调。又如,有些在周末的机票常常会打折,这是因为商务旅行通常发生在工作日,非高峰期票价折扣使航空公司可以间接地区分商务旅行者和休闲旅行者。此外,电影院为白天和晚场电影规定不同的票价,电话公司为平时和节假日规定不同的通话费用,这些也属于按区时定价的二级价格歧视。

②"折扣券"。许多商家在报纸和杂志上向公众提供折扣券。消费者只要剪下折扣券,就可以在下次购买时得到5%的价格折扣。为什么商家不直接把产品价格降低5%呢?原因是折扣券可以使商家实行价格歧视。商家知道,并不是所有顾客都愿意花时间剪下折扣券,而且,剪折扣券的意愿与顾客对物品的支付意愿是相关的。富裕而繁忙的经理不大可能花时间从报纸上剪下折扣券,而且他也许愿意为许多物品支付较高价格。相比之下,一个失业者更可能剪下折扣券并且支付意愿较低。因此,通过只对这些剪下折扣券的顾客收取较低价格,商家就可以成功地把顾客区分开,从而实行价格歧视。

③"数量价格歧视"。垄断厂商根据消费者购买数量的不同而制定不同的价格,这种二级价格歧视最为常见。例如,当消费者购买1单位产品时,其价格为6元;当消费者购买10单位产品时,单位价格便下降为4元,如此等等。实际上,这就是所谓的"量大优惠",在批发市场和零售市场都很常见。厂商这样做的原因是:若定高价,则购买量大的顾客会不买;若统一定低价,则会白白损失购买量少的顾客的消费者剩余。区别定价不仅能使厂商增加利润,还能让消费者自己选择,愿者上钩。

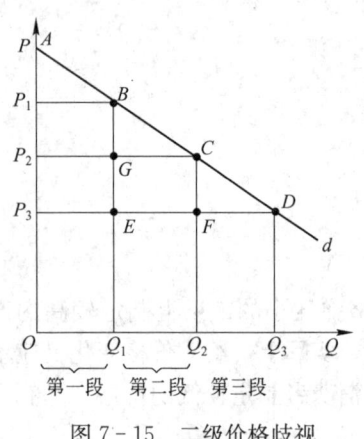

图 7-15 二级价格歧视

下面结合图 7-15 对数量价格歧视进行分析。在图 7-15 中,垄断者规定了三个不同的价格水平。在第一个消费段上,垄断者规定的价格最高,为 P_1;当消费者数量增加到第二个消费段时,价格下降为 P_2;当消费数量增加到第三个消费段时,价格便下降为更低的 P_3。

如果不存在价格歧视,则垄断厂商的总收益相当于矩形 OP_3DQ_3 的面积,消费者剩余相当于三角形 AP_3D 的面积。如果实行二级价格歧视,则垄断厂商的总收益的增加量(即利润的增加量)相当于矩形 P_3P_1BE 加矩形 $EGCF$ 的面积,这一面积恰好就是消费者剩余的损失量,而此时的消费者剩余仅相当于三角形 AP_1B、三角形 BGC 和三角形 CFD 的面积之和。由此可见,实行二级价格歧视会使垄断厂商侵占一部分消费者剩余,并使自己的利润增加。

【实例链接】   "春运"调价是分流手段还是价格歧视?[①]

从 2002 年开始,中国铁路客运在春运期间实行了旅客列车票价浮动方案。例如,2006 年春节期间,节前的 1 月 21 日—27 日,列车票价上浮,硬座票价平均上浮 15%,其他席别上浮 20%。春节期间的 1 月 28 日—1 月 30 日(农历除夕至正月初二)实行票价下调,幅度平均为 10%。春节后的 1 月 31 日(初三)—2 月 15 日,列车票价又上浮,幅度与节前相

---

① 李明志,柯旭清. 产业组织理论. 北京:清华大学出版社,2004:32.

当。春运结束后,客运票价恢复正常甚至有些车次的票价下调。

铁路部门的发言人称,春运票价浮动是为了分流旅客,削峰填谷,缓解运力紧张所为。但经济学常识告诉我们,这种票价浮动与区时定价颇为相似。区时定价是价格歧视的一种,它往往表现为消费旺季时价格上涨,消费淡季时价格下调。那么,春运票价浮动到底是旅客分流手段还是价格歧视呢?

实际上,春运票价浮动利用了人们的需求弹性随时间而变化的原理。春运高峰期(节前和节后的短时间内),旅客的需求价格弹性相对较小,铁路部门通过涨价而大获其利。春节期间的1月28日—30日是农历除夕至正月初二,由于受传统习俗和消费习惯影响,这段时间是客流量低谷,实行票价下调可以在乘火车出行的效用降低和需求价格弹性变大的前提下刺激消费,因票价下降导致的消费量增加同样会提高铁路部门的赢利。有关数据表明,自2002年以来,每年春运期间,铁路运输企业的客运收入呈现逐年上涨趋势,年均涨幅接近9%。

那么,春运票价浮动是否达到了抑制高峰期旅客出行人数的目的呢?据统计,自2002年以来,每年春运期间的客流量不断上涨,仅2006年就比2005年同期增加950万人,增幅达6.8%。其实,对于外出务工者和利用春节回家的探亲者而言,他们对铁路票价的需求弹性几乎为零。为了春节团聚,很多人义无反顾,不惜一切代价要买到火车票。旅客们常常通宵排队,售票窗口的几千张车票在几分钟内就能卖空。高于原价100~200元甚至更高的黄牛票依然抢手。这些现象说明价格调节对抑制高峰客流的作用微乎其微。

因此,春运票价浮动没有分流旅客,却大幅增加了铁路部门的赢利,实为价格歧视。

7.4 垄断市场的效率评价

在一个完全竞争的市场,价格等于边际成本,而垄断厂商的价格超过边际成本。由于垄断势力的结果是较高的价格和较低的产量,因此必然是消费者受损,而厂商受益。显然,从消费者和厂商的角度来分别评判垄断的优劣,会得出不同的答案。那么,从社会整体的角度来看,垄断是一件好事还是一件坏事呢?本节将讨论垄断市场的经济效率。

7.4.1 垄断程度的衡量

前文已述,凡是具有市场势力的厂商都有一定的垄断性,但不同厂商的垄断程度却各不相同,有的厂商市场势力很大,相应的垄断程度很强,而有的厂商只有很小的市场势力,垄断程度较低。如果能够对一个厂商或行业的垄断程度进行衡量,那么就能够对相应市场的竞争程度进行评价,因为竞争和垄断是同一枚硬币的两面。

完全竞争厂商和垄断厂商的重要区别在于:对完全竞争厂商,价格等于边际成本;而对垄断厂商而言,价格大于边际成本。因此,衡量垄断程度的一个很自然的方法就是计算厂商的价格超过边际成本的程度。

$$L = \frac{P - \mathrm{MC}}{P} = \frac{1}{E_\mathrm{d}} \tag{7.9}$$

L 为勒纳指数(Lerner index),由经济学家 Lerner 于1934年提出。勒纳指数就是衡量厂商和行业的垄断程度的通用指标，它等于垄断价格超出边际成本的部分与垄断价格的比率。勒纳指数的大小与商品的需求价格弹性有关，弹性越大，市场产品之间越有竞争性，垄断程度便越小；弹性越小，垄断程度也越高。

由于 $E_d \geqslant 1$，因此 $0 \leqslant L \leqslant 1$。对于完全竞争市场上的企业，有 $P=MC$，因此 $L=0$，说明企业完全没有市场势力。L 越大，则厂商的垄断势力也就越大。

7.4.2 垄断的社会成本和收益

从社会整体的角度来看，垄断究竟是一件好事还是一件坏事呢？对此问题，经济学中有两种不同的意见。古典经济学认为，在4种市场结构中，垄断市场的经济效率最低，主要原因是垄断厂商的均衡产量小于同等条件下完全竞争厂商的产量，因而资源未能得到充分利用，由此会造成社会福利的净损失。此外，垄断还会导致寻租行为的产生，也会引发资源浪费，可把这些损失看作垄断的社会成本，其详细介绍将在第11章的"市场失灵"部分展开。

除了社会成本以外，一些经济学家认为，垄断并非一无是处，它也会带来一些社会收益，主要体现在以下两个方面。

1. 规模经济和范围经济（economies of scope）

能够影响市场价格而具有很大市场势力的大企业，通常具有规模经济和范围经济①。小的竞争性企业做不到这一点。在这种情况下，以前对竞争和垄断的比较就不适用。以前分析这一问题时假设完全竞争厂商与垄断厂商采用的生产技术相同，从而二者具有相同的成本曲线，但实际上当垄断厂商具有规模经济和范围经济时，垄断厂商的成本低于完全竞争厂商的成本。这样，垄断厂商的产品产量可能会高于完全竞争市场，而价格比完全竞争时更低。

如图7-16所示，市场是完全竞争时，供给曲线为 S，产量为 Q_c，价格为 P_c。由于垄断者可以利用规模经济和范围经济，边际成本曲线并不等于完全竞争下的供给曲线，而是低于完全竞争下的供给曲线，即为 MC_m。这样，垄断者的利润最大化产量由边际成本曲线和边际收益曲线相交时决定，即为 Q_m，价格为 P_m。由于利用了并不适于竞争小厂商的技术，垄断者可以达到比竞争行业更高的产量与更低的价格。

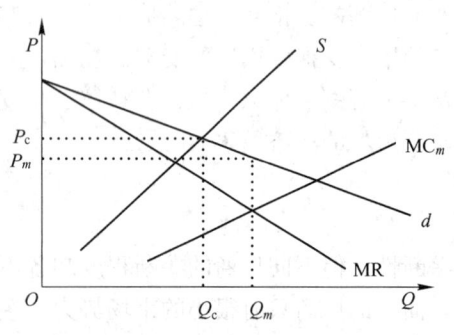

图7-16 垄断厂商的规模经济与范围经济

以上的分析在现实中很容易找到例证。比如，对比20世纪80年代我国的家电产品市场和现在的家电产品市场则可以发现，从产业集中度②的角度衡量，当时的市场竞争程度更高，而目前的市场垄断性更强，已形成了较稳定的寡头市场。然而，由于目前每家厂商的生产规模

---

① 范围经济指企业通过增加生产不同的物品，使平均成本减少的技术条件。

② 产业集中度是表示某个产业中厂商具有的相对规模结构的指标。一般来说，集中度越高，表明市场垄断性越强，竞争程度越低；集中度越低，表明市场垄断性越弱，竞争程度越高。

和范围已远远超过了当时的平均水平,因此我们看到目前的市场总供给量高于当年,而价格则远远低于当年,垄断性市场比竞争性市场更有效率。同样,如果对比美国的汽车制造业与中国的汽车制造业,也可以得出类似的结论。

2. 对研发和创新的激励

垄断能激励创新吗?经济学家们的意见并不一致。有人认为垄断者拥有很大的市场势力,能够控制市场价格和利润,因为缺乏竞争的压力,因此它们没有创新的动力。但还有一些经济学家对此持相反的观点,他们认为垄断比竞争更有利于创新,主要体现在以下两个方面。

① 垄断厂商有从事创新的实力。竞争性厂商由于资本缺乏,通常不具备很强的研发能力,这一点从大厂商和小厂商的研究开发费用的对比中就能反映出来。统计表明,大厂商的研究开发费用占世界研发费用的绝大部分比例。

② 垄断厂商有继续创新的动力。这个动力来自潜在进入者进入的压力。持有这种观点的代表人物是经济学家熊彼特(Schumpeter)。他认为,即使一个厂商现在具有垄断地位而因此获利,其他厂商进入的威胁也使他不敢有丝毫松懈,如果他希望维持现在的地位,他就不能任意挥霍他的利润,而必须把利润投资于研制新产品和开发新的更廉价的生产方式上来。而且,如果没有垄断利润的诱惑,那么企业将没有足够的激励进行研发工作。因此,在熊彼特看来,如果配置的无效性有可能带来新产品和新技术的创新,那么就不应该过分地强调配置有效性,因为正是这种创新带来了经济的发展和生活水平的提高。

7.5 垄断竞争市场

完全竞争市场和垄断市场是理论分析中的两种极端的市场组织。在现实经济生活中,通常存在的是介于这两者之间的市场结构,也就是垄断竞争市场和寡头市场。本节将讨论垄断竞争市场。

7.5.1 垄断竞争市场的含义

垄断竞争(monopolistic competition),顾名思义,它是既包含有垄断因素又包含有竞争因素的市场结构。与完全竞争市场相似,垄断竞争市场含有大量的相互独立的卖者,这些卖者进入和退出该行业不受限制。然而,与完全竞争不同的是,垄断竞争厂商生产的是有差别的产品,这意味着消费者并不把一个厂商的产品与另一个厂商的产品等同看待。而当厂商生产的产品彼此之间既有差别又仍然相似时,他们将具有一定程度的垄断力量,然而,因为不同厂商的商品都是相近的替代品,所以这种垄断力量通常是很小的。

所以,垄断竞争市场是这样一种市场结构,一个市场中有许多厂商生产和销售有差别的同种产品。在现实生活中,垄断竞争市场是最为常见的,它普遍存在于服务业与零售业之中,如餐饮、娱乐、百货、超市、洗涤用品、运动器材、药品零售等行业都是典型的垄断竞争行业。

7.5.2 垄断竞争市场的特征

垄断竞争是完全垄断与完全竞争的混合体,但实际上更接近完全竞争。为了更准确地理解垄断竞争,分析其自身的特征很有必要。

1. 厂商很多

相对于垄断生产者而言,垄断竞争市场中的企业或生产者人数众多。在这一市场条件下,企业的生产规模较小,生产者所提供的产品相似,因此竞争结果使各个企业所占市场份额相对较小,对市场价格的控制力十分有限。然而,与完全竞争市场相比,大多数垄断竞争企业是在一个地区、一个城市甚至一个城市的某一区域展开竞争的,因而企业数目也不可能太多,因此每个企业还拥有一定的市场势力。

同时,由于市场中的企业数量非常多,以至于每个厂商都认为自己的行为的影响很小,不会引起竞争对手的注意和反应,也不会招致对手的任何报复措施。例如,某一厂商降低价格,其增加的销售额分摊到其他几十个厂商身上很可能是微不足道的,因此他认为其他厂商不会对自己的行为做出反应。

2. 产品差异 (product difference)

在垄断竞争市场中,产品差异包含了两层含义。

(1) 不同厂商的产品是不同的

在垄断竞争市场中,有大量的企业生产有差别的同种产品。在这里,产品差别不仅指同一种产品在质量、构造、外观、销售服务条件等方面的差别,还包括商标、广告方面的差别和以消费者的想象为基础的任何虚构的差别。例如,高露洁牙膏与其他品牌的牙膏不同,部分因为其气味,部分在于黏稠度,部分源于其知名度和消费者对其功效的想象,结果是有些消费者愿意花较多的钱购买高露洁牙膏。

由于市场上的每种产品之间存在着差别,所以可以认为每个厂商都是自己产品的唯一的生产者。因此,每个厂商都具有一定的垄断势力。一般来说,产品的差别越大,厂商的垄断程度也就越高。

(2) 不同厂商的产品是相似的

在垄断竞争市场中,不同产品之间都是非常接近的替代品,所以每一种产品都会遇到大量的其他相似产品的竞争,因此,每一个厂商的垄断势力不会很强。例如,因为高露洁公司是高露洁牙膏的唯一生产者,因此它拥有垄断势力,但它的垄断势力是很有限的,因为消费者可以很容易地用其他品牌来代替它。虽然偏爱高露洁的消费者愿意为它付较高的价格,但大多数消费者不会愿意付很多。对大多数消费者来说,牙膏就是牙膏,不同品牌之间的区别是不大的。

3. 非价格竞争

即使是垄断竞争,厂商在必要时也会通过削价进行竞争,但是,价格竞争的代价对于厂商来说极其昂贵,受益最多的是消费者。为此,垄断竞争厂商更多地采取非价格竞争形式。非价格竞争是指通过非价格的形式、手段相互竞争,例如,改善产品功能,提高商品的耐用性和安全性,扩大售前售后服务范围,做广告及开展其他促销活动等。相比之下,在完全竞争市场上,由于每一个厂商生产的产品都是完全同质的,所以厂商之间不可能存在非价格竞争。

从表面上看，非价格竞争并不涉及价格，实质上一切非价格竞争都以生产和销售成本提高为代价。是在"名义价格"不变的形式下降低"实际价格"，不过是以另一种形式向消费者让利。例如，免费送货上门、安装、维修等服务本身要支出费用，只不过是厂商自己代替消费者支付了。再如，价格不变，耐用性提高，等于价格相对下降。非价格竞争的直接目的是在消费者心目中树立良好的品牌形象，一旦名牌创出，只要产品质量稳定，最终会实现扩大市场份额的目标。保持并扩大市场份额通常是企业长期的目标之一。

4. 自由进出

在垄断竞争市场中，新厂商的进入和原有厂商的退出均比较容易。例如，在餐饮业中，每天都有大量的新餐馆开业，同时有大量的老餐馆倒闭，人们对此习以为常。

与垄断厂商和寡头垄断厂商相比，垄断竞争行业的生产规模不大，规模经济的作用有限，生产所要求的资本设备相对较少，因此，无论在相对意义上还是在绝对意义上，该行业都是容易进出的。如果与完全竞争的行业相比，进出垄断竞争行业也有一定障碍，这种障碍来自对新产品、有差异产品的开发。为了与该行业中的现存厂商竞争，必须生产相似但又有区别的产品。为此，必须投入资金、人力去研制和开发，而这需要承担研制和开发失败的风险。对于某些已经获得某种专利或者已经创出名牌产品的厂商来说，新来厂商要与之竞争就具有一定的难度。

【实例链接】 牙膏市场与汽车市场为何不同？

在市场分类中，一般认为牙膏行业是垄断竞争市场，而汽车行业是寡头垄断市场。是什么因素导致了两种商品市场结构的不同呢？是产品差异性吗？显然不是，在两个市场中都存在众多不同品牌的产品，它们之间是有差异的，但又是相近的替代品。实际上，造成两种商品市场结构差别的最重要因素是进入和退出行业的难度。

在牙膏市场中，其他厂商要推出与佳洁士、高露洁等品牌竞争的新品牌牙膏相对比较容易，这就限制了生产佳洁士和高露洁的盈利性。如果利润很大，其他厂商就会花费必要的钱（用于开发、生产、广告和促销）推出它们自己的新品牌，这就会降低佳洁士和高露洁的市场份额和盈利性。

汽车市场虽然也有产品差异的特征，但是，生产中的大规模经济使新厂商的进入非常困难，对大多数资金有限的小厂商来说，进入这一行业根本不可能。因此，汽车市场传统上一直是一个寡头市场。

除了牙膏以外，大多数零售业也是垄断竞争的，因为商品都是由许多不同的零售店销售的，这些零售店通过地段、营业时间，以及营业员的知识、提供的信用项目等区别于它们的对手，相互竞争。进入零售业相当容易，所以如果一条街道因为只有很少几家商店因而利润很高时，新的商店就会进入。

7.6 垄断竞争厂商的均衡

根据前面对垄断竞争市场特点的分析可知，垄断竞争是一种既非完全竞争又非完全垄断的市场结构。像讨论完全竞争与完全垄断条件下企业的均衡一样，下面也分别就短期与长期两种情况讨论垄断竞争条件下的均衡；然后分析垄断竞争市场的效率情况。

7.6.1 垄断竞争厂商的需求曲线与供给曲线

1. 需求曲线

由于垄断竞争厂商可以在一定程度上控制自己产品的价格，即通过改变自己所生产的有差别的产品的销售量来影响商品的价格，所以如同垄断厂商一样，垄断竞争厂商所面临的需求曲线也是向右下方倾斜的。所不同的是，由于各垄断竞争厂商的产品相互之间都是很接近的替代品，市场中的竞争因素又使得垄断竞争厂商的需求曲线具有较大的弹性。因此，垄断竞争厂商面临的需求曲线比完全竞争厂商的需求曲线的弹性要小，但比垄断厂商的需求曲线的弹性要大，即垄断竞争厂商面临一条向右下方倾斜的比较平坦的需求曲线。

在垄断竞争行业中，各个厂商的产品是有差别的，厂商们相互之间的成本曲线和需求曲线未必相同，但是在垄断竞争市场模型中，假定行业内所有的厂商都具有相同的成本曲线和需求曲线，并以代表性厂商进行分析。这一假定能使分析得以简化，而又不影响结论的实质。

2. 供给曲线

在垄断竞争市场上，不存在具有规律性的供给曲线。其原因如同在垄断分析中所指出的那样，在厂商所面临的需求曲线向右下方倾斜的情况下，厂商的产量和价格之间不存在一一对应的关系，因此找不到垄断竞争厂商及行业的具有规律性的供给曲线。

7.6.2 短期均衡

垄断竞争厂商须遵循垄断者的利润最大化规律：它选择边际收益等于边际成本的产量，然后根据其需求曲线找出与这一产量水平相一致的价格。因此短期内，在垄断竞争市场上，厂商均衡的条件是：MR=SMC。

在短期，垄断竞争厂商的均衡与垄断厂商的均衡非常相似，既可能赚到经济利润，也可能只赚到正常利润，还可能会遭受亏损。也就是说，若产品价格高于平均成本，则有经济利润；若价格等于平均成本，则有正常利润；若价格低于平均成本，则会亏损。

图7-17和图7-18描述了两种典型的短期均衡情况。在两幅图中，边际收益曲线与边际成本曲线的交点决定了利润最大化的产量。在图7-17中，价格高于平均成本，因此厂商有经济利润，如图中阴影部分所示；在图7-18中，价格低于平均成本，厂商亏损，亏损量为图中的阴影部分。

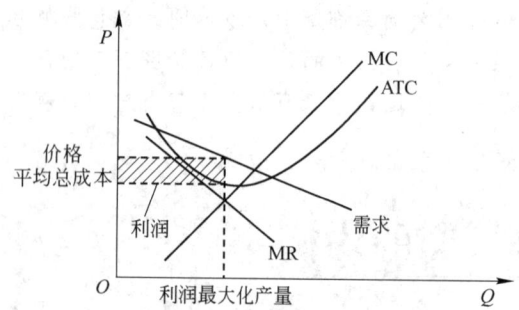

图7-17 垄断竞争厂商的短期均衡（一）

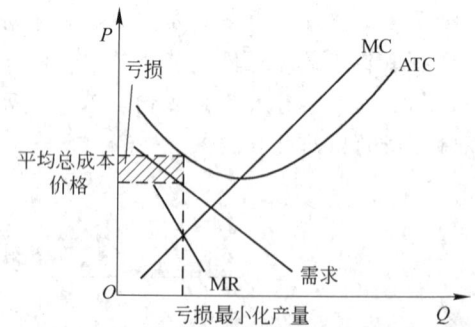

图7-18 垄断竞争厂商的短期均衡（二）

与完全竞争厂商相同，在亏损的情况下，若 AR>AVC，垄断竞争厂商就继续生产；若 AR<AVC，垄断竞争厂商就停止生产；若 AR＝AVC，垄断竞争厂商则认为生产和不生产都一样。

7.6.3 长期均衡

在长期中，垄断竞争厂商的生产规模可以调整，垄断竞争市场上厂商数目可以变化。若短期中厂商有获利，则新厂商进入该行业，提供可替代的产品与原来的厂商竞争，使原厂商市场份额缩小，利润下降；相反，当厂商有亏损，则行业内一些厂商退出，未退出厂商的市场份额增加，亏损减少。这个进入和退出的过程一直要持续到市场上厂商正好有零经济利润时为止。

图 7-19 描述了垄断竞争市场上厂商长期均衡的情况。在长期中，如果厂商起初有盈利，这个利润将诱使其他厂商加入。当他们推出竞争新品牌时，原有厂商将损失市场份额和销量，它的需求曲线将向下移动，在图 7-19 中，长期需求曲线 D_{LR} 将会恰好与厂商的平均成本曲线相切。这时利润最大化意味着产量为 Q_{LR}，价格为 P_{LR}，因为价格与平均成本相等，所以利润为零。相反，如果行业起初亏损，将会有厂商退出。这样，原有厂商的市场份额和销量将增加，它的需求曲线将向上移动，在图 7-19 中，长期需求曲线 D_{LR} 仍将会恰好与厂商的平均成本曲线相切。此时产量为 Q_{LR}，价格为 P_{LR}，价格与平均成本相等，利润亦为零。

总之，对垄断竞争厂商而言，在长期中，其需求曲线和平均成本曲线相切，因而价格与平均成本相等，经济

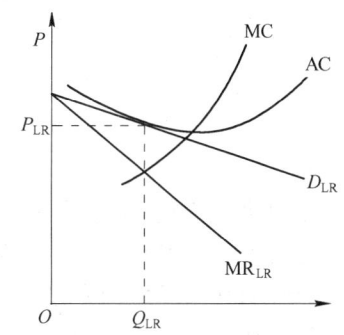

图 7-19 垄断竞争厂商的长期均衡

利润为零。也就是说，垄断竞争厂商的长期均衡条件是：MR＝LMC，P＝LAC（产品价格等于长期平均成本）。

7.6.4 垄断竞争市场的效率

完全竞争市场之所以吸引人是因为它们在经济上有效率——只要没有外力阻碍市场的运作，消费者和生产者的总剩余会达到最大。垄断竞争在某些方面是与完全竞争相似的，但它是一种有效率的市场结构吗？为了回答这个问题，将垄断竞争市场的长期均衡与完全竞争市场的长期均衡加以比较，以考察垄断竞争市场的效率。

图 7-20 显示了垄断竞争均衡与完全竞争均衡的比较情况，其中，图 7-20（a）是完全竞争的长期均衡，图 7-20（b）是垄断竞争的长期均衡。由比较可以看出，有两种原因造成了垄断竞争市场的非效率。

① 价格加成（markup）。从资源配置效率的角度来看，在完全竞争均衡中，均衡价格等于边际成本；而在垄断竞争均衡中，均衡价格大于边际成本，将其称为价格加成。这意味着额外单位产量对于消费者的价值大于生产这些单位的成本，因而存在图 7-20（b）中阴影面积所示的无谓损失（前文讲到垄断势力会造成一定的无谓损失，而在垄断竞争市场中就存在垄断势力）。也就是说，如果产量扩大到需求曲线与边际成本曲线相交之点，则总剩余可以增加等于图中阴影面积的数量。

② 生产能力过剩（excess capacity）。从生产能力利用的角度来看，虽然两种市场结构中厂商的长期均衡利润都是零，但在完全竞争市场中，各厂商面临一条水平需求曲线，所以正如图 7-20（a）中所示，零利润点出现在长期平均成本最低点；而在垄断竞争市场中，需求曲线则是向下倾斜的，所以正如图 7-20（b）中所示，零利润点是在长期平均成本最低点的左边。因此，垄断竞争厂商经营时存在生产能力过剩，即它的产量是低于使平均成本最低的水平的，如果继续增加产量，平均成本还可进一步降低，因此这种过剩生产能力是非效率的。

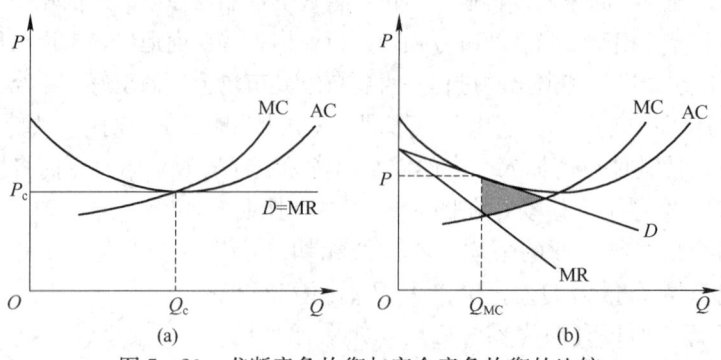

图 7-20 垄断竞争均衡与完全竞争均衡的比较

这些非效率使消费者受损。那么，是否垄断竞争就是一种对社会来说应该管制起来的不好的市场结构？基于以下两方面的理由，答案是否定的。

第一，在大多数垄断竞争市场，垄断势力并不大。通常，有足够多的厂商相互竞争，它们的品牌相互之间替代性相当强，所以没有哪个单个的厂商会有可观的垄断势力。所以，垄断势力引起的无谓损失也不会大，并且由于厂商的需求曲线是相当有弹性的，过剩能力也就不会很大。

第二，不管有多大的非效率，都必须与垄断竞争所产生的一大好处相平衡——产品多样性。大多数消费者都很重视可以在一大堆各方面有差异的竞争性产品和品牌中挑选。从产品多样化得到的利益可以是很大的，并且可能很容易就超过了由向下倾斜的需求曲线引起的非效率的成本。

本 章 小 结

1. 垄断市场是指市场中只有一家厂商是某种产品的唯一卖者，而且其产品没有相近替代品的市场结构。造成垄断的基本原因是进入障碍，它来源于资源控制、政府特许、专利和版权、规模经济等。

2. 垄断厂商的需求曲线就是该市场（或行业）的需求曲线，它是一条向右下方倾斜的曲线；其边际收益曲线位于需求曲线的下方，在任一产量水平上，价格大于边际收益。

3. 垄断厂商的短期均衡条件为 $P > MR = SMC$。在短期中，厂商可能获得经济利润，也可能只获得正常利润，还可能遭受亏损。一旦出现亏损，如果在均衡产量上有 $P > AVC$，厂商应继续生产使亏损最小化；如果 $AVC > P$，厂商应停止营业。

4. 垄断厂商的长期均衡必须满足 MR=LMC=SMC 条件。

5. 如果垄断厂商对商品制定统一价格，其法则是

$$P=\frac{MC}{1-\frac{1}{E_d}}$$

6. 垄断厂商可能会实行价格歧视。即厂商在同一时期对同一种商品向不同的购买者或购买不同数量的同一消费者索取两种或两种以上的价格。价格歧视根据程度的不同可以分为一级价格歧视、二级价格歧视和三级价格歧视。

7. 垄断竞争是指众多厂商销售差异化产品的一种市场结构。垄断竞争厂商的短期均衡条件是 MR=SMC，其长期均衡条件是 MR=LMC，P=LAC。

知识拓展

（理论前沿）新网络经济与垄断[①]

随着计算机和互联网的日益普及，我们的社会逐渐进入了信息时代，又称"新经济"时代。新经济与旧经济的主要区别在于：旧经济是由传统工业的规模经济驱动的，而新经济是由网络的规模经济驱动的。

传统工业下的规模经济，是一种供应方规模经济。例如，汽车制造业初始固定成本很高，只有当汽车的销售量增加时，汽车制造商的单位成本才会降低，因此汽车生产规模越大，成本越低（当然这种规模经济也不是无限的，当达到一定规模之后，企业的组织管理过于复杂，内部互相制约的成本开始成为主要的因素。所以工业时代的企业往往以相对稳定的寡头竞争形式出现）。

而网络新经济反映出来的不仅仅是供应方的规模经济，更重要的还是需求方的规模经济。消费者拥有某一产品的收益会随着拥有该产品的其他消费者数量的增加而增加。也就是说，一种产品的市场价值，与使用这一产品的消费者人数具有正向关系，这就是所谓的网络效应（network effects）。根据网络价值的梅特卡夫法则（Metcalfe's law），一个网络的价值量与它的使用人数的平方成正比。依据这一规律，如果某个网络共有 N 个使用者，并且该网络对于每个使用者的价值与其他使用者人数成比例（实际上不完全是线性关系），那么，整个网络即所有使用者的价值必然与$(N\times[N-1])=N^2-N$ 成比例，当 N 很大时，(N^2-N)约等于N^2。假定每个网络使用者对于其他使用者的价值为1元，当只有10个使用者时，网络总共价值是90元；100个使用者时，网络总共价值是9 900元；1万个使用者时，网络总共价值是1亿元。

随着当代信息技术的发展，由网络经济所衍生出来的规模经济，正在成为垄断产生的一个主要原因。例如，计算机应用软件产品具有很强的网络效应。微软视窗操作系统的使用人数达到一定临界点后，其产品由于有很多消费者使用而具有更高效用或更大价值，这一因素

---

① 卢锋. 经济学原理. 北京：北京大学出版社，2002：202.

鼓励更多的人使用这类软件。随着使用人数增加，上述吸引更多使用者的效果更加显著和加强。这一过程体现了网络经济中的一个重要特征：正反馈。正反馈会使强者更强，弱者更弱。在最极端的情况下，正反馈可以导致"赢家通吃"的格局。我们看到，正是这一作用导致微软在视窗操作系统市场上占据近乎垄断局面。微软崛起是现代信息产业中网络经济导致垄断的典型案例。

实际上，市场中除了微软的视窗操作系统以外，还有其他公司和个人开发的计算机操作系统。许多业内专家认为，从技术和性能上讲，有很多操作系统可与微软系统相比，有的甚至技术更新，性能更优越，但是其市场价值与微软系统相比不可同日而语，而且很难后来居上。这说明在新经济时代，基于网络的规模经济和正反馈效应会强化原有企业的先发优势，不但能造就垄断，而且会加强垄断，甚至使垄断产品变成了事实上的行业标准。

（疑难解析）狭义垄断与广义垄断

根据经济学的严格定义，垄断是指一家厂商是某种产品的唯一卖者，它控制了该产品全部供给的市场结构。然而，在现实中这种纯粹的垄断并不多见。或者说，这种垄断是指狭义的垄断。更多的时候，我们提到垄断，并不是指市场上某产品只有唯一的供给者的情况，而是指厂商拥有一定市场势力的情况。例如，现实中的"反垄断法"，其规制的对象并不只是纯粹垄断，而是普遍针对拥有市场势力的厂商。此时，市场势力的概念非常重要，它是指厂商具有的影响商品市场价格的能力。当厂商能够影响市场价格时，他面临的需求曲线就不再是一条水平的直线，而是向右下方倾斜的曲线。这表明如果厂商在一定范围内提高价格，需求也不会降到零，此时厂商就具有了市场势力。因此，从广义的层面来说，凡是拥有市场势力的厂商都具有一定的垄断性，这里不仅包括纯粹垄断，而且包括寡头、垄断竞争等市场结构。现实中，我们讨论的垄断大多是指广义的垄断概念。

（疑难解析）市场势力的来源

市场势力的大小是决定厂商垄断程度的关键因素，它是指厂商具有的影响商品市场价格的能力，进一步讲，它是指垄断厂商将价格定得高于边际成本的能力。在现实中，为什么有些厂商具有相当的市场势力，而有些厂商却很少有或者没有？式（7.6）表明，厂商的需求曲线的弹性越小，它的市场势力就越大，因此最终决定市场势力的是厂商的需求弹性。问题是为什么有些厂商面临一条富有弹性的需求曲线，而有些厂商却面临一条缺乏弹性的需求曲线呢？

研究表明，决定厂商需求弹性，并最终决定厂商市场势力大小的因素有以下三个，可以将它们看成是市场势力的来源（注意与垄断的来源相区别）。

① 厂商的数量。当市场中厂商的数量较多时，单个厂商的市场势力相对就小，极端的情况是完全竞争市场，厂商只能是价格的接受者，没有任何市场势力。当厂商的数量较少时，厂商的市场势力相对就较大，极端的情况是完全垄断市场，市场上只有一家生产者，它是市场价格的唯一决定者，拥有强大的市场势力。

② 市场需求的弹性。如果市场需求弹性较大，厂商的市场势力就较小；如果市场需求弹性较小，厂商的市场势力就较大。需求弹性主要取决于替代品的多少和产品本身的特性。例如，对石油的需求是相当无弹性的（至少在短期中），这就是为什么欧佩克（OPEC）能

在20世纪70年代至80年代早期将油价提高到远高于边际生产成本的原因。相反，对诸如咖啡、可可、锡和铜等商品的需求要有弹性得多，这就是为什么大部分卡特尔化市场和提价的企图都失败了的原因。

③ 厂商间的相互作用。相互竞争的厂商间如何相互作用也是一个重要的有时甚至是最重要的市场势力决定因素。在一个市场中，厂商之间可能会竞争非常激烈，也可能会相互合作，甚至可能相互串通。如果厂商之间竞争激烈，每个厂商的市场势力就较小，而如果厂商之间相互合作或串通，那他们的市场势力就较大。

需要指出的是，上述三个因素会随着时间的推移而发生变化，因此市场势力必须作为一个动态范畴来考察。例如，市场需求曲线在短期中可能是非常无弹性的，但在长期中则弹性要大得多。石油市场就是这样一个例子，这就是为什么欧佩克在短期中有相当的市场势力而在长期中则要小得多。更进一步，短期中的实际的或潜在的市场势力还会使得一个行业在长期中的竞争更激烈，因为大量短期利润会诱使新厂商加入该行业，从而在长期中减少该行业的市场势力。

像经济学家一样思考

胡大餐厅是垄断者吗？

现在让我们回到本章的开篇案例，看一看经济学家是如何看待这一问题的。

经济学家的分析：

在本章的疑难解析中，我们曾谈到垄断的定义有狭义和广义之分。狭义的垄断是指一家厂商是某种产品的唯一卖者，它控制了该产品全部供给的情况。按照这一定义，胡大餐厅还没有垄断局部的小龙虾市场，因为其市场份额不是100%。广义的垄断是指厂商拥有一定的市场势力，理论上说，市场势力大小的最好判别方法是看产品的价格超过边际成本的程度。完全竞争厂商的价格等于边际成本，而垄断厂商的价格大于边际成本，且价格超过边际成本越多，表明垄断程度越高。按这一标准衡量，胡大餐厅的市场份额已经大到了足以对簋街的小龙虾价格产生一定的影响。

决定胡大餐厅市场势力大小的另一个关键因素，在于簋街上有没有相近的替代品。若探究簋街的发展历史，便会了解到曾经簋街上经营小龙虾的餐厅大都规模较小。北京奥运会以后，簋街小龙虾的名声日渐鹊起。2009年，通过一系列的内部改革，胡大餐厅逐渐从簋街经营小龙虾的餐厅中脱颖而出，在局部地区中的市场势力也逐渐增强。在京城生活的食客们大都知晓，用餐高峰时段胡大餐厅门口排队的景象可谓簋街一带的"特色风景"。然而，当我们观察产品价格时（比如使用大众点评网对比簋街类似餐厅的人均消费），并未发现胡大餐厅的消费价格明显偏高。从某种意义上说，由于小龙虾的替代品在簋街上有很多，因此即便胡大餐厅在簋街上开了5家店铺，但胡大餐厅的市场势力距离真正的垄断厂商还相距甚远，这种状况倒是更有利于消费者以较低的花费品尝美食。

后海的酒吧相比于胡大餐厅的市场势力就更低，或许通过差异化经营，某间酒吧可以吸引一部分固定的消费者。但相比于整个市场，任何一间酒吧能满足的需求只是很小的份额，因此当你在傍晚时分漫步于北京的后海边时，总能听到不同风格驻场歌手的歌声从自己的耳边阵阵飘过。

练习及思考

1. 填空题

(1) 垄断厂商的短期均衡条件为_____。在短期中，厂商可能获得经济利润，也可能只获得正常利润，还可能遭受亏损。一旦出现亏损，如果在均衡产量上有 $P>AVC$，厂商应继续_____；如果 $AVC>P$，厂商应_____。

(2) 与完全竞争市场相比，垄断竞争市场对社会福利的影响既有正面的，也有负面的，负面影响主要表现为_____和_____，正面影响主要表现为_____。

(3) 造成垄断的基本原因是进入障碍，它来源于_____、_____、_____、_____等。

2. 判断题（正确的在括号内打√，不正确的打×）

(1) (　) 垄断厂商所面临的需求曲线就是市场的需求曲线。

(2) (　) 由于垄断对于消费者是件"坏事"，对于生产者是件"好事"，因此，综合起来，我们难以判断它到底是否有效率。

(3) (　) 垄断厂商在短期内实现均衡时，可以获得最大利润，可以利润为零，也可以蒙受最小亏损。

(4) (　) 从长期看，垄断竞争市场条件下的超额利润将会消失。

(5) (　) 垄断是缺乏效率的，因为厂商有超额利润。

(6) (　) 垄断竞争与完全竞争的关键差别是垄断竞争存在产品差别。

(7) (　) 垄断竞争厂商的 AR 曲线与 MR 曲线相互重合。

3. 选择题

(1) 垄断竞争厂商的平均收益曲线是一条 (　)。
A. 平行于横轴的直线　　B. 向右下方倾斜的线
C. 垂直于横轴的线　　　D. 与需求曲线重合的线

(2) 垄断竞争厂商所面对的需求曲线 (　)。
A. 是平行于横轴的直线　B. 是垂直于横轴的直线
C. 是向右下方倾斜的　　D. 以上结论都正确

(3) 完全垄断厂商长期均衡产量上可以有 (　)。
A. $P>LAC$　B. $P=LAC$　C. $AR>LAC$　D. $AR=LAC$

(4) 垄断竞争市场形成的条件是 (　)。
A. 产品有差别　　　　　B. 厂商数目相当多
C. 厂商生产规模比较小　D. 企业利用国家的特权

(5) 经济学中产品的差别是指 (　)。
A. 熊猫电视机与康佳电视机的区别
B. 电视机与收音机之间的差别
C. 同种产品之间的差别
D. 不同种产品之间的差别

(6) 若在 d 曲线上某一点的 $E_d=3$，$P=6$，则相应的 MR 为 (　)。
A. MR=2　B. MR=4　C. MR=18　D. MR=1

(7) 垄断竞争厂商获得最大利润的方法有（　　）。
A. 质量竞争　　　　　　B. 调整价格从而确定产量
C. 广告竞争　　　　　　D. 上述方法都可以
(8) 对垄断厂商来说，下述哪种说法是不正确的？（　　）
A. 面临的需求曲线向右下方倾斜
B. 在利润最大化产量上，价格等于边际收益
C. 边际收益与平均收益不相等
D. 利润最大化产量上，价格高于边际成本
(9) 属于产品差别的是（　　）。
A. 同一种产品在质量、构造、外观等方面的差别
B. 不同种产品在质量、构造、外观等方面的差别
C. 同一种产品在商标等方面的差别
D. 不同种产品在商标等方面的差别

4. 计算题

(1) 已知某垄断厂商的成本函数为 $TC=0.6Q^2+3Q+2$，逆需求函数为 $P=8-0.4Q$。求：
① 该厂商实现利润最大化时的产量、价格、收益和利润；
② 该厂商实现收益最大化时的产量、价格、收益和利润；
③ 比较①和②的结果。

(2) 已知某垄断厂商利用一个工厂生产一种产品，其产品在两个分割的市场上出售，它的成本函数为 $TC=Q^2+40Q$，两个市场的需求函数分别为 $Q_1=12-0.1P_1$，$Q_2=20-0.4P_2$。求：
① 当该厂商实行三级价格歧视时，它追求利润最大化前提下的两市场各自的销售量、价格，以及厂商的总利润；
② 当该厂商在两个市场上实行统一的价格时，它追求利润最大化前提下的销售量、价格，以及厂商的总利润；
③ 比较①和②的结果。

5. 问答与论述题

(1) 垄断厂商可以任意定价，这种说法对吗？为什么？
(2) 市场势力的含义是什么？市场势力的来源与垄断形成的原因有什么区别？
(3) 试分析垄断条件下的厂商价格决定及市场效率。
(4) 请分析对比垄断竞争市场与完全竞争市场的异同。
(5) 在垄断竞争市场上，为什么厂商在短期均衡时可以获得超额利润，而在长期均衡时却不能获得超额利润？

6. 资料题

宝洁公司成功地将洗衣粉划分成9种品牌：汰渍、奇尔、奥克多、格尼、波德、象牙雷、卓夫特、达诗和时代。宝洁的这些品牌在相同的超级市场上相互竞争，为什么宝洁公司要在同一品种上推出好几个品牌，而不集中资源推出单一领先品牌呢？答案是不同的顾客希望从产品中获得不同的利益组合。以洗衣粉为例，有些人认为洗涤和漂洗能力最重要；有些

人认为使织物柔软最重要；还有人认为洗衣粉具有气味芬芳、碱性温和的特征最重要。

宝洁公司至少发现了洗衣粉的 9 个细分市场。为了满足不同细分市场的特定需求，公司就设计了 9 种不同的品牌。这 9 种品牌分别针对如下 9 个细分市场。

（1）汰渍。洗涤能力强，去污彻底。它能满足洗衣量大的工作要求，是一种用途齐全的家用洗衣粉。汰渍一用，污垢全无。

（2）奇尔。具有杰出的洗涤能力和护色能力，能使家庭服装显得更干净、更明亮。

（3）奥克多。含有漂白剂，它"可使白色衣服更洁白，花色衣服更鲜艳"。所以无须漂白剂，只需奥克多。

（4）格尼。最初是宝洁公司的加酶洗衣粉，后重新定位为令衣服干净、清新。"如同太阳一样让人振奋"的洗衣粉。

（5）波德。其中加入了织物柔软剂，它能"清洁衣服，柔软织物，还能控制静电"。洗涤液还可增加"织物柔软剂的新鲜香味"。

（6）象牙雪。"纯度达到 99.44%"，这种肥皂碱性温和，适合洗涤婴儿尿布和衣服。

（7）卓夫特。也用于洗涤婴儿尿布及衣服，它含有"天然清洁剂"硼石，"令人相信它的清洁能力"。

（8）达诗。是宝洁公司的价值产品，能有效去除污垢，但价格相当低。

（9）时代。是天生的去污剂，能清除难洗的污点，在整个洗涤过程中效果良好。

可见，洗衣粉可以从职能上和心理上加以区别，并赋予不同的品牌个性。通过多品牌策略，宝洁已占领了美国更多的洗涤剂市场，目前市场份额已达到 55%，这是单个品牌所无法达到的。

请结合上述材料回答下列问题：

① 什么是产品差别化？
② 宝洁公司是如何实施产品差别化的？
③ 产品差别化与市场势力之间的关系怎样？
④ 产品差别化对社会福利有什么影响？

第8章 寡头市场

【知识结构图】

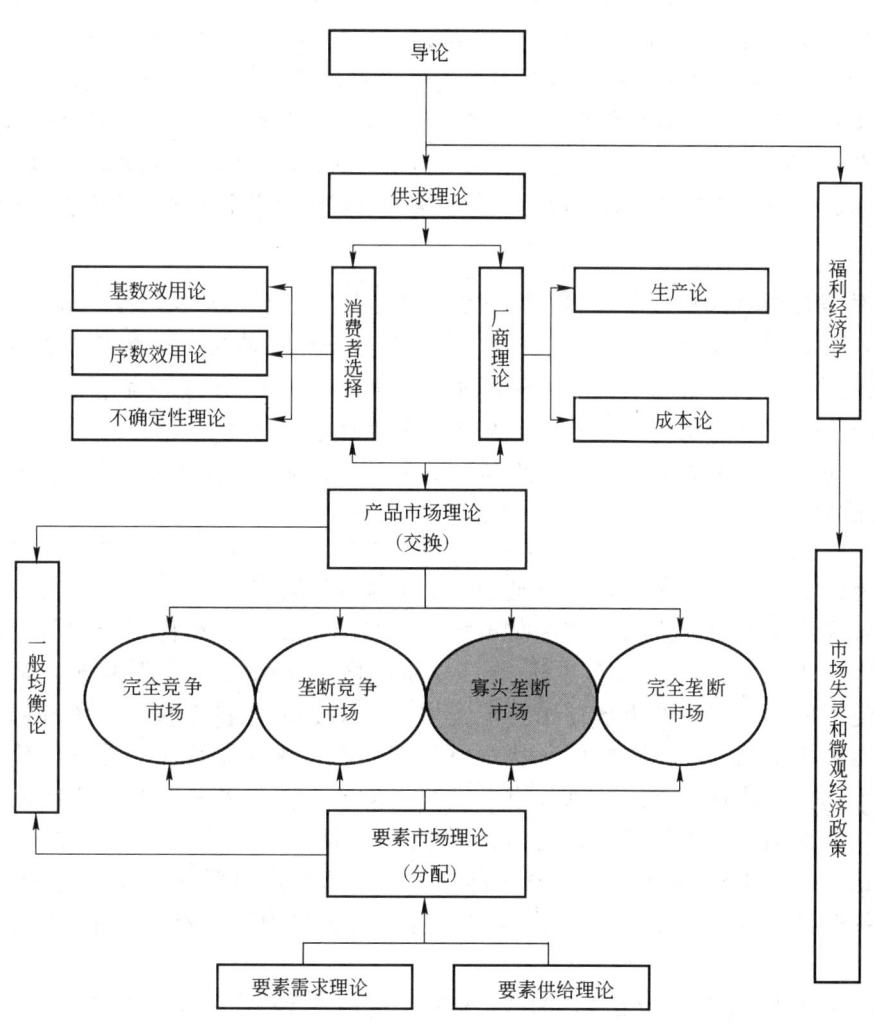

【导入案例】

第三方支付战争

随着互联网移动通信技术的发展，第三方支付业务迅速兴起。2017年中国第三方支付市场的年交易额为120万亿元左右。很长时间以来，这一市场一直由两家厂商所控制：支付宝和财付通。其中，支付宝凭借淘宝购物、生活缴费、菜鸟快递等业务，占有约54%的市场份额，而财付通通过QQ充值、微信红包等业务占有另外40%的市场份额。

虽然只有两家主要厂商，但竞争却异常激烈。第三方支付的利润很薄，边际成本和价格均趋于零，说明这一市场的垄断性并不是很强。两家厂商在生产中努力寻找降低成本或吸引用户的方式，成功的关键是技术创新。更进一步，第三方支付依托互联网移动通信，互联网产业的技术和商业模式有着很强的创新性，运作过程中很小的技术改善都能导致明显的竞争优势。即使一家厂商只是进行了很小的技术创新，它也能降低成本或吸引用户并夺取市场份额。结果是两家厂商都被迫在争夺市场份额的竞赛中花费大量资金用于研究与开发。

以上的描述是令人吃惊的。首先，一个年交易额高达120万亿元的市场中，为什么只有两家厂商，而没有吸引其他厂商进入并参与竞争呢？其次，既然只有两家厂商存在，竞争为什么会如此激烈？如果两家厂商在竞争中达成协议或结为联盟，协调彼此的行为，双方的日子都会更好过。那么，是什么因素阻止他们这么做呢？这些问题是令人着迷的。通过本章内容的学习，你将看到经济学的"神奇"方法是怎样解开这个"俩人战争"之谜的。

在完全竞争市场上，有许多厂商通过生产同质产品而展开竞争，它们没有市场势力，只能接受既定的市场价格；在垄断市场上，只有一家厂商承担了全部的市场供给，它具有很大的市场势力，可以自主选择产量和价格。这两种市场距离现实都比较远，它们是理论上的两种极端的市场结构。现实中，大多数市场属于垄断竞争和寡头类型，它们介于两种极端的市场结构之间。从竞争程度上看，垄断竞争比较接近于完全竞争，而寡头市场则比较接近于垄断。寡头市场最突出的特点是厂商的行为会发生相互影响，因此很难用前面的方法进行研究，我们必须用一种新的方法——博弈论方法对其展开分析。博弈论是近年来诞生的一门新的学科，它的方法在经济学领域有广泛的应用，尤其是对寡头理论的发展做出了巨大的贡献，因此它已成为微观经济学的一个重要组成部分。

本章将首先讨论寡头垄断市场，内容包括寡头的性质和特点、经典的寡头模型等；接下来将介绍一些博弈论的基础知识，特别是与寡头理论有关的博弈论内容；最后，将对不同市场类型的效率进行比较，从而揭示市场结构与经济福利之间的联系。

8.1 寡头垄断市场

8.1.1 寡头垄断的概念

寡头垄断（oligopoly）又称寡头，是指少数几个厂商控制整个市场的产品生产和销售的市场结构。寡头垄断是现实中很普遍的一种市场结构，现在很多行业都表现出寡头垄断的特点，如汽车、钢铁、铝业、石油化工、电子设备和计算机等。

目前，全球的汽车行业几乎被来自美国、日本、德国等几大汽车公司所控制；国内的家电行业主要由海尔、TCL、美的、长虹和几个跨国的家电巨头所控制；国内的电信行业已被网通、电信、移动、联通等公司所控制。此外，在国际原油市场上，石油输出国组织（OPEC）也是由几个国家为成员组成的典型的国际寡头垄断组织，控制着全球的大部分原油生产和销售。当然，寡头垄断者不一定都是大厂商，这与一个市场范围的界定有关，比如，一个比较封闭的偏远地区的两家杂货店也可能成为寡头垄断者。

8.1.2 寡头垄断的特征

寡头垄断市场具有两个基本特征。

1. 厂商行为具有相互依赖性

寡头垄断市场的最重要特征是，厂商的行为不再是相互独立的。这一点与完全竞争和垄断市场具有实质差异。在完全竞争和垄断市场中，假定厂商之间是独立的，即一个厂商的行为不会受其他厂商的影响，也不会对其他厂商造成影响。原因是在垄断情形下，厂商不必考虑对手的反应，因为不存在竞争对手；在完全竞争中，每个厂商的规模都很小，以至于它对其他厂商产生的影响可以忽略不计。相比之下，寡头垄断市场则不同，由于寡头垄断行业中只有少数几家厂商，其中的每一家厂商的行动都将影响到它的竞争对手，反过来也受它的竞争对手行动的影响。因此，每个寡头垄断者在决定其策略和行为时，必须考虑到其策略和行为对其他厂商的影响，以及其他厂商可能的反应。所以，在寡头垄断市场上，厂商的行为具有相互依赖性。

例如，现实中的可乐市场是一个寡头垄断市场，两家最大的可乐制造商——可口可乐和百事可乐占据了市场的绝大部分份额，它们之间相互竞争又相互依赖。如果可口可乐公司打算把产品降价10%进行促销，它的这一行动能否获利及获利大小，很大程度上取决于百事可乐是否以相同比例降价甚至降价更多。因此，可口可乐公司在决策时要考虑到百事可乐公司将如何行动，尤其是要预测自己的决策将如何影响百事可乐公司的利润，以及由此造成的百事可乐公司的反应。

2. 厂商之间的竞争性与串谋性并存

在寡头垄断行业中，市场上只有少数几家厂商，因此寡头厂商的市场势力大小和利润水平高低，很大程度上取决于它们之间行为相互作用的方式。由于少数几个厂商较大程度上控制了市场，而少数厂商之间进行串谋（collusion）（也称勾结或共谋）的协调成本较低和困难较小，因而寡头厂商存在串谋的可能性。如果他们的行动更多采取串谋而不是竞争的方式,寡头们有可能在显著高于边际成本水平上制定价格,从而获得丰厚利润。当然,另一方面,寡头之间也可能发生激烈竞争,并降低它们获得的利润。

正是由于寡头垄断的上述性质,使得对寡头厂商的行为和分析变得非常复杂,我们不可能像对前三种市场结构那样建立单一的模型来分析寡头垄断行业。为此,经济学家们建立了几种不同的模型,以解释寡头垄断厂商的行为,其中每一个模型都对寡头垄断者确信其竞争对手将如何反应及实际上如何反应做出了行为假定,假定不同,其模型的含义也不同。

8.1.3 寡头垄断的成因

寡头垄断产生的基本原因与垄断相同,是由市场的进入障碍导致的,因为新厂商很难进入市场参与竞争,所以市场被少数厂商所控制,并保持相当的市场势力。进入障碍是由以下来源导致的。

1. 规模经济

规模经济是寡头市场形成中的重要因素。在有些行业中,规模经济的效应非常明显,一个厂商必须达到较大的规模才会有效率,而市场容量与厂商的有效规模相比非常有限,因此整个市场只能容纳少数厂商生存和盈利,太多厂商进入会造成全行业亏损。此时,如果新进入者以较大规模进入,将导致市场价格降低,从而新进入者无利可图;而以较小规模进入会导致进入者的平均成本高于在位者(incumbent),从而也会使新进入者无利可图。其结果,在这样的行业中,厂商的数目将变得非常少。这也是寡头市场不同于垄断竞争市场而类似于完全垄断市场的一个原因。

2. 进入成本

如果进入某行业所需的固定成本很高,并且进入后,该成本就成为无法收回的沉没成本,那么新进入者将不会轻易进入,从而在位者能够保持市场势力。开发新产品的巨额投资、推销新品牌的巨额广告费都会导致进入成本过高。

3. 绝对的成本优势

如果在位者拥有原料来源(如上好的煤矿)或关键的技术专利,那么在位者对新进入者就有绝对的成本优势,从而能够保持较大的市场势力。

4. 消费者的转换成本

当消费者需要付出很高的转换成本来使用新产品时,他们通常不愿意再转向新的厂商。消费者的转换成本通常来自学习成本、配套产品的投资、网络资源的丧失、对产品质量和厂家信誉的了解等。转换成本使得消费者忠诚于原有品牌。当产品有差异时,消费者就不会认为不同的产品是绝对的替代品。如果消费者认为现有的产品更适合自己,那么即使有新的进入者,在位者也能够保持一定的市场势力。

5. 在位厂商的进入遏制策略

这一点在寡头市场的形成中也非常关键。在一些有利润的行业,在位厂商通常能够采取一些策略来阻止新厂商进入,保持市场势力。例如,在位者可能会威胁,如果一旦新厂商进入就会向市场倾销产品,从而将价格压得很低,使新厂商无利可图。为了使威胁可信,在位者常常进行大规模的固定资本投资,建立过剩的生产能力,使新厂商不敢进入市场。

8.1.4 寡头垄断的分类

寡头垄断行业可以按不同的方式进行分类。从产品性质的角度看，寡头垄断行业可分为纯粹寡头垄断（pure oligopoly）和差异化寡头垄断（differentiated oligopoly）。在纯粹寡头垄断市场上，厂商生产同质产品。如石油市场，不同厂商生产的石油是大同小异的。在差异化寡头垄断市场上，厂商生产异质产品。如汽车市场，不同厂商制造的汽车在外观、性能上都有很大差异。

从构成一个寡头垄断行业的厂商数目来看，寡头垄断行业可分为双头垄断（一个行业只由两个厂商组成）、三头垄断（一个行业由三个厂商所组成）和多头垄断。此外，从行为方式上看，寡头垄断行业还可以分为非合作性寡头垄断和合作性寡头垄断。如果寡头之间是相互竞争的关系，则为非合作性寡头垄断；相反，如果寡头之间是串谋或共谋的关系，则为合作性寡头垄断。

8.2 经典寡头模型

在寡头垄断市场上，厂商之间是相互依赖的关系，他们的行为相互影响。此时，一家寡头垄断厂商的收益和利润不仅是其自身行为的函数，而且是同行业中其他寡头垄断厂商的行为的函数。因此，每一家厂商在作出行为决策时，必须考虑其他厂商可能的反应，这就使得寡头市场的分析变得非常复杂。必须根据对寡头厂商反应方式的假设来建立寡头模型，而假设不同，其模型的含义和结论也不同。

8.2.1 寡头模型的分类

根据模型假设的不同，将寡头模型划分成多种类型。

首先，根据寡头厂商之间的关系是相互竞争还是相互勾结，可将寡头模型分为竞争性寡头模型与合作性寡头模型。其中，由于寡头之间的串谋通常以"卡特尔"的形式出现，因此合作性寡头模型中的主要代表是卡特尔模型。

其次，对竞争性寡头模型，从不同的角度可作两种分类。

从博弈类型的角度，可将竞争性寡头模型分成静态模型和动态模型。如果寡头厂商们在竞争中同时作出行动的决策，而决策时彼此并不知道对方的行动是什么，则模型为静态模型；相反，如果厂商们的行动有先后之分，并且后行动者能观察到先行动者所采取的行动，则模型为动态模型。

从决策变量的角度，可将竞争性寡头模型分成产量模型和价格模型。如果寡头厂商们是通过产量变动而展开竞争的，则模型为产量模型；相反，如果厂商们是通过价格选择而展开竞争的，则模型为价格模型。

根据上述两个角度，经济学家们建立了4种经典的寡头模型：古诺模型、伯川德模型、斯塔克尔伯格模型、价格领导模型。

寡头模型的分类如图8-1所示，本节将分别对这几种模型进行介绍。

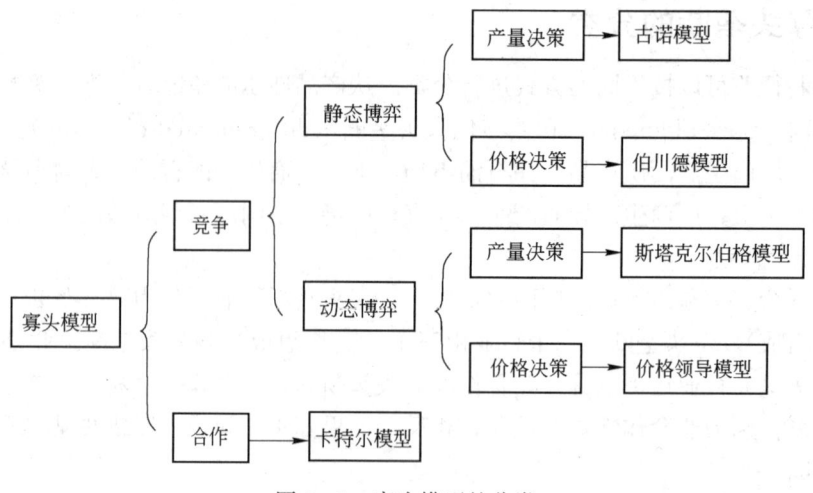

图 8-1 寡头模型的分类

8.2.2 古诺模型

古诺模型是早期的寡头模型，它是由法国经济学家古诺（Cournot）于 1838 年提出的。古诺模型起初是分析两个出售矿泉水的寡头厂商的产量均衡的模型。作为一个只有两个寡头厂商的简单模型，它通常被当作寡头理论分析的出发点，也是一个典型的"双头模型"。古诺模型的结论可以很容易地推广到三个或三个以上的寡头厂商的情况中去。

1. 模型假设

古诺模型的基本假设如下：① 产品是同质的；② 厂商的决策变量是产量；③ 厂商之间只进行一次竞争，并且他们同时进行生产决策；④ 没有其他厂商进入。

2. 一般性分析

由于两家厂商同时决定产量大小，因此每家厂商在做决策之前必须估计对手的产量大小，而市场价格 P 是这两家厂商产量之和的函数，即市场需求函数为 $P=P(q_1+q_2)$，其中 q_1 为厂商 1 的产量，q_2 为厂商 2 的产量。假设厂商 1 估计厂商 2 的产量为 q_2^e，那么它面临的剩余需求（residual demand）曲线为 $D_1(q_2^e)$。如图 8-2 所示，如果厂商 1 认为厂商 2 不生产，那么它面临的需求曲线为 $D_1(0)$，是市场的需求曲线，此时其边际收益曲线为 $MR_1(0)$。如果厂商 1 认为厂商 2 生产 50 个单位，那么它面临的剩余需求曲线将会向左移动到 $D_1(50)$，相应的边际收益曲线也移动到 $MR_1(50)$。

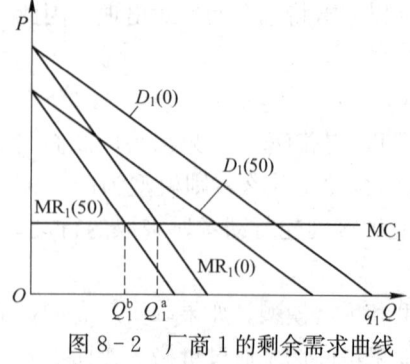

图 8-2 厂商 1 的剩余需求曲线

给定剩余需求曲线，厂商 1 从自身利润最大化的目标出发，选择生产 q_1，此时市场供应量为 $q_1+q_2^e$，相应的市场价格为 $P=P(q_1+q_2^e)$，假设厂商 1 的成本函数为 $C(q_1)$，那么厂商 1 的利润为

$$\pi_1=P(q_1+q_2^e)q_1-C(q_1) \tag{8.1}$$

对于每一个 q_2^e，厂商 1 都能确定最佳的 q_1 使得 π_1 最大化。这说明 q_1 是 q_2^e 的函数，即

$$q_1 = R_1(q_2^e) \tag{8.2}$$

式（8.2）称为厂商1对厂商2产量的"反应函数"（reaction function），即厂商1在预计厂商2产量的基础上选择利润最大化的产量。反应函数通常向下倾斜。

同理，厂商2也要对厂商1的产量进行估计，然后选择使自己利润最大化的产量，从而厂商2的反应函数为

$$q_2 = R_2(q_1^e) \tag{8.3}$$

反应函数意味着每个厂商的最优产量是另一个厂商产量的函数，因此，将式（8.2）和式（8.3）联立，建立反应函数方程组为

$$\begin{cases} q_1 = R_1(q_2) \\ q_2 = R_2(q_1) \end{cases} \tag{8.4}$$

根据方程组（8.4），可求得两个反应函数曲线的交点 $q^* = (q_1^*, q_2^*)$，如图8-3所示。此交点即为模型的均衡解，此均衡 (q_1^*, q_2^*) 必然满足：对于任何 q_1，有 $\pi_1(q_1^*, q_2^*) \geqslant \pi_1(q_1, q_2^*)$；对于任何 q_2，有 $\pi_2(q_1^*, q_2^*) \geqslant \pi_2(q_1^*, q_2)$。

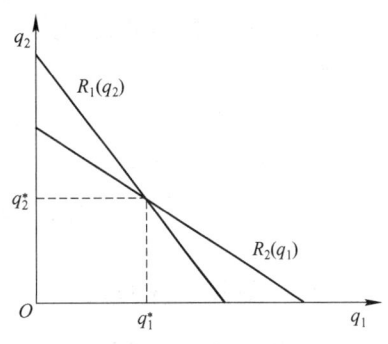

图8-3 古诺模型的均衡

也就是说，如果厂商2的产量为 q_2^*，那么厂商1的最优产量为 q_1^*；如果厂商1的产量为 q_1^*，那么厂商2的最优产量为 q_2^*，因此，在均衡时，两个厂商的产量都是对对方产量的最优反应。

3. 举例分析

为了得到更具体的结果，让我们来考虑上述模型的简单情况。假定每个厂商具有相同的不变单位成本，即：$C_1(q_1) = q_1 c$，$C_2(q_2) = q_2 c$，需求函数取线性形式为：$P = a - (q_1 + q_2)$。

求解均衡的一个办法是对每个厂商的利润函数求一阶导数并令其等于零，两个厂商的利润函数分别是

$$\pi_1 = q_1 P - C_1(q_1) = q_1 \cdot [a - (q_1 + q_2)] - q_1 c$$
$$\pi_2 = q_2 P - C_2(q_2) = q_2 \cdot [a - (q_1 + q_2)] - q_2 c$$

两个厂商的最优化一阶条件分别是

$$\frac{\partial \pi_1}{\partial q_1} = a - (q_1 + q_2) - q_1 - c = 0$$

$$\frac{\partial \pi_2}{\partial q_2} = a - (q_1 + q_2) - q_2 - c = 0$$

反应函数为

$$q_1 = R_1(q_2) = \frac{1}{2}(a - q_2 - c)$$

$$q_2 = R_2(q_1) = \frac{1}{2}(a - q_1 - c)$$

将反应函数联立，解方程组得到此模型的古诺均衡解为

$$q_1^* = q_2^* = \frac{1}{3}(a - c) \tag{8.5}$$

此时，每个寡头垄断厂商的利润分别为

$$\pi_1(q_1^*, q_2^*) = \pi_2(q_1^*, q_2^*) = \frac{1}{9}(a-c)^2 \tag{8.6}$$

根据市场需求函数，当厂商定价等于边际成本时（即 $P=c$），市场总容量为 $(a-c)$。因此，以上模型的均衡结果说明，在双头古诺模型中，每个厂商的均衡产量为市场总容量的 1/3。

如果把双头模型的结论推广到多头模型，令寡头厂商的数量为 m，则存在一般性结论，即

$$\text{每个寡头厂商的均衡产量} = \text{市场总容量} \times \frac{1}{m+1}$$

$$\text{行业的均衡总产量} = \text{市场总容量} \times \frac{m}{m+1}$$

8.2.3 伯川德模型

在古诺模型中，厂商的决策变量是产量，而在下面所要讨论的模型中，厂商将产品的定价作为决策变量。这一模型是由另一位法国经济学家伯川德（Bertrand）于 1883 年提出的，因此称为伯川德模型。博弈双方的决策变量发生了变化，这使得伯川德模型的市场均衡与古诺模型的市场均衡完全不同。

1. 模型假设

伯川德模型仍然是一个双头市场模型，其假设条件如下：① 在一个市场中只有两家厂商；② 两家厂商的产品对于消费者来说是无差异的，市场需求为 $Q=D(p)$；③ 假设生产的单位成本为 c，无固定成本，并且没有生产能力限制，即厂商可以无限地生产；④ 厂商之间只进行一次竞争，并且同时进行定价决策；⑤ 没有其他厂商进入市场。

2. 模型分析

在上述假设下，各厂商将选择什么价格？各自将赚到多少利润？为了回答这个问题，注意到因为产品是相同的，消费者将只会从价格最低的卖方那里购买。因此，如果两厂商定不同的价格，价格较低的厂商将供给整个市场，而价格较高的厂商将什么都卖不出去。如果两厂商定价相同，则消费者对于从哪个厂商那里购买是无差异的，所以此时两厂商将各供给市场的一半。因此，对厂商 1 而言，其需求函数为

$$D_1(p_1, p_2) = \begin{cases} D(p_1), & p_1 < p_2 \\ \frac{1}{2}D(p_1), & p_1 = p_2 \\ 0, & p_1 > p_2 \end{cases}$$

相应的利润函数为

$$\pi_1(p_1, p_2) = \begin{cases} (p_1-c)D(p_1), & p_1 < p_2 \\ \frac{1}{2}(p_1-c)D(p_1), & p_1 = p_2 \\ 0, & p_1 > p_2 \end{cases}$$

对于厂商 2，情况是类似的。

这种情况下的价格均衡是什么？如果对此稍做考虑，我们就会看出两家厂商在竞争中会竞相削价，竞相削价的结果使得在均衡时，两厂商的价格都会等于边际成本，即 $P_1 = P_2 = c$，此时，两厂商的利润为零。为了验证这是一个价格均衡，可以问一下是否有哪个厂商有改变它价格的冲动。假设厂商1提高价格，那么它就会把它的销售全输给厂商2，因而不可能有什么得益；如果反过来它降价，它会夺得整个市场，但会在它生产的每个单位上都亏损，所以会有损失。因此，厂商1（厂商2也是同样的）没有偏离的冲动——它所做的已经是给定它的竞争者的行为时所能做的最好的。

为什么不存在一个价格均衡，其中两厂商定相同的但是较高的价格（$P_1 = P_2 > c$），从而各自赚到一些利润呢？因为在这种情况下，如果任何一家厂商降价一点点，它就能夺取整个市场并几乎可以使它的利润加倍，因而各厂商都会想到削价与它的竞争者抢生意。这种削价竞争将持续下去，直到价格降至 $P_1 = P_2 = c$。

伯川德均衡的含义在于，如果同业中的两家厂商经营相同的产品，且成本相等，那么两家厂商的竞争就足以消除全部市场势力，价格战必定使得每家厂商都按照"价格＝边际成本"的原则来经营，最终厂商的经济利润都为零。伯川德均衡的结果与完全竞争市场的厂商均衡是完全相同的。在古典经济学中，一般认为寡头厂商的垄断势力会远远大于完全竞争厂商。而在伯川德模型中，双寡头市场上的竞争居然产生了完全竞争的结果，这与我们的常识是相矛盾的，因此，此模型的结果也被称为"伯川德悖论"。

3. 现实应用

在现实生活中，信息产品市场的定价比较符合伯川德模型的结论。信息产品具有以下的成本特征：第一，信息的生产成本很高，但是复制成本很低；第二，一旦第一份信息被生产出来，大部分成本就成为无法挽回的沉没成本（sunk cost）；第三，多份拷贝能够以大致不变的边际成本生产；第四，生产拷贝的数量不受自然能力的限制。由于信息产品具有以上特征，因此当市场上有几家厂商一起竞争时，只要它们已经付出了沉没成本，那么竞争的驱动总是会使价格向边际成本移动。

除了信息产品市场外（事实上该市场也不会完全达到伯川德均衡），在现实生活中，人们往往观察到相反的现象：寡头厂商的价格竞争并没有使得均衡价格降低到等于边际成本，而是高于边际成本，厂商仍然获得经济利润。为什么伯川德均衡的结果与现实不符呢？

通过仔细考察伯川德模型中的几个主要假设，可以发现如下因素。

① 动态竞争。伯川德模型假定厂商只在一个时期展开竞争，因此两家厂商竞相降价来追求消费者对降价的反应。但事实上，削价带来的一个可能的后果就是对手将价格制定得更低以伺报复，从而引发价格战。从动态竞争的角度考虑，当厂商考虑到对手报复的可能性时，它会比较降价在短期内带来的好处与在长期中由于价格战而带来的损失。所以，两家厂商可能会在 $P_1 = P_2 > c$ 的某一点达成协议，形成共谋。

② 产品差异化。在伯川德模型中，由于两家厂商生产相同的、可完全替代的产品，所以引发厂商间的价格战，从而使得均衡价格等于边际成本。然而，在现实中，厂商们通常生产不同的产品，或者生产同一产品，但是在服务上或者地理位置上存在差异，那么两家厂商就可以制定不同的价格。

③ 生产能力约束。通过制定比竞争对手更低的价格，伯川德模型中双寡头垄断的一方将获得所有的市场需求。但是，如果厂商没有足够的生产能力来满足全社会的需求，那么另

一个厂商对于剩余的社会需求就可以收取超过边际成本的价格。因此，存在生产能力约束时，伯川德竞争将呈现不同的结果。

8.2.4 斯塔克尔伯格模型

与古诺模型一样，在斯塔克尔伯格模型中，厂商的行动也是选择产量。不同的是，在斯塔克尔伯格模型中，厂商1是领导者（leader），厂商2是追随者（follower）。厂商1先宣布其产量计划，厂商2观察到厂商1的行动，然后作出自己的决策。

1. 模型假设

斯塔克尔伯格模型的基本假设如下：① 在一个市场中只有两家厂商；② 产品是同质的；③ 厂商的决策变量是产量；④ 两个厂商的行动有先后次序，厂商1首先选择产量 q_1，厂商2观测到 q_1，然后选择自己的产量 q_2；⑤ 没有其他厂商进入。

2. 模型分析

从表面上看，厂商2具有优势，因为它可以对厂商1进行威胁。例如，厂商2可以宣布："如果厂商1生产超额的产量，那么我将大量生产，使价格降到平均成本以下，让厂商1无利可图。"但是，这种威胁事实上是不可信的。因为如果厂商1真的超额生产，那么这时候对于厂商2来说，大量生产也会使它自己的利润为负，因此这并不符合厂商2的最优利益。厂商2的最优选择应该是在厂商1的产量给定的情况下，选择能使自己利润最大化的产量。从这个意义上说，厂商1具有先走一步的优势，而厂商2只能"亦步亦趋"。

那么，厂商1应该怎样决定其产量，以使自己达到利润最大化呢？由于市场的均衡价格是由厂商1的产量 q_1 和厂商2的产量 q_2 之和 q_1+q_2 与需求共同决定，并且厂商1有先走一步的权利，因此厂商1会考虑到当自己生产一个产量以后，厂商2会做出反应。于是，厂商1必须估计出厂商2的反应函数，并在此基础上作出使自己利润最大化的产量决策。

假定市场逆需求函数为 $P(Q)=a-q_1-q_2$，两个厂商有相同的不变单位成本 $c \geqslant 0$，那么，两个厂商的利润函数为

$$\pi_i(q_1, q_2)=q_i \cdot (P(Q)-c), \quad i=1, 2$$

首先考虑厂商2的选择，厂商2的问题是在给定 q_1 的情况下使自己的利润最大化，厂商2的利润函数为

$$\pi_2(q_1, q_2)=q_2 \cdot (a-q_1-q_2-c)$$

最优化的一阶条件意味着

$$q_2=s_2(q_1)=\frac{1}{2}(a-q_1-c)$$

这实际上是古诺模型中厂商2的反应函数。不同的是，$s_2(q_1)$ 是当厂商1选择 q_1 时厂商2的实际选择；而在古诺模型中，$R_2(q_1)$ 是厂商2对于假设的 q_1 的最优反应。

因为厂商1预测到厂商2将根据 q_1 选择 q_2，厂商1在第一阶段的问题是

$$\max\{\pi_1(q_1, s_2(q_1))\}=q_1 \cdot (a-q_1-s_2(q_1)-c)$$

解一阶条件得

$$q_1^*=\frac{1}{2}(a-c) \tag{8.7}$$

将 q_1^* 代入 $s_2(q_1)$ 得

$$q_2^* = s_2(q_1^*) = \frac{1}{4}(a-c) \qquad (8.8)$$

此时,厂商 1 的利润是

$$\pi_1(q_1^*, q_2^*) = \frac{1}{8}(a-c)^2 \qquad (8.9)$$

厂商 2 的利润是

$$\pi_2(q_1^*, q_2^*) = \frac{1}{16}(a-c)^2 \qquad (8.10)$$

这就是斯塔克尔伯格模型的均衡结果,此均衡的图示见图 8-4。这一结果与古诺均衡的结果的对比,见表 8-1。

表 8-1 斯塔克尔伯格均衡与古诺均衡比较

项 目	斯塔克尔伯格均衡	古 诺 均 衡
市场价格	$P=\dfrac{a+3c}{4}$	$P=\dfrac{a+2c}{3}$
市场总产出	$Q=\dfrac{3}{4}(a-c)$	$Q=\dfrac{2}{3}(a-c)$
厂商 1(领导者)的产量	$q_1=\dfrac{1}{2}(a-c)$	$q_1=\dfrac{1}{3}(a-c)$
厂商 2(追随者)的产量	$q_2=\dfrac{1}{4}(a-c)$	$q_2=\dfrac{1}{3}(a-c)$
厂商 1(领导者)的利润	$\pi_1=\dfrac{1}{8}(a-c)^2$	$\pi_1=\dfrac{1}{9}(a-c)^2$
厂商 2(追随者)的利润	$\pi_2=\dfrac{1}{16}(a-c)^2$	$\pi_2=\dfrac{1}{9}(a-c)^2$

通过对比可以发现,在斯塔克尔伯格模型中,即使所有的厂商都以同样的成本生产相同的产品,由于领导厂商先行一步,所以它赚取的利润仍然大于追随厂商,将其称为先动优势(first-mover advantage)。在本例中,领导厂商的产量从古诺均衡时的 $q_1=\dfrac{1}{3}(a-c)$ 增加到 $q_1=\dfrac{1}{2}(a-c)$,利润也从 $\pi_1=\dfrac{1}{9}(a-c)^2$ 增加到 $\pi_1=\dfrac{1}{8}(a-c)^2$,而追随厂商无论产量还是利润都降低了,这就是先行一步给领导厂商带来的优势。同时,由于在斯塔克尔伯格模型中,均衡的总产出

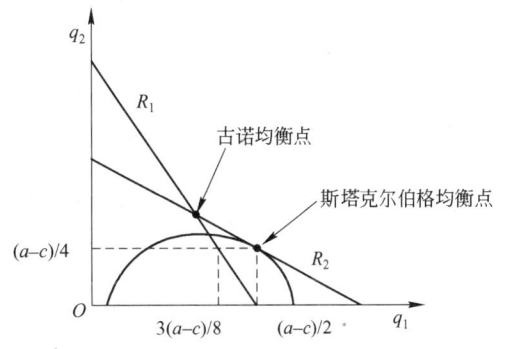

图 8-4 斯塔克尔伯格模型的均衡

高于古诺模型的总产出,而厂商总利润低于古诺模型的总利润,因此可以认为,斯塔克尔伯格均衡的效率高于古诺均衡。

8.2.5 价格领导模型

价格领导模型与斯塔克尔伯格模型相似,区别在于在价格领导模型中,领导厂商先宣布

其价格决策，而不是产量决策。但是，在宣布其价格决策之前，领导厂商仍然要充分考虑追随厂商对此所做出的反应。因此，在分析价格领导模型时，必须与分析斯塔克尔伯格模型一样，首先分析追随厂商对领导厂商定价的反应，然后再分析领导厂商的最优定价决策。

1. 模型假设

价格领导模型的基本假设如下：① 在一个市场中只有两家厂商；② 产品是同质的；③ 厂商的决策变量是价格；④ 两个厂商的行动有先后次序，厂商1首先选择价格 p_1，厂商2观测到 p_1，然后选择自己的价格 p_2；⑤ 没有其他厂商进入。

2. 一般性分析

假设市场的逆需求函数为 $P=P(q_1+q_2)$，厂商1（领导者）和厂商2（追随者）的成本函数分别为 $C_i(q_i)$，q_i 为厂商 $i(i=1,2)$ 的产量。如果领导厂商宣布其产品定价为 p，那么均衡时，追随厂商的产品价格也为 p。这是因为，如果追随厂商的定价高于领导厂商，那么它的产品不会有需求；而如果追随厂商的定价低于领导厂商，那么整个市场需求将会转向追随厂商，但此时追随厂商已经名不副实，成为"领导厂商"了。因此，在均衡时，追随厂商只能接受领导厂商的定价。对于追随厂商来说，在价格为 p 时，它的利润函数为

$$\pi_2 = pq_2 - C_2(q_2)$$

为了实现利润最大化的目标，追随厂商必须选择产量 q_2，使得边际收益等于边际成本，即 $\mathrm{MR}_2(q_2)=\mathrm{MC}_2(q_2)$，由于 $\mathrm{MR}_2(q_2)=p$，因此，有

$$\mathrm{MC}_2(q_2) = p \tag{8.11}$$

式（8.11）实际上就确定了追随厂商的供给函数 $q_2=S_2(p)$。此时，对于领导厂商而言，它所面临的需求是市场的剩余需求，记为 $R(p)$。根据以上分析，有

$$q_1 = R(p) = D(p) - S_2(p) \tag{8.12}$$

利润最大化原则要求领导厂商的边际收益和边际成本也必须满足 $\mathrm{MR}_1 = \mathrm{MC}_1$，从而可以解出 q_1 及相应的价格水平 p。

3. 举例分析

下面通过一个具体的例子来说明价格领导模型。假设需求函数为 $P(Q)=130-Q$，领导厂商（厂商1）的生产成本函数为 $C_1(q_1)=10q_1$，追随厂商（厂商2）的生产成本函数为 $C_2(q_2)=\frac{1}{2}q_2^2$。此时，价格领导模型的均衡价格与均衡产量是多少？

首先求出追随厂商的供给函数 $q_2=S_2(p)$。由于在均衡时，追随厂商会接受领导厂商的定价 p，并按照 $\mathrm{MC}_2(q_2)=p$ 的原则使其达到利润最大化。因此有

$$\mathrm{MC}_2(q_2) = q_2 = p$$

此时领导厂商面临的剩余需求为

$$R(p) = D(p) - S_2(p) = 130 - p - p = 130 - 2p$$

即领导厂商的供给函数为 $q_1=130-2p$，反解得

$$p = \frac{1}{2}(130 - q_1)$$

领导厂商的利润函数为

$$\pi_1(q_1) = pq_1 - C_1(q_1) = \frac{1}{2}(130-q_1)q_1 - 10q_1 = 55q_1 - \frac{1}{2}q_1^2$$

利润最大化问题的解为 $q_1=55$，$p=37.5$，$q_2=37.5$。这便是均衡时领导厂商制定的价格，以及各厂商的产量。

8.2.6 卡特尔模型

在以上所介绍寡头模型中寡头厂商之间都是相互竞争的关系。然而，既然寡头市场中厂商的数目很少，厂商又意识到彼此之间的相互依存，这种状况就很容易导致厂商之间的相互勾结。这种勾结的好处是显而易见的：一是能提高利润，减少不确定性；二是能增强阻碍新厂商进入的力量。因此，当寡头厂商们为了提高利润，在确定产量和价格等方面进行合作时，就把这种勾结形式称为卡特尔。现实中，卡特尔的表现形式有多种：产量卡特尔、价格卡特尔、销售渠道卡特尔等。卡特尔合作将会怎样影响市场均衡呢？下面，以双头市场上的产量卡特尔为例，通过与古诺模型的对比，来说明合作性寡头模型与竞争性寡头模型的区别。

1. 模型假设

卡特尔模型的基本假设如下：① 在一个市场中只有两家厂商；② 产品是同质的；③ 厂商的决策变量是产量；④ 厂商之间组成产量卡特尔，通过生产决策使双方的共同利益最大化；⑤ 没有其他厂商进入。

2. 模型分析

当两个厂商组成卡特尔时，它们追求的目标是双方的共同利润最大化，此时的均衡问题变得非常简单，可将卡特尔共同体看作一个垄断厂商，于是问题就变成了一个垄断市场上的均衡问题。两厂商将根据卡特尔共同体的边际收益等于边际成本确定共同产量和价格，在获得垄断利润后，双方将根据彼此的产量分配利润。当两个寡头厂商的生产规模和成本曲线相同时，它们将平分垄断利润。

为了得到更具体的结果，采用古诺模型中的线性形式，假定每个厂商具有相同的不变单位成本，即：$C_1(q_1)=q_1c$，$C_2(q_2)=q_2c$，市场逆需求函数为：$P=a-Q$，其中，$Q=q_1+q_2$。

此时，卡特尔共同体的利润函数是

$$\pi(Q)=PQ-q_1c-q_2c=PQ-cQ=(a-Q)Q-cQ$$

利润最大化的一阶条件为

$$\frac{\partial \pi}{\partial Q}=a-c-2Q=0$$

求解得

$$Q^*=\frac{1}{2}(a-c) \qquad (8.13)$$

此时市场价格为

$$P^*=\frac{1}{2}(a+c) \qquad (8.14)$$

卡特尔共同体的利润为

$$\pi(Q)=\frac{1}{4}(a-c)^2$$

由于两个厂商的成本曲线相同，因此它们将平分均衡产量和利润，所以有

$$q_1^* = q_2^* = \frac{1}{4}(a-c) \tag{8.15}$$

$$\pi_1^* = \pi_2^* = \frac{1}{8}(a-c)^2 \tag{8.16}$$

以上均衡结果与古诺均衡的结果的对比，见表8-2。

表8-2 卡特尔均衡与古诺均衡比较

项 目	卡特尔均衡	古诺均衡
市场价格	$P = \frac{1}{2}(a+c)$	$P = \frac{a+2c}{3}$
市场总产出	$Q = \frac{1}{2}(a-c)$	$Q = \frac{2}{3}(a-c)$
厂商的产量	$q_1 = q_2 = \frac{1}{4}(a-c)$	$q_1 = q_2 = \frac{1}{3}(a-c)$
厂商的利润	$\pi_1 = \pi_2 = \frac{1}{8}(a-c)^2$	$\pi_1 = \pi_2 = \frac{1}{9}(a-c)^2$

通过对比可以看出，在卡特尔情况下，厂商产量之和小于古诺寡头产量之和，而利润之和大于古诺寡头利润之和，同时每个厂商的产量小于古诺寡头产量，而每个厂商的利润大于古诺寡头利润。可见，如果寡头厂商组成卡特尔，每个厂商都将获得比竞争性均衡更多的好处。然而，古诺模型告诉我们，每个厂商在选择最优产量时，如果目标不是追求卡特尔的利润最大化，而是自身利润最大化，那么即使卡特尔均衡意味着更高的利润，最终出现的仍将是古诺均衡的结果，这一悖论就是著名的"囚徒困境"，此问题将在12.1节给予进一步说明。

3. 现实应用

以上模型中介绍了在经济学假设基础上比较理想的卡特尔形式。相比之下，现实中的卡特尔具有以下一些特点。

在很多行业中，寡头企业的数量远远超过两个。一般来讲，并不是一个行业中的所有生产商都需要加入卡特尔，大多数卡特尔只包括一部分生产商。

现实中的卡特尔只有少数是成功的。例如，欧佩克卡特尔就是产油国政府间的一个国际协定，它在十多年间成功地将世界石油价格提高到远远高于本来会有的水平。其他成功地提高了价格的国际卡特尔还有：在20世纪70年代中期，国际铝矾土联合会将铝矾土价格提高到4倍；而一个秘密的国际铀卡特尔提高了铀的价格。一个被称为水银欧洲的卡特尔将水银价格保持在接近于垄断水平；而另一个国际卡特尔一直都垄断着碘市场。然而，大多数卡特尔都没能提高价格。一个国际铜卡特尔一直运作到今天，但它从未对铜价有过显著的影响。还有试图抬高锡、咖啡、茶和可可的价格的卡特尔也都失败了。

为什么有些卡特尔成功而另一些却失败？经济学研究表明，卡特尔的成功有两个关键性的条件。第一，卡特尔产品的市场需求必须缺乏弹性，难以获得替代品。如果很容易获得大量替代品，卡特尔提高价格会鼓励购买者转向替代品，反而给市场竞争对手提供了"补贴"。这样串谋行动无异于搬起石头砸自己的脚，显然是不成功的。第二，卡特尔的成员必须遵守规则。如果寡头互相欺骗，则可能动摇卡特尔联盟的基础。应当注意的是，寡头厂商通过串

谋行为制造出一个垄断环境，与真正垄断市场不同的是，真正垄断者只有自己一家，不会欺骗自己；卡特尔式垄断是若干厂商共同行动的结果，成功的前提是大家守规矩。然而，正是在这个问题上，利益驱动因素导致寡头串谋的内在不稳定性，使寡头们常常陷入"囚徒困境"之中。

此外，除了公开的、以明确协定形式存在的卡特尔以外，还有很多暗中配合的，甚至是以"默契"形式存在的类似卡特尔的寡头串谋（公开的卡特尔在有些国家是非法的，如美国）。例如，"价格领导制"就是一种寡头之间相互配合，但又不存在明确协议的串谋形式。在这种串谋形式中，某个厂商作为价格领导者率先制定价格，其他厂商追随跟进，最终达到控制产量和价格、提高企业利润的目的。

【实例链接】　　"全网最低价"是竞争还是串谋？

公开的卡特尔在很多情况下是被法律禁止的。于是，很多寡头厂商为了控制市场，谋取利润，常常采取暗中配合的形式进行串谋。有些暗中串谋非常隐蔽，消费者往往难以发现；而有些暗中串谋，不仅掩人耳目，还常常被当作商家竞争的手段，赢得了不少消费者的好感。比如近几年，在电商平台中，常常有商店推出"全网最低价"的促销活动。活动的内容大体是这样的：商店为了促销某些商品，在其价格上标明"全网最低价"字样，如果顾客能够证明其他商店同类商品价格更低，电商平台承诺按照相同价格出售这一商品，并成倍地返还顾客差价。一般顾客印象中，这也许是商家为了促销而采取的竞争性行为，对消费者是好事。然而，从经济学角度分析，它可能会使消费者支付更高价格，实为一种特殊的隐蔽性串谋手段。

这个推论似乎不合情理。然而，只要从做最低价承诺的商家的竞争对手角度考虑这一问题，就不难理解这一做法会提高价格而不是降低价格。假定天猫平台将成本为900元的商品以1 000元出售，并承诺这是"全网最低价"，若其销售成本为50元，可获50元的销售利润。如果另一家电商"京东"想与"天猫"抢生意，它可以将同一商品以960元出售。然而这时它会想到，它降价不会争取到更多消费者，因为"天猫"已经保证它是"全网最低价"，因此它一定会跟着降价。这样，对于"京东"来说，降价并不能使它获益，因而可能取消降价行动。反过来也一样，如果"京东"推出类似的"全市最低价"活动，"天猫"因顾忌价格大战，也不会采取降价行动。这样，大家都不会轻易降价，消费者只能买到更贵的商品。所以，"全网最低价"这一做法从表面上看好像是高度竞争的，但实际上可能产生类似价格串谋的效果。

8.3　不同市场的效率比较

前面我们研究了4种不同的市场结构：完全竞争、垄断、垄断竞争、寡头垄断。这4种市场结构具有不同的特点，不同市场结构中的厂商的价格决策、产量决策都不相同，其竞争策略和竞争程度也不一样，因而经济效率也就不同。下面对这4种市场结构的经济效率做一简单比较。

8.3.1 需求曲线与供给曲线

厂商的需求曲线和供给曲线是厂商决策的基本依据，也体现了市场结构的最基本的特征。在完全竞争市场中，厂商只能被动地接受市场的价格，因而其需求曲线是水平的，也就是具有完全弹性。不完全竞争厂商一般都能够在一定程度上影响市场的价格，因而其需求曲线都是向右下方倾斜的，但斜率各不相同。一般来说，垄断程度越高，需求曲线的斜率（绝对值）就越大。其中，垄断厂商的需求曲线最为陡峭，而垄断竞争厂商的需求曲线较为平缓。对寡头垄断厂商而言，由于厂商之间的相互制约与依赖关系，一般是很难推导出需求曲线的，但在特殊的假定前提下，比如，厂商之间组成卡特尔、价格领导制或如斯威齐模型所假定的前提下，则可以导出其需求曲线。

因为完全竞争厂商是市场价格的接受者，所以厂商一般只根据价格来决定自己的产量从而实现自己的利润最大化，因而其供给曲线也是可以推导的，其短期供给曲线和 SMC 曲线重合。而对不完全竞争厂商来讲，因其具有一定的市场势力，可以通过调整产量和价格来追求利润最大化，故其价格和产量之间不存在一一对应的关系，所以不完全竞争厂商无法推导出厂商的供给曲线。

8.3.2 经济效率比较

经济效率是指经济资源配置的有效性。高的经济效率表示对资源的优化配置或能以最有效的生产方式进行生产；低的经济效率则表示对资源的配置无效率或没有以最有效的方式进行生产。不同市场结构的经济效率是不相同的。经济学家通过长期的研究得出的一般结论是：完全竞争市场的经济效率最高，垄断竞争市场较高，寡头市场较低，垄断市场最低。可见，市场的竞争程度越高，则经济效率越高；反之，市场的垄断程度越高，则经济效率越低。

那么，经济效率是如何判断的呢？一般来讲，可以有两个标准：一是价格与边际成本的关系，二是长期平均总成本的高低。

1. 价格与边际成本

判断经济效率的第一个标准是看在长期均衡时，价格 P 是否等于长期边际成本 LMC。商品的价格 P 可以看作是商品的边际社会价值，LMC 可以看作是商品的边际社会成本。因此，当 $P=$LMC 时，说明资源得到了有效配置，所得到的净社会价值即社会福利是最高的；如果 $P>$LMC，则意味着厂商如果增加产量，净社会价值将增加，说明此时社会资源没有得到有效配置，是无效率的。

依据这个标准，在完全竞争市场上，厂商的长期均衡满足 $P=$LMC，表明资源在该行业得到了有效的配置。在不完全竞争市场上，在不同类型的厂商的长期均衡点上都有 $P>$LMC，它表示资源在这些行业生产中的配置是不足的。尤其在垄断市场，独家厂商所维持的低产高价，往往使得资源配置不足的现象更为突出。

2. 长期平均总成本

判断经济效率的第二个标准是看在长期均衡时，厂商的平均总成本是否达到了最低。在完全竞争市场条件下，厂商的长期利润为零，所以在完全竞争厂商的长期均衡时，水平的需求曲线相切于 LAC 曲线的最低点；产品的均衡价格最低，它等于最低的生产的平均总成本；产品的均衡产量最高。

在垄断竞争市场上，厂商的需求曲线向右下方倾斜，在长期均衡时，需求曲线相切于 LAC 曲线的最低点的左边，虽然厂商的长期均衡利润为零，价格等于生产的平均成本，但其均衡产量仍比较低，厂商存在着过剩的生产能力。

在垄断市场上，厂商在长期内获得利润，所以在垄断厂商的长期均衡时，其需求曲线与 LAC 曲线相交，此时产品的均衡价格最高，且大于生产的平均总成本，产品的均衡数量最低。也就是说，如果垄断厂商肯放弃一些利润，价格还可以进一步下降，产量还可以进一步增加。

在寡头市场上，没有统一的寡头厂商均衡模型。一般认为，寡头市场是与垄断市场比较接近的市场结构，在长期均衡时，寡头厂商的产品的均衡价格比较高，产品的均衡数量比较低。

8.3.3　关于经济效率的争论

虽然微观经济学的一般结论认为完全竞争市场效率最高，不完全竞争市场效率相对较低，但也有观点认为，不完全竞争市场中也存在促进经济效率的因素，主要表现在如下几个方面。

1. 关于规模经济

有的经济学家认为，完全竞争和垄断竞争行业中都是小的厂商，因而缺乏规模经济，成本较高。而寡头垄断厂商和垄断厂商往往是一些大企业，可以进行大规模的生产，因而能够获得规模经济，因此可以大大地降低成本和价格。在很多行业如钢铁、冶金、汽车、石油化工等都是如此，而在有的行业，引入竞争机制反而会造成社会资源的浪费或损害消费者的利益，比如，城市居民的取暖、邮政等。

然而，另一些经济学家认为，许多垄断厂商在各地设立很多分厂，其规模已远远超过规模经济的需要，实际上存在着严重的规模不经济。有些垄断厂商的生产成本较低，通常是利用其垄断地位压低资源价格的结果。另外，即使在垄断程度很高的发达国家中，也存在着大量的中小企业，这一事实也充分证明了这些中小企业有相当好的竞争能力。

2. 关于技术进步

有的经济学家认为，垄断厂商会阻碍技术进步。因为，垄断厂商只要依靠自己的垄断力量就可以长期获得利润，所以垄断厂商往往缺乏技术创新的动力，甚至为了防止潜在竞争对手的新技术和新产品对其垄断地位造成的威胁，还有可能通过各种方式去阻碍技术进步。

同时，也有不少经济学家认为，垄断是有利于技术进步的，其理由如下。一是垄断企业由于能得到超额垄断利润，因而最有条件来搞技术创新，寻求不断地降低它的生产成本。二是垄断企业并非没有技术进步的动力，因为它时时会感到他人对自己这一充满了利润空间的市场的觊觎，技术上的一点漏洞都可能成为别人乘虚而入的切入点，技术上的一刻落后也可能导致满盘皆输的结局。例如，即使像微软公司这样垄断了操作系统市场 80% 以上份额的企业也时时感受到竞争的压力，不断地寻求技术进步，花费大量人力、物力进行技术创新。三是由于存在制度上的障碍，事实上没有哪家企业能够靠挤垮对手等手段来维持自己的地位，而只有靠不断的技术创新才有可能长期将潜在的竞争对手排斥在自己的市场之外。这些经济学家还认为，关于垄断有利于技术进步的观点，在一定程度上对寡头厂商也是适用的。

3. 关于商品差异

完全竞争厂商生产的都是同质的、无差异的产品，无法满足消费者对消费品的各种不同的偏好，而显然消费者的偏好是不同的，丰富多彩的产品满足了他们的不同偏好，因而能使他们的福利水平提高。显然，完全竞争尽管可以以较低的价格提供我们较大量的产品，但并不是我们的理想选择。垄断竞争和寡头垄断行业，生产的产品是多样化的，这些多样化的产品满足了消费者的不同偏好。因而有的经济学家认为，垄断竞争所带来的一点效率上的损失可以由产品的多样性所带来的好处所弥补。

但是，也有一些经济学家认为，产品的一些虚假的非真实性的差别，也会给消费者带来损失。

4. 关于广告支出

许多经济学家认为，垄断竞争市场和产品差别寡头市场的大量广告中，多数是属于信息性的，因而是有用的，因为它们为消费者提供了信息，同时也为新企业的产品进入市场提供了可能性，减少了进入的障碍，可能对市场产生有益的竞争性影响。

但是，也有些经济学家认为，许多广告并不提供真正的信息，它们不过是劝诱性的，而且过于庞大的广告支出还会造成资源的浪费和抬高销售价格，再加上某些广告内容过于夸张和诱导，实际上浪费了资源，损害了消费者的利益。

本章小结

1. 寡头垄断市场是指少数几个厂商控制整个市场的产品的生产和销售的市场结构。

2. 寡头垄断市场最重要的特征，一是厂商行为具有相互依赖性，二是厂商之间的竞争性与串谋性并存。

3. 从博弈类型和决策变量的角度，可对寡头模型进行分类。本章讨论的经典寡头模型包括古诺模型、伯川德模型、斯塔克尔伯格模型、价格领导模型、卡特尔模型等。

4. 古诺模型假定两个寡头厂商通过独立的产量决策展开竞争，其中一个厂商的最优产量是另一个厂商产量的函数，竞争的结果是古诺均衡总产量高于垄断产量，但低于完全竞争产量。

5. 伯川德模型假定两个寡头厂商通过选择价格而展开竞争，相互竞价的结果将使均衡价格等于边际成本，厂商的经济利润为零，此结果被称为"伯川德悖论"。

6. 在斯塔克尔伯格模型中，厂商的行动也是选择产量，不同的是一个厂商先进行生产，另一个厂商在观察到其行动后，再进行决策，先动优势将使领导厂商的产量和利润均高于追随厂商。

知识拓展

寡头垄断的斯威齐模型

除了8.2节中的几个模型以外，斯威齐模型（Sweezy model）也是寡头垄断理论中的经典模型。斯威齐模型是美国经济学家斯威齐（Sweezy）于20世纪30年代建立的。由于寡头厂商之间价格战的结果往往是两败俱伤，竞争的双方利润都趋向于零。所以在寡头垄断市场上，产品的价格往往比较稳定，厂商比较喜欢采用非价格竞争方式，即便采用价格战的方式也是非常慎重的。寡头厂商不愿轻易地变动产品价格。价格能够维持一种比较稳定的状态的情况，称为价格刚性（price rigidity）。斯威齐模型就是解释在寡头垄断市场上出现的这种价格刚性现象。

斯威齐首先假定：当一个寡头厂商降低价格时，其他厂商会跟着降价；当一个寡头厂商提高价格时，其他厂商会保持价格不变。做这样的假定的原因是，当一个厂商降低其产品的价格时，其他厂商如果不跟着降价，那么其他厂商的市场份额就会减少，从而产量下降，利润下跌；而当一个寡头厂商提高其产品价格时，如果其他厂商价格保持不变，那么提价的厂商的一部分市场份额将会自动被其他厂商瓜分，从而其他厂商的产量会上升，利润会增加。所以需求曲线呈现折弯的形状，称为折弯的需求曲线。

斯威齐模型的具体形式见图 8-5。假定厂商原来处于 A 点，即产量为 Q_1，价格为 P_1。按照斯威齐的假定，厂商提价时，其他厂商价格不变，因而厂商的需求量将会下降很多，即产品富有弹性，相当于图中 AE 段的需求曲线；当厂商降价时，其他厂商的价格也下降，因而厂商的需求量不会增加很多，从而产品是缺乏弹性的，相当于图中 AD 段。与需求曲线相对应的边际收益曲线也标示在图 8-5 中，可以看出，在 H 点与 N 点之间，边际收益曲线有一个较大的落差。如果厂商的边际成本为 MC_2 所代表，厂商的产量和价格分别将是 Q_1

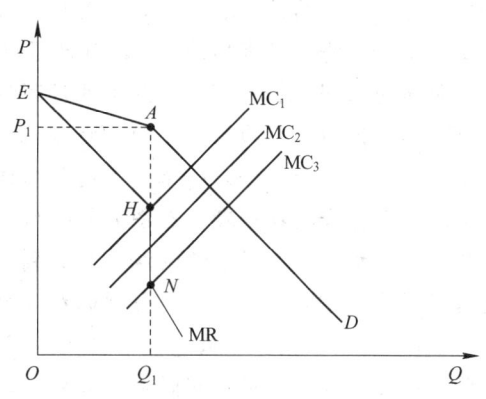

图 8-5 斯威齐模型的具体形式

和 P_1；如果厂商边际成本提高至 MC_1，厂商的产量和价格仍然是 Q_1 和 P_1；如果厂商的边际成本降低到 MC_3，厂商的利润最大化的产量和价格仍然不变。由此可见，厂商的成本即使在一个很大的范围内发生变动，只要是在 H 和 N 之间，厂商的产量和价格仍将保持稳定。

虽然斯威齐模型有助于说明寡头市场的价格刚性现象，但也有很多经济学家提出了批评意见。这些批评主要集中在两点：第一，如果按照斯威齐模型，寡头市场应该具有比垄断市场更为刚性的价格，但是实证的结论与此正好相反；第二，斯威齐模型只是解释了价格一旦形成，则不易发生变动，但这个价格是如何形成的，却没有给出说明。

像经济学家一样思考

第三方支付大战

现在让我们回到本章的开篇案例，看一看经济学家是如何看待这一问题的。

经济学家的分析：

对于为什么市场中只有两家厂商，而其他厂商没有进入的问题，我们可以联系寡头市场成因的进入障碍来进行思考。首先，我们应注意到中国的第三方支付市场虽然规模巨大，但却是一个微利行业。其次，永远不要忘记规模经济是进入障碍的最主要来源，在位厂商支付宝和财付通的生产规模已经很大。如果新进入者以较大规模进入，可能会造成全行业亏损，对其自身没有好处；而以较小规模进入会导致进入者的平均成本高于在位者，从而也无利可图。最后，支付宝和财付通的研发支出也起到了阻止其他厂商进入的作用。除了品牌名称的认同以外，这两家厂商已经积累了大量的用户网络和技术诀窍，以致对任何新进入者都有可观的成本优势。除了基本生产投入，一个新进入者必须花费大笔资金用于研发，为了夺取甚至只是很小的市场份额。在开始生产以后，一个新厂商还必须不断投巨资于研发以降低成本。而且除非支付宝和财付通停止进行研发，进入才是有利可图的，此时新进入者能够赶上并最终获得一定的成本优势。但正如我们已经看到的，没有哪个理性的厂商会指望这种事情发生。

那么，只有两家厂商的市场，竞争为什么会如此激烈呢？实际上，这是一个类似"囚徒困境"的博弈，双方的竞争主要是通过R&D开发降低成本或吸引用户的新技术，图8-6给出了这个博弈的标准表达。如果两厂商都不花钱进行研发，它们的成本和用户规模将保持不变，支付宝将占有市场的3/5，财付通将占有市场的2/5，此时支付宝的利润是300万元，而财付通的利润是200万元；如果两厂商都在研发上大量开支，它们都可以指望保住当前的市场份额，但研发行为的开支为100万元，此时支付宝的利润为200万元，而财付通的利润为100万元。然而，如果一家厂商进行研发而另一厂商没有，进行研发的厂商最终将夺取其竞争者的大部分市场份额。在图8-6中，若支付宝进行研发而财付通没有，财付通预计要亏损100万元，而支付宝的利润却增加到400万元；相反，若财付通研发而支付宝不研发，支付宝将亏损100万元，而财付通的利润会增至300万元。可以看出，两个厂商面临的情况是典型的"囚徒困境"，虽然（不研发，不研发）组合能使双方赚到更多的利润，但两个厂商都想抢占对方的市场，同时也担心对方的研发会抢走自己的市场。因此，最终的纳什均衡是（研发，研发）。

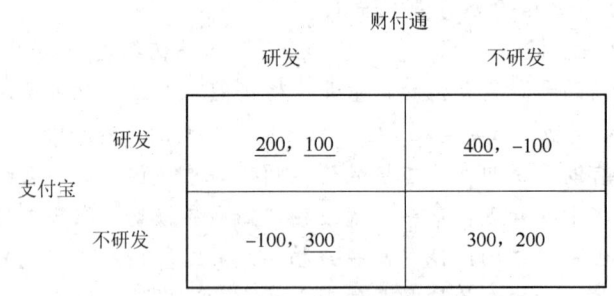

图8-6 支付宝与财付通的研发博弈

两个厂商之间能够建立某种避免竞争的合作与默契吗？无论如何，这两个厂商已经在这个市场中竞争多年了，而对第三方支付的需求是相当稳定的，因此两家厂商的合作与默契对双方都是有好处的，可以使双方达到（不研发，不研发）的卡特尔均衡，从而赚到更多的利润。然而，由于几个方面的理由，包含R&D的囚徒困境是特别难以解决的。第一，研发活动是一种非常隐蔽的活动，一个厂商很难用监视价格的办法监视其竞争对手的研发行为。第二，长期的合作均衡要求博弈参与者对其他参与者的不合作行为进行惩罚，有时甚至需要执行"冷酷"策略进行惩罚。但是，研发行为的周期较长，完成一个能导致重大产品改进的研发项目要花费好几年工夫，因而执行"冷酷"策略进行惩罚不大可能起作用，因为一个厂商可能直到它的对手宣布一种新的改进之前都不会发觉其一直在秘密进行研发，而到发觉时再投入自己的研发项目可能已经太晚了。而且，对于生产的技术进步来讲，一旦落后，便很难再追上，更谈不上对对方的惩罚了。因此，两个厂商你追我赶，唯恐落后，这就是双寡头市场的竞争奥秘。

练习及思考

1. 填空题

经典寡头模型包括：_____、_____、_____、_____、_____等。

伯川德模型假定两个寡头厂商通过选择价格而展开竞争，相互竞价的结果将使均衡价格等于_____，产量等于_____，厂商的经济利润为_____，此结果被称为_____。

2. 判断题（正确的在括号内打√，不正确的打×）

(1)（ ）古诺模型假定，行业中只有两个厂商，他们的边际成本既定，且每个厂商都假定另一个厂商的产出数量不变。

(2)（ ）在伯川德寡头模型中，厂商的均衡价格大于边际成本。

(3)（ ）当寡头厂商在竞争中勾结起来时，寡头市场的运行便相当于一个完全竞争市场。

(4)（ ）利润最大化的卡特尔达到了稳定的均衡，因为在它控制下的任何一个厂商不打算做任何变动。

(5)（ ）在斯塔克尔伯格模型中，领导企业的利润将大于古诺均衡利润。

(6)（ ）寡头市场形成的必要条件之一是产品具有差别。

3. 选择题

(1) 厂商之间关系最密切的市场是（   ）。

A. 完全竞争市场　　　　　　B. 寡头垄断市场
C. 垄断竞争市场　　　　　　D. 完全垄断市场

(2) 根据古诺模型，在双头垄断条件下，厂商的产量是市场容量的（   ）。

A. 1/3 倍　　B. 2/3 倍　　C. 1 倍　　D. 不能确定

(3) 寡头垄断就是（   ）。

A. 很多厂商生产不同的产品　　B. 少数厂商生产不同的产品
C. 很多厂商生产同类的产品　　D. 以上都不对

(4) 寡头垄断市场的特点是（   ）。

A. 只有少数几个大的厂商　　B. 厂商们相互依存
C. 单个厂商无力完全控制市场　　D. 一个厂商的行为对市场有明显影响
E. 一个厂商的行为对其他厂商有明显影响

(5) 一个追求利润最大化的卡特尔必须（   ）。

A. 使每个厂商的边际成本等于行业边际收益
B. 为每个厂商确定一个产量分配
C. 有一个在厂商之间分配利润的某种体制
D. 有能力阻止一个厂商从卡特尔中退出
E. 以上说法都不对

4. 计算题

假设有两个寡头垄断厂商的行为遵循古诺模型，它们的成本函数分别为

$$TC_1 = 0.1q_1^2 + 20q_1 + 100\,000$$
$$TC_2 = 0.4q_2^2 + 32q_2 + 20\,000$$

这两家厂商生产同质产品,其市场需求函数为 $Q = 4\,000 - 10p$。根据古诺模型,试求:

(1) 厂商 1 和厂商 2 的反应函数;

(2) 均衡价格和厂商 1 与厂商 2 的均衡产量;

(3) 厂商 1 和厂商 2 的利润。

5. 问答与论述题

(1) 寡头垄断市场的本质特征有哪些?

(2) 利用古诺模型说明寡头垄断厂商的行为及均衡。

(3) "伯川德"悖论的含义是什么?为什么会出现这种情况?在什么条件下可以避免出现这种情况?

(4) 请比较分析古诺模型和斯塔克尔伯格模型的异同。

(5) 试述垄断市场、垄断竞争市场和寡头市场都不存在具有规律性的厂商的供给曲线的原因。

(6) 请比较不同市场结构的经济效率。

6. 资料题

处于市场经济中的厂家永远是理性的"经济人",短期的赔本买卖还可以,时间长了就要采取对策了。在 2000 年 6 月 2 日康佳、TCL、创维、海信、乐华、厦华,加上后来参加的熊猫、西湖、金星等国内 9 大彩电企业高层,一改平日价格战的剑拔弩张,一团和气地在深圳秘密集会,发起"中国彩电峰会",旨在使中国彩电企业之间建立一种竞争基础上的新型合作关系,限产、减产、保价、提价成为这次峰会主题。这意味着吃尽价格大战苦头的中国彩电企业形成有史以来第一个最广泛的价格联盟。

经过数天的商筹,会议决定,制定当年彩电产品的最低零售限价。6 月份最低零售成交价各品牌统一为 21 英寸 1 050 元;25 英寸 1 690 元,25 英寸纯平 2 300 元;29 英寸普平 2 290 元,29 英寸超平 2 590 元,29 英寸纯平 4 300 元;34 英寸超平 4 900 元,33 英寸纯平 9 100 元。7 月份起将进一步调高 50~100 元。在深圳签约并向媒体公布之后,各彩电企业全国各地市场执行零售成交价不得跌破此限价。为保证价格同盟的有效执行,峰会单位将联合组成调查团进行监督检查,违反者将被清出门户。

然而,残酷的市场很快打碎了厂家限价的美梦,尽管 6 月 2 日的彩电峰会信誓旦旦:各企业的彩电价格将在一周之内调整到最低限价之上,但是,熊猫 29 英寸纯平彩电的价格仍停留在 3 680 元,离 4 300 元的最低限价相差甚远,乐华彩电也跟风降价。盟主康佳在联盟期间一直稳住价格,没有"放水",但是到了 8 月,康佳终于挺不住了,决定放弃涨价的"独角戏",宣布大幅度调低彩电售价,其中最大降幅为 20%,而根本没参加同盟的长虹的降幅更高,达 35%。此次彩电降价是 1996 年彩电价格战以来,规模和降价幅度最大的一次,炒得沸沸扬扬的价格联盟就这样破灭了。

请结合上述材料回答下列问题:

① 价格联盟的目的是什么?性质如何?它对社会福利会产生什么影响?

② 中国彩电价格联盟为何会破产?

③ 要使价格联盟得到有效的维持,需要具备什么条件?

第9章 要素市场理论

【知识结构图】

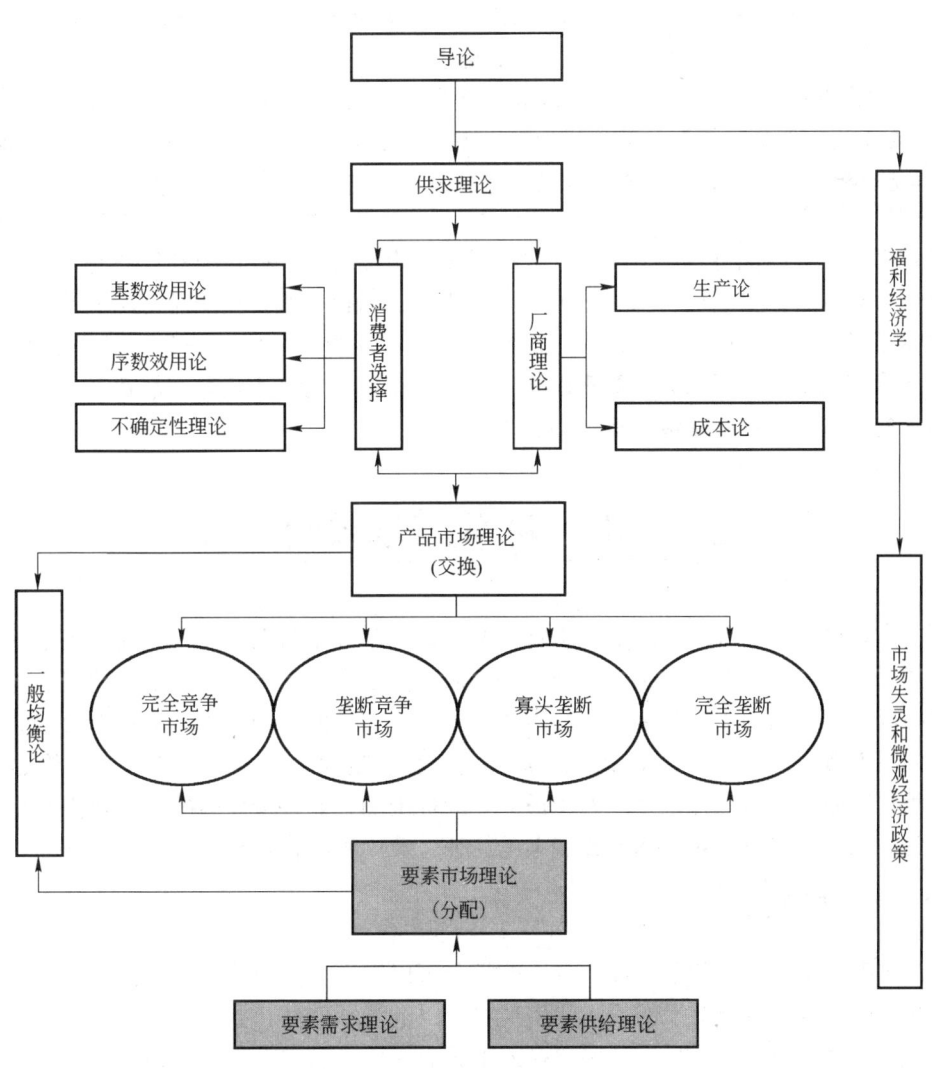

【导入案例】

疯狂的土地市场

2018年,房地产行业进入周期性下行通道,加之未曾放松的楼市调控、融资压力的日益增加,房企的生存环境难言轻松。但在行业"马太效应"愈演愈烈的大背景之下,为了保证市场规模从容地"活下去",房企依然在加紧拿地。不过,整体来看,房企普遍放缓拿地力度,谨慎拿地成为市场主流;土地市场转冷、低溢价乃至底价成交成为常态,土地流拍案例亦持续增多。土地是房企的生命线。土地储备规模决定了房企的销售规模,更决定了在下一轮行业洗牌时能否不掉队。因此,2018年,不管是万科、恒大、碧桂园这样的龙头房企,还是在夹缝中求生存的中小房企,为了保证市场地位,从容地"活下去",都在"逆势补仓"。亿翰智库发布的报告指出,2018年上半年,虽然各种调控政策密集出台,但土地市场的热度依旧不减,企业补库存的意愿依旧强烈。2018年1—6月,全国200城土地成交规划建筑面积88 084.27万 m^2,同比增长52%。克而瑞研究中心发布的报告透露,全年来看,已有26家企业货值已超2017年全年,"手握充足粮草,过冬问题不大"。这说明房地产开发商对于土地的需求是受到一些因素制约的,这些因素是什么呢?这些因素又是如何制约开发商对土地的需求呢?开发商对土地的需求和消费者对产品的需求规律是否相同?这些都是需要深入思考才能解决的问题。

本章将对上述问题进行深入分析,以揭示要素市场上的一些规律和厂商对要素需求的特征,随后将对要素的供给进行探讨。另外,对于厂商而言,既要在产品市场上销售产品,又要在要素市场上购买生产要素;而对于消费者而言,既要在产品市场上购买产品实现效用,又要在要素市场上销售所拥有的要素以获得收入。无论是对厂商还是对消费者,产品市场和要素市场的高效运作都有着极为重要的意义。

9.1 要素需求概述

第2章讨论了消费者对产品的需求特征和规律,第3章对消费者在产品市场上的选择行为进行了深入的理论分析。但是,同样作为需求,厂商在要素市场上对要素的需求与消费者在产品市场上对产品的需求具有不同的性质:首先,需求的目的不同,消费者对产品的需求是为了满足消费需求,而厂商对要素的需求是为了满足生产的需要;其次,评价的标准不同,对消费者需求行为的评价是以效用最大化为标准的,而评价厂商的需求行为则是以利润最大化为标准的。本节将对厂商要素需求的特征、原则等进行考察。

9.1.1 生产要素

通过对第4章生产论和第5章成本论的学习可以知道,任何生产过程都需要以一定的要素投入为基础。没有生产要素的投入,生产将难以继续。例如,持续多年的矿产品进口价格大战,就是各个厂商为了防止生产要素投入不足而在要素需求上进行激烈竞争的一个反映。

传统的经济分析一般将生产过程中使用的各种资源分为三种生产要素，即土地、劳动和资本，这三种要素的所有者分别为地主、劳动者和资本家。土地和劳动这两种生产要素又称为原始的或第一级生产要素，其中土地泛指各种自然资源，包括土地、煤、铁、有色金属、石油、天然气等矿产资源，原始森林及江河湖海等水域。与此相对应，由两种生产要素结合生产出来的产品，除直接用来满足人们消费的产品进入产品市场外，其余的产品都是要再投入生产过程的中间产品，这部分产品与前三种生产要素一样要进入生产要素市场。20世纪末期，有些经济学家将企业家职能作为第四种要素引入经济分析，其作用是将传统的三种要素进行管理，优化其配置。

9.1.2 厂商对要素需求的特征

北京的土地拍卖市场之所以出现如此火热的局面，其背后是消费者对住房的需求。如果没有消费者对房产的强烈需求，土地市场价格也不会出现如此强劲的上升态势，以至于房地产业内人士竟然不相信如此高的价格是真的[①]。由此可以看出，房地产开发商对于土地的需求是由消费者对房产的需求引发的，这就是要素需求的第一个特征——引致需求，或称为间接需求。这一特征表现在厂商对所有要素的需求上。例如，如果没有对汽车的需求，就不会有汽车生产企业对汽车生产工人的需求；如果没有人购买住宅等房产，就不会有房地产开发商对土地和建筑设计师的需求。

20世纪80年代末到90年代初，美国纽约减少了对新建筑物的需求，导致房地产价格，特别是商业性质的地产价格大幅下跌，从而减少了对建筑工人和建筑师的需求。建筑师职位招聘广告数目从1987年的5 000个下降到1991年的500个。在其他城市也发生了同样的现象。一家全国性的建筑公司的雇员人数在1988年到1992年间从1 600人下降到700人。房地产市场的低迷不仅影响到建筑师市场，而且影响到了高等教育，因为对高等教育的需求本身就是一种引致需求。

由消费者需求所引致的房地产开发商对要素的需求还不止土地一项，因为如果只有土地一个生产要素，开发商是无法进行生产并及时向房产市场提供质量、户型合适的房子。因此，房地产开发商同样存在对资本、设计规划及销售人才和普通体力劳动者的需求。只有在这些因素都具备的情况下，房地产开发商才能进行正常生产，这就是要素需求的第二个特征——联合需求。因此，任何一种要素的单独投入都不可能创造产出，所有的产出都是不同要素相互作用的结果。威廉·配第曾用一句经典而深刻的比喻描述这一特征：劳动是产品之父，土地是产品之母。在现实生活中，对要素需求的这一特征更是表现得极为充分。例如，虽然大城市的土地价格非常高，如北京、上海、深圳等，但是，没有任何一个厂商放弃对土地的需求，建筑商虽然选择了用更多的资本代替土地——楼越盖越高，但是没有建筑商能用资本完全替代土地，将楼房建在空中。同样，其他消费品的生产厂商正是无法摆脱要素需求的联合性这一特征的约束，才出现了企业由城市向郊区转移，产业由发达国家向发展中国家转移的趋势，以使自己充分的资本资源与土地和劳动更好地结合。

---

① 中原地产华北区域总经理李文杰听到记者说竞拍结果时脱口说出"不可能"。见：新京报，2006-01-24.

9.2 完全竞争厂商对生产要素的需求

厂商在产品市场和要素市场具有不同的市场主体身份,在产品市场上,厂商是产品的供给者,在要素市场上,厂商则是要素的需求者。但是,无论是作为需求者还是作为供给者,厂商进入市场的唯一目的就是获得利润最大化。在产品生产理论中,对厂商的供给行为进行了分析,明确了其获得利润最大化的实现条件;本部分将对其在要素市场上的要素需求行为进行分析,以明确厂商要素需求行为的特征及获得利润最大化的实现条件。

9.2.1 完全竞争厂商

在第6章分析完全竞争市场时,将完全竞争市场定义为:市场上有大量的买者和卖者,每一个消费者(厂商)都是市场价格的接受者;同一行业中的每一个厂商所生产的产品是无差异的;厂商进出一个行业是完全自由的;市场上的买者和卖者都具有完全信息。处于完全竞争市场中的厂商就是完全竞争厂商。很显然,这里的完全竞争厂商实际上只是"产品市场上的完全竞争厂商"。在现实中,所有的厂商都同时处于产品市场和要素市场之中,因此对完全竞争厂商的分析还必须要求要素市场也是完全竞争的。

对产品市场完全竞争的假设同样适用于要素市场,因此完全竞争的要素市场通常被描述为:要素的供求双方人数都很多;要素之间不存在任何差别;要素供求双方都具有完全的信息;所有要素都可以在市场上自由充分地流动;等等。很显然,这是一种理想的状况。因为从现实来看,完全竞争的要素市场是不存在的,因为无论是土地还是劳动力,要素之间存在着明显的差异,而对于资本要素来讲,资本本身虽然不存在差别,但是供求双方人数及双方掌握的信息同样难以满足假设。

引入要素市场的分析之后,只有同时处于完全竞争产品市场和完全竞争的要素市场中的厂商才能被称为完全竞争厂商。因此,对于不完全竞争厂商的理解就包括以下三种情况:第一,在产品市场上完全竞争,但是在要素市场上不完全竞争;第二,在要素市场上完全竞争,但是在产品市场上不完全竞争;第三,在产品市场和要素市场上都不完全竞争。

9.2.2 完全竞争厂商要素使用的原则

利润最大化要求任何经济活动的"边际收益"等于"边际成本",这一点不仅适用于产品数量的决定,而且也同样适用于要素使用量的决定。因此,完全竞争厂商的要素使用原则就是要素使用的边际收益等于要素使用的边际成本。但是,和生产理论相比,这里的"边际收益"和"边际成本"的含义是不同的。

1. 完全竞争厂商要素使用中的"边际收益"

假设你在经营一家大型的儿童服装工厂,你能够了解每一个新增加工人所带来的产出,即增加了多少儿童服装。但是,企业追求的是货币利润最大化,因为企业的所有开支,包括工人的工资都是用货币计量的,而不是服装,因此,你除了要知道每一个新增加的工人所带来的产量的增加外,更重要的是要知道每一个新增加的工人所带来的货币的增加量。这就是劳动要素的边际产品价值(value of marginal product),也就是完全竞争厂商在要素使用中的"边际收益"。

在完全竞争的市场上,总收益是产量的函数,即

$$R = Q \cdot P \tag{9.1}$$

此时,厂商的边际收益就是增加一单位产量所带来的收益的增量。在产品市场的分析中,收益被看成是产量的函数,而产量本身又是生产要素的函数,即生产函数为

$$Q = Q(L) \tag{9.2}$$

将式(9.2)代入式(9.1),则收益为生产要素的复合函数,即

$$R(L) = Q(L)P \tag{9.3}$$

在产品市场理论中,收益对产量求导可以得到边际产品收益,即 MR。同时,根据市场理论可知,在完全竞争的市场上,产品的价格等于边际收益,即 MR=P。在生产要素使用的理论中,收益是要素的复合函数,如式(9.3)。因此,求要素的边际收益问题就可以转化为对式(9.3)求要素 L 的一阶导数,即

$$\frac{\mathrm{d}R(L)}{\mathrm{d}L} = \frac{\mathrm{d}Q(L)}{\mathrm{d}L} \cdot P \tag{9.4}$$

由于 $\frac{\mathrm{d}Q(L)}{\mathrm{d}L} = \mathrm{MP}$,所以要素的边际产品与该产品的价格的乘积就是该要素的边际收益,因此要素使用的边际收益可以表示为

$$\frac{\mathrm{d}R(L)}{\mathrm{d}L} = \frac{\mathrm{d}Q(L)}{\mathrm{d}L} \cdot P = \mathrm{MP} \cdot P \tag{9.5}$$

式(9.5)即为要素使用的边际收益,为了与其他概念进行区分,通常把要素使用的"边际收益"称为边际产品价值,记作 VMP,即 VMP=MP·P。这个概念表示,在完全竞争条件下,厂商每增加一单位要素所增加的收益(见表9-1)。

表9-1 完全竞争厂商的收益和利润

劳动量 (L)	产量 (Q)	价格 (P)	总收益 (R)	边际产品 (MP)	边际产品价值 (VMP)
1	4	3	12	4	12
2	10	3	30	6	18
3	15	3	45	5	15
4	18	3	54	3	9
5	20	3	60	2	6
6	21	3	63	1	3

由于 MP 是产量对要素的函数,根据边际报酬递减规律,该函数向右下方倾斜,即随着要素使用量的增加,其边际产量将不断下降。同时,由于要素的边际产品价值也是要素的函数,并且产品的价格为正,所以边际产品价值曲线也向右下方倾斜(见图9-1)。

由于边际产品与价格的乘积为边际产品价值,所以 MP 与 VMP 在平面坐标中的位置是不同的。一般来说,边际产品价值曲线的位置高低取决于两个因素,即边际产品 MP 和产品价格 P。随着产品价格的上升或边际产品的增加,边际产品价值曲线将向右上方移动;反之,则相反。另外,边际产量曲线与边际产品价值曲线的相对位置关系也不是固定不变的,其取决

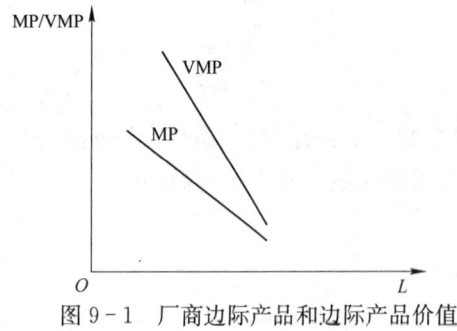

图 9-1 厂商边际产品和边际产品价值

于产品价格是大于 1 还是小于 1。如果产品价格 P 大于或等于 1，则 $VMP \geq MP$，边际产品价值曲线位于边际产品曲线上方；反之，边际产品价值曲线位于边际产品曲线下方。

2. 完全竞争厂商要素使用中的"边际成本"

第 5 章专门讨论了厂商的成本函数。在那里，成本函数是表示厂商的成本与产量水平之间的各种关系，即 $TC = TC(Q)$，其边际成本为

$$MC = \frac{d\,TC}{dQ} \tag{9.6}$$

厂商每增加一单位产量，会获得一定的收益，但同时也会增加一定的要素投入，增加的要素投入对总成本的变化有什么影响呢？为了研究这个问题，需要引入一个新的概念，即边际要素成本 (marginal cost of factor)。由于使用要素的成本是要素数量的函数，因此边际要素成本 (MFC) 表示可变要素（以劳动要素为例）每增加一个单位引起的总成本的变化，即

$$MFC = \frac{d\,TC(L)}{dL} \tag{9.7}$$

由于在完全竞争条件下，买卖双方数量很多，且要素之间不存在任何差别，所以单个厂商对要素的使用量不影响要素的价格。因此，要素的边际成本等于劳动的工资，即

$$MFC = \frac{d\,TC(L)}{dL} = w \tag{9.8}$$

这说明在完全竞争市场条件下，厂商使用要素的边际成本是一个常数。要素边际成本函数在图形上就表现为一条水平的直线（见图 9-2），图中横轴表示要素使用数量，纵轴表示要素使用的边际成本。假定要素使用的边际成本为 w_0，则 w_0 不随着要素使用量 L 的变化而变化。

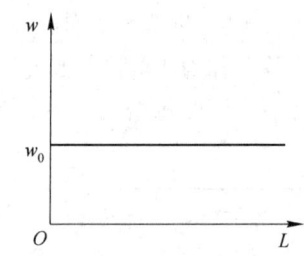

图 9-2 使用要素的边际成本

3. 完全竞争厂商对要素需求的原则

第 4 章和第 6 章已介绍过，厂商的目标函数是利润最大化，同时实现利润最大化的条件是 $MR = MC$，即边际收益等于边际成本。因此，厂商使用要素的原则是利润最大化原则在要素使用问题上的具体化，即要素的边际产品价值等于要素的边际成本：$VMP = MFC$。

为了更好地理解这一原则，可以用数学的方法对其进行推导。假设 π 为完全竞争厂商利润，它是要素 L 的函数，则由利润定义可得

$$\pi(L) = P \cdot Q(L) - wL \tag{9.9}$$

$\pi(L)$ 取得最大值的条件为 $\pi'(L) = 0$。因此，为了使厂商利润最大化，必须有

$$\frac{d\pi(L)}{dL} = P \cdot \left[\frac{dQ(L)}{dL}\right] - w = 0 \tag{9.10}$$

即 $P \cdot MP = w$，即

$$VMP = w \tag{9.11}$$

例如,你是一名农场主,现在已经拥有 2 000 亩农田,由于城镇化的发展,你的村里还有人想把农田出租,数量是 500 亩,其中每亩租金是 500 元。如果你经过估算,在现有情况下,每增加 1 亩的农田所增加的收益是 200 元(增加的 1 亩农田的产量乘以产品的价格)。那么,这个时候,你会怎样选择?很显然你不会继续租种农田,因为这新增的 1 亩农田的成本(500 元)大于其边际产品价值(200 元)。其中边际产品价值就等于新增农田的产量乘以产品的价格。同样,这个道理也适用于分析对劳动要素的需求。假设沃尔玛公司经理估计,多雇用一个售货员每周成本会增加 400 元,但总收益会增加 500 元,此时只要多雇用一个售货员所增加的收益(边际产品价值)大于增加的成本,公司就可以继续雇用工人。

如果用 P 表示商品的价格,MP_L 表示劳动的边际产量,w 表示工人的工资,因此这一均衡条件就可以表示为

$$\text{VMP} = P \cdot MP_L = w \tag{9.12}$$

当然,要素的使用数量也可以用另外一种方式求出,只要商品的价格是已知的,我们就可以通过边际成本计算出厂商的供给量,而只要我们知道了厂商的计划生产的产量,厂商所需要的劳动量就可以得到。因此,在图 9-3 中,在价格为 P_1 时,产量为 Q_1,产量为 Q_1 时,生产产量为 Q_1 的产品所需要的劳动量(要素需求)为 L_1。实际上,该方法对劳动投入量的计算仍然遵循着"边际收益"等于"边际成本"这一原则。

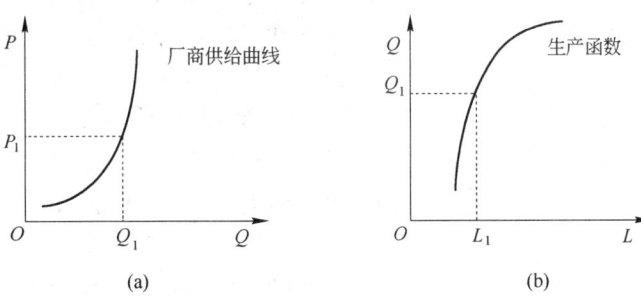

图 9-3 劳动需求

9.2.3 由厂商的要素需求到市场的要素需求

1. 完全竞争厂商的要素需求曲线

为了达到利润最大化,在要素市场和产品市场都处于完全竞争的条件下,并且只有一种要素可以变动时,厂商对一种可变要素的需求曲线表明了要素价格与需求量之间的对应关系。这个关系可以用需求表来表示,如表 9-2 所示(以劳动要素为例)。根据厂商要素需求的原则,即 $\text{VMP} = P \cdot MP_L = w$,因此需求表的最后两列是相等的。由于劳动的边际产量随着劳动的增加而下降,同时在完全竞争的产品市场上产品的价格是不变的,所以劳动的边际产品价值也是递减的。而与此对应的要素的价格也是递减的。另外,通过对表 9-2 的观察可知,随着要素价格的递减,厂商对劳动要素的需求量是增加的,由此就可以推导出劳动的需求曲线(如图 9-4 所示)。

表 9-2 完全竞争厂商对要素的需求表

劳动量 (L)	边际产品 (MP)	边际产品价值 (VMP)	要素价格 (w)	劳动量 (L)	边际产品 (MP)	边际产品价值 (VMP)	要素价格 (w)
1	10	100	100	6	5	50	50
2	9	90	90	7	4	40	40
3	8	80	80	8	3	30	30
4	7	70	70	9	2	20	20
5	6	60	60	10	1	10	10

另外,由图 9-1 可知,边际产品价值(VMP)是向右下方倾斜的曲线。因此,厂商对要素的需求曲线与厂商的边际产品价值曲线的方向是一致的。进一步考察边际产品价值、要素价格和要素的需求量会发现,对于每一个要素价格,厂商对要素的需求是一定的,在这个既定的要素需求下,厂商的边际产品价值正好等于要素的价格,即厂商对要素需求的原则得以体现 $VMP=w$。因此,厂商的要素需求曲线与厂商的边际产品价值曲线完全重合。

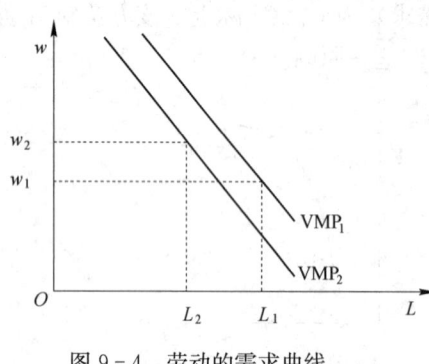

图 9-4 劳动的需求曲线

参照图 9-4,由于厂商雇佣劳动直到劳动的边际产品价值等于工资时为止,在工资为 w_1 时,厂商对劳动的需求较多,此时的劳动边际产品价值就等于就业为 L_1 时的工资;当工资上升到 w_2 时,$VMP<w$,要想恢复要素需求的均衡条件,VMP 必须增加。由于产品市场为完全竞争市场,所以产品的价格 P 是固定不变的,只有 MP_L 增加才能最终达到均衡,实现 $VMP=w$。劳动的边际产量随着劳动要素投入的减少而增加,只有当要素的投入量减少到 L_2 时,$VMP=P \cdot MP_L=w$ 这一条件才能保证。

需要说明的是,虽然厂商对要素的需求曲线与其边际产品价值曲线重合,表现为同一条直线,但是这条直线在不同的场合的含义是不同的。第一,直线包含的变量的含义不同。当其作为要素需求曲线时,表示在既定价格条件下厂商的最优要素使用量;当其作为边际产品价值曲线时,它表示在厂商要素使用量既定情况下,要素的边际产品价值。第二,作为不同的曲线理解时所反映的函数关系是不同的。作为要素需求曲线时,自变量是价格,要素需求是要素价格的函数;作为边际产品价值曲线时,自变量是要素的使用量,边际产品价值是要素使用量的函数。正是由于这种区别的存在,两条曲线的重合并不是绝对的,而是有条件的重合。

要素需求曲线和边际产品价值曲线之所以重合,是因为当要素价格发生变化时,要素的需求量将沿着一条既定的边际产品价值曲线移动(见图 9-4)。也就是说,当要素价格发生变化时,要素的边际产品价值曲线不能发生变化,否则要素需求曲线必将与边际产品价值曲线分离。例如,对于某要素的给定价格 w_1,就有一条既定的边际产品价值曲线 VMP_1,由于有 $VMP=w$,因此可以得到要素的需求量 L_1,同时点 (w_1, L_1) 都在直线 VMP_1 上。如果对于另一价格 w_2,如果有另外一条产品价值曲线 VMP_2 与之相对应,同样根据 $VMP=w$

可以求出要素的需求量 L_2。新的要素需求与价格的组合点则位于新的边际产品价值曲线 VMP_2 上。由于 VMP_1 与 VMP_2 不是同一条直线，因此厂商的要素需求曲线将不再与边际产品价值曲线重合。

由此可见，厂商的要素需求曲线与边际产品价值曲线重合的前提条件是边际产品价值曲线不发生变动。由于 $VMP = P \cdot MP_L$，因此只要在要素市场价格发生变化的时候，产品价格 P 和要素的边际产品 MP_L 不发生变化，边际产品价值曲线就不会发生变化。对于第一个条件，由于产品市场处于完全竞争态势下，因此较好满足。但是如果行业内的所有厂商都因要素价格的变化而投入，进而都改变了产量，导致产品市场上的供求态势发生了变化，产品的价格将发生变化。所以，为了满足产品价格不发生变化这一条件，需要假设行业内的其他厂商不会因为要素价格的变动而调整产量。对于第二个条件，即厂商的要素边际产品曲线不受要素价格变动的影响，在我们目前讨论的范围内是自然成立的。但是如果讨论扩展到两种可变要素的范围，且两种可变要素之间存在互补或相互替代的关系，如除劳动要素外，资本要素也是可变的，此时要素价格的上升会使劳动的边际产品价值上升；反之亦然。

2. 由厂商的要素需求到市场的要素需求

由前面的推导可知，完全竞争厂商的要素需求曲线就是其要素的边际产品价值曲线。当我们得到所有单个厂商对劳动的需求曲线后，是否就可以推导出整个要素市场对要素的需求曲线呢？如果可以，那又怎样推导出市场的要素需求曲线呢？对于一种消费品的市场需求曲线是由各个消费者的需求曲线在水平方向上加总得到的，即对应于每一给定的销售价格，每一个消费者有一个需求量，把该价格下所有消费者的需求量加总就可以得到与该销售价格相对应的市场需求量。对于要素的市场需求能否由所有单个厂商的加总得到呢？

如果要准确地回答上述问题，需要对消费者对产品的需求和厂商对要素的需求进行对比，看两者是否存在着差异，同时这种差异是否影响到以加总的方法推导出厂商对要素的需求。首先，我们来看消费品的需求。对于消费品而言，每个消费者的收入是既定的，消费者的需求量唯一地取决于消费品的价格。对于每一个市场价格，每个消费者都有一确定的需求量，所以在每一价格水平下，可以通过数量加总的办法推导出与该价格相对应的市场需求量。而厂商对于要素的需求，仍以劳动 L 为例，与劳动（L）这一要素的价格——工资（w）相对应的厂商的需求量不仅取决于劳动的价格（工资），而且取决于该劳动量相应的 VMP 的大小。劳动的边际产品价值（VMP）的大小又取决于劳动的边际物质产品和该产品的市场销售价格。在完全竞争的市场上，虽然单个厂商增加或减少供给不会影响市场价格，但是当行业内的所有厂商因要素价格的变化调整产量时，市场价格显然会受到影响而上升或下降。很显然，这种情况违背了厂商对要素的需求曲线与要素的边际产品价值曲线重合的第一个条件，厂商的边际产品价值和要素的需求都会受到影响。因此，采用简单的数量加总的办法不适合于由单个厂商的要素需求曲线推导市场的要素需求曲线。

既然当行业内所有厂商都进行调整的情况下，要素的需求曲线与边际产品价值曲线不再重合，那么厂商对要素的需求曲线发生了什么变化？可以借助图形来分析在行业内厂商同时进行调整的情况下，特定厂商的要素需求曲线，如图 9-5 所示。假定该特定厂商为 m，横轴为要素数量（L），纵轴为要素价格（W），设定要素（L）的初始价格为 W_0，则相应的边

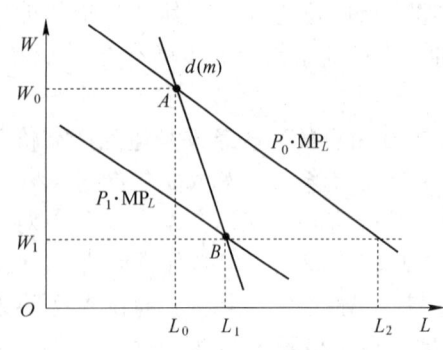

图 9-5 行业内厂商共同调整时 m 的要素需求曲线

际产品价值曲线为 $P_0 \cdot MP_L$。根据曲线可以得到在 W_0 时的要素需求量 L_0，所以点 $A(W_0, L_0)$ 在边际产品价值曲线 $P_0 \cdot MP_L$ 上，如果行业内的其他厂商不随着要素价格的调整而调整要素的投入量和产量，则边际产品价值曲线 $P_0 \cdot MP_L$ 与厂商 m 的要素需求曲线重合，因此该曲线即为厂商 m 的要素需求曲线。现在假设要素市场出现了变化，价格降为 W_1，如果其他厂商不进行调整，则厂商 m 的要素需求量应该调整为 L_2。但是，由于行业内所有的厂商都进行了调整，于是要素价格的下降使厂商 m 的要素 L 的边际产品价值曲线向左下方移动到 $P_1 \cdot MP_L$ 的位置，因此厂商 m 在要素价格为 W_1 时的要素需求量不再是 L_2，而是少一些的 L_1，于是得到要素需求曲线上一点 $B(W_1, L_1)$。重复上述过程就会得到无数个与 A、B 性质相同的点，这些点都是厂商 m 在价格调整后，其他厂商进行调整情况下对要素 L 的价格和需求量的组合，将这些点连成线就是厂商 m 在行业内厂商共同调整情况下对要素 L 的需求曲线 $d(m)$。因此，该曲线称为行业调整曲线。一般情况下，厂商 m 的行业调整曲线仍然向右下方倾斜，但是要比原来的边际产品价值曲线陡峭。

厂商 m 在行业内其他厂商进行调整后的要素需求曲线如此，其他厂商亦然。因此，假设该行业内有 n 个厂商，每个厂商在行业调整后的要素需求曲线为 $d_1, d_2, d_3, \cdots, d_n$，那么整个行业（市场）对要素的需求曲线 D 就可以由各个厂商的需求曲线加总求得，即

$$D = \sum_{m=1}^{n} d(m) \tag{9.13}$$

假设 $n=3$，则如图 9-6 所示，行业内的 3 个厂商进行调整后的各自行业调整曲线分别为 d_1, d_2, d_3。

如果所有的厂商情形是一致的，即在其他厂商进行调整后每个厂商对要素的需求曲线相同，即

$$d_1 = d_2 = d_3 = \cdots = d_n \tag{9.14}$$

则市场要素需求曲线为

$$D = \sum_{m=1}^{n} d(m) = n \cdot d(m) \tag{9.15}$$

式中的 $d(m)$ 可以是任何一个厂商的要素需求曲线。在这种情况下，图 9-6（a）中的几条需求曲线重合，且代表无数厂商的要素需求曲线，图 9-6（b）就变成如图 9-7 的形式。

上述过程已经推导出完全竞争的要素市场上的要素需求曲线，其方法与产品市场需求曲线相同，但是应该注意的是，所"加总"的需求曲线不是厂商的边际产品价值曲线，而是在考虑了行业内所有厂商调整后的每个厂商对要素的真实需求曲线——行业调整线。

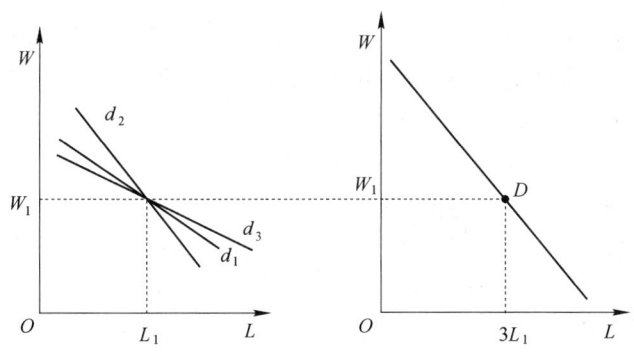

(a) 行业调整后各个厂商的要素需求曲线　(b) 行业调整后市场要素需求曲线

图 9-6　单个厂商和整个市场要素需求曲线

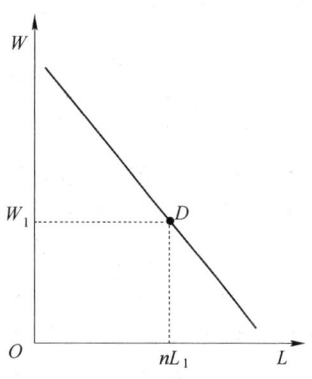

图 9-7　所有厂商情形一致时整个市场要素需求曲线

9.3　要素供给概述

　　一个完整的市场包括需求和供给两个部分，9.2 节仅从厂商，即生产要素需求的角度进行了讨论，得到了厂商需求要素的原则及市场需求曲线。但是，对于要素市场完整的讨论必须结合要素的供给进行。考虑到不同生产要素各具特点，因此本节将首先对要素所有者向市场供给要素时所遵循的原则进行讨论，具体要素的供给将在 9.4 节进行。

9.3.1　要素所有者及其最大化行为

　　通过前面章节的学习已经知道，在产品市场上，消费者是产品的需求者，而厂商是产品的供给者。在产品市场上，消费者在消费预算线的约束下追求效用的最大化从而作出消费决策；厂商在成本的约束下，以利润最大化为目标作出生产和供给决策。但是，当我们的分析转入要素市场后发现，厂商由产品市场上的供给者而转变为要素市场上的需求者。在这个市场上，厂商的交易角色虽然发生了变化，但是其决策的原则仍没有发生变化，即仍以利润最大化为原则决定对要素的需求量。到此为止，我们对要素市场的分析只进行了一半，而对于另外的一半，即要素供给的分析仍将采用最大化行为的分析方法进行，分析其最大供给量的决策是如何作出的。

　　要对要素供给者最大供给量进行分析，就必须首先解决要素供给者追求的最大化是什么。不同的主体所追求的最大化行为是不同的，如消费者追求效用最大化，而生产者（企业）则追求利润最大化。因此，分析要素的供给，首先必须解决的是要素供给者身份的问题，即谁是要素的供给者。

　　从实践角度考察，要素供给者可以是企业，也可以是消费者。因为许多企业生产的是将要再次投入生产过程中的"中间产品"，这些中间产品都是下一阶段生产过程中所不可缺少的投入要素，因而这些企业是这些具有"中间产品"属性的投入要素的所有者；而对于生产过程必不可少的另外一些要素，如劳动、土地及资本等"原始生产要素"则由于分属于不同的消费者，而由消费者向市场提供。不同的要素所有者向市场提供要素供给时的行为目的是不一样的，所以对其的分析也必然采取不同的方式和方法进行。因此，对要素供给的分析必须分成两个并列的部分进行：根据生产者的利润最大化行为讨论其对"中间产品"属性要素的供给，根据消费者的效用最大化行为讨论其对要素供给。

但是，理论分析表明，生产者对具有"中间产品"属性的生产要素的供给与其向产品市场提供一般消费品供给没有显著的差别。因为对于生产者来讲，无论是提供中间产品还是最终产品，其行为目标都是一样的，即取得最大化利润。另外，中间产品的划分并没有一个严格统一的标准，如棉布，对于消费者而言是最终消费品，而对于服装生产企业而言就是中间投入品。棉布的生产企业并不考虑其产品是作为中间产品投入下一阶段的生产过程还是由消费者购买消费掉，其主要考虑能否通过向市场提供产品而获得最大化的利润。因此，中间产品和一般产品没有太大的区别，在产品市场供给的一般理论分析中，特别是在完全竞争的产品市场分析中已经进行过分析，所以具有要素属性中间产品供给就不再纳入要素供给的理论分析框架内，而要素供给的讨论范围仅限于要素所有者为消费者、其行为目的为效用最大化这一范围内，即从消费者的效用最大化行为出发建立起要素供给量与要素价格之间关系的理论。

当将要素供给的理论分析局限于消费者（要素拥有者）范围内时，要素供给的分析就相对简单了。因为对于消费者而言，在一定时期内其拥有的要素数量是既定不变的，如消费者每天最多只能提供24小时的劳动，其永远不可能提供多于24小时的劳动量，如果从长期看，其平均每天所能提供的劳动会更少。而对于土地和资本两要素来说，消费者更是不可能在短期内迅速增加对其的拥有量，土地受客观自然因素制约，而储蓄则受到工资及消费因素的制约。

消费者所拥有的资源是既定的，在消费者所拥有的全部资源中，一部分是留给自己用的，如消费者总是将一部分土地资源留给自己居住、闲暇和娱乐，而将剩余的部分提供给市场；其拥有的收入中肯定有一部分要自己在产品市场上消费掉以获得效用，而将另外一部分储蓄起来提供给资本市场；对于消费者天然拥有的要素——劳动而言，这一特征表现得更为明显，无论工资水平有多高，消费者总会将一部分时间和精力留给自己，而将另外一部分提供给市场以获得收入。也就是说，消费者对自身拥有的资源是在"要素供给"和"保留自用"这两种用途上进行分配，以获得自身效用最大化。

9.3.2 要素分配的原则

效用最大化是要素所有者，即消费者将所拥有的要素在"供给"和"自用"之间进行分配时所遵循的原则，即 $U_总=U_S+U_O$，其中 U_S 为提供给市场的要素所带来的效用，U_O 为留作自用的要素所带来的效用，$U_总$ 表示消费者拥有的要素带来的总效用。那么在什么条件下能实现总效用的最大化呢？因为 $U_总=U_S+U_O$，所以根据已经学过的关于边际分析的理论可以知道，要素所有者获得总效用最大化的条件是要素供给的边际效用等于自用要素的边际效用。如果 $MU_S>MU_O$，则可以减少一部分自用要素，将其转移到市场供给上去，此时自用要素效用减少的部分小于市场供给要素效用的增加量，因此总效用得以增加；反之，如果 $MU_S<MU_O$，则可以将向市场供给的部分要素转移到留作自用中来，如此同样可以增加总效用值。当 $MU_S=MU_O$ 相等时，调整停止，总效用 $U_总=U_S+U_O$ 达到最大化。

1. 自用要素的边际效用

要素所有者无论在什么情况下都会将一部分资源留下自己消费，不会将所拥有的要素全部提供给市场。因此，弄清楚要素所有者（消费者）留作自用的资源数量及规律，对于分析要素市场的要素供给量及变化规律具有至关重要的意义。

消费者之所以将一部分资源留下自用，是因为这部分资源能为其带来效用。但是留下自用的资源给消费者带来的效用是比较复杂的。首先，自用一部分资源能给消费者带来直接效用的增加，如消费者将一天 24 小时中的 16 个小时用于吃饭、睡觉、看电视及看电影等活动，这些时间的投入因为满足了闲暇、娱乐和健康的需要，直接增加了消费者的总效用；其次，消费者也可以安排出一定的时间洗衣服、做饭、打扫房间、接送上学的孩子等，这些时间虽然使要素所有者承受了劳动的辛苦，但是却节约了雇佣这些劳动所应支付的工资，节约的这些开支可以用来购买其他的消费品而增加消费者的总效用水平。这属于间接地给消费者带来了效用水平的增加。另外，对于一些具有特殊偏好的人来讲，做家务劳动本身的成就感胜过任何其他的成功，所以做家务就直接带来效用水平的提高。但是，因为这些不具有普遍性，因此这个问题没有被纳入我们分析的范围中；同时，为了分析的简化与方便，假定消费者所有的自用资源带来的效用都是直接效用，即将能带来间接效用的家务劳动等问题从分析中抽象掉，消费者的所有自用时间都是用来娱乐、闲暇等满足健康和快乐需要的。

因此，自用资源的边际效用就是效用的增量与自用资源增量之比，假设所拥有的资源为劳动 L，自用劳动为 L_1 的边际效用即为

$$\mathrm{MU}(L_1) = \frac{\Delta \mathrm{TU}(L_1)}{\Delta L_1} \tag{9.16}$$

当自用劳动的增量趋于无限小时，即 $\Delta L_1 \to 0$ 时有

$$\mathrm{MU}(L_1) = \lim_{\Delta L_1 \to 0} \frac{\Delta \mathrm{TU}(L_1)}{\Delta L_1} = \frac{\mathrm{d}\,\mathrm{TU}(L_1)}{\mathrm{d} L_1} \tag{9.17}$$

2. 供给要素的边际效用

要素所有者向市场提供要素供给，本身并不带来要素所有者自身效用水平的增加。消费者之所以仍然愿意向市场提供要素，是因为这种要素带来的收入具有效用。与留作自用的要素比较而言，供给要素的这种效用类似于自用资源的第二种情况，即带来的是间接效用。也就是说供给要素通过取得收入而与效用发生了关联。因此，效用是收入的函数，而收入又是要素供给量的函数，假设供给要素为 L_2，则有 $U = f(Y(L_2))$。

根据边际效用的定义有

$$\mathrm{MU}(L_2) = \lim_{\Delta L_2 \to 0} \frac{\Delta \mathrm{TU}(L_2)}{\Delta L_2} = \frac{\Delta \mathrm{TU}(L_2)}{\Delta Y} \cdot \frac{\Delta Y}{\Delta L_2} \tag{9.18}$$

对式 (9.18) 取极限可以得到

$$\mathrm{MU}(L_2) = \lim_{\Delta L_2 \to 0} \frac{\Delta \mathrm{TU}(L_2)}{\Delta L_2} = \frac{\mathrm{d}\,\mathrm{TU}(L_2)}{\mathrm{d} L_2} = \frac{\mathrm{d}\,\mathrm{TU}(L_2)}{\mathrm{d} Y} \cdot \frac{\mathrm{d} Y}{\mathrm{d} L_2} \tag{9.19}$$

式（9.19）表明，要素供给的边际效用为要素的边际收入 $\dfrac{\mathrm{d} Y}{\mathrm{d} L_2}$ 与收入的边际效用 $\dfrac{\mathrm{d}\,\mathrm{TU}(L_2)}{\mathrm{d} Y}$ 的乘积。

在完全竞争的要素市场上，单个消费者的要素供给不会对市场价格产生影响，只是市场价格的接受者。根据完全竞争的产品市场的厂商需求曲线的特征，可以推知单个消费者所面

对的要素需求曲线是一条水平线，这意味着消费者在市场既定价格下能够卖出所有想卖的要素，而在高出市场价格时卖不出任何单位的要素，所以要素的边际收入就是要素的市场价格。这时，$\dfrac{\mathrm{d}Y}{\mathrm{d}L_2}=w$。所以，在完全竞争的要素市场中，要素供给的边际效用可以表示为

$$\mathrm{MU}(L_2)=\dfrac{\mathrm{d}\,\mathrm{TU}(L_2)}{\mathrm{d}L_2}=\dfrac{\mathrm{d}\,\mathrm{TU}(L_2)}{\mathrm{d}Y}w \tag{9.20}$$

3. 要素分配的原则

以基数效用理论为基础推导出的消费者购买两种商品，也就是收入在两种商品中进行分配的均衡条件是

$$P_1X_1+P_2X_2=I \tag{9.21}$$

$$\dfrac{\mathrm{MU}_1}{P_1}=\dfrac{\mathrm{MU}_2}{P_2}=\lambda \tag{9.22}$$

在消费者达到均衡时，其效用达到最大化。与此相仿，消费者拥有的资源总量也是固定的，同样在两种用途上进行分配，目的都是达到效用最大化，因此可以得到消费者（要素所有者）在两种用途上使用要素的均衡条件（以劳动要素 L 为例），即

$$L_1+L_2=L \tag{9.23}$$

$$\mathrm{MU}(L_1)=\dfrac{\mathrm{d}\,\mathrm{TU}(L_1)}{\mathrm{d}L_1}=\mathrm{MU}(L_2)=\dfrac{\mathrm{d}\,\mathrm{TU}(L_2)}{\mathrm{d}Y}w \tag{9.24}$$

将式（9.24）整理可以得到

$$\dfrac{\mathrm{d}\,\mathrm{TU}(L_1)/\mathrm{d}L_1}{\mathrm{d}\,\mathrm{TU}(L_2)/\mathrm{d}Y}=\dfrac{w}{1} \tag{9.25}$$

式（9.25）左边为自用资源的边际效用与向市场供给所获得的收入的边际效用之比，右边为资源的价格与1的比值。如果把常数1看作是收入的价格，则此均衡条件与消费者行为理论中消费者消费的均衡条件式（9.22）是一致的。在以劳动要素为例的资源分配活动中，要素所有者的收入也就是劳动这一要素的工资，所以劳动者从一单位收入中得到的效用与一单位工资中得到的效用是相等的，即

$$\dfrac{\mathrm{d}\,\mathrm{TU}(L_2)/\mathrm{d}Y}{1}=\dfrac{\mathrm{d}\,\mathrm{TU}(L_1)/\mathrm{d}L_1}{w} \tag{9.26}$$

此时，要素所有者对要素的分配活动实现了均衡，其总效用达到了最大化。要素所有者对留用要素与向市场供给要素的比例确定下来，其向市场供给的要素的数量也就相应地确定了下来。因此，要素的分配原则也是消费者向市场提供要素的数量的原则。

9.4　劳动的供给和土地的供给

由于要素之间性质的差异，因此与产品市场比较起来，对要素市场供求及价格的讨论就复杂了许多。例如，劳动市场，劳动要素的所有者的行为目标不再是利润最大化，而是总效用最大化。因此，劳动的市场供给并不必然地随着价格的提高而增加；而土地市场由于受到

供给的自然限制，该种要素的使用价格主要取决于需求的大小。资本，虽然与劳动和土地并列为生产要素，但因为资本概念本身的复杂性及在经济中的重要作用，因此资本理论将作为单独的内容进行专门的阐述。

9.4.1 劳动供给曲线和工资

1. 劳动供给概述

在完全竞争的要素市场理论分析中，我们一直坚持一个假设，即要素之间不存在差异。这个假设在对劳动要素的讨论中仍然发挥作用，因此，无论是向市场供给的劳动还是留作自用的劳动之间不存在任何差异，同时各个消费者向市场提供的劳动之间也不存在质的差别，唯一不同的是向市场提供的量。在这个基础上，对劳动供给的分析就转化为对消费者分配时间资源的分析，即对消费者向市场提供劳动时间与留作自用的劳动时间的分析。对此，可以从两个方面理解：首先，消费者拥有的劳动时间是固定不变的，每天最多只有 24 h 可供劳动使用；其次，在这 24 h 中，虽然短期内可以全部用来提供给劳动使用，但从长期看这是不可能的，其中的一部分必须用于睡眠和吃饭等正常的生理活动所需而不能挪作他用。如果在长期中将这部分时间挪作他用，消费者的生产力及效用都将受到较大的影响。为了分析方便，现假定每个消费者分配在睡眠、吃饭等生理性活动上的时间为 10 h，所以消费者可自由支配的时间为 14 h。这样，消费者每天最大可能的劳动供给仅为 14 h，任何一个消费者都不可能使投入的劳动时间超过它。假设劳动者每天最大的劳动供给量为 8 h，则全部可支配资源中剩余的部分，即剩下的 6 h 成为消费者的"闲暇"。闲暇时间包括除睡觉和吃饭等生理性需求时间和劳动时间以外的全部活动时间。虽然消费者个人的闲暇时间常常被用来做一些非市场性的劳动，如收拾家务、辅导孩子功课等，但这里的分析遵从劳动者留作自用资源的分析，将这些排除在分析的框架外，而假设不存在这样的劳动。

消费者在可自由支配的时间中选择一部分时间留作自用——闲暇，而将剩余部分时间用来向市场提供劳动供给。闲暇给消费者带来了精神愉快、身体健康的感受，因而直接增加了总效用；向市场提供劳动供给则取得收入，因而有能力购买消费品消费，也带来了总效用的增加。因此消费者会自动地考虑并计算闲暇所占时间和向市场提供的劳动——工作的时间所占的比例，并通过调整两者的比例实现总效用的最大化，这意味着闲暇和劳动之间是可以相互替代的。虽然在现实生活中，工作总是有固定的时间要求的，如每周工作 40 h 或者每周工作 30 h，但是这种替代仍然是可能的，人们可以通过多种方式改变他们的劳动数量。例如，从社会经济发展的历程来看，越来越多的劳动时间被闲暇替代，如西方国家的周标准工作时间从 40 h 逐渐调整为 35 h，而我国随着经济的发展，标准工作时间也在 20 世纪 90 年代由 48 h 调整为 40 h。对于这种调整，经济学家们的分析是，由于收入水平的提高，人们对工作和闲暇的偏好发生了变化，并通过改变社会惯例使人们对两者进行重新选择。另外，在市场经济条件下，许多精力充沛的人都在从事兼职。这个兼职的工作时间一般情况下弹性较大，更具有灵活性。再如，随着信息经济及网络通信技术的发展，出现了"SOHO"一族，他们的工作时间弹性更强，他们会随着劳动市场及个人的需求随时调整工作和闲暇的时间，以达到总效用最大化。

所以，个人在闲暇与工作之间的选择上会存在很大的差异。如甲、乙两个人在工作和闲暇之间的选择就存在较大的差异（见图 9-8）。

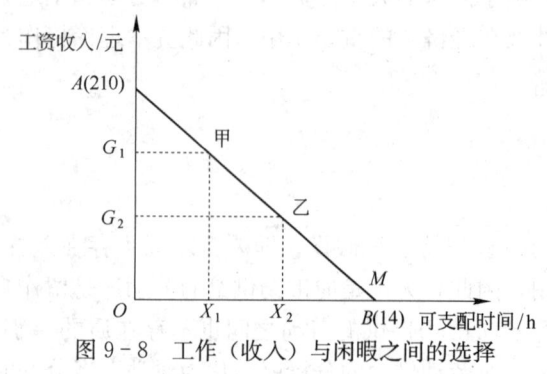

图 9-8 工作（收入）与闲暇之间的选择

我们已经假定，生理性时间占用为 10 h，因此消费者的可自由支配的时间为 14 h。这 14 h 可以全部用来闲暇，即直线 AB 与横轴的交点 B，代表消费者将所有的时间都用来闲暇；也可以将这 14 h 都用来工作，即直线 AB 与纵轴的交点 A，它代表消费者将所有可自由支配的时间都用在工作上，因此可以得到 210 元的收入。曲线上 A、B 之间的部分表示所有工作与闲暇之间的不同组合。在这里，直线 AB 具有了预算约束线的含义，因此斜线的斜率表明了闲暇与工作的替换比率。即如果想要获得 1 h 的闲暇，就必须放弃 15 元的工资，同样要想多得到 15 元的工资，就必须放弃 1 h 的闲暇。从图 9-8 可以知道，甲、乙两个人对于闲暇和工作的组合选择是不一致的，也就是说，两人向市场提供的劳动数量是不同的。甲提供的劳动多，享受的闲暇少，而乙享受的闲暇多些，向市场提供的劳动少些。甲、乙两人的选择之所以不同，经济学家的理解是：两个人对工资的边际效用评价不同，或者对必须放弃的 1 h 的闲暇的成本认识不一致。如甲认为收入更重要一些，而乙则认为闲暇、娱乐更重要一些，这样他们各自选择了自己认为能带来最大效用的组合。因此，从本质上讲，消费者关注的并不是闲暇的时间和劳动时间的比例，其关注的是闲暇带来的效用和收入带来的效用的大小，也就是说，消费者是在闲暇和收入之间进行选择，因此工资的变化会深刻地影响到消费者对可自由支配时间的分配比例，这一特点在劳动的供给曲线上表现得非常明显。

2. 劳动的供给曲线

通过上面的学习可知：第一，随着社会经济的发展，人们生活水平的提高，整个社会对工作和闲暇的认识发生了一定的变化。整体来看，工作时间在缩短，闲暇时间在延长；第二，不同的人对工作和闲暇的认识是不同的，如甲认为工作（收入）重要些，而乙则认为闲暇（留作自用）重要一些。因此，两个人向市场提供的劳动的数量是不同的。那么对于消费者而言，他的劳动供给曲线是什么样子呢？在图 9-8 中，工资是固定的 15 元，如果将工资的变化考虑进去，甲（乙）对闲暇

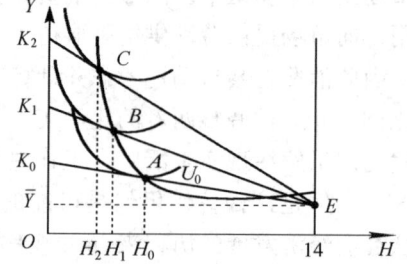

图 9-9 时间资源在劳动和闲暇之间的分配

和工作之间又是如何选择呢？下面，将在图 9-8 的基础上，添加一些更为现实的因素，对消费者劳动供给量的变化进行讨论（见图 9-9）。

假设该消费者的非劳动收入为 $\overline{Y}$，可自由支配的时间资源仍为 14 h，劳动价格即工资为 w_0，则该消费者的最大可能性收入为

$$k_0 = 14w_0 + \overline{Y} \tag{9.27}$$

由此可以得到工资为 w_0 时，该消费者的所有工作与闲暇的组合点，由曲线 EK_0 表示。

EK_0 与无差异曲线 U_0 相切于点 A，则此时最优的闲暇数量为 H_0，相应的劳动供给为

$14-H_0$。如果劳动力市场出现供不应求的局面,劳动价格(工资)上涨到 w_1,再上涨到 w_2,则消费预算线将围绕初始点 E 顺时针旋转到 EK_1 和 EK_2,其中,$K_1=14w_1+\bar{Y}$,$K_2=14w_2+\bar{Y}$。相应的预算线 EK_1 和 EK_2 分别与无差异曲线相切于点 B 和点 C。均衡点 B 和 C 对应的最优闲暇量分别为 H_1 和 H_2,进而得到相应的劳动供给量分别为($14-H_1$)和($14-H_2$)。因此,A、B、C 三点就是消费者的闲暇与劳动供给的分界点,同时也是劳动供给与价格的组合点,即 $A(w_0,14-H_0)$、$B(w_1,14-H_1)$、$C(w_2,14-H_2)$。

根据上述方法可以求出每一个价格水平下的类似于 A、B、C 点的其他最优劳动供给量的点,将这些点连接起来就得到了图 9-10 中的价格扩展线 PEP',而将这些点与其对应的劳动价格的组合点置于工资与劳动供给坐标中,就可以得到消费者的劳动供给曲线 S(见图 9-10)。

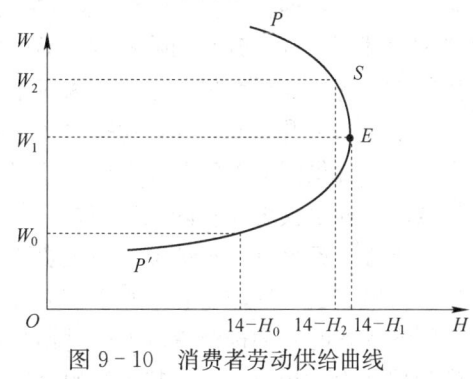

图 9-10 消费者劳动供给曲线

需要特别说明的是,工资与劳动供给的这种关系是在一系列假定的前提下对劳动供给的抽象概括,这里的劳动者不存在对闲暇或劳动的极端偏好,他只根据工资率的变动调整自己的劳动供给以达到总效用最大化。同时针对劳动与工资率的关系,经济学家进行了大量的实证研究,但由于劳动供给行为的特殊性,并没有得到获得普遍共识的研究结果,因此劳动供给函数的研究仍是经济学领域争论较多的领域之一。另外,图 9-10 中供给曲线虽然可以适用于对消费者个人的劳动供给行为进行简单描述,但是对于具体的行业或部门,劳动供给和工资的关系却表现出了与其他商品一样的一般性,即此时的劳动供给曲线为一条向右上方倾斜的劳动供给曲线。因为某个行业的工资的提高虽然不能使行业内就业人员增加劳动供给,但会吸引其他行业的人员转移到该行业就业,因而增加该行业的劳动供给。例如,错季节蔬菜的畅销提高了种植错季节蔬菜农民的工资,收入的提高并不会使该行业的农民突破生理限制无限制地增加劳动供给,反而会使收入增加的农民更加重视闲暇,但是种植其他农作物的农民会在收入的刺激下转而种植错季节蔬菜,从而增加该行业的劳动供给,因而劳动供给随工资的提高而增加,劳动供给曲线表现为向右上方倾斜。

3. 闲暇替代效应和收入效应

无论是对劳动供给的理论分析还是实践的发展都表明,劳动的供给有随着工资的提高而减少的趋势,在劳动的供给曲线上就表现为向后弯曲。为什么会这样?要解决这个问题,还是需要从闲暇与工作之间的关系为起点进行分析。首先,消费者的时间资源是有限的,因此劳动供给增加就会减少闲暇的时间,反之亦然。二者存在着反方向变化的关系,所以劳动供给可以看成是闲暇需求的反面。其次,根据机会成本理论可知,选择闲暇就意味着放弃一系列其他可能的收入,如工资,因此工资就可以看作是闲暇的机会成本,即闲暇的价格。正如前面所述,如果想要获得 1 h 的闲暇,就必须放弃 15 元的工资。这时可以发现,劳动供给与工资之间的关系就可以转化为闲暇的需求与闲暇的价格之间的关系。只不过,后者与前者正好相反。

通过产品供求理论的学习我们已经很清楚,对正常物品而言,产品的需求曲线通常是向右下方倾斜的,即需求量随着价格的下降而上升,随着价格的上升而下降。对此问题的解释是通过替代效应和收入效应进行的，即正常商品价格上涨后，消费者转向其他相对便宜的替代品的购买了，同时由于物价上涨，消费者的实际收入减少，由此变得相对"贫穷"，所以减少了对正常物品的购买。在替代效应和收入效应的共同作用下，消费者对正常物品的需求曲线就表现出了向右下方倾斜的特征。那么对于"闲暇"这种特殊的商品而言，替代效应和收入效应又是如何影响消费者对"闲暇"的需求呢？

图9-8实际上建立了一个工作与闲暇替代关系的时间预算约束线。在上述模型中，工资是固定的，即每小时15元，最大可能劳动时间也是固定的，即每天14 h。在图9-9中，模型描述了工资上升与闲暇变化之间的关系，即随着工资（闲暇价格）的增加，人们享用的闲暇时间先减少后增加。这是因为对于一般物品而言，价格上升意味着实际收入的下降，但闲暇的价格上升与此相反，意味着实际收入的增加。因为消费者此时即使仍然享用相同的闲暇时间即提供同样多的劳动也可以获得更多的收入。随着收入增加，消费者消费能力进一步增强，同样也会增加对闲暇的消费。

现在考虑另外一种情况，在工资不发生变动的情况下，收入发生变动。假设甲在2006年7月购买了一期体育彩票并中了大奖，因此每天可以得到90元的利息收入，这时候甲的闲暇与工作时间的选择就可以通过预算线外移来描述。由于收入和财富的增加提高了消费者的消费能力，相对而言，其闲暇的价格（工资或闲暇的机会成本）没有发生变化，因此，增加了对闲暇的消费。也就是说，无论是通过提高工资还是通过其他途径，只要增加了收入，就会相应地增加对闲暇这种商品的消费。所以，闲暇具有收入效应，闲暇的需求量与闲暇的价格同方向变动。

继续考察闲暇的替代效应。因为工资可以看成是闲暇的价格，因此工资上涨意味着闲暇的消费价格上涨，因而消费者通常会减少对其的购买，转向其他替代品。所以当闲暇的价格上涨后，消费者可能会减少对闲暇的消费，并通过提供劳动获得更多的收入增加间接效用，以达到总效用最大化的目标。也就是说，闲暇的需求量与其价格反方向变动。

对于正常物品而言，收入效应与替代效应的方向是一致的，但闲暇与工资的收入效应与替代效应的关系与一般正常物品是不一样的，闲暇的收入效应与替代效应的方向是相反的。那么，随着闲暇的价格上升，闲暇的需求量是上升还是下降，取决于两种效应的大小。如果收入效应大于替代效应，则闲暇的需求量随着价格的上升而增加，如果替代效应大于收入效应，则闲暇的需求随着价格的上升下降。

对一般商品而言，消费者消费的商品有许多种，同时每种商品的消费只占到消费者预算的很小一部分，并且具有许多相似的替代品，因而单个商品价格的变动通常对消费者收入的影响是很小的，但却很容易引起消费者的替代行为。但是对于闲暇来讲，情况却与此有所不同。因为消费者的收入大部分来自劳动供给。在其他因素不变的情况下，闲暇的价格即工资上升将直接增加消费者的收入，因此闲暇的收入效应比较大。但是，如果原来的工资即闲暇的价格较低，则此时的工资上涨的收入效应不一定能够抵消，更不用说超过替代效应。当工资处于较高水平时，工资上涨会引起收入的大幅增加，从而可以超过替代效应。所以当工资已经处于较高水平时，如果继续增加工资，消费者对于闲暇的需求将增加，劳动的供给将减少。

4. 劳动的市场供给及均衡条件

对于具体的行业或部门来讲，工资的提高并不一定会使劳动供给量减少，同样消费者劳动供给曲线的特征也并不适合于描述整个劳动市场中价格与工资之间的关系。因为较高的工资水平虽然不能刺激现有工人增加劳动供给,但是却能大量地吸引新的工人加入。如发达国家的较高工资水平使本国标准工作时间在不断缩短的同时却吸引了大量的非法劳动提供者,这些非法务工者每天提供的劳动远远高于当地的劳动标准。同样,存在二元经济的国家,即使大幅度地提高工资水平,也不会使劳动供给量降低,反而会刺激更多的劳动进入市场。因此,劳动市场的供给曲线为一条向右上方倾斜的曲线。

由于要素的边际生产力递减和边际产品收益递减规律的存在,所以要素市场的需求曲线通常向右下方倾斜。劳动的市场需求曲线严格地遵循着这一规律。图 9-11 将劳动的市场供给曲线与需求曲线结合起来,描述了完全竞争市场中厂商不断增加雇用工人数量,直到劳动的边际产品价值等于工资时止;另一方面,当工资增加时,市场的劳动供给量会增加。需求曲线和供给曲线的交点就是均衡的工资率 w^* 和均衡的劳动需求量 L^*(就业量)。

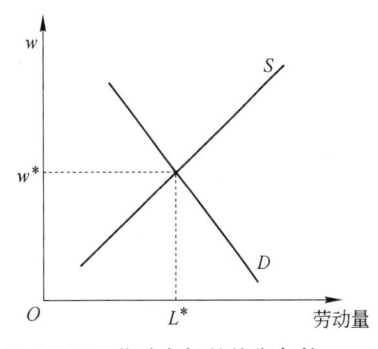

图 9-11　劳动市场的均衡条件

从图 9-11 中可知,无论是需求曲线移动还是供给曲线移动,都会使均衡工资和均衡数量发生变化。一般情况下,劳动供给曲线的移动由以下几个因素决定:第一,非劳动收入,非劳动收入的大幅增加提高了消费者保留自用的能力,因此将显著地减少劳动的供给。第二,社会习俗,如某些社会中女性结婚后不再参加工作,习俗的改变将改变劳动的供给量;第三,人口的总量及年龄构成,人口老龄化将减少劳动的供给。

【实例链接】　　　　Caterpillar 的强硬手段

虽然理论分析中将劳动市场假设为完全竞争的市场,但是在现实中,由于劳动力供求态势及劳动供求双方竞争能力的不同而使劳动力市场处于非完全竞争状态。如美国重型制造业制造公司 Caterpillar 于 1991 年发生了劳资纠纷,该纠纷发生在美国汽车工人联合会(UAW)与另一个公司之间。罢工开始 5 个月后,由于 Caterpillar 的经理层威胁说,永久性地开除所有不返回工作岗位的工会会员。由于面临失去工作的前景,工会会员没有达成协议就复工了。但是两年后,1994 年,UAW 又开始组织工人罢工了。UAW 向 13 000 名罢工工人承诺,将通过努力使工人的工资增加到往常的 3 倍,这有效地阻止了工人返回到工作岗位上。同时工人们认为,他们的技术无可替代,但随着罢工的拖延,Caterpillar 采用了更节约劳动的技术。一些有技能的工人为了获得高报酬也从全国各地来到 Caterpillar。通过雇用 5 600 名临时工,外加数千名非工会职工反对,Caterpillar 的生产效率在罢工期间超过了罢工前的水平。

1995 年 12 月,罢工进行了大约 7 个月后,在没有迹象表明公司将做出让步的时候,工会官员决定终止罢工。这次罢工的失败使工人平均损失了 37 000 美元的工资。同时,新签订的合同虽然规定公司增加工资,但允许公司在安排上引入更大的灵活性,并对新工人少付 30% 的工资。

Caterpillar 罢工事件最终以公司(劳动的需求方)胜利而告终,这使得工会运动惨遭失败并对以后形成了不良影响。至少有三个方面原因导致工会在竞争中处于不利地位：一是雇主破坏罢工的意愿增强；二是工人反对罢工的意愿增强；三是技术或资本对劳动的替代增加了。

9.4.2 土地的供给及地租的决定

1. 土地的概述及其供给

厂商雇佣了劳动，其目的不只是单纯地建立雇佣关系，更重要的是将所雇佣的劳动应用于生产活动中。生产活动的开展离不开另外一项重要且特殊的资源——土地，它是任何商业活动都需要的最基本的要素。土地的特征也是显著的：数量固定，对价格完全缺乏弹性。因此，威尔·罗杰斯（Will Rogers）认为，"人们不可能再将它多创造那么一丁点儿"。当然，土地数量的不变也并不是绝对的，如随着土地价格的上升，日本及荷兰等国家通过围海造地等方式"创造"了大量的可供商业利用的土地。另外，由于利用不当等原因，人们也毁灭了大量的土地，如曾经肥沃的两河流域等。但是为了分析的方便，这些土地数量的微小变化通常都不再考虑，因而假定土地的数量是固定不变的。需要明确的是，经济学中的土地并不是单指可供耕作或盖房建厂的土地，而是泛指一切自然资源，一切具有"原始的和不可毁灭的"特性的自然资源。

对于土地及土地供给的讨论是建立在一系列概念基础之上的，因此明确概念是进行土地供给讨论的前提。

第一，明确生产服务本身与生产服务源泉的区别。生产服务的提供者为其源泉，而生产服务本身则是各种要素结合的一个过程。如劳动服务的源泉是人类或劳动者，但劳动服务却是"人—时间"的结合。同样土地也是生产服务的源泉，但土地服务本身却是"年—公顷"的结合。同样的区别在资本要素那里也得到体现，如资金、机器及建筑物作为服务的源泉而存在着，他们的服务却在以不同的方式进行体现。

第二，明确服务的供给（需求）和服务源泉供给（需求）的区别。对于生产服务的供给和需求是指买卖服务本身而并非其"载体"，买卖"载体"则是另外一种交易，即源泉的交易。有些生产服务的源泉及本身都能在市场中进行交易，如土地和资本。有些却只能进行服务的交易，而不能交易其源泉，如劳动。

第三，明确服务的价格和服务源泉价格的区别。对于资本和土地而言，无论是源泉还是其提供的服务都可以在市场上交易，因此就分别形成了源泉价格和服务的价格。如对于资本而言，有建筑物的买卖价格，也存在一个建筑物使用一段时间的价格。对土地也是如此，有土地本身交易的价格，还存在一个一定规模的土地在一定年限内的使用价格。但是，对于劳动而言，却只有一个价格即服务价格。因为现代文明社会中已经禁止人身（劳动者）的买卖。对于这两个价格，区别是显著的，关于生产服务源泉的价格，是由其供求关系决定的，这一价格的决定过程与其他商品价格的决定过程基本一致。但是对于服务的价格的确定却与此略有差异，如为了在一定时期内使用土地而支付的价格称为土地的租金（rent），而为了在一定的时期内使用资本而支付的价格称为利息。

明确了上述概念后，进一步分析土地的供给。由于土地的自然供给已经设定，即它不会随土地价格的变化而变化，那么土地的供给情况会如何呢？对于土地的所有者而言，他在一定时期内拥有的土地的数量是一定的，同时其向市场提供土地的目的无非是想获得总效用的最大化。因此，和对劳动所有者的分析一样，土地所有者面临的问题同样是如何在留作自用和市场提供这两种用途上分配拥有的资源，以实现效用最大化的目标。

土地所有者将土地资源留作自用可以直接获得效用，如建造花园、种植草坪等。由于土地所有者从自用土地中获得效用取决于使用的数量 Q_1，因此可以得到自用土地的效用函数，即

$$U_1 = f(Q_1) \tag{9.28}$$

但是自用土地的效用不像自用时间（劳动）那样，总效用与闲暇的数量呈显著正相关关系。这是因为：第一，自用的土地在土地总量中占有份额较小，而消费者 24 小时中绝大部分为留作自用，否则消费者的生命和劳动率都将受到影响；第二，留作自用的土地如建造花园、种植草坪等，并不能完全排除其他人享用。这就意味着即使土地所有者不将这些土地用在这些用途上，他也可以享受这些消费，因此自用土地的边际效用非常小，所以自用土地的总效用 $U_1 = f(Q_1)$ 甚至可以忽略不计。

与劳动一样，向市场供给本身并不直接增加效用，而是因为通过向市场供给土地获得收入，进而购买各种消费品以获得效用的增加。在土地市场处于完全竞争状态下，任何一个土地供给者都是既定价格的接受者，只有增加供给量（Q_2）才能获得更高的收入以增加效用。在自用土地效用忽略不计的情况下，土地所有者的总效用就等于从土地供给收入中获得的间接效用。因此，土地所有者的总效用函数为

$$U = U(Y(Q_2)) \tag{9.29}$$

由于自用土地的边际效用为 0，所以土地所有者会尽可能地减少自用土地的数量。同时，土地所有者的总效用等于向市场提供土地获得的间接效用。因为任何单一的土地供给者都是市场上的完全竞争者，所以其所获得的效用的大小与向市场提供的土地数量密切相关。因此，在任何价格条件下（土地价格不为负），土地所有者都倾向于以最大数量向市场提供土地。如土地所有者拥有的土地数量为 $\bar{Q}$，则无论市场价格为多少，其供给量总为 $\bar{Q}$（见图 9-12）以获得效用最大化。

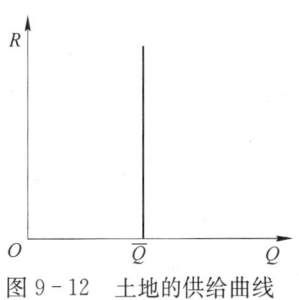

图 9-12　土地的供给曲线

土地资源的不可再生性虽然限制了土地的自然供给，但这并不是土地供给曲线垂直的原因，土地用途的专一性才是其供给曲线垂直的真正原因。因为在分析过程中假设土地只有一种用途即生产性用途，而没有其他用途。事实上，这个结论不仅适用于土地要素，同样适用于任何其他要素。这个规律可以表述为：任意一种资源，如果只能或者可以假定只能用于某种用途而无任何其他用处，则该资源对该种用途的供给曲线是垂直的。如我国南方的某些水田只适合于种植水稻，所以即使稻米价格下降导致对种植稻米的土地需求减少，进而价格下降，该类型土地的供给也不会减少。因为除了种植水稻外，该类土地没有任何其他用途。也就是说，这些种植水稻的土地的机会成本为 0。因此这一规律也可以表述为：任意一种资源，如果在某种用途上的机会成本为 0，则它对该用途的供给曲线就是垂直的。

土地供给曲线垂直于数量轴的结论是建立在土地除生产性用地外，没有其他用途的假设的基础上的。这个假设显然与事实有一定的差距，因为土地除向市场提供以获得收入外，所有者确实有消费性使用。当然，这部分自用土地的数量是非常小的，因此如果把自用土地这一因素考虑进来，则土地的供给曲线将不再是垂直的，而是略向右上方倾斜。

当然，如果将自用土地考虑进来，且将其与供给性土地合并考虑土地总的供给的话，此时土地的自然供给和市场供给就是相等的。土地价格的变化只是改变自用土地和供给土地两者的数量比例而已，土地的供给曲线仍然是垂直的。这样定义的土地供给显然不会随价格的变化而变化，同时这种分析本身对经济问题的解释也并无太大的用处，因此真正意义的土地供给专指为市场提供的供给，不包括自用部分。

2. 地租的决定

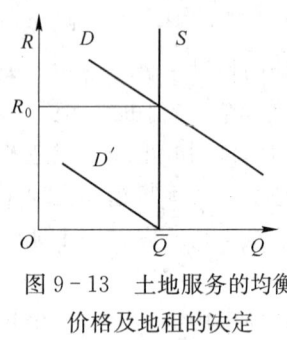

图 9-13 土地服务的均衡价格及地租的决定

因为单个土地所有者的供给曲线垂直，将所有单个土地供给者的供给水平进行加总，就可以得到整个土地市场的供给数量，所以土地市场的供给曲线也是垂直的。由于要素的需求曲线向右下方倾斜，所以在土地价格和数量的坐标平面中，供给曲线与需求曲线相交于一点，这一点就是土地市场的供求均衡点（见图9-13）。图中 R_0 为土地服务的均衡价格。

土地的需求曲线与垂直的供给曲线交点所决定的土地的服务价格具有特殊的意义，通常人们将其称为"地租"。由于土地的供给曲线垂直且固定不变，因此地租的大小决定于土地的需求，它随着需求曲线的上升而上升，随着需求曲线的下降而下降。如图 9-13 所示，如果土地的需求降为 D'，则地租等于 0。

根据上述地租决定模型可知，地租产生的原因在于土地的自然供给不能增加。地租的提高完全取决于对土地需求的增加，如由于技术进步使土地的边际生产力得到提高，或者由于人口增加提高了粮食的价格进而增加了对土地的需求。因此，可以认为地租产生的原因在于稀缺，供给不能增加。如果假定技术不发生变化，则地租就随土地产品的价格上升而上升，且随着土地产品的价格下降而下降。

3. 租金、准租金和经济租金

对于供给不变的土地，地租的多少取决于需求的大小。在很多情况下，不仅土地供给是固定不变的，许多其他资源在一些情况下也是固定不变的，如达·芬奇的肖像画《蒙娜丽莎》的供给也是固定不变的，世界上只此一幅。如果你想要在一个展览中展示它，你就必须为对它的使用支付租金。因此，租金是一个具有普遍性的概念，即供给数量固定不变的一般资源的服务价格叫租金。地租不过是所考察的资源为土地时的租金而已，是租金的具体化。

对于租金概念的进一步分析会发现，租金是与资源供给的固定不变相联系的，同时关于"固定不变"并没有像成本论中所谈的那样进行长期与短期划分，这样租金的概念是否在短期内与长期内同样适用呢？因为在现实的经济生活中，有些生产要素的供给尽管在长期内是可以调整变化的，但是在短期内却是固定的，如在短期内，厂商的生产规模是不可以调整的，因此其固定生产要素（机器、设备及厂房）对厂商而言，在短期内的供给是固定的，即这些固定生产要素不能从现有用途中退出而转移到其他利润更高的用途中，也不能从其他的生产要素中得到补充。在完全竞争的市场中，在短期内只要产品的销售价格能够补偿平均可变成本，厂商就会利用其固定要素进行生产。在这种情况下，产品价格超过其平均可变成本的余额是对固定要素的补偿，而对固定生产要素补偿的大小决定于产品的价格。产品价格高，对固定要素补偿额度就大；产品价格低，对固定要素的补偿额度就小。如果把这种补偿看作固定要素的收入的话，在某种程度上就与地租的决定相类似，因此，称其为准租金

(quasi-rent)。所谓准租金，就是对供给量暂时固定的生产要素的支付，即固定生产要素的收益。

在图 9-14 中，如果价格为 P_0，则产量为 Q_0，由于此时的价格只能补偿平均可变成本，因此准租金等于 0。如果价格为 P_1，则产量为 Q_1，因平均可变成本为 CQ_1，故产品价格用于补偿固定成本部分为 $(BQ_1-CQ_1)=BC$，所以每单位产品中所含有的准租金为 BC，准租金总额为 $BC·OQ_1$。

如果价格为 P_2，则产量为 Q_2，从短期来看，每单位产品价格中含有的准租金为 DE，准租金总额为 $DE·OQ_2$。另外，通过观察会发现，当价格为 P_2 时，该生产厂商的经济利润正好等于准租金减去固定成本，数量为 0。换个角度，当厂商的经济利润为 0

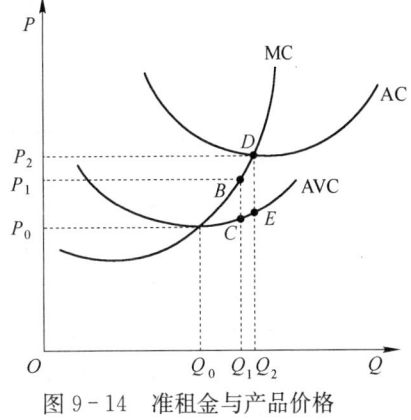

图 9-14　准租金与产品价格

时，其所获得的准租金等于固定成本；如果经济利润大于 0，则准租金大于固定成本；如果经济利润小于 0，则准租金小于固定成本。

由于供给量是固定的，因此租金随着需求的变化而变化。当需求减少时，由于供给不变，因此要素的供给价格下降，要素所有者的收入减少，也就是说，租金是要素的一种收入，租金的减少不会引起要素供给量的减少。对于租金的这种特性在经济实践中还有许多类似的情况，如对于许多要素而言，虽然从总体上看，其收入并不同于租金，但是其收入中的一部分却有着与租金类似的特征，即如果从总收入中减去这部分，虽然要素的总收入减少，但是并不会影响要素的供给。经济学上将这一不影响要素供给的部分收入称为"经济租金"（economic rent），即如果从某要素的全部收入中减去这一部分并不会影响要素的供给，则将这一部分要素收入叫作经济租金。

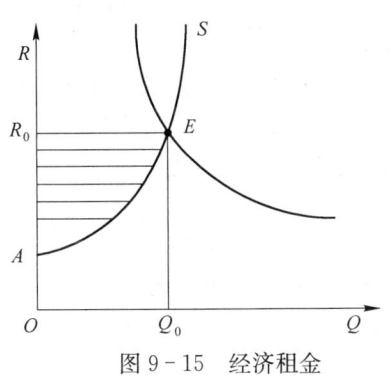

图 9-15　经济租金

经济租金的几何意义就是所谓的生产者剩余（见图 9-15）。图中要素供给曲线 S 以上，要素价格以下的阴影部分 AR_0E 为经济租金。要素的全部收入为 OR_0EQ_0。根据供给曲线解释，如果要素所有者提供的要素供给量为 Q_0，则其愿意接受的最低收入为 $OAEQ_0$。因此，阴影部分为要素所有者的"超额"收益，即使去掉，其向市场提供的要素量也不会发生变化。

经济租金的大小显然取决于要素供给曲线的形状，供给曲线越陡峭，经济租金越大，反之亦然。当要素的供给曲线垂直于数量轴时，全部要素收入变为租金，如土地的供给曲线。这再次印证了地租是租金的特例。而经济租金则是一个更为一般化的概念。它不但适合于分析要素供给曲线垂直于数量轴的特例，也适用于分析要素供给曲线平行于数量轴的特例，当要素供给曲线平行于数量轴时，经济租金为 0。

在现实生活中，除经常使用"租金"概念外，20 世纪 90 年代以来，"寻租"一词逐渐成为一个常见词汇。"寻租"一词是美国经济学家克鲁格在 1974 年发表的"寻租社会的政治经济学"一文中最先提出的；后来的西方经济学文献中，寻租的定义有许多种。一般来讲，将寻租行为视为凭借政府特许的特权取得垄断地位并取得垄断租的一种努力。例如，在受到政府管制的国际贸易中，为了获得出口许可证或者进口配额而进行的游说、行贿及"走后门"等活动。对寻租的分析见第 11 章中的垄断与寻租部分。

9.5 洛伦兹曲线和基尼系数

玛丽·科拉姆（Mary Colum）曾对内斯特·海明威（Ernest Hemingwey）说："富人和穷人之间唯一的差别就是富人钱多。"这种说法没有问题，但是却留下了难以解决的问题，即穷人与富人之间的差距为何存在？多大的差距属于合理？在市场经济中，财富取决于获得收入的能力，收入又决定于报酬，报酬决定于一个人所拥有的资源的状况，也就是要素价格及决定理论，这构成了收入分配理论的一个重要部分。但是完整的收入分配理论还应包括收入分配的不公平程度等内容。

9.5.1 收入的差距

由于假设要素的供给和需求行为发生于完全竞争市场中，因此在要素的供给和需求的讨论中将要素之间的差异抽象掉了。在这种情况下，要素所有者获得收入的多寡直接决定于向市场供给的要素数量的多少。但实际上，无论是劳动还是土地，要素之间的差距是巨大的。例如，在美国外科医生的年平均工资高达 245 000 美元，而全职的快餐工人年平均收入只有 12 000 美元。要素之间的这种巨大的差异导致不同的要素所有者之间在收入分配上出现了巨大的差异，对人们收入之间的巨大差异进行分析并查找出引起这种差异的原因，对于制定更为完善有效的市场规则，提高经济活动的效率具有极为重要的意义。

一个家庭的收入，如果不考虑家庭转移支付则主要来源于要素的报酬。如在美国，双职工家庭的中等收入比单职工家庭高大约 82%，比无人工作的家庭高近 4 倍。出现这种差距的直接原因就是家庭之间向市场提供的劳动的数量存在着差异。除了数量的差异外，要素之间质量的差异也是导致收入存在差距的一个原因。一般来讲，在每一个年龄层次上，学历越高的人报酬越高。例如，据美国人口调查局统计，具有专业学位的男性 1997 年获得的平均报酬为 109 206 美元，大约为只有中学学历的男性的平均报酬的 4 倍。家庭之间在收入上存在差距是正常现象，但是家庭收入不仅是现有要素的报酬，还影响甚至决定着这个家庭所"生产"的要素的数量与质量。如果将家庭看作一个生产要素的企业，则这个企业的生产活动将受到路径依赖①规律的影响，这时"马太效应"将会出现。一旦大多数家庭落入"马太效应"②的恶性循环，劳动力市场的劳动供给将受到严重的影响，进而影响社会生产的正常

---

① 路径依赖：是指人类社会中的技术演进或制度变迁均有类似于物理学中的惯性，即一旦进入某一路径（无论是"好"还是"坏"）就可能对这种路径产生依赖，它首先由保罗·大卫在 1985 年提出。而后，W. 马兰·阿瑟在此基础上进一步发展，形成了技术演进中的路径依赖的系统思想。后来道格拉斯·诺斯将前人有关这方面的思想拓展到社会制度变迁领域，从而建立起制度变迁中的路径依赖理论。

② 马太效应：《圣经》中"马太福音"第 25 章有这么几句话："凡有的，还要加给他叫他多余；没有的，连他所有的也要夺过来。"1973 年，美国科学史研究者莫顿用这句话概括了一种社会心理现象："对已有相当声誉的科学家做出的科学贡献给予的荣誉越来越多，而对那些未出名的科学家则不承认他们的成绩"。莫顿将这种社会心理现象命名为"马太效应"。

进行。所以，制定相应的标准，考察社会收入分配的差距或公平程度，并提出相应的弥补措施是保证社会生产顺利进行的必然选择。

【实例链接】　　　　　　美国收入差距拉大的原因

每年《福布斯》杂志都报告顶尖专业演员和职业运动员获得的薪水的情况。文娱表演和体育运动被称为"胜者为王"的劳动市场，因此对于一个文娱企业或体育企业的成功具有决定作用的在于几个关键角色或选手，如职业篮球赛中的乔丹和我国的姚明，都属于这类角色。目前，美国"胜者为王"的薪水结构已经由文娱表演和体育运动领域扩展到了管理、法律、银行，甚至是学术领域。例如，1974年美国最大的200家公司的执行总裁的平均年薪是普通工人的35倍，到1997年，这些公司的执行总裁的平均薪水是普通工人的150倍。在德国和日本，相应的倍数分别为21和16。

为什么美国高级管理人员和普通工人的工资差距如此之大呢？罗伯特·弗兰克（Robert Frank）和菲利普·库克（Philip Cook）在他们《胜者为王的社会》一书中认为：第一，通信、生产和运输方面的突破，使得有才能的人能够向更广阔的市场提供服务，从而提高他们服务的价值；第二，更广大的市场加剧了对顶尖人才的竞争，所以顶尖人才获得的报酬更为接近他们的边际生产力；第三，美国更为接受高薪工资以体现对人力资本的重视。

9.5.2　洛伦兹曲线、基尼系数与收入分配

有多种方法可以研究国民收入在居民或家庭之间的分配，其中美国统计学家洛伦兹提出了著名的洛伦兹曲线（Lorenz curve），并以此为工具考察了美国的收入分配情况。首先，洛伦兹将美国总人口按收入由低到高排队，然后考虑收入最低的任意百分比人口所得到的收入比例，例如收入最低的20%人口、40%人口等所得到的收入分配占国民收入的百分比（见表9-3），最后将得到的人口累计百分比和收入累计百分比的对应关系以图形的形式描述出来，所得曲线即为洛伦兹曲线（见图9-16）。

表9-3　按照洛伦兹方法统计的我国城镇居民家庭收入分配

年份	人均收入占总收入百分比									
	20%		40%		60%		80%		100%	
	收入	占比	收入	占比	收入	占比	收入	占比	收入	占比
1991年	11 231.0	12.76	25 621.5	29.1	42 335.8	48.08	61 848.7	70.24	88 048.2	100
1995年	22 781.1	10.45	56 417.8	25.87	97 156.6	44.55	146 740.8	67.29	218 079.5	100
1999年	30 825.4	10.15	74 740.4	24.61	130 172.7	42.86	199 593	65.72	303 706.5	100

图9-16中，横轴OH表示人口（按收入由低到高分组）的累计百分比，纵轴OM表示收入的累计百分比。其中直线OL为国民收入分配绝对公平线（45°线），ODL曲线为洛伦兹曲线，折线OHL为国民收入分配绝对不公平线。由此可以看出，洛伦兹曲线的弯曲程度具有重要的意义，它反映了收入分配的公平程度。弯曲程度越大，收入分配越不公平，当洛伦兹曲线与折线OHL重合时，表示所有收入都集中在一个人手中，其余人口均无所获，收入分配达到绝对不平等的程度；如果洛伦兹曲线与直线OL重合，则表明国民收入分配完全平等，1%的人口占有1%的国民收入。

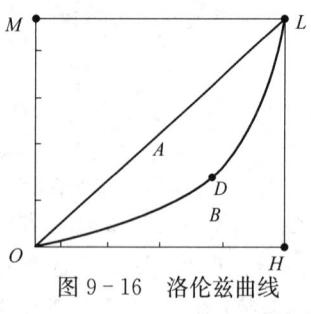

图 9-16 洛伦兹曲线

一般情况下，一个国家的国民收入分配，既不可能绝对不平等，也不是处于绝对平等状态，而是介于两者之间。因此，洛伦兹曲线既不可能与 OL 重合，也不可能与 OHL 重合，而只是处于两者之间，不同的国家由于分配的公平程度不同，该曲线的凸出程度有所不同。洛伦兹曲线凸出程度越大，表明收入分配越不公平。理论研究中，将 OL 与洛伦兹曲线之间的部分，即 A 称为"不平等面积"；当洛伦兹曲线与折线 OHL 重合时，OHL 与 OL 之间的面积 A+B 称为"完全不平等面积"。不平等面积与完全不平等面积之比，称为基尼系数 G。计算式为

$$G=\frac{A}{A+B}$$

当 $A=0$ 时，基尼系数等于 0，此时收入分配绝对平等；

当 $B=0$ 时，基尼系数等于 1，此时收入分配绝对不平等。

一般情况下，基尼系数总是大于 0 小于 1。基尼系数越小，收入分配越平等；基尼系数越大，收入分配越不平等。

本 章 小 结

1. 厂商对要素的需求具有引致性需求和联合需求的特性。
2. 完全竞争厂商对要素的需求原则为：VMP$=w$。
3. 在其他条件不变的情况下，厂商对要素的需求曲线与边际产品价值线重合。
4. 消费者对劳动的供给曲线是一条向后弯曲的曲线。
5. 消费者对土地的供给曲线是一条垂直于横轴的直线。
6. 基尼系数 G 为

$$G=\frac{A}{A+B}$$

一般情况下，基尼系数总是大于 0 小于 1。基尼系数越小，收入分配越平等；基尼系数越大，收入分配越不平等。

7. 本章是西方经济学中分配理论的核心内容，即"边际生产率分配论"。其基本含义为：每一种生产要素都得到各自对生产所做的贡献作为报酬。

知识拓展

要素价格及决定理论构成了收入分配理论的一个重要部分，也就是说，整个社会的新产品 Q 在生产后要在参与生产的各要素间进行分配，其分配的依据就是要素的价格；同时，某种生产要素的价格由它的市场供求曲线的交点决定。要素需求的基础又是厂商使用要素的原则，即完全竞争厂商对要素需求的原则为要素的边际产品价值等于要素的边际成本（VMP=MFC）。对于劳动要素而言，其使用原则为

$$\mathrm{VMP} = P \cdot \mathrm{MP}_L = w$$

如果也假设资本市场是完全竞争的，则根据厂商对劳动要素的需求原则可以推导出资本要素的使用原则表达式，即

$$\mathrm{VMP} = P \cdot \mathrm{MP}_K = r$$

对上述两个表达式进行处理，如等式两边都除以产品的价格P，则分别得到

$$\mathrm{MP}_L = \frac{w}{P} \quad 和 \quad \mathrm{MP}_K = \frac{r}{P}$$

该表达式意味着要素的实际价格等于要素的边际产品，或者解释为要素的实际报酬率等于要素的边际贡献率。假设整个社会的劳动量和资本量分别为L和K，则劳动要素和资本要素各自所得到的实际报酬分别为$L \cdot \mathrm{MP}_L$和$K \cdot \mathrm{MP}_K$。那么，在只有两个要素的社会生产中，两个要素的实际所得是否与社会的总产品量相等呢？

如果上一个问题成立，则等式$Q = L \cdot \mathrm{MP}_L + K \cdot \mathrm{MP}_K$必然成立。这就意味着在完全竞争条件下，按照要素的边际产品进行分配，每个要素的实际所得的总和正好等于社会总产品；否则，如果不按照此原则进行分配，就会出现剩余或不够的情况。

借助数学上的欧拉定理，经济研究证明：在完全竞争条件下，如果规模报酬不变，则全部产品正好足够分配给各个生产要素，不多也不少。这个定理被称为产量分配净尽定理，因为该定理的证明是借助欧拉定理进行的，因此有时也称为欧拉定理。

像经济学家一样思考

垄断行业的收入到底有多高？

2019年国家有关部门的统计显示，目前我国行业间收入差距较大，特别是某些垄断行业员工工资过高、增长过快的问题比较突出。收入分配关系到广大百姓的切身利益，也关系到构建社会主义和谐社会的大局。2019年召开的中共中央政治局会议强调，要改革收入分配制度，规范收入分配秩序，努力缓解地区间和部分社会成员收入分配差距扩大趋势。垄断行业收入偏高呈现哪些特点？又产生了什么样的影响？记者在京沪等地进行了采访，并请有关专家予以评析。在经济发展的同时，收入分配也能得到合理的调控。2019年5月22日晚上8点左右，上海某著名高校BBS的"就业信息版"上，一些大学生网友正在热议垄断行业的就业及薪水问题。

"去垄断行业工作好吗？比如电力、电信？"一位网友问。

"90%会认为好！"

"要看能垄断多久了。"也有人持不同看法。

……跟帖踊跃，讨论足足持续了3小时。

这场讨论，与前些天劳动和社会保障部副部长步正发的一番讲话有些关系。步正发说，当前垄断行业员工工资过高的问题比较突出，其中电力、电信、金融、保险、水电气供应、烟草等行业职工的平均工资是其他行业职工平均工资的2~3倍，如果再加上工资外收入和职工福利待遇上的差异，差距更大。

垄断行业收入过高，不符合按劳取酬的分配原则。按照该原则，一个人能力越强、贡献越大，收入就会越高，但垄断收入发出的信号却是：谁拥有垄断权、掌握垄断资源，谁的工

资福利就高，待遇就好。垄断企业的薪酬可以不受企业盈亏约束，"效益好时就涨工资，形势不好时就涨价"。企业利润增长，他们的人工成本快速上涨；一旦经营成本稍有提升，他们就凭借强势地位把成本转嫁到公众身上。例如，这几年煤价飞涨，不少发电企业亏损，但电力行业的职工福利并未因此下降，有的还在涨。

是什么造成了垄断收入的不正常增长？经济学认为，主要原因是产品市场的非竞争性。竞争企业的经济学特征，是他们的产品必须接受市场给他们的价格，而垄断企业的特征，是他们为自己的产品制定价格，让市场接受。所以，垄断企业面临成本压力时，可以想办法提价。由于厂商使用要素的原则是 $VMP = P \cdot MP_L = w$，因此，工资与产品价格是正相关关系，高价格必然导致高工资。但是，经济学上说垄断企业是价格的制定者，是就自由市场经济的形态而言的。但事实上，成熟市场经济国家都对垄断企业实行严格的规制，不能任由他们定价，其原则是与社会平均的盈利水平持平。鼓励和保护竞争、实现社会公平，是政府在经济方面的主要职责。正是出于这种考虑，发达市场经济国家不但严格地规制电力、烟草这类授权垄断的企业，而且严格规制微软这样依靠技术实现垄断的企业。而我国目前对于垄断性行业的规制管理还不成熟，垄断企业没有受到严格的规制，继续享受着超额利润。

另外，劳动以外要素低成本取得也是垄断行业高工资的一个影响因素。通过前面的学习可知，厂商生产过程的持续进行是以各种要素的合理搭配为基础的。厂商使用的各种要素都要发生成本，使用原则也是 MR＝MC。但是，对于一些垄断厂商而言，在生产过程中使用的一些要素是由国家或政府无偿或低价提供的，以促进相关行业的发展。因此，厂商的总成本相应地就低于正常经营的成本，利润也表现出一定的虚高成分。在缺乏严格监管的情况下，这部分虚高的利润被认定为企业经营绩效而分配给企业职工。

因此，打破垄断，引入竞争，使各种企业获得经营资源的同等机会是解决垄断性行业高收入的基础。其次，建立科学的国有资本预算制度和绩效考核体系。主管部门应当加强对垄断企业的监管，进一步改进完善工效挂钩办法，逐步实现从调控企业工资总额向调控人工成本总额及人均工资水平的过渡。对工资水平偏高、增速过快的单位，应从严控制其收入水平的增长。对违法违纪、乱发福利造成国有资产流失的，应予以严肃追究。

练习及思考

1. 填空题

（1）传统的经济分析一般将生产过程中使用的各种资源分为三种生产要素，即_____、_____和_____，这三种要素的所有者分别为地主、劳动者和资本家。

（2）厂商对要素需求具有的两个特征是_____和_____。

（3）一般来说，边际产品价值曲线的位置高低取决于两个因素，即_____和_____。

（4）厂商使用要素的原则是利润最大化，即要素的_____等于要素的_____。

（5）消费者对自身拥有的资源是在"要素供给"和"保留自用"这两种用途上进行分配的，以获得_____最大化。

2. 判断题（正确的在括号内打√，不正确的打 ×）

（1）（   ）当某完全竞争厂商使用劳动要素达一定量时的 VMP＝500 元，而 w＝450

元，该厂商应减少劳动的使用量。

(2) (   ) 厂商对生产要素的需求是一种引致的、共同的需求。

(3) (   ) 完全竞争厂商的要素需求曲线和 MP 曲线重合。

(4) (   ) 由消费者对产品的直接需求派生出来的厂商对生产要素的需求叫引致需求。

(5) (   ) 只要厂商购买要素的数量使得 VMP=w，那么资源配置就是有效率的。

(6) (   ) 完全竞争厂商使用要素的原则是 VMP=w。

(7) (   ) 劳动的市场供给曲线是一条向右上方倾斜的曲线。

(8) (   ) 随着工资的提高，单个劳动者提供的劳动越来越多。

(9) (   ) 基尼系数越大，表明收入分配越不平等。

3. 选择题

(1) 完全竞争厂商对单一要素的需求曲线（   ）。

A. 向右下方倾斜　　　　　　　　　B. 与其 VMP 曲线重合

C. 为水平线　　　　　　　　　　　D. 高于 VMP 曲线

(2) 某人工资率为 40 元/h，每周工作 40 h，挣 1 600 元；工资率为 50 元/h，每周工作 35 h，挣 1 750 元。由此可断定，对他来说，闲暇的（   ）。

A. 收入效应起着主要作用　　　　　B. 替代效应起着主要作用

C. 收入效应和替代效应都发生作用　D. 收入效应和替代效应都没有发生作用

(3) 完全竞争条件下，厂商使用要素的边际收益是指（   ）。

A. 边际产品价值　　　　　　　　　B. 边际产品

C. 产品价格　　　　　　　　　　　D. 边际产品与要素价格之积

(4) 供给同样固定不变的一般资源的服务价格叫作（   ）。

A. 地租　　　　　　　　　　　　　B. 租金

C. 准租金　　　　　　　　　　　　D. 经济租

(5) 使地租不断上升的原因是（   ）。

A. 土地的供给、需求共同增加　　　B. 土地供给不断减少，而需求不变

C. 土地的需求日益增加，而供给不变　D. 以上全不对

(6) 土地的供给曲线是一条（   ）。

A. 平行于横轴的直线　　　　　　　B. 垂直于横轴的直线

C. 供给弹性=0　　　　　　　　　 D. 向右下方倾斜的线

(7) 厂商的总利润与准租金相比（   ）。

A. 总利润大于准租金　　　　　　　B. 总利润等于准租金

C. 总利润小于准租金　　　　　　　D. 上述情况均可发生

(8) 洛伦兹曲线越是向横轴凸出，（   ）。

A. 基尼系数就越大，收入就越不平等　B. 基尼系数就越大，收入就越平等

C. 基尼系数就越小，收入就越不平等　D. 基尼系数就越小，收入就越平等

4. 计算题

(1) 设某一厂商的生产函数为：$Q=-0.1L^3+6L^2+12L$（Q 为每周产量，L 为每周雇佣的劳动量），若产品、要素市场均完全竞争，产品价格为 30 元，周工资率为 360 元，厂商追求最大利润，求每周雇佣的劳动量为多少？

(2) 某人拥有资源为：大学毕业学历，可找到年薪为 40 000 元的工作；房子 3 间，每年出租可得 30 000 元；资金 5 万元，每年可获利息 5 000 元。若该人以这些资源开一商店，年纯利为 110 000 元。他这样做是否合理？应如何做？

(3) 设某一厂商使用的可变要素为劳动 L，其生产函数为：$Q=-0.15L^3+L^2+36L$（Q 为每日产量，L 是每日投入的劳动小时数），所有市场都是完全竞争的，单位产品价格为 10 元，小时工资为 4.8 元，厂商要求利润最大化。问厂商每天应雇佣多少小时劳动？

5. 简答与论述题

(1) 要素使用原则和利润最大化原则有何关系？

(2) 简析完全竞争厂商使用要素的原则。

(3) 简析生产要素供给的原则。

(4) 概述生产要素价格决定的需求理论。谈谈你对该理论有何看法？

6. 资料题

新的计算机程序正在改变着法学、医学、会计、建筑、计算机程序设计、银行和保险等许多领域的工作前景。例如，计算机程序《遗嘱编写者》编写的遗嘱比世界上任何一个活着的律师写的遗嘱都多。在医学方面，一个叫作《伊利亚特》的程序能够针对一系列的问题，帮助诊断出大约 1 000 种疾病，以及一系列诊断性推论中出现的 1 500 多种情形。有了 Fusion、FrontPage 和 Texture 等软件，网页制作变得和其他形式的桌面排版一样容易。在会计方面，TurboTax 和 Quicken 等软件的应用减少了对注册会计师的需求。随着软件价格的下降和功能的增强，虽然对编写软件的人员需求会增加，但对某些专业技能的需求会减少。

请以上述资料为基础，搜集资料，并分析技术变化对要素市场的影响。

第10章 一般均衡论和福利经济学

【知识结构图】

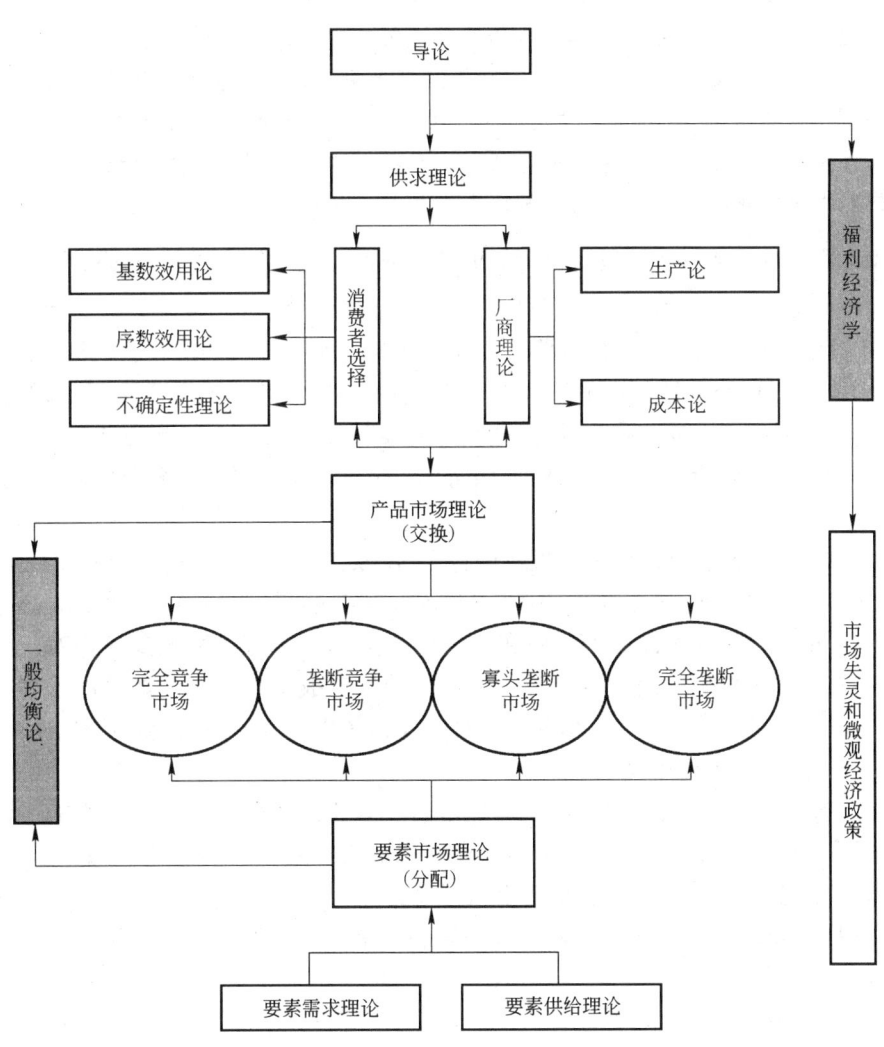

【导入案例】

中国的自由贸易区

中国自由贸易区是指在我国境内关外设立的，以优惠税收和海关特殊监管政策为主要手段，以贸易自由化、便利化为主要目的的多功能经济性特区。原则上是指在没有海关"干预"的情况下允许货物进口、制造、再出口。中国自由贸易区是政府全力打造中国经济升级版的最重要的举动，其力度和意义堪与20世纪80年代建立深圳特区和90年代开发浦东两大事件相媲美，其核心是营造一个符合国际惯例的、对内外投资都具有国际竞争力的国际商业环境。

深圳和浦东是局部化的经济特区，也就是说，特区中的"特殊"政策仅在地区内部适用。这就使得经济特区内部和外部有着不同的政策环境，用经济学的术语来说就是对经济主体产生激励的外生变量不同。然而，从2013年起到2019年为止，中国各地建立的自由贸易区数量已达到了18个。如果自由贸易区的数量继续增加，则自由贸易政策对经济主体的影响将不存在地区间的差异。换句话说，我们对于自由贸易政策的经济分析，就不再仅仅是局部均衡问题，而需要借助一般均衡分析。

一般均衡分析框架以及一般均衡市场的福利分配，是本章主要讨论的内容。

在假定其他条件不变，而供给和需求仅是其价格的函数时，供给和需求相互作用，使市场逐渐趋于均衡，形成一个均衡价格，在这个价格下，供给量等于需求量，市场出清。这种研究市场运行规律的方法通常称为局部均衡（partial equilibrium）分析方法，即假定其他市场的情况不变，单独分析某个市场的供求如何决定价格。这种局部均衡分析通常足以使人们理解市场行为。

但是，局部均衡分析过于简单。现实中各个市场之间是相互联系、互相依存、相互影响的，如果商品是互补品或替代品，一种商品价格的变化会直接影响另一种商品的需求；一种商品价格的变化也会影响人们的实际购买力，购买力的变化直接影响到人们对于要素的供给，要素供给的变化影响厂商的生产成本，厂商的生产成本又会影响产品的价格，周而复始。总之，一个市场供求的变化会引起一系列相关市场供求的连锁反应。这种各个市场之间相互的作用，正是市场经济的基本特征之一。

① 厂商追求自身利润最大化、消费者追求自身效用最大化的结果，是否能保证厂商生产的所有商品都能被消费者购买，而消费者所有想消费的商品又都能买到？即，是否存在一组价格使所有产品市场和要素市场都能同时出清？

② 即使厂商和消费者追求自身利益最大化的结果会导致所有市场出清，这个出清结果对整个社会来说是最佳的吗？

本章将主要回答上述两个问题。

10.1 一般均衡分析

10.1.1 从局部均衡到一般均衡

为了回答第一个问题,首先要理解各个市场之间的相互影响问题,我们来看一个例子。

这是一个简化的经济模型,它包括 4 个市场:棉纺织品市场、棉花市场、粮食市场、劳动市场,见图 10-1。在刚开始时,4 个市场都处于均衡状态,4 个市场的供给曲线在图中表示为 S_A,S_B,S_C,S_D,需求曲线分别为 D_A,D_B,D_C,D_D,产品市场的均衡产量分别为 Q_A,Q_B,Q_C,劳动市场的均衡劳动使用量为 L_D,4 个市场的均衡价格分别为 P_A,P_B,P_C,W_D。

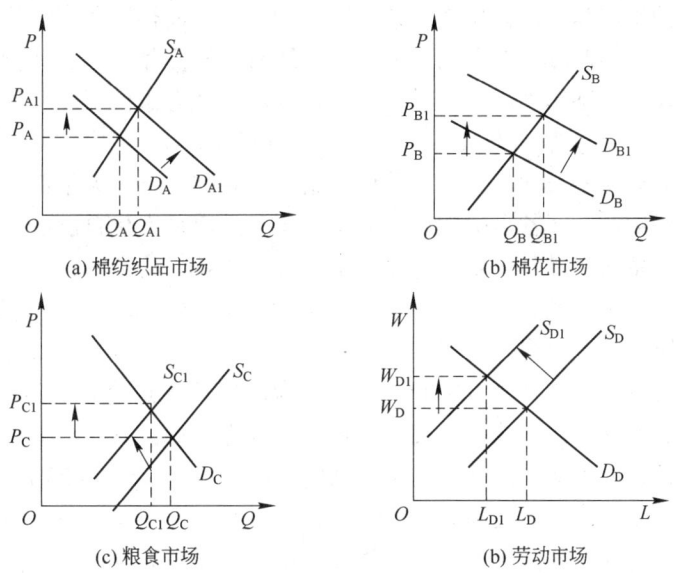

图 10-1 各个市场之间的相互联系

假定现在由于人们环保意识增强和具有了回归自然的健康理念,国际市场对棉纺织品的需求增加,即纯棉纺织品的曲线向右移动,由 D_A 移动到 D_{A1},其均衡价格由 P_A 上升到 P_{A1},均衡数量也从 Q_A 增加到 Q_{A1},见图 10-1(a)。如果不考虑各个市场之间的相互作用和相互影响,则这就是全部的结果:新的均衡价格和均衡数量分别为 P_{A1} 和 Q_{A1}。

但事情并没到此结束。由于棉花是棉纺织品的投入要素,棉纺织品价格上升,将引起厂商对棉花需求的增加,使棉花的需求曲线由 D_B 移动到 D_{B1},棉花的均衡价格从 P_B 上升到 P_{B1},均衡产量由 Q_B 增加到 Q_{B1},见图 10-1(b)。

影响还在继续。棉花的生产与粮食的生产都需要土地,在有限的土地上,增加棉花生产必定减少粮食生产。粮食是人们生存的必需品,粮食供给的减少必定引起粮食均衡价格由 P_C 上升到 P_{C1},均衡数量也从 Q_C 减少到 Q_{C1},见图 10-1(c)。

但是事情仍未结束。粮食价格上升,使劳动市场的变化更加复杂。一方面,粮食价格上升导致劳动力生存成本增加,使劳动的供给曲线左移;另一方面,劳动者为了维持以前的生活水平可能不得不提供更多的劳动，使劳动的供给曲线右移，假定其综合作用结果使供给曲线左移至 S_{D1}，则劳动的均衡价格由 W_D 上升到 W_{D1}，劳动的均衡数量下降到 L_{D1}。见图 10-1(d)。

可以预见，要素市场的变化又会反过来作用到产品市场。由于劳动的工资水平上升，厂商生产纯棉纺织品、棉花、粮食等产品时的生产成本将上升，致使供给曲线左移，均衡价格上升，均衡产量不同程度地减少。不仅如此，要素市场的变化还会作用到所有使用这些要素进行生产的产品市场，使这些市场的供需发生变化。由此可见，一个市场发生的变动，会引起其他市场一系列的变动，而其他市场的变动，又会反过来导致最初发生变动的市场再次发生变动。

从上面分析的一个最简单的市场相互作用模型可以看出，每个市场之间并不是孤立的，任何一种产品的价格不仅取决于该商品本身的价格高低，而且还取决于其他产品的价格高低和要素价格的高低。因此，要全面、准确地分析一个市场的变动，仅用局部均衡分析方法是不够的，应该把所有的市场放到一起来进行研究，研究各个市场之间的相互作用和影响，研究某一变量在各种条件和因素作用下，如何实现均衡，从而得出所有市场的均衡价格与均衡产量的决定。与局部均衡分析相对应，从市场上所有各种商品的供求和价格是相互影响、相互依存的前提出发，考察每种商品的供求同时达到均衡状态条件下的每种商品均衡价格决定问题。这种分析方法，称为一般均衡（general equilibrium）分析方法。而所有市场都达到均衡的这种状态就称为一般均衡。具体地说，给定一系列价格，如果：①每个消费者提供自己所拥有的投入要素，并在各自的预算约束下购买商品以最大化自己的效用；②每个企业在给定价格下决定产品的产量和对要素的需求量以最大化各自的利润；③存在一套价格，使得在每个产品市场、每个要素市场上，总需求都等于总供给，那么，该经济存在一个一般均衡，而这套价格便称为一般均衡价格。

一般均衡存在与否本身有着重要的意义。因为市场经济是建立在经济人假设的基础上，每个消费者都追求自身利益的效用最大化，每个企业都追求自己的利润最大化。那么，在这样一个各自谋求私利，都追求自己最大化的制度里，市场能达到平衡吗？会不会出现供不应求、你争我夺、一片动荡的混乱局面呢？经济研究表明，在完全竞争市场条件下，这种担心是没有必要的，人们会在各自追求自身利益最大化的过程中形成一组价格体系，在这组价格体系下能够实现市场出清。这就是一般均衡的存在性问题。

10.1.2 一般均衡的存在性

关于一般均衡问题，经济学界对此进行了深入研究，最终证明了在一定条件下，一般均衡是存在的。可惜，关于一般均衡的模型相当复杂，其证明用到了较深的数学理论，对没有受过较深数学训练的读者而言，理解起来十分困难。这里，仅就瓦尔拉斯一般均衡理论进行描述性的介绍。

法国经济学家瓦尔拉斯最早认识到一般均衡问题的重要性，并提出一个数学模型试图解决这个问题。

1. 模型的一般假定

① 假定市场是完全竞争的，在完全竞争的经济中，对居民户和厂商来说，他们都是价格的被动接受者。

② 每个居民户既是产品的需求者又是要素的供给者，他们都会把其提供要素的全部收

入用于消费,没有储蓄或负储蓄。

③ 在既定的技术水平下,厂商根据市场给定的产品价格和要素价格来决定其利润最大化的产品供给量和要素需求量。

现在假设经济中有 H 个居民户和 M 个厂商,每个居民户消费 N 种产品,并提供 L 种要素,每个厂商生产 N 种产品,并使用 L 种要素。各种产品的数量用 $Q_1, Q_2, Q_3, \cdots, Q_N$ 表示,相应产品的价格用 $P_1, P_2, P_3, \cdots, P_N$ 表示。各种要素的数量用 $X_1, X_2, X_3, \cdots, X_L$ 表示,相应要素的价格用 $W_1, W_2, W_3, \cdots, W_L$ 表示。

2. 居民户行为模型

现在考察居民户的行为。假设一个典型的居民户 h,根据自己效用最大化的要求,消费的商品数量为 $Q_{1h}, Q_{2h}, \cdots, Q_{Nh}$,提供给市场的要素为 $X_{1h}, X_{2h}, \cdots, X_{Lh}$,假定其提供要素的全部收入都用于消费,则必须满足

$$P_1 Q_{1h} + P_2 Q_{2h} + \cdots + P_N Q_{Nh} = W_1 X_{1h} + W_2 X_{2h} + \cdots + W_L X_{Lh} \tag{10.1}$$

居民户 h 对 L 种要素的供给函数可以写成

$$X^s_{1h} = X^s_{1h}(P_1, P_2, \cdots, P_N, W_1, W_2, \cdots, W_L)$$
$$\vdots$$
$$X^s_{Lh} = X^s_{Lh}(P_1, P_2, \cdots, P_N, W_1, W_2, \cdots, W_L) \tag{10.2}$$

居民户 h 对 N 产品的需求函数为

$$Q^d_{1h} = Q^d_{1h}(P_1, P_2, \cdots, P_N, W_1, W_2, \cdots, W_L)$$
$$\vdots$$
$$Q^d_{Nh} = Q^d_{Nh}(P_1, P_2, \cdots, P_N, W_1, W_2, \cdots, W_L) \tag{10.3}$$

式(10.2)和式(10.3)说明居民户 h 对产品的需求和对要素的供给都是整个价格体系 $(P_1, P_2, \cdots, P_N, W_1, W_2, \cdots, W_L)$ 的函数。将所有的居民户对产品的需求加总得到每一种产品的社会需求,对所有居民户的要素的供给加总得到每一种要素的社会供给,即

居民户对第 i 种产品的市场需求为

$$Q^d_i = \sum_{h=1}^{H} Q^d_{ih} \quad (i = 1, 2, \cdots, N) \tag{10.4}$$

对第 j 种要素的市场供给为

$$X^s_j = \sum_{h=1}^{H} X^s_{jh} \quad (j = 1, 2, \cdots, L) \tag{10.5}$$

3. 厂商行为模型

厂商作为理性的经济人,将根据其利润最大化的原则,来决定投入多少要素,生产多少产品。下面从一个典型的厂商 m 来进行分析。

厂商投入的要素将构成厂商的成本,而生产的产品将成为厂商的收益。厂商 m 的产量和要素投入决定于整个价格体系。厂商 m 对 N 种产品的供给函数可以分别表示为

$$Q^s_{1m} = Q^s_{1m}(P_1, P_2, \cdots, P_N, W_1, W_2, \cdots, W_L)$$
$$\vdots$$
$$Q^s_{Nm} = Q^s_{Nm}(P_1, P_2, \cdots, P_N, W_1, W_2, \cdots, W_L) \tag{10.6}$$

厂商 m 对 L 种要素的需求函数可以分别表示为

$$X^d_{1m} = X^d_{1m}(P_1, P_2, \cdots, P_N, W_1, W_2, \cdots, W_L)$$

$$\vdots$$

$$X_{Lm}^d = X_{Lm}^d(P_1, P_2, \cdots, P_N, W_1, W_2, \cdots, W_L) \tag{10.7}$$

对所有 M 个厂商的要素需求加总将得到市场的要素总需求,对所有厂商的产品供给加总将得到市场的产品总供给。因而,厂商对第 i 种产品的市场供给为

$$Q_i^s = \sum_{m=1}^M Q_{im}^s \quad (i=1, 2, \cdots, N) \tag{10.8}$$

厂商对第 j 种要素的市场需求为

$$X_j^d = \sum_{m=1}^M X_{jm}^d \quad (j=1, 2, \cdots, L) \tag{10.9}$$

4. 产品市场和要素市场的一般均衡

由以上讨论,得到了所有产品的市场需求(见式(10.4))和所有产品的市场供给(见式(10.8)),以及所有要素的市场需求(见式(10.9))和所有要素的市场供给(见式(10.5))。要使整个经济体系实现一般均衡,必须有一组均衡价格体系 $P^* = (P_1, P_2, \cdots, P_N, W_1, W_2, \cdots, W_L)$ 使得 N 种产品、L 种要素的市场供给和需求相等。即

$$Q_i^d(P^*) = Q_i^s(P^*) \quad (i=1, 2, \cdots, N) \tag{10.10}$$

$$X_j^d(P^*) = X_j^s(P^*) \quad (j=1, 2, \cdots, L) \tag{10.11}$$

式(10.10)和式(10.11)共组成了 $N+L$ 个方程,需要解出的未知数 P 和 W 也是 $N+L$ 个。但瓦尔拉斯认为,在所有 $N+L$ 个方程中只有 $N+L-1$ 个方程是独立的,这是由于所有居民户的总支出必定等于其总收入,所以其中一个方程必然可由其他 $N+L-1$ 个方程推出。另外,瓦尔拉斯认为可以在所有产品中任意选取一种作为一般等价物,它可以衡量其他产品的价格。例如,可以假设第 1 种产品的价格 $P_1=1$,那么所有其他产品的价格都是其与第 1 种产品价格的比率。这样未知数的个数又减少了 1 个。这时未知数的个数与方程的个数都是 $N+L-1$ 个。于是,瓦尔拉斯根据简单的数学知识推定,当联立方程组的个数与未知数的个数一致时,该方程组有唯一解。也就是说,可以找到一组价格水平使得市场所有商品的供给和需求相等。至此,似乎已经证明一般均衡是存在的。

但是事情并没有这么简单。首先,就一般情况而言,变量个数与方程个数相等,并不能保证联立方程组的解一定存在;其次,即便满足式(10.10)和式(10.11)的一组解存在,也不能保证其解一定非负,因为负价格在经济学中没有意义。所以,上面的描述仍不能证明一般均衡状态一定是存在的。

尽管瓦尔拉斯并没能给出一般均衡存在的有力证明,但是它的一般均衡理论具有重大的历史意义,后人为了证明一般均衡的存在进行了不懈的努力,直到 20 世纪中期,数学天才约翰·冯·纽曼及经济学家德布鲁和诺贝尔经济学奖得主阿罗,利用集合论、拓扑学等现代数学工具终于完整地证明了:在极为严格的假定条件下,完全竞争的一般均衡是存在的。不仅如此,当人类进入计算机时代之时,哈伯特·斯卡夫还发展了第一个实际计算一般经济均衡的方法——这产生了经济中的一个新领域:可以计量的一般经济均衡模型。

10.2 经济效率与帕累托标准

上面我们回答了开篇的第一个问题,即一般均衡是否存在的问题,现在来回答第二个问

题：即使厂商和消费者追求自身利益最大化的结果会导致所有市场出清，这个出清结果对整个社会来说是最佳的吗？

要回答这个问题并不简单，因为我们到目前为止对于什么叫最佳的问题还没有讨论过，只是研究了实际的经济系统是怎样运行的，回答了经济中"是什么"的问题，例如，我们回答了完全竞争市场是能够达到一般均衡的。这些内容属于实证经济学（positive economics）范畴。但研究经济问题的目的不仅仅是为了回答"是什么"，而是应该回答经济体系运行"应该是什么"。也就是要从一定的社会价值标准出发，根据这些标准，对一个经济体系的运行进行评价，并进一步说明一个经济体系应当怎样运行，以及为此提出相应的政策。这些便属于规范经济学（normative economics）的内容。

福利经济学（welfare economics）就是依据不同的社会福利标准对现实不同的经济状况进行优劣判断的一种规范经济学。它从规范经济学的角度研究整个经济的资源配置与福利的关系，特别是市场经济体系的资源配置与福利的关系。它指出，如果在技术和资源既定的情况下，一个经济社会的资源使用或资源配置能够使社会各成员的福利达到最大化，就可以说这个经济是有效率的，对社会来说也就是最佳的。

但是，要给出一个标准去判断各种不同的资源配置是否能够使社会各成员的福利达到最大化，并不是一件容易的事情。例如，化工厂不加任何处理地向公共河流中排污，对化工厂自身追求利润最大化来说是好的，但对沿河两岸的人们来说就是不好的，甚至是灾难性的。那么，如何从整个社会的角度来制定一个判断标准呢？目前福利经济学提供了一个广泛采用的标准，这就是帕累托标准。

帕累托最优状态（Pareto optimality）是指：社会经济达到了这样一种状态，不可能在不损害其他人福利的情况下使至少一个人的状况变好。也就是说，在该状态上，任意资源配置状态的改变都不可能使至少有一个人的状况变好而又不使其他人的状况变坏。这时，社会资源已得到最优配置，经济运行已达到最高效率，如果做任何改变使某一成员受益，则必有成员受损。这种经济状态就称为帕累托最优。

按照帕累托最优标准，如果既定的资源配置状态的改变，能够让一部分成员的状况改善，而其他人的状况并没有变坏，这就可以看作是一种资源配置状况的改善，称为帕累托改进。如果社会资源重新配置后符合帕累托改进准则，则称改进后的状态为帕累托更优。所以，帕累托最优状态是不再存在帕累托改进的资源配置状态。

比如我国于20世纪80年代在农村推行的家庭联产承包责任制。在原来集体经济资源配置和分配制度基础上，保留集体经济必要的统一经营的同时，集体将土地和其他生产资料承包给农户，承包户根据承包合同规定的权限，独立作出经营决策，在完成国家和集体任务的前提下，享受剩余经营成果。这一资源配置和分配制度的改变，极大地刺激了农民的生产积极性，使农业生产率大大提高。不仅保证了国家和集体经济不受损失，而且农民的收入有了显著增加。这就属于一种帕累托改进。

【实例链接】 明代开中制[①]

1368年明朝建立之后，退居漠北的蒙元残余势力仍不时骚扰北部边区，成为明政府的

---

① 梁小民. 明代开中制后的晋商. 北京青年报，2005 - 10 - 08.

心腹之患。为此，明政府在东起鸭绿江、西到嘉峪关的万里北部边防线上相继设立了辽东、宣府、蓟州、大同、山西、延绥、宁夏、固原、甘肃等 9 个边防重镇，史称九边。九边的驻军共 80 多万，战马 30 多万匹，军需供给成为严重的问题。朱元璋曾推行过屯田，由边镇军士自己解决问题，但由于地薄天寒未成功。后又由政府拨运粮饷，但运输费用高，民苦不堪言。于是，在洪武三年（公元 1370 年）开始采用开中法为九边供应军需。

由于国家垄断性地经营食盐，使食盐行业成为当时获利甚高的行业，商人如果想要合法贩盐，必须先向政府取得"盐引"。每引一号，分前后两卷，盖印后从中间分成两份，后卷是给商人的，叫"引纸"——盐引；前卷存根叫"引根"。商人凭盐引到盐场支盐，又到指定销盐区卖盐，从而获得高额利润。开中法就是让商人运粮到边疆，以所运之粮换取盐引，然后凭盐引到指定的盐场支取食盐，再到政府规定的销盐区销售，获取高额利润。

"屯田""政府拨运粮饷""开中法"都是为九边的驻军提供军需的方法。如何评价这三种方法对资源的配置优劣呢？经济学家会采用帕累托的标准。

俗话说，兵马未动，粮草先行。在当时的自然条件下，要满足驻军 80 多万、战马 30 多万匹的九边重镇的军需，并不是件容易的事。朱元璋的屯田方式，试图由边镇军士自己解决问题，但是在九边地薄天寒的恶劣的自然环境下不成功，应在预料之中；政府拨运粮饷的方式，不仅政府要支付较高的运输费用，而且其费用来源多是通过各种名目向老百姓征收而来，使百姓苦不堪言。采用开中法，一方面，商人可以将河南、山东、安徽等中国粮仓的粮食运到边关供将士们使用，以保证边关安全；另一方面，商人可以得到"盐引"，合法地经营盐业，获取高额利润；再者，通过开中法，政府不再向百姓征收重税，减轻了百姓的负担。这一资源配置方式，没有使任何人的状况受损，却使军队、政府、百姓、商人都能从中受益。以帕累托的标准，相比而言，开中法是最有效的资源配置方法。

经济学家通常认为，一个经济社会应当寻求帕累托改进的途径，使在不损害任何人的福利情况下，又能使一部分人的状况得到改善，直至任何的帕累托改进都不存在，即实现经济效率。也就是说，达到帕累托最优的资源配置状态就是穷尽了各种改善的可能性。从这一角度来讲，帕累托最优标准并不难以理解，但实施起来却不容易。因为对于繁杂多变的经济系统，谁又能断定某一资源配置状态就是穷尽了各种改善的可能性呢？基于帕累托最优标准在实践中的这一局限性，经济学家进一步研究了易于操作的帕累托最优状态的判定条件。

10.3　交换的帕累托最优条件

本节和接下来的两节内容，开始讨论一个经济系统达到帕累托最优状态所必须满足的条件。这些条件统称为帕累托最优条件（Pareto optimality condition）。它包括交换的帕累托最优条件、生产的帕累托最优条件及交换和生产的帕累托最优条件。为了论述简便起见，假设简化的经济模型如下：

① 市场上仅有两种商品 X 和 Y，其既定总量为 $\bar{X}$ 和 $\bar{Y}$。

② 市场上仅有两种要素 L 和 K，其既定总量为 $\bar{L}$ 和 $\bar{K}$。

③ 市场上仅有两个消费者 A 和 B，且：A 提供要素 L_A，K_A，消费商品 X_A，Y_A；B

提供要素 L_B，K_B；消费商品 X_B，Y_B，满足

$$\begin{aligned} L_A+L_B&=\overline{L} \\ K_A+K_B&=\overline{K} \\ X_A+X_B&=\overline{X} \\ Y_A+Y_B&=\overline{Y} \end{aligned} \tag{10.12}$$

④ 市场上仅有两个厂商 C 和 D，且：C 使用要素 L_C，K_C，提供商品 X_C，Y_C；D 使用要素 L_D，K_D，提供商品 X_D，Y_D，满足

$$\begin{aligned} L_C+L_D&=\overline{L} \\ K_C+K_D&=\overline{K} \\ X_C+X_D&=\overline{X} \\ Y_C+Y_D&=\overline{Y} \end{aligned} \tag{10.13}$$

⑤ 厂商追求利润最大化，消费者追求效用最大化。

现在开始讨论实现经济效率的第一个条件：产品市场上实现交换的帕累托最优的条件。

所谓交换的帕累托最优，是指社会最终产品已经生产出来，并在消费者之间通过交换进行分配。如果其分配结果达到了这样一种状态，任何一种进一步交换已不可能在不降低一方效用的前提下，提高另一方的效用，此时的分配结果即达到了交换的帕累托最优。

下面使用一种名为埃奇沃思盒的分析方法，来推导交换的帕累托最优应满足的条件。

按照本节的假定，一个经济社会只有两个消费者 A 和 B，它们消费两种产品 Y 和 X，并且满足式（10.12）所示的一组假设。

首先绘制埃奇沃思盒（Edgeworth box diagram），如图 10-2 所示。

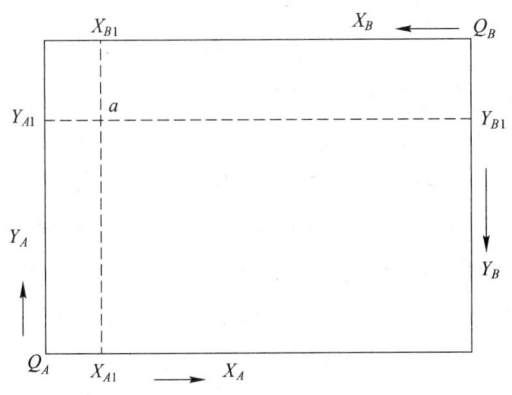

图 10-2 交换的埃奇沃思盒（一）

盒子的水平长度表示整个经济中 X 产品的数量 $\overline{X}$，垂直高度表示整个经济中 Y 产品的数量 $\overline{Y}$。Q_A 为消费者 A 的原点，以此水平向右表示消费者 A 对 X 商品的消费数量，垂直向上表示对商品 Y 的消费数量；Q_B 为消费者 B 的原点，以此水平向左表示消费者 B 对 X 商品的消费数量，垂直向下表示对商品 Y 的消费数量。

在盒中任取一点 a，则该点就决定了一种分配结果。它表明，消费者 A 消费了 X_{A1} 数量的 X 和 Y_{A1} 数量的 Y；消费者 B 消费了 X_{B1} 数量的 X 和 Y_{B1} 数量的 Y；而且满足

$$\begin{aligned} X_{A1}+X_{B1}&=\overline{X} \\ Y_{A1}+Y_{B1}&=\overline{Y} \end{aligned} \tag{10.14}$$

在盒子的边界上，例如在盒子的下边界上，表明 A 消费者只消费 X，不消费 Y，此时 B 消费者消费了所有的 Y，同时他分享 X。在其他边界上也可类似分析。这样，埃奇沃思盒

上的所有点代表了所有可能的产品分配状态。现在的问题是，在这所有的分配状态中，哪一些是帕累托最优呢？

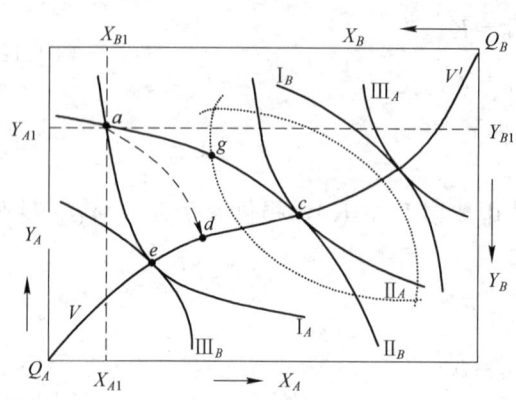

图 10-3 交换的埃奇沃思盒（二）

因为消费者消费一组商品的目的是追求效用最大化。那么，判断一种分配状态好坏的标准也应从消费者的偏好出发。为此，在图 10-2 的基础上，分别增加了 A 消费者的无差异曲线和 B 消费者的无差异曲线。如图 10-3 所示，向原点 Q_A 凸出的曲线是 A 消费者的无差异曲线，向原点 Q_B 凸出的曲线是 B 消费者的无差异曲线。

由于无差异曲线在平面中处处稠密，因此，埃奇沃思盒上的任意一点如果不是 A、B 消费者无差异曲线的交点，就一定是无差异曲线的切点。

1. 无差异曲线的交点不是帕累托最优状态

假如最初的分配状态是两消费者无差异曲线的交点，例如图 10-3 中的 a 点。a 点的分配状态如式（10.14）所示，它是 A 消费者的无差异曲线 I_A 和 B 消费者的无差异曲线 II_B 的交点。如果将分配状态 a 点沿着 II_B 曲线向下移动到 c 点（即 A 放弃一些 Y 向 B 交换一些 X，而 B 作反方向交换），在 c 点 B 的无差异曲线 II_B 与 A 的无差异曲线 II_A 相切。这时，对 B 消费者来说，a 点与 c 点两种分配结果在同一条无差异曲线 II_B 上，并没有改变其效用状况；但是对 A 消费者来说，则从较低的无差异曲线 I_A 上升到较高的无差异曲线 II_A，其效用水平提高了。换句话说，将分配状态从 a 改变到 c，在没有降低 B 消费者效用的情况下，使 A 消费者的效用提高了，按照帕累托的标准，c 分配状态是对 a 分配状态的改进。既然初始分配状态 a 存在着帕累托改进的余地，因此，初始分配状态 a 点不是帕累托最优分配状态。同理，沿着无差异曲线 I_A，从 a 点改变到 e 点，A 的效用水平没有改变，但 B 的效用水平将从 II_B 提高到 III_B；甚至还可以从 a 点改变到 d 点，使两者的效用水平都得到提高。由此我们得出结论：在交换的埃奇沃思盒中，任意两条无差异曲线的交点，都不是交换的帕累托最优状态。因为在这种情况下，仍然存在着帕累托改进的余地，即总可以改变该状态，使至少一个人的状况变好而没有使任何人的状况变坏。

2. 无差异曲线的切点是帕累托最优状态

假如最初的分配状态是两消费者无差异曲线的切点，如图 10-3 中 c 点，则不存在帕累托改进余地，即此时已达到了帕累托最优状态。这是因为，如果将 c 点向 II_A 曲线右方移动，A 的效用提高，但是 B 的效用降低；如果将 c 点向 II_B 曲线左方移动，B 的效用提高，但是 A 的效用降低；如果 c 点向 II_A 曲线与 II_B 曲线之间移动，例如 g 点，由图可以看出，过 g 点的 A、B 消费者的无差异曲线分别低于过 c 点的各自的无差异曲线 II_A 和 II_B，因此 A、B 的效用都会降低。由此得出结论：在交换的埃奇沃思盒中，任意两条无差异曲线的切点，都是交换的帕累托最优状态。因为在这种情况下，不存在任何帕累托改进余地。即任何改变都不能使至少一个人的状况变好而不使任何人的状况变坏。

3. 交换的帕累托最优条件的表述

显而易见，在埃奇沃思盒上，两条无差异曲线的切点并不唯一，因此，其帕累托最优状态亦不唯一。如果将所有无差异曲线的切点连在一起，就形成了一条曲线 VV'，这是所有帕累托最优的产品组合点的轨迹，称其为交换的契约曲线（或称为交换的效率曲线）。交换的契约曲线显示了所有不可能再进行互利交换的产品最优配置点。

因为在交换的效率线上，任一点都是 A、B 两消费者无差异曲线的切点，即在切点处，A 消费者无差异曲线的斜率等于 B 消费者无差异曲线的斜率。由第 3 章的内容可知，无差异曲线的斜率绝对值等于两种商品的边际替代率，因而交换的帕累托最优的条件就可以写为

$$\mathrm{MRS}_{XY}^{A} = \mathrm{MRS}_{XY}^{B} \tag{10.15}$$

为了更好地理解式（10.15）的条件，可以看一个例子。假设 A 为南方某地、B 为北方某地。A 地小麦（X）稀缺而大米（Y）丰富，他们愿意用 5 千克大米去换 1 千克小麦（$\mathrm{MRS}_{XY}^{A}=5$）；B 地小麦丰富而大米稀缺，他们愿意用 1 千克小麦换取 2 千克大米（$\mathrm{MRS}_{XY}^{B}=2$）。如果南方 A 地用大米向北方 B 地换小麦，A 地每获取 1 千克小麦愿意给 B 地 5 千克大米，但对 B 地来说，只需 2 千克大米，就愿给 A 地 1 千克小麦。此时两者的商品的边际替代率并不相同。如果两地按每千克小麦换 3 千克大米的比率进行交换，对 A 地而言，本来得到每千克小麦愿意放弃 5 千克大米，现在只需放弃 3 千克，交换的结果使 A 比原来的意愿增加了 2（5－3=2）千克大米，满意度提高了；而对于 B 地，只需给 2 千克大米就愿意换出 1 千克小麦，现在 A 用 3 千克大米与之交换 1 千克小麦，比原来的意愿增加了 1（3－2=1）千克大米，满意度也提高了。交换的结果使 A、B 两地的满意度都得到了改善，实现了帕累托改进。

随着 A 地的人将大米贩到 B 地换取小麦，A 地的小麦越来越多，大米越来越少；B 地的大米越来越多，小麦越来越少；再继续交换的话，交换比例就会发生变化，A 地的 MRS_{XY}^{A} 不断降低，B 地的 MRS_{XY}^{B} 不断提高。只要交换能使两地的满足程度不断提高，交换就会进行下去，当两地的 MRS 变得相等时，进一步交易的意愿就会消失，交换也就随之停止。

由此可见，当两个消费者的边际替代率不相等时，总能够通过交换提高双方的满足程度，而一旦双方的边际替代率相等，则进一步的交换就会使至少一方的满足程度下降。所以说，交换的帕累托最优的条件就是交换双方的边际替代率相等。

需要指出的是，交换的帕累托最优与分配是否公平没有关系。也就是说，虽然交换的结果按照帕累托的标准达到了最优，但其结果并不一定公平。如图 10 - 3 所示，Q_A 点是一种帕累托最优状态。因为对于该点的任何改变都会减少 B 的满足水平，所以对于 Q_A 不存在任何帕累托改进的余地，它是帕累托最优点，但该点的分配结果是 B 拥有了全部产品，A 一无所有，依一般社会标准来看是极端不公平的。

10.4　生产的帕累托最优条件

生产的帕累托最优条件的讨论与 10.3 节交换的帕累托最优条件的讨论方法非常相似。所谓生产的帕累托最优，是指在社会要素禀赋和生产技术一定，并将要素在厂商之间进

行了分配调整,如果其分配结果达到了这样一种状态,即任何一种进一步的要素调整,已不可能在不降低一方产量的前提下,提高另一方的产量,此时的分配结果即达到了生产的帕累托最优。

按照本节的假定,一个经济社会只有两个厂商 C 和 D,他们使用两种生产要素 L 和 K,生产产品 X 和 Y。并且满足(10.13)所示的一组假设。

首先绘制埃奇沃思盒,如图 10-4 所示。

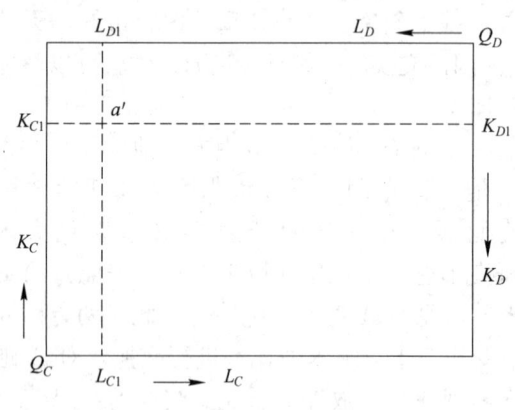

图 10-4 生产的埃奇沃思盒(一)

盒子的水平长度表示整个经济中 L 要素的数量 $\bar{L}$,垂直高度表示整个经济中 K 要素的数量 $\bar{K}$。Q_C 为厂商 C 的原点,以此水平向右表示厂商 C 对 L 要素的生产消费量,垂直向上表示厂商 C 对 K 要素的生产消费量;Q_D 为厂商 D 的原点,以此水平向左表示厂商 D 对 L 要素的生产消费量,垂直向下表示厂商 D 对 K 要素的生产消费量;在盒中任取一点 a',则该点就决定了一种要素分配结果。它表明,厂商 C 使用了 L_{C1} 数量的 L 和 K_{C1} 数量的 K;厂商 D 使用了 L_{D1} 数量的 L 和 K_{D1} 数量的 K;而且满足

$$L_{C1}+L_{D1}=\bar{L}$$
$$K_{C1}+K_{D1}=\bar{K}$$
(10.16)

在盒子的边界上,例如在盒子的下边界上,表明 C 厂商只使用 L,而不使用 K,D 厂商使用了所有的 K,同时也使用 L。其他边界上的点也可以类似分析。这样,埃奇沃思盒上的所有点就代表了所有可能的要素分配状态。现在的问题是,在这所有的分配状态中,哪一些是生产的帕累托最优呢?

因为厂商要追求利润最大化,就必须争取在投入一定时达到产量最大化,那么,判断一种要素分配状态好坏的标准也应从厂商的产出情况考虑。为此,在图 10-4 的基础上,分别增加了厂商 C 和厂商 D 的等产量曲线,如图 10-5 所示。向 Q_C 点凸出的是厂商 C 的等产量曲线,向 Q_D 点凸出的是厂商 D 的等产量曲线。

由于等产量曲线在平面中处处稠密,因此,埃奇沃思盒上的任意一点不是 C、D 厂商等产量曲线的交点,就是等产量曲线的切点。

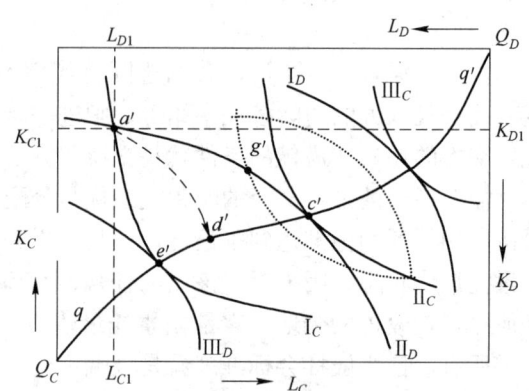

图 10-5 生产的埃奇沃思盒(二)

1. 等产量曲线的交点不是帕累托最优状态

假如最初的分配状态是两厂商等产量曲线的交点,即图 10-5 中的 a' 点,a' 点的分配状态如式(10.16)所示,它处在 C 的等产量曲线 I_C 和 D 的等产量曲线 II_D 的交点上,如果将要素分配状态沿着 II_D 向下移动到 c'(即 C 放弃一些 K 向 D 交换一些 L,而 D 作反方向

交换），在 c' 点 D 的等产量曲线 II_D 与 C 的等产量曲线 II_C 相切。对 D 厂商来说，a' 点与 c' 点两种分配结果在同一条等产量曲线上，并没有改变其产出水平，但是对 C 厂商来说，则从较低的等产量曲线 I_C 上升到较高的等产量曲线 II_C，其产出水平有所提高。换句话说，将分配状态从 a' 改变到 c'，在没有改变 D 厂商产出水平的情况下，使 C 厂商的产出水平提高了，按照帕累托的标准，c' 分配状态是对 a' 分配状态的改进。既然初始分配状态 a' 存在着帕累托改进的余地，a' 点就不是帕累托最优分配状态。当然，从 a' 点改变到 e' 点，C 厂商的产出水平没有改变，但 D 厂商的产出水平将从 II_D 提高到 III_D；如果从 a' 点改变到 d' 点，两者产量水平都将有所提高。由此可以得出结论：在生产的埃奇沃思盒中，任意两条等产量曲线的交点，都不是生产的帕累托最优状态。因为在这种情况下，仍然存在着帕累托改进的余地，即总可以改变该状态，使至少一方的状况变好而没有人的状况变坏。

2. 等产量曲线的切点是帕累托最优状态

假如最初的分配状态是两厂商等产量曲线的切点，即图 10-5 中 c' 点，则不存在帕累托改进余地，即已达到了帕累托最优状态。这是因为，如果将 c' 点向 II_C 曲线右方移动，C 的产出提高，但是 D 的产出却降低了；如果将 c' 点向 II_D 曲线左方移动，D 的产出提高，但 C 的产出降低了；如果 c' 点向 II_C 曲线与 II_D 曲线之间移动，例如 g' 点，同交换时分析的一样，这时 C、D 的产出量都会降低。由此得出结论：在生产的埃奇沃思盒中，任意两条等产量曲线的切点，都是生产的帕累托最优状态，因为在这种情况下，不存在任何帕累托改进余地，即任何改变都不能使至少一个人的状况变好而没有人的状况变坏。

3. 生产的帕累托最优条件的表述

显而易见，在埃奇沃思盒上，两条等产量曲线的切点也并不唯一，因此，其帕累托最优状态亦不唯一。将所有等产量曲线的切点连在一起，就形成了一条曲线 qq'，这是生产要素在两个厂商之间进行最优配置，形成的所有帕累托最优分配状态的点的轨迹，称其为生产的契约曲线（或称生产的效率曲线）。生产的契约曲线显示了所有不可能再进行互利交换的要素配置点。

因为在生产的效率线上，任一点都是 C、D 两厂商等产量曲线的切点，即在切点处，C 厂商等产量曲线的斜率等于 D 厂商等产量曲线的斜率。因为等产量曲线的斜率的绝对值就是两种要素的边际技术替代率，因而生产的帕累托最优的条件就可以写为

$$\text{MRTS}_{LK}^{C} = \text{MRTS}_{LK}^{D} \tag{10.17}$$

为了更好地理解式（10.17）的条件，先看一个例子。如果 $\text{MRTS}_{LK}^{C} = 5$，而 $\text{MRTS}_{LK}^{D} = 2$，（它们不满足条件式（10.17））。这说明在保持原有产出水平的条件下，厂商 C 每多使用 1 单位 L，愿意放弃 5 单位 K；D 厂商每得到 2 单位的 K 愿意放弃 1 单位的 L。如果厂商 C 用 2 单位 K 去向 D 厂商换取 1 单位 L，这时，厂商 D 的产出量不变，但厂商 C 却节省了 3（$5-2=3$）单位的 K，其状态较之交换前变好了。

随着 C 厂商不断向 D 厂商用 K 要素去换取 L 要素，根据边际技术替代率递减规律，C 厂商的 MRTS 不断降低，D 的 MRTS 不断提高。只要交换能使 C、D 两厂商的状况不断变好，交换就会进行下去，直到他们的边际技术替代率相等时，进一步交易的意愿就会消失，交换也就随之停止。

由此可见，当两厂商的边际技术替代率不等时，总能通过要素的分配调整来提高双方的福利，一旦双方的边际技术替代率相等，则进一步的要素调整就会使至少一方的福利下降。

所以说，生产的帕累托最优的条件就是生产者双方的边际技术替代率相等。

像讨论交换的帕累托最优时一样，生产的帕累托最优与分配是否公平也没有关系。据图 10-5 所示，Q_C 点是一种帕累托最优状态，因为对于该点的任何改变都会减少 D 厂商的产出水平，使 D 的状况变坏，所以该点是生产的帕累托最优点，但该点的分配结果是 D 拥有了全部要素，C 一无所有，依一般社会标准来看也是极端不公平的。

10.5 生产与交换的帕累托最优条件

在交换的帕累托最优的讨论中，仅从消费者偏好的角度，论证了当消费者追求效用最大化时应满足的最优条件，如果符合交换的帕累托最优条件，就说明消费最有效率；在生产的帕累托最优的讨论中，从厂商生产技术的角度，讨论了厂商追求利润最大化时应满足的最优条件，如果符合生产的帕累托最优条件，就说明生产最有效率。但是，我们并不知道，厂商所生产的产品组合是否与消费者愿意消费的商品组合相一致？要解决这个问题，仅仅孤立地讨论交换的帕累托最优和生产的帕累托最优是不够的，必须进一步讨论帕累托最优的第三个条件，这就是交换和生产的帕累托最优条件。

1. 生产可能性曲线

1）从生产契约曲线到生产可能性曲线

前面已经假设，整个经济只有两个生产者 C 和 D，他们使用两种生产要素 L 和 K，生产两种产品 X 和 Y。为了简便起见，进一步假定，C 厂商只生产 X 产品，D 厂商只生产 Y 产品。从生产的契约线（见图 10-5）来看，每一点不仅表明厂商在此点生产最具效率，同时由于是两厂商的等产量曲线的切点，也表明了其产出水平。在 Q_C 点，由于所有要素分配给了 D 厂商，而 D 厂商又专职生产 Y 产品，所以该点就对应了整个经济所能产出的 Y 产品的最高产量 Y_0；在 Q_D 点，由于所有要素都分配给了 C 厂商，而 C 厂商又专职生产 X 产品，所以该点就对应了整个经济所能产出的 X 产品的最高产量 X_0。在 c' 点，要素分配给了厂商 C 和 D，厂商 C 用所得到的要素生产了等产量线 II_C 所代表的产量 X_1，厂商 D 用所得到的要素生产了等产量线 II_D 所代表的产量 Y_1。将生产契约线的点由 Q_C 运动到 Q_D，把每一点所对应的产量 (X, Y) 绘到以 X 为横坐标、以 Y 为纵坐标的坐标系中（如图 10-6 所示），就得到了一条曲线 PP'。曲线 PP' 通常称为生产可能性曲线（或产品转换曲线）。

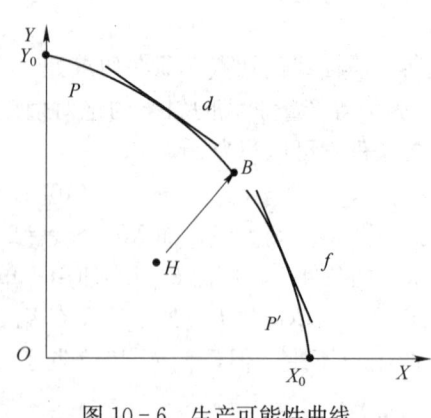

图 10-6 生产可能性曲线

生产可能性曲线（production possibility curve）表示在技术水平和生产要素总量一定时，一个经济所能达到的最大产出组合，在这些组合中，任何一种产品的产量都是与另一种产品的产量相对应的该产品的最大产量。在现有技术水平下，要达到生产可能性曲线以外的任一点是不可能的。只要生产是有效率的，产出的组合点就应该落在生产可能性曲线上，如果一个经济的产出只是达到生产可能性曲线以内的某一点，如图 10-6 中的 H 点，则说明虽然该点的产量可以实现，但该经济是无效率的。因为将 H 点移到 B 点，X、Y 的产量都将增加，即为一种帕累托改进。正因为如此，生产可能性曲线又被称为生产可能性边界。于是，称生产可能性曲线以内的区域为生产的无效率区域；生产可能性曲线之外的区域，为生产的不可能性区域。

2）生产可能性曲线的特点

由生产契约线得到的生产可能性曲线 PP' 有如下特点：① 生产可能性曲线向右下方倾斜；② 生产可能性曲线向右上方凸出。

首先，生产可能性曲线向右下方倾斜是因为随着 X 的产量增加，Y 的产量必定减少，即 X 与 Y 之间存在着反向替代关系。否则，若在 X 产量增加的同时 Y 的产量也能增加，就一定存在帕累托改进的余地，与生产可能性曲线是由生产的契约线推导而来相矛盾。因此，生产可能性曲线向右下方倾斜。或者说，X 和 Y 的产出有一种反转关系。

正是因为 X 和 Y 的产出有一种反转关系，也为了理解生产可能性曲线为什么向右上方凸出，现在引入边际转换率的概念。把增加 1 单位 X 商品而必须减少的 Y 商品的比率，叫作 X 商品对 Y 商品的边际转换率，记作 MRT，其极限形式为

$$\text{MRT}_{XY} = \lim_{\Delta x \to 0} \left| \frac{\Delta y}{\Delta x} \right| = \left| \frac{dy}{dx} \right| \tag{10.18}$$

从式（10.18）可以看出，边际转换率实际就是生产可能性曲线的斜率的绝对值。这样，生产可能性曲线的第二个特点就表现为：随着 X 产量的不断增加，边际转换率是递增的。为了理解这一特性，将式（10.18）进行以下转换

$$\text{MRT}_{XY} = \left| \frac{dy}{dx} \right| = \left| \frac{dy}{d(L+K)} \cdot \frac{d(L+K)}{dx} \right| = \left| \frac{\frac{dy}{d(L+K)}}{\frac{dx}{d(L+K)}} \right| \tag{10.19}$$

可以这样简单理解式（10.19）：将要素 L 和 K 合并一起看作一种生产要素，称为 $L+K$，那么，$dy/d(L+K)$ 和 $dx/d(L+K)$ 就是投入要素 $L+K$ 生产 Y 的边际产量和 X 的边际产量。根据边际报酬递减规律，随着 X 的产量不断增加，投入 X 的生产中去的要素也不断增加，其边际产量不断递减，与此同时，投入 Y 的生产中去的生产要素却不断递减，因而其边际产量不断递增。也就是说，对于式（10.19）而言，随着 X 产量的不断增加，其分母递减，分子递增。所以，其比值增加，即边际转换率是不断递增的。从图形上看，f 点的斜率大于 d 点斜率（见图 10-6），由此决定了生产可能性曲线向右上方凸出。

2. 生产与交换的帕累托最优条件

现在来讨论生产与交换的帕累托最优条件。如图 10-7 所示，PP' 是生产可能性曲线，它决定了一个经济在一定资源和技术条件下的有效产出情况。在 PP' 线上任选一点 B，该点对应着要素按生产的帕累托最优 C' 点进行配置时的社会最大产出 $\overline{X}$ 和 $\overline{Y}$。分别以 $\overline{X}$ 和 $\overline{Y}$ 为边长制作交换的埃奇沃思盒，得到交换的契约线 VV'。

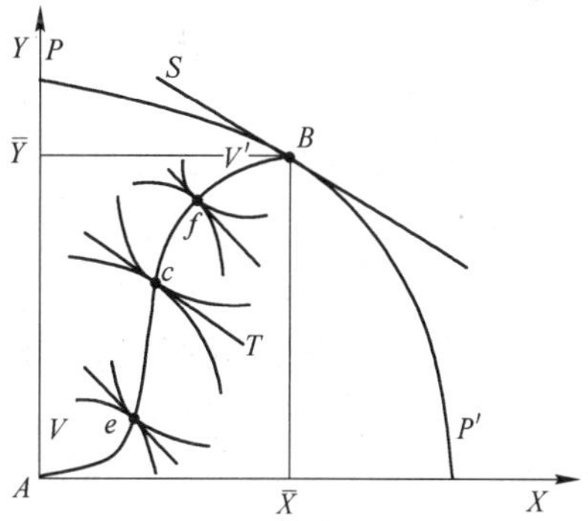

图 10-7 生产与交换的帕累托最优

显然，在交换的契约线 VV' 上任一点都满足交换的帕累托最优。但是哪一点是与社会产出 B 点相对应的最佳分配点呢？图中 S 是通过 B 点的生产可能性曲线 PP' 的切线，它的斜率的绝对值就是边际转换率。在交换的契约线 VV' 上各点标出无差异曲线的切线，其斜率的绝对值等于产品的边际替代率。这时，消费者的产品的边际替代率可能等于产品的边际转换率，也可能不等。现在来证明，当交换的契约线上的无差异曲线的切线（图 10-7 中的 T 是 A、B 消费者在 c 点的无差异曲线的公共切线）与生产可能性曲线的切线 S 平行时，即产品的边际替代率 MRS_{XY} 与产品的边际转换率 MRT_{XY} 相等时，就实现了生产和交换的帕累托最优。

假设某地生产小麦（X）和大米（Y），且 $\mathrm{MRT}_{XY}=3$，$\mathrm{MRS}_{XY}=1$，即 $\mathrm{MRT}_{XY}>\mathrm{MRS}_{XY}$。$\mathrm{MRT}_{XY}$ 为 3 意味着厂商减少 1 千克小麦生产，就可以多生产 3 千克大米。MRS_{XY} 为 1 表示消费者减少 1 千克小麦的消费，必须增加 1 千克大米的消费才能维持效用水平不变。在这种情况下，如果厂商减少 1 千克小麦的产量，从而少给消费者 1 千克小麦，但却能给消费者 3 千克大米，比消费者愿意得到的 1 千克大米多出了 2 千克，那么消费者的效用水平提高了，增加的效用水平可以看作是社会得到的净福利，这说明存在帕累托改进的余地。反过来，如果 $\mathrm{MRT}_{XY}=1$，$\mathrm{MRS}_{XY}=3$，即 $\mathrm{MRT}_{XY}<\mathrm{MRS}_{XY}$，这时消费者要维持效用水平不变，每多消费 1 千克小麦愿意少消费 3 千克大米，而厂商每少生产 3 千克大米，可以多生产 3 千克小麦，这样，比消费者愿意交换的还多出 2 千克小麦，也可以使消费者效用水平净增加，所以仍然存在着帕累托改进的余地。总之，无论是 $\mathrm{MRT}_{XY}>\mathrm{MRS}_{XY}$ 还是 $\mathrm{MRT}_{XY}<\mathrm{MRS}_{XY}$，都存在着帕累托改进的余地，即只有 $\mathrm{MRT}_{XY}=\mathrm{MRS}_{XY}$ 时，才实现了帕累托最优。所以，生产与交换的帕累托最优的条件可以表述为

$$\mathrm{MRS}_{XY}=\mathrm{MRT}_{XY} \tag{10.20}$$

这个条件说明，社会所生产的两种产品的数量恰好就是消费者的所意愿的数量，即满足这个条件，厂商的有效生产与消费者的消费意愿相一致。

从成本与价格的角度看，MRS_{XY} 可以看成是用 Y 商品所表示的 X 的价格，而 MRT_{XY} 可看成是用 Y 商品所表示的 X 的边际成本。于是，式（10.20）又可看成，如果整个经济要达到帕累托最优，那么，X 产品的价格应等于其生产它的边际成本。同样的推导对 Y 也是一样。

到此为止，得到了判断一个经济是否达到帕累托最优的三个条件。

① 交换的帕累托最优条件

$$\mathrm{MRS}_{XY}^{A}=\mathrm{MRS}_{XY}^{B}$$

② 生产的帕累托最优条件

$$\mathrm{MRTS}_{LK}^{C}=\mathrm{MRTS}_{LK}^{D}$$

③ 生产与交换的帕累托最优条件

$$\mathrm{MRS}_{XY}=\mathrm{MRT}_{XY}$$

需要说明的是，尽管以上讨论的交换的帕累托最优条件、生产的帕累托最优条件及交换和生产的帕累托最优条件都是在两个生产者、两个消费者、两种产品、两种生产要素的极其简化的条件下推出的，但它们也适用于多个消费者、多个生产者、多种商品、多种要素的一般情况。

10.6 完全竞争与帕累托最优状态

在第1章中,曾提到两百多年前亚当·斯密的断言:在完全竞争市场中,人们在追求自己的私人目的时,会在一只"看不见的手"的指导下,实现增进社会福利的社会目的。每一个人所考虑的不是社会利益,而是他自身的利益。但是,他对自身利益的追求自然会或不如说必然会引导他选定最有利于社会的用途。所以,每一个人受着一只"看不见的手"的指导,去尽力达到一个并非他本意想达到的目的。这一论断用现代西方经济学语言描述就是福利经济学第一定理:完全竞争市场经济的一般均衡是帕累托最优的。

10.6.1 福利经济学第一定理

要阐明完全竞争市场经济的一般均衡是帕累托最优的,无非是要论证完全竞争市场经济的一般均衡满足帕累托最优的三个条件,即

$$\mathrm{MRS}_{XY}^A = \mathrm{MRS}_{XY}^B$$
$$\mathrm{MRTS}_{LK}^C = \mathrm{MRTS}_{LK}^D$$
$$\mathrm{MRS}_{XY} = \mathrm{MRT}_{XY}$$

10.1节的一般均衡理论已经证明,完全竞争市场经济一定存在一组价格体系P_1,P_2,…,P_N,W_1,W_2,…,W_L,使得所有产品、要素市场的供给和需求恰好相等。不妨仍假设,整个完全竞争市场中只有两个消费者A、B,提供两种要素L、K,消费两种产品X、Y;只有两个厂商C、D,使用两种生产要素L、K,生产两种产品X、Y。当经济达到一般均衡时,X、Y、L、K的均衡价格记为P_X、P_Y、w、r。消费者A、B和厂商C、D都是这组价格的接受者。

1. 消费者的情况

由第3章的知识可知,任一消费者A在竞争经济中购买商品时,效用最大化的条件是任意两种商品的边际替代率等于产品的价格之比,即

$$\mathrm{MRS}_{XY}^A = \frac{P_X}{P_Y} \tag{10.21}$$

而此时P_X、P_Y对任何消费者都是一样的,所以消费者B的效用最大化条件同样有

$$\mathrm{MRS}_{XY}^B = \frac{P_X}{P_Y} \tag{10.22}$$

由式(10.21)和式(10.22)可得

$$\mathrm{MRS}_{XY}^A = P_X/P_Y = \mathrm{MRS}_{XY}^B$$

即两个消费者的商品的边际替代率相等,满足式(10.15)条件,所以完全竞争的产品市场是帕累托最优的。

2. 生产者的情况

由第4章的知识可知,完全竞争条件下,任一厂商C实现利润最大化的均衡条件与实现要素最优组合的条件相同,都是其边际技术替代率等于要素的价格之比,即

$$\mathrm{MRTS}_{LK}^C = \frac{w}{r} \tag{10.23}$$

类似的分析也适用于厂商 D，所以厂商 D 的利润最大化条件同样是其边际技术替代率等于要素的价格之比，即

$$\text{MRTS}_{LK}^D = \frac{w}{r} \tag{10.24}$$

对比式（10.23）和式（10.24）可得

$$\text{MRTS}_{LK}^C = \frac{w}{r} = \text{MRTS}_{LK}^D$$

即两个厂商的边际技术替代率相等，满足式（10.17）条件，所以完全竞争的要素市场是帕累托最优的。

3. 生产和交换的综合情况

根据产品转换率的定义，X 产品对 Y 产品的边际转换率为：$\text{MRT}_{XY} = \left|\frac{\Delta y}{\Delta x}\right|$，它表示增加 ΔX 就必须放弃 ΔY；反之，增加 ΔY 就必须放弃 ΔX。换句话说，增加 X 的机会成本就是 Y 的减少量，ΔY 就是 X 的边际成本 MC_X；ΔX 是 Y 的边际成本 MC_Y。因此，X 产品对 Y 产品的边际转换率等于两种产品的边际成本之比，即

$$\text{MRT}_{XY} = \left|\frac{\Delta y}{\Delta x}\right| = \frac{\text{MC}_X}{\text{MC}_Y} \tag{10.25}$$

根据 6.3 节的知识可知，在完全竞争市场中，厂商追求利润最大化的均衡条件是产品价格等于其边际成本，即 $P_X = \text{MC}_X$，$P_Y = \text{MC}_Y$，将此代入式（10.25）后可得

$$\text{MRT}_{XY} = \left|\frac{\Delta y}{\Delta x}\right| = \frac{\text{MC}_X}{\text{MC}_Y} = \frac{P_X}{P_Y} \tag{10.26}$$

对比消费者的均衡条件式（10.21）、式（10.22）和式（10.26）可得

$$\text{MRT}_{XY} = \left|\frac{\Delta y}{\Delta x}\right| = \frac{\text{MC}_X}{\text{MC}_Y} = \frac{P_X}{P_Y} = \text{MRS}_{XY}$$

或

$$\text{MRT}_{XY} = \text{MRS}_{XY}$$

即完全竞争的市场满足交换和生产的帕累托最优条件式（10.20）。因此，完全竞争市场也实现了生产与交换的帕累托最优条件。

至此，用数学模型证明了福利经济学第一定理。

福利经济学第一定理以严密的证明褒扬了完全竞争市场在效率方面的优越性。具体来说，完全竞争的一般均衡使整个经济处于效率状态，它使消费者在只追求自身效用最大化时达到交换效率，使生产者在只追求自身利润最大化时达到生产效率，而且还使消费者的消费意愿与生产者的生产活动协调一致。市场竞争并没有使市场混乱，市场机制的均衡价格有效率地协调了市场中看似千头万绪的经济活动，配置了有限的稀缺资源，促进了社会的公共福利。这就是亚当·斯密的"看不见的手"原理的内容，均衡价格就是亚当·斯密所指的"看不见的手"。

至此，已经回答了开篇时的第二个问题。

10.6.2 福利经济学第二定理

福利经济学第一定理指出了完全竞争的均衡是有效率的，那么反过来的问题是：给定资

源的一个帕累托最优配置，它是否一定能够通过完全竞争的市场机制来完成？福利经济学第二定理给了我们明确的答复。

福利经济学第二定理指出，在所有消费者的偏好为凸性（即无差异曲线凸向原点）和其他的一些条件下，[①] 任何一个帕累托最优配置都可以从一个适当的初始配置出发，通过完全竞争的市场均衡来达到。

以交换的帕累托为例，见图 10-8，如果 e 点是帕累托最优配置，则在该点满足 $\mathrm{MRS}_{XY}^A = \mathrm{MRS}_{XY}^B$，若无差异曲线凸向原点，过 e 点作 A、B 消费者无差异曲线的公共切线 T，以 T 的斜率作为两种商品的相对价格，从 T 上任一点出发，采用这一价格机制，消费者都可以通过完全竞争，沿着 T 进行交换达到最优配置点 e，即通过完全竞争实现了既定的帕累托最优配置。

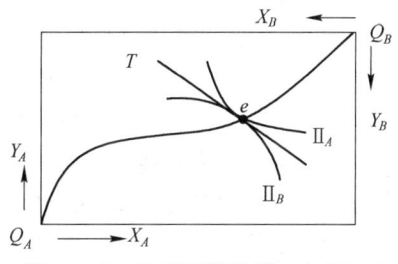

图 10-8 福利经济学第二定理（一）

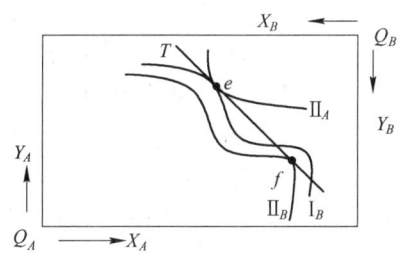

图 10-9 福利经济学第二定理（二）

但是，如若无差异曲线不凸向原点。如图 10-9 所示，当 e 点是帕累托最优配置，如果过该点作 A、B 消费者无差异曲线的公共切线 T，T 不仅切于 B 的无差曲线 I_B 上的 e 点，还切于 B 的无差异曲线 II_B 上的 f 点。让我们以 T 的斜率作为两种商品的相对价格，从 T 上任一点出发，采用这一价格机制，消费者 A 将选择 e 点，但消费者 B 将选择 f 点，因为对 B 来说，f 点的福利高于 e 点的福利。这时 Y 商品将供不应求，而 X 商品将供过于求，因此通过完全竞争并不能实现既定的帕累托最优配置。

结合福利经济学第一定理和第二定理，不难得出结论：在一定的假设条件下，不仅完全竞争的一般均衡能够实现资源的最优配置，而且任何资源的最优配置都可以通过完全竞争市场实现。换句话说，市场可以实现任何一种帕累托最优配置，无须政府采取税收或价格管制等形式对市场进行干预。

10.7　帕累托最优的局限性

到目前为止，帕累托最优标准已成为判断一个经济是否有效率的基本依据，并论证了一个经济是否达到帕累托最优的条件是

$$\mathrm{MRS}_{XY}^A = \mathrm{MRS}_{XY}^B$$

$$\mathrm{MRTS}_{LK}^C = \mathrm{MRTS}_{LK}^D$$

$$\mathrm{MRS}_{XY} = \mathrm{MRT}_{XY}$$

[①] 一是假定 X 是一个帕累托最优的资源配置，在其中每一个消费者对每种商品都持有一个严格的正的数量；二是消费者的无差异曲线是凸的，且有密集性，离原点越远的无差异曲线代表的满意程度越高；生产的等产量曲线与消费者的无差异曲线有相同的性质。

在此基础上证明了完全竞争一般均衡状态就是帕累托最优状态。但是关于帕累托的讨论却存在着不可回避的局限性。

1. 帕累托最优状态并不唯一

这是因为，在讨论生产与交换的帕累托最优条件时，在生产的可能曲线上任意选取了一点 B（见图 10-7），对应 B 点，决定了生产的帕累托最优配置 c'（见图 10-5）和交换的帕累托配置 c（见图 10-3）。可以想见，如果在生产的可能性曲线上任取另一点 B'，按照同样的推理方法，又可以得出另一组帕累托最优分配方式。例如，在生产的可能性曲线（见图 10-7）上可以选择只生产 Y 商品的 P 点，也可以选择只生产 X 商品的 P' 点。这两种不同的选择却对应着两种截然不同、收入分配极端不平等的情况。因为生产可能性曲线是由生产的契约线推导而来，生产可能性曲线上的任意一点都对应一种有效率的要素配置。P 点对应着将所有的生产要素都分配给了 D 厂商的要素配置情况，P' 对应着将所有的生产要素都分配给了 C 厂商的另一种极端的要素配置情况。

正是由于 B 点选择的任意性，导致存在着无穷多个具有经济效率的资源配置状态。那么，哪一个帕累托最优状态能使整个社会福利最大化呢？这是经济学家不得不思考的问题。有人提出由个人效用水平汇合而成社会福利函数（social welfare function），并假定这个社会福利函数与个人的效用一样，具有凸向原点的无差异曲线，称为社会无差异曲线（social indifference curve）W。也可以仿照从生产的契约线推导出生产可能性曲线那样，从交换的契约线推导出一条社会的效用可能性曲线 U。那么，社会无差异曲线与社会效用可能性曲线的切点，就决定了社会的最大福利，从而解决了在无穷多个帕累托最优状态中进一步确定社会福利最大化的问题。

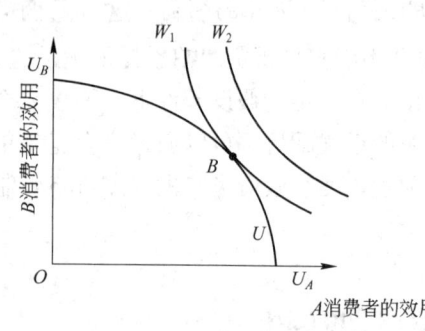

图 10-10 最大社会福利的确定

如图 10-10 所示，U 为社会效用可能性曲线，W_1，W_2 分别为社会福利函数所决定的不同程度的社会无差异曲线，当社会无差异曲线与社会效用可能性曲线在 B 点相切时，B 点就代表了社会最大福利，从而解决了帕累托最优不唯一的问题。

但是，这一思路过于乐观了。首先，由于效用的主观性特点，目前经济学界只知道社会效用可能性曲线向右下方倾斜，但并不知道是否凹向原点。其次，阿罗的不可能性定理（impossibility theorem）[①] 指出，所谓的社会福利函数并不存在。因此，代表社会福利最大化的社会无差异曲线与社会效用可能性曲线的切点不一定存在。也就是说，经济上有效率而又实现社会福利最大化的点并不容易找到。

2. 帕累托最优回避了社会收入分配的公平性

到目前为止，只讨论了资源配置的效率问题，并没有讨论由此配置所带来的社会收入分

---

① 阿罗认为，任何一个合理的社会福利函数起码必须满足如下条件：第一，它适用于所有可能的个人偏好类型；第二，社会偏好不以一个人或少数人的偏好来决定；第三，如果所有个人都偏好 a 甚于 b，则社会偏好 a 甚于 b；第四，只要所有个人对 a 与 b 的偏好不变（不管对 a 与 c 的偏好如何变），则社会对 a 与 b 的偏好不变。但是阿罗证明了，满足上述 4 个条件且具有传递性偏好次序的社会福利函数不存在。简单地说，在非独裁情况下，不可能存在适用于所有个人偏好类型的社会福利函数。

配是否公平。公平并不等于平等。平等是指收入、消费或财富分配等物质福利上的平等。对于公平的定义经济学家一直存在比较大的争议，至少有三种主要的观点。

① 平均主义的公平观。这种观点认为应该将社会所有的产品在社会全体成员之间做绝对平均分配，每个社会的成员得到相同的产品。反对的观点认为，首先，由于消费者并不具有相同的偏好，平均分配的结果并不能使社会每个成员的效用最大化，所以这种平均的分配并不是帕累托最优的。其次，平均主义还会对经济活动产生各种"反刺激"效应。如果不管每一个人的能力、努力程度和工作成绩如何，最后所得到的收入都一样，那就很难保证人们工作的积极性，最终使整个社会所创造的财富减少。

② 市场主导的公平观。这种观点认为市场竞争的结果总是公平的，因为它奖励那些最有能力的和工作最努力的人。反对的观点认为，这种分配方式不仅与最初的财富禀赋有关，还与才智、性别、地点、健康和运气有关，市场主导的结果可能会导致产品分配的极大的不平等。那些贫困的人可能越来越贫困，那些得不到教育的人们，可能一代一代地得不到教育，这种不平等也可能一代一代地延续下去。

③ 罗尔斯主义的公平观。约翰·罗尔斯侧重于提高社会弱势群体的福利，他主张"社会上状况最差的人的福利最大化"。他主张对生产力较高的人给予奖励，因为对生产力较高的人比对生产力较低的人给予更高的奖励，就能使最有生产力的人更努力地工作，从而生产出更多的产品和劳务，但是，这必须以能够使社会中最穷的人的境况变好为前提。他批判"效率至上"原则，坚持"公平优先于效率"的观点，并指出，如果社会基本结构是不公平的，这些原则将允许做一些可能降低状况较好者的预期的变更，即使牺牲某些效率，只要能提高社会最不利者的利益，也是应该的。

多数经济学家是反对平均主义和市场主导这两种极端的观点的。因为平均主义缺少激励，可能导致经济低效。正像阿瑟·奥肯认为的"任何试图将一块蛋糕切成若干等份的行为都会缩减蛋糕的大小，这一事实说明了经济平等与效率之间的替代关系"。而市场竞争结果虽然有效率，但效率并不必然增进平等，可能对应着收入分配上的平等，也可能对应着收入分配上的极端不平等，因此市场效率并不能自然解决分配公平问题。

经济学家注意到，效率是社会追求的目标，公平常常也是社会追求的目标。在很多情况下，为了提高效率，有时必须忍受更大程度的不公平；也有的时候，为了增进公平必须牺牲更多的效率。是选择"效率优先，兼顾公平"，还是选择"公平优先，兼顾效率"，社会必须在效率与公平之间找到一种均衡。既然市场机制并不能自然解决公平问题，因此在某种程度上依靠政府对收入进行再分配才可以实现公平的目标。比如，政府可利用个人收入的累进税、遗产税、强制医疗保险、低收入子女的免费教育和培训、社会保障计划、失业救济等手段进行调节。遗憾的是，效率和公平经常是矛盾的，政府要做的常常是在公平与效率之间做出某种权衡。福利经济学不仅要解决分配的效率问题，还要解决分配的公平问题。因此，福利经济学所要研究的问题还有很多。

本 章 小 结

1. 一般均衡分析。一般均衡分析是把所有相互联系的各个市场看成一个整体，其中的每一商品（要素）的需求和供给不仅取决于该商品（要素）本身的价格，而且也取决于所有其他商品和要素的价格。当整个经济的价格体系恰好使所有商品和要素的供求都相等时，市场就达到了一般均衡。相对于局部均衡分析，一般均衡分析强调了经济系统中各个组成部分的相互作用和相互依赖。如果只进行局部分析，有时不但忽视了这种依赖关系，而且还可能得出错误的结论。

2. 帕累托改进。如果对于某种既定的资源配置状态的改变，能使至少一个人的状态变好，而没有使任何人的状态变坏，则这种状态的改变称为帕累托改进。

3. 帕累托最优状态。如果对于某种既定的资源配置状态，所有的帕累托改进均不存在，就达到了帕累托最优状态。即，社会经济达到了这样一种状态，不可能在不损坏其他人福利的情况下使至少一个人的状况变好。这种经济状态就称为帕累托最优。帕累托最优状态通常被当作衡量经济效率的标准。

4. 实现帕累托最优状态的必要条件：

交换的帕累托最优条件　　　$MRS_{XY}^A = MRS_{XY}^B$

生产的帕累托最优条件　　　$MRTS_{LK}^C = MRTS_{LK}^D$

交换和生产的帕累托最优条件：$MRS_{XY} = MRT_{XY}$

简单来说，这三个条件是指在社会资源和技术条件一定的前提下，社会能够实现满足人们需求的产出最大化。

5. 福利经济学第一定理：完全竞争市场经济的一般均衡是帕累托最优的。

6. 福利经济学第二定理：在所有消费者的偏好为凸性（即无差异曲线凸向原点）和其他的一些条件下，任何一个帕累托最优配置都可以从一个适当的初始配置出发，通过完全竞争的市场均衡来达到。

知识拓展

（理论前沿）关于一般均衡理论的进一步讨论

1874年，瓦尔拉斯提出了一般均衡的理论模型，用抽象的数学语言表述了一般均衡的思想。1936年，列昂惕夫首次引入投入-产出模型，并假定成本是线性的、技术系数是固定的，但并未解决一般均衡模型的解的存在性。直到19世纪50年代，阿罗（Kenneth Arrow）和德布鲁（Gerard Debru）构造了阿罗-德布鲁模型，并利用现代数学中的不动点原理严格地证明了一般均衡模型解的存在性，论证了一般均衡解的唯一性、优化性和稳定性。当然，许多经济学家批评这种模型，指出它的基本假设过于严格，缺乏现实性。即便是这一模型的建构者也不否认这一点。现实中市场经济的"控制和信息"系统所包含的内容要比这一理论模型丰富得多。因而，仍然有一批经济学家在试图改进、阐述和提供更为复杂的瓦尔拉斯一般均衡模型。

正像一切学科的发展过程一样,当一般均衡理论趋于成熟时,它必须要走向应用领域。1960年,约翰森(Johansen)对此进行了尝试,他构建了一个包括20个成本最小化的产业部门和一个效用最大化的家庭部门的实际一般均衡模型,并给出了相应的均衡价格的具体算法,从此,可计算的一般均衡模型(computable general equilibrium, CGE)正式诞生。1967年,斯卡夫(Scarf)研制了一种开创性的算法,用于对数字设定的一般均衡模型进行求解。斯卡夫关于均衡价格开创性的算法使得一般均衡模型从纯理论结构转化为可计算的实际应用模型成为可能,并大大地促进了大型实际CGE模型的开发和应用。

随着数学方法的不断完善和计算机技术的飞速进步,CGE建模技术和计算方法也得到迅速发展,越来越多的CGE模型应运而生。目前,CGE模型除传统的静态、完全竞争型的CGE模型外,世代交替模型、动态模型(甚至将经典的Ramsey引入CGE模型)、非竞争型模型研究已经成为一种研究趋势。由于CGE模型在传统的投入产出一般均衡基础上,引入了通过价格激励发挥作用的市场机制和政策工具,从而将生产、需求、国际贸易和价格有机地结合在一起,以刻画在混合经济条件下,不同产业、不同消费者对由一定政策冲击所引致的相对价格变动的反应,因此其应用领域较广。主要应用领域有4个方面。一是国际贸易。例如,经济一体化所带来的后果,双边贸易中诸如自愿限制出口的作用,改变税制的冲动,贸易战能否达到纳什均衡等。二是税制改革。税制改革如何改变国民收入在各阶层之间的分配,对政府收支及经济增长的全面影响。三是环境保护开支及污染外部效应的研究。该领域的研究一般都集中在一次能源利用、CO_2排放(温室效应)的研究上。四是经济改革。CGE可以被用来模拟经济改革方案可能带来的冲击,以降低经济改革试错的成本。CGE也可以用来模拟不同的方案,为选取较好的方案提供分析、比较的基础。

我国国内较早涉及CGE模型的主要是国务院发展研究中心、中国社会科学院数量经济与技术研究所、中国科学院系统科学研究所等。实际上,近年来,国内不少研究机构和大学都开始研究。国家自然科学基金和国家社会科学基金均先后资助了不少有关CGE的研究[1]。

像经济学家一样思考

中国的自由贸易区

现在让我们回到本章的导入案例,看一看经济学家是如何看待这一问题的。

经济学家的分析:

对于任一自由贸易区来说,如果只用局部均衡分析方法,我们需要假定其他条件不变,只有外生的政策环境发生改变。根据经济模型,当外生变量发生变化时,经济主体的最优选择也会随之改变。以自由贸易区问题来说,要素的流动方向及数量、国内外投资的数量等会发生改变。在实证研究中,可以通过政策评估(policy evaluation)的方式验证局部均衡效应。我们有可能发现,通过自由贸易区的建立,高质量的要素会向自由贸易区积累,相关地区的国内外投资数量也有可能会上升。以上思路就是局部均衡框架下的比较静态分析,以及

---

[1] 徐滇庆. 可计算一般均衡模型(CGE)及其新发展//中国留美学者经济学会,汤敏,茅于轼. 现代经济学前沿专题:第2集. 北京:商务印书馆, 1993: 119-133.

相关的实证检验。

然而，一旦全国各省都有自由贸易区政策，那么有关政策环境的外生变量将重新调整。理想的状态下，全国各省的政策环境变量会趋向一致。根据本章所学的内容，我们可以预期空间一般均衡的实现，即所有要素在空间中各点处的净收益相同。具体而言，假如你是一位普通劳动者，你会发现在深圳和在重庆工作是无差异的，虽然深圳的工资平均而言更高，但考虑到其他因素（房价、工作压力等），你（劳动要素）在两地间的实际净收益是相同的。对于企业而言，由于政策环境相同，因此在折算完所有成本后，在武汉设厂的利润和在哈尔滨设厂也没有区别。也就是说，当自由贸易区广泛建立后，可能不会出现当年深圳和浦东经济特区与其他地区的明显差别。

上述分析是基于一般均衡模型做出的预测，虽然现实中存在许多的扰动因素（随机或非随机的），但一般均衡模型确实给出了经济变量均衡值的理论预测，以及相关政策对于整个市场福利水平的影响。当代一般均衡分析的基准模型是20世纪后期诞生的动态随机一般均衡模型（DSGE），至今为止，基于DSGE的研究仍然是经济学的主要研究方向之一。

练习及思考

1. 填空题

（1）_____分析是在假定其他市场条件不变的情况下，孤立地考察单个产品市场和单个要素市场的均衡而不考虑它们之间的相互联系和相互影响。_____分析则考察每一个产品和每一种要素的供给和需求同时达到均衡状态所需具备的条件及相应的均衡价格和均衡数量。

（2）帕累托最优是指社会资源配置已经达到了这样一种状态，在不使一部分人状况_____的情况下，就不可能使另一些人的状况_____。

（3）帕累托最优的三个条件是：_____、_____、_____。

（4）福利经济学第一定理：_____的一般均衡是_____。

（5）福利经济学第二定理：在所有消费者的偏好为凸性和其他的一些条件下，任何一个帕累托最优都可以从一个适当的初始配置出发，通过_____的市场均衡来达到。

2. 判断题（正确的在括号中打√，错误的打×）

（1）（　）交换的契约线是两消费者在进行产品交换时的所有可能的契约之轨迹。

（2）（　）完全竞争的一般均衡可以实现帕累托最优状态；反之，任一帕累托最优状态也一定由完全竞争市场实现。

（3）（　）从交换的埃奇沃思盒中的任一初始禀赋开始，一定可以通过讨价还价达到契约线上的任何位置。

（4）（　）如果两种商品的边际转换率不等于它们的边际替代率，则至少一种商品的生产是无效率的。

（5）（　）边际转换率是社会福利曲线的斜率。

（6）（　）社会资源配置实现了帕累托最优就实现了社会分配公平。

（7）（　）如果一个部门的变化对其他部门的影响是微小的，就可以用局部分析方法。

（8）（　）当经济具有生产效率时，消费者之间不具有进一步交换的余地。

（9）（　）当政府对某种产品课以产品税时，这种税收的影响不但会涉及该种产品本身的价格和产量，而且还会涉及其他直接和间接相关产品的价格和数量。如果只进行局部分析而不进行一般均衡分析，可能会导致政府课税的初衷与课税的结果南辕北辙。

3. 选择题

（1）在由 A、B 两个人和 X、Y 两种商品组成的经济中，在交换上实现帕累托最优的条件是（　　）。

A. $MRT_{XY} = MRS_{XY}$
B. $MRS_{XY}^A = MRS_{XY}^B$
C. $MRS_{XY} = P_X/P_Y$
D. $MRT_{XY} = P_X/P_Y$

（2）假定在 C、D 两个厂商使用 L、K 两种要素生产 X、Y 两种产品的经济中，实现生产的帕累托最优的条件是（　　）。

A. $MRT_{XY} = MRS_{XY}$
B. $MRTS_{LK}^C = MRTS_{LK}^D$
C. $MRTS_{LK} = P_L/P_K$
D. $MRT_{XY} = P_X/P_Y$

（3）假定在 C、D 两个厂商，使用 L、K 两种要素，生产 X、Y 两种产品，提供给 A、B 两个消费者的经济中，实现交换和生产的帕累托最优的条件是（　　）。

A. $MRT_{XY} = MRS_{XY}$
B. $MRTS_{LK}^C = MRTS_{LK}^D$
C. $MRTS_{LK} = P_L/P_K$
D. $MRS_{XY}^A = MRS_{XY}^B$

（4）帕累托最优的必要条件是（　　）。

A. 所有消费者对任意两种商品的边际替代率都相等
B. 厂商使用两种生产要素的边际技术替代率都相等
C. 厂商生产两种产品的边际转换率与消费者消费这两种商品的边际替代率相等
D. 以上都是

（5）研究市场之间的相互作用的分析被称为（　　）。

A. 局部均衡分析
B. 一般均衡分析
C. 静态分析
D. 边际分析

（6）下列哪种情况只需进行局部分析？（　　）

A. 荞麦减产
B. 征污染税
C. 取消农业价格支持
D. 银行加息

（7）生产的效率意思是指（　　）。

A. 经济运行在生产的可能性曲线上
B. 生产的所有产品的配置是有效率的
C. 生产的所有产品的配置是公平的
D. 生产的所有产品的配置反映了消费者的偏好

（8）交换的效率意思是指（　　）。

A. 经济运行在生产的可能性曲线上
B. 生产的所有产品的配置是有效率的
C. 生产的所有产品的配置是公平的
D. 以上说法都正确

（9）当不同的人面对不同的价格时，经济将（　　）。

A. 低效率运行
B. 高效率运行
C. 在不均衡状态下运行
D. 不在生产的可能性曲线上运行

(10) 当一个市场是有效率时（　　）。
　A. 稀缺被消除
　B. 不再能通过交换获得好处
　C. 所有人的需要都被满足
　D. 不再能通过技术革新获得好处

4. 计算题

假设社会只有要素 $\bar{L}=100$，$\bar{K}=200$ 且用来生产 X 与 Y 两种产品，已知 X 的生产函数为 $X=5L^{0.4}K^{0.6}$，Y 的生产函数为 $Y=4L^{0.5}K^{0.5}$。试求：

① 社会生产的契约线；
② 生产可能性曲线；
③ 公平分配点在生产的契约线上吗？

5. 问答与论述题

(1) 什么是帕累托最优？满足帕累托最优需要具备什么条件？
(2) 完全竞争市场的一般均衡能达到帕累托最优吗？为什么？
(3) 生产可能性曲线的特点是什么？为什么具有这样的特点？
(4) 如何理解亚当·斯密的"看不见的手"原理？
(5) 假定某一经济原处于全面均衡状态，如果当年天气恶劣，使小麦的供给减少，试分析：

① 小麦的替代品市场和互补品市场有什么变化？
② 生产要素市场会有什么变化？
③ 收入分配会有什么变化？
④ 如果减产的是荞麦而不是小麦，相应的变化情况又如何？

6. 资料题

高铁建设与春运问题

2019年的春运，高速铁路发挥了举足轻重的作用。一条条高铁线路、一座座高铁车站、一趟趟高铁列车用它们高效、便捷的运营方式和高质量的服务俘获了众多旅客的心，让旅客们有了全新的"春运印象"。大量新设备新设施的投入使用、公交化运营模式、"零距离"快捷中转换乘服务……高铁不仅为春运带来了高速度，还带来了更高的美誉度。今天，京沪高铁、沪杭高铁、武广高铁、广深港高铁广深段给今年春运带来的新变化，向旅客展现了高铁在春运中高效、便捷的形象，传递了铁路"以服务为宗旨，待旅客如亲人"的理念。事实上，令人惊艳的春运首秀出现在2012年，京沪高铁首次参战春运。在今年春运来得早、任务重、措施新、压力大的形势下，这条刷新了多项纪录的高速铁路没有辜负社会各界的期望，勇担重任。据统计，截至2月12日，京沪高铁已经发送旅客463.4万人。

因为京沪高铁，很多旅客对铁路春运的印象开始改观。买票难是历年春运的一大难题。"以前，春节前夕的车票'千金难求'，在车站排队好几个小时也不一定能买到。今年我排队不到10分钟就买到了！"在北京南车站2号售票厅，某旅客拿着1月20日北京南至上海虹桥G3次列车的车票兴奋不已。

根据上述资料，请思考：

① 根据一般均衡模型，高铁建设对于春运压力的缓解，是外生性的还是内生性的。

② 查找资料，自学"空间一般均衡"的相关概念和理论，解释春运问题形成的根本原因，并讨论高铁建设是否有助于从根本上解决春运问题。

第 11 章 市场失灵及政府的作用

【知识结构图】

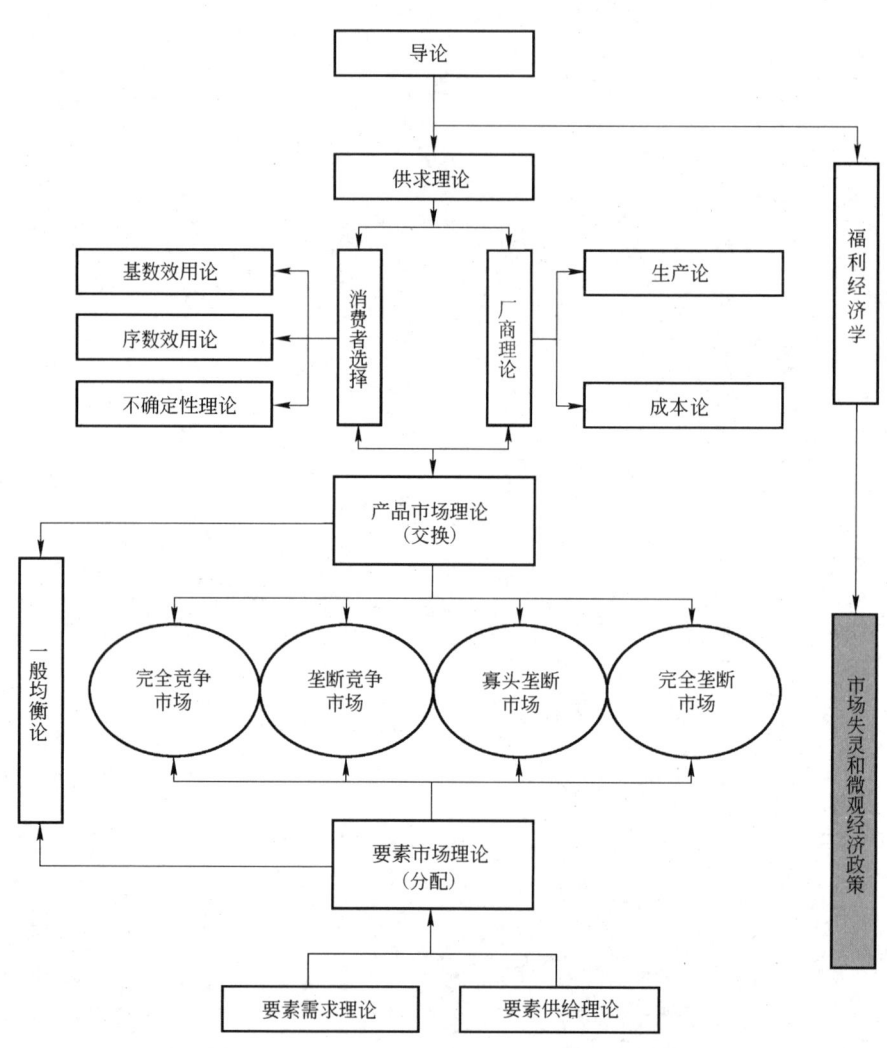

【导入案例】

小区公园内的免费网球场

近年来,北京很多小区的绿化和基础设施建设有了明显的进步。一些有条件的小区更是建起了特色公园。伴随着全民健身的风潮,小区附近的公园也建立起免费的运动场。正如我们在之前章节中所述,经济资源都是稀缺的。以公园中的免费网球场为例,即使一个公园中有两三个网球场,也难以满足附近小区居民对于打网球的需要。

小区公园中的网球场具有公共物品的特征,公共物品是本章将要介绍的问题之一。对于公共物品而言,最重要的问题就是谁来提供以及如何保证有效率的使用。公共物品定价的最大问题是难以识别使用者的边际"收益",并导致难以向其收取适当的价格。如果某些具有公共物品性质的资源被过度开发,比如在一片没有归属权的草地上过度放牧,或是在一片海域过度捕捞,将可能导致资源出现不可再生性破坏。同样,小区中的免费体育设施,往往也会因为无监督的过度使用,产生一系列的负面问题,比如使用者之间的冲突等。

公共物品仅仅是市场失灵的表现之一,其他市场失灵的表现还包括垄断问题、外部性和信息不对称等。本章中,将对上述市场失灵问题及政府应发挥的作用进行详细讨论。

在第10章中我们证明了竞争性市场突出的效率特征:如果市场是完全竞争的,市场均衡的结果自然会实现经济效率,无须人为干预。但是在现实生活中,这种能够实现经济效率的完全竞争市场一般是不存在的。这是因为,作为追求利润最大化的厂商,一般不会甘愿长期处在利润微薄甚至为零的完全竞争市场中,他们会想尽办法生产有差别的产品。正像一条经营谚语中所说的,在经营中应做到:"人无我有,人有我优,人优我转。"意思是说,厂商要想获利,必须经营别人没有的商品或服务;当别人也开始经营相同产品或服务时,自己就应想办法将产品和服务做得比别的厂商更好;当别的厂商也做得很好时,自己就该想办法去经营其他商品或服务了。也就是说,厂商追求利润最大化的本质决定了他们在经营中将会争取实现某种程度的垄断,这就造成了各种垄断经营是市场的常态,而完全竞争市场只是一种理想状态的现实结果。再者,完全竞争市场的一个基本条件是完全信息。但是,在专业化分工越来越细的当今社会,要做到完全信息不仅需要付出巨大成本,而且有时是根本不可能的。因此,完全信息更是"超现实"的假设。

另外,在现实经济生活中我们所消费的一些东西也并非都由市场提供,例如城市中的公共广场、路灯等,消费者并不需要付费即可享用。而另一些在生产中对环境有污染的厂商也并非主动治理污染,需要政府的强制措施。因此,经济学家认为,在现实经济中,"看不见的手"的原理一般来说很难实现。换句话说,在很多场合仅靠市场机制(即价格机制)不能导致资源的有效配置。这种情况被称作市场失灵(market failures)。

本章主要讨论导致市场失灵的4种情况:垄断、外部性、公共物品和不完全信息,并分别讨论政府对此干预的微观经济政策。

11.1 垄断

11.1.1 垄断与低效

由第 7 章的内容得知，垄断厂商的突出特点是对价格有控制能力，它们会在边际成本等于边际收益所决定的产量上进行生产，但索要的价格往往高于边际收益，这意味着垄断厂商以较高的价格出售了较少的产量。为了简单起见，假设垄断厂商的边际成本（MC）等于平均成本（AC）且固定不变，需求曲线为 D，边际收益曲线为 MR。如图 11 - 1 所示。

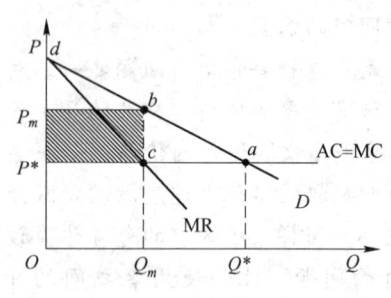

图 11 - 1 垄断与低效率

如果厂商根据自身利润最大化条件 MC=MR 进行生产，其产量将调整为 Q_m，在该产量上索要的价格为 P_m，该价格高于商品的边际成本，并不满足生产与交换的帕累托最优条件，所以不能实现经济效率，应该存在着帕累托改进的余地。

下面来寻找一种帕累托改进方式。

在目前的垄断厂商均衡的状态下，厂商利润为图 11 - 1 中阴影部分 $(P_m - P^*) \cdot Q_m$ 表示的矩形面积 $P_m b c P^*$，消费者剩余为 $b d P_m$ 所示的三角形面积。如果垄断厂商按照完全竞争厂商的生产原则，在价格等于边际成本上进行生产，则价格降低到 P^*，产量增加为 Q^*，这时厂商的利润降为零。此时，消费者剩余为 $a d P^*$ 所示的三角形面积，它在原有的三角形面积 $b d P_m$ 的基础上，不仅将垄断厂商的利润的阴影部分转成了消费者剩余，还增加了三角形 abc 面积。但是，这一改变并不是帕累托改进，因为这一改变在增加消费者剩余的同时，减少了厂商的利润。

如果消费者之间达成一项协议，共同给予垄断厂商至少等于其原有利润（阴影部分）的一揽子支付。此时，垄断厂商的利润比降价前没有减少，而消费者的剩余可以净增加三角形 abc 面积。这就是帕累托改进的一种方式。

三角形 abc 面积是当价格从垄断价格 P_m 下降到理想价格 P^*，产量从垄断产量 Q_m 增加到理想产量 Q^* 时，所增加的全部收益。如果将这个收益在垄断厂商和消费者之间进行适当的分配，可以使双方都得到好处，也能达到帕累托改进的目的。但是，如果不进行降价增产，abc 面积就是垄断造成的社会福利净损失。

此处的分析不仅适用于垄断情况，对垄断竞争和寡头垄断等非完全竞争的情况同样适用。因为只要市场不是完全竞争的，厂商所面对的需求曲线就不是一条水平直线，其边际收益线就会低于需求曲线，当厂商按边际成本等于边际收益的原则生产时，其价格就会高于边际成本，而不是等于边际成本，无法满足交换和生产的帕累托最优条件。因此，垄断会导致资源配置低效。

那么，在实际中，这种低效真的可以像前面提到的——如果消费者之间达成一项协议，共同给予垄断厂商至少等于其原有利润（阴影部分）的一揽子支付，就可以使垄断厂商增加产量、降低价格，从而进行了帕累托改进吗？回答并不是肯定的。因为：首先，消费者与厂商之间对由于降低价格、增加产量后所增加的全部收益（图 11-1 中三角形 abc 面积）的分成问题就可能产生分歧；其次，对于消费者群体，由于无法防止搭便车行为，谁又能使消费者之间达成一项支付协议呢？为了解决这一问题，各国政府都采取了相应的公共政策，旨在纠正垄断导致的市场失灵。

11.1.2 垄断与寻租

上面讨论的只是垄断造成低效的一个方面，它是指垄断形成后其运行结果导致的低效，而忽略了另一方面，这就是形成垄断的过程。

第 7 章的知识告诉我们，形成垄断的原因主要有 4 种：独家厂商控制了生产某种商品的全部资源或基本资源的供给；独家厂商拥有生产某种商品的专利权；政府的特许；自然垄断。其中从第三条可以清楚地看到政府的影子，是政府对某些行业和某些企业的特许使这些行业或企业具有了垄断地位。既然垄断可以获得垄断利润，当一个企业没有独占资源、没有专利，也没有形成自然垄断的实力时，它可能会想尽办法通过获得政府的特许而获得垄断地位，最终获取垄断利润；当一个企业已经具有垄断地位，也可以通过游说政府等活动继续保持垄断地位。经济学上将那些为了获得和维持垄断地位从而得到垄断利润的活动称为"寻租"，寻租（rent seeking）是利益集团促使政府通过能够使自己获得垄断利益的决策的活动过程。

利益集团寻租的领域和范围是广泛的，如通过政府采购寻租、通过政府承包工程寻租、通过政府制定贸易政策过程寻租、通过政府规制寻租等。寻租不仅导致社会的纯经济损失，而且也是产生腐败的土壤。

寻租活动的经济损失有多大？以贸易配额为例加以说明。①寻租损失。A 厂商如果拥有一定数量的贸易配额就拥有了经营该种商品的一定的垄断权利，假定该企业为获得贸易配额而进行寻租活动的投入资金为 X 万元，这 X 万元只是为了获取配额，并没有用到该商品的生产经营中，产品的产量并没有增加，社会并没有因这 X 万元的投入而享用更多的产品。那么，这 X 万元就是在寻租过程中的净损失。②垄断损失。如果寻租成功，A 厂商便拥有了一定贸易额的垄断经营权，垄断经营将损失如图 11-1 所示的 abc 的面积。因此，社会因 A 企业寻租所导致的社会总损失就为寻租损失与垄断经营损失之和（$X+abc$ 的面积）。当社会中寻租者不止一个时，整个社会的损失还会更大。

企业用来寻租的支付不会超过垄断经营时的利润所得，即 X 不超过图 11-1 中阴影部分 $P_m bc P^*$，否则企业寻租就没有意义。

总之，当存在垄断力量时，竞争压力便不能有效地发挥作用，厂商会根据自己对市场的控制力量将价格提高到竞争水平以上并维持相当长时间。这种超常的市场力量限制了产量，扭曲了市场价格，导致社会福利损失。为了解决这一问题，政府就会采取一定的手段或步骤对垄断市场进行干预。

11.1.3 限制垄断的公共政策

正像在 11.1.1 节所讲到的，虽然从理论上可以找到一种帕累托改进的途径，但这一途径并不容易实现，很多情况下需要政府对垄断进行管制，但政府怎样才能既限制垄断又保证私有企业与对手竞争的自由呢？这个问题已经被证明是一个很大的两难困境。在此，只介绍几种对垄断进行限制的公共政策。

对垄断进行管制，首先要区分垄断类型。垄断分为自然垄断、经济性垄断和行政性垄断。一般来说，自然垄断和经济性垄断只要不对市场公平性构成威胁，就能为国家和社会所认可；只有当垄断妨碍竞争、损害其他企业和消费者的利益时，才有必要进行规制。再者，效率与公平常常是此长彼消的关系，因此，对垄断进行管制还要确定管制目的是效率还是公平。

1. 政府管制

因为垄断厂商一般会采用降低产量、提高价格的形式进行经济活动。如果管制的目的是提高经济效率，一般应采用最高限价（ceiling price）的方式进行管制。

① 当垄断厂商具有递增成本时，如图 11-2 所示。

垄断厂商遵循 MR＝MC 的利润最大化原则，确定均衡点 e，在该点上垄断厂商将产量和价格分别调整到 Q_m 和 P_m 的水平，在产量 Q_m 上平均成本为 d，这时垄断厂商获得了超额垄断利润 $(P_m-d) \cdot Q_m$。但此时 P_m 大于其边际成本，不符合交换与生产的帕累托条件，因此，Q_m 不是帕累托最优产量。如果政府对垄断厂商进行最高限价，将价格限定在 P^*，此时的均衡产量增加到 Q^*。在该产量水平上，价格 P^* 等于其边际成本，符合帕累托最优条件，实现了经济效率。而且在价格 P^* 和均衡产量 Q^* 上，显然价格高于平均成本，厂商依然可以获得一部分经济利润 $(P^*-f) \cdot Q^*$。

应该注意的是，政府不能比照完全竞争的情况将价格限定在厂商利润为零的 c 点，因为在该点产品的价格低于其边际成本，不符合交换与生产的帕累托最优条件。因此，将价格限定在 P^*，不仅使厂商获得利润，也达到了经济效率。

② 当垄断厂商为自然垄断时，生产往往处在平均成本下降的阶段。如图 11-3 所示。

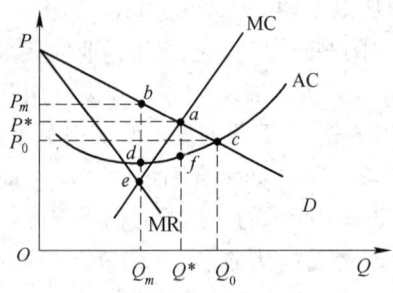

图 11-2 递增成本时的价格管制

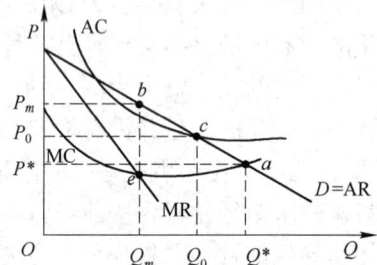

图 11-3 递减成本时的价格管制

在平均成本下降的阶段，边际成本小于平均成本。在垄断厂商遵循 MR＝MC 的利润最大化原则确定均衡点 e 时，将把产量和价格分别调整到 Q_m 和 P_m 的水平。此时价格 $(P_m=AR)$ 大于平均成本，垄断厂商获得超额利润，价格 P_m 显然大于边际成本，不符合交换与生产的帕累托条件，没有实现帕累托最优。只有将价格限定在 P^*，产品价格才等于其边际成本，符合交换与生产的帕累托最优条件，实现了经济效率。但是在该点，价格低于平均成本，厂商出现亏损。因此，在这种情况下，如果政府为了追求效率，在限价的同时必须补贴垄断厂商的亏损。如果政府不能给予补贴，那么 P^* 只能是理想价格，而不能成为管制价格。当把价格限定在厂商利润为零的 c（$P_0=AC$）点，虽然其价格 P_0 仍然高于边际成本，也不符合交换与生产的帕累托最优条件，但该价格更接近于理想价格（$P^*=MC$）。从经济上说，相对于无管制垄断，它已经代表了某种改善。因此，通常将平均成本作为管制价格，这也是价格管制的传统办法。

例如，天然气、电话、供水等垄断行业，相对于竞争性行业来说，享有极大的成本优势和规模经济优势。而且这些行业产品的需求价格缺少弹性，也就是说消费者在消费这些产品时，不论这些产品价格多高，他们都必须消费，没有多少选择余地。为了控制这些行业抬高价格获取垄断超额利润，政府往往对这些垄断行业实施平均成本定价管制。以城市供水系统为例，城市供水系统应取其全部成本（修建水库、地下水管铺设、供水设备等），并将这些成本分摊到所销售的产品（自来水）上，然后对每个消费者所使用的消费量按分摊平均成本进行收费。

自然垄断行业多是固定投入巨大的行业。为了弥补巨大的固定成本，企业可以收取一定数量的固定费用（如月租费），而用可变费用（据使用量而定的费用，如通话费）来支付边际成本。这种方法比平均成本定价法更能接近理想的边际成本定价。

虽然从理论上来说，通过价格管制可以使垄断厂商的生产实现经济效率，但是价格管制的前提是政府必须清楚地知道垄断厂商的生产成本情况，如果没有对企业的经营成本进行严格约束的法定依据，垄断企业将豪华装修、对员工的实物分配及高出社会平均报酬几倍的工资等都计入成本，那么这种价格管制的效率就值得怀疑。

【新闻中的经济学】　　垄断行业收入为何这么高[①]

一场由劳动纠纷引起的索赔案，却意外地爆出了烟草行业的惊人收入——杭州烟草中层干部年收入达30万元。而在南方某省工作的小李，自他从省政府机关调到某银行工作后，月收入便从原有的不到2 000元一下暴涨到4 000多元，这还不包括价值1 000元的理发卡、一年20张电影票以及不用花钱的免费工作餐等福利。但据该省统计局2006年1月25日发布的《2005年经济和社会发展统计公报》显示，2005年，该省在岗职工的年平均工资为14 162元。换言之，该省在岗职工的月平均工资是1 180元。计算一下可知，小李现在的月收入是该省在岗职工月平均工资的近4倍。事实上，像电力、电信等具有垄断地位的行业，其职工收入都远远高于当地的平均收入，这还不包括看不见的、没有反映在账面上的各种福利待遇。这些垄断行业员工的劳动量并不比制造业、服务业员工的单位时间劳动量投入多，收入却高出几倍。

由此可见，要对垄断厂商进行管制，政府必须设立专门机构，专职对垄断厂商的生产、成本和服务进行监督，以确定垄断企业的成本和定价管制。

另外，政府在进行"最高限价"管制的同时，还要防止垄断企业的大幅降价。因为一般垄断企业具有规模优势，可以通过大幅降低价格，阻止新企业进入，所以美国在实行"价格上限制"时，还给垄断企业制定了一个"价格下限"，价格下限的标准是有利于竞争的引入和竞争的开展。

2. 反垄断法

政府对于垄断更加强烈的管理是制定反垄断法或反托拉斯法（antitrust law），以法律的形式阻止市场形成垄断并对垄断企业进行拆分。

[①] 万兴亚，刘世昕. 垄断行业收入为何这么高. 中国青年报，2006-07-31.

反垄断法一般规定，限制自由贸易的协议或共谋、垄断或企图垄断市场的兼并、排他性规定、价格歧视、不正当的竞争或欺诈行为等，都是非法的。以美国为例，美国国会早在1890年7月20日通过了《谢尔曼法》，这是世界上最早的反垄断法。此后，美国国会又制定了《联邦贸易委员会法》《克莱顿反托拉斯法》《鲁滨孙-帕特曼法》等一系列反垄断的法律。对限制、阻碍竞争的状态和行为进行制裁，目的是保护市场的有效竞争性和消费者的利益。

美国反托拉斯法的主要功能如下。

① 赋予政府阻止合并的权利。如果通用汽车公司和福特汽车公司想合并，那么，在付诸实施之前肯定会受到美国联邦政府的严格审查，如果政府认为这两家公司的合并会使美国汽车市场的竞争性大大减弱，从而引起整个国家经济福利减少，政府将有权阻止它们合并。

② 允许政府分解企业。如果政府认为企业的规模太大，形成了垄断，并使经济效率和国家福利降低，政府就有权将企业分解。这里最有名的例子是1984年美国政府根据反托拉斯法将美国电话电报公司（AT&T）分解为8个较小的公司。

③ 禁止企业之间以勾结和合谋形式减弱市场竞争。

在美国和欧洲的历史上使用反垄断法的例子很多。例如，1999年11月7日，联邦法官托马斯·杰克逊在一项裁决书中宣布微软是垄断机构。有关裁决书中判定微软有垄断行为：操作系统独占很高份额的市场；其他企业很难进入市场；没有可以替代Windows的商业操作系统等。微软反垄断案是一个极其复杂的案例，并且现在仍然继续着。微软公司在美国本土以外，如欧盟也遭受多起反垄断官司。

再如，2000年6月7日欧盟委员会宣布，经过4年的调查证实，美国ADM等5家公司从1990年7月至1995年6月，不仅操纵世界市场上的赖氨酸价格，而且通过互换信息、确定销售限额等方式，垄断了国际市场上的赖氨酸销售。美国ADM等5家公司合谋操纵世界食品添加剂市场价格，违反了欧盟有关自由竞争的法令，欧盟决定对其课以总额为1.1亿欧元的罚款。

就我国而言，截至2006年8月，我国的《反垄断法》立法工作正在进行中。中国经济是从计划经济转向市场经济的一种混合经济，处于垄断地位的主要有电信、电力、金融、邮政、铁路运输、自来水等行业，它们具有行政性垄断与地方保护的性质。很多专家认为，中国目前反垄断的主要工作应该是在这些行业中打破垄断，引进竞争，建议在《反垄断法》中加入反行政性垄断的内容。

垄断在不同的国家有不同的判定标准，判定标准比较复杂，但总体而言，主要基于以下几个方面：市场竞争是否均衡；市场竞争是否有效；当某一个企业独立拥有市场时，是否阻碍了技术进步等。

通过各国多年的司法实践，反垄断法取得了明显的收益：控制了垄断，促进了竞争，提高了经济效率。然而，反垄断法也有其代价或不足，例如，有时企业合并并没有减弱竞争，而是通过更有效率的联合使生产成本降低，这些合并的收益称为"协同效应"。因此，如果反垄断法的目的是增进社会福利，政府就必须能确定哪些合并是有效的，而哪些不是，然而要准确地进行这种分析非常困难，很多经济学家认为政府根本无法做到这一点，因此政府所作的决定有可能是错误的。

进入21世纪后，一方面由于国际竞争的激烈化，另一方面随着知识经济的出现，某些大企业及某些高度集中的市场（微处理机、电信等），他们在创新和生产率增长方面都有最佳业绩，由此引起了各个国家对反垄断态度的转变。就近期来看，对于反托拉斯政策是否继续执行下去不得而知，至少不会像美国早期反托拉斯那般狂热。

3. 公有化

政府还可通过由自己经营自然垄断行业来解决垄断问题，这种解决方法叫作公有化或国有化。这种情况在欧洲国家曾经很常见，如英国和法国就曾对各自国家的电力公司、电话公司、煤气公司和自来水公司等公共事业部门实行公有化。在美国，政府经营邮政服务，普通邮件投递常常被认为是自然垄断的。

然而，政府的经营效率通常不高。因此，经济学家们通常喜欢把公有制的自然垄断私有化，所以欧洲许多国家都先后实行了把政府企业变为私有企业的私有化运动，今天，在英国和法国等国家仍被政府经营的公共事业已为数不多了。

11.2 外 部 性

在论证完全竞争市场的一般均衡具有经济效率时，假定了经济活动不具有外部性，即假定所有的生产者和消费者的经济活动都是通过市场上的销售与购买相联系的，每一经济活动所创造的收益或所消耗的成本都在市场上通过价格得到结算，市场之外不存在成本与收益的关系。但事实并非如此。当存在外部性时，一种商品的价格不一定反映它的全部社会价值。结果厂商可能生产太多或太少的产品，从而使市场结果无效。下面先界定什么是外部性，再对外部性如何导致市场无效率进行分析，最后给出补救的建议。

11.2.1 外部性的概念及分类

1. 外部性的定义

关于外部性，目前并没有统一的定义。一般而言，所谓外部性，也称外在效应或溢出效应，是指一个人或一个企业的经济活动对其他人或其他企业的外部影响（external effects）。这种影响并不在相互以价格为基础的交换中发生，因此其影响是外在的。或者说，外部性是指市场交易对交易双方之外的第三者所造成的影响。例如，养蜂者在他人的果园里放蜂，目的是生产蜂产品，却为果园里的果树传授了花粉，增加了果品产量，养蜂者并没从果农处得到报酬。养蜂者的这一活动对于果农产生了外部性。再如，一化工厂在上游生产化工产品，下游的渔民在河中以养鱼为生，当上游的化工厂向河中排污，又不对渔民进行补偿时，便对渔民产生了外部性。又如，某人抽烟的行为会危害被动抽烟人的身体健康，但并未为此而支付任何东西，这也是一种外部行为。

2. 外部性的分类

外部性可分为正外部性与负外部性。正外部性是指，一个经济主体的经济活动导致其他经济主体获得的额外经济利益。正外部性也称为外部收益、外部经济，如养蜂者对果农所产生的外部性就是正的外部性。负外部性是指，一个经济主体的经济活动导致其他经济主体蒙受的额外损失，负外部性也称为外部成本、外部不经济，如上游化工厂对下游渔民所产生的外部性就是负的外部性。

根据外部性产生的原因，外部性又可分为生产的外部性和消费的外部性。当外部性是由生产者所致，则称为生产的外部性，如上游化工厂对下游渔民、养蜂者对果农所产生的外部性都称为生产的外部性。当外部性是由消费者所致，则称为消费的外部性，如抽烟者对被动抽烟者的污染，某人在自家阳台上养的一盆美丽的花使他人赏心悦目，都是消费的外部性。只不过抽烟所产生的是消费的负外部性，而养花产生的是消费的正外部性。

11.2.2 外部性与低效

各种形式的外部性都会导致资源配置偏离帕累托最优状态，无论经济是否仍然是完全竞争的。下面对正外部性和负外部性问题进行分别阐述。

1. 正外部性——教育的正外部性

教育是一种具有正外部性的活动。因为接受教育不仅使接受教育者本人获取知识、得到较好的工作及未来较丰厚的报酬，而且，如果一个社会平均受教育程度较高，则国民素质较高，其社会风尚和民主气氛就会较好，创新成果更多。

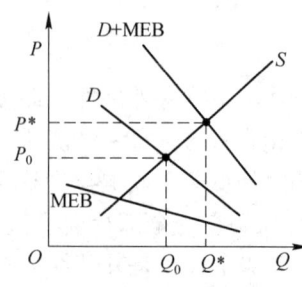

图 11-4 教育的正外部性

假定一个人接受教育的边际收益为 D，给他人带来的边际外在收益为 MEB，在一定时期内社会所提供的教育为 S，如图 11-4 所示。

在不考虑外部性时，对教育的需求 D 与教育的供给 S 所形成的均衡价格为 P_0，均衡教育量为 Q_0。但从社会角度来看，这一均衡量并非最优，因为消费者在消费教育时，还给社会带来了边际外在收益 MEB。因此，从社会角度来看，整个社会对教育的需求应是 $D+$MEB 与 S 的交点（P^*，Q^*），即对教育的理想需求应该是在价格 P^* 下的 Q^* 量。两者相比，消费者按市场条件自发决定的教育水平 Q_0 往往低于社会需求的最优水平 Q^*。要想使私人对教育的需求达到社会对教育需求的理想水平，就应该对教育进行适当补偿。这就是为什么各个国家都有不同程度的教育补贴的原因。

2. 负外部性——生产的负外部性

以上游是化工厂，下游是养鱼场，且处于完全竞争市场为例，具体说明在完全竞争条件下，生产的外部不经济是如何造成社会资源配置失当的。具体如图 11-5 所示。

图 11-5 中水平曲线 $D=$MR 是化工厂的需求曲线，同时也是边际收益曲线（完全竞争下厂商所面对的需求曲线、边际收益曲线和平均收益曲线三线合一）。假如化工厂不考虑对下游的污染，其边际成本为 MC，它表示多增加一单位产量所需付出的材料、劳动、管理成本及运输费用等。从社会的观点来看，生产化工产品的成本除了上述所有私人成本外，还包括化工厂向河里排污对下游养鱼场造成的损失，其边际外部成本为 MEC。化工厂的边际社会成本应为 MC 加上 MEC，即 MSC=MC+MEC。

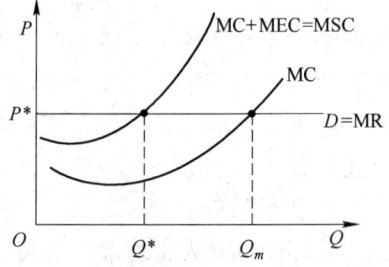

图 11-5 生产的外部不经济与低效

当不考虑外部性时，假如化工产品的价格为 P^*，化工厂会依据自身利润最大化条件 MC=MR=P 决定产量，此时的均衡产为 Q_m。但从社会的观点来看，要使社会利益最大化必须满足社会的边际收益等于社会的边际成本，即 MC+MEC=MR=P，此时的均衡产量

应为 Q^*，Q^* 小于 Q_m。因此，从社会的观点来看，生产的外部不经济造成产品生产过多，超过了帕累托最优所需求的产量水平 Q^*。无效率的来源是产品的价格只反映了厂商自身的边际成本，而没有反映社会的边际成本。

总之，无论正外部性还是负外部性，产品价格都不能反映产品真正的边际成本，所以，从社会的角度来看，当有正外部性时，社会的有效生产不足；当有负外部性时，社会生产过剩。这两种情形下，市场机制都无法实现社会资源的最优配置。

11.2.3 解决外部性问题的方案

外部性的根本问题是，一经济行为主体的经济活动对其他经济行为主体的经济活动产生了影响，而这种影响却没有在相互以价格为基础的交换中得到补偿。这种不能补偿或是因为其影响的大小难以估计，或是对影响的范围、对象难以界定。要解决外部性问题，就得针对不同情况，探索不同的解决方式：如果外部影响能够准确界定，可以通过税收或补贴的方式进行处理；如果外部性的影响对象明确，也可以通过合并的方式将外部影响内部化；还可以通过界定产权，用市场进行调节。

1. 政府的干预性方案

1) 税收和补贴

对于产生负外部性的经济活动，假如其外部性能准确计算，对于造成外部不经济的企业，国家应该征税，其数额应该等于该企业对社会其他成员造成的损失，从而使该企业的私人成本等于社会成本。例如，对上游化工厂每单位产品征收相当于 MEC 的污染税，这时企业的边际成本即为自身生产的边际成本 MC 加上污染税 MEC，总的边际成本为 MC+MEC，这时根据企业利润最大化所决定的均衡产量，就是社会的最优产量。这种政策是以"庇古手段"为理论基础，也称庇古税方案，即由政府给外部不经济确定一个合理的负价格，通过征税、取消补贴和押金制度等方式，使全部外部费用由制造污染的企业承担。这样，企业就会权衡是自己处理污水，还是向政府交税。在我国对庇古手段的应用主要体现为排污收费制度。

对于产生正外部性的经济活动，政府可以对此进行补贴以鼓励生产或消费。例如，基础研究和科学攻关都是具有正外部性的活动。搞基础研究不仅辛苦，而且由于不能产生直接经济效益，所以，私人对基础研究的投入往往不足。但是从社会角度来说，基础研究成果对推动社会的整体发展有着难以估量的作用，属于具有正外部性的活动。所以，政府应加大对基础研究的投入，可用政府津贴、科研经费、教育投资、政府奖励等方法对这些具有正的外部性的活动给予补贴，以使对社会具有正外部性的经济活动达到社会要求的水平，实现社会福利最大化。

2) 企业合并

企业合并的目的在于使外部性问题内部化。如果一个企业的生产活动影响到了另一个企业，无论是正外部性还是负外部性，都可以通过企业合并的方式，将外部影响内部化，当两个企业合并成一个企业后，它的生产决策就会是考虑到所有成本的最优均衡。以化工厂与养鱼场为例，当它们是两个企业时，化工厂的生产不会考虑到对养鱼场的影响，但当化工厂与养鱼场合并后，为了使合并后的企业利润最大化，企业必须考虑化工生产对养鱼的影响，协调化工生产与养鱼两项业务，其决策结果将导致社会资源的配置有效。

上述所提到的解决外部性问题的方法基本上处于经济层面，对于经济手段不能纠正由外部性引起的资源配置不当时，政府还应采用制定法律、行政管制与指导的方式进行管理。例如，不允许使用某些品种的煤和燃料、对某些污染企业限产、制定排污标准、发放可转让许可证、对汽车尾气进行强制检查、将某些公共场合设定为无烟区等，都是有效解决外部性的方法。

【新闻中的经济学】
广东省采取措施落实国家下达的二氧化硫和化学需氧量控制指标

为确保顺利完成国家给广东省下达的二氧化硫和化学需氧量总量控制指标分别为 110 万吨和 89.9 万吨的任务，广东省政府从今年（2006 年）开始每半年公布一次各地区和主要行业的能源消耗、污染排放情况，让社会和群众监督，以确保削减目标如期实现。同时全省上下要做到五个落实。一是落实到具体责任人。各地区、各部门要指定具体责任人，完不成任务，要追究责任。二是落实到重点污染源。重点行业、重点流域和重点单位，要抓住污染排放量大的重点污染源，制定切实可靠措施，确保完成任务。三是落实到工程项目。要把污染排放总量控制目标与珠江综合整治、治污保洁等工程结合起来，以工程措施保障目标的实现。四是落实到审批过程。对超污染物总量控制指标、生态破坏严重或者尚未完成生态恢复任务的地区，暂停审批新增污染物排放总量和对生态有较大影响的建设项目，其他地区新建项目所增加的污染物排放量不得超过总量控制指标。全面推行排污许可证制度，禁止无证或超总量排放。五是落实到产业发展。当前，部分行业产品过剩的问题逐步显露，一些资源消耗高、污染排放多的产品供大于求，要把调整产业结构与削减污染物总量有机结合起来，通过淘汰落后生产能力实现减排污染物的目的。按照省的统一部署，在 2007 年前全部关闭 5 万千瓦以下燃煤燃油机组，2008 年前全部完成所有燃煤燃油发电厂的脱硫任务，新上电厂必须脱硫，同时严格控制热电联供项目；加大污水处理厂建设，"十一五"期间新增 500 万吨以上处理能力，珠江三角洲的乡镇和其他地区市、县和中心镇要上污水处理厂，同时要严格控制水污染排放量大的项目，对污水排放量大的企业进行清洁生产，提高水循环利用率。

2. 市场解决方案：产权界定与科斯定理

庇古税方案、企业合并、排放标准等都是政府有效干预解决外部性问题的方法和途径，但是政府干预并不是解决外部性的唯一办法，在产权明晰的基础上通过市场交易，无须政府干预依然可以解决外部性问题。

仍以化工厂排污为例。当上游化工厂向河里排污，而又不对下游养鱼场进行补偿时，多是因为下游养鱼场无权向上游化工厂要求补偿，它对这条河流没有产权，即没有占用权、收益权和处置权。如果它拥有产权，它可以要求上游化工厂不能向该河流排污，也可以要求化工厂在适当付费的情况下适度排污，或将河流转让给化工厂，让化工厂任意排污，无论哪种情况，化工厂都会为排污付出代价，将原来的外部性转化为企业生产的内部成本。

一般情况下，产权不明确，就无法确定究竟谁应该为外部影响承担后果或得到报酬，就像河流的产权不明确，就不能断定是化工厂因排污应对养鱼场补偿？还是养鱼场应付钱让化工厂适度排污，以便养鱼场能继续养鱼？

那么，产权明晰后，污染的外部性问题能得到最终解决吗？美国经济学家科斯认为，如果财产权是明确的，并且其交易成本为零或者很小，则无论在开始时将财产权赋予谁，市场均衡的结果都是有效的。这就是著名的科斯定理（Coase theorem）。用图 11-6 来解释科斯定理的含义。

图 11-6 中，横轴表示化工厂因增加产量而提高的排污水平，向右下方倾斜的曲线是化工厂的边际利润，向右上方倾斜的曲线是化工厂因生产排污对养鱼场造成的边际损失，a、b、c、d 为所对应的相应三角形的面积。

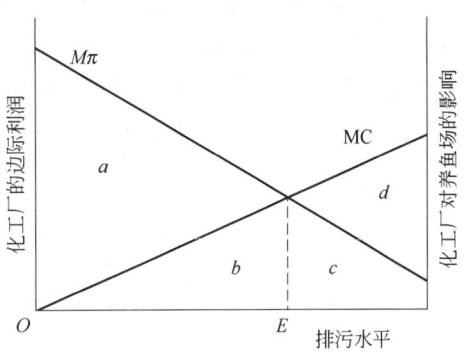

图 11-6 最优排污量的规定

① 当河流的产权归化工厂所有时，化工厂可以全力生产而不考虑对养鱼场的外部影响，化工厂的收益为面积 $a+b+c$，养鱼场的损失为 $-(b+c+b)$。如果养鱼场愿意出 c 价格向化工厂购买河流的清洁权，使排污水平保持在 E 点，则化工厂因生产获得收益水平为 $a+b$，再加上养鱼场所付的费用 c，总收益仍为 $a+b+c$。这时养鱼场的损失由于排污水平降低到 E 而减少了 $d+c$，因为将 c 支付给了化工厂，所以损失净减少了 d。由此可见，将排污水平降低到 E，化工厂的收益水平没有改变，养鱼场的损失减少了，这是一种帕累托改进。

② 当河流的产权归养鱼场所有时，养鱼场可以不让化工厂排污，其损失减为最小为 0，化工厂由于不能生产收益也为零。如果化工厂愿意支付 b 价格向养鱼场购买排污权，使排污水平保持在 E 点，这时化工厂的收益为 $a+b$，减去支付给养鱼场的费用 b，净收益增加了 a。养鱼场由于让化工厂排污，损失了 b，再加上化工厂支付的排污费用 b，其损失仍为零。由此可见，将允许排污量定为 E，化工厂的收益增加了，养鱼场的状况没有改变。因此，较不让化工厂排污也是一种帕累托改进。

总之，如果财产权是明确的，并且其交易成本为零或者很小，则无论在开始时将财产权赋予化工厂还是养鱼场，市场均衡的结果都是有效的，并在 E 点。但是也应该看到，当最初的产权赋予化工厂时，化工厂的收益为 $a+b+c$，养鱼场的损失为 $-(c+b)$；而当最初的产权赋予养鱼场时，化工厂的收益为 a，养鱼场的损失减少到零。由此可以看出，虽然运用科斯定理可以达到帕累托最优，但其福利水平却与最初产权赋予谁有显著关系。

科斯定理的贡献在于，它指出了外部性之所以导致资源配置失当是由于产权不清，如果产权明确，且得到充分保障，在没有政府干预的情况下，市场会自动解决外部性问题，经济效率也可以实现。而在此之前的传统经济学认为，解决外部性问题，需要政府的干预。因此，科斯定理是对传统经济学的修正。财产权的明确和可转让之所以具有这样大的作用，其原因在于，明确的财产权及其转让可以使得私人成本（或利益）与社会成本（或利益）趋于一致。

但是，运用科斯定理解决外部影响问题在实际中并不一定有效。主要有以下几个难题：第一，资源的产权是否能够明确地加以规定？有的资源，如空气和水，是大家均可使用的共同财产，很难将其财产权分配给谁；第二，最初的产权配置是否合理？虽然运用科斯定理可以达到帕累托最优，但其福利水平却与最初产权赋予谁有显著关系，因此人们在最初就会进行产权之争；第三，已经明确的财产权是否能在交易成本为零或很小时转让？这也是争论的问题，因为交易就要进行讨价还价，讨价还价不仅消耗时间、金钱，甚至还要诉诸法律；第四，当外部性涉及的人数众多时，首先他们自愿组织起来的成本巨大，即便组织起来，也不能解决"搭便车"的问题。

经济学界承认科斯定理在解决外部性问题上有上述局限性，但也承认，科斯定理在解决公共资源中出现的严重外部性问题上具有不可低估的重要意义。它启发了一代经济学家，使外部性理论的研究有了长足的发展。

11.3 公 共 物 品

在现实生活中，并不是所有的物品都必须付费才能使用，如空气，我们每个人每时每刻都在呼吸空气，但我们无须为之付费，这就是公共物品。公共物品（public goods）是具有极端外部性的特殊产品，也称公用品或共用品。由于公共物品共用的特殊性，使公共物品难以通过市场收费，或收费成本过高，致使生产成本不能得到合理补偿，导致市场供给不足，市场失灵。

11.3.1 公共物品的特征及分类

公共物品是与私人物品相对立的。私人物品是普通市场常见的物品，其突出特点是具有"排他性"和"竞争性"。排他性是指可以阻止某人使用的性质，例如，只有对商品支付费用的人，才能使用该商品。就像我们在商场中，如果我们付费就可以得到一套西服，如果不付费就不能拿走这套西服。竞争性是指如果某人使用了某种商品，其他人就不能同时使用。例如，当我们在商场里购买了一套西服并穿在身上，那么其他人就无法同时穿上这套西服。普通市场中的物品正是具备了这两个性质，市场机制才能发挥作用。

然而，在现实经济中，还存在着大量不具有排他性、竞争性的物品。例如对于有线电视，它具有排他性，交有线电视费的可以观看，没交费的不能观看；但该产品不具有竞争性，在张某观看的同时，并不影响李某观看。再如，对于航海的灯塔，通常并不具有排他性，也不具有竞争性，因为在大海上很难不让过往的船只使用，同时一条船只使用时也不影响其他船只使用。公共物品就是指那些具有非排他性和非竞争性的物品。

非排他性：如果人们不能被排除在消费一种商品之外，这种商品就是非排他性的。如果一种商品具有非排他性，人们就很难对使用非排他性的商品收费。空气就是非排他的，谁也不能排除人们的自由呼吸。

非竞争性：如果一个商品在给定的生产水平下，向一个额外消费者提供商品的边际成本为零，则该商品是非竞争的。例如船只对灯塔的使用。一旦灯塔建成并投入使用，额外船只对它的使用不会增加它任何运作成本；再如广播或无线电视，增加一个听众或观众所增加运营成本为零。

根据公共物品非排他性和非竞争性程度的不同，又可将公共物品分为纯公共物品、公共资源和准公共物品。

① 纯公共物品：同时具有非排他性和非竞争性的物品。如国防、法律、公安、制度、政策等，这些纯公共物品每个公民都有权享用，且为强制使用，同时不必支付任何费用；再

如城市的路灯、航海的灯塔①等都是纯公共物品。

② 公共资源：只有竞争性但非排他性的物品为公共资源（common property resource）。如城市公共绿地和免费公园、公海的鱼等。公共资源在使用者不多的情况下也不存在竞争性，但当使用者数量充分多时，就具有了竞争性。以在公海捕鱼为例，当捕鱼数量低于公海鱼类繁衍承载量时，张某在此海中捕鱼并不影响李某捕鱼，并且海中鱼的数量足以满足他们的生产能力；但当捕鱼者增多，达到一定程度后，某人捕鱼量的增加就会导致他人捕鱼量的减少，产生了竞争性。

③ 准公共物品：具有排他性但在一定程度上具有非竞争性的物品。例如未坐满的电影院、不拥挤的收费高速公路、网络和收费电视等。可以阻止不付费者使用，但在当前状况下，一人的使用并不影响他人的使用。

准公共物品与公共资源都有一定的竞争性，在消费者数量没达到拥挤点之前，并没有竞争性，当达到和超过拥挤点时，就显得十分拥挤，竞争性开始显现。例如，很多公园和旅游景点，在平常时间并不拥挤，但在"十一"黄金周时人满为患，竞争性十分明显。

还有一些物品并不具有公共物品的特点，但由于这些物品关系到全体居民的福利，同时这些物品又具有较强的正外部性，所以也将这些物品归为准公共物品，称为优效物品。如，教育体系、社会医疗保障体系、传染病免疫措施、社区安全保障、失业保险等，都属于优效物品。

另一些物品虽然具有共用性，但并不是公共物品，如学校图书馆中的图书，可以排除没有借书证的人使用，具有排他性；在某人借阅一本书的同时，他人就借不到同本书，所以也具有竞争性。因此，它并不是公共物品。

11.3.2 公共物品与市场失灵

由于公共物品具有非竞争性和非排他性的特点，因此对公共物品的消费具有下列特点。

① 增加一使用者的边际成本为零。一旦一种公共物品生产出来供人使用，那么由于公共物品的非排他性和非竞争性，再增加一个使用者的边际成本为零。例如，一旦国防体系建成，每一位公民都可以享受到它的好处，也不会因为增加一个新生儿增加国防开支。

② "搭便车"问题。当船主们意识到需要建造一灯塔时，他们会联合起来出资共建。但可能有的船主想，即使他不出钱，当灯塔建成后，一样可以享受到灯塔的指引，并不会因为不付钱而有丝毫减少。这样，就产生了所谓"搭便车者"（free rider），这种得到了一种物品的收益但避开为此支付费用的行为称为搭便车行为。当每位船主都想搭便车时，灯塔就建不起来了。

下面具体讨论公共物品如何导致市场失灵。具体如图 11-7 所示。

首先考察私人物品的最优数量的决定。由第 3 章可知，如果市场提供的是私人物品火腿肠，厂商的供给曲线为 S，张某对火腿肠的需求曲线为 $D_张$，李某对火腿肠的需求曲线为 $D_李$，如图 11-7（a）所示。火腿肠是具有竞争性的商品，也就是说，张某买的火腿肠并不能是李某买的，因此在每一个价格水平上，将张某对火腿肠的需求量与李某对火腿肠的需求

---

① 19世纪英国海岸上一些灯塔是由私人拥有并经营的。当地灯塔所有者并不打算向享用这种服务的船长收费，而是向附近港口的所有者收费。如果港口所有者不付费，灯塔所有者就关灯，而船只也不到这个港口。

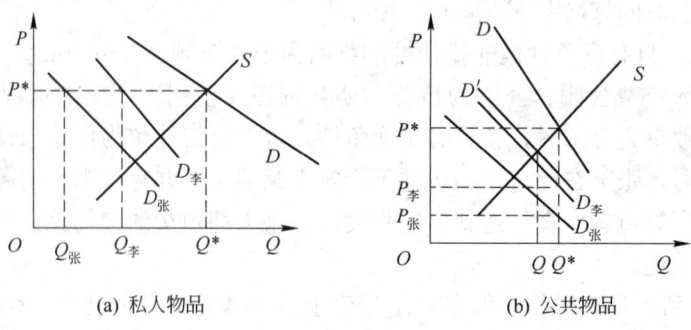

(a) 私人物品　　　(b) 公共物品

图 11-7　公共物品的最优数量

量水平相加,即得到市场对火腿肠的需求曲线:$D_张+D_李=D$。市场需求曲线 D 与供给曲线 S 的交点决定了火腿肠的均衡价格 P^* 和均衡数量 Q^*。在均衡价格 P^*,张某消费数量为 $Q_张$,李某消费数量为 $Q_李$,并且 $Q_张+Q_李=Q^*$。由于供给曲线代表了每一产量的边际成本,而需求曲线代表了消费者的边际收益,所以在均衡产量 Q^* 上,生产火腿肠的边际成本等于每位消费者的边际收益且等于均衡价格 P^*。根据帕累托最优条件,显然 Q^* 就是私人物品火腿肠的最优数量。

再来看公共物品的情况。以城市路灯为例,假定张某和李某对公共物品路灯的需求曲线已知,且分别为 $D_张$ 和 $D_李$,对路灯的市场供给曲线为 S。如图 11-7(b) 所示。现在的问题是,对于路灯这类公共物品的市场需求是否还能像私人物品一样,将每个消费者的需求曲线水平相加得到市场需求曲线呢?回答是否定的。公共物品的市场需求曲线不是个人需求曲线的水平相加,而是它们的垂直相加。这是因为,路灯这种公共物品具有非排他性和非竞争性,一旦路灯安装完毕,无论消费者是否交费都可以享用,而且张某享用的同时李某也可以享用,所以同样数量的路灯,不仅给张某带来收益也给李某带来收益,这说明每一消费者的消费量都与市场总消费量相等,但他们所获得的收益水平可能不一样。该消费数量对消费者产生的总收益应该是张某获得的收益与李某获得的收益之和,对这个消费量所支付的全部价格就应是张某和李某支付的价格总和。即社会需求曲线是同一产品数量下的价格相加所得 $D:P(Q)=P_张(Q)+P_李(Q)$。这样,市场需求曲线 D 与供给曲线 S 的交点决定了路灯的均衡价格 P^* 和均衡数量 Q^*。由于在均衡量 Q^* 上,社会提供路灯的边际成本为 P^*,总的社会边际收益为 $P^*=P_张+P_李$,社会边际成本等于社会边际收益,于是 Q^* 代表了路灯的最优数量。

但是对于公共物品的消费,消费者具有"搭便车"行为,对于每一单位公共物品能给消费者带来多少收益,社会并不知道,为了少支付价格或不支付价格,消费者会低报或隐瞒公共物品带给自己的收益,使社会表现出的对公共物品的需求曲线(如 D')低于真正的需求曲线 D,其均衡产量低于社会对公共物品的真实需求。这就是为什么公共物品总是供给不足的原因。

如果所有消费者都有"搭便车"的企图,那么他们为公共物品所愿意支付的费用将不足以弥补公共物品的生产成本,这就导致厂商不愿提供公共物品,公共物品如要有效率地生产就必须由政府补贴或政府提供。

11.3.3　政府对公共物品的供给

对于纯公共物品,如国防、法律、政策等,必须由国家提供。对于这些公共物品,消费者无须支付费用，可由国家的财政预算支付更有效，因为政府能够定出税或费来支付其成本。政府提供公共物品也并不等于政府生产公共物品，如军事装备、路灯等，政府并不一定直接生产，可通过企业生产、政府采购的方式，也可以采用签订合同、授权经营、经济资助、政府参股和社会自愿服务的方式。但是免费搭车的问题存在使人们错误地显示他们的偏好时，政府如何确定某种公共物品值得生产及生产多少呢？西方经济学经常提到的决策方法是成本-收益分析。

成本-收益分析是指政府在考虑实施一项公共项目时，应像私人企业一样比较项目实施的成本和收益。假如政府考虑修建一座水库，为了判定要不要建这座水库，政府必须比较所有使用这座水库人的收益和修建这座水库的成本。为了作出这个决策，政府会雇用由经济学家、工程师、环境专家等组成的专家组对该项目进行研究。这种研究称为成本-收益分析。其目的是核算该项目作为一个整体而言的社会总成本和总收益，如果社会总收益大于总成本，则该水库就应该修建；反之，就不应修建。

不能回避的是，成本-收益分析是一项艰难的工作。因为公共工程关系到相关者所有人的利益，从工程中获利者可能夸大工程的价值，从工程中受损者可能夸大工程的成本，有时一些成本和收益可能并不容易用统一的价值衡量。例如，我国三峡工程的建设。三峡工程是中国乃至世界有史以来最大的水利工程，而这项工程从决定建造、上马直到施工，经历了前后近 50 年的争论，关系到选址、施工技术、综合经济、环保、居民迁徙、文化保护、财务融资、营运效益等众多复杂的因素。数以百计的专家，提出无数的论证。到最后一次论证大会，400 多名专家在结论上签了名，仍有几名专家拒不肯签。赞成三峡工程的声音认为，长江中下游年年水患，损失无数，大范围区域的经济活动受到影响，人民生命财产没有保障，已到了不能不解决、不能再拖的地步；反对的声音认为，三峡工程的工程浩大，大范围区域的环境及生态影响深远，工程费用的负担和上游下游居民的利益等，都是极需关注及令人担忧与顾虑的。由此可见，成本-收益分析之艰难。

对于公共物品的最优供给量的决定问题，如果能够确定生产公共物品的成本与收益，就可以通过社会边际成本等于社会边际收益的均衡分析方法决定；否则，就得通过投票表决的方式决定。有关投票表决的内容涉及经济学中的公共选择理论，在此不赘述，有兴趣的读者可以查看相关资料。

总之，公共物品会造成市场机制失灵，因此政府介入公共物品的提供就是一种必然。政府提供公共物品，可以由中央政府直接提供，如一国的货币发行一般由中央政府直接经营；也可由地方政府直接经营，如医院、自然资源保护、城市供水等；还可以由地方公共团体经营，如自来水、工业水、电气、煤气、铁路等。

11.3.4 对公共资源的保护

公共资源是只具有竞争性而不具有排他性的公共物品，想使用公共资源的任何人都可以免费使用，但是，公共资源的竞争性决定了一个人使用公共资源减少了其他人对它的享用。对于这种资源经常会出现公共资源的悲剧（也称"公地悲剧"）。假设某地有一条公共的河流，是当地居民生活用水的主要来源，它不排除任何人使用。当有一个化工厂建在河边，并将生产污水排到河中时，由于河的自清性，并不影响人们的生活。但当其他人看到这个化工厂获得利润，纷纷在河的两岸建起若干工厂，并增加生产规模，寻求更多的利润，使更多的污水排进河中时，公共河流的竞争性就表现出来了：过量的排污超过了河的自清能力，最终导致河水变臭，失去了生活用水的价值。这就是作为公共资源的河流的悲剧。

造成公共资源悲剧的原因是对公共资源的使用具有负的外部性，当一个人使用公共资源时影响了他人的使用，使个人利益与公共利益背离。所有权与使用权分离的结果导致个人在追求自身利益最大化时，对公共资源不恰当地、过度地使用。为了避免资源的过早耗竭，防止"公地悲剧"发生，政府可以进行直接管理。例如，政府可以限定河流两边的厂商数量，或限定排污标准，或对污染企业征收排污费用以治理污染等，甚至可以尝试明确产权。无论哪种方式都可以达到工厂适度生产与保护环境的目的。

再如在公共湖泊中捕鱼。公共湖泊中的鱼是一种公共资源，如果渔民可以无限制地进入公共湖泊捕鱼并从中获利，渔民就会采取各种方法进行捕捞，如采用机械化捕捞、不顾是否是繁殖期捕捞、采用小眼渔网捕捞等手段，以追求捕鱼的最大产量。当这种掠夺式捕捞超过一定限度后，湖泊中鱼的繁衍能力将大大降低，最终导致鱼产量下降，造成公共资源悲剧。这种个人只顾自身利益最大化而并不关心公共资源最大化的行为，是造成公共资源悲剧的原因。正像古希腊哲学家亚里士多德指出的："许多人共有的东西总是被关心最少的，因为所有人对自己的东西的关心都大于与其他人共同拥有的东西。"

为了防止渔业这类公共资源悲剧发生，各国政府都对捕捞机械和捕捞时期有所管制，如限定网眼大小、制定休渔期等对湖泊鱼类进行保护，以保护公共湖泊的持续发展和利用。

公共资源很多，如清洁的空气和河流、石油矿藏、公海或公共湖泊中的鱼、土地等，为了防止公共资源的悲剧，政府应采取相应积极的措施。

【新闻中的经济学】　　　公共物品只能由政府埋单[①]

因为院内水管漏水，家住北京市东城东四八条37号院的朱大爷在没有征得邻居同意的情况下，自行请人对院内14户居民家的自来水管线进行检测，并交纳了检测费100元。为了收回每户该分摊的7.14元检测费，朱大爷费尽口舌没有结果后找到法院。法院审理后，从法理上认定邻居完全有理由拒绝朱大爷分摊检测费的要求。

朱大爷在没有得到他人授权的情况下"擅作主张"，从而导致追索检测费时败诉，在法理上是毫无疑问的。但这仅仅触及了事件的表层；从更深一层意义上讲，朱大爷的败诉是由公共物品自身的性质决定的。

朱大爷面对的漏水的水管也是一种公共物品。任何一个私人去修，都不能因自己花了钱而禁止别人使用，也就容易产生搭便车行为。因此，大家都选择观望是一种理性的行为。这又与经济学上另一个概念"公地悲剧"有关系：大家只用不修，水管便会一直漏下去。能改变这一局面的，只能是没有个人直接利益关系的政府。政府可以掏钱修好，也可以靠强力手段挨家凑钱修理。私人做这件事，则要么做不图经济回报的活雷锋，要么只能做"一人投资、众人受益"的冤大头。这是由公共物品的性质决定的，与朱大爷邻居们的觉悟高低没有关系。公共物品主要应由政府埋单，这一点不是靠个人道德觉悟所能改变得了的，无视这一点，只会付出不必要的成本。

---

① 王希忠. 公共物品只能由政府埋单. 中国经济时报，2004-06-15.

本章小结

1. 市场失灵。在不满足完全竞争市场的条件下，仅靠市场机制对资源进行配置并不能达到配置效率，这就是市场失灵。市场失灵的主要原因有垄断、外部性、公共物品和信息不对称。对市场失灵导致的资源配置不当，政府应进行有效干预。

2. 垄断与市场失灵。垄断企业通过控制价格的方式获取超额利润。一方面，垄断阻止资源向该行业自由流动，导致产出量低于社会福利水平；另一方面，为了获取和维护垄断地位，会出现"寻租"活动，这种非生产性活动直接导致社会福利的净损失。政府对付垄断的办法有限制价格、引进竞争和反垄断法等公共政策。

3. 外部性与市场失灵。在私人活动存在外部性时，私人成本并不等于社会成本。当存在外部经济时，私人成本大于社会成本，资源投入不足；当存在外部不经济时，私人成本小于社会成本，资源投入过量。对付外部性的办法有：一是税收与补贴；二是企业合并；三是产权明晰。科斯定理特别指出，对于产权明晰，而交易成本又很少的外部性问题，政府无须干预，市场均衡的结果就能达到资源的有效配置。

4. 公共物品与市场失灵。市场机制主要是在私人物品的场合起作用，却不适用于公共物品。因为公共物品通常是具有巨大外部经济性的物品，由于搭便车行为，市场并不能对生产公共物品的私人成本进行有效补偿，市场机制提供的产品数量往往太少。因此，政府必须承担提供公共物品的任务。

5. 市场机制并不是万能的，只有在市场机制与政府合理干预下才能实现资源的有效配置。这一点已经得到了经济学界的广泛认同。

知识拓展

（理论前沿）中国经济改革和激励机制[①]

1. 激励的深层作用

激励不仅仅是如何调动人的积极因素，鼓励出谋划策，努力工作。这确实是提高经济效率的重要步骤，但这只是第一步。比较起来，这一步是整个激励问题中较为容易的一步，其所起的作用也较为有限。光靠这一层次的激励是无法改善微观和宏观经济效率和效益的。我们必须进而考虑更深层次的激励作用。

所谓深层次的激励作用，是指激励作用不仅局限于影响个别经济个体的行为，更主要的是通过改变个体行为来影响、调节整个社会经济的资源配置。具体地说，激励的深层作用是要诱导经济个体合理地与外界其他个体交往、贸易，从而高效率地利用有限的社会资源以达

---

① 周惠中. 经济激励和经济改革//中国留美学者经济学会，汤敏，茅于轼. 现代经济学前沿专题：第2集. 北京：商务印书馆，1993：212-220.

到一定的社会目标。现代经济是社会化的经济，而非自给自足的自然经济，因此对现代经济的发展来说，经济个体之间合理协调的交往，社会资源的高效率配置，比之个别经济个体的局部效率远为重要。一般来说，表面层次的激励作用是显而易见的，即适当的收入分配所能激发起来的积极性。而深层次的激励作用，即被激发的经济个体通过其行为的改变对社会资源流向的影响，却容易被人忽视。

然而，经济激励的作用并不因人们的忽视而停留在表面层次、停留在分配领域。任何收入分配或再分配的变动，必将通过其内在的激励作用，传递到资源配置领域。如果在激励方面的考虑仅停留于表面层次，仅满足于激发热情和干劲，那么，被激发的经济能量可能在资源配置领域内产生破坏性作用。例如，"价格双轨制"的某些措施，往往使小企业的次质产品售价高于大企业的优质产品。这时，分配领域的激励效应就会鼓励小企业扩大生产而大企业压缩生产，结果造成社会资源的逆向流动，即从效率高的活动流向效率低的活动。这类现象在我国经济改革中也许并非主流，更普遍的则是被激发的经济能量受阻过于资源分配领域。由于改革尚未有较合适的新的配置机制，资源流向仍受旧的计划机制的支配。企业纵有锦囊妙计，占效率优势，却无力发挥这些优势来改变社会资源的流向。这样一方面，我们观察到各企业内部的"使用高效率"（或称"技术高效率"），即被激励的积极性大，提高了企业内给定资源的产出率；另一方面，我们却经历着整个国民经济的"配置低效率"（或称"经济低效率"），即因缺乏适当的深层激发作用，资源配置在全局上不合理。以下的例子是很典型的：1985年和1986年，我国的钢材库存增加量几乎等于增产量。积极增产却落得个库存积压！

美国经济学家Dernberger使用中国发表的统计资料研究了1978年以来改革对中国经济的增长和发展的影响。他的研究表明，改革10年中，中国经济的国民收入增长率相当可观。各部门的增长也很显著。但各部门在国民收入中所占的比重，却没有显著变化。这就是说，尽管各部门表现出"技术高效率"，而国民经济的结构却变化甚微，即社会资源的流向并未因改革而得到调节。当然，经济结构的变化是个长期过程，受到多种因素的影响，现在做任何判断还为时过早，但不能说这一现象与改革在深层激励方面无所作为无关。经济结构的变化体现了经济资源的重新配置。若没有适当的激励制度以改变配置机制，要合理地改变经济结构是不可能的。

随着改革的深入，以集权的行政指令配置资源的机制将逐渐被分权的市场机制所替代。社会资源的流向将越来越依赖于经济个体的自主行为。不能强制，必得诱导。因此，激励制度乃是今后我国社会资源配置能否合理化和优化的关键。当我们在分配领域有所动作时，必须充分考虑、预期其深层激励作用对资源流向的影响。当我们说"正确处理国家、集体和个人三者之间的关系"时，我们并不简单地理解为三者如何分配某特定的收入或财富，更重要的，要认识到这一收入分配制度将产生一定的刺激，从而改变这三者的行为，进而影响它们共同创造的社会财富总量。因此，正确处理三者的利益关系，不能光停留在收入分配上，而更要预见其对社会经济效率和效益的影响。

2. 剩余占有

在各种激励手段中，（广义的）利润可算是最直接、最有效的手段，因而在市场经济中应用最广泛。利润乃是经营的最终净成果的净剩余，即去除其他一切成本之后的最终成果。因此，经营的一切努力和贡献，包括所承担的风险，终将反映到利润中去。利润的强大激励作用，正在于让被激励者占有这种剩余，因而使他（她）的任何贡献都通过剩余的增加而得到承认和报酬。在企业中，剩余占有者为了获取最大利润，必然会尽力增加收入、降低成本，对企业的经营全面负责。说利润是衡量企业的良好的综合性指标，并不是说它包含有产量、质量、成本等众多具体的信息，而是因为利润体现了企业管理的全部决策的最终净成果。利润占有者为了扩大利润，会努力增加产量，提高质量，降低成本，迎合消费者以扩大销售，提高投资收益以吸引资本。与此相对照，任何其他指标都难以达到如此全面而强烈的激励效果。让某一投入要素（或其占有者）占有经营剩余，是激励理论中一个重要原则，它是一种终极的激励手段。车间主任管理工人，厂长管理车间主任，可谁管理厂长？在计划体制中，厂长也许还有局长、部长来管，但追根究底，谁管理最高管理者？谁评价、奖惩最高管理者？唯一的解决办法就是让某一成分占有经营剩余而责成他对经营管理负全部责任。从经济意义上来说，谁占有剩余，谁就实质上享有对该经济组织的所有权。而谁占有剩余，谁就自然会对经营管理负全部责任。

如果企业管理者不占有剩余，他对其所创造的剩余就不感兴趣，因而不可能对经营全面负责，而只对与其利益相关的考核指标负责。现在的诱导因素是谁将占有剩余？即是说，谁将对企业的经营负最终责任？在国有企业中，如果国家仍占有绝大部分剩余，那么改革面临着两重任务：一是设计新的激励机制以合理有效地引导企业管理，二是建设新的经济体制以限制政府行政权涉足企业管理（该方面不在此论述）。舍此二者，将无异于计划体制。目前改革中，更普遍的措施似乎是国家放弃占有剩余，即放弃企业所有权，但保留资产所有权，并对使用资产的企业收取租金或利息。这些措施是让企业本身占有剩余，从而将企业所有权转让给企业。但这并不等于解决了企业所有者对经营者的激励问题。在企业内部管理层和职工之间，还存在谁占有或如何分享剩余的问题。在社会主义制度下，出于收入分配的考虑，一般不可能让管理层占有全部剩余，至少对大中企业是如此。较普遍的恐怕是全体职工，包括管理人员，分享全部剩余，即所谓企业集体所有制。这时，企业面临的问题是，全体职工如何诱导、约束经理，使他们的行为和决策代表全体职工（所有者）的长期利益。因为尽管管理者也分享一份利润，但由于份额微不足道，经营效率的提高给经理带来的边际收益也许不足以激发或补偿其所做出的边际贡献和所承担的边际风险。类似的激励问题也会出现在股份制中。如果国家控有多数股，那只是换了形式的国家所有制。上述两重任务，即建立适当的激励机制和经济体制，仍不可避免。如果民众占有股份，则激励问题表现为众多分散的股东如何诱导、约束经理，使他们的行为和决策代表股东的利益。总之，激励始终是所有制改革的中心。从经济效率角度来看，所有权的重新分配，不仅涉及收入权益的重新分配，而且伴随着责任、风险的转移。所有这些变化，都会导致经营者的决策行为和风险态度的改变。所有制改革的目的，就是试图通过所有权的重新分配，使责、权、利相一致，使所有权与经营权结合或接近，从而缓和或解决经济激励中的困难。

像经济学家一样思考

解析：对小区内的免费网球场

现在让我们回到本章的导入案例，看一看经济学家如何看待小区中的免费网球场问题。

经济学家的分析：

根据美国经济学家萨缪尔森创立的公共物品理论，全部社会产品被划分为私人产品、公共物品和准公共物品。免费的公共体育设施是一种具有非排他性，但有竞争性的资源。当一些人使用球场时，可以阻止其他人使用该球场。

虽然免费的网球场为附近小区的居民提供了健身资源，但也正是因为"免费"这一政策，使得资源的归属并未按竞争性市场的结果体现。换句话说，由于资源获得者并不是按保留价格排序的，因此资源的分配是无效率的。对于公共地的放牧及公共海域的捕鱼问题，资源无效使用的后果会更加严重。

就当代的研究来看，公共物品的提供及有效的使用是较为复杂的问题。以小区的免费网球场为例。建造体育设施可以为附近的居民提供健身资源，这扩大了附近居民的选择集合。然而，由于球场的使用并非按照边际原则定价，因此使用球场的人可能并不是对球场价值评估最高的人。改善这一问题就需要理解外部性、公共物品和机制设计等概念，并考虑什么样的公共物品提供方式可以降低效率损失。从公共物品供给的角度看，免费的供给对于网球场来说是否合适，需要更为仔细地思考。通常情况下，网球场最多只能提供给4个人同时使用（双打）；而篮球场或足球场的排他性会相对较小（可以同时提供给多人使用）。因此，免费政策或许不是网球场的最佳选择。在类似的问题中，放牧草场和渔场都实行了数量管制政策。比如，中国沿海各省规定了明确的休渔期，牧场也往往有放牧数量限制。正如草场和渔场的数量管制，小区公园中免费的网球场也应该制定必要的管制措施。就网球场本身而言，由于网球运动的受众群体相对较小，因此提高效率的方法应该是收取场地的使用费。

练习及思考

1. 填空

（1）公共物品的消费特点是_____、_____。

（2）垄断造成的无谓损失是_____的消费者剩余与_____的消费者剩余之差，再减去被生产者分割掉的消费者剩余。

（3）外部性是指一个经济当事人的活动对_____造成了成本和收益影响，但又_____将这些影响计入市场交易的成本与价格之中。

（4）科斯定理特别指出，对于_____明晰，而交易成本又_____的外部性问题，政府无须干预，市场均衡的结果就能达到资源的有效配置。

2. 判断题（正确的在括号中打√，错误的打×）

（1）（　　）垄断厂商追求利润最大化时，消费者购买最后一单位商品的边际收益等于生产该产品的边际成本。

（2）（　　）市场机制总是可以使资源得到最有效的配置。

（3）（　　）一般情况下，二手车的卖主比买主知道更多关于旧车性能的信息，这种情况被称为搭便车问题。

（4）（　　）外部不经济的经济活动其私人成本大于社会成本。

（5）（　　）寻租是指一利益集团花费时间和资源去获得政府优惠。

（6）（　　）在消费上或使用上具有竞争性和排他性特点的商品叫公共物品。

（7）（　　）垄断厂商的产量低于竞争厂商的产量。

（8）（　　）公共物品的市场需求曲线是消费者个人需求曲线的水平相加。

3. 选择题

（1）不是导致市场失灵的因素有（　　）。

A. 垄断　　　　B. 外部经济　　　　C. 公共物品　　　　D. 政府

（2）养蜂者的工作会对苹果园的生产产生（　　）。

A. 生产的外部经济　　　　　　　B. 消费的外部经济

C. 生产的外部不经济　　　　　　D. 消费的外部不经济

（3）对自然垄断的价格管制通常使价格等于（　　）。

A. 边际收益　　B. 平均收益　　C. 边际成本　　D. 平均成本

（4）在下列哪种情况下，激励是必要的？（　　）

A. 市场是完全竞争的　　　　　　B. 个人不承担其行为的全部后果

C. 私有产权界定清楚　　　　　　D. 交易成本很小

（5）逆向选择行为是（　　）。

A. 由于交易一方或双方的行为是不能被观察的，因此合同条款不能建立在这些行为上

B. 由于交易一方或双方有些不能被观察的特征，因此合同条款不能建立在这些行为上

C. 交易双方的目标不一样

D. 以上都是

（6）科斯定理假设交易成本为（　　）。

A. 为0或很小　　B. 1　　C. 大于1　　D. 为1或很大

（7）在消费或使用上，私人物品的特点是（　　）。

A. 竞争性和排他性　　　　　　　B. 非竞争性和非竞争性

C. 竞争性和非排他性　　　　　　D. 非竞争性和排他性

（8）当一个消费者的行动对他人产生了有利的影响，而自己却不能从中得到补偿，便产生了（　　）。

A. 消费的外部经济　　　　　　　B. 消费的外部不经济

C. 生产的外部经济　　　　　　　D. 生产的外部不经济

4. 计算题

（1）假定某地有一公共牧场，牧民可以在此牧羊。牧场的成本函数是 $C=0.5x^2+2\,000$，x 是牧场上养羊的只数，每只羊的价格为 $P=200$ 元。试求：

① 该牧场利润最大化时所养羊的只数；

② 当该牧场有 10 户牧民，牧场成本由他们平均分摊时，牧场上养羊的只数是多少？这会导致什么样的后果？

（2）假定上游是化工厂 A，下游是养鱼场 B，厂商 A 的生产活动对厂商 B 产生负的外部影响；A 的产量为 x，成本函数为 $C_A=x^2$；B 的产量为 y，成本函数为 $C_B=y^2+x$；x、y 的价格为分别为 40 元、30 元。试回答下列问题：

① 两个厂商互不交涉，各自追求利润最大化时的产量、利润和总利润各是多少？

② 两个厂商合并后各自的产量、利润和总利润各是多少？

③ 如果政府对厂商 A 课以从量税，其税率应为多少？

④ 当污染权归 A 所有，交易成本为零时，其均衡结果如何？

⑤ 当污染权归 B 所有，交易成本为零时，其均衡结果又如何？

（3）设一产品的市场需求函数为 $Q=\alpha-\beta P$，成本函数为 $C=\gamma Q$。其中，α、β、γ 为非负常数。试问：

① 若该产品为一垄断厂商生产，利润最大时的产量、价格和利润各为多少？
② 达到帕累托最优，产量和价格应为多少？
③ 社会纯福利在垄断性生产时损失了多少？

5. 问答与论述题

（1）垄断是如何导致市场失灵的？对于垄断的管制，除了本章提到的方式，你还有别的建议吗？

（2）你认为政府在解决外部性问题上能发挥什么积极作用？

（3）你怎么理解科斯定理的适用性与局限性？就你所发现的某外部性问题，给出合理的解决方法。

（4）为什么固定工资制度不能解决委托-代理问题，而利润分享工资制度和奖励工资制度则能较好地解决委托-代理问题？

6. 资料题

在本章的"导入案例"和"像经济学家一样思考"栏目中，提到并讨论了关于小区公共物品问题。在社会人士和学者中，关于小区公共物品的讨论一直没有停止过。请你广泛查阅文献，对相关论点进行综述，并表明自己的观点。

第 12 章 博弈论与信息经济学

【知识结构图】

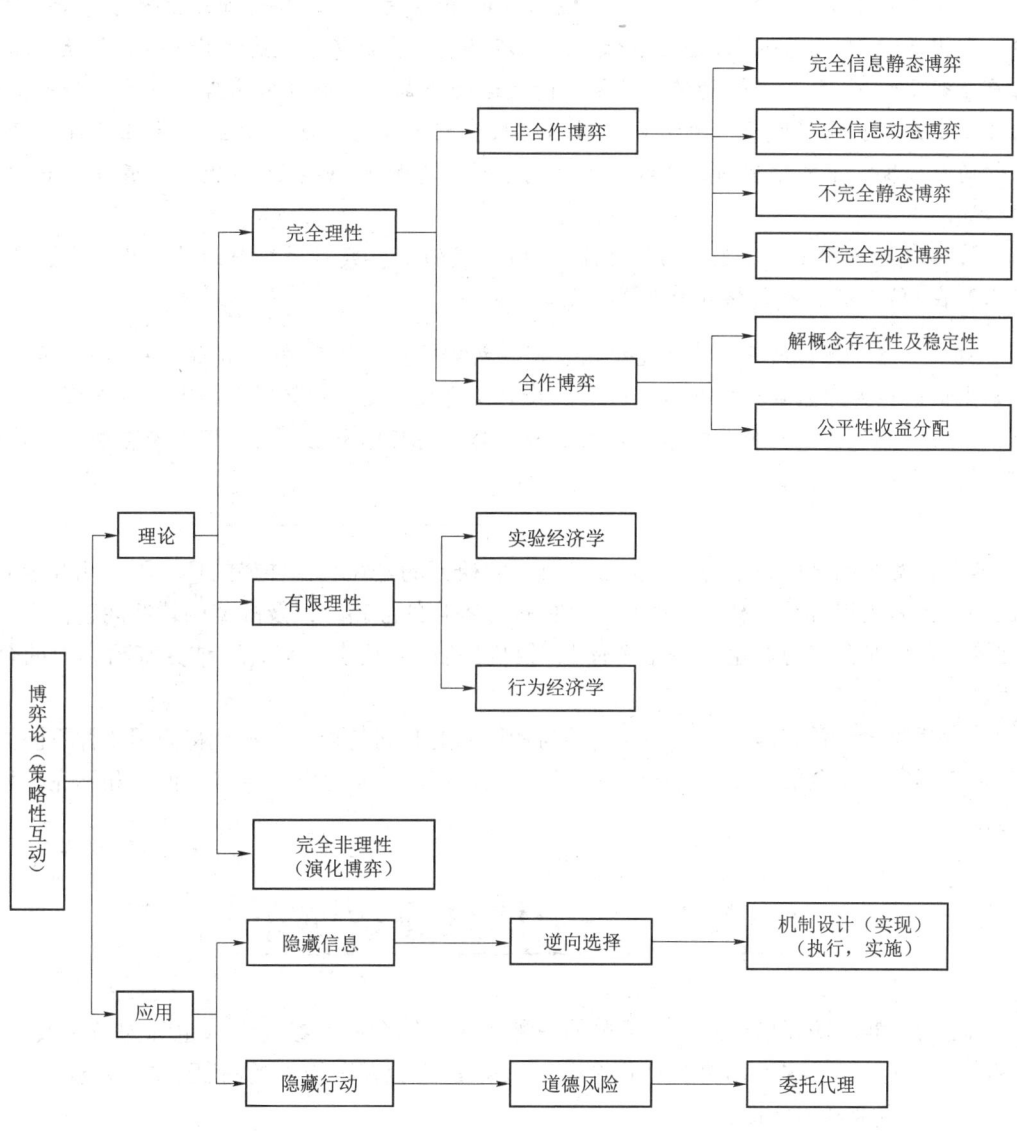

【开篇案例】

5G时代：运营商结束价格战

2019年10月31日，中国移动和中国联通相继推出5G套餐资费，这也意味着中国正式迎来了5G商用时代。从两大运营商此次公布的5G套餐资费来看，价格体系和套餐内容差异不大。就个人用户套餐而言，中国联通5G套餐从129元起步，最高为599元，一共7挡，套餐体系更为细化；中国移动则从128元起步，最高为598元，一共5挡。两家运营商同价位挡5G套餐包含的流量和通话时长相差不大，同时两家都采用了按照网速来差异化定价的方式，不同价位挡的5G套餐会享受不同的网速。

这与4G时代形成鲜明对比。在4G时代的激烈竞争中，移动和联通为了争夺用户，纷纷推出低价4G套餐。4G套餐最低3元，不限量套餐资费也从最初的199元降至29元，用户还能享受20元20GB的流量政策。两大运营商都无一例外地出现了用户数增长、平均每个用户流量使用增长，但流量收入不增长甚至下滑的现象。在2019年上半年，两大运营商都出现了不同幅度的营业收入、利润下滑，再加上5G投入巨大，运营商开始取消价格战。

价格战是一种理性的选择吗？为什么4G时代的价格战对运营商的营业收入带来负面影响？在5G时代放弃价格战会改善他们的处境吗？

对于上述问题的回答，博弈论给出我们全新的视角。博弈论（game theory），是研究决策主体的行为发生直接相互作用时的决策以及这种决策的均衡问题的理论。在经济社会中，企业的选择受其他企业的影响，反过来也会影响其他企业，因此博弈论在微观经济学中得到了广泛的应用。

非合作博弈论是博弈论的一个重要分支，它研究的是在利益冲突的环境下，相互独立和理性的个体为实现自己的利益最大化，如何选择各自的战略，以及战略的均衡问题。由于独立性要求，在非合作博弈论中每个个体只对自己的行为负责，不会缔结具有约束力的合作同盟。

结合博弈参与者掌握信息的多少、参与者行动的时间与顺序，本章将介绍4种不同类型的非合作博弈：完全信息静态博弈、完全信息动态博弈、不完全信息静态博弈和不完全信息动态博弈。

12.1 完全信息静态博弈

完全信息静态博弈描述的是最简单的一种环境：每个博弈参与者（也称为局中人），同时行动，而且只有一次行动机会；每个参与人对其他所有参与人的特征、战略空间、收益（支付）函数有准确的认识。

12.1.1 博弈的标准式表述

在博弈的标准式表述中,每一参与者同时选择一个战略,所有参与者选择战略的组合决定了每个参与者的收益。

定义 博弈:在一个 n 人博弈的标准式表述中,参与者的战略空间为 $S_1, \cdots, S_n$,收益函数为 $u_1, \cdots, u_n$,用 $G=\{S_1,\cdots,S_n;u_1,\cdots,u_n\}$ 表示此博弈。

博弈的标准式表述包括:① 博弈的参与者;② 每一参与者可供选择的战略集;③ 针对所有参与者可能选择的战略组合,每一个参与者获得的收益。

在 n 人博弈的标准式表述中,参与者从 1 到 n 排序,设其中任一参与者的序号为 i,令 S_i 代表参与者 i 可以选择的战略集合(称为 i 的战略空间),其中任意一个特定战略用 s_i 表示(有时写成 $s_i \in S_i$,表示战略 s_i 是战略集 S_i 中的要素)。令 $(s_1, \cdots, s_n)$ 表示每个参与者选定一个战略形成的战略组合,u_i 表示第 i 个参与者的收益函数,$u_i(s_1,\cdots,s_n)$ 即为参与者选择战略 $(s_1,\cdots,s_n)$ 时第 i 个参与者的收益。

借一个经典的例子——囚徒困境来说明博弈的标准式。两个犯罪嫌疑人被捕,除非至少一个人招供犯罪,警方并无充足证据将其治罪。警方把他们关入不同审讯室,并对他们说明不同行动(坦白或者抵赖)带来的后果。如果两人都抵赖,将均被判为轻度犯罪,入狱 1 个月;如果双方都坦白,都将被判入狱 8 个月;最后,如果一人坦白而另一人抵赖,坦白的一人将马上获释,而另一人将被判入狱 10 个月——所犯罪行被判 8 个月,干扰司法加判 2 个月。

囚徒面临的问题可用图 12-1 所示的双变量矩阵表来描述。双变量矩阵可由任意多的行和列组成,"双变量"指的是两个参与者的博弈中,每一单元格有两个数字,分别表示两个参与者的收益。

在此博弈中,每一囚徒有两种战略可供选择:坦白、抵赖,在一组特定的战略组合被选定后,两人的收益由图 12-1 双变量矩阵中相应的数据所表

图 12-1 囚徒问题

示。习惯上,横行代表的参与者(此例中为囚犯 A)的收益在两个数字中放前面,列代表的参与者(此例为囚犯 B)的收益置于其后。

如果囚犯 A 选择抵赖,囚犯 B 选择坦白,囚犯 A 的收益就是 -10(代表服刑 10 个月),囚犯 B 的收益为 0(代表马上释放)。

囚徒困境博弈揭示了两个深刻的问题。

第一,从浅层次看,囚徒困境现象说明了维持合作的困难。即使在合作使所有人的状况都变好时,人们在博弈中也往往不能相互合作。在本例中,如果采取合作(即都抵赖),囚犯 A 和囚犯 B 的状况都会更好些,将分别被判 1 个月徒刑,其收益组合是 $(-1,-1)$;但由于追求各自的利益,两个囚犯共同选择了使每个人状况变坏的结果,均衡收益组合是 $(-8,-8)$。

进一步,设想两囚犯在被警察抓住之前建立一个攻守同盟(都抵赖),会有什么结果呢?稍加分析便知,这个攻守同盟也没有用,因为它不构成纳什均衡,两人都有积极性违反协定。由此可见,两个囚犯之间的合作是难以维持的,因为从个人角度看合作是不理性的。这就进一步说明了维持合作的困难。

第二，从更深的层次看，囚徒困境反映了个体理性与集体理性之间的冲突。从集体理性的角度看，如果两个人都抵赖，各判刑1个月，显然比都坦白各判刑8个月好。但这个帕累托改进办不到，因为它不满足个体理性要求，（抵赖，抵赖）不是纳什均衡。最终，个体理性角度最好的结局，却是集体理性角度最差的结局。

囚徒困境所体现的个体理性与集体理性之间的冲突，形成了对古典经济学的"看不见的手"原理的挑战。根据"看不见的手"原理，在市场机制的作用下，理性的个人在追求自己利益的过程中，会同时增进社会的整体利益。或者说，"看不见的手"原理揭示的经济思想是：在市场机制的作用下，个体理性和集体理性是一致的。然而，在现实中，我们却发现个体理性和集体理性常常是不一致的，特别是，当个体行为发生直接的相互影响时，这种不一致性体现得更加明显，而囚徒困境模型恰恰对这种不一致性给予了解释。

12.1.2 重复剔除严格劣战略的占优战略均衡

博弈论的研究目的是试图预测特定博弈规则下各参与人的战略选择，并进一步指出博弈结果。占优战略均衡是参与人进行战略选择的基本方式之一。

为了表达上的简略，我们可将除第i个参与人所选择战略$s_i \in S_i$之外的其他所有参与人所选择的战略组合记为$s_{-i}=(s_1,\cdots,s_{i-1},s_{i+1},\cdots,s_n)$，$s_i \in S_i$，$i \in \Gamma$，又记$s=(s_1,\cdots s_{i-1},s_i,s_{i+1},\cdots,s_n)=(s_i,s_{-i})$。

定义 占优战略：设$s_i, s_i' \in S_i$，若满足$u_i(s_i,s_{-i}) \leqslant u_i(s_i',s_{-i})$，$\forall s_{-i} \in \prod_{j \neq i} S_j$，则称$s_i$为$s_i'$的劣战略，称$s_i'$为$s_i$的占优战略。当不等式对任何$s_{-i}$都是严格不等式时，$u_i(s_i,s_{-i})<u_i(s_i',s_{-i})$，则称$s_i$为$s_i'$的严格劣战略，称$s_i'$为$s_i$的严格占优战略。占优战略均衡（dominant-strategy equilibrium），是指当所有参与人都选择各自的严格占优战略时所出现的战略组合。

例如，在前面给出的"囚徒困境"例子中，对于任一犯罪嫌疑人，无论另一犯罪嫌疑人是选择"坦白"或是选择"抵赖"，他选择"坦白"都是相对于选"抵赖"为优的战略。因此，"坦白"是"抵赖"的占优战略，而"抵赖"是"坦白"的劣战略，并且，由于"坦白"还是"抵赖"的严格占优战略，"抵赖"是"坦白"的严格劣战略，该博弈存在唯一的"占优战略均衡"，即（坦白，坦白）。

尽管严格占优战略均衡或许是博弈模型能给出的一种很好的博弈结局预测，但是在许多博弈中，并不存在严格占优战略均衡。以下面的智猪博弈为例，我们来理解在不能运用占优战略的情况下，如何运用"重复剔除严格劣战略"的方法找出"重复剔除严格劣战略的占优战略均衡"解。

在一个猪圈里养着一头大猪和一头小猪，在猪圈的一端放有一个猪食槽，在另一端安装有一个按钮，控制着猪食的供应量。假定：按一下按钮，就有8个单位猪食进槽，但按动按钮需支出2个单位成本；若大猪先到食槽，则大猪吃到7个单位食物，而小猪仅能吃到1个单位食物；若小猪先到，则大猪和小猪各吃到4个单位食物；若两猪同时到，则大猪吃到5个单位，小猪仅吃到3个单位。

这里，每头猪都有两个战略：按或等待。

显然，该博弈不存在占优战略均衡，因为尽管小猪有一个严格占优战略，但大猪并没有占优战略，所以，不能运用占优战略均衡概念求解此博弈；但我们却可用"重复剔除严格劣战略"的方法找出"重复剔除严格劣战略的占优均衡"解。

假定：小猪是理性的，它会选择严格占优战略"等待"，从而它会将劣战略"按"剔除。假定大猪正确地预测到小猪会剔除"按"并选择"等待"，故而博弈就变成了图12-3给出的情形。

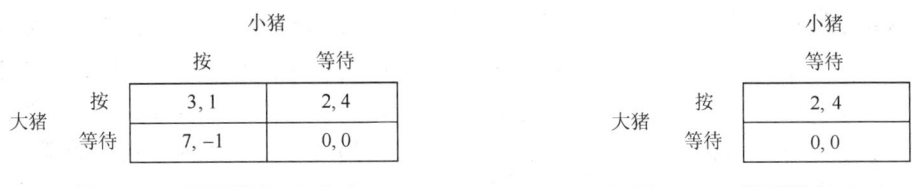

图12-2　智猪博弈（一）　　　　　图12-3　智猪博弈（二）

显然，在新的博弈中，大猪有一个严格占优战略"按"，而此时"等待"仍是小猪的严格占优战略，假定大猪也是理性的（因而才被称为"智猪"），则大猪不会选择"等待"。因此，在这个新的博弈中，存在严格占优战略均衡（按，等待），即大猪选择"按"，小猪选择"等待"。

定义　重复剔除占优可解：战略组合 $s^* = (s_1^*, \cdots, s_n^*)$ 称为重复剔除严格劣战略的占优均衡（iterated dominance equilibrium），如果它是重复剔除严格劣战略后剩下的唯一的战略组合，当这种唯一的战略组合存在时，称该博弈是重复剔除占优可解（dominance solvable）。

可以通过博弈论模型来帮助理解很多经济现象，如前面给出的智猪博弈模型。

智猪博弈模型可以用来解释股份公司治理结构。在股份公司中，大股东是"大猪"，小股东是"小猪"。尽管股东承担着监督管理层的职能，但大股东和小股东从监督中得到的收益并不一样。监督管理层需要付出搜集信息和花费时间的成本。在监督成本相同的情况下，大股东从监督中得到的好处显然多于小股东。因此，均衡状态下大股东担当起搜集信息、监督经理的责任，而小股东则搭大股东的便车。

新产品和新技术的研发成本高昂，通常由行业领先的大企业进行开拓性的研究开发和技术创新，而小企业则选择等待，对大企业开发出的新技术和新产品进行模仿。在新产品的推广方面，大企业同样要花费大量广告和推广费用，培育市场使消费者接受新产品，而小企业通常等待大企业打开市场后通过出售廉价仿制品来进行市场占领。

【新闻中的经济学】　　　　　OPEC＋的减产协议

据《第一财经》2019年9月10日报道，沙特阿拉伯新任能源大臣阿齐兹2019年9月9日在阿联酋出席第24届世界能源大会时表示，沙特阿拉伯能源政策不会出现大的变动，将维持以前达成的原油减产协议。他说，石油输出国组织（OPEC）和俄罗斯等其他产油国的结盟会长期存在，希望各国遵守减产协议，以维持全球原油市场的供需平衡。俄罗斯政府9日同样表示，沙特阿拉伯能源部在领导层变更后，不会对OPEC＋的减产协议有任何影响，并且预计"一切照旧"。

OPEC和俄罗斯等多个非OPEC产油国2016年年底达成原油减产协议，从次年开始一同减产，以推升原油价格。减产协议多次延长。根据2019年7月达成的最新协议，减产措施延长9个月至2020年3月底，维持之前的减产量，即每天最多120万桶。

受市场乐观情绪影响，2019年9月初国际油价节节攀升至1个多月来的高位，截至记者发稿时，布伦特原油期货上涨0.26%至62.75美元/桶，NYMEX原油期货则上涨0.31%至58.02美元/桶。

OPEC的一个重要特点，是成员的生产能力各不相同，沙特阿拉伯的生产能力远远超过其他成员。把它与一个相对较小的成员如伊拉克相比，就很容易明白其中的奥秘。

假定在遵守协议的情况下，伊拉克每天应该生产200万桶石油，沙特阿拉伯应该生产800万桶。对于他们两者，作弊意味着每天多生产200万桶。基于双方的不同选择，投入市场的总产量可能是1 000万、1 200万桶或者1 400万桶，相应的价格是80、60和40美元。由此得出收益矩阵，如图12-4所示

	伊拉克	
	200万桶	400万桶
沙特阿拉伯 800万桶	640, 160	480, 240
1 000万桶	600, 120	400, 160

图12-4 石油减产博弈

（单位：亿美元）。

伊拉克有一个严格占优战略：作弊，每天多生产200万桶，即生产400万桶；沙特阿拉伯也有一个严格占优战略，遵守协议，每天生产800万桶。在此情况下，沙特阿拉伯一定会遵守协议，哪怕伊拉克作弊。

"智猪博弈"成功地解释了OPEC的石油分配方案。OPEC成功之处在于它的最大的成员——沙特阿拉伯。沙特阿拉伯希望所有成员能控制石油产量使石油价格保持在较高的水平上。当某些小石油输出国不按配额增加自己的石油产量时，沙特阿拉伯大度地削减自己的石油产量以保持总产量的基本稳定。在这里，沙特阿拉伯扮演了智猪博弈中"大猪"的角色，因为沙特阿拉伯及那些小石油输出国都明白，此时除非沙特阿拉伯限制自己的产量，否则OPEC可能面临崩溃。小石油输出国依赖沙特阿拉伯对OPEC的努力而从中受利。事实上，沙特阿拉伯为了自己赢得较高收益，理性地愿意忍受维持OPEC的不匀称摊派。

对于非OPEC成员的产油大国俄罗斯，遵守OPEC+的减产协议同样来自这种考虑，与沙特阿拉伯共同努力将减产协议延续下去，也是俄罗斯的占优战略。

12.1.3 纳什均衡

随着博弈论学科的发展，均衡的概念也在不断演化。从早期的占优战略均衡、重复剔除严格劣战略的占优战略均衡，直到后来的纳什均衡，博弈论的基本框架才告完成。继纳什均衡之后，一些更为精致的均衡概念也被陆续提出，而且这方面的研究还在不断深入。但是，纳什均衡概念无疑在博弈论发展史上占有里程碑式的地位，它的提出标志着博弈论进入了一个有着完整方法论体系的新兴学科的迅猛发展时期。在学习了有关占优战略均衡和重复剔除严格劣战略的占优战略均衡的相关概念和理论后，现在开始学习纳什均衡的相关概念和理论。

定义 纳什均衡：对于 n 人战略式表述博弈 $G=\{S_1,\cdots,S_n;u_1,\cdots,u_n\}$，若战略组合 $s^*=(s_1^*,\cdots,s_n^*)$ 满足如下条件，则称 s^* 是一个纳什均衡：

$$u_i(s_i^*,s_{-i}^*) \geq u_i(s_i,s_{-i}^*), \forall s_i \in S_i, i=1,\cdots,n$$

即，如果对于每一个 $i=1,\cdots,n$，s_i^* 是给定其他参与人选择 $s_{-i}^*=(s_1^*,\cdots,s_{i-1}^*,s_{i+1}^*,\cdots,s_n^*)$ 的情况下第 i 个参与人的最优战略。

上面给出的纳什均衡是一种"弱纳什均衡"概念。当不等式为严格不等式时，得到"强纳什均衡概念"，如果一个纳什均衡是强的，则没有任何参与人在均衡战略与其他战略之间是无差异的；在弱纳什均衡情况下，有些参与人可能在均衡战略与非均衡战略之间是无差异的，既然是无差异的，为什么选择均衡战略而不选择其他战略呢？由于这个原因，强纳什均衡比弱纳什均衡是一个更为可取的概念。

对于一个具体的博弈模型，如何将纳什均衡求解呢？一般而论，不同情况下的纳什均衡有不同的求解方法。当战略空间是连续性的且收益函数充分光滑时，通常运用微分学方法求解纳什均衡，但在两人有限博弈的战略式表述场合，可直接使用一种十分简便的方法找出模型中所有的纯战略纳什均衡，

		L	M	R
A	U	3, 2	4, 7	5, 1
	H	6, 1	2, 8	1, 1
	D	3, 7	8, 9	10, 4

图 12-5　A 和 B 的收益矩阵

这就是**"划线法"**。在图 12-5 中，在给定 A 的每一个战略选择下找到 B 的最大收益所对应的 B 的战略，然后在该最大收益的下端划上一条短横线；同样地，接着又在给定 B 的每一战略选择下找到 A 的最大收益所对应的 A 的战略，然后在该最大收益的下端划上一条短横线。最后，将那些 A 和 B 的收益下端都划有短横线所对应的战略组合找出来，它们就是纯战略纳什均衡。于是，战略组合（D, M）构成了一个纳什均衡。

根据纳什均衡的定义，我们很容易理解为什么通过划线法找出的战略组合是纳什均衡。在两个参与人的收益下端都划有短横线的战略组合中，给定任一参与人的战略，另一个参与人的战略都是最优战略，因而这个战略组合就是一个纳什均衡。

占优战略均衡、重复剔除严格劣战略的均衡一定是纳什均衡，但纳什均衡不一定是占优战略均衡或重复剔除严格劣战略的均衡。纳什均衡一定是在重复剔除严格劣战略的过程中没有被剔除掉的战略组合，但没有被剔除掉的战略组合不一定是纳什均衡。如果战略组合是一个纳什均衡，那么它们是在重复剔除严格劣战略后留下的。

12.1.4　混合战略

前面的分析一直隐含地假设参与人始终选择某一确定的行动。以猜币游戏为例，游戏参与人要么确定地选择"正"，要么选择"反"，这样的战略称为纯战略。如果参与人不刻意地选择"正"或"反"，而是随机选择，这相当于"以 50% 的概率选正面，以 50% 的概率选反面"，这种具有一定程度随机性的战略被称为混合战略。

定义　纯战略：纯战略（pure strategy）指参与人在每一个给定信息的情况下只选择一个特定的行动，$S_i = \{s_{i1}, \cdots, s_{ik}\}$。混合战略（mixed strategy）指参与人在每一个给定信息的情况下以某种概率分布随机地选择不同的行动。战略 S_i 的概率分布：$p_i = (p_{i1}, \cdots, p_{ik})$，$0 \leq p_{ik} \leq 1$，$\sum p_{ik} = 1$，$k = 1, \cdots, k(i)$，$i = 1, \cdots, n$。

显然，混合战略是纯战略概念的一种扩充，因为当某个 $p_{ik} = 1$ 时，混合战略就"退化"为一种纯战略。当参与人按混合战略进行博弈时，称博弈为混合战略博弈。

下面以性别战（Battle of sex）为例来说明混合战略博弈。一对兴趣不一致的恋人安排周末活动，他们在看足球和听歌剧中做选择。男的喜欢足球，女的则喜欢听歌剧，在两人的各种选择（战略）组合下，双方的效用如图 12-6 所示。

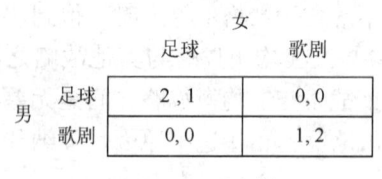

图 12-6 性别战

（足球，足球）和（歌剧，歌剧）是该博弈的两个纯战略均衡。现在要考虑是否还存在混合战略均衡。假设，男士和女士分别以概率 p 和 q 选择看足球，以概率 $1-p$ 和 $1-q$ 选择听歌剧，则男士的目标是最大化其收益函数 $u_1 = 2pq + (1-p)(1-q)$，一阶必要条件为 $2q-(1-q)=0$，得 $q=1/3$。女士的目标是最大化其收益函数 $u_2 = pq + 2(1-p)(1-q)$，一阶必要条件为 $p-2(1-p)=0$，$p=2/3$。所以，混合战略的纳什均衡是：男士以 2/3 的概率选择看足球，以 1/3 的概率选择听歌剧；女士以 1/3 的概率选择看足球，以 2/3 的概率选择听歌剧。

12.1.5 应用

下面将介绍几个运用完全信息静态博弈模型方法分析经济问题的例子，这样有助于加深对一些经济学现象及原理的理解。

1. Hotelling 价格竞争模型

假定：产品在物质性能上完全相同，但在空间位置上有差异。因不同位置上的消费者要支付不同的运输成本，他们关心的是价格与运输成本之和，而不单是价格。

假设有一长度为 1 的线性城市，消费者在 [0, 1] 上均匀分布，分布密度为 1。有两个商店分别位于城市两端，商店 1 在 $x=0$，商店 2 在 $x=1$，出售相同产品。每个商店提供单位产品的成本为 c，消费者购买商品的旅行成本与其离商店的距离成正比，比例系数为 t，故在 x 处的消费者若在商店 1 购买，其旅行成本为 tx；若在商店 2 购买，旅行成本为 $t(1-x)$，如图 12-7 所示。

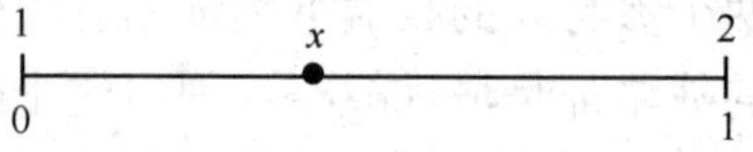

图 12-7 Hotelling 价格竞争

假定消费者具有单位需求，即消费 1 个单位或者消费 0 个单位。下面求解两个商店之间进行价格竞争的纳什均衡。假定两个商店同时选择自己的价格。为简化分析，假定每个消费者都购买一个单位产品（即消费者剩余相对于价格加上旅行费用足够大）。令 P_i 为商店 i 的价格，$D_i(P_1, P_2)$ 为其需求函数，$i=1, 2$。

设 x 处的消费者对两个商店之间是无差异的，则在 x 左边的消费者都会在商店 1 购买产品，而 x 右边的消费者会都在商店 2 购买，故需求分别为 $D_1=x$，$D_2=1-x$，x 满足

$$P_1+tx=P_2+t(1-x)$$

解得

$$x=\frac{P_2-P_1+t}{2t}$$

$$D_1(P_1,P_2)=x=\frac{P_2-P_1+t}{2t}$$

$$D_2(P_1,P_2)=1-x=\frac{P_1-P_2+t}{2t}$$

利润函数为

$$\pi_1(P_1,P_2)=(P_1-c)D_1(P_1,P_2)=\frac{1}{2t}(P_1-c)(P_2-P_1+t)$$

$$\pi_2(P_1,P_2)=(P_2-c)D_2(P_1,P_2)=\frac{1}{2t}(P_2-c)(P_1-P_2+t)$$

商店 i 选 P_i 最大化 π_i，一阶条件为

$$\frac{\partial \pi_1}{\partial P_1}=P_2+c+t-2P_1=0$$

$$\frac{\partial \pi_2}{\partial P_2}=P_1+c+t-2P_2=0$$

得均衡解

$$P_1^*=P_2^*=c+t$$

利润为

$$\pi_1=\pi_2=\frac{t}{2}$$

如果将位置差异 t 解释为产品差异，则差异越大，均衡价格及利润就越高。这个模型对寡头企业存在大于零的长期利润的解释就是：寡头长期利润来自其产品或服务的差异性。

2. 公地的悲剧

经济学家很早就观察到一个现象，当资源产权没有得到明晰界定时，资源就会被过度利用。现假定有 n 个牧民共有一片草地，每个牧民可在草地上自由地放羊。$g_i\in[0,\infty)$ 是第 i 个农民所养的羊数量，$i=1,\cdots,n$。$G=\sum_{i=1}^{n}g_i$ 是总的羊数量，v 表示每只羊的平均价值。因为草地面积固定，故羊越多，每只羊获取的营养就越小，其价值就越低（体重越低），故 $V=V(G)$。

每只羊至少要有在一定数量下限以上的草料供养才能存活，故存在一个最大可存活的羊数量 $G_{\max}$，且

当 $G<G_{\max}$，$V(G)>0$

当 $G\geqslant G_{\max}$，$V(G)=0$

因羊数量越多，V 就越小。故 $\frac{\partial V}{\partial G}<0$；当羊数量很小时，羊数量增加导致羊之间在草料上的竞争不太激烈，故 $\frac{\partial V}{\partial G}$ 的绝对值较小；但当 G 较大时，羊之间争夺草料较激烈，$\frac{\partial V}{\partial G}$ 的绝对值就较大，故 $\frac{\partial^2 V}{\partial G^2}<0$（即草料对羊的价值的边际产出递减），$V(G)$ 的曲线如图 12-8 所示。

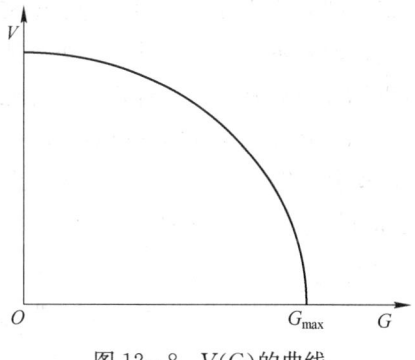

图 12-8 $V(G)$ 的曲线

牧民 i 的战略空间为 $S_i=\{g_i|g_i\in[0,\infty)\}$，设购买和照看一只羊的成本为 c，则每个牧民的利润函数为

$$\pi_i(g_1,\cdots,g_n)=g_iV(G)-g_ic,\quad i=1,\cdots,n$$

一阶条件为

$$\frac{\partial V}{\partial g_i}=V(G)+g_iV'(G)-c=0,\quad i=1,\cdots,n$$

n 个方程可解出 n 个未知数 g_i^* ($i=1,\cdots,n$)，它们就是纳什均衡。不难证明，该均衡是低效率的，即每个牧民养的羊太多（这也是一种囚徒困境）。

将一阶条件中的 n 个方程相加，得
$$nV(G^*)+G^*V'(G^*)-nc=0$$
再在两端同除以 n，得
$$V(G^*)+\frac{G^*}{n}V'(G^*)=c, \quad 其中 \quad G^*=\sum_{i=1}^{n}g_i^* \tag{12-1}$$

如果 n 个牧民联合行动，最大化总利润 $\pi=GV(G)-Gc$，则需解下述帕累托最优问题
$$\max_{G}[GV(G)-Gc]$$
一阶条件为
$$V(G^{**})+G^{**}V'(G^{**})=c \tag{12-2}$$
其中，G^{**} 代表优化问题的最优解。

比较式（12-1）与式（12-2）的左边，当两式中 $G^*=G^{**}$ 时，则式（12-1）＞式（12-2）。又由于式（12-1）与式（12-2）的左边都是递减的。所以要想使式（12-1）与式（12-2）都等于 c，则必须有 $G^*>G^{**}$，即公有草地被过度利用了。

12.2 完全信息动态博弈

动态博弈的根本特征是，参与人的行动有先后顺序，且后行动的参与人在自己行动之前能观测到先行动的参与人的行动，特别是能根据先行动的参与人的行动调整或做出自己的战略选择。

12.2.1 博弈的扩展式

运用战略式表述动态博弈的缺陷表现在：① 看不出行动的先后顺序；② 对于描述两人以上的博弈较不方便。因此，扩展式表述被用于描述动态博弈。如同两人有限博弈的战略表述可以用收益矩阵表示一样，n 人有限博弈的扩展式表述可以用博弈树表示。

例如，开发商 A 和 B 有意在同一个地区进行商品房（同质商品）的开发。开发商 A 和 B 在行动上有先后顺序，开发商 A 先行动，开发商 B 在观测到 A 的选择后行动。根据市场的饱和程度不同，开发商 A 和 B 会有不同的收益组合。如图 12-9 所示。

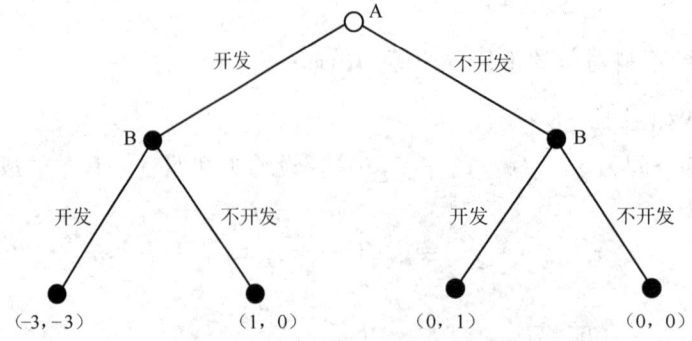

图 12-9 开发商博弈扩展式

在图 12-9 中，空心和实心的小圆点被称为决策结（decision nodes），位于决策结旁边的字母代表在这个决策结处进行行动选择的参与人，该参与人在此决策结处进行行动选择。通常，整个博弈中进行第一个行动选择的决策结用空心圆点表示。图中的线段被称为"枝"（branches），一个枝表示位于该枝上端决策结处的参与人在该决策结可能选择的一个"行动"。最下方的枝的下端被称为终点结（terminal nodes），当博弈进行到任一终点结时，博弈过程就告结束。所有决策结分属不同的信息集，每一个信息集是决策结集合的一个子集。博弈模型的一个更基本假设是：博弈的结构是所有参与人的共同知识，每个参与人都可以看到博弈树。

如果没有任何两个参与人同时行动，且所有后行动者能准确知道前行动者选择了什么行动，则称该博弈为完美信息博弈。如果一个参与人要做出决策时，他可能并不知道"之前"发生的所有事情，则称该博弈为不完美信息博弈。如果所有参与人观测到自然的行动，即没有事先的不确定性，称为完全信息博弈。完美信息除了这一要求外，还要求观测到其他参与人以前的行动。一般假定博弈满足"完美回忆"的要求。完美回忆是指：没有参与人会忘记自己以前知道的事情，所有参与人都知道自己以前的选择。

12.2.2 子博弈精炼纳什均衡

"子博弈精炼纳什均衡"概念的引入目的是给动态博弈结果一个合理预测。简单地说，子博弈精炼纳什均衡要求均衡战略的行为规则在每一个信息集上都是最优的。

一个扩展式博弈的子博弈 G 由一个决策结 x 和所有该决策结的后续结 $T(x)$（包括终点结）组成。以前面房地产开发博弈的扩展式（图 12-9）为例，有三个子博弈：原博弈与两个子博弈。

定义　子博弈精炼纳什均衡： 扩展式博弈的战略组合 $s^* = (s_1^*, \cdots, s_n^*)$ 是一个子博弈精炼纳什均衡，如果，① 它是原博弈的纳什均衡；② 它在每一个子博弈上给出纳什均衡。

图 12-10 是子博弈精炼纳什均衡的一个例子。

这个博弈有两个子博弈（包括原博弈和从参与人 2 的决策结开始的子博弈）。

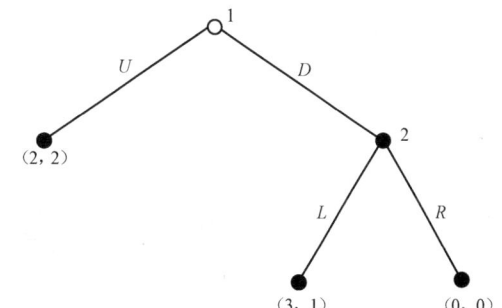

图 12-10　子博弈精炼纳什均衡博弈树

纳什均衡 (U, R) 不是精炼均衡，因为在从参与人 2 的决策结开始的子博弈上，R 不是一个均衡。

纳什均衡 (D, L) 是一个精炼均衡：当参与人 1 选择 D，博弈进入参与人 2 的决策结时，L 是参与人 2 的最优选择。

12.2.3 运用逆向归纳法求解子博弈精炼纳什均衡

对于有限完美信息博弈，逆向归纳法是求解子博弈精炼纳什均衡的最简便方法。

1. 逆向归纳法的原理

对于有限完美信息博弈，因为博弈是有限的，博弈树上一定存在一个最后的决策结的集合（即倒数第二个结，它的直接后续结是终点结），在该决策结上行动的参与人将选择一个最大化自己收益的行动；给定这个参与人的选择，倒数第二个决策结上的参与人将选择一个可行的行动最大化自己的收益；如此等等，直到初始结。当这个倒推过程完成时，我们得到一个路径，该路径给出每一个参与人一个特定的战略，所有这些战略构成一个纳什均衡，这就是子博弈精炼纳什均衡。

2. 逆向归纳法过程的形式化

为简单起见，假设博弈有两个阶段，第一阶段参与人 1 行动，第二阶段参与人 2 行动，并且参与人 2 在行动前观测到参与人 1 的选择。令 A_1 是参与人 1 的行动集合，A_2 是参与人 2 的行动集合。

当博弈进入到第二阶段，给定参与人 1 在第一阶段的选择 $a_1 \in A_1$，参与人 2 面临的问题是

$$\max_{a_2 \in A_2}\{u_2(a_1, a_2)\}$$

显然，参与人 2 的最优选择 a_2^* 依赖于参与人 1 的选择 a_1。用 $a_2^* = R_2(a_1)$ 代表上述最优化问题的解（即参与人 2 的反应函数）。因为参与人 1 应该预测到参与人 2 在博弈第二阶段将按照 $a_2^* = R_2(a_1)$ 的规则行动，参与人 1 在第一阶段面临的问题是

$$\max_{a_1 \in A_1}\{u_1(a_1, R_2(a_1))\}$$

令上述问题的最优解为 a_1^*。那么，这个博弈的子博弈精炼纳什均衡为 $(a_1^*, R_2(a_1))$，均衡结果为 $(a_1^*, R_2(a_1^*))$。$(a_1^*, R_2(a_1))$ 是一个精炼均衡，因为 $a_2^* = R_2(a_1)$ 在博弈的第二阶段是最优的；除 $a_2^* = R_2(a_1)$ 之外，其他任何的行为规则都不满足精炼均衡的要求。

3. 逆向归纳法举例

例 12-1 房地产开发博弈。

用逆向归纳法求解前面的房地产博弈的子博弈精炼纳什均衡的步骤如下。

在第二阶段，参与人 B 的最优行动规则是：{不开发，开发}。因为参与人 A 在第一阶段预测到参与人 B 在第二阶段会按照这个规则行动，参与人 A 在第一阶段的最优选择是开发。

用逆向归纳法得到的子博弈精炼纳什均衡是（开发，{不开发，开发}）。

例 12-2 一个三阶段完美信息博弈，如图 12-11 所示。

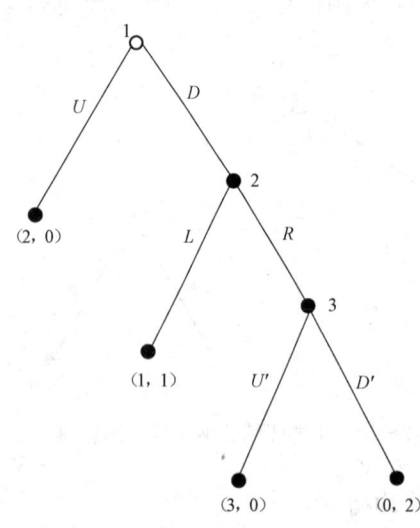

图 12-11 完美信息博弈

用逆向归纳法求解这个博弈的子博弈精炼纳什均衡的步骤如下。

① 在第三阶段（参与人 1 第二次行动），参与人的最优选择是 U'。

② 在第二阶段，因为参与人 2 知道，如果自己选择 R，参与人 1 将在第三阶段选择 U'，因此，在第二阶段参与人 2 的最优选择是 L。

③ 在第一阶段，参与人 1 知道，如果博弈进入第二阶段，参与人 2 将选择 L，因此，在第一阶段，参与人 1 的最优选择是 U。

这个博弈的子博弈精炼纳什均衡是（$\{U, U'\}$，L）（这里 U' 和 L 分别是参与人 1 和参与人 2 在非均衡路径上的选择）。均衡结果是，参与人 1 在第一阶段选择 U，结束博弈，收益为（2，0）。

12.2.4 重复博弈

动态博弈的一种重要类型是重复博弈，指同样结构的博弈重复多次，其中的每次博弈称为"阶段博弈"。在重复博弈的情况下，参与人在选择战略的时候，不仅考虑当前利益，而且考虑当前的选择对于长远利益的影响，可能会为了长远利益牺牲当前利益，从而选择不同的均衡战略。

重复博弈具有三个基本特征：① 重复博弈的阶段，博弈之间没有"物质"上的联系，即前一个阶段博弈并不改变后一阶段博弈的结构；② 在重复博弈的每一个阶段，所有参与人都观测到该博弈过去的历史；③ 参与人的总收益是所有博弈阶段的收益的现值之和。

影响重复博弈均衡结果的主要因素是博弈重复的次数和信息的完备性。前面已经提到，因为权衡当前利益和长远利益，重复博弈的次数会影响到博弈均衡的结果。信息的完备性之所以影响均衡结果，是因为如果每一个参与人的特征不为其他参与人所知，该参与人就很有可能积极建立一个好声誉，以换取长远利益。

根据重复博弈的重复次数，将其分为有限次重复博弈和无限次重复博弈。

图 12-12 是两个厂商 A 和 B 定价的收益矩阵。从图 12-12 可以看出：在一次性博弈中，厂商 A 和厂商 B 都存在占优战略，唯一的纳什均衡是双方都定低价。

下面来分析，在博弈无限次和有限次重复的情况下，均衡的结果各会有什么变化。

		厂商B	
		低价	高价
厂商A	低价	12，12	20，4
	高价	4，20	15，15

图 12-12 两个厂商定价的收益矩阵

如果博弈可以重复无限次，博弈双方为了长期利益有时间进行试探性出价。在第一次博弈时出高价以寻求竞争对手的合作，一旦对局人为了短期利益采取不合作行为，那么就会建立该对局人是不可信任的信念，在下一次的博弈中都采取不合作的低价行为，使对局人的长期利益受损。

假如厂商 A 开始制定高价策略，从收益矩阵得到厂商 B 若也定高价，其每次博弈的收益分别为 15，15，15，…；若厂商 B 定低价，则在第一次博弈中获得高收益，但是随后会由于厂商 A 的低价行为而使其受损，各次博弈的收益分别为 20，12，12，…厂商 A 的这种策略被称为"以牙还牙"策略，这种策略是 A 在初始选择合作，如果 B 合作，那么 A 也会一直合作下去；若 B 在某一次博弈中选择不合作，那么 A 在以后博弈中都采取不合作策略。"以牙还牙"策略意味着任何一个参与人的一次性不合作将会引起永远的不合作。所有参与人为了长期利益，使得无限次重复的非合作博弈产生合作解，均衡的结果是（高价，高价）。

假定重复有限的 N 次，这意味着所有参与人都能预测到最后一次（第 N 次）的收益。在第 N 次博弈中，各参与人都知道对方的"以牙还牙"，但是他也知道如果在这次博弈中自己选择低价的上策，将使自己受益而其他参与人受损，且也不会留给对方报复的机会（博弈到第 N 次结束）。所有参与人都明白这一点，因此在最后一次博弈中将都采取低价策略，这与一次博弈的占优均衡结果相同。

在现实中，市场竞争者很难弄清重复博弈的结构。厂商很难预期自己在什么时候会结束经营，也不清楚与对手的竞争何时是第 N 次博弈。因此，只要竞争时期足够长，竞争的双方都预期未来还要进行很多次博弈，那么，竞争的结构就可能近似于无限次重复博弈，使得厂商在竞争中出现相互合作的局面。

【实例链接】　　　　　　　　黄金假期宰客忙

每到五一、十一、寒暑假、春节等假期，关于景区附近商户宰客的新闻总会不绝于耳。如三亚一餐超万元的海鲜摊、青岛每只 38 元的天价大虾，以及火遍网络的东北雪乡宰客……

从博弈论的角度来看，旅游景点之所以容易出现欺诈，是因为买卖双方大都是单次博弈。商户认为，旅客不太可能会因为物美价廉而再次光顾，因此选择欺诈；而旅客也多因为时间或成本等原因自认倒霉，放弃投诉或者法律索赔，这助长了景区宰客的歪风。在单次博弈中，景区商户大都只顾及眼前利益，不会顾及未来。只有重复博弈，人们才会选择与对方长期合作，诚信在这里既是合作的条件也是合作的结果。

如何减少单次博弈的风险，在买卖双方无法解决的情况下，第三方外力的加入就成为必要，除了政府监管、行业自律等传统方式，携程、大众点评等具有评级功能的平台的加入，都加大了商户单次博弈的欺诈成本，有利于约束商户的行为，保护旅客的正当权益。

12.3　不完全信息静态博弈

不完全信息静态博弈也称为静态贝叶斯博弈。不完全信息静态博弈中，至少有一个参与者不能确定另一参与者的收益函数。非完全信息静态博弈的一个常见例子是密封报价拍卖：每一报价方知道自己对所售商品的估价，但不知道任何其他报价方对商品的估价；各方的报价放在密封的信封里上交，从而参与者的行动可以被看作是同时的。静态贝叶斯博弈问题的主要来源也是现实经济活动，许多静态博弈关系都有不完全信息的特征，研究贝叶斯博弈不仅是完善博弈理论的需要，也是解决实际问题的需要。

12.3.1　静态贝叶斯博弈

建立非完全信息同时行动博弈的标准式表述，也称为静态贝叶斯博弈，首先要表示出非完全信息的关键因素，即每一参与者知道他自己的收益函数，但也许不能确知其他参与者的收益函数。令参与者 i 可能的收益函数表示为 $u_i(a_1,\cdots,a_n;t_i)$，其中 t_i 称为参与者 i 的类型（type），它属于一个可能的类型集（称为类型空间（type pace））T_i，每一类型 t_i 都对应着参与者 i 不同的收益函数的可能情况。

定义　静态贝叶斯博弈：一个 n 人静态贝叶斯博弈的标准式表述包括：参与者的行动空间 $A_1,\cdots,A_n$，类型空间 $T_1,\cdots,T_n$，推断 $p_1,\cdots,p_n$，收益函数 $u_1,\cdots,u_n$。参与者 i 的类型作为参与者 i 的私人信息，决定了参与者 i 的收益函数 $u_i(a_1,\cdots,a_n;t_i)$。参与者 i 的推断 $p_i(t_{-i}|t_i)$ 描述了 i 在给定自己的类型 t_i 时，对其他 $n-1$ 个参与者可能的类型 t_{-i} 的不确定性。用 $G=\{A_1,\cdots,A_n;T_1,\cdots T_n;p_1,\cdots,p_n;u_1,\cdots,u_n\}$ 表示这一博弈。

在这样定义参与者的类型之后,参与者 i 知道自己的收益函数也就等同于参与者 i 知道自己的类型;类似地,参与者 i 可能不确定其他参与者的收益函数,也就等同于参与者 i 不能确定其他参与者的类型。用 $t_{-i} = \{t_1, \cdots, t_{i-1}, t_{i+1}, \cdots, t_n\}$ 表示其他参与者的类型,并用 T_{-i} 表示 t_{-i} 所有可能的值的集合,用概率 $p_i(t_{-i}|t_i)$ 表示参与者在知道自己的类型是 t_i 的前提下,对其他参与者类型 t_{-i} 的推断,即在自己的类型是 t_i 的前提下,对其他参与者类型 t_{-i} 出现的条件概率。在完全信息静态博弈标准式的基础上,增加类型和推断两个概念,得到静态贝叶斯博弈的标准式概念。

静态贝叶斯博弈的一般表示法,对于由现实问题抽象和建立静态贝叶斯博弈模型,提供了思路和帮助,根据静态贝叶斯博弈表达式,来确定模型的主要内容。

12.3.2 海萨尼转换

信息的不完全使得博弈分析变得复杂,海萨尼(Harsanyi)提出了处理不完全信息博弈的方法,引入一个"第三者"——自然,将复杂问题的不完全信息博弈转换为完全但不完美信息博弈,称之为"海萨尼转换"。

海萨尼转换的具体方法是:

① 一个虚拟的参与人"自然",首先决定参与人的类型,赋予各参与人的类型变量 $t = (t_1, \cdots, t_n)$,其中,$t_i \in T_i$, $i = 1, \cdots, n$;

② 自然告知参与者 i 自己的类型,却不告诉其他参与者的类型;

③ 参与者同时选择行动,每一参与者 i 从可行集 A_i 中选择行动方案 a_i;

④ 各方得到收益 $u_i(a_1, \cdots, a_n; t_i)$。

借助第一步和第二步中虚构的参与者"自然"的行动,可以把一个不完全信息的博弈表述为一个不完美信息的博弈。海萨尼转换是处理不完全信息博弈的标准方法。

12.3.3 贝叶斯纳什均衡

在定义贝叶斯纳什均衡概念之前,首先定义此类博弈中参与者的战略空间。参与者的一个战略是关于行动的一个完整计划,包括了参与者在可能会遇到的每一种情况下将选择的可行行动。在给定的静态贝叶斯博弈的时间顺序中,"自然"首先行动,赋予每一参与者各自的类型,参与者 i 的一个(纯)战略必须包括参与者 i 在每一可行的类型下选择的一个可行行动。

定义 类型:在静态贝叶斯博弈 $G = \{A_1, \cdots, A_n; T_1, \cdots, T_n; p_1, \cdots, p_n; u_1, \cdots, u_n\}$ 中,参与者 i 的一个战略是一个函数 $s_i(t_i)$,其中对 T_i 中的每一类型 t_i,$s_i(t_i)$ 包含了"自然"赋予 i 的类型为 t_i 时,i 将从可行集中 A_i 中选择的行动 a_i。

给出贝叶斯博弈中关于战略的定义之后,就可以定义贝叶斯纳什均衡了。尽管定义中的符号十分复杂,但中心思路却既简单又熟悉:每一参与者的战略必须是其他参与者战略的最优反应,即贝叶斯纳什均衡实际上就是在贝叶斯博弈中的纳什均衡。

定义 静态贝叶斯均衡:在静态贝叶斯博弈 $G = \{A_1, \cdots, A_n; T_1, \cdots, T_n; p_1, \cdots, p_n; u_1, \cdots, u_n\}$ 中,战略组合 $s^* = (s_1^*, \cdots, s_n^*)$ 是一个纯战略贝叶斯纳什均衡,如果对每一参与者 i 及对 i 的类型集 T_i 中的每一 t_i,$s_i^*(t_i)$ 满足

$$\max_{a_i \in A_i} \sum_{t_{-i}} \{u_i[(s_1^*(t_1), \cdots, s_{i-1}^*(t_{i-1}), a_i, s_{i+1}^*(t_{i+1}) \cdots, s_n^*(t_n); t_i] p_i(t_{-i}|t_i)\}$$

即：没有参与者愿意改变自己的战略，即使这种改变只涉及一种类型下的一个行动。

贝叶斯纳什均衡是分析静态贝叶斯博弈的核心概念，一个有限的静态贝叶斯博弈（即博弈中 n 是有限的，并且 $(A_1, \cdots, A_n)$ 和 $(T_1, \cdots, T_n)$ 都是有限集）理论上存在贝叶斯纳什均衡，包括采用混合战略的情况。

12.3.4 应用

1. 不完全信息古诺模型

考虑两寡头进行同时决策的产量竞争模型。其中，市场反需求函数由 $P(Q) = a - Q$ 给出，这里 $Q = q_1 + q_2$ 为市场中的总产量。企业 1 的成本函数为 $C_1(q_1) = c_1 q_1$，企业 2 的成本函数，以 θ 的概率为 $C_2(q_2) = c_H q_2$，以 $1-\theta$ 的概率为 $C_2(q_2) = c_L q_2$，这里 $c_L < c_H$。并且信息是不对称的：企业 2 知道自己的成本函数和企业 1 的成本函数，企业 1 知道自己的成本函数，但却只知道企业 2 边际成本为高的概率是 θ，边际成本为低的概率是 $1-\theta$（企业 2 可能是新进入这一行业的企业，也可能刚刚发明一项新的生产技术）。上述一切都是共同知识：企业 1 知道企业 2 享有信息优势，企业 2 知道企业 1 知道自己的信息优势，如此等等。

在这个不完全信息的古诺博弈中，企业的行动是它们的产量分别选择 q_1 和 q_2。企业 1 的类型空间为 $T_1 = \{c_1\}$，企业 2 的类型空间为 $T_2 = \{c_L, c_H\}$。企业 1 知道自己的收益函数也就等同于企业 1 知道自己的类型；企业 1 可能不确定企业 2 的收益函数，也就等同于企业 1 不能确定企业 2 的类型。

现在来分析静态贝叶斯博弈。设企业 1 的最佳产量选择为 q_1^*，企业 2 边际成本为 c_H 时的最佳产量选择为 $q_2^*(c_H)$，企业 2 边际成本为 c_L 时的最佳产量选择为 $q_2^*(c_L)$。如果企业 2 的成本较高，它会选择 $q_2^*(c_H)$ 满足：

$$\max_{q_2} [(a - q_1^* - q_2) - c_H] q_2$$

类似地，如果企业 2 的成本较低，$q_2^*(c_L)$ 应满足：

$$\max_{q_2} [(a - q_1^* - q_2) - c_L] q_2$$

企业 1 从自己的角度，会预测到企业 2 根据其成本情况将选择不同的产量。企业 1 为了使利润最大化，选择 q_1^* 应满足

$$\max_{q_1} \{\theta[(a - q_1 - q_2^*(c_H)) - c_1] q_1 + (1-\theta)[(a - q_1 - q_2^*(c_L)) - c_1] q_1\}$$

三个最优化问题的一阶条件为：

$$q_2^*(c_H) = \frac{a - q_1^* - c_H}{2}, \quad q_2^*(c_L) = \frac{a - q_1^* - c_L}{2}$$

及

$$q_1^* = \frac{1}{2} \{\theta[(a - q_2^*(c_H)) - c_1] + (1-\theta)[(a - q_2^*(c_L)) - c_1]\}$$

三个一阶条件构成的方程组的解为

$$q_2^*(c_H) = \frac{a - 2c_H + c_1}{3} + \frac{1-\theta}{6}(c_H - c_L)$$

$$q_2^*(c_L) = \frac{a - 2c_L + c_1}{3} + \frac{\theta}{6}(c_H - c_L)$$

及
$$q_1^* = \frac{a - 2c + \theta\, c_H + (1-\theta)\, c_L}{3}$$

$(q_2^*(c_H), q_2^*(c_L))$ 就是企业2的战略，q_1^* 是企业1的战略。企业2根据自己的成本情况会选择不同的产量，企业1在选择产量时也同样考虑企业2将根据不同的成本选择不同的产量。企业2的战略必须是一对产量，分别对应两种可能的成本类型，企业1的战略是企业2战略的最优反应；否则企业1就无法计算它的战略是否确实是企业2战略的最优反应，无法进行博弈分析。

把 q_1^*、$q_2^*(c_H)$ 和 $q_2^*(c_L)$ 与成本分别为 c_1 和 c_2 的完全信息古诺均衡相比较，假定 c_1 和 c_2 的取值可使得两个企业的均衡产量都为正，在完全信息的条件下，企业的产出为 $q_i^* = (a - 2c_i + c_j)/3$。与之不同的，在不完全信息条件下，当 $c_2 = c_H$ 时，$q_2^*(c_H) > q_2^*$，当 $c_2 = c_L$ 时，$q_2^*(c_L) < q_2^*$。之所以会出现这种情况，是因为企业2不仅根据自己的成本调整其产出，同时还考虑到企业1的情况选择最优反应。如果企业2的成本较高，它就会因成本较高而减少产量，但同时又会生产稍多一些，因为它知道企业1将根据期望利润最大化的原则决定产出，从而要低于企业1确知企业2成本较高时的产量。

2. 不完全信息下的性别战

前面讲过性别战博弈（见图12-6），存在两个纯战略纳什均衡（歌剧，歌剧）和（足球，足球）及一个混合战略纳什均衡，其中女士以2/3的概率选择歌剧，男士以2/3的概率选择足球。

现在假设尽管两人已经认识了相当一段时间，但不能完全肯定地把握对方的想法。假定如果双方都选择歌剧，则女士的收益为 $2 + t_w$，其中 t_w 的值是女士的私人信息，双方都去观看足球时男士的收益为 $2 + t_h$，其中 t_h 的值为男士的私人信息；t_w 和 t_h 相互独立，并服从 $[0, x]$ 区间上的均匀分布。所有其他情况下的收益不变。表述为标准式则为：静态贝叶斯博弈 $G = \{A_w, A_h; T_w, T_h; p_w, p_h; u_w, u_h\}$ 中，行动空间为 $A_w = A_h = \{歌剧, 足球\}$，类型空间为 $T_w = T_h = [0, x]$，关于类型的推断为对所有的 t_w 和 t_h，$p_w(t_h) = p_h(t_w) = 1/x$，收益情况如图12-13所示。

	女	
	足球	歌剧
男 足球	$2+t_h, 1$	0,0
男 歌剧	0,0	$1, 2+t_w$

图 12-13

下面，构建这个性别战博弈的纯战略贝叶斯纳什均衡。其中，t_w 超过某临界值 w 时女士选择歌剧，否则选择足球；男士在 t_h 超过某临界值 h 时选择足球，否则选择歌剧。在这一均衡中，女士以 $(x-w)/x$ 的概率选择歌剧，男士则以 $(x-h)/x$ 的概率选择足球。

假设女士和男士都采用上面所给出的战略，对一个给定的 x，计算相应的 w 和 h，以使双方的战略符合贝叶斯纳什均衡的条件。给定男士的战略，女士选择歌剧和选择足球的期望收益分别为

$$\frac{h}{x}(2 + t_w) + \frac{x-h}{x} \cdot 0 = \frac{h}{x}(2 + t_w)$$

和

$$\frac{h}{x} \cdot 0 + \frac{x-h}{x} \cdot 1 = \frac{x-h}{x}$$

从而，当且仅当 $t_w \geq \frac{x}{h} - 3 = w$，选择歌剧是最优的。同样，假定女士采用了临界值 w 战略，男士选择足球和选择歌剧的期望收益分别为

$$\frac{x-w}{x} \cdot 0 + \frac{w}{x}(2+t_h) = \frac{w}{x}(2+t_h)$$

和

$$\frac{x-w}{x} \cdot 1 + \frac{w}{x} \cdot 0 = \frac{x-w}{x}$$

所以，当且仅当 $t_h \geq \frac{x}{w} - 3 = h$，选择足球是最优的。

解联立方程组

$$\begin{cases} \frac{x}{h} - 3 = w \\ \frac{x}{w} - 3 = h \end{cases}$$

得

$$\begin{cases} w = h \\ h^2 + 3h - x = 0 \end{cases}$$

解二次方程得

$$w = h = 1 + \frac{3 - \sqrt{9+4x}}{2x}$$

当 x 趋于 0 时，该式的值趋于 2/3。也就是说，随着不完全信息的消失，参与者在此不完全信息博弈纯战略贝叶斯纳什均衡下的行动趋于其在原完全信息博弈混合战略纳什均衡下的行动。

3. 一级密封价格拍卖

一级密封价格拍卖规则是各投标人密封标书投标，统一时间开标，标价最高者中标。假设有两个投标者，参与对同一件商品的密封投标拍卖，两个投标人的估价相互独立，并服从 [0, 1] 区间上的均匀分布。每一投标者知道自己对拍卖商品的估价，令其为 v；他不知道另一个投标者对商品的估价，但知道另一个投标者对商品的估价在 0 和 1 之间均匀分配。

在这个博弈中，参与人的类型就是他的估价。因而，此博弈的贝叶斯均衡将为函数 $b(v)$，它表明了对于类型为 v 的参与人，最优投标价为 b。已知博弈的对称特点，寻求每一参与人遵循一个相同战略的均衡。

很自然的猜测，函数 $b(v)$ 是严格增加的，即更高的估价导致更高的中标机会。因此，可以令 $V(b)$ 为 $b(v)$ 的反函数，所以 $V(b)$ 是给出投标价为 b 的投标者的估价。当一个投标者的投标价为某一特定 b 时，他赢的概率为其他投标者的投标价小于 b 的概率，这也是其他投标者的估价小于 $V(b)$ 的概率。由于 v 是均匀分布在 0 和 1 之间，其他投标者估价小于 $V(b)$ 的概率是 $v(b)$。

因此，如果一个投标者对商品的估价为 v 时，投标价为 b，他的期望收益为

$$(v-b)V(b) + 0[1-V(b)]$$

第一项是消费者期望剩余，如果他的投标价最高，将获得商品；第二项表示如果他投标失败，只能获得零剩余。投标者选择最优投标价，最大化期望收益，得

$$(v-b)V'(b) - V(b) = 0$$

对任一 v 值，这个等式为投标者确定了作为 v 的函数的最优投标价。由于 $V(b)$ 是依据

假设来描述最优投标和估价之间关系的函数,对于所有的 b,必须有
$$(V(b)-b)V'(b)\equiv V(b)$$

此微分方程的解为
$$V(b)=b+\sqrt{b^2+2C}$$

这里,C 是积分常量。在 $V=0$ 时,必有 $b=0$,这是由于最优投标价在估价为零时,必定为 0。将 $b=0$ 代入以上微分方程的解,有 $0=0+\sqrt{2C}$,这意味着 $C=0$,进而得出了 $V(b)=2b$,或者 $b=v/2$,也就是说,每一投标者以其对商品估价的 1/2 作为投标价。这样,一个投标价格反映出投标方在拍卖中遇到的最基本的得失权衡:投标价格越高,中标的可能性越大;投标价格越低,一旦中标所得的收益就越大。

12.4 不完全信息动态博弈

不完全信息动态博弈就其基本要素来看是不完全信息概念与博弈的动态性质的一种综合。博弈中参与人面临的信息不完全性(无论它是指何种信息)完全由某些参与人的"类型"的不确定性加以刻画,即不同类型的参与人将选择不同的战略;同时,作为动态博弈,一个战略是参与人在其可能进行行动选择的所有信息集上将作何选择的一整套规定或计划。

12.4.1 精炼贝叶斯均衡

在不完全信息动态博弈中,每个参与人只知道自己的类型,不知道其他参与人的类型。"自然"首先选择参与人的类型;在"自然"选择之后,参与人开始行动,参与人的行动有先后顺序,后行动者能观测到先行动者的行动,但是不能观测到先行动者的类型。因为参与人的行动是类型依存的,所以其行动会传递其类型的某种信息。后行动者可以根据所观测到的先行动者的行动来推断先行动者的类型或者修正对其类型的先验信念(概率分布),然后选择自己的最优行动。先行动者预测到自己的行动将被后行动者所观测,就会选择传递对自己有利的信息。博弈过程既是参与人不断选择行动的过程,也是参与人不断修正信念的过程。精炼贝叶斯均衡是不完全信息动态博弈的基本均衡概念,其基本定义如下。

定义 精炼贝叶斯均衡:在不完全信息动态博弈 $G=\{u_1,\cdots,u_n,\widetilde{P}_1,\cdots,\widetilde{P}_n,H_1,\cdots,H_n\}$ 中,精炼贝叶斯纳什均衡是一个类型依存战略组合
$$S^*(\theta_1,\cdots,\theta_n)=(S_1^*(\theta_1),\cdots,S_n^*(\theta_n))$$
一个信念组合
$$\widetilde{P}=(\widetilde{P}_1,\cdots,\widetilde{P}_n)$$
满足如下条件。

① $\widetilde{P}$ 是先验概率 $P_i(\theta_{-i}|\theta_i)$ 的集合,即 $\widetilde{P}=(P_1,\cdots,P_n)$,$P_i=P_i(\theta_{-i}|\theta_i)$,$\widetilde{P}_i$ 是第 i 个参与人在其进行行动选择的信息集上所有信念组成的组合,记 $\widetilde{P}_{ih}$ 为他在其第 h 个信息集上的信念;若参与人在信息集 h 上观察到的行动为 a_{-i}^h,则记 $\widetilde{P}_{ih}=\widetilde{P}_i(\theta_{-i}|a_{-i}^h)$,$i=$

$1, \cdots, n$。

② H_i 是参与人 i 的类型空间，$\theta_i \in H_i$ 是其一个类型；$i=1, \cdots, n$。

③ $u_i = u_i(s_1^*(\theta) \cdots s_n^*(\theta_n), \theta_i, \theta_{-i})$ 是参与人 i 的类型依存收益（效用）函数；$i=1, \cdots, n$。

④ 在第 i 个参与人的每一个信息集 h 上，有

$$S_i^*(\theta_i)|_h \in \underset{S_i(\theta_i)|_h}{\mathrm{argmax}} \left\{ \begin{array}{l} \sum_{\theta_{-i}} \widetilde{P}_i(\theta_{-i} \mid a_{-i}^h) u_i(s_i(\theta)|_h, s_{-i}^*(\theta_{-i}), \theta_i, \theta_{-i}) \\ i=1, \cdots, n \end{array} \right\}$$

⑤ 在均衡路径上，$\widetilde{P}_{ih}$ 是按照贝叶斯法则从先验概率 $P_i(\theta_{-i}|\theta_i)$，参与人 i 在信息集 h 上观察到的行动 a_{-i}^h 和 $S_{-i}^*(\theta_{-i})$ 导出的。

动态博弈与静态博弈的本质区别在于动态博弈均衡中存在对"序贯理性"的要求。序贯理性指的是任一参与人在从其任一信息集开始的随后博弈中所选择的行动计划都是最优的。对于任一参与人来说，当其处于某一信息集上时，他对其他的每一个参与人的类型有一个概率判断；而给定其他每个参与人的一个特定类型情况下，他就知道其他每个参与人的战略选择，即其他每个参与人在每个信息集上的行动选择。

假定他认为其他每个参与人的类型是某个特定类型，博弈就变成完全信息。在完全信息动态博弈下，通过逆推归纳，他知道在每一个结点上自己与其他参与者的最优选择。在不完全信息动态博弈下，他在此时并不准确知道其他参与人的类型，但知道其他参与人的类型为每一种特定的类型组合的概率。于是，假定所有参与人都是风险中性的，则他将根据这种概率分布来选择使其期望收益最大化的行动计划。因为给定每一种其他参与人类型组合的概率分布及给定在其他参与人的每一种类型组合下，他知道自己的最优行动计划，因而这种由概率密度加权的期望收益最大化行动计划是可以决定的。

12.4.2 信号博弈

信号博弈描绘的是二个参与人之间的二阶段不完全信息动态博弈，其中，第一顺序行动的参与人的类型不为第二顺序行动的参与人所知，他只知道第一顺序行动参与人的不同类型的先验分布概率；第二顺序参与人试图从他所观察到的第一顺序行动参与人所选择的行动中对其类型作出概率判断，从而选择自己的最优行动。

在这种博弈中，后行动者主要关心的是先行动者的类型可能是什么，而先行动者也知道这一点。因而先行动者有动机告诉后行动者他的真实类型；或者相反，先行动者可能会试图欺骗后行动者，而努力将有关他的类型的虚假信息告诉后行动者。当然，先行动者可以直接告诉后行动者他的类型，但仅凭这种口头的承诺并不能使后行动者真正相信他所说的。如果他要后行动者相信他，他就必须做出一种努力，这种努力会使他蒙受一定的损失或存在一种成本。这种成本是当他仅是这种类型时才能支付的；而如果他的类型不是这种类型，他不能承担这种成本，称这种成本支付是一种信号。通过这种信号，先行动者能告诉后行动者他的真实类型。当然，说谎者也可以发出信号，并让后行动者难以准确判断其真实类型（如果这样做对先行动者是有利的话）。

信号博弈有两种常见的类型，分别是"信号传递"和"信号甄别"，前者是信息优势方

主动行动，称之为"发信号"；后者是信息劣势方主动行动，称之为"甄别"。

信号博弈作为一种特殊的不完全信息动态博弈得到了最为广泛的应用。

12.4.3 信号传递模型

1973年，Michael Spence 在 *Job Market Signaling* 一文中首次提出就业市场的信号传递模型。在就业市场中，关于雇员的能力，雇主和雇员存在信息不对称，雇员更清楚自己的能力。雇员可以通过某些有成本的行为如受教育程度向雇主进行信号传递，雇主就可通过文凭去判断雇员的能力情况并据此支付不同的薪水，由此解决就业市场中的信息不对称问题。此外，Spence 还假设不同能力的人的教育成本是不同的，所以不同能力的人选择的最适合自己的受教育程度不同。

1. 博弈过程

① "自然"首先选择雇员的类型 θ，$\theta=1$（低能力）和 $\theta=2$（高能力）；雇员知道自己的真实能力 θ，雇主只知道 $\theta=1$ 和 $\theta=2$ 的概率均为 $\frac{1}{2}$。

② 雇员行动：雇员在与雇主签约之前首先选择受教育水平，如是否接受高等教育，如果接受高等教育，则 $e=1$；不接受高等教育，则 $e=0$。教育的成本为 $C(e,\theta)=\frac{e}{\theta}$，此函数式意味着能力越高，教育成本越低。

③ 雇主行动：雇主将教育程度作为信号，并且认为：$e=1$ 者属于高能力者，$e=0$ 者属于低能力者，并且按照教育水平决定工资水平 $w(e)$。雇员选择接受或不接受。如果接受，企业的期望产出为 $y=\theta$（教育水平本身并不决定产出，而是能力决定产出），雇员的效用为 $U(e,\theta)=w-\frac{e}{\theta}$，企业的期望利润为 $\pi(e,\theta)=\theta-w$；如果不接受，$U=\pi\equiv0$。

2. 均衡分析

在完全信息的情况下，企业可以实际观测到雇员的能力 θ，并将根据实际能力给予工资，与教育水平无关。因为受教育是昂贵的活动，要付出成本，却无法获得额外的收益，所以在完全信息的情况下无论能力高低，雇员都将选择 $e=0$（不接受高等教育），低能力雇员的工资为 $w(\theta=1)=1$，高能力雇员的工资为 $w(\theta=2)=2$。

在非完全信息下，存在信息不对称，雇主不知道 θ，企业的预期产出是 $y=0.5\times1+0.5\times2=1.5$。在完全竞争的情况下，企业的期望利润为零，使得 $w=1.5$，但 $w=1.5$ 可能并不是一个均衡（如果教育传递信号）。

在非完全信息情况下，雇主不知道雇员的真实能力类型 θ，只能观察到其受教育水平 e，因而工资只能以 e 而定。令 $\mu(\theta=1|e)$ 为当观察到雇员教育水平 e 时雇主认为雇员是低能力的后验概率。精炼贝叶斯均衡意味着，第一，雇员选择教育水平 e；第二，雇主根据观察到的 e 得出后验概率 $\mu(\theta=1|e)$ 和支付工资水平 $w(e)$，使得：给定预期的工资 $w(e)$，$e(\theta)$ 是能力为 θ 的雇员的最优选择；给定 $e(\theta)$，$w(e)$ 是雇主的最优选择。

1）混同均衡

混同均衡意味着不同能力的雇员选择相同的教育水平，从而得到相同的工资。

① 假设两种雇员都选择不接受教育，即 $e(\theta)\equiv0$ 的情况，雇主根据观测到的 $e(\theta)=0$，

得出后验概率 $\mu(\theta=1|e=0)=0.5$，$\mu(\theta=2|e=0)=0.5$。支付的工资水平为 $w(e=0)=0.5\times1+0.5\times2=1.5$。雇员的效用都是 $U(e,\theta)=w-\dfrac{e}{\theta}=w-0=1.5$，则混同均衡有

$$e(\theta=1)=e(\theta=2)=0$$
$$w(0)=w(1)=1.5$$
$$\mu(\theta=1|e=0)=0.5$$
$$\mu(\theta=2|e=0)=0.5$$

就是说，均衡时两类雇员都选择不接受教育，雇主认为教育不传递信号，因而工资等于期望产出，与教育无关。

② 两种雇员都选择接受教育 $e(\theta)=1$ 的情况，雇主根据观测到的 $e(\theta)=1$，得出后验概率 $\mu(\theta=1|e=1)=0.5$，$\mu(\theta=2|e=1)=0.5$。支付的工资水平为 $w(e=1)=0.5\times1+0.5\times2=1.5$。因为两种雇员接受教育的成本不同，当 $\theta=1$ 时，低能力雇员受教育成本为 $C(e,\theta)=\dfrac{e}{\theta}=1$，其效用为 $U(e=1,\theta=1)=w-\dfrac{e}{\theta}=1.5-1=0.5$，而 $U(e=0,\theta=1)=w-\dfrac{e}{\theta}=1.5-0=1.5$；$U(e=0,\theta=1)=1.5>U(e=1,\theta=1)=0.5$，接受教育并不是低能力雇员的最优选择；同理，当 $\theta=2$，高能力雇员的教育成本 $C(e,\theta)=\dfrac{e}{\theta}=0.5$，$U(e=1,\theta=2)=w-\dfrac{e}{\theta}=1.5-0.5=1$，$U(e=0,\theta=2)=1.5>U(e=1,\theta=2)=1$，接受教育并不是高能力雇员的最优选择。所以 $e(\theta)\equiv1$，即 $e(\theta=1)=e(\theta=2)=1$，不构成一个混同均衡。

2) 分离均衡

分离均衡意味着不同能力的雇员将选择不同的受教育水平。

如果雇员选择 $e=1$，雇主的后验概率为 $\mu(\theta=2|e=1)=1$（即认为选择接受教育的雇员一定是高能力者），雇主将选择工资 $w(1)=2$，高能力的雇员将选择接受教育从而得到 $U(e=1,\theta=2)=2-\dfrac{1}{2}=1.5$，而不是选择不接受教育得到 $U(e=0,\theta=2)=1-0=1$。这样，分离均衡为

$$e(\theta=1)=0, e(\theta=2)=1$$
$$w(0)=1, w(1)=2$$
$$\mu(\theta=1|e=0)=1, \mu(\theta=2|e=0)=0$$
$$\mu(\theta=2|e=1)=1, \mu(\theta=1|e=1)=0$$

就是说，低能力的雇员选择不接受教育，高能力的雇员选择接受教育；雇主认为不接受教育的一定是低能力，因而支付工资 $w(0)=1$，认为接受教育的一定是高能力，因而支付工资 $w(1)=2$。容易证明，这是一个精炼贝叶斯均衡：给定雇主的后验概率和工资决策，高能力雇员的最优选择是接受教育，因为 $U(e=1,\theta=2)=1.5>U(e=0,\theta=2)=1$；低能力雇员的最优选择是不接受教育，因为 $U(e=0,\theta=1)=1\geqslant U(e=1,\theta=1)=1$。另外，给定雇员的选择，雇主的后验概率是根据贝叶斯法则得到的，工资决策也是最优的。同理，也可以证明，不存在其他的分离均衡（如低能力雇员选择接受教育，高能力雇员选择不接受教育）。

在分离均衡中，教育水平就成为传递雇员能力的信号。这里的关键是高能力的人受同样教育的成本低于低能力的人。正因为如此，高能力的人才能通过选择接受教育把自己与低能力的人区分开来。如果接受教育的成本与能力无关，教育就不可能起到信号传递的作用，因为低能力的人会模仿高能力的人选择同样的教育水平。

3. 总结

至此，我们得到一个混同均衡和一个分离均衡。但是，进一步地，我们会发现混同均衡并不是一个合理的解释。根据前面的分析，我们知道不论雇主的后验概率如何，不接受教育总是低能力雇员的最优选择。因此，如果观察到 $e=1$，雇主不应该认为雇员有任何可能性是低能力的，即合理的后验概率 $\mu(\theta=1|e=1)=0$。给定 $\mu(\theta=1|e=1)=0$，则 $\mu(\theta=2|e=1)=1$，即高能力雇员将选择 $e=1$，因此 $e(\theta=1)=e(\theta=2)=0$ 不构成一个混同均衡。因此，这个模型中唯一合理的均衡是分离均衡：低能力雇员选择不接受教育，高能力的雇员选择接受教育。

12.4.4 信息甄别模型

信息甄别模型是指市场上处于信息劣势的一方，可以通过信息甄别的方式，给具有信息优势的一方提供有效的激励机制，以诱使他们显示其真实信息。信息甄别模型和信号传递模型的区别就在于行动的顺序不同。

在前面的信号传递模型中，假定博弈的顺序是，雇员在签订就业合同之前根据预期到的工资函数首先选择教育水平，雇主在观察到雇员的教育水平之后再决定支付什么样的工资。信息甄别模型则把博弈的行动过程逆转过来，假定雇主首先行动，在雇员接受教育之前就提出一个合同菜单 $\{w, e\}$，雇员选择其中一个与雇主签约，然后根据合约规定接受教育 e，在完成教育后得到合约规定的工资 w。

Michael Rothschild 和 Joseph Stiglitz 在信息甄别模型中这样定义均衡：均衡指存在一组合同 $\{(w_1, e_1), (w_2, e_2), \cdots, (w_k, e_k)\}$，且存在一个选择规则 $R: \theta \rightarrow (w, e)$，使得：① 每一类雇员在所有可选择的合同中选择一个最适合自己的合同（即具有 θ 能力的雇员选择 (w_θ, e_θ)，当且仅当对于所有的 (w, e)，$U_\theta(w_\theta, e_\theta) \geqslant U_\theta(w, e)$）；② 雇主的利润不能为负；③ 不存在新的合同能够使得选择该合同的雇主得到严格正的利润。

与信号传递模型不同，在信息甄别模型中，均衡可能根本就不存在；即使存在，最多也只能有一个。雇员行动之后的后验概率不影响雇主的选择，而后行动的雇员具有完全的信息。例如，在就业市场的信息甄别模型中，如果均衡是存在的，那么，高能力雇员会选择高教育程度、高工资的合同，而低能力雇员会选择低教育程度、低工资的合同。雇主就可以把不同能力的雇员区分开来。

例 12-3 保险市场中的信息甄别。

(1) 模型的假设条件

① 保险公司的客户可以分为两类，他们遭受损失的概率不同。其中，高风险客户遭受损失的概率为 q，低风险客户遭受损失的概率为 r，$0<r<q<1$。

② 所有的投保人都有财产 w。如果购买保险，保险费记为 P；同时，保险公司还规定有一部分损失应由投保人自负，自负损失记为 D。所以买了保险后，客户的最终财产是 $w-P$（如果事故没有发生），或者是 $w-P-D$（如果事故发生）。

③ 信息不对称，保险公司不知道某个具体的投保人是高风险还是低风险。

(2) 投保人的效用

假定低风险的客户与高风险的客户具有相同的效用函数 $u(x)$，这个效用函数呈凹性，客户是风险规避型的。低风险客户的期望效用取决于保费 P、自负损失 D 与事故发生概率 r。其期望效用为

$$EU(D,P,r) = ru(w-P-D) + (1-r)u(w-P)$$

同理，高风险客户的期望效用为

$$EU(D,P,q) = qu(w-P-D) + (1-q)u(w-P)$$

虽然保险公司不知道投保人的真实风险状况如何，但它可以通过设定不同的 P 和 D 的组合（不同政策的保单）来筛选不同的客户，让客户自我选择。这里的理论依据是，由于不同类型客户出事故的概率不同，他们对于 D 和 P 的态度是不同的：低风险客户由于自己出事故的概率低，会选择高的自负损失 D 和低的保险费 P；反之，高风险客户由于出事故的概率较高，宁可付较高的保险费去换得较低的自负损失风险，所以会选择低的 D 和高的 P 的组合（见图 12-14）。

由图 12-14 所知，高风险客户的无差异曲线比较平坦，而低风险客户的无差异曲线比较陡峭。

(3) 保单政策的甄别功能

基于上述讨论，我们来分析保单政策的甄别功能。保险公司对 D 与 P 可以有各种搭配，但原则上是让自负损失 D 与保险费 P 之间存在替代关系，如图 12-15 所示。

图 12-15 画出了四条无差异曲线，对每一种类型的客户都各画出两条。由于 D 与 P 对于投保人都意味着损失，所以无差异曲线越接近原点，则越是代表高的效用水平。

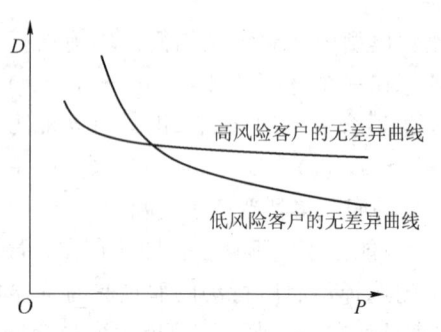

图 12-14 不同类型投保人的无差异曲线

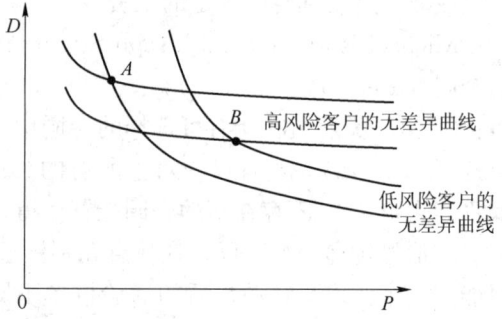

图 12-15 D 与 P 的甄别功能

假设保险公司设计两种保单供投保人选择：A 点与 B 点对应的保单。在 A 点，保险价格比较低，但自负损失比较高，这种组合往往为低风险客户所接受。原因在于，尽管低风险客户也可以买由 B 点所代表的保险，但对他来说，B 点处于效用水平低的那条无差异曲线上，而 A 点则在效用水平较高的那条无差异曲线上，所以低风险客户会选择 A 点对应的保单。

同理，B 点会受高风险客户的欢迎。对他来说，A 点对应的保险也可以购买，但与 B 点对应的保单相比，则 A 点代表较低效用水平。所以，高风险客户会放弃 A 点对应的保险

而选择 B 点对应的保险。

总之，当有两种保单时，投保人将自行选择；保险公司通过设计保单，在信息不对称的条件下，通过信息的甄别，实现了投保人类型的区分，削弱了不对称性。

12.5 合作博弈经典研究范式

合作博弈研究人们达成合作时如何分配合作得到的收益，即收益分配问题。合作博弈采取的是一种合作的方式，或者说是一种妥协。妥协之所以能够增进妥协双方的利益以及整个社会的利益，就是因为合作博弈能够产生一种合作剩余。这种剩余就是从这种关系和方式中产生出来的，且以此为限。至于合作剩余在博弈各方之间如何分配，取决于博弈各方的力量对比和技巧运用。因此，妥协必须经过博弈各方的讨价还价，达成共识，进行合作。在这里，合作剩余的分配既是妥协的结果，又是达成妥协的条件。

12.5.1 问题提出

合作博弈强调的团体理性（collective rationality），是效率、公平、公正，合作博弈存在的两个基本条件如下。

① 对联盟来说，整体收益大于每个成员单独经营时的收益之和。

② 对联盟内部而言，应存在具有帕累托改进性质的分配规则，即每个成员都能获得不少于不加入联盟时所获的收益。

如何保证实现和满足这些条件，这是由合作博弈的本质特点决定的。也就是说，联盟内部成员之间的信息是可以互相交换的，所达成的协议必须强制执行。这些与非合作的策略型博弈中的每个参与者独立决策、没有义务去执行某种共同协议等特点形成鲜明的对比。

从现实的社会经济生活中还可以看出，能够使合作存在、巩固和发展的一个关键性因素是可转移支付（收益）的存在。即按某种分配原则，可在联盟内部成员间重新配置资源、分配收益。这就必然包含了内部成员之间的利益调整和转移支付，可转移支付函数的存在，是合作博弈研究的一个基本前提条件。

综上，合作博弈的研究主要有三个方面：联盟的形成；进出联盟时联盟的稳定性；参与联盟的合作收益分配。

合作博弈是研究人们达成合作时如何分配合作得到的收益，即收益分配问题；而非合作博弈是研究人们在利益相互影响的局势中如何选择策略使自己的收益最大，即策略选择问题。

合作博弈与非合作博弈的重要区别在于，前者强调联盟内部的信息互通和存在有约束力的可执行契约。信息互通是形成合作的首要前提和基本条件，能够促使具有共同利益的单个参与者为了相同的目标而结成联盟。然而，联盟能否获得净收益以及如何在联盟内部分配净收益，需要有可强制执行的契约来保证。因此，人们在研讨合作博弈时，往往更注重强制执行的契约，这是合作博弈的本质特点。如果结盟成本可忽略不计，联盟内部分配可顺利实施，联盟在博弈环境中完全可作为与其他对手同样的单一参与者来看待。

合作博弈理论的缺陷，是其不可能提供一个清晰的标准用来分析现实社会竞争的解，其原因如下。

① 现实中的协议或契约可能是部分可强制执行，而另一部分不能强制执行。一些参与者可达成契约，另一些人却不能够达成契约。在实施过程中，其中有若干步可执行，其余的则不可执行。于是，实际生活中的博弈大多处于合作博弈与非合作博弈之间。

② 合作博弈具有序列渐进结构。

③ 合作博弈所反映的现实经济问题具有不完全信息。

这样的观点代表了将合作博弈纳入非合作博弈研究范围的一种发展趋势。然而，从更广泛的意义特别是针对我国的经济环境（包括社会、经济、文化等方面），合作与非合作两种博弈互为包容，浑然一体，是同一类事物在不同条件下、从不同角度观察时的不同表现形式。它们之间存在必然联系，有着共同的本质特征，可以用适当的形式把它们统一起来。这就需要找出竞争与合作的内在联系并将它们一体化。由于从博弈过程和策略选择的角度来看，合作博弈是非合作博弈的特例；而从博弈结果和收益分配的角度看，非合作是合作的特例，此时即每个联盟内成员个数为1。因而，它们的存在环境、研究方法都有所不同。合作博弈是由于合作收益的诱惑，相对减少了博弈行为方式和过程的研究，其内容自然更多地集中于配置问题和解的概念、类型及特点，可用于回答个体与联盟的能力、公平分配方法及社会稳定模式等问题；非合作博弈则是由于个人收益与自己的策略选择有直接联系，因此就会理所当然地对行为过程和策略选择等博弈问题更加关注，主要研究信息结构、策略选择对时间的依赖性、支付风险等问题。更明显的区别是，非合作博弈侧重个体行为特征研究，合作博弈着重研究集体行为特点。因而，它们对微观、宏观经济领域等应用范围的适宜性也有所不同。

综上所述，完全可以把现实中的绝大多数博弈问题看作是合作博弈与非合作博弈的混合物。个体有限次的、局部的策略选择行为与整个市场相比仍足够小。在理想的完全竞争的交换市场经济中，参与者较多，策略选择行为发生次数足够大时，合作博弈与非合作博弈的差异近乎消失，两者趋于一致。然而，这种理想经济与现实差距甚远。大的企业集团、国家对市场和国际经济的影响仍然举足轻重时，合作与非合作的分类研究及将两者有机结合起来的博弈模型研究仍有重要意义。所以，合作博弈在研究经济问题特别是对我国以公有制为基础的经济体制、社会主义经济的分配原则及企业内部组织等问题，仍具有较高的应用价值和借鉴意义。参与博弈的参与者，为了各自的利益目标，都在努力寻找和实施能够获得更多利益的行为方式。如果联盟或合作更有利于目标的实现，部分参与者自然会以联盟为单位进行博弈，此时只需考虑如何在联盟内部分配这些比成员单个博弈时所得之和还要多的"好处"；否则，参与者仍然会是单兵参战。因此，实际中的博弈问题，参与者常常面临在合作与非合作之间的选择，这就是拟合作问题，如经贸谈判，委托代理关系中的激励相容问题，垄断竞争，国家政府、企业和个人的关系问题等。关键在于合作与非合作相互转化的条件（利益标准）、特点和均衡的实际情况。

N 人的纳什讨价还价博弈中，合作博弈可以改变非合作情形下的收益状况。例如，三人参与的博弈，参与人集合为 $N=\{1,2,3\}$，给定参与人的策略为

$$x_i = \{x_1, x_2, x_3[①], x_1 + x_2 + x_3 \leqslant 300\}$$

[①] x_1, x_2, x_3 是每个参与者的理性选择。

考虑博弈 A：$u_i(y_1,y_2,y_3)=\begin{cases}0, y_i\neq y_k & i,k=1,2,3\\x_i, y_1=y_2=y_3=(x_1,x_2,x_3)\end{cases}$，在这个博弈中，参与者使用纳什讨价还价策略（NBS），其纳什均衡的结果是（100，100，100）。当考虑另外一个博弈 B，如果参与者 1，2 联合起来，就可以改变收益分配，形成合作博弈的纳什均衡结果是（150，150，0），参与者 1，2 通过合作提高了自己的收益，获得收益 150，高于非合作博弈参与者获得的收益 100。

按照合作之后的收益变化，合作可分为本质性的合作和非本质性的合作。如果合作后收益有所增加，则此合作博弈是本质性的，即存在有净增收益的联盟；如果合作后收益没有增加甚至下降，则为非本质性合作。例如，我国现存的一些低效率、名不符实的集团及一些经济合作组织可看作是非本质性合作，因为这类合作组织并没有真正发挥合作优势，并没有创造出比不合作时更大的社会经济效益。

另外，按参与博弈的参与者的多少，合作博弈可分为两人合作博弈与多人（人数大于2）合作博弈。还可以根据参与者相互交流信息的程度、协议执行时的强制程度，以及多阶段博弈中联盟的规模、方式和内部分配等的不同把合作博弈分为若干类型加以研究。

合作博弈的主要研究方法有两种。

① 占优方法（核、中心核、稳定集）。主要用于讨论合作联盟的存在性与稳定性，也就是讨论参与者什么情况下会合作，以及达成联盟是否能长期稳定存在。

② 估值方法（夏普利值及扩展）。主要用于解决公平性收益分配问题。当参与者达成联盟，获取合作剩余时，参与者之间应该如何分配才能实现经济意义上的公平，这就要考虑每一参与者对所有可能联盟的边际贡献，所有边际贡献总和作为每个参与者的分配权重。

12.5.2 合作博弈基本假设

1. 特征函数（效用函数）

合作博弈的支付函数，也称为特征函数，用 $u_i(y)$ 表示。定义联盟的值 $V(N)$ 为

$$V(N)=\max\sum_{i\in n}u_i(y)$$

联盟的值反映了所有参与者的在联盟中的总收益。

举例说明，考虑两个博弈 A 和 B。

博弈 A：$V(\{1,2,3\})=300$

$V(\{1,2\})=V(\{2,3\})=V(\{1,3\})=0$

$V(\{1\})=V(\{2\})=V(\{3\})=0$

博弈 B：$V(\{1,2,3\})=300$

$V(\{1,2\})=300$，$V(\{1,3\})=V(\{2,3\})=0$

$V(\{1\})=V(\{2\})=V(\{3\})=0$

两个博弈中都有三个参与者，如果三人合作形成联盟获得的总收益都是300，但在博弈B中，如果参与者1、2联盟获得总收益也是300，其他情况下的合作都是0；在博弈A中，每个参与者单干，或是两两联盟，收益都是0。

2. 超可加性

超可加性描述了联盟与联盟的收益叠加问题。

① 联盟叠加假设：任意联盟 $S, T \in N$，$S \cap T = \varnothing$，则 $V(S \cup T) \geqslant V(S) + V(T)$
② 集体理性假设：$V(N) > \sum_{i \in n} V(\{i\})$
③ 凸性假设：$V(S) + V(T) \leqslant V(S \cup T) + V(S \cap T)$，$\forall S, T \in N$

假设①讲述了 1+1>2 的故事，联盟成员越多，所产生的收益越大；假设②强调了集体的力量，所有人参与的联盟的收益大于部分人联盟的收益，强调了集体理性；假设③强调了联盟越大，新加入者的边际贡献越大，在原有联盟上新加入联盟获得的收益至少不会比原有联盟获得的收益少。

12.5.3 解概念

解概念（solution concept）类似于非合作博弈里面的均衡概念，代表了参与者的最优策略选择，解概念就是合作博弈中最优状态，一般用于描述合作博弈的存在性与稳定性。

定义　核：博弈 (N, V) 中分配集 $I(N, V)$ 是一个收益变量 x 满足以下两个理性条件：
① $\sum_{i \in n} x_i = V(N)$
② $\forall i$，$x_i \geqslant V(\{i\})$

条件①也称为集体理性，条件②也称为个人理性，指合作博弈中，形成联盟后，如果合作是稳定和存在的，可以通过核来实现。当核存在时，满足两个理性条件，条件①认为合作中每个参与者合作的收益分配之和应该等于所有参与者合作收益之和；条件②认为在合作联盟中获得的收益应该大于或等于自己单干的收益。很明显，如果满足条件②，参与者愿意参与合作联盟，不会选择单打独斗。

定义　占优：对于 $\forall x, y \in I(N, V)$，如果 $y_S > x_S$ 且 $\sum_{i \in S} y_i \leqslant V(S)$，则 y 对于联盟 S 占优于 x，则收益变量 y 优于收益变量 x。

占优描述了如果参与者在联盟 S 中，如果分配方式 y 获得的收益高于 x 所获得的收益，那么分配方式 y 占优于 x。

12.5.4 公平性收益分配

合作博弈除了讨论合作的存在性与稳定性外，第二个重要的研究思路就是公平性收益分配问题，参与者在合作联盟中获得多少收益才认为是公平的，一般使用夏普利值（Shapley value）来描述。

公平性收益分配的假设包括四个。
① 集体理性：$\sum_{i \in N} \varphi_i(N, V) = V(N)$ 配置 φ
② 对称性（平等待遇）：参与人 i, j 在收益配置 $\varphi(N, V)$ 中可互换：
$$\varphi_i(N, V) = \varphi_j(N, V)$$
③ 虚拟参与人条件：$\varphi_i(N, V) = V(i)$
④ 可加性：任意两个博弈 $(N, V)(N, W)$，对于 $\forall i \in N$，有
$$\varphi_i(N, V+W) = \varphi_i(N, V) + \varphi_i(N, W), i \in N$$
新博弈 $(N, V+W)$，$\forall S$ 有
$$(V+W)(S) = V(S) + W(S)$$

定义　夏普利值： 满足（1）～（4），唯一价值 $\varphi_i = [\Phi_i], i \in N, \varphi(N,V) = \sum_{s \in N} q(s) \Delta i(s)$，其中 $q(s) = \dfrac{(s-1)!\,(n-s)!}{n!}$，$s$ 表示联盟 S 中参与人个数，$\Delta i(s)$ 是 i 对 s 的边际贡献。

夏普利值主要体现了每个参与人在每一个可能联盟中的边际贡献，该参与者在所有联盟中的边际贡献加总作为其分配权重，这样，计算出所有参与者的分配权重，再将所有联盟收益按这个分配权重来给每个参与者。

12.6　信息经济学

如果说博弈论是一场电影，那电影的主演就是参与者，包括委托人（principal）与代理人（agent），导演就是机制设计者（mechanism designer），给定电影预想达到的目标，机制设计者设计了博弈的结构，包括行动的顺序、信息的结构等，委托人与代理人选择自己的行动或策略，实现自己人生的价值——均衡，纳什均衡就像男主角委托人与女主角代理人爱情的结晶，第一个孩子叫占优均衡，第二、三、四个孩子叫子博弈精炼纳什均衡、贝叶斯均衡、精炼贝叶斯均衡等，有时还会收养一些其他孩子：可理性化策略、序惯均衡、颤抖手均衡等。2007 年，明尼苏达大学 Hurwicz、芝加哥大学的 Maskin，以及美国普林斯顿高等研究中心 Myerson 获得诺贝尔经济学奖，他们为机制设计理论奠定了基础。机制设计成了信息经济学的一个主流研究分支。

在博弈论的研究框架基础上，信息经济学引入了不同的信息结构。通过参与者行动的先后顺序或签订合同的时间节点，以及对行动、策略或信息的隐藏，信息经济学分成两类研究框架：隐藏行动与隐藏信息，见表 12-1。

表 12-1　信息经济学分类

时间节点	隐藏行动	隐藏信息
事前		逆向选择、信息传递、信息甄别
事后	道德风险（委托-代理模型）	道德风险（至少三个参与者：委托人、代理人、客户）

事前与事后是指签订合同的前后，因此信息经济学的主体部分也被称为合同理论（contract theory），"事"就是指的合同。如果博弈发生在签订合同之前，称为事前；反之，称为事后。

隐藏行动是指部分参与者的行动或策略不能被其他参与者或机制设计者观察到。例如，某上市公司的董事会高薪聘请职业经理人参与公司管理，但职业经理人每天是否努力工作（行动）并不能被董事会或员工观察到，因此，职业经理人的行动或策略不能被观察到时，称为隐藏行动。

隐藏信息是指部分参与者拥有私有信息，即其他参与者或机制设计者不能完全了解到某些事情。博弈论的研究框架里常常用参与者类型来表示信息结构。例如，某上市公司的董事会在高薪聘请职业经理人参与公司管理时，并不完全了解职业经理人的类型（信息），职业经理人可能工作能力很高，也可能工作能力很低，或许职业经理人可以通过展现自己以前的历史（学历或工作经历等），来证明自己的工作能力。此时，职业经理人的类型就是其私有信息，董事会不能观察到的信息。

隐藏行动和隐藏信息的博弈论故事里面都会包含一些道德风险，经济学里的道德风险并不表示博弈的参与者道德缺失，即没有从伦理学、社会学、法律等角度去探讨人性的问题。道德风险是指参与者不能按照委托人的意愿去考虑别人利益时，选择行动或策略。当参与者在事前隐藏信息时，就会发生逆向选择。逆向选择是指合同签订前，部分参与者拥有私有信息，利用私有信息做出的行动或策略选择。

12.6.1 隐藏行动的解决：委托-代理模型

委托-代理模型（principal-agent model）是为了解决隐藏行动的问题而设计的模型，因为代理人在博弈中，有些行动不能被委托人在事前或事后完全观察到，所以委托人会设计一个考虑隐藏行动的合同，即委托-代理模型，激励及约束代理人的策略选择，从而实现自己利益最大化的目标。这样委托人的目标就成为委托-代理模型的目标函数，代理人的参与约束与激励约束作为约束条件进入委托-代理模型，这是两个必备的约束条件。一方面，委托人必须要邀请代理人参与游戏，即参与约束；另一方面，委托人需要激励代理人选择最优策略，因为不能观察到代理人的所有行动，所以只能通过合同的方式来激励代理人，代理人的最优策略能被委托人了解，最后通过委托人的策略选择来影响代理人的最优策略选择。因此，委托人在事前就会设计，使自己的策略选择通过某个传导机制影响到代理人策略，从而实现委托人的目标。

委托-代理模型的求解就需要依靠逆向归纳法。首先，讨论代理人的最优选择，找到委托人策略选择与代理人策略选择的关系；其次，将这个关系代入委托人目标函数中，当然代理人参与约束可以放入代理人最优策略求解过程，也可以放入委托人目标函数求解；再次，求解出委托人最优策略选择；最后，将委托人最优策略选择代入代理人最优策略选择，得到所有人的最优策略选择。此时，所有的最优选择都取决于合同的外生参数，不再取决于两个参与者内生决定的策略变量，隐藏行动的问题就被委托-代理模型解决了。

模型的假设主要包括参与人参数空间的设定，特别是委托人的目标函数、代理人的目标函数及代理人的参与约束等。

1. 委托人的期望效用

委托人的期望效用一般写为

$$\int \{v(\pi(a,\theta)) - w(x(a,\theta))\} g(\theta) d\theta$$

其中：委托人效用函数为 $v(\cdot)$，$v'(\cdot)>0$，$v''(\cdot)<0$，满足条件：随着利润 $\pi(a,\theta) - w(x(a,\theta))$ 的提高，委托人效用增加，同时边际效用递减。$\pi(a,\theta)$ 表示委托人货币收入；$w(x(a,\theta))$ 表示委托人给代理人支付的"工资"，或其他报酬。代理人行动组合：$a \in A$，A 表示代理人行动空间集合，不能被委托人观察到。θ 是不受代理人控制的外生随机变量（自然决定），即 θ 的分布函数 $G(\theta)$、密度函数 $g(\theta)$ 由"自然"给出，决定着委托人利润实现的市场环境或类型。$\theta \in H$，H 表示市场环境或类型的集合。货币收入 $\pi(a,\theta)$，直接所有权属于委托人；工资合同为 $w(x)$，$\frac{\partial \pi}{\partial a}>0$，随着代理人行动努力程度的增加，其工资水平提高。

例如，某家上市公司，董事会聘请经理负责公司的管理，董事会（委托人）与经理（代理人）签订合同，经理越努力工作，公司利润越高；同时，公司的利润除了取决于经理努力程度外，还取决于市场情况。市场的好坏由"自然"决定，"自然"给出市场好坏的概率分布。因此，董事会的利润取决于经理及市场状况。

2. 代理人参与约束

代理人参与约束（participation constraint）称为个人理性约束（individual rationality），一般写为

$$\int u[w(x(a,\theta))]g(\theta)\mathrm{d}\theta - c(a) \geqslant u_0$$

其中：代理人效用为 $u(\cdot)$，$u'(\cdot)>0$，$u''(\cdot)<0$，满足条件：随着工资水平的提高，代理人效用增加，同时边际效用递减。代理人付出努力水平的成本函数为 $c(\cdot)$，$c'(\cdot)>0$，$c''(\cdot)>0$，满足条件：随着工资水平的提高，代理人成本增加，同时边际成本递增。u_0 为代理人保留收益函数（常数），即代理人参与合同能获取的最低效用。

3. 代理人激励约束

代理人激励约束（incentive constraint）一般写为

$$\int u[w(x(a,\theta))]g(\theta)\mathrm{d}\theta - c(a) \geqslant \int u[w(x(a',\theta))]g(\theta)\mathrm{d}\theta - c(a')$$

代理人选择行动 a 获得的期望效用大于选择 a' 获得的期望效用，其中，$\forall a, a' \in A$，A 表示代理人行动空间集合。

Wilson 与 Ross 提出了状态空间模型化方法，给出了委托-代理模型的基本研究框架，主要思路为

$$\max\left\{\int [v(\pi(a,\theta)) - w(x(a,\theta))]g(\theta)\mathrm{d}\theta\right\}$$

$$\text{s.t.} \quad \int u[w(a,\theta)]g(\theta)\mathrm{d}\theta - c(a) \geqslant u_0$$

$$a \in \mathrm{argmax}\left\{\int u(w(a,\theta))g(\theta)\mathrm{d}\theta - c(a)\right\}$$

委托人设计合同时，考虑代理人的参与约束与激励约束，通过策略（选择工资水平）而影响代理人效用；代理人根据委托人设定的工资水平及自己的成本，选择最优的工作努力程度，最后在事前委托人考虑到了代理人的最优行动选择，从而一开始就选择了自己的最优策略。思路沿用了完全信息动态博弈的求解方法（逆推归纳法），但这里涉及信息的分布，因为委托人的利润不仅仅取决于代理人的行动选择，还取决于外生的市场环境。

另外一种解决隐藏行动的思路是分布函数的参数优化方法，构建的委托-代理模型的框架为

$$\max\left\{\int v(\pi - w(x))f(x,\pi,a)\mathrm{d}x\right\}$$

$$\text{s.t.} \quad \int u(w(x))f(x,\pi,a)\mathrm{d}x - c(a) \geqslant u_0$$

$$a \in \mathrm{argmax}\left\{\int u(w(x))f(x,\pi,a)\mathrm{d}x - c(a)\right\}$$

与状态空间模型化方法的主要区别是将委托人货币收入、代理人的行动等放入到市场环境的分布函数中，也就是构建货币收入、代理人行动与市场类型的联合概率分布，得到一个

整体的市场环境的概率密度。这个概率密度一方面影响委托人的期望效用,另一方面影响代理人的期望效用,将两者的期望效用统一到一个概率分布条件下进行求解。

当代理人的行动能被委托人观察到时,两者的最优风险分担合同,这种情况下,代理人不存在选择最优努力水平,因为行动都能被观察到,所以没有激励约束,委托人根据代理人的行动来决定工资水平。

12.6.2 隐藏信息的解决:机制设计

机制设计(mechanism design)的理论是由 Hurwicz 提出的。简单地说,如果博弈论是在给定博弈设定的情况下去预测理性博弈者的行为,机制设计研究的则是如何制定博弈的规则,来使得博弈设计者实现目标。同时,机制设计和合同理论也有不同,合同理论关注的是单一代理人的隐藏信息及隐藏行为,而机制设计关注的是多个代理人的隐藏信息。

博弈论研究范式是给定参与人的参数空间、博弈结构,寻求均衡。与之不同的是,机制设计研究范式是给定参与人的参数空间、目标函数,寻求机制来实现目标。其中,参与者参数空间主要指确定参与者偏好的参数集合,如消费者效用函数、生产者利润函数等,这类代表参与者偏好的函数都由一个参数的集合来确定。博弈结构一般包括时序结构与信息结构,在博弈论里规定了游戏的规则,按照不同规则去寻求均衡。时序结构依据是否同时行动,分为静态博弈与动态博弈;信息结构依据信息是否对称,分为完全信息与不完全信息。

因此,博弈论讨论了给定游戏规则下,参与人如何选择最优策略来实现均衡的状态。这样,在不同的时序结构与信息结构下,均衡概念(也称解概念)的名称也有所不同:完全信息静态博弈的均衡概念包括纳什均衡、占优均衡、重复剔除严格劣策略均衡、可理性化策略等;完全信息动态博弈的均衡概念为子博弈精炼纳什均衡;不完全信息静态博弈的均衡概念为贝叶斯纳什均衡;不完全信息动态博弈的均衡概念包括精炼贝叶斯均衡、分离均衡、混同均衡、序贯均衡、颤抖手均衡等。当然,还有一些其他均衡概念,如纯策略均衡、混合策略均衡等,并可能同时适用于几种博弈结构。机制设计的目标函数类似于博弈论的均衡概念,而在机制设计框架里,需要设计一个类似于博弈论的结构,包括时序结构及信息结构的设计,称为机制。博弈论与机制设计区别如图 12-16 所示。

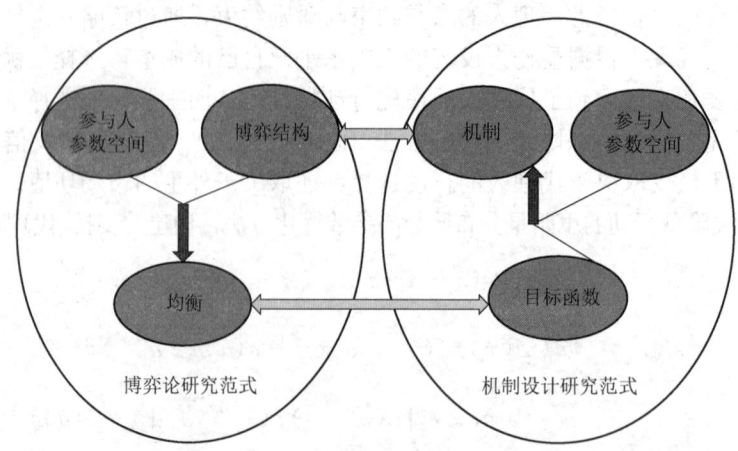

图 12-16 博弈论与机制设计区别图

以囚徒困境为例。博弈论的研究思路是,给定两个囚徒的参数空间,包括两者在不同情况下的收益(支付),给定博弈结构,包括是否两者同时行动,信息是否完全等,最后是寻找最优反应函数,得到最优策略,实现均衡。机制设计的研究思路是,给定两个囚徒的参数空间、目标函数,包括让两个囚徒招供,或是其他目标,设计出一个机制,让两者同时被审问还是先后被审问,如果要揭露两者的私有信息(囚徒知道而机制设计者不知道的信息),如何设计信息结构,包括收益与信息成本的分摊(信息租金)等。

区别于委托-代理模型,机制设计没有统一的框架与固定的研究思路,一般包括机制的实现与机制的执行。机制的实现是指给定参与人参数空间与目标函数,参与者不能利用其私有信息,设计出的机制能够自动地实现目标。机制的实现是指给定参与人参数空间与目标函数,参与者可以策略性地利用其私有信息,设计出的机制能够解决目标的执行问题,但需要考虑信息成本的分摊、参与者的参与约束、激励约束等。

下面用一个机制的执行思路来讨论面对异质性消费者,生产者如何实现定价的问题。其中,异质性指消费者具有不同类型,其类型是私有信息,但类型的分布函数是共同知识(公有信息)。

市场上只有一个生产者。消费者有两种类型:θ_H 和 θ_L,其中 $\theta_H > \theta_L$,类型是消费者的私有信息。设计一个激励相容的直接显示机制,以解决信息不完全及信息成本问题,从而实现目标。生产者(机制设计者)希望通过定价机制的设计来实现目标,其目标是最大化利润

$$\max_{T(p)} \left\{ \alpha \left[T_L(p_L, l_L) - cd_L \right] + (1-\alpha) \left[T_H(p_H, l_H) - cd_H \right] \right\}$$

其中,T 为消费者需支付的总费用,下标 H 代表高类型消费者,L 代表低类型消费者,p 为单位产品的价格,d 为消费者的需求量,l 为购买单位商品其他费用(固定不变)。消费者支付的总费用包括固定费用和可变费用。c 表示生产商每提供一单位商品所花费的成本,α 表示低类型消费者在市场上所有消费者中所占的比例,p_L 表示低类型消费者购买单位商品的价格,l_L 表示低类型消费者购买单位商品的其他费用,$T_L(p_L, l_L)$ 表示低类型消费者向生产商支付的总费用,d_L 表示低类型消费者需求量,cd_L 就表示生产商向低类型消费者提供商品所付出的总成本。消费者选择不同的购买合同来最大化自己的总效用,其目标函数为

$$\max(U) = \max(\delta_m V(d_m) - T_m)$$

其中,$V'(d) > 0$,$V''(d) < 0$,消费者效用随着需求量增加而增加,边际效用随着需求量增加而递减,$\delta V(d)$ 表示购买商品为消费者带来的正效用,T 表示消费者购买商品所支付的费用合同,δ_m 表示消费者的类型,$m = \{H, L\}$,$\delta_H > \delta_L$,消费者的需求函数 $d = D(p)$,消费者的参与约束为 $\theta_i v(q_i) - T(q_i) \geq 0, i = L, H$。

当完全信息时,生产商的问题是

$$\max(U) = \max(\delta_m V(d_m) - T_m)$$

高类型消费者单位商品价格的最优解 p_H^* 和低类型消费者单位商品价格的最优解 p_L^* 满足一定关系式,即

$$\begin{cases} V'(p_H^*) = \dfrac{c}{\delta_H} D'(p_H^*) \\ V'(p_L^*) = \dfrac{c}{\delta_L} D'(p_L^*) \end{cases}$$

当信息不完全时，生产者需要设计定价机制来实现利润最大化目标，揭示消费者的私有信息。例如，设计一个线性定价机制 $T=pd+l$，通过单位商品价格 p 来确定不同价格，制定不同的商品合同提供给不同类型的消费者。

根据以上假设，给出机制设计的模型为

$$\max_{T(p)}\{\alpha[T_L(p_L,l_L)-cd_L]+(1-\alpha)[T_H(p_H,l_H)-cd_H]\}$$

s.t. $\delta_H V(p_H)-T_H \geq 0$ （IRH）

$\delta_L V(p_L)-T_L \geq 0$ （IRL）

$\delta_H V(p_H)-T_H \geq \delta_H V(p_L)-T_L$ （ICH）

$\delta_L V(p_L)-T_L \geq \delta_L V(p_H)-T_H$ （ICL）

约束条件包括四个：高类型消费者的参与约束（IRH）、激励约束（ICH）、低类型消费者的参与约束（IRL）、激励约束（ICL）。其中，高类型消费者获得的收益大于或等于其伪装成低类型消费者获得的收益；同样，低类型消费者获得的收益大于或等于其伪装成高类型消费者获得的收益。

下面采用机制设计经典的五个步骤来求解此生产者的定价问题。

第一步，根据显示原理，重新列出参与约束和激励约束。其中，参与约束包括

$$\delta_H V(p_H)-T_H \geq 0 \quad \text{（IRH）}$$
$$\delta_L V(p_L)-T_L \geq 0 \quad \text{（IRL）}$$

激励约束包括

$$\delta_H V(p_H)-T_H \geq \delta_H V(p_L)-T_L \quad \text{（ICH）}$$
$$\delta_L V(p_L)-T_L \geq \delta_L V(p_H)-T_H \quad \text{（ICL）}$$

第二步，证明 IRH 在最优解时不会起约束作用。

证明：由于 $\delta_H > \delta_L$，根据 ICH 和 IRL 可得

$$\delta_H V(p_H)-T_H \geq \delta_H V(p_L)-T_L > \delta_L V(p_L)-T_L \geq 0$$

根据不等式的传递性，容易得到

$$\delta_H V(p_H)-T_H > 0。$$

第三步，先去掉约束 ICL 求最优解；在获得最优解后，再将 ICL 代入检查最优解是否满足这个约束。

原问题转化为

$$\max_{T(p)}\{\alpha[T_L(p_L)-cd_L]+(1-\alpha)[T_H(p_H)-cd_H]\}$$

s.t. $\delta_H V(p_H)-T_H \geq \delta_H V(p_L)-T_L$

$\delta_L V(p_L)-T_L \geq 0$

第四步，证明 ICH 和 IRL 在最优解时会成为紧约束。

证明：采用反证法。如果 IRL 在最优解时不是紧约束，生产者可以继续提高 T_L 直至 $\delta_L V(p_L)-T_L=0$。

同理，如果 ICH 在最优解时不是紧约束，生产者可以继续提高 T_H 直至 $\delta_H V(p_H)-T_H=\delta_H V(p_L)-T_L$。所以，ICH 和 IRL 在最优解时会成为紧约束。此时，原问题就可以等价表示为

$$\max_{T(p)} \left\{ \alpha \left[T_L(p_L) - cd_L \right] + (1-\alpha) \left[T_H(p_H) - cd_H \right] \right\}$$

s. t. $\delta_H V(p_H) - T_H = \delta_H V(p_L) - T_L$

$\delta_L V(p_L) - T_L = 0$

第五步，利用两个紧约束将目标函数中的 T_L 和 T_H 替代来求最优解，并且验证约束 ICL 此时是否被满足。

生产者目标函数中的 T_L 和 T_H 被替代后得到

$$\max_{p_L, p_H} \left\{ \alpha \left[\delta_L V(p_L) - cd_L \right] + (1-\alpha) \left[\delta_H V(p_H) - cd_H - (\delta_H - \delta_L) V(p_L) \right] \right\}$$

从该式不难看出，生产者的目标函数包括两部分，第一部分是低类型消费者的总剩余，第二部分是为了揭示消费者的私有信息所付出的信息成本。这表明，生产者虽然通过机制设计的方法获得了消费者的私有信息，但为此也付出了信息成本。

由于 $d = D(p)$，所以上式分别对 p_H，p_L 求导可以得到一阶条件。

接着，证明在第三步中去掉的约束 ICL 在此时获得的最优解 (p_L^*, p_H^*) 能否得到满足。证明：根据定义，$V'(d) > 0$，$V''(d) < 0$，为了利用 $V(d)$ 函数的单调性，改写成关于 d 函数的形式。

$$\begin{cases} V'(d_H^*) = \dfrac{c}{\delta_H} \\ V'(d_L^*) = \dfrac{c}{\delta_L \left[1 - \left(\dfrac{1-\alpha}{\alpha} \cdot \dfrac{\delta_H - \delta_L}{\delta_L} \right) \right]} \end{cases}$$

由于 $\delta_H > \delta_L$，$V'(d) > 0$，$V''(d) < 0$，容易得出 $d_L^* < d_H^*$，即低类型消费者的最优需求量低于高类型消费者的最优需求量。

由于最优解时，ICH 为紧约束，所以 $\delta_H V(d_H^*) - T_H^* = \delta_H V(d_L^*) - T_L^*$，转化得：$\delta_H [V(d_H^*) - V(d_L^*)] = T_H^* - T_L^*$。

根据 $d_L^* < d_H^*$，$V'(d) > 0$，得到 $V(d_H^*) - V(d_L^*) > 0$。又由于 $\delta_H > \delta_L$，得到 $\delta_L [V(d_H^*) - V(d_L^*)] < \delta_H [V(d_H^*) - V(d_L^*)] = T_H^* - T_L^*$。

推导得出：$\delta_L V(d_H^*) - T_H^* \leqslant \delta_L V(d_L^*) - T_L^*$，约束 ICL 得到满足。

因此，在最优解时，约束 ICL 也能得到满足。所以，此时获得的最优解即为满足所有约束的最优解。当给出函数 $V(p)$ 与 $D(p)$ 的具体形式时，可以给出最优解 (p_L^*, p_H^*) 的解析式。

对比发现，在不完全信息时高类型消费者的需求同完全信息时保持一致，而生产者通过机制设计来揭示消费者的私有信息，需要付出信息租金，迫使高类型消费者不会伪装成低类型消费者。

【实例链接】 **春晚广告标王**

过年，除了家人齐聚一起吃年夜饭，看春晚也是必备的一项过年节目。尽管观众众口难调，每年都有吐槽点，但也没有降低春晚的影响力。各大品牌为了短短几分钟能秀出自己的品牌 logo，不遗余力地在春晚这个舞台上大举烧钱。

2019 年的央视春晚，百度成为继支付宝和微信后，春晚红包的新赞助商，并为此狂撒

10亿元。2015年，微信就和央视春晚进行了合作，并推出"摇一摇红包"的互动方式。2016年央视春晚，支付宝用2.69亿元从腾讯手中夺回春晚合作权。2018年的"春晚标王"淘宝，其拿下的央视春晚广告位，价格是3亿元。2018年央视春晚，已经是阿里三度蝉联央视春晚标王。

为什么广告主们要热衷于在春晚砸钱呢？

从博弈论的角度来看，广告是信息传递的手段。企业通过广告信息的传播，可以宣传自己的产品，提高自己的市场份额。更重要的是，企业斥资数亿元在央视黄金时间做广告，而不是将同样的钱分散投放到地方电视台，是为了显示企业的实力，树立企业的形象，将自己和潜在的竞争者区分开来。

本章小结

1. 非合作博弈论研究的是在利益冲突的环境下，相互独立和理性的个体为实现自己的利益最大化，如何选择各自的战略及战略的均衡问题。由于独立性要求，在非合作博弈论中每个个体只对自己的行为负责，不会缔结具有约束力的合作同盟。

2. 结合博弈参与者掌握信息的多少、参与者行动的时间与顺序，非合作博弈包括完全信息静态博弈、完全信息动态博弈、不完全信息静态博弈和不完全信息动态博弈。

3. 博弈论的研究目的是试图预测特定博弈规则下各参与人的战略选择，并进一步指出博弈结果。占优战略均衡、纳什均衡、子博弈精炼纳什均衡、贝叶斯纳什均衡等都是参与人进行战略选择的基本方式。

4. 动态博弈的根本特征是，参与人的行动有先后顺序，且后行动的参与人在自己行动之前能观测到先行动的参与人的行动，特别是能根据先行动的参与人的行动调整或做出自己的战略选择。

5. 重复博弈指同样结构的博弈重复多次。在重复博弈的情况下，参与人在选择战略时，不仅考虑当前利益，而且考虑当前的选择对于长远利益的影响，可能会为了长远利益牺牲当前利益，从而选择不同的均衡战略。

6. 不完全信息博弈中，博弈中参与人面临的信息不完全性（无论它是指何种信息）将完全由某些参与人的"类型"的不确定性加以刻画，即不同类型的参与人将选择不同的战略。

▶知识拓展◀

博弈论的发展简述

虽然早在18世纪初以前学者便开始了对具有战略依存特点的决策问题的零星研究，但博弈论真正的发展是在20世纪。博弈论最初是较纯粹的数学方法，但是由于其理论的普遍性，被逐步推广应用到许多研究领域，广泛应用于经济学、管理科学、国际政治、社会科学和人们的日常生活之中。尤其是在经济学领域，博弈论改变了经济学家的思维方式，至今引领该领域的前沿。

20世纪初期，博弈论的研究对象主要是从竞赛与游戏中引申出来的严格竞争博弈。这类博弈中不存在合作或联合行为，对弈两方的利益严格对立，一方所得必意味着存在另一方的等量损失，被称为"二人零和博弈"，类似于二人棋牌游戏。这一阶段，冯·诺伊曼提出最小最大定理，为二人零和博弈提供了解法，也对后来非合作博弈中的基本概念——纳什均衡的提出产生了重要影响。尽管二人零和博弈理论有丰硕的研究成果，提出了博弈扩展型策略、混合策略等重要概念，但在经济与政治的应用上有很强的局限性，大多数情况下并不合适。

20世纪40年代，冯·诺伊曼和经济学家奥斯卡·摩根斯坦共同出版了著作《博弈论与经济行为》，书中介绍了博弈的理论和方法，提出了标准型、扩展型和合作型博弈模型解的概念和分析方法，奠定了博弈学科的基础，标志着现代系统的博弈理论初步形成，也象征着博弈学科的正式建立。20世纪50年代是博弈论的成长期，纳什为非合作博弈的一般理论奠定了基础，提出了博弈论中最为重要的概念——纳什均衡，开辟了一个全新的研究领域。非合作理论得以发展起来，如囚徒困境、重复博弈概念等。合作博弈理论在这个阶段也得到进一步发展，如夏普利值概念、核概念等。20世纪60年代是博弈论的成熟期，不完全信息等理论的扩充使博弈论变得更具应用性。在这一时期，海萨尼提出了不完全信息理论，泽尔滕开始对其均衡选择问题的研究，常识性的基本概念得到了系统阐述与澄清。

20世纪70年代至今，博弈论得到了进一步的发展，在所有研究领域都得到重大突破。随着计算机技术的发展，涉及大规模计算的复杂博弈模型发展起来。在理论上，博弈论从基本概念到理论推演均形成了一个完整与内容丰富的体系。在应用上，非合作博弈理论应用到大批特殊的经济模型。例如，对不同拍卖行为的分析、委托人与代理人的关系及激励机制问题等。博弈论作为一种有力的分析手段，在经济学中有着广泛的应用前景。博弈论的概念和方法改造了经济学的思维，推进了经济学的研究。1994年诺贝尔经济学奖授予纳什、泽尔滕和海萨尼三位博弈论专家，有力地证明了博弈论在现代经济学研究中的地位，也进一步激发了人们了解博弈论的热情。博弈论作为现代经济学的前沿领域，已经成为占据主流地位的基本分析工具。

像经济学家一样思考

囚徒困境与价格战

现在让我们回到本章的开篇案例，看一看经济学家是如何看待相关问题的。

首先，根据我国电信业的实际情况，构造电信业价格战的博弈模型。假设此博弈的参加者为移动和联通，他们的利润矩阵可以用图12-17表示。

如果该博弈的参与者移动和联通只进行一次博弈，即使他们知道合作（维持高价）能提高他们各自的利润，但追求自身利益最大化的动机却最终使他们很难进行合作。出现这种情况，究其原因，是在一次性博弈中，当每个运营商完成一次性的战略选择以后，整个博弈也就永远地结束了，即没有后续的博弈来对已经发生的行为进行惩罚。正因为如此，在一次性博弈中，囚徒困境的出现是必然的。

	联通	
	高价	低价
移动 高价	10, 10	0, 15
移动 低价	15, 0	5, 5

图 12-17 移动与联通的利润矩阵

然而，在现实中，大多数博弈都不是一次性的，而是不断反复进行的，每一个运营商每一次的战略选择都会对后续的博弈过程和结果产生影响。

与一次性博弈相比，重复博弈有一个重要的区别，就是一个参与者可以对其他参与者过去的合作或竞争行为进行惩罚。对于每一个运营商来说，只要对手维持高价，他就把高价继续下去；但只要对手采取不合作的战略，降低价格，他也会采取降价战略对其实施惩罚和报复，并将这种不合作的战略在以后的博弈中一直进行下去。也就是说，一个成员的一次不合作行为将引发永远不合作。每一个参与者在决策时均会比较降价行为所带来的短期收益和长期损失，当长期损失超过短期收益时，都会放弃首先采取不合作战略的做法。所有参与人为了长期利益，使得无限次重复的非合作博弈产生合作解，均衡的结果是（高价，高价）。

练习及思考

1. 填空题

(1) 对博弈中的每一个博弈者而言，无论对手做何选择，其总是拥有唯一最佳行为，此时的博弈具有_____。

(2) 博弈方根据一组选定的概率，在两种或两种以上可能行为中随机选择的战略为_____。

(3) 如果另一个博弈者在前一期合作，博弈者就在现期合作；但如果另一个博弈者在前一期违约，博弈者在现期也违约的战略称为_____。

2. 判断题（下列判断正确的在括号内打√，不正确的打 ×）

(1)（ ）在一个博弈中博弈方可以有很多个。

(2)（ ）囚徒困境说明个人的理性选择不一定是集体的理性选择。

(3)（ ）纳什均衡即任一博弈方单独改变战略都只能得到更小利益的战略组合。

(4)（ ）在一个博弈中只可能存在一个纳什均衡。

(5)（ ）在一个博弈中如果存在多个纳什均衡则不存在占优战略均衡。

(6)（ ）在动态博弈中，因为后行动的博弈方可以先观察对方行为后再选择行为，因此总是有利的。

(7)（ ）由于两个罪犯只打算犯罪一次，所以被捕后才出现了不合作的问题即囚徒困境。但如果他们打算重复合伙多次，比如说 20 次，那么预测他们将采取彼此合作的态度，即谁都不招供。

3. 选择题

(1) 博弈中通常包括下面的内容，除了（ ）。

　　A. 参与人　　　　B. 占优战略均衡　　　C. 战略　　　　D. 收益（或支付）

(2) 囚徒困境说明（　　）。
　　A. 双方都独立依照自己的利益行事，则双方不能得到最好的结果
　　B. 如果没有某种约束，参与人也可在（抵赖，抵赖）的基础上达到均衡
　　C. 双方都依照自己的利益行事，结果一方赢，一方输
　　D. 每个参与人在做决策时，不需考虑对手的反应
(3) 古诺模型体现了寡头企业的（　　）决策模型。
　　A. 成本　　　　B. 价格　　　　C. 产量　　　　D. 质量
(4) 完全信息动态博弈参与者的行动是（　　）。
　　A. 无序的　　　B. 有先后顺序的　　C. 不确定的　　D. 因环境改变的
(5) 市场交易中普遍存在的讨价还价属于哪种博弈?（　　）
　　A. 完全信息静态博弈　　　　　　B. 完全信息动态博弈
　　C. 不完全信息静态博弈　　　　　D. 不完全信息动态博弈
(6) 影响重复博弈均衡结果的主要因素是（　　）。
　　A. 博弈重复的次数　B. 信息的完备性　C. 收益的大小　D. A和B

4. 计算题

(1) A、B两企业利用广告进行竞争。若A、B两企业都做广告，在未来销售中，A企业可以获得20万元利润，B企业可获得8万元利润；若A企业做广告，B企业不做广告，A企业可获得25万元利润，B企业可获得2万元利润；若A企业不做广告，B企业做广告，A企业可获得10万元利润，B企业可获得12万元利润；若A、B两企业都不做广告，A企业可获得30万元利润，B企业可获得6万元利润。

① 画出A、B两企业的损益矩阵。
② 求纯战略纳什均衡。

(2) 求出图12-18所示博弈的纳什均衡（含纯战略和混合战略）。

	乙	
	L	R
甲 U	5, 0	0, 8
甲 D	2, 6	4, 5

图12-18　甲、乙损益矩阵

(3) 已知某寡头垄断市场上有两个厂商，总成本均为自身产量的20倍，市场需求函数为 $Q=200-P$。

求：① 若两个厂商同时决定产量，产量分别是多少？
② 若两个厂商达成协议垄断市场，共同安排产量，则各自的利润情况如何？
③ 用该案例解释囚徒困境。

(4) 两个兄弟分一块冰激凌。哥哥先提出一个分割比例，弟弟可以接受或拒绝，接受则按哥哥的提议分割，若拒绝则自己提出一个比例。但这时候冰激凌已化得只剩1/2了，对弟弟提议的比例哥哥也可以接受或拒绝，若接受则按弟弟的建议分割，若拒绝冰激凌会全部融化。因为兄弟之间不应该做损人不利己的事，因此假设接受和拒绝，利益相同时兄弟俩都会

接受。求该博弈的子博弈完美纳什均衡。

5. 简答与论述题

(1) 将博弈的信息特征和行为时间特征结合，简述博弈可以分为哪几类，并分析这几种博弈类型的特点。

(2) 解释"囚徒困境"，并举商业案例以说明。

(3) 比较纯战略和混合战略的区别。

(4) 占优战略均衡、重复剔除严格劣战略的占优均衡和纳什均衡相互之间的关系是什么？

6. 资料题

2018年4月4日，美国政府发布了加征关税的商品清单，对我国出口美国的1 333项500亿美元的商品加征25%的关税。同日，中国商务部发布公告，对原产于美国的大豆等农产品、汽车、化工品、飞机等进口商品对等采取加征关税措施，税率为25%，涉及金额约500亿美元。实施日期将视美国政府对我国商品加征关税实施情况，由国务院关税税则委员会另行公布。

2018年7月6日，美国开始对第一批清单上818个类别、价值340亿美元的中国商品加征25%的进口关税。作为反击，中国也于同日对同等规模的美国产品加征25%的进口关税。

2019年8月15日，美国政府宣布，对自中国进口的约3 000亿美元商品加征10%关税，分两批分别自2019年9月1日、12月15日起实施。针对美方上述措施，中国政府宣布，对原产于美国的5 078个税目约750亿美元商品，加征10%、5%不等关税，分两批分别自2019年9月1日、12月15日起实施。

2019年10月10日至11日，中美双方在华盛顿开启新一轮贸易谈判。美国暂停对价值2 500亿美元的中国进口商品加征关税。同时，中国同意购买价值400亿～500亿美元的美国农产品。

2019年11月7日，中国商务部例行发布会上，新闻发言人高峰表示，过去两周中美双方牵头人就妥善解决各自核心关切进行了认真、建设性的讨论，同意随协议进展，分阶段取消加征关税，这么做有利于稳定市场预期，有利于中美两国和世界经济，有利于生产者也有利于消费者。

请以上述材料为基础，简述：

(1) 用博弈论解读中美贸易战。

(2) 解释博弈次数对贸易谈判战略和结果的影响。

(3) 中美双方是否会从非合作博弈走向合作博弈。

参 考 文 献

[1] 斯蒂格利茨，沃尔什. 经济学：上册. 黄险峰，张帆，译. 3 版. 北京：中国人民大学出版社，2005.
[2] 平狄克，鲁宾费尔德. 微观经济学. 张军，罗汉，译. 4 版. 北京：中国人民大学出版社，2000.
[3] 曼昆. 经济学原理：上册. 梁小民，译. 北京：北京大学出版社，1999.
[4] 范里安. 微观经济学：现代观点. 费方域，等译. 6 版. 上海：上海人民出版社，2006.
[5] 卢锋. 经济学原理：中国版. 北京：北京大学出版社，2002.
[6] 杨长江，陈伟浩. 微观经济学. 上海：复旦大学出版社，2004.
[7] 金浩，高素英，孙丽文. 微观经济学. 天津：南开大学出版社，2004.
[8] 汤石章，全林. 微观经济学. 2 版. 上海：上海交通大学出版社，2005.
[9] 周惠中. 微观经济学. 2 版. 上海：上海人民出版社，2003.
[10] 黎诣远，李明志. 微观经济分析. 2 版. 北京：清华大学出版社，2003.
[11] 高鸿业. 西方经济学. 2 版. 北京：中国人民大学出版社，2004.
[12] 高鸿业. 西方经济学学习与教学手册. 北京：中国人民大学出版社，2005.
[13] 金祥荣. 微观经济学复习指南. 北京：清华大学出版社，2004.
[14] 李明志，柯旭清. 产业组织理论. 北京：清华大学出版社，2004.
[15] 汤敏，茅于轼. 现代经济学前沿专题：第一集. 北京：商务印书馆，2002.
[16] 余永定，张宇燕，郑秉文. 西方经济学. 3 版. 北京：经济科学出版社，2002.
[17] 黄亚钧，郁义鸿. 微观经济学. 北京：高等教育出版社，2000.
[18] 梁小民. 微观经济学纵横谈. 北京：生活·读书·新知·三联书店，2000.
[19] 张维迎. 博弈论与信息经济学. 上海：上海人民出版社，1996.
[20] 谢地. 大象与蝴蝶共舞：产业组织案例分析. 长春：长春出版社，2003.
[21] 王志伟. 现代西方经济学主要思潮及流派. 北京：高等教育出版社，2004.
[22] 斯密. 国富论. 唐日松，译. 北京：华夏出版社，2005.
[23] 宋承先. 现代西方经济学. 2 版. 上海：复旦大学出版社，1997.
[24] 迈克易切恩. 微观经济学：《华尔街日报》版. 田秋生，译. 4 版. 北京：经济科学出版社，2004.
[25] 霍尔，利伯曼. 微观经济学：原理与应用. 2 版. 赵伟，译. 大连：东北财经大学出版社，2004.
[26] 范家骧，刘文忻. 微观经济学. 大连：东北财经大学出版社，2002.